2008 年 10 月 14 日，在白宫罗斯福厅开会。椭圆形桌上方由左至右分别是：美国货币监理署署长约翰 · 杜根、证券交易委员会主席克里斯 · 考克斯、财政部部长保尔森、我、联邦存款保险公司主席希拉 · 贝尔、纽约联邦储备银行行长盖特纳。（图片来源：白宫，摄影：埃里克 · 德雷珀）

位于华盛顿的埃克尔斯大楼是美联储理事会总部。该楼竣工于 1937 年。（图片来源：美联储，摄影：布里特 · 莱克曼）

埃克尔斯大楼的中庭。马里纳·埃克尔斯从1934—1948年担任美联储主席。（图片来源：美联储，摄影：布里特·莱克曼）

在埃克尔斯大楼的中庭，美联储副主席弗格森主持我的宣誓就职仪式。我接替格林斯潘出任美联储主席。小布什总统和安娜站在一旁监誓。（图片来源：白宫，摄影：肯伯里·休伊特）

2005年10月31日，白宫提名我出任美联储主席一周后，美联储前主席沃尔克（身高近两米）在美联储的一个餐厅拥抱我和时任主席格林斯潘。（图片来源：美联储，摄影：布里特·莱克曼）

2009年3月，联邦公开市场委员会开会。会议桌长27英尺，宽11英尺，由红木与黑色花岗石制成。椭圆形桌上方从左至右分别为比尔·达德利、联邦公开市场委员会副秘书黛比·丹克、我、科恩、沃什、贝齐·杜克、塔鲁洛、理查德·费希尔、吉姆·布拉德。椭圆形桌下方是美联储经济学家，从左至右分别是布赖恩·马迪根、内森·希茨、迈克尔·莱希、戴夫·斯托克顿、戴夫·赖夫斯奈德、约瑟夫·加格农、比尔·尼尔森。（图片来源：美联储，摄影：布里特·莱克曼）

2013 年 2 月，我在办公桌前。（图片来源：美联储，摄影：布里特 · 莱克曼）

2008 年 4 月 11 日，在美国财政部外面的台阶上。前排左边是我，右边是意大利银行行长马里奥 · 德拉吉；后排从左至右分别是：日本央行行长白川方明、欧洲央行行长特里谢、英国央行行长默文 · 金。（图片来源：Getty Images，摄影：布伦丹 · 希米亚沃夫斯基）

2009 年 7 月 21 日，我与来自马萨诸塞州的众议员、众议院金融服务委员会主席巴尼·弗兰克交谈。（图片来源：Bloomberg via Getty Images，摄影：安德鲁·哈勒）

2008 年 9 月 19 日，前往玫瑰园参加一个新闻发布会，呼吁国会拨付纳税人的资金以对抗金融危机。从左至右分别是我、小布什总统、克里斯托弗·考克斯和汉克·保尔森。（图片来源：Getty Images，摄影：温·麦克纳米）

2008 年 8 月，在堪萨斯联邦储备银行举行的年度经济研讨会上，与美联储理事凯文 · 沃什（中）和董事会副主席科恩（右）站在阳台，俯瞰怀俄明州的杰克逊湖旅馆。（图片来源：Bloomberg via Getty Images，摄影：安德鲁 · 哈勒）

2009 年 3 月，联邦公开市场委员会成员合影。后排站着的是联邦储备银行行长，从左至右分别为：比尔 · 达德利、埃里克 · 罗森格伦、吉姆 · 布拉德、查理 · 埃文斯、托马斯 · 洪尼格、理查德 · 费希尔、加里 · 斯特恩、桑德拉 · 皮亚纳尔托、吉姆 · 洛克哈特、查尔斯 · 普洛斯、杰夫 · 莱克尔和珍妮特 · 耶伦。前排坐着的是美联储理事，从左至右分别为：伊丽莎白 · 杜克、沃什、我、科恩、塔鲁洛。（图片来源：美联储，摄影：布里特 · 莱克曼）

2009 年 8 月 25 日，在马萨诸塞州马撒葡萄园岛奥克布拉夫斯小学，奥巴马总统宣布提名我连任美联储主席之前，我们在一起聊天。（图片来源：白宫，摄影：布里特·莱克曼）

2011 年 4 月 27 日，我在第一场定期记者招待会上回答记者的提问。（图片来源：美联储，摄影：布里特·莱克曼）

2012年11月20日，在纽约经济俱乐部演讲后，我与CNBC商业新闻频道当红主持人玛丽亚·巴蒂罗姆（中）合影。罗杰·弗格森是该俱乐部主席。（图片来源：纽约经济俱乐部，摄影：布里特·莱克曼）

2012年5月9日，我在美联储与得克萨斯州众议员罗恩·保罗共进早餐后合影。

20世纪40年代初，南卡罗来纳州狄龙镇主街，我的祖父乔纳斯·伯南克（右）与一位邻居在乔伯药店的入口处合影。

1916年，西伯利亚符拉迪沃斯托克市附近的拉斯多诺战俘营（Rasdolnoe），乔纳斯·伯南克（前排右起第二个）与被俄国军队俘虏的奥匈帝国士兵合影。

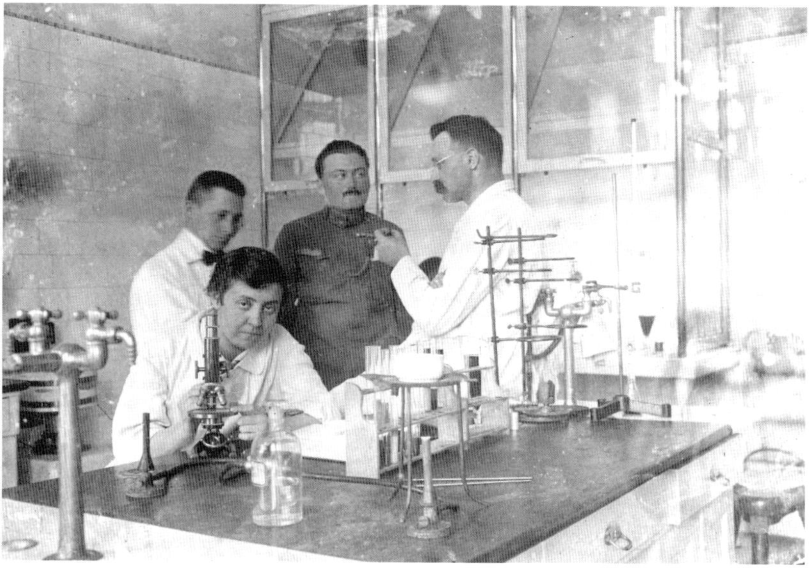

1918年，奥地利维也纳弗朗斯·约瑟夫医院，我的祖母莉娜在显微镜前。她当时是维也纳大学的学生。

我外祖母玛西亚在立陶宛罗萨斯的家。

我外祖父母赫舍尔及玛西亚的合影，时间可能是20世纪20年代。

1952年6月15日，我父母菲利普和埃德娜在北卡罗来纳州夏洛特结婚。

担任美联储主席后，出于安全考虑，我自己就不能开车了。
怀念开车的时光。

1978 年 5 月 29 日，我和安娜在波士顿的以色列教堂结婚。图为我们婚后不久的合影。

在南卡罗来纳州狄龙镇的父母家中。当时，我还是一位年轻的教授。

在普林斯顿大学威尔逊公共与国际事务学院前。1996—2002 年，我担任普林斯顿大学经济系主任。（图片来源：普林斯顿大学，摄影：丹尼斯·阿普尔怀特）

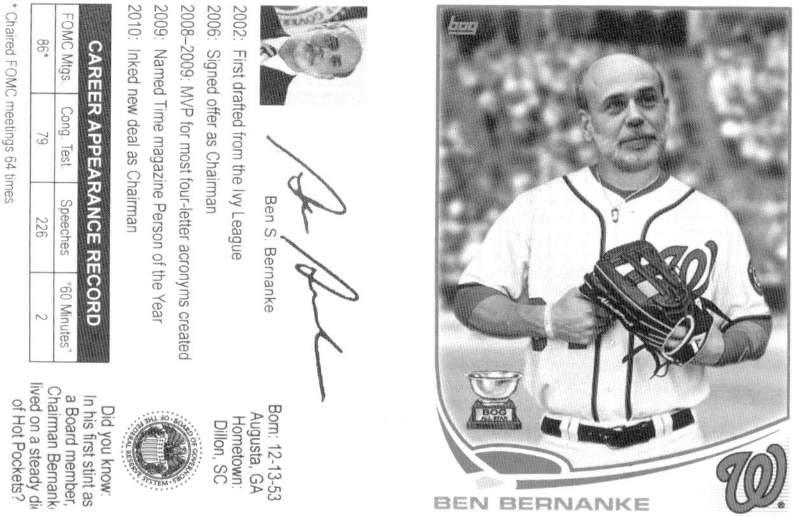


2014 年 1 月 30 日，美联储幕僚为我举办以棒球为主题的欢送晚宴，还为我制作了棒球卡。（图片来源：美联储，摄影：布里特 · 莱克曼）

2013 年 1 月 17 日，我在美联储理事会为财长盖特纳举行欢迎晚宴。晚宴开始前，与来宾合影。从左至右分别是：格林斯潘、鲁宾、盖特纳、沃尔克、我、保尔森、科恩和萨默斯。（图片来源：美联储，摄影：布里特 · 莱克曼）

2013 年 2 月 5 日，我在椭圆形办公室对奥巴马总统讲，自己不希望获得第三次担任美联储主席的提名。（图片来源：白宫，摄影：皮特 · 索萨）

2014 年 1 月 27 日，我最后一次参加美联储理事会会议，旁边站着的人，从左至右分别是：美联储秘书长鲍勃 · 弗赖尔森、耶伦和塔鲁洛。（图片来源：美联储，摄影：布里特 · 莱克曼）

2014 年 1 月 30 日，我和安娜在埃克尔斯大楼中庭出席欢送仪式。（图片来源：美联储，摄影：布里特 · 莱克曼）

我的欢送仪式结束后，美联储工作人员挤在中庭，准备参加随后举行的酒会。（图片来源：美联储，摄影：布里特 · 莱克曼）

# THE COURAGE TO ACT
## A Memoir of Crisis and its Aftermath

# 行动的勇气
## 金融危机及其余波回忆录

[美] 本·伯南克 著
蒋宗强 译

中信出版集团 · CHINACITICPRESS · 北京

图书在版编目（CIP）数据

行动的勇气：金融危机及其余波回忆录 /（美）伯南克著；蒋宗强译. -- 北京：中信出版社，2016.5（2026.1 重印）

书名原文：The Courage to Act: A Memoir of Crisis and its Aftermath

ISBN 978-7-5086-5979-4

I. ①行… II. ①伯… ②蒋… III. ①金融危机－研究－美国 IV. ①F837.125.9

中国版本图书馆 CIP 数据核字（2016）第 048725 号



行动的勇气：金融危机及其余波回忆录

著　　者：[美] 本 · 伯南克
译　　者：蒋宗强
策划推广：中信出版社（China CITIC Press）
出版发行：中信出版集团股份有限公司
（北京市朝阳区东三环北路 27 号嘉铭中心　邮编　100020）
（CITIC Publishing Group）
承 印 者：北京通州皇家印刷厂

开　　本：880mm × 1230mm　1/32　　插　　页：16
印　　张：19.25　　字　　数：564 千字
版　　次：2016 年 5 月第 1 版　　印　　次：2026 年 1 月第 24 次印刷
京权图字：01-2016-2060
书　　号：ISBN 978-7-5086-5979-4 / F · 3621
定　　价：78.00 元


服务热线：010-84849555　　服务传真：010-84849000
投稿邮箱：author@citicpub.com

The Courage to Act

# 目 录

## 第三部分　危机余波

# 作者序

The Courage to Act

在所有的危机当中，都会有两类人：敢于行动者和惧怕行动者。美联储诞生于人们不太熟悉的“1907年恐慌”之后，遭遇的第一个重大考验就是20世纪30年代的那场危机。那时，美联储失败了，美联储和世界上其他央行在面对破坏性的通缩和金融崩溃时，一直处于消极被动的状态，结果引发了一场全球性的大萧条，失业者排队领取救济，美国失业率高达25%，其他国家法西斯独裁政权开始上台。75年后，美联储——我曾经拿出大好年华去服务的机构，也是令我受益匪浅的机构——又在2007—2009年的危机和余波中，遭遇了同样的问题。这一次，我们行动了。

我之所以给这本书取名《行动的勇气》，是受到了美联储同事（包括决策者和普通职员）的鼓舞和启发。他们在国家的经济状况需要他们采取有力的、创新的行动时，他们顶着外界的严厉批评和非难，鼓起勇气，采取了必要的应对举措。其他部门与我们美联储并肩作战，尤其值得一提的是小布什政府和奥巴马政府时期的财政部。此外，世界上许多国家的央行和财政部的官员也与我们共同应对危机。我对他们都怀有感激之情，也为自己能够参与应对这个时代最危险的全球危机而自豪。

我还非常感激我的妻子安娜，她是我生命的挚爱，她为我提出了这个书名，还提出了其他很多建议。

# 我还能阻止这一切

2008年9月16日，周二，晚上8点。我身心俱疲，却不得喘息。在美联储的埃克尔斯大楼内，我通过办公室的窗户向外望，能看到宪法大道上的红绿灯，还能隐隐约约地看到国家广场上那些榆树的轮廓。数十名美联储雇员仍在加班，但我办公室门外的走廊却静悄悄、空荡荡的。

美联储公共关系部门主管、办公室主任米歇尔·史密斯静静地坐着。办公室里除了我之外，只有她了。她在等我说点什么。

就在4个小时之前，也就是当天下午4点，我正和财政部部长亨利·保尔森并排坐在白宫罗斯福厅的棕色皮沙发上，参加一场有总统在场的高级别会议。罗斯福厅没有窗户，距离椭圆形办公室只有几步之遥，壁炉上方悬挂着“狂野骑士”西奥多·罗斯福（昵称泰迪）的一张老照片，照片中的他正骑着一匹前蹄抬起的高头大马。我和保尔森的前面摆放着一张擦得光亮的实木桌子，桌子对面坐着白宫当时的主人——乔治·沃克·小布什总统。此时的他，脸上写满了忧郁。总统旁边坐着时任副总统迪克·切尼。总统的顾问们、保尔森的高级助手们以及其他金融监管机构的代表们围坐在桌子四周。

通常来讲，总统喜欢保持一种轻松的会议氛围，在正式开会之前，他会先说几句俏皮话，或者跟一位关系密切的顾问开个善意的玩笑。但那天下午却没有出现这番情景，他直言不讳地问道：“我们怎么走到了今天这个地步？”

这个问题振聋发聩。一年多来，我们一直在绞尽脑汁地应对一场失控的金融危机。2008 年 3 月，美联储为摩根大通提供了 300 亿美元的紧急贷款，帮助其救助华尔街投行贝尔斯登。2008 年 9 月 7 日，小布什政府宣布接管了房利美和房地美，以避免更大范围的金融危机，因为这两家公司是美国房地产市场的支柱，次贷危机爆发之前，两家机构承保或者购买的房地产贷款约占美国居民房地产市场的 50%。2008 年 9 月 15 日凌晨 1 点 45 分，美国第四大投行雷曼兄弟申请破产。在此之前，保尔森和纽约联邦储备银行行长蒂莫西·盖特纳曾经竭尽全力地想为雷曼兄弟寻找一家并购伙伴，但最后还是无果而终。

现在，我要向总统解释清楚为什么美联储打算向美国国际集团（AIG）提供 850 亿美元的紧急贷款。美国国际集团一度是世界上市值最大的保险公司，但在运营过程中做出了一系列鲁莽的举动，运用了多项新奇的金融工具，为大量风险极高的金融产品提供保险，其中包括住房抵押贷款支持证券。然而，随着抵押贷款违约现象的增速达到了空前之快的地步，那些曾经购买这类保险的金融公司以及美国国际集团的其他交易对手纷纷向美国国际集团索赔。在现金短缺的情况下，美国国际集团可能在几天之内就会破产，甚至有可能连几个小时都撑不了。我告诉总统，我们之所以打算救助美国国际集团，动机绝对不是希望帮助它的雇员或股东，而是因为我们认为美国的金融体系，甚至整个经济体系都无法承受它的破产。

早在雷曼兄弟破产之后，市场已经陷入了全面恐慌之中，其严重程度，大萧条以来从未见过。在周一的交易日当中，美国道琼斯工业平均指数重挫了504点，创下2001年9月17日（“9 · 11”恐怖袭击事件之后股市重开之日）以来最大的单日下跌点数。抛售浪潮扩散到了全球市场。随着市场失去了对金融机构的信心，银行间贷款利率一路飙升。不幸的是，我们收到的报告显示，雷曼兄弟崩溃后，很多基金蒙受损失，大大小小的投资者都在迅速撤出货币市场共同基金。

会议室里在座的每一个人都深知，2008年是总统大选之年，从政治角度来看，此时救助美国国际集团将是一个可怕的举措。要知道，就在两周之前，总统自己的政党在2008年竞选纲领中还明确地宣布：“我们不支持政府救助私营机构。”此外，美联储提出的干预措施违反了市场经济的一项基本原则，即企业应该接受市场的约束，政府应该远离企业的错误决策造成的后果。然而，我知道，现在的金融形势已经十分混乱了，一旦美国国际集团违约，形势就会恶化到无法想象的地步，对美国乃至全球经济造成的后果虽然暂不可知，但肯定是灾难性的。

美国国际集团的资产规模超过1万亿美元，比雷曼兄弟多出50%以上，业务覆盖130多个国家，在全球范围内拥有7 400多万个企业与个人客户。仅仅在美国，该集团就为18万家小公司和其他公司实体提供商业保险，这些公司的雇员总量多达1.06亿人，占据美国工作人口的三分之二。它的保险产品保护的对象包括市政当局、养老基金以及401（k）退休储蓄计划的参与者。由于国际业务关联程度非常深，一旦美国国际集团破产，很可能会导致美国和其他国家更多金融巨头的崩溃。

总统一脸严肃，在认真地倾听着。当天早些时候，保尔森曾提醒他说对美国国际集团的救助行动可能是必要的，而且总统也知道我们的选择余地是极其有限的。在私营部门，没有任何投资者想收购它或为它提供贷款。政府没有钱，也没有权力去救助它。但如果它的众多分支机构的市值足以作为政府贷款的担保，那么美联储可以出手，为其提供贷款，使其免于倒闭。

在是否救助美国国际集团的问题上，总统的反应与其在危机期间的惯常反应是一致的。他重申了对我和保尔森的信任，说我们应该做有必要的事情，他会尽己所能地为我们提供政治支持。他很信任我，而且只要一件事情是正确的，无论这可能给他本人以及他的政党造成什么样的后果，他都会支持我们放手去做。我对他充满了感激之情。拥有总统的支持是至关重要的。与此同时，总统还对我和保尔森讲，美国和全球经济的命运就掌握在我们手上了。

白宫那场会议结束之后，我和保尔森又赶到了国会山，当天晚上6点半还有一场会议等着我们。那场会议进行得较为艰难。我、保尔森以及一些国会领导人聚集在一间小会议室里，房间太小，以至于缺少一张桌子，连椅子都没摆够。因为那场会议筹备得十分仓促，众议院议长南希·佩洛西都无暇到场，不过参议院多数党领袖哈里·里德和众议院少数党领袖约翰·博纳在那里。此外，还有几位重要人物也到了，包括参议院银行业委员会主席克里斯·多德、众议院金融服务委员会主席巴尼·弗兰克等。

我和保尔森再次解释了美国国际集团的状况以及我们提出的应对举措。各种各样的问题向我们袭来。有些议员问到美联储是否有权借钱给一家保险公司。正常情况下，美联储能够把钱借给银行和储蓄机构。我解释了《联邦储备法》在大萧条时期增加的一项条文，即第13条第3款。该条文规定，在“异常和紧急情况”下，如果有五个或以上的美联储理事会成员表决同意，美联储可向任何个人、合伙企业或机构发放贷款。有些议员想知道让美国国际集团倒闭的后果，以及美国国际集团如何偿还贷款。我们尽量逐一作答。是的，我们认为这一步是必要的，但我们不能给出任何担保。

当问题开始减少的时候，我环顾了一下四周，看到参议员里德正在用双手抚面，疲态尽显。他最后说道："主席先生，部长先生，我感谢你们今天晚上来这里告诉我们这些事情，并回答我们的问题，这对我们很有帮助，你们也听到了一些评论和反映，但不要错误地把在座各位所说的话视为国会批准了你们的做法。我要把话说清楚，这是你们的决定，责任也由你们承担。"

会议结束后，我回到了办公室。负责与美国国际集团谈判贷款协议的盖特纳打来电话说，美国国际集团的董事会已经同意了我们提出的条件。坦率地讲，我们提出的条件非常苛刻，因为我们不想去奖励一个失败的公司，也不想鼓励其他公司效仿美国国际集团去承担可能引发破产的风险。我们给美国国际集团的贷款利息很高，并且注资后占股比例要接近80%，这样一来，如果救助方案奏效，纳税人就能从中受益。当时，美联储自己的理事会已经批准了救助方案。我们现在需要做的就是将这个消息发布给媒体。

但我仍然需要一些时间通盘考虑一下。我相信我们在做正确的事情，我相信我们没有其他合理的选择了，但我还知道决策过程有时候会遭到惯性力量的裹挟。在此过程中，把事情弄清楚是非常重要的。

毫无疑问，我们将采取的措施蕴含着巨大的风险。虽然850亿美元是一个巨大的数目，但涉及的风险绝不仅仅是金钱方面的。如果美国国际集团拿到贷款后仍然失败了，那么金融市场上的恐慌情绪就会加剧，市场对于美联储危机管控能力的信心或将遭到毁灭性的打击。此外，美联储的前途也将岌岌可危。参议员里德已经明确表示国会不会承担任何责任。总统虽然会为我们辩护，但再过几个月，他就要卸任了。如果我们失败了，愤怒的国会可能会重创美联储。我不想让自己的决策导致美联储的毁灭，不想给世人留下这样的回忆。

我看着窗外的宪法大道，暗自思忖道："我还能阻止这一切。"要给美国国际集团提供贷款，需要美联储理事会的一致同意，因此，只要我此刻改弦更张，就能阻止这一切。我把这种想法讲给了米歇尔听，并且补充了一句："我们还没有宣布任何事情呢。"

如果我们采取了行动，没有谁会感谢我们，但如果我们没有采取行动，又有谁会感谢我们呢？美联储是一个具有政治独立性的中央银行，为了国家的长远利益而做出政治上不受欢迎的决策，是它存在的一个理由。它成立的目标恰恰就是如此：做他人不能或不愿做，却又必须要做的事。

米歇尔打断了我的思绪。她轻柔地说道："我们得发布点什么。"

"好吧，"我说，"这事必须做。我们再最后看一遍新闻稿。"

新闻稿的开头是这样的："美国东部时间 2008 年 9 月 16 日晚上 9 点整，周二，美联储理事会在美国财政部的全力支持下，授权纽约联邦储备银行为美国国际集团提供 850 亿美元的贷款……"

The Courage to Act

# 第一部分　序曲

# 第一章
# 主街

2006年9月1日，早上，南卡罗来纳州，拉塔镇。天上下着蒙蒙细雨，空气凉爽得有点不合时节。我们的车队共由三辆车组成，车队徐徐驶出了阿宾登庄园的马蹄形车道。这个庄园是一个只提供住宿和早餐的便捷旅馆，拥有104年的历史，是希腊文艺复兴时期的建筑风格，距离我的家乡——南卡罗来纳州的狄龙镇[①]只有10分钟的车程。在这个古老的旅馆内，你可以看到古色古香的家具、质地精良的亚麻织品以及用印花棉布制作的窗帘，这一切无不在彰显着前几代较为富裕的南卡罗来纳州居民拥有的雅致品位。我和家人及朋友在这里吃了顿晚饭，住了一晚。在此之前，我在南卡罗来纳州西部的格林威尔县发表了一个演讲。在那里，一位牧师祈祷上帝帮助我制定国家的货币政策。

我们驶入了301号公路，目的地是狄龙镇。最前面的是一辆当地的警车，为我们领路。如同往常一样，我坐在第二辆车后排座位的右侧。坐在我前方那个副驾驶位置上的是鲍勃·阿格纽。他是一位经验丰富的特勤人员，负责我的安保事宜。坐在我左侧位置的是戴夫·斯基德莫尔，他是负责维护媒体关系的美联储官员。我后面那辆车还坐

① 狄龙镇是狄龙县的县治所在地，该县另外两个建制镇分别是拉塔镇和湖景镇。——译者注

着两名安保人员。

在安保团队礼貌却坚定的请求之下，我已经7个月没开过车了。鲍勃和安保团队的其他成员对我一直非常友好和礼貌，但在执行安全方案时，却是绝对不肯妥协半步的。自从我2006年2月1日就任美联储主席以来，他们一直陪伴在我左右。我的前任艾伦·格林斯潘曾经十分贴切地描述过身处这种安保状态下的感受。他告诉我，感觉就像被人软禁了一样，而软禁者却对你好得难以想象。这些安保人员以及摄制组人员，将伴随我此番狄龙镇之旅的始终。我小时候在镇子上四处漫步，没有人陪伴我，我还经常从家里骑自行车去图书馆，或者去我家在西主街200号开的药店。

那天早上，我们的车队向西主街200号进发。现在，这个位置是琴泰餐厅（Kintyre House）。餐厅的外墙采用的是裸露的砖块，抛光的木地板十分洁净光亮，令人感觉轻松惬意。我此番前去不是像40年前那样把杂志摆到书架上，也不是引领顾客找到洗发水或其他商品，而是去和大约20位狄龙镇的知名人物一起吃早餐，这些人主要是民选官员和企业主。我们吃的是自助餐，有水果、粗燕麦粉、带有牛排的火腿蛋松饼，以及用犹太白面包做的法式吐司。我不确定他们是否考虑到了我的犹太背景而为我准备了白面包，但对我来说更让我高兴的是，我看到那场早餐会的参与者既有白人，又有非洲裔美国人。在我儿童时代的狄龙镇，种族隔离现象非常普遍，公共厕所及饮水机都要分开放置。如果时光倒流回那个年代，那么这个镇子上的黑人公民肯定不能在这样的酒店里就餐，更不可能跻身当地领导者群体。当时，参加那场早餐会的有狄龙县的县长托德·戴维斯以及狄龙镇议会的议员约翰尼·布拉迪。我在狄龙镇读高中时，加入了学校的乐队，吹萨克斯管，而约翰尼·布拉迪就在我对面吹小号。

早餐会是“伯南克日”的第一个活动。那次狄龙之行的高潮是在狄龙县法院大楼前的草坪上举行的一个仪式。那座大楼是红砖建的，当时已经具有了95年的历史，与我们吃早餐的那个酒店隔着一个街区。我从狄龙县的县长托德·戴维斯手中接过了狄龙这座城市的钥匙，并从南卡罗来纳州州长马克·桑福德手中接过了“矮棕榈荣誉证书”①。这是南卡罗来纳州授予公民的最高荣誉。②我深知这份荣誉来得有点早，因为当时我刚担任美联储主席一职不久，还没有取得什么切切实实的成就。看到法院大楼前草坪的折叠椅上坐着那么多往日的同窗、邻居以及老师，我甚为动容。

那时，我已经将近10年没有回过狄龙了。我的父亲菲利普和母亲埃德娜退休之后就搬到了北卡罗来纳的夏洛特市，自那之后，我便再也没有回过狄龙。我母亲是在夏洛特市长大的，我弟弟塞思一家现在也居住在夏洛特市。当我是一个十几岁的小青年时，我迫不及待地想离开故乡，但随着年龄渐长，特别是在进入华盛顿决策圈之后，我的思绪却时常飞回故乡。我在那里学到了什么是努力工作，什么是责任，以及什么是尊重他人。当你在华丽的政府大楼全神贯注地思考冷冰冰的统计数据和宏大规划时，你很容易忘记自己来自哪里。因此，我这一天就给自己提了个醒。简短的仪式之后，我握了一个小时的手，绞尽脑汁地根据人脸回忆起他们的名字。

狄龙镇大约有6 500人，坐落在小皮迪河西岸。小皮迪河蜿蜒地流淌在南卡罗来纳州东北部一片片农场、松林和沼泽地之间。狄龙镇建立于1888年，是狄龙县的县治所在地。距离狄龙最近的镇子是大约25英里外的佛罗伦萨镇。佛罗伦萨镇的人口不到4万人。在童年时代，大多数时候，我们不得不开车到佛罗伦萨镇看病，而不愿意在狄龙镇看全科医生，甚至连看个电影都得去佛罗伦萨镇。

---

① 南卡罗来纳州的别名是“矮棕榈之州”。——译者注

② 在我之前接受过这一殊荣的人是达里奥斯·拉克，他是Hootie & the Blowfish摇滚乐队的主唱和节奏吉他手。

狄龙镇和狄龙县都是以詹姆斯 · W · 狄龙（James W. Dillon）的名字命名的。他是当地的一位商人、银行家和棉花收购商，正是他带领着当地居民积极呼吁把铁路线修到狄龙。狄龙镇建立的那年，铁路打开了这个地区封闭的大门，将其与更加广阔的外部世界联系到了一起。即便今天，美国铁路公司的矮棕榈号客运列车（运行区间为纽约市和佐治亚州的萨凡纳市）每天都会在狄龙镇停两次，只不过现在人们更有可能选择 95 号州际公路。现在，狄龙镇名气最大的当属“边境之南”。所谓“边境之南”，是南卡罗来纳州与北卡罗来纳州之间的一个具有墨西哥风情的景点，也是一个综合性的商业服务区，但价格较高，对于游客而言或许并不划算。在公路两侧，可以看到很多婚礼教堂和烟花店，其中，烟花店表明，南卡罗来纳州的监管措施较为宽松。

狄龙镇火车站为棉花、烟草以及后来的纺织品提供了良好的转运条件，因此，一度为这个镇子带来了一定程度的繁荣。但到 2006 年我回去的时候，狄龙的日子已经不好过了。烟草曾经是该地区最重要的经济作物，但在国会取消联邦价格支持计划之后，几乎消失得无影无踪。纺织业面临着进口纺织品带来的日益激烈的竞争，因此，也在逐渐衰落。公共服务反映出当地的计税基数不断缩小。我那趟狄龙之行的三年之后，也就是 2009 年，南卡罗来纳州狄龙镇一位名叫泰西奥马 · 贝西娅的八年级女学生将全国人民的注意力吸引到了狄龙镇，因为她给国会写了一封信，请求国会协助修缮她那破旧不堪的学校，而这也是我在 40 年前就读的学校。①

我的家族最初正是在困难时期才搬到了狄龙，而不是搬离了狄龙。

---

① 泰西奥马 · 贝西娅的请愿成功了。2009 年 2 月，奥巴马总统在国会发表演讲，呼吁通过刺激经济的预算时，曾经邀请她与第一夫人米歇尔 · 奥巴马坐在一起。联邦政府通过贷款修缮了她的学校，并在 2012 年 9 月启用。遗憾的是，几个月后，她因母亲失去在当地工厂的焊接工作，不得不暂时离开狄龙，搬迁到了亚特兰大郊区。

在20世纪20年代末、30年代初的大萧条时期，我的祖父乔纳斯·伯南克曾经在纽约经营多家药店，但不是很成功。1941年，已经年届50的他发现狄龙有一个药店正欲出售，便决定收购下来，重新开始。他带着妻子和三个儿子（包括我父亲在内）来到了南方的狄龙。

乔纳斯的肩膀很宽，喜欢抽雪茄，脸上总是挂着一副严肃的表情，让人联想起海明威式的男子气概和自信。他为药店取名乔伯药店（Jay Bee Drug Co.），将自己名字的首字母嵌入其中。我的祖父母以及外祖父母都是移民，祖父出生于鲍里斯拉夫。这座城市现在属于乌克兰，位于乌克兰西部，地处与波兰交界的地带，但我祖父出生时，这个城市属于奥匈帝国。第一次世界大战期间，我的祖父被征召入伍，加入奥匈帝国弗朗茨·约瑟夫一世的军队。虽然他讲出来的故事让我们觉得他似乎是一名军官，但其实他只是一名下士。他被派往东线战场之后，被俄国人俘虏了，送到了西伯利亚，被关进了符拉迪沃斯托克附近的战俘营。战争结束后，他想办法逃了出来，并去了上海，然后从上海搭乘一艘开往法国马赛的轮船回到了欧洲。1921年，他决定去美国碰碰运气。他带着我祖母莉娜，与另外957名乘客一道，乘坐“克林顿山峰”号轮船，从德国汉堡出发，于6月30日抵达埃利斯岛[①]。当时，乔纳斯30岁，莉娜25岁，正怀着他们的第一个孩子，即我的伯父弗雷德。这艘轮船的旅客名单上载明我的祖父母当时乘坐的是普通舱，进入美国时，他们每人身上只带了25美元。

祖母莉娜自身有着出色的能力。她出生在波兰的扎莫希奇，靠近波兰与乌克兰边境。1920年，她在著名的维也纳大学获得了医学学士学位。抵达纽约之后，她在犹太移民较为集中的纽约市曼哈顿区东部开了一个小诊所，同时，祖父乔纳斯在福特汉姆大学学习药理学。但

① 从1882年至1954年，艾利斯岛是许多移民美国者的第一站，新移民在此登记和隔离检疫，等待入境许可，在获准入境之前，他们是完全没有身份的人。——译者注

乔纳斯做出举家南迁的决定后，莉娜的医学生涯也戛然而止了，因为南卡罗来纳州不承认她在欧洲取得的学位。我记得莉娜极其聪明，有着高雅的欧洲品位，她在狄龙过得并不开心，这是毫无疑问的，因为在20世纪四五十年代，美国南方大部分地区仍然以农业为主，而且狄龙又处在基督教文化十分强势的“圣经地带”，这种文化的冲突注定会导致她产生一定的不适感。在我小时候的记忆里，乔纳斯的性情变化无常，他们的婚姻生活充满暴风骤雨，孩子都是莉娜一个人带大的，在晚年生活中，尤其是在祖父1970年逝于心脏病之后，莉娜把自己的精力投入到了阅读和绘画上。如同许多被同化的欧洲犹太人一样，她和乔纳斯都不怎么参与犹太教的传统活动，只是偶尔到狄龙镇上那个小型的犹太教堂做做礼拜。

我祖父母对宗教活动的不感兴趣，与我外祖父母赫舍尔及玛西亚形成了鲜明的对比。赫舍尔和玛西亚是正统的犹太人，家庭生活严格遵循犹太教教规，并严格遵循安息日制度。他们在第一次世界大战爆发之际从立陶宛移居美国。在搬到北卡罗来纳州夏洛特市之前，他们先后居住在缅因州波特兰市和康涅狄格州诺威奇市（1931年我母亲就是在这里出生的）。今天的夏洛特市是一个被富裕郊区环绕的银行业中心，但我外祖父母刚搬过去的时候，那里还一片沉寂，甚至有点破败。我第一次长时间探望他们是在3岁的时候。当时，我那尚在襁褓中的妹妹娜恩患有先天性心脏缺陷，我父母抱着她去马里兰州巴尔的摩市的约翰·霍普金斯医院看病，治疗没有成功，娜恩三个月大的时候就夭折了。我外祖母是在1967年去世的，那一年我13岁。在她去世之前，我每年夏季都会到她家住上一周。我外祖父在我外祖母去世后就搬到了狄龙镇，和我们住在一起。他去世的时候，是94或95岁，他自己都不确定自己的年龄，他的父母曾经改动过他的出生信息，以使他免服兵役。

我外祖父曾经在立陶宛做过犹太教洁食屠夫，做过希伯来语教师，也曾经在北卡罗来纳州夏洛特市的“以色列教堂”（Temple Israel）做过犹太律法的专业诵读者，可以说是犹太律法领域的一位学者。这个教堂兴建于保守主义运动时期，既体现出了对现代性的接纳，又不乏传统的宗教活动。我外祖父除了能讲英语（带着犹太口音）之外，还能讲好几门欧洲语言，尤以希伯来语、意第绪语和亚拉姆语最为流利。我夏季去他家做客的时候，他总是会教我下国际象棋，教我读书，教我翻译《圣经》希伯来语[①]。他还教我去阅读和理解《塔木德》[②]中的一些片段，但太复杂了，我没有耐心。为了巩固外祖父教给我的内容，外祖母总是会让我再把学到的希伯来语“教”她，其实，她本人是非常了解这些内容的。

与我的祖母莉娜相比，外祖母玛西亚非常外向随和，给人一种暖暖的感觉，这样的外祖母对于一个小男孩而言是再好不过的了。在惬意的夏日傍晚，我会和她坐在房前的门廊上聊天，有时候会聊几个小时。我认为，我之所以对大萧条形成了毕生的兴趣，最初的根源就在于外祖母给我讲的他们一家在20世纪30年代早期的诺威奇市的生活经历。她和外祖父引以为豪的一个事实是，他们每年都能给孩子们买新鞋穿，这多亏了我外祖父在一个家具店拥有一份工作。我外祖母说，其他孩子不得不穿着破旧的鞋子去上学，甚至光着脚。于是，我问她为什么那些孩子的父母不给他们买新鞋，她说那是因为他们的父亲在鞋厂关闭后就失业了。“为什么工厂关闭呢？”我问道。她回答说：“因为大家都没钱买鞋了呀。”即便一个小孩子都能看出其中的问题，我在职业生涯中却花费了大部分时间去研究大萧条，以期更好地理解为什么会发生这么严重的经济萧条。

外祖母会做具有东欧传统犹太风味的食品，比如犹太丸子汤、鸡

① 《圣经》希伯来语是《圣经·旧约》中所使用的语言。——译者注

② 《塔木德》是注释、讲解犹太教律法的著作，为犹太教仅次于《圣经》的主要经典。——译者注

胸肉和清蒸茨米斯（一道在红糖水中炖红薯和胡萝卜的小锅菜）。1958 年 5 月 23 日的《夏洛特观察者报》（*Charlotte Observer*）还为她的犹太薄卷饼发了篇专题文章，介绍了具体的做法。那篇文章引用了我问外祖母的一句话："外婆，为什么你不教我妈妈做薄卷饼呢？"当时，我只有 4 岁半。那是我被媒体记录下来的第一句话。自那之后，我又多次在毫无防备之心的情况下对记者发表评论，而后却又感到有点后悔。

当祖父母一家从纽约迁到狄龙时，我父亲只有 14 岁。那次搬家肯定会令他感到迷茫，但他从没有跟我聊过。从很多方面来看，我父亲与我那专横暴躁、肩膀宽大的祖父恰恰相反，因为父亲体态较瘦（我怀疑他的体重是否曾经超过 125 磅过），举止腼腆，性格温和。他在狄龙读完高中后，便加入了海军。他参军那年正值"二战"结束之前的最后一年。他在驱逐舰上待的时间很短，其他大部分时间都驻扎在内华达州的里诺市。他被派到那里管理一个为军人服务的物资供应点。我父亲大部分海军生涯居然是在内华达州的沙漠地带度过的，这虽然多少有点讽刺意味，不过他却津津乐道。

"二战"结束后，我父亲菲利普去北卡罗来纳大学查珀尔希尔分校攻读戏剧学的硕士学位，在此期间，他遇到了我的母亲埃德娜。当时，我母亲是北卡罗来纳大学女子学院的学生（这所学校即现在的北卡罗来纳大学格林斯博罗分校）。父亲爱上了母亲，但我想他也爱上了她那笃信宗教、待人热情的家人，因为他的家庭气氛往往比较严肃紧张，他渴望融入一个温暖的群体，渴望拥有归属感。1952 年 6 月 15 日，他们在夏洛特结了婚。

在狄龙的家庭里，我母亲沿袭了她父母的传统做法，要求我们过犹太教的节日，并且日常饮食也会遵循犹太教教规。我们吃的肉都是从夏洛特运过来的冷冻肉。我父亲在遵守犹太教教规方面不是很严格，比如，周六的时候，他可能会去药店工作，但他很乐意接受犹太文化。

晚上，他会坐在他的椅子上，谢了顶的头上戴着圆顶小帽[①]，阅读关于犹太哲学与历史的书籍。周六休息时，他喜欢在午饭后带着家人一起唱传统的福音歌。福音歌往往很长，我父亲沉浸其中，慢悠悠地唱着，享受着其中的乐趣，但我和弟弟、妹妹却唱得很快，就像在比赛一样，看谁能最先唱完一首福音歌。我们的语速之快，堪比药品广告结束之际的免责声明。

虽然父亲像祖母一样热爱艺术和哲学，但母亲却不是如此。她虽然聪明，却不是特别知性。她冷静，务实，注重外在的东西，而且往往杞人忧天。我上幼儿园时，她就担心我在幼儿园的表现，还会派父亲过去查看一下。等到我要离开家，去哈佛大学念书时，她又担心我的衣服是否体面，担心我的社交能力是否能让我融入集体。她印象中的哈佛大学肯定是20世纪50年代的样子，而当时已经是20世纪70年代初期了，年青一代喜欢的衣服是看似破旧的蓝色牛仔裤，校园中还时常举行抗议集会。这就是我在那个年代经历的事情。2014年，当我准备从美联储卸任时，她又担心60岁的我在8年没开车之后是否还能安全驾驶。

父母结婚后搬到了南卡罗来纳州的北奥古斯塔市，父亲在那里的一家社区剧院担任经理和舞台演出的导演。1953年12月13日，我出生在萨凡纳河对岸的佐治亚州奥古斯塔市。他们给我取的名字是本·沙洛姆（Ben Shalom），在希伯来语中的意思是“和平之子”。由于要养家糊口，父亲意识到他需要挣更多的钱，便回到了狄龙，在他父亲的药店里工作。他的弟弟莫蒂默（比他小两岁）已经在那里工作了。

父亲在工作中学习了药理学，后来通过了国家的认证考试。随着时间的推移，他开始怀念那段剧场时光，我们每次一起去看电影，他

① 这里的圆顶小帽是指犹太男人、男孩在室内祷告、学习、就餐时戴的便帽，亦称“犹太帽”或“亚莫克便帽”。——译者注

都会对电影的导演方式与演员的演技点评一番。虽然祖母觉得父亲的凌云壮志被磨灭了，但他却不这么认为。相反，他相信自己做的事情很有必要，他也会努力工作，尽己所能地成为最好的药剂师，不断了解新的治疗方法、新的药物和新的维生素。在当时那个医生寥寥无几的小镇上，父亲被称为“菲尔医生”（Doctor Phil），我叔叔被称为“莫特医生”（Doctor Mort）。父亲并不仅仅将自己视为一个药店店主，而是更多地将自己视为一位卫生保健服务的提供者，并且主动停止销售香烟，这比西维士连锁药店（CVS pharmacy）停止销售香烟早了半个世纪。他每周工作 6 天，如果周日有紧急处方，他就会工作 7 天，而这是常事。一般情况下，吃晚饭的时间，我是见不到他的。

母亲曾经在狄龙镇的一所小学当老师，教四年级，但她不满意这种生活，只做了一年便回家做家庭主妇了，同时她也会到药店去帮个忙，记个账。我小时候，父母雇了一位黑人女性帮忙做清洁和做饭。她肯定是南卡罗来纳州为数不多的擅长做犹太饭菜的黑人女性之一。她叫伦尼·梅·贝西娅，父母经常把我交给她照顾。虽然父母一直很尊敬伦尼，但我还是能感觉到我们之间的社会地位存在差异，也许是因为伦尼自己太在意这些差异了。我小时候曾经无心地将她称为“女佣”，而她告诉我说：“我不是任何人的女佣。我是一名管家。”她在我家一直工作到我去上大学。后来由于她岁数太大无法工作，我父母就为她提供了一份养老金，直到她去世为止（这也是我后来了解到的）。

我那尚在襁褓的妹妹夭折后，父母又生了两个孩子，分别是比我小 5 岁的塞思和比塞思小两岁的莎伦。由于年龄差异，我和他们两个相处的时间并不是很多，只是偶尔会代替父母照看他们。如今，塞思是一名律师，专注于工伤赔偿方面的业务；莎伦在波士顿一家音乐学校做行政管理工作。成年后，我们经常会带着家人相互拜访拜访，有时也会一起度个假。

我们童年时代的狄龙镇看起来与美国南方的其他许多小镇很相似，现在仍然是这样。镇上有一个商业区，里面的砖面建筑只有一两层高，沿着主街绵延六个街区。在 20 世纪 60 年代，在轿车与卡车汇成的车流之中，偶尔也能看到骡子拉的车。往东走，主街逐渐变窄，两边开始绿树成荫，进入到住宅区，那里有一些漂亮的老房子。其中一栋两层小楼是邓巴图书馆（Dunbar Library），那是我儿童时代最爱去的地方。那座小楼曾经是一户人家的住宅，变成图书馆后，里面摆满了各种各样的书籍，甚至有些霉味。每逢周六，我都会骑车过去，回家时，车篮子里放着三四本书。

我家的位置是东杰斐逊街 703 号，是一个三居室的平房，位于一个中产阶级社区内，在主街上那些大而漂亮的老房子北面，相距五个街区的距离。我们这栋房子是父亲在我上小学一年级前后从爷爷那里买过来的，之前，我们居住在半英里之外的一个小房子里。我们的邻居都是白人。狄龙镇大部分黑人都居住在郊区地带，分布在 57 号公路两侧。他们的房子看起来普普通通，有些甚至是可以移动的，街道也没有铺柏油。我好多年都没去过那片社区，后来，十多岁的时候，我骑车去伦尼·梅·贝西娅家里，才过去看了看。

我小学一年级到六年级都是在狄龙镇东区小学读的，离家很近，有时可以走着回家吃午饭。从七年级到十一年级，我是在狄龙中学读的，距离闹市区和我家的药店有几个街区远，我得坐公交车去。那些年里，放学后，我经常去药店帮忙。虽然我也做点事情，但大部分时间都是自由的，到处逛逛看看，吃点糖果，然后就坐摩西的自行车回家。摩西是一位黑人，只有一只胳膊，被我父亲雇来递送处方。暑假里，我每天在药店做半天兼职，作为报酬，父亲每小时给我 25 美分。我刚开始做的事情就是做清洁、摆货架以及整理药店的杂志架，到后来，父亲让我操作现金出纳机。

我的学业从一年级一开始就呈现出好兆头，我只读了两周的时间，就具备了良好的阅读能力和做加减法的能力，之后老师就说我可以读二年级了。记得六岁的时候，我在父母的书架上看到过一本书，书名大概是《你的天才孩子》(*Your Gifted Child*)，我当时就能很好地理解那本书讲的是什么。

11 岁时，我在南卡罗来纳州拼字比赛中荣膺冠军，并获得了到华盛顿特区的五月花酒店参加全美拼字竞赛的机会。我很想赢那场比赛，因为胜出者将有机会参加《埃德·沙利文秀》节目，并得到主持人的特别介绍。最后的结果令人失望，我在“edelweiss”(雪绒花)这个单词中多加了一个字母“i”，在 70 名参赛者中，我只得了第 26 名。当时，我还没有看过那部名为《音乐之声》的电影，里面有一首与雪绒花有关的歌曲。我参赛的时候，狄龙镇上唯一的电影院已经关门大吉了。没关门的时候，作为一个小孩子，花上 25 美分就能观看两部连续播放的电影。

我读四、五年级的时候，喜欢看青少年小说，通常是与体育有关的内容，后来，我又喜欢上了科幻小说。再长大一些，我的阅读面就拓宽了许多。老师们会给我找相关的书籍和文章，让我自己去研究。比如，我就读的狄龙高中没有开设微积分课程，而我想提前自学一下大学数学的内容，老师就为我找来了沙姆纲要系列[①]的微积分入门教程。我从来不读报纸上的商业版内容，因为理解不了里面的意思。

我至今仍然记得很多老师，我对他们充满了感激之情。在四年级时，我开始跟随一位名叫海伦·卡尔普的老师学习吹萨克斯。她兢兢业业，诲人不倦。她有时候会指挥行进乐队，有时候会指挥音乐会乐

---

① 沙姆纲要系列，Schaum’s Outline Series，是美国经典学习指导系列丛书，帮助高中生预习大学课程，也被部分大学用作基础教材，最初由丹尼尔·沙姆(Daniel Schaum)于 20 世纪 30 年代编著，主要集中在数学和物理学这两个学科上，但后来学科逐渐得到拓展，囊括了工程学、计算机科学、生物学、会计学、金融学、经济学、语法学等，至今依然畅销。——译者注

队，这取决于季节的不同。得益于这些乐队，我能够轻松融入学校的社团，而且上高中后，每周五晚上我都可以加入乐队，在足球比赛的中场休息时参加演出，而不用去犹太教堂里面做礼拜。

比尔·埃利斯是一位物理教师，说起话来总是轻声细语的。正是他激起了我对科学的兴趣。十一年级时，我在南卡罗来纳州学习能力倾向测验中得了最高分，受到嘉奖，当被问及谁是我最喜爱的老师时，我提到了埃利斯先生。我的奖品是一次欧洲之旅。那是我平生第一次出国，持续 17 天，乘坐巴士游历了 11 个欧洲国家。

约翰·福勒是我高中时期的英语老师。他总是鼓励我多练习写作。十一年级时他把我写的 7 首诗提交给了南卡罗来纳大学举办的一次竞赛，最后，它们被收录在《漫笔》（*The Roving Pen*）这本诗集中，得到了公开发表。那时，我开始想象自己是一名作家。我父亲为了鼓励我写故事，每写一行就给我一便士。或许是因为明白了经济鼓励的原因，我每次都写得很长。后来，我写了一篇关于黑人和白人的孩子在高中篮球队建立友谊的故事，在完成三分之二的时候，我将其发给一家杂志，看看能不能发表，结果收到了一封充满善意和鼓励的退稿信。

那篇没有完成的小说的主题后来变成了现实。在十一年级时，我那所学校只收白人孩子，只有极少数例外。但到 1970 年，狄龙镇新开了一家完全消除种族隔离制度的学校，平等地面向白人和黑人的孩子，我十二年级那一学年就是在这所学校度过的。那一年，我平生第一次拥有了与我年龄相仿的黑人朋友。于是，我退出了卡尔普小姐的乐队，以便腾出时间编辑班级年鉴。1971 年，我被评为当年最优秀的高中毕业生，是那所新学校开放之后的第一个优秀毕业生，我还被评为成功概率最大的学生。那一年里，我觉得自己在学校发挥的作用更大了，比之前任何一年都大。新学校打破了种族隔离制度，为不同种族的学生建立社交关系创造了机会，也打破了以往那些小圈子。

对于毕业班那年我在社交方面的成功，我自己都觉得很有新鲜感。

在那之前，虽然我与同学相处得也不错，但我书生气太重，常常都是一个人独来独往。我十多岁的时候，最好的朋友是内森·戈德曼，他也是一个犹太人。我们都对棒球和数学感兴趣。在夏季傍晚，我们时常会一起玩一种叫作“桌面棒球”的桌面纸牌游戏，总是沉浸其中而难以自拔，一玩就是好几个小时。我还参加过一季的少年棒球联赛，但大部分情况下都是替补队员。我经常用父亲的短波收音机，熬夜收听洛杉矶道奇队的比赛信息。我之所以非常支持洛杉矶道奇队，是因为他们明星般的投手桑迪·柯法斯也是一个犹太人。我如饥似渴地了解每一位队员的数据，那支球队的命运也牵动着我的欢喜悲忧，尤其是他们与旧金山巨人队打比赛时，我会更加关注。有时候，比赛打得太晚，我等不及的时候，就会给一位在当地电台工作的朋友打电话，让他帮我关注道奇队的比赛情况。

“桌面棒球”旨在模拟棒球比赛的真实场景，虽然运气因素对模拟比赛结果存在一定的影响，但如果玩得够久，比如，玩一季，最终的模拟比赛结果与真实的比赛数据不会存在很大出入。这种游戏经历是我第一次从概率和统计数据的角度去思考问题。最后，我和内森都不再满足于只玩这种商业色彩较重的桌面游戏，而是想玩复杂一点的游戏，于是我们就玩起了一本与棒球有关的小说描述的棒球游戏。那本小说是我在 14 岁左右读过的，名为《宇宙棒球协会台柱J·亨利·沃》，作者是罗伯特·库弗。这本书其实充满了哲理（它的主题是上帝和死亡之间的关系），但当时这本书最吸引我的是它描述的那些棒球游戏。那个小说的主人公，也就是棒球游戏的发明者，因为太痴迷于这些游戏而陷入了疯疯癫癫的精神状态，对于这部小说的深刻思想，我却没有注意到。

我的书生气和内向性格是从父母那里遗传下来的。我家族中性格外向的人是我叔叔莫蒂默和我弟弟塞思。我们一家人在夏季一起出去旅行的时候并不多，只一起去过南卡罗来纳州东部的旅游胜地——默特尔海滩，而且即便那个时候，我们一家人坐在一起也是各看各的书，屋子里很安静。我父母的社交生活（姑且这么说吧）主要集中在小镇上一座小型的犹太教堂，这个教堂的名字叫奥哈弗·沙洛姆（Ohav Shalom），意思是“热爱和平的人”。

在一个南方小镇的中央地带矗立着一座犹太教堂，看起来虽然有点突兀，实则不然。早在独立战争之前，南方就有犹太人定居了，通常是以经商谋求生计。具体到南卡罗来纳州，18 世纪伊始就有犹太人定居在查尔斯顿这座港口城市，19 世纪伊始，随着铁路线的延长，他们又来到了南卡罗来纳州东北部的皮迪河流域，在狄龙以及附近的镇子开店谋生。

奥哈弗·沙洛姆教堂始建于 1942 年，如同外祖母所在的夏洛特市的犹太教堂一样，也与保守主义运动有着千丝万缕的联系。这座教堂之所以能维持下去，得益于狄龙镇上几个犹太家庭的共同努力。我家和我叔叔家也会拿出一部分钱。[①]我们大部分时候都是自己做礼拜的，只是偶尔需要从附近的佛罗伦萨镇请一位拉比[②]过来。在每年秋季的赎罪日，我们还会从纽约市的犹太神学院（Jewish Theological Seminary）邀请一位学生拉比。因为我母亲一直严格按照犹太教教规操持家务，所以，招待拉比的任务一般都是由我家承担（当时，拉比往往是男性）。幸亏外祖父之前曾经教过我希伯来语，因此，我 11 岁的时候就能够领着别人做礼拜了，同时也为 13 岁的“受戒礼”做好了准备。

在“受戒礼”前后，我开始对宗教产生了质疑。比如，我会和父

---

① 然而，随着下一代人搬离了狄龙，出资的家庭只剩下了 7 个，包括我叔叔家在内。教堂因此就无法维系了。后来，到 1993 年，他们经过商议，决定关闭这座教堂，并将其卖掉，大多数收入都捐给了佛罗伦萨镇的贝斯以色列犹太教堂。

② 拉比（Rabbi），是犹太人中的一个特别阶层，指接受过正规犹太教育，系统学习过《塔纳赫》、《塔木德》等犹太教经典，担任犹太人社团或犹太教教会精神领袖或在犹太经学院中传授犹太教教义者，是老师也是智者的象征。——译者注

亲就宗教与科学的矛盾之处进行争论，有时候会把他惹急。此时，我也到了青少年反叛的年龄。但说实话，我当时的反叛意识并不强，只不过在十一年级和十二年级时留过长发而已。我父母总想着让我到狄龙镇以外的地方接触一下犹太文化，我虽然不太情愿，但也算配合。我参加过一段时间的犹太夏令营，但很不喜欢，并不是因为是犹太教的，而是因为我不喜欢受到“温和管制”的夏令营生活。在13岁时，我花了6周的时间去纽约参加犹太教的夏令营。在那里，按要求，露营者只讲希伯来语，但其实并非如此。在纽约时，我大部分时间都是在图书馆研究棒球比赛分数。接下来那一年参加“联合犹太教会青年夏令营”时，我感觉好多了，因为在那次夏令营期间，我们乘坐巴士在美国各处游历了6周之久，我不仅第一次有机会看看除了南方以外的美国，还在圣路易斯参加了美国职业棒球大联盟比赛。那是我第一次参加这类比赛。

在狄龙，虽然犹太人属于少数民族，但不会经常受到歧视，因为白人把他们的歧视主要留给了黑人，但我还是知道自己与其他人的不同之处。上小学时，我被其他孩子问了好几次头上是不是长着犄角，我相信他们也是无心的。（人们之所以认为犹太人头上长着犄角，一方面是因为《出埃及记》中的一个希伯来语词遭到了误译，另一方面是因为米开朗琪罗雕刻的摩西像的头上有角。）年龄大一些之后，我意识到很多同龄人，主要是福音派基督徒，觉得我背负着永恒的诅咒。

在狄龙镇，信奉犹太教的犹太人夹杂在信奉基督教的白人与黑人之间，因此，我的家人在这种社会结构中感觉并不是很轻松自在。在很小的时候，我没怎么想过种族隔离和歧视现象，因为这是我生活环境的一部分，似乎是正常的和想当然的。随着年龄越来越大，我日益意识到了不公平现象。我曾经去佛罗伦萨镇参加过一个犹太青年团体组织的集会，听了几次关于种族、歧视和反犹太主义的演讲，接触了一些所谓的进步思想。因此，我开始留心这类现象。我发现，当黑人青少年开车去我家附近的公园里打篮球时，镇子上就会有人过去拆掉球篮，最后导致谁也用不了球场。后来，1968 年 4 月，我心目中的一个“好孩子”，也就是我高中的一位好朋友，竟然对马丁·路德·金遇刺身亡表示很高兴，这让我感到非常惊讶。

我父母从来不会跟我详细讲种族主义的坏处，但我看得见他们在通过自己的实际行动反对种族主义。我们家的药店欢迎每一个人的到来，无论是白人，还是黑人，都会一视同仁。（即便我那性情傲慢、似乎平等地蔑视所有人的祖父乔纳斯，也会同时服务白人和黑人，这在 20 世纪 40—50 年代是很不同寻常的。）我父亲和叔叔会向每一个有需要的人提供咨询服务，并且任何人都可以赊账。他们在雇用和晋升员工的时候，也会采用同样的标准。他们相信，任何为了养活自己或家庭而努力工作的人，无论工作多么卑微，都是值得尊敬的。如果有顾客欠账较多，我父亲或叔叔可能会和他们私下聊一聊，但绝对不会给那些显然无力偿还的人施加压力。

在以美联储主席的身份访问狄龙期间，我发现种族主义问题改善了很多。我见到的那些狄龙镇领导们既有白人，也有黑人。我感受到了一种相互信任与合作的精神。他们为了一个共同的目标而努力，这个目标就是让狄龙成为一个更加适合生活的好地方。当然人们改变自我的速度是非常缓慢的，社会变革的速度也是缓慢的，虽然过去的那些歧视态度还没有完全被岁月涤荡干净，但我相信，未来这一切是会改变的。

我父亲在狄龙镇上与黑人形成的良好关系为我带来了意想不到的益处。肯·曼宁是一位黑人的儿子，他非常优秀。他的家族在狄龙镇也很有威望，曾经出了一个检察官和当地的篮球明星。曼宁很关心我。他得益于一个特殊项目的资助，在康涅狄格州读完了高中，之后考上了哈佛大学，学习本科课程。当我快要高中毕业时，他已经是哈佛大学的研究生了。他在哈佛大学一直读了下去，最终拿到了博士学位，去麻省理工学院教授科学史。他意识到了教育为一个人提供的发展机遇，于是，他以自己的亲身经历去说服我和我的父母，希望我也能离开狄龙镇，去哈佛大学读书。

今天，人们可能会认为中产阶级的父母希望送孩子去就读精英式的学院，但就当时来讲，我父母虽然也算得上中产阶级，却压根儿没想过送我去哈佛大学，甚至都没想过让我离开南卡罗来纳州和北卡罗来纳州。他们觉得我去哈佛读书是遥不可及的事，想让我在附近的地方找个大学读读就算了。但曼宁每次回到狄龙镇都会来我家拜访，与我和我父母进行真诚的交谈，希望我能充分发挥自己在学术方面的能力，去接触一下外面更加广阔的世界。最后，他那无穷无尽的自信和极富感染力的大笑实在令人难以拒绝。我申请了哈佛大学以及其他几所常春藤盟校，对未来充满了期待，而我父母则紧张地盘算着家里的储蓄，因为如果读哈佛大学，第一年就需要 4 600 美元。一天，我放学后，电话铃响了。对方说他是哈佛大学招生办公室的，我被录取了。我的一些同学知道我申请哈佛大学的事，因此，我第一反应就是——这是个恶作剧，便问对方究竟是谁。好一会儿，对方才说服我，我才相信这个录取信息是真的。

我从狄龙高中毕业后，父母强烈建议我先找份工作干干，好挣些学费。于是，我从家里出发，走了 6 个街区，来到了圣尤金医院，即现在的麦克劳德医疗中心，当时那里正在建一座新楼。我在那里搞到一个活儿，是体力劳动。我身高 5.8 英尺，却只有 140 磅重，但他们仍然雇用了我，每个小时 1.75 美元。第一天，我干完一天的活儿，身上满是水泥灰，到家时累得都不想吃饭了，只想喝点水，结果我坐在椅子上就睡着了。我记得我起初的工作是运送水泥，有时候重得撑不住。有一次，我没有控制好小推车，把一车水泥倒错了地方。但经过一个夏天的劳动，我变得更加强壮了，工作也做得更好了。

在建筑工地上干活儿那一年，我17岁。作为一个中产阶级药剂师的儿子和一个即将步入常春藤盟校的学生，我与其他工友没有多少共同点。他们大多数人年龄都比我大，要么是黑人，要么是乡村的白人。他们称我为“文化人”。虽然刚开始有点磕磕碰碰，但我与他们相处得很好。比如，有一次，我站在二楼楼顶靠近边缘的位置，一个冒失的工友想跟我开个玩笑，突然从后面推了我一下，然后又迅速抓住了我，我第一感觉是自己要摔下去了。干了一段时间，我被委以技术含量略高一些的活儿，包括给屋檐下的墙体砌一层水泥。当时，在那个工地上做这份工作的是两个非洲裔美国人，两人是亲兄弟，他们打算自己开一家建筑公司，想说服我以一名学徒的身份加入他们。他们说，做建筑工程很挣钱，过几年我就能自己开公司，并拥有自己的员工。

那个夏季就这样过去了，父母开车把我送到佛罗伦萨镇，我在那里搭乘一架双螺旋桨的小飞机前往夏洛特市，然后在夏洛特转机去波士顿。几经辗转，我终于到达了具有历史意义的哈佛园——哈佛园位于整个哈佛校园的中心地带。我到的时候已经接近午夜了，两只手各拎着一个行李箱。对我而言，一切都是新鲜的。哈佛园里有很多学生在散步和聊天，也有人在播放音乐。我把行李箱放下，环顾了一下四周，那些建筑给我一种压迫感，心里想我将要面对很多变化，而我还没有做好准备。我心想：“哦，上帝，我之前都做了什么啊？”

过了一会儿，我来到了位于韦尔德宿舍楼5层的宿舍。约翰·肯尼迪曾经就住在这里。我把行李箱放到了双层床的下铺，然后重重地坐在了地板上，疲惫不堪，一动也不想动。一些我不认识的学生进进出出，呼朋唤友。窗户上有个喇叭，大声地播放着吉米·亨德里克斯的歌曲。地板上放着几镍包[①]的大麻。我问新室友：“你们想不想把门锁

① 镍包（nickel bag），系美国俚语，指五美元一包的毒品。——译者注

上啊？”他们说：“别担心。”过了一会儿，一位穿制服的“警官”站在了敞开的大门外，俯视着我。我心想：“我才刚到哈佛 20 分钟，现在就要被驱逐了，可能还会被逮捕。”

“那是你的音响吗？”那位“警官”问。我注意到他是哈佛大学的一位校警，而不是坎布里奇镇警察局的警察。“把声音调小点，而且不要把喇叭放到窗户上。”他说。我说“好的”，他就离开了。

我这次可算是远离狄龙镇了。

# 第二章
# 学术界

与狄龙镇相比，哈佛大学让我感觉更自在。在哈佛，最重要的是创意。电话簿大小的课程指导手册上列出了多种多样的课程，从梵语到生物化学，再到中世纪艺术，无所不包，我觉得简直难以置信。在第一学期，我选择了数学、物理学、创意写作、日本历史与文化，以及一本关于犹太史的研究生课程。我之所以选择日本历史与文化，是因为我对亚洲充满了好奇心，但知之甚少。之所以选择犹太史课程，是希望它为我提供一个看待犹太民族遗产的视角。

我在韦尔德宿舍楼的室友包括一位足球运动员、一位越战老兵和一位数学奇才。我们都有一点紧张，不知道自己将来的学习成绩会怎么样，也不知道自己能否适应未来的生活。我和几位新朋友喜欢在校园里面逛逛，希望能在新生里面看到漂亮的女孩子。[①]我逐渐了解了坎布里奇这个地方。书店里面的书多得我无法想象，每次过去，都要在里面看上几个小时。我有时去咖啡馆，那里有一些民俗歌手的表演，有时去电影院看亨弗莱 · 鲍嘉和劳伦 · 白考尔主演的电影，有时也会打桥牌，一直打到很晚才作罢。

---

① 哈佛大学会为入学新生制作一本包含照片的“脸书”，正是这一传统的“脸书”，让 30 年后的哈佛大学学生马克 · 扎克伯格从中获得了灵感，创办了同名的社交网站。

课程刚开始时，我很兴奋，但起初我并没有意识到自己的基础有多差，尤其是与那些毕业于精英式私立高中（比如菲利普斯安多佛中学或菲利普斯埃克塞特中学）或顶级公立学校（如布朗士科学高中）的学生相比，更是相形见绌。我的背景知识，尤其是数学与物理方面的背景知识，与同学们相去甚远，而且我不知道该怎么去学。我第一次物理期中考试的成绩出来时，无异于给我当头棒喝。我课堂上认真听讲，但下课后却没有下很大功夫。我心想，不会有问题的。考试上午 9 点钟开始，我早上起得早，大约 7 点半就起来了，这样在开始考试之前还能抱着书再突击式复习 45 分钟，这比我在高中时期的备考时间长多了。当然，我没及格。其他几门成绩好一些，但也算不上出类拔萃。

哈佛大学的奇特校历救了我。秋季课程在圣诞节前结束，但是期末考试直到 1 月中旬才开始。假期和考试之间的几周，被称为“复习迎考期”。在此期间，学生将完成学期论文，并为期末考试做准备。当假期开始之际，我收拾好课本，坐上一辆公共汽车，准备回狄龙镇。我的心情可谓是既担心，又沮丧。回到家之后，睡觉、吃饭和复习就是我的全部生活，再回到哈佛，也继续努力复习备考。最后，我在物理期末考试中拿到了B，与之前期中考试的成绩相比，提高了很多，我深受鼓舞。日本历史与文化的期末考试成绩也是B，其他课程都是A。我下定决心再接再厉。

当初竭力说服我上哈佛大学的肯 · 曼宁经常来看我，请我出去吃饭，询问我的近期状况。我读大一的时候，他已经拿到了学士和硕士学位，并开始在哈佛大学攻读博士学位了。他跟位于郊区地带的布鲁克莱恩镇上一个犹太家庭关系很近，曾经邀请我过去参加救赎日的活动，但我对那些活动的兴趣没有他强烈。我的民族遗产是值得骄傲的，但我不想做一个传统的教徒。

在我上大一那年，哈佛大学仍然是抗议越战的中心。1969 年，也就是我到达哈佛的两年前，一个名为“民主社会学生会”的政治组织占领了“大学楼”（University Hall）。这是哈佛校园中历史最悠久的建筑之一。最后，拿着警棍和催泪瓦斯的警察结束了那次抗议。1971年，我到哈佛时，抗议还在继续。有一次，抗议者在哈佛园内连续数天24小时不间断地击鼓。当时，作为一个来自小镇的17岁青年，我的政治意识并不强烈，甚至有点幼稚。我用一种超脱的视角看待反战抗议，认为这是我的教育的一部分。然而，到1972年2月，也就是我大一那个学年将要结束之际，我终于松了一口气，因为我抽签的结果（第335号）表明我不大可能被征召入伍。事实上，抽签结果已经无关紧要了，因为1973年越南战争就结束了，抽签征兵模式也随之结束。

大一结束后的那个暑假里，我回到了狄龙镇的家里，到“边境之南”找了份服务员的兼职。“边境之南”最初只是一个啤酒摊的名字，这个啤酒摊是狄龙县一个名叫艾伦·谢弗的犹太人于1949年创建的。当时，与狄龙县毗邻的北卡罗来纳州颁布了禁酒令。他就是利用了这个事实才萌生了卖酒的想法。在数十年间，“边境之南”逐渐发展成了一个综合性的商业服务区，面积达数平方英里，包括汽车旅馆、露营地、墨西哥阔边帽形状的饭店、游乐园、爬行动物室内展览区以及销售烟花、沙滩用品和纪念品的商店。它的广告牌，往北延伸到费城，往南延伸到佛罗里达州代托纳海滩，以吸引那些冬季迁徙到南方的候鸟族。

虽然“边境之南”这个景点在以农业为主的南卡罗来纳州似乎与周围环境有些格格不入，但它为当地居民提供了数以百计的工作机会。很少有当地人会在那里吃饭，因为价格太贵了。在那里做服务员虽然比在工地上干活儿轻松多了，但也是个苦差事。由于有小费，我比之前在工地上挣的多了许多。这份兼职有利于改变我的害羞性格，因为如果你想多得小费，就不得不与人们多聊上几句。我发现较之于北方人（我们称之为“扬基人”），南方人显得更为友好，但北方人给小费比较多。我在那里总共工作了两个暑假，来回都是开我外祖父那辆 1964 款的“普利茅斯猛士”。工作时，我身上会披上一件具有墨西哥风情的披肩。我的同事们有学生，有利用暑假挣点外快的当地老师，也有一些“老兵”，这些人一般都是中年女性，成年累月地在那里做服务员。

在 20 世纪 70 年代早期，狄龙镇的种族关系仍然处于紧张状态，但“边境之南”的餐馆一般不存在种族隔离现象，在很早之前，各个种族就能享受那里的服务。有一次，在将近 10 个小时的轮班快要结束时，在门外迎宾的女老板迎进了一对黑人夫妇，让他们坐在一个餐饮区里，但显然她没有意识到那个餐饮区的女服务员已经下班回家了。我本来应该为他们提供服务，但由于时间太晚了，我也想回家，便忽视了他们。他们在那里等了将近 20 分钟，最后那个黑人男性把菜单甩在了桌子上，他们便起身离去了。他们之前肯定也在其他地方受到过种族歧视，被拒绝提供服务，所以，他们那次肯定也会这么认为。其实，那一次没有得到服务与他们的种族并没有关系，但他们并不知道这一点。时至今日，我每次想起那件事就充满了很大的愧疚感，我希望能当面向他们道歉。

暑假结束后，我回到了学校，开始读大二，并搬到温思罗普宿舍楼，一直住到了大四结束。虽然我暑假挣了点钱，但手头仍然紧张。我和一位室友为了多挣点钱，就在宿舍楼下的地下室开了个小店，做汉堡和奶昔。店里面有一台黑白电视机，通常会播放棕熊队或凯尔特人队的比赛。当时的波士顿和现在一样，体育运动也很风靡。

鲍比 · 奥尔效力于棕熊队，戴维 · 考恩斯和约翰 · 哈夫利切克效力于凯尔特人队，卡尔 · 雅泽姆斯基效力于红袜队。我们尽可能经常地去看比赛。在长达 30 多年的时间里，我一直是红袜队的铁杆粉丝。

我刚进入大学时，曾经想过主修数学，但很快便明白我既没有天赋，也没有做好充分的准备，很难与哈佛大学数学方面最优秀的学生相匹敌。事实上，我的问题是我对一切都感兴趣。我记得，我曾经先后考虑过把数学、物理学和历史学作为自己的主修专业，而且我也很喜欢我在大一那年选择的创新写作课程以及大二那年选择的莎士比亚研究课程，所以，曾经考虑过做一名英语专业的学生，但这种想法持续时间很短。

在大二那个学年的秋季，我最终决定主修经济学专业，选择了代码为“Ec 10”[①]的“经济学导论”课程。授课教授为著名的保守派经济学家马丁·费尔德斯坦。费尔德斯坦授课的地点往往都是能够容纳数百名学生的大礼堂。事实上，很多教学工作是“小组制”的，每个小班都是由高年级的本科生、研究生或青年教师担任“组长”。我的“组长”是李·琼斯。他现在是波士顿大学的教授，对发展中国家的经济很感兴趣。他帮助我认识到了经济学是一个很挑战智力的学科，可能改善数百万人的生活。我比较喜欢的一点是，在学习经济学的过程中，我可以同时追求对数学和历史的兴趣。在大二学年的春季，我最终将经济学申报为了主修专业。[②]

在哈佛大学的前两年内，我只修了“经济学导论”这一门与经济学相关的课程。于是，我决定奋起直追。在大三那年的秋季，我注册了四门经济学类课程。其中一门是“计量经济学与统计分析”，是由资深教授戴尔·乔根森执教的。他后来成为我的毕业论文指导老师。他

① 在哈佛大学，Ec 10 是全校的公共基础课和经济类专业的必修课，每学期选修的人数往往超过 500 人，是最火爆的课程之一。为此，学生每十余人分为一个小组，由一名“组长”负责辅导和组织讨论。“组长”就是学校配备的大量助教，通常由修过此课的高年级本科生、研究生或青年教师担任。——译者注

② 在哈佛大学，大部分学生在第一学年的春季学期选择主修，但也可以在第二学年结束前选定主修。——译者注

很有智慧，性情沉稳，讲话语速快，但很清楚。他对我很好，大三和大四那两个暑假里，他雇我做他的研究助理。他还慷慨地为我提供了职业发展建议。在他的指导下，我学会了如何用计算机程序与穿孔卡片建立经济数学模型。

当时，乔根森的工作重点是研究能源经济学。这是20世纪70年代一个特别重要的课题，因为当时石油价格的大幅上涨造成了美国经济的通货膨胀与衰退。我在他指导下所做的研究工作，为我的本科毕业论文奠定了基础。我那份论文探索的内容是政府的能源政策对整体经济运行情况的影响。我以本科阶段的研究成果为基础，与乔根森合作完成了我平生第一份公开发表的文章。我们分析了实施天然气价格上限政策的影响，得出的结论认为，这些政策抑制了新的供应，阻碍了天然气开发，以至于产生适得其反的结果。乔根森被邀请向国会做证，他带着我一起去。

我的毕业论文被评为哈佛大学1975年最优秀的经济学学士论文。虽然我大一那年过得马马虎虎，但毕业之际，却取得了经济学专业最优等的成绩，成为美国大学优等生联谊会的一员。我还获得了美国国家科学基金会奖学金，这意味着无论我去哪儿读研究生，国家科学基金会都将支付我研究生前三年的学费和费用。我的目光盯上了麻省理工学院，那里的经济学博士课程被普遍视为世界上最好的。但我担心如果我放弃哈佛大学，而选择麻省理工学院，乔根森可能会不高兴，但他说："你需要去最好的地方。"

麻省理工学院与哈佛大学的距离虽然只有一英里左右，也就是一个地铁站的距离，但这两所学校存在很多不同之处。我认为，哈佛大学陶醉在其悠久的历史和传统之中，而麻省理工学院却没有这种情绪。那里的文化和课程以理科和工科为主，学生们几乎没有时间去修"软学科”[1]。（后来，我作为一个研究生助教，辅导麻省理工学院的几位本科生学习一门数学理论应用非常多的经济学课程。我问他们为什么选修这样一门课，他们告诉我说这门课符合麻省理工学院对于本科生人文素质的要求。）有一个笑话很好地说明了这两所学校的差异：大概在这两所学校中间的位置有一个颇受欢迎的百货商店。店前的广告牌上写着“5 罐汤 1 美元”。一个学生走了进来，问道：“10 罐多少钱？”店员回答：“你是来自哈佛不会算账，还是来自麻省理工而读不懂？”

麻省理工学院的经济学课程的授课地点在斯隆商学院，位于校园最东边，在肯德尔广场和查尔斯河之间。今天的肯德尔广场遍布科技公司、高档公寓和各种饭店，但我在麻省理工学院读书的时候，那里还是一片低矮的仓库和其他没有任何特色可言的建筑物，唯一能引起食欲的地方就是饭店，但那里的晚饭总是给人一种油腻感。即便如此，来自世界各地的学生仍然蜂拥而至，到麻省理工学院攻读经济学类研究生课程。

在一个以工科为主的大学里面却存在一个顶尖的经济学科，的确有点令人意外。在麻省理工学院经济类学科的发展史上，1940 年是一个至关重要的年份。当时，年轻的保罗·萨缪尔森同意离开哈佛大学，来到了麻省理工学院。他后来荣膺了诺贝尔经济学奖，撰写了史上影响力最大的经济学教材。他在研究生阶段，为了将复杂高端的数学方法应用于经济学领域，做了大量基础性的研究工作。哈佛大学那些“保守派”经济学家们不愿意接受萨缪尔森的数学方法（反犹太主义思潮的残余也可能是其中一个原因）。在他之后，到了 1949 年，另外一位未来的诺贝尔奖得主也来到了麻省理工。他就是经济增长理论的集

① “软学科”（soft subject）是相对于“硬学科”（hard subject）而言的。所谓“软学科”属于兴趣及技能导向的学科，比如摄影类、媒体类、美术类、音乐类等学科，而所谓“硬学科”属于理论性较强、需要付出更多努力的学科，比如化学类、经济类、工程类等学科。——译者注

大成者——罗伯特·索洛。那个时期，数学和统计方法在经济学领域得到了越来越广的应用，麻省理工学院就为这种量化分析方法的蓬勃发展提供了一方完美的沃土。当我 1975 年到达那里的时候，数学分析法已经根深蒂固了，但在经济学领域却因凯恩斯学派与新古典学派之间的论战而陷入了新一轮动荡。

萨缪尔森和索洛信奉凯恩斯学派。这一派的理论基础是英国著名经济学家约翰·梅纳德·凯恩斯的经济思想。凯恩斯在探索如何“治愈”大萧条的过程中，对经济繁荣和萧条提出了一个一般意义上的解释。他的作品在措辞上往往具有一定的模糊性，以至于经济思想史学家们到今天仍然在辩论“凯恩斯真正的意思是什么”。但是，至少根据那些最有影响力的追随者的解读，凯恩斯学派的一个重要基础是工资和一些价格具有“黏性”，也就是说，它们不能足够迅速地调整，以确保充分就业和资本存量[①]（工厂与设备等）的充分利用。在凯恩斯主义理论中，需求如果发生出人意料的减少，比如企业对新设备的投资减少或者政府支出减少，都会导致失业加剧，因为随着销售额的减少，企业会缩小生产规模，并解雇工人。

凯恩斯主义者认为，失业率长期居高不下，就像大萧条时期那样，是一种资源的浪费，如果政府及时采取措施，则能够改善这种局面。尤其值得指出的是，凯恩斯主义者认为，财政刺激（减税或增加财政支出）和货币刺激（降低利率）有利于促进市场恢复对商品和服务的正常需求，因此，要确保劳动力充分就业和确保资本存量得到充分利用，就应该采取财政和货币政策，积极应对经济衰退和失业。

在萨缪尔森、索洛和其他著名经济学家的积极倡导下，凯恩斯学派在 20 世纪 50—60 年代赢得了众多追随者。肯尼迪总统在提出一项

① 资本存量是指企业现存的全部资本资源，是已投入企业的各类资本的总和。——译者注

重大减税方案时，就是从凯恩斯主义的角度给出了解释，后来，他提出的减税方案在林登·约翰逊总统执政期间（1964年）通过。人们普遍认为，这项减税方案推动了美国在20世纪60年代的经济繁荣。1971年，尼克松总统公开表示："我现在是一位凯恩斯经济学的支持者。"然而，当我开始读研究生的时候，凯恩斯主义的名声已经开始有些陨落了，至少在学术界一些人之间是这样。在某种程度上，凯恩斯主义在学术界的人气下降反映了20世纪70年代的经济表现不佳，尤其是通货膨胀率的急剧上升，这可以归咎于过多的美国政府支出（目的是为了打越南战争和落实约翰逊总统提出的"伟大社会"计划）以及过于宽松的货币政策（利率太低，且维持时间过长）。许多经济学家也质疑凯恩斯主义的理论基础。比如，为什么凯恩斯模型认为工资和物价是黏性的，而不是根据供求压力自发调整的？当时的凯恩斯模型没有给出什么好的解释。

为了应对人们对凯恩斯主义的不满情绪，一群经济学家便开创了新古典宏观经济学。其中的代表人物包括芝加哥大学的罗伯特·卢卡斯、明尼苏达大学的托马斯·萨金特和爱德华·普雷斯科特。他们后来都获得了诺贝尔奖，促进了新古典宏观经济学的发展。从本质上讲，卢卡斯和他的同事们以现代化的、数学的形式再现了亚当·斯密提出的"无形的手"的古典视角。斯密认为，市场具有自发调节性，虽然每一位买家和卖家的行为纯粹是出于自私自利的动机，但市场就像一只无形的手，调节着他们的行为，从而达到有利于整个社会的结果。他们摒弃了凯恩斯学派的黏性工资和黏性物价理论，而是假定市场总是自发地趋于供需均衡状态，只不过有可能在短期内偏离这种状态。如果真是这样的话，那么经济衰退并不像凯恩斯主义者所认为的那样反映出资源的严重浪费，相反，经济衰退时期表明人们自愿减少工作时间，或者表明经济生产力降低。

与凯恩斯主义相反，新古典经济学派认为政府没必要干预经济，而且对政府干预的有效性提出了质疑，特别是，如果工资和价格迅速调整，消除了市场失衡现象，那么货币政策最多只是对产出与就业产生短期影响。相应地，信奉新古典学派的人相信货币政策除了使通胀率降低并保持稳定之外，并不会系统性地改善经济运行状况。

新古典主义经济学派具有重要影响，部分原因是它在研究方法上的诸多创新。我在研究生院期间，一些最有趣的研究就是以这些方法为基础的。然而，许多经济学家虽然认为传统的凯恩斯主义存在一些缺陷，却不乐意接受新古典经济学派的结论，尤其是不乐意接受“货币政策只能对就业或产出产生短暂的影响”的结论。这种结论在20世纪80年代似乎更不可信。当时，美联储主席保罗·沃尔克把利率上调到了非常高的水平，以期给经济降温，从而降低通胀率。沃尔克的政策虽然征服了通货膨胀，却产生了深刻而持续的衰退，这与新古典经济学的理论直接相悖，因为按照新古典经济学派的说法，这种现象是不应该发生的。

一些研究人员致力于结合新古典学派的见解以及较为先进的分析法，对古典的凯恩斯主义进行“现代化改造”。麻省理工学院就有这样一批人，其中包括一位名叫斯坦利·费希尔的年轻教授。他出生于北罗德西亚，也就是现在的赞比亚。费希尔等人融合了新古典学派和凯恩斯主义的思想之后，催生了所谓的“新凯恩斯主义”，深刻地影响了今天大多数主流经济学家的思想。至关重要的是，新凯恩斯主义者使用新的模型和分析法，重新论证了工资和物价具有黏性，并且可能导致市场供求关系陷入长期的失衡状态，因此，他们又回到了凯恩斯主义学派原来提出的“经济衰退是一种浪费”的观点，并且认为财政与货币政策有助于保持经济接近于充分就业的状态。

作为经济学领域的一位研究生和初步了解这些论战的新人，我对凯恩斯主义的态度是既不热情地支持，也不坚决地反对。我想看看我自己的学术研究之路会把我带向哪里。随着时间的推移，我逐渐相信融合了新古典学派以及其他经济学派之思想的新凯恩斯主义学派为现实决策提供了最好的框架。

在麻省理工学院期间，第一学年快要结束之际，斯坦利·费希尔的建议对我未来的学习产生的影响最大。在第一年里，我跟着他学习宏观经济学和货币政策，课程结束后，我找到他，和他探讨一下集中研究这些领域的可能性。他为我提出一些建议，告诉我要读哪些书，其中包括米尔顿·弗里德曼与安娜·施瓦茨在 1963 年合著的《美国货币史（1867—1960）》。他告诉我，这本大部头的书要么让我激动不已，要么让我昏昏欲睡，根据自己读这本书的反应，就能准确地知道自己喜欢研究什么。

我发现这本书引人入胜。我在研究生院的第一年主要学的是数学分析法，因此，弗里德曼和施瓦茨重点描述的历史分析法给我别开生面的感觉。他们回顾了美国近一个世纪的经济史，以便理解货币政策对经济的影响，特别值得一提的是，根据他们提供的历史记录，美联储在三个历史时期采取的紧缩型货币政策（一次在 1929 年股灾前，其他两次在大萧条早期）加剧了大萧条的严重性。

然而，在研究生院期间，20 世纪 70 年代石油价格的反复波动不断地激发着我的研究兴趣。我的博士论文重点研究的对象就是不确定性及其对投资和就业的影响。我的博士论文指导老师是斯坦利·费希尔，论文委员会的一个成员是罗伯特·索洛。我提出了一个理论模型，分析了能源进口型经济体（类似于美国）在与能源卡特尔（类似于石油输出国家组织）打交道期间可能遭遇的问题。我的结论表明，非同寻常的不确定性（比如关于石油价格未来走向的不确定性或关于决策者如何应对这些价格波动的不确定性）或将对石油公司产生强大的阻碍作用，阻碍它们进行新的投资或增加工人数量。

那些年里，我的生活还发生了另外一个重大的改变。1977 年 10 月，也就是我在麻省理工学院的第三年刚刚开始之际，我遇到了安娜·弗里德曼。她当时是一个大四的学生，在韦尔斯利学院主修化学，辅修西班牙语。韦尔斯利学院在麻省理工学院西面，距离 14 英里。我在哈佛大学的一位室友迈克·史密斯为我和安娜安排了初次约会。后来，迈克成了我的伴郎。迈克当时正和安娜的一位朋友妮科尔·阿罗尼约会，妮科尔让他撮合我与安娜。约会那天，妮科尔与安娜在韦尔斯利学院为我和迈克煮了意大利面作为晚餐，然后我们一起打乒乓球。安娜后来回忆道："妮科尔觉得我很书生气，本也很书生气，所以她就觉得我们应该见个面。"事实上，安娜具有热情、外向的性格，我则腼腆内向，这有助于我们相处。

安娜和我拥有相似的家庭背景，都是东欧犹太人的后代，但成长环境差别非常大。她的父母奥托·弗里德曼和莲卡·弗里德曼是大屠杀的幸存者。1943 年，结婚不久的他们生活在南斯拉夫一个名叫斯普利特的地方，即现在克罗地亚的亚得里亚海的海岸地带。德国占领南斯拉夫后，建立了一个亲纳粹的傀儡政权，奥托的父母、弟弟、莲卡以及莲卡的母亲便一直计划着逃离出去。一天半夜时分，有人撞他们家的前门。那是德国人和他们的克罗地亚同伙在围捕犹太人。他们便从后门仓皇逃走，除了身上的衣服之外，一无所有。在塞尔维亚游击队员的协助下，他们一路往北奔逃，翻越阿尔卑斯山，进入意大利。奥托的父母、弟弟和莲卡的母亲没有成功出逃，他们死于克罗地亚的法西斯政权设立的亚塞诺瓦茨集中营。

奥托和莲卡首先定居在了意大利南部的一个名叫巴里的海滨城市。1944 年，安娜的哥哥维克多出生在那里。战争结束后，他们全家搬到了罗马郊外一个名叫格罗塔费拉塔的小镇。1956 年，安娜出生在那里。后来意大利当局开始打击非法移民，他们便移民到了美国，当时，安娜还是个婴儿。他们一家在丹佛定居，因为他们有亲戚住在那里。

安娜的父母都没有读完高中。尽管如此，他们却非常重视教育。

后来，维克多本科毕业于哈佛大学，在麻省理工学院攻读了硕士学位，成为一名石油工程师。安娜以全额奖学金被录取到了韦尔斯利学院。她的哥哥一再向她父母保证虽然这所学校只招收女生，但它是一所顶尖的学校，之后，她父母才同意她上这所学校。她遵循父母的建议，主修化学专业，但她真正喜欢的是拉美文学。她把加夫列尔·加西亚·马尔克斯和豪尔赫·路易斯·博尔赫斯的作品介绍给了我。

和安娜约会两个月后，我向她求婚。1978 年 5 月 29 日，也就是安娜毕业三天之后，我们在波士顿的一个犹太教堂结婚了。我们把度蜜月的地点选在了意大利。我们去了一趟她家当年住过的格罗塔费拉塔小镇，见了见她父母和哥哥在那里居住期间认识的一些人。

我们两人的第一个家是一个小公寓，里面经常有蟑螂出没。公寓所在的大楼共有 6 层，外墙是棕褐色的砖墙，与哈佛广场有三个街区的距离。国家科学基金会给我的资助已经用完了，我们的收入只有两部分，一部分是我担任助教的津贴，另一部分是安娜在哈佛广场一位验光师的店里做接待员的收入。我们只能依靠这些微薄的收入艰难度日。我们每周只拿出 5 美元用于娱乐，就是到公寓附近的一个地方去玩弹球游戏①。

我在撰写博士毕业论文期间，就四处申请教职，哈佛大学、斯坦福大学、普林斯顿大学等几所学校向我发出了邀请，为我提供助理教授职位。与此同时，安娜也被几所学校的西班牙文学硕士项目录取。最后，经过商议，我们决定留在斯坦福大学。

我的工作和安娜的硕士项目开始之前的那个夏天，我们在斯坦福大学的校园周围与别人合租了一套房子，合租者是我在研究生院的朋友，名叫杰里米·布洛。为了分担房租，我们后来又邀请了马克·格

---

① 弹球游戏是一种用弹锤把弹子沿槽击至斜板顶部然后任其下滚落入各种规定部分而得分的游戏。——译者注

特勒与我们一起合租。当时，马克已经在一年之前获得了斯坦福大学的博士学位，正计划利用那个夏天做研究。我和马克即将开始我们的新事业，都激动不已。我们发现彼此之间有很多共同兴趣，每次聊天都会聊上几个小时。从那时起，我们就开始建立了漫长而富有成果的合作与友谊。

我在斯坦福大学的第一个挑战是教学。我的教职是在商学院，而不是经济学系。我当时只有 25 岁，很多工作几年后重返校园的学生都比我年龄大。他们觉得我太年轻，觉得我缺乏经验。他们这样想也不无道理。通常来讲，他们的一切费用都是自己承担的，既然付出了学费，必然想获得良好的回报。我之前接受的教育主要在经济学理论方面，但我很快学会了如何让我的授课符合学生的需求，让学生从我的课程中获得他们想要的知识。比如，我让学生分析一下新兴市场国家的经济政策，并思考一下这些政策对于创业或投资的影响。这个做法帮助我以一种更实用的方法去理解经济学，而且我发现我善于解释事情。

与此同时，我还面临着“不出版，就出局”的问题。所有年轻的教师们都会面对这个压力。我之前之所以非常兴奋地加入斯坦福大学，部分原因是那里更适合我思考信息不完全或不对称对于市场结果的影响。

信息不对称意味着交易中的一方比另一方掌握更多的信息。比如，二手车卖家比潜在买家更了解自己的车，就属于信息不对称的一种体现。信息不对称或不完全的市场运作方式非常不同于买卖双方掌握类似信息的市场，比如石油、粮食等大宗商品的标准化市场。

我特别感兴趣的是信息不对称对银行业和信贷市场运作过程的影响。银行有助于弥合储户（大部分银行信贷的来源）与潜在贷款者之间的信息差距，因为普通的储户不可能判断那些试图从银行贷款的人是否值得信赖，是否具备相应的资质，但银行的贷款专员如果多用点心，就能了解潜在贷款者的信息。斯坦福大学的校园里处处弥漫着信息不对称研究的气息，因为这个领域内一些起到先驱作用的学者都集中在这里，包括肯尼思·阿罗、戴维·克雷普斯和鲍勃·威尔逊。在他们的影响下，我对大萧条的兴趣越来越大。我和马克·格特勒多次料到银行和金融市场对经济扩张和收缩产生的影响。

我在麻省理工学院深入阅读了弗里德曼和施瓦茨的著作之后，就成了一个名副其实的“大萧条迷”，就像其他人成为“美国内战迷”一样。我不仅阅读与大萧条时期经济状况有关的著作，还广泛涉猎与大萧条时期相关的政治学、社会学和历史学著作。但宏观经济学的一个基本问题（我称之为宏观经济学领域的一个“圣杯”）就是大萧条为什么会发生，为什么那么持久和深刻。（这与儿童时期的我在夏洛特市对我祖母提出的问题基本上是相同的。）

在弗里德曼和施瓦茨之前，人们普遍受到了约翰·肯尼思·加尔布雷思于1954年出版的《1929年大崩盘》一书的影响，以至于主流观点认为大萧条是由20世纪20年代的过度投机行为以及随后的股市崩盘引发的。然而，弗里德曼和施瓦茨却表明，在大萧条的形成过程中，一个比股市崩盘更为重要的因素是20世纪30年代初期货币供应量的骤减。货币供应量的大幅下滑诱发了一场严重的通货紧缩（工资与物价下降），从而损害了经济运行状况。1931年和1932年，美国的物价每年下降将近10%。这种剧烈的通货紧缩导致家庭和企业认为未来的物价肯定会更低，从而推迟了采购和资本投资计划，需求和产出便受到了抑制。此外，使得各国货币与黄金挂钩的国际金本位制导致美国的通缩与萧条蔓延到了其他国家。

弗里德曼和施瓦茨的视角令我大开眼界，但我想知道货币供应量的崩溃和随之而来的通货紧缩（虽然它们本身很严重）是否足以解释大萧条的严重程度和持续时间。1929年股市崩盘前，美国的失业率还不到5%，但到1933年就飙升到了25%。尽管通货紧缩主要发生在

1933 年之前，但美国的失业率直到美国宣布参加“二战”的前夕才降到 10%以下。在我看来，银行系统的崩溃导致的信贷不足对经济衰退起到了推波助澜的作用，毕竟，在 1929—1933 年，美国 25 000 家银行中有 9 700 多家倒闭了。

在短短 5 年之内，美国竟然有超过三分之一的银行倒闭了，这肯定会严重降低信贷流量，并破坏经济。今天人们可能觉得这种观点是再平常不过的，但我刚刚在发表的论文中提出这种观点之际，却在各种会议和研讨会上引来了大量质疑。当时，许多经济学家认为金融体系基本上是一个会计体系，只是记录着谁拥有什么，不会独立地对经济产生重大的影响。当然，他们还认为，如果一家公司赖以获得贷款的银行倒闭了，那么这家公司将在其他地方找到融资。

但在一个信息不对称的世界里，要想寻找一个替代性的融资渠道并不是一件容易的事情。事实上，一家银行崩溃之后，它积累的经验、信息和关系网络就会趋于崩溃，这可能会导致它服务的社区和企业付出十分沉重的代价。你可以想象一下，如果 9 700 多家银行纷纷倒闭，那将会产生多么大的破坏作用，你也就很容易理解为什么信贷体系的崩溃能够在一定程度上解释大萧条的严重性。我花了很多时间去寻找愿意发表我论文的期刊，最后，到 1983 年 6 月，终于在《美国经济评论》（*American Economic Review*）上发表了出来，而且被该期刊作为那一期的主要文章加以推荐。这本期刊是经济学领域名气最大的一本。

后来，我与普林斯顿大学历史学家哈罗德·詹姆斯合作完成了一篇论文。在这篇论文中，我从国际视角对大萧条进行了解读。我们审视了 22 个国家在大萧条期间的经历，结果发现，有两个因素决定了一个国家经济衰退的严重程度。第一个因素是该国坚持实施金本位的时间长短。（那些较早放弃金本位的国家能够及时地增加货币供应量，因此得以及早摆脱通货紧缩。）这一发现与弗里德曼、施瓦茨二人对货币供应量的强调具有一致性。第二个因素是该国银行业危机的严重程度。

这与我之前一贯坚持的“信贷与货币十分重要”的理论具有一致性。在 20 世纪 80—90 年代的大部分时间里，我与格特勒为了分析金融体系的问题在加剧经济衰退（包括普通衰退）过程中扮演的角色，做了大量的研究工作。后来，他的一个学生西蒙·吉尔克里斯特曾经加入我们，与我们一起做研究，现在，西蒙在波士顿大学工作。在研究过程中，我们发现了一种奇特的现象，我们将其称为“金融加速器”现象。金融加速器理论的基本观点是，经济衰退往往会吞噬信贷流量，反过来会导致经济衰退更加糟糕。

金融加速器的传导机制同时作用于银行和借款者。从贷方角度来看，银行在经济衰退期间会遭受更大的贷款损失，这导致他们在做出放贷决策时更加谨慎。从借方的角度来看，当家庭与企业的收入、财富减少之际，它们的信誉度就可能会降低。更加谨慎的银行和信誉度降低的借方意味着信贷流量更少，从而阻碍家庭的采购计划和企业的投资计划实施。这些领域支出的减少加剧了经济衰退。

在经济上行之际，金融加速器则以相反的方式发挥作用。随着经济形势的不断改进，银行利润会增加，面临的贷款损失则会减少，放贷意愿趋于增强。借方的财务状况得到改善，变得更有信誉。这两个因素结合在一起，就会推动信贷流量增加，为经济复苏增添动力。

金融加速器表明，正是由于信贷市场存在信息不对称的现象，所以，经济衰退一旦发生，就会更严重，而经济扩张一旦发生，则表现得更强劲。

我们的研究工作还凸显了一个更加具有普遍适用性的道理，即一个健康的金融体系对经济具有非常重要的意义。例如，如果家庭和企业的债务水平较高，那么经济衰退就会更严重，因为收入和盈利下降就会使得借方更加难以偿还现有债务或者更难获得更多信贷。同样，如果一个国家的银行体系在经济衰退刚刚开始之际就陷入了非常糟糕的状况，那么这个国家的经济衰退必然会因为信贷不足而严重加剧。

在类似于大萧条的极端情况下，银行业的崩溃必然催生旷日持久的经济衰退。

金融加速器理论也有助于解释为什么通货紧缩除了导致家庭和公司倾向于推迟采购计划，还会产生如此有害的后果。如果工资和物价下降，或者不下降，而是增长速度出人意料地缓慢，那么借款者的收入增长速度可能不会快到足以让他们及时偿还贷款的地步。[①]借款者的还贷压力自然会降低其他类型的支出，他们较为薄弱的财务状况将使他们更难获得额外的信用。20 世纪 30 年代的通货紧缩导致大范围的破产和违约现象，导致本已糟糕的经济形势更加恶化。

通过广泛的阅读和深刻的研究，我逐渐总结出了一些具有永恒意义的教训，中央银行的银行家和其他决策者们应该牢牢记住这些教训。首先，在经济衰退时期、通货紧缩时期或者二者并存时期，应该采取强劲有力的货币政策，以期推动就业水平朝着充分就业的方向发展，并推动货币流通量恢复到正常水平。其次，政策制定者必须采取果断行动，保持金融稳定和正常的信贷流量。

大萧条更一般的教训是，面对特殊情况，政策制定者必须准备跳出固有思维模式，如果必要，还应该大胆地挑战处于主导地位的传统经济思想。1933 年就任美国总统的富兰克林 · 罗斯福面对明显的经济衰退，敢于实验，突破固有理论的桎梏，大刀阔斧地开展改革。虽然他的一些实验最后以失败而告终（比如 1933 年为了遏制物价下跌、削弱行业竞争而颁布的《全国产业复兴法案》就是如此），但事实证明，其他一些实验在经济复苏过程中扮演了至关重要的角色。特别引人注目的是，罗斯福大胆地挑战了当时的一些正统经济思想。比如，他在 1933 年采取的一系列举措摒弃了金本位制，货币供应量不再受制于政

① 这是“债务–通货紧缩”理论的体现。1933 年，欧文 · 费雪首次提出该理论，认为债务负担的加重会加剧经济衰退。

府持有的黄金数量。当时，罗斯福大幅增加货币供应量之后，货币紧缩几乎立刻就停止了。罗斯福为了平息肆虐的金融危机，在就职后的第三天，即 1933 年 3 月 6 日，宣布全国银行“休假”，这是他所采取的重建银行和经济结构的第一步。之后，国会通过《紧急银行法令》，对银行采取个别审查、颁发许可证制度，对有偿付能力的银行，允许尽快复业。13 日至 15 日，全国绝大多数银行经过财政部审核，在政府监督下，分批陆续恢复营业。6 月 16 日，国会通过了《1933 年银行法》，建立了由联邦承担责任的联邦储备体系，建立了联邦存款保险机制。传统经济学家和保守的商业领袖对这些措施提出了猛烈抨击，但这些实验的确奏效了，银行信用很快得以恢复。

当我在斯坦福大学的第六个年头到来之际，我开始思考我的职业选择。青年教师在一所大学待到 6 年之后，要么被授予终身教职，要么就会选择离开。斯坦福大学的管理者之前已经向我透露过口风，说我的前途一片光明。后来，普林斯顿大学教务长、经济学家乌戈·索南夏因在访问斯坦福大学期间，敦促我考虑加入他们。普林斯顿大学知名度最高的经济学家艾伦·布林德也给我打来电话相邀。在斯坦福大学，我在 1983 年从助理教授晋升为副教授，当时还没有获得终身教职。而此刻，斯坦福大学和普林斯顿大学都为 31 岁的我提供了正教授的教职。

从专业角度来讲，这两个地方我都喜欢，但安娜更喜欢普林斯顿。6 年前，我们都渴望改变，于是我们离开了坎布里奇镇和韦尔斯利学院，来到了加州生活。1982 年 12 月，我们的儿子乔尔就出生在加州。安娜认为普林斯顿那种绿树成荫的环境更有利于家庭生活。我觉得这个选择也不错。

因此，在 1985 年，我们横跨美国大陆，搬到了新泽西州的罗基希尔。那是一个历史悠久的村子，人口约 700 人，与普林斯顿大学的校园相距 4 英里。我们买了一栋两层高的、具有殖民地风格的房子，而且有一个大院子，院子里栽着一棵苹果树和一棵无花果树，封闭式门廊外面还栽着一株大大的杜鹃花树。生活在这样的环境中，我们感觉怡然自得。那个村子里的家庭似乎都有孩子。他们在一个个院子之间来回散步。1986 年 6 月，我们的女儿阿莉莎出生在那里。戴维 · 罗默和他的妻子克里斯蒂娜刚刚加入普林斯顿大学经济学系，住的地方与我们有一个街区的距离，当时克里斯蒂娜正怀着宝宝。

在洛基希尔居住了 6 年之后，我们搬到了蒙哥马利镇一栋更大的房子里面。那儿距离普林斯顿大学的校园大约有 8 英里。我们并不孤单。很多有孩子的家庭都纷纷涌向那个镇子。那个镇子原本是一片农场，但变化非常迅速，很快成了纽约的远郊，聚集了很多富人家庭。随着报名入学的孩子越来越多，这个镇子的学校（也服务于洛基希尔的孩子们）很快就难以承受了。我和安娜都属于教育工作者（当时她在普林斯顿走读学校教西班牙语），我们都坚定地认为每一个孩子都应该得到高质量的教育。我们自己的孩子上的是公立学校。安娜跟当地的家长们接触得比较多，她说服我竞选当地的教育委员会。她后来对别人说是她让我参选的。

我当选了，而且当选了两次，连续服务了 6 年。在当地，像我们这样新搬来的居民总是想要更多更好的学校，而那些长期生活在当地的“土著”居民则不这么想，他们担心教育成本会上涨。这两类群体之间永远存在着矛盾。这也令我那 6 年备感煎熬。我不止一次地观察到，这两类人最关心的事情有两件，一件是孩子的福利，一件是能否减少纳税。但这两种想法是冲突的。2000 年，也就是我在当地教育委员会的最后一年，我投出了打破平局的一票，希望选民们批准学区发行债券，并增加不动产税，以便筹措兴建新学校所需的费用。5 年后，一所新学校终于投入了运营，但那时，我和安娜已经搬到了华盛顿，乔尔和阿莉莎都已经在上大学了。

在普林斯顿大学工作期间，在新同事和新经济思想的影响下，我的研究兴趣经历了持续不断的演变。我开始更多地关注货币政策，包括货币政策的运作机制、如何评估货币政策是紧缩还是宽松，以及如何评估货币政策变动对经济运行产生的影响。得益于这些研究，我在波士顿、费城和纽约的联邦储备银行以及华盛顿的美联储理事会担任顾问和访问学者，先后多次拜访这些机构。我还利用休假时间在麻省理工学院访问了一年，在纽约大学访问了一个学期。时常与我合作写文章、写书的马克·格特勒现在就在纽约大学教学。

我对世界各国央行采用的知识架构特别感兴趣。它们利用这些知识架构制定货币政策，并向市场和公众传达自己的决策与意图。1992年，我与弗雷德里克·米什金共同完成了针对六国央行政策框架的案例研究，为我研究央行的知识架构奠定了基础。我和米什金在麻省理工学院的研究生院读博士期间，曾经有过合作经历，发现我们拥有相似的兴趣，比如，我们都对研究金融危机和大萧条非常感兴趣。米什金性格有些傲慢，经常十分固执地坚持自己的意见，有时离谱得可笑。相比之下，马克·格特勒则比较冷静和低调。

1992 年，我与米什金合写论文的时候，“通胀目标制”这个前景十分光明的货币政策架构还是一个新理念。简单地讲，“通胀目标制”是指中央银行直接对外宣布将在未来某个时间范围之内（比如一年或两年内）实现某个水平的通货膨胀（比如 2%），然后，在公众的监督下，运用相应的货币政策工具使通货膨胀的实际值和预测目标相吻合。

当然，央行不可能仅仅通过“对外宣布”就能将通胀率维持在稳定的低位。它必须拿出切实行动，即在必要的情况下调整货币政策（通常是提升或降低基准利率），以便在其宣称的时间范围内，实现对外宣称的通胀目标。如果央行做不到它对外宣称的事情，那么宣布一个官方目标也不会起到很大的作用。然而，宣布一个通胀目标会给政策制定者们“灌输”纪律和责任，因为这会迫使他们实现预定目标，或者如果预定目标没有实现，也会迫使他们对公众解释一下为什么没有实现。对于大多数央行而言，通胀目标制的一个关键元素就是频繁地与公众沟通。这些沟通既可以是前瞻性的，告诉公众央行的目标是什么以及计划采取哪些措施来实现目标，同时也可以是回顾性的，告诉公众央行过去的表现如何。这样，通过与公众的沟通，一方面有利于增强公众对货币政策的信心，另一方面也有利于公众评估中央银行货币政策的实际效果。新西兰央行就是实施通胀目标制的先驱——早在1990年就开始实施了。加拿大央行在1991年开始实施。之后，英国、瑞典、澳大利亚、智利、以色列等国家的央行纷纷开始效仿。最终，几十个国家，包括发达国家和新兴市场经济体，都采用了这种方法。

后来，在1997年完成的一篇论文中，我和米什金回顾了较早采取通胀目标制的国家的经济发展状况，并且提出了一个问题：美国是否也能够通过这种方法受益呢？这个问题是有争议的，因为美联储一直非常珍视其灵活应对经济发展问题的“自由裁量权”，不愿受制于一个事先宣布的目标。正如这种方法的批评者指出的那样，在艾伦·格林斯潘和保罗·沃尔克这两位主席的任期内，美联储充分发挥了自由裁量权，取得了良好的效果，将通胀率从1980年13.5%的峰值降低到了20世纪90年代晚期的2%。

然而，我与米什金仍然认为通胀目标制将能够改善美国的货币政策。首先，设定一个永久的通胀目标有利于从制度上确保美联储继续沿用沃尔克和格林斯潘在20世纪80—90年代降低和稳定通胀率，并催生经济扩张的政策。从我们的角度来看，同样重要的一个方面是，伴随着通胀目标制，政策透明度将有所提高，塑造市场对于利率的预期，帮助美联储更好地实现既定目标。相比之下，不透明的政策将促使市场不停地做出不必要的猜测。

在其他论文中，我指出，通胀目标制既可以帮助那些通胀率居高不下的国家，也可以帮助那些存在相反情形的国家，即那些存在通缩问题的国家，比如日本。日本在20世纪90年代经历了一个“失去的10年”，最终，事实表明日本其实经历了两个“失去的10年”，经济增速长期低位徘徊，经济全面衰退。[①]这个国家面临着很多问题，包括劳动力老龄化、低生育率、限制移民、农业和服务业低效、银行深陷困境而难以自拔。日本曾经是世界上最具活力的经济体之一，现在却变成了世界上最低迷的发达经济体之一。在我看来，一个主要原因肯定是20世纪90年代初股市与房地产市场的崩溃以及接踵而至的通缩。

在1999年的一篇论文中，我就提出通胀目标制有助于促使日本银行（即日本的中央银行）更加迅速地对持续下降的通胀率做出反应，从而防止日本陷入通缩的泥潭，即便日本已经陷入了通缩的泥潭，通胀目标制也是它走出这个泥潭的一剂良方。当时，日本央行已经将短期利率降到了零，并承诺在“通货紧缩的忧虑消退”之前，将一直保持零利率的政策。

然而，由于当时日本的物价水平在不停地下跌，日本迫切需要采取更加宽松的货币政策，而其决策者却一再宣称，因为利率不能低于零，他们已经无能为力了。我不同意这种观点。首先，我建议日本央行不要继续含糊不清地承诺消除人们对通缩的忧虑，而是应该设定明确的通胀目标，从而扭转公众的通胀预期。[②]其次，我注意到，即使在短期利率接近于零的情况下，日本也可以运用其他工具来刺激经济，

---

① “失去的20年”的时间框架大致为房地产泡沫破灭的1990—2010年。在此期间，日本银行体系遭到打击，经济长期处于徘徊甚至衰退状态；日元对美元大幅升值，导致日本出口减少，而内需市场迟迟难以提升。——译者注

② 在我的论文中，我建议日本暂时设定3%~4%的高通胀目标。我之所以建议日本制定这个相对较高的通胀率，是因为当时持续多年的通货紧缩已经导致物价水平远远低于较长期贷款者的预期，这就意味着他们的债务负担将超出他们的预期。在一定时间范围内，就物价层面而言，高于正常水平的通胀率会抵消长期通货紧缩的影响。然而，在我的论点中，关键的元素不是具体地将通胀目标设定为哪个数值，而是公开对外宣布一个特定的目标。

比如购买大量的金融资产，这也是米尔顿·弗里德曼提出的建议。

我想我对日本经济形势的“诊断”是正确的。日本经济的发展态势果真与我之前设想的情形是一致的。事实上，大概 14 年后，日本银行采纳了我的建议。然而，我讲话的语气有时比较严厉。2000 年 1 月，在波士顿的一次会议上，我质问日本官员们是否罹患了“自我瘫痪”，指责他们为了逃避采取行动而把微小的制度障碍和技术障碍作为自己的挡箭牌，批评他们以“困惑的或缺乏一致性的”态度对待像我这样的学者提出的有用建议，最后指责他们不愿意大胆尝试。我有些武断地高声说道:“或许日本是时候拿出一些罗斯福式的决心了。”之后几年里，我自己也经历了政客、社论，甚至经济学界同行提出的猛烈批评，之后我发现，如果时光能够倒流，我希望能够收回当时对日本官员发表的那些尖刻言论。2011 年，在回答一家日本报纸的记者提出的问题时，我坦白地说道:“我现在比 10 年前更加同情日本央行官员。”

1996 年，我受邀出任普林斯顿大学经济系主任。当时，麻省理工学院和哈佛大学被普遍认为拥有全美最好的经济学系，芝加哥大学、斯坦福大学和普林斯顿则紧随其后。我想让普林斯顿大学更上一层楼。雇用最优秀教员的竞争是非常激烈的，但我们成功地从其他学校挖到了两个未来的诺贝尔奖得主，一个是当时在麻省理工学院工作的保罗·克鲁格曼，另一个是当时在耶鲁大学工作的克里斯托弗·西姆斯。

我担任经济系主任后不久负责的一个项目是为建设普林斯顿大学本德海姆金融研究中心（Bendheim Center for Finance）筹措资金。这是一个跨学科研究中心，是普林斯顿大学的经济系与专注于统计数据和金融数学的工程学院联合举办的一个项目，以便用量化和数学方式开展金融领域的跨学科研究。在 20 世纪 90 年代末，常春藤盟校的学生都渴望到华尔街工作。但是，与其他许多存在竞争关系的大学或科研机构不同的是，普林斯顿大学没有自己的商学院。我们只是通过本德海姆金融研究中心提供金融方面的本科毕业证书，以及人数较少但技术含量较高的金融学硕士学位。事实证明，我们提供的证书是非常受欢迎的。我们还逐步加强了金融相关领域内的教师实力。

在普林斯顿大学担任系主任，虽然会带来一些名誉，也能主导本系工作日程的设置，但事实上并没有多少实权。重要的事情都是取决于全系教师的共识，学校领导也会产生相当大的影响力。我后来开玩笑说，我负责的重大抉择就是在咖啡时间提供甜甜圈还是百吉饼。教师招聘和任期是争议最激烈的领域。教授们总是倾向于推荐与自己具有类似观点的同事或者能够帮助自己加强学科建设的同事。我很快发现，对于一群主见非常强、自我意识非常高的大学教师而言，通过行政指令化解争端很难奏效。我不得不跟他们一遍遍地商量，一遍遍地倾听和再倾听，通常，如果人们有机会表达自己内心的忧虑，即便最终结果对他们不利，他们依然会产生满足感。

当普林斯顿大学经济系主任的任期将要结束之际，我期待着摆脱纷繁复杂的行政事务，花更多的时间去追求自己的专业兴趣，并写点东西。当时，我刚刚获得了两个新的职位，这两个职位使我能够对货币经济学领域的研究方向施加更大的影响力。2000 年，我被任命为国家经济研究局货币经济学项目主任（一个非营利组织，总部位于马萨诸塞州坎布里奇镇）。一年后，我被《美国经济评论》聘为主编。我已经开始写一本关于大萧条的书，我希望它能吸引广大读者。我当时已经写了 120 页，暂定的标题是“时代的错觉：政客和中央银行家如何制造了大萧条”。

2002 年初的一天，我经济系办公室外面的电话响了起来。来电者是曾经担任哥伦比亚大学教授的格伦 · 哈伯德，他当时正担任小布什总统经济顾问委员会主席。一位行政助理问我：“您能接一下电话吗？”

# 第三章
# 美联储主席

格伦问了一个简单的问题：你是否有兴趣到华盛顿与总统谈论一下为美联储服务的事情？

这个问题完全超乎我的预料。在之前很多年间，我一直在研究货币政策和美联储，但主要是从外部开展研究。坦率地说，我从来没有想过会加入这个机构，并为政策决定做出贡献。

我认真考虑了格伦的邀请，并和安娜讨论了一番。对我们两人而言，这都是一个重大的抉择。对我而言，从专业角度来讲，如果去美联储，就意味着未来几年内我将远离研究和教学部门，而且可能意味着我要辞去一年前才开始担任的《美国经济评论》主编一职。去华盛顿也需要家庭做出牺牲。如果让安娜、阿莉莎和我一起搬到华盛顿，恐怕不太公平，阿莉莎当时还在读高中。这样一来，我就不得不在华盛顿工作，周末再回新泽西了。乔尔当时 19 岁，正就读于马萨诸塞州的西蒙洛克学院。

然而，美联储是美国最有权力的机构之一，在那里任职的话，我就能从内部去研究它的决策过程了。我对美联储理事会的所有工作都很感兴趣，包括对银行的监督和管理，不过，最有吸引力的一点就是有机会参与美国货币政策的制定过程。研究货币经济学和货币史贯穿了我整个职业生涯。我问自己，如果经济学这一学科不被用于改善决策过程，不被用于改善人们的生活，那又有什么用呢？美国还在从“9·11”恐怖袭击事件中缓慢恢复，我们一位邻居，也是我们的好朋友，就在世贸中心遇袭后失去了生命。我知道很多人会收到为国家服务的召唤。美联储系统提供的公共服务虽然无法与战士们和一线应急人员的公共服务相提并论，但我希望自己能够贡献自己的力量。经安娜同意后，我给格伦回了个电话，告诉他我会去华盛顿参加“面试”。

我在研究过程中读过大量关于美联储历史与职能的资料。它代表着美国为了创建中央银行而采取的第四次努力（是不是“第四次”取决于你怎么看）。在《宪法》得到批准之前，1782 年成立的北美银行就是美国最早的、事实上的中央银行。这家银行是国会特许经营的，但属于私营性质，营运到 1791 年。之后是财政部部长亚历山大·汉密尔顿力排众议创立的“美国第一银行”（1791—1811）。当时，时任国务卿托马斯·杰斐逊和时任众议员詹姆斯·麦迪逊强烈反对建立这家银行。美国第一银行的经营期限为 20 年，到期后，由于民众普遍不信任金融家和大银行，便没有从国会获得延长经营期限的许可。之后是美国第二银行（1816—1836）。国会投票通过了延长美国第二银行营业期限的议案，但 1832 年，遭到了安德鲁·杰克逊总统的否决，因为他是反对银行的典型人物，之后，国会没有再次试图延长美国第二银行的经营期限，以至于美国在 1836 年开始陷入了没有中央银行的状态。

虽然没有中央银行，美国政府却在 1862 年发行了一种全国性的货币，即“绿钞”，最终取代了由国家批准的私营银行发行货币的体系。1873 年，美国又恢复了金本位，在之前的内战期间，金本位被暂停过一段时间。1836 年之后缺乏一个央行的局面造成了许多严重的问题，其中最明显的一个就是，美国没有任何一个公共机构去及时地应对反复出现的、对经济造成沉重打击的银行挤兑和金融恐慌，其中就包括 1837 年、1857 年、1873 年、1893 年和 1907 年的大恐慌，此外，还有较小一些的恐慌。

事实上，正是1907年的恐慌促使伍德罗·威尔逊总统于1913年尝试着建立一个央行。这次努力是最后一次，也是成功的一次。1907年10月，纽约第三大信托投资公司可尼克波克信托公司（Knickerbocker Trust Company）被迫宣布破产，引发了一场席卷美国的金融海啸。存款者人人自危，纷纷从银行等金融机构提款以避免损失。由于金融恐慌，银行间也失去信任，相互间的借贷完全冻结，并发生挤兑。这种银行挤兑很快从纽约蔓延到全美各地，股市暴跌，经济陷入严重衰退。当时，美国著名金融公司J·P·摩根的创始人、具有传奇色彩的金融家摩根意识到了问题的严重性，并立刻召集最重要的几家金融公司的总裁开会，要求大家一起拿出资金帮助面临挤兑的银行，希望能终结这场恐慌。而摩根自己也身先士卒，拿出资金帮助金融市场度过危机。他们评估银行的账目情况，为银行提供贷款，安抚公众。从一定程度上讲，摩根当时在救助金融市场过程中扮演的角色正类似于央行的角色，这对政府而言的确是一件令人尴尬的事情。作为回应，国会于1908年组建了“国家货币委员会”，专门负责调查金融危机的成因以及教训，研究美国是否要建立一个央行以及如何建立。在威尔逊就职之前，该委员会就提出了自己的建议。

当时的金融专家非常明白，中央银行可以为那些受到储户挤兑的银行提供现金，这有助于结束金融恐慌。1873年，英国记者、经济学家和《经济学人》总编白芝浩在名著《伦巴第街》（*Lombard Street*）中提出了一个经典处方，即在金融危机时，银行应当慷慨放贷，但只放给经营稳健、拥有优质抵押品的公司，而且要以足够高的、能吓走非急用钱者的利率来放贷。这就是所谓的白芝浩原则（Bagchot's Dictum）。

在恐慌中，储户和其他短期融资的提供者们就担心金融机构会倒闭，自己的钱拿不回来，从而引起挤兑风潮。即便在正常情况下具有偿付能力的银行也很少能够在持续不断的挤兑中幸存下来。它的现金储备很快就会耗尽，其余资产，包括其贷款，只有以非常低的价格才有可能迅速出售。因此，之所以会爆发挤兑风潮，是因为储户和其他资金提供者们担心银行会倒闭。挤兑就像一个“自我实现的预言”一样，真有可能把一个偿付能力良好的银行拖垮。因此，此时此刻，央行就有必要扮演“最后贷款人”的角色，只要一家银行拥有优质的抵押品，央行就可以慷慨地为它提供贷款，及时补充客户提取的资金，避免银行被迫以跳楼价出售资产的情况，避免具有偿付能力的银行走向崩溃。一旦储户和其他短期债权人相信他们的钱是安全的，恐慌就结束了，从央行借款的银行之后连本带息地把贷款偿还给中央银行。白芝浩撰写《伦巴第街》这本书的时候，英国央行是世界最杰出的央行。它曾在19世纪的大部分时间里多次成功地充当最后贷款人，避免了经常困扰美国的金融恐慌。

美国需要有一个中央银行来帮助它发挥全部潜力，成为一个全球性的经济和金融强国，但寻求政治支持仍然是一件具有挑战性的工作。在美国中西部的农业州，从事传统农业的人一方面担心银行业过于强大后会绑架整个经济，另一方面这些州的低收入者认为该法案主要服务于东部商业发达地区的富人，而不是美国大众。因此，他们强烈反对建立央行。威尔逊总统和弗吉尼亚州参议员卡特·格拉斯等人一起提议建立一个真正全国性的中央银行，能够及时地维护整个国家的利益，而不仅仅维护金融家们的利益。为了实现这一目标，威尔逊和格拉斯支持建立一个不同寻常的央行，而不是一个单独设在华盛顿或纽约的央行。新的央行将会是一个联邦系统，因此，他们提议的名字是“美国联邦储备理事会”。他们提议美联储系统下面设置8到12个半自治性质的地区储备银行，分布在全国不同的城市，每个储备银行都负责一个区。最终，国会批准设立了 12 个地区储备银行。[①]

虽然位于华盛顿的美联储理事会是美国联邦政府的一部分，但 12 家联邦储备银行不属于联邦政府机构，而是非营利性私营组织。但需要强调，联邦储备银行不同于一般的私营组织，并不以营利为目的，而与美联储理事会一起承担美国中央银行的公共职能。这种私营组织的性质与美国早期的央行以及其他许多国家的央行是一样的。每一家联邦储备银行都有自己的行长和董事会，董事会成员既包括职业银行家，也包括来自工业、劳工界、农业或消费部门的知名人士。每个联邦储备银行都享有一定的独立性，可以根据本地区的情况自主设定本地区的利率以及再贴现利率[②]等。威尔逊总统曾经谈到为什么给予每个联邦储备银行这么大的自由空间，他说："我们故意将地区储备银行分散开来，如果它们不享有很大程度的独立性，那么我们应该会非常失望。"美联储理事会负责监管联邦储备银行以及整个美联储系统。从职权来看，最初的理事会还包含两个经政治任命产生的政府官员，一个是财政部部长，另一个是货币监理署署长。他们由总统提名，并经国会同意方可上任。国会接受了建立央行的计划，并于 1913 年批准通过了《联邦储备法》，美国联邦储备系统次年开始运行，但没有及时地预防 1914 年的那场大恐慌。

美联储在组织架构上的创新设计确保了它能够真正代表全体美国人的利益，在政治上也更加具有可持续性，但美联储系统十分庞大和复杂，联邦政府无法将自己的权威施加给它，无法对其实行有效的监

① 今天，美联储系统的 12 个地区银行的所在位置与当初刚设立时一模一样，分别位于以下城市：波士顿、纽约、费城、克利夫兰、里士满、亚特兰大、芝加哥、圣路易斯、明尼阿波利斯、堪萨斯城、达拉斯和旧金山。这 12 家联邦储备银行的每一家都是其所在地区的中央银行，储备银行可在其区内设立自己的分行。

② 再贴现利率是指金融机构将所持有的已贴现票据向央行办理再贴现所采用的利率，换言之，是当商业银行需要调节流动性的时候需要向央行付出的成本。——译者注

督，最终造成了一些不容忽视的后果。美联储成立后的很长一段时期内，纽约联邦储备银行的行长本杰明·斯特朗成为整个美联储系统的实际领导人。（作为一颗在金融界冉冉升起的新星，本杰明·斯特朗是摩根的得意门生，他曾经协助摩根结束了1907年的金融恐慌。）但1928年斯特朗去世后，没有一个能够与其相匹敌的人出面承担他的角色，以至于到了大萧条爆发之际，美联储的表现一直很被动，没有有效地扮演"最后贷款人"的角色，未能及时制止金融恐慌和挤兑风潮，导致成千上万的小银行倒闭，而且它对货币供应崩溃的局面视而不见，弗里德曼和施瓦茨也着重强调过美联储的这个错误。后来，罗斯福总统进行了改革，相对加强了美联储理事会的权力，削弱了联邦储备银行的权力。罗斯福总统的改革还将财政部部长和货币监理署署长移出了美联储理事会，从而削弱了行政部门对美联储的干预，强化了美联储的独立性。

今天，美联储理事会由7名执行理事组成，其中包括一名主席、一名副主席和其他五名执行理事，他们必须全部由总统提名，经过国会确认后才能上任，每个执行理事的任期长达14年。[①]这7名执行理事的任期需要间隔两年，如果有理事辞职，那么总统就可以及时地任命一名新理事，因此，在美国总统4年的任期内最多只有两个执行理事的任期结束，需要由总统决定新人选是谁。我进入美联储之前，就有一位理事在任期还有两年的时候辞职了，总统考虑任命我为新理事。美联储这种任期安排很大程度上限制了总统对理事会的控制能力，但事实上，很多理事任期未满就辞职了，因此，限制总统干预美联储的初衷大打折扣。我接到格伦电话的时候，美联储主席是格林斯潘，他从1987年就开始担任这一职务了。

---

① 2010年7月，美国总统奥巴马签署生效的《多德-弗兰克华尔街改革与消费者保护法案》提出要增加一名副主席，专门负责监管事务，但到2015年初的时候，这个职位还没有人担任。

为了改善货币政策的效果，罗斯福总统在改革过程中还设立了一个新机构——联邦公开市场委员会（FOMC）。联邦公开市场委员会将监督美联储买入和卖出政府债券。这是美联储确定短期利率和货币供应量的主要工具。自那时以来，联邦公开市场委员会会议的参与者就达到了 19 个人，其中包括美联储理事会的 7 名成员和 12 个联邦储备银行的行长。美联储理事会的主席，按照传统来看，同时也是联邦公开市场委员会的主席。尽管联邦公开市场委员会的会议有 19 名决策者参与，但只有 12 人有投票权，这 12 个人包括美联储理事会的 7 个执行理事和纽约联邦储备银行行长，其他 4 个有投票权的名额每年在另外 11 个联邦储备银行行长中轮换。这种错综复杂的安排一方面是为了确保政府任命的美联储理事会成员们拥有较大的决定权，另一方面也是为了确保各储备区任命的联邦储备银行行长们在货币政策制定过程中享有一定的发言权。

1977 年，《联邦储备系统改革法》为美联储货币政策设定了明确的目标。它指示美联储努力实现“充分就业”和“物价稳定”，这两个目标构成了美联储的“双重使命”。[①]这两大目标的实现情况是衡量美联储政策是否得当的标准。将未经选举的美联储技术官员置于“民主问责制”的框架之下，同时也构成了美联储享有独立性的底线，它必须遵循法律设定的货币政策目标，而不能自主决定货币政策目标。但是，联邦公开市场委员会可以在国会监督的框架之内决定采用哪些具体举措以最好地实现货币政策目标。1977 年那部法律为国会提供的一个监督工具，就是要求美联储理事会主席必须每半年到国会做证一次，阐述其过去落实货币政策目标的情况以及对未来经济发展规划的设想。

---

① 事实上，法律还规定了货币政策的第三个目标，即促使长期利率保持低位。因为当通胀率与市场通胀预期保持低位时，长期利率往往都是低位徘徊，所以，这第三个使命被视为“物价稳定”这一目标的题中之意，在联邦公开市场委员会的决策声明中往往不会单独提到这个目标。

1978年的《汉弗莱–霍金斯法案》（Humphrey-Hawkins Act）进一步扩大了这种监督权，要求美联储主席每年都必须分别到参议院和众议院做证两次（通常是2月和7月），汇报一下经济状况以及联邦公开市场委员会为了实现双重使命而做出的努力。《汉弗莱–霍金斯法案》是以两位主要推动者的名字命名的，他们分别是明尼苏达州参议员休伯特·汉弗莱和加州众议员奥古斯塔斯·霍金斯。自那之后，这些听证会就被称作“汉弗莱–霍金斯听证会”。

除了制定和执行货币政策之外，美联储还负责监管部分金融系统，包括监管银行。它这一职能与其他几个联邦政府机构存在重叠，这些机构包括货币监理署和美国联邦存款保险公司（FDIC），各州也有一些类似的监管机构，但掌握美联储监管大权的是位于华盛顿的美联储理事会，而不是联邦公开市场委员会和12个联邦储备银行。美联储理事会有权制定一些具体的执行举措，落实国会通过的法律。联邦储备银行将负责落实华盛顿制定的政策，监督各自储备区内的银行。

虽然负责货币政策与金融监管的部门都是明确的，但整个美联储的治理体系仍然非常复杂。联邦储备银行的董事会中仍然有私营部门的成员，他们可以就银行运营问题为行长提供咨询意见，并告诉总统他们对经济形势的看法，但他们在银行业监管方面起不到什么重要作用。这些联邦储备银行的董事会成员有助于遴选一个合格的行长，像这种从私营部门中遴选履行政府职责的官员的情况是非常罕见的。虽然华盛顿的美联储理事会对美联储系统具有监管权，但它一般都会批准各地区储备银行董事会报上来的行长人选，并且批准各储备银行的预算方案。

我与小布什总统见面的时间定在了午餐后。我不想冒迟到的风险，因此，前一天晚上就坐上了火车。根据白宫方面的指示，我比约定的时间提前30分钟来到白宫的一个侧门。显然，政府并不希望记者发现我。在约定的时间，我来到了椭圆形办公室，感觉有点不知所措。我从未在白宫和总统见过面。

总统诚恳地欢迎我的到来，他跟我说他听到了我的一些好消息。他认真地问了几个问题，这些问题显然是由他的经济顾问准备的。我记得他问我如果通胀率升高，我将如何应对，我给出了自己的解释。学术上的事情聊完之后，总统自己放松了下来，问了问我自己的情况，包括我的背景和家人。最后，他问我是否有从政的经验。

我说："噢，总统先生，我只是在新泽西州蒙哥马利镇教育委员会服务过两个任期，那些经历在这个办公室里就不值一提了。"

他爆发出一阵爽朗的笑声，说道："就算在这间办公室里，也值得好好提提啊。服务于教育委员会往往都是吃力不讨好的，但你的服务非常重要。"跟总统的交流结束后，我又见了见其他人，包括总统的朋友、顾问克莱·约翰逊以及白宫办公室副主任乔希·博尔滕。几天后，我从格伦那里听说总统对我的表现感到满意，并打算等必要的初步程序走完之后就提名我。如果得到提名，我就同意接受。

事实证明，初步程序并不简单。背景调查持续了几个月，似乎有无穷无尽的文书工作，记录了我住过哪里、和谁交往过、在哪里工作过、到哪里旅行过以及大学毕业后的个人财务管理情况。白宫人事部门的工作人员面试过我一次，联邦调查局的工作人员面试过我两次。联邦调查局的人想知道我是否曾经阴谋颠覆美国政府。难道有人回答过"是"吗?

初步审查完成之后，白宫方面于 2002 年 5 月 8 日公开宣布了小布什总统将提名我，之后，程序就转到了参议院银行、住房和城市事务委员会。该委员会有权审查美联储理事的提名人选。在参议院的"确认听证会"还没有确定下来具体日期时，美联储的工作人员为了让我做好充分准备，给我送来了厚厚的一摞资料。这些资料详细记录了美联储的职责和在各种问题上的立场，我花了好几个小时认真研读它们。

美联储的工作人员告诉我，不要在公开场合就政策问题发表评论，也不要对媒体讲话。我的提名是没有异议的，美联储的人帮我做这些准备工作，也是为了让我顺利获得参议院的批准。最后，在2002年7月30日，我来到了参议院出席听证会。那次听证会的持续时间还不到一个小时，我就获得了那个委员会的批准。第二天，也就是7月31日，我又获得了整个参议院的批准，而且是全票通过，没有异议。一切结束后，一个致力于倡导参议院加快确认过程的团体给我送来了一件T恤衫，上面印着一行字:“我从总统提名人选确认过程中幸存了下来。”（I survive the presidential appointee confirmation process.）事实上，我的确认过程一直是相当顺利的。

当时和我一起获得参议院确认的还有唐纳德·科恩，也获得了美联储理事会的理事职位。他是美联储系统的一位“老兵”，为人随和，考虑问题非常周全，从不自高自大。他在密歇根大学拿到了博士学位。1970年，他加入了堪萨斯城联邦储备银行，开始了他在美联储系统的职业生涯。5年后，他来到了华盛顿，加入了美联储理事会。多年来，科恩凭借自己的努力，一步步往上升，逐渐成为美联储理事会货币事务部门的主管（这个职位就是为他而设的）和格林斯潘最重要的战略顾问。科恩和他的妻子吉尔都爱好健身运动。吉尔非常热衷于划船，科恩喜欢徒步旅行和骑自行车旅行。一些记者揣测说科恩将会充当格林斯潘的代理人，会在通胀目标制等问题上与我发生冲突（因为格林斯潘对通胀目标制持怀疑态度），但事实上，我和科恩在工作中密切配合，我非常相信他的判断力。①

2002年8月5日，我和科恩宣誓就职，仪式的主持人是格林斯潘主席。格林斯潘用抛硬币的方式决定我和科恩的宣誓顺序，结果我赢

① 科恩一直拥护格林斯潘有关利率、金融市场与风险等方面的思想，反对设定具体的通货膨胀目标，这与伯南克的立场相左，所以媒体会猜测他们容易产生不合。——译者注

了，就先宣誓。虽然科恩已经在美联储系统工作了30多年，而我之前并没有在这个系统工作过，但在之后的官方场合，我的排名总是在他前面。随着我和科恩的到来，美联储理事会的7个席位终于凑齐了人数。

我的任命得到参议院确认之后，开始逐渐认识了理事会其他几位成员。当时的美联储副主席是罗杰·弗格森，是比尔·克林顿总统提名的，是第三位效力于美联储理事会的非洲裔美国人。他成长于华盛顿一个工人阶层社区。他安静沉稳，虚怀若谷，没有架子，爱搞怪，有幽默感。他在哈佛大学拿到了经济学本科和博士学位以及法律博士学位。他在纽约一家名为戴维斯·波尔克的律师事务所工作期间遇到了他的妻子安妮特·纳萨雷特。他的妻子后来成为美国证券交易委员会的一名委员。

美联储副主席的工作职责包括很大一部分行政事务，比如协助主席监督各地区的联邦储备银行。弗格森在这方面做得很好。他还是一个慈祥的前辈，定期问问我是否有什么需要帮助的，以确保我能够很好地适应新生活。弗格森的职业生涯中，一个关键的时刻就是2011年9月11日。当飞机撞向世贸中心和五角大楼时，他是唯一一位身在华盛顿的美联储理事会理事。在他的指示下，美联储发表一份声明，确认美联储正在“正常运转”，如果有需要，随时愿意充当“最后贷款人”。他和一组员工在美联储理事会会议室附近的一个房间里设立了电话银行，不知疲倦地维持金融系统中关键环节的运转。弗格森通过他办公室的窗户就能看到冒烟的五角大楼。理事会的快速反应，保障了资金支付与证券转让的顺利进行，从而最大限度地减少了美国经济体受到的冲击。这个故事可能很少有人知道，但它在金融体系的运作过程中扮演着至关重要的作用。

另外两位理事——苏珊·比斯和马克·奥尔森——在加入美联储之前都是银行家。他们二人与我一样，都是小布什总统任命的。1972

年，苏珊从美国西北大学获得了经济学博士学位。在加入美联储之前，她曾经在第一田纳西银行担任负责风险管理事务的执行副总裁。除了供职于这家区域性的银行之外，她的职业履历非常丰富，包括曾经在明尼苏达州的一家小银行担任首席执行官，曾经在国会服务过一段时间，还曾经做过安永会计师事务所的合伙人。1986年，43岁的她当选了美国银行家协会主席。苏珊以她那热情、外向的方式欢迎我的到来，而马克则表现出了他那具有明尼苏达州特色的低调风格。

理事会成员爱德华·格拉姆利克身形瘦削，白发苍苍，曾经是密歇根大学的经济学教授，担任过该校杰拉德·福特公共政策学院的院长。他让我产生了一种轻松自在的感觉。1965年到1970年，他曾经以经济研究师的身份加入美联储，成为美联储的一员，后来1986年到1987年，他曾经担任过国会预算办公室的代理主任。1997年，克林顿总统任命他为美联储理事会的理事。作为一位经济学家，他的学术研究内容主要集中在宏观经济问题上。在美联储期间，他处理的任务有很多种，包括兼任美国航空运输稳定委员会的主席。美国国会在“9·11”恐怖袭击事件后成立了这个贷款担保委员会，以帮助国内航空公司免遭破产厄运。他还带领美联储从事社区发展和消费者保护事业。

我和科恩接受过众人的欢迎之后，在美联储理事会总部的埃克尔斯大楼中庭内又宣誓了一次。这座大楼的命名是为了纪念1934—1948年担任美联储主席的马里纳·埃克尔斯。从法律上来讲，这第二次宣誓是多余的，但对于我们的亲人和美联储工作人员而言，却是一个非常好的活动。安娜、乔尔、阿莉莎以及我的父母都参加了。看到我那在小镇当药剂师的父亲紧蹙眉头地同大名鼎鼎的格林斯潘认真交谈，我觉得很有趣。

在大多数国家，中央银行的领导者都被称作“央行行长”，但在承担中央银行职能的美联储，领导者却被称为“主席”，美联储理事会的成员被称为“理事”。（在罗斯福时代的改革之后，美联储的正式名称是“联邦储备系统理事会”。）所以，我现在可以自称为“伯南克理事”。曾经有一次，一家航空公司售票柜台的职员问我是哪个州的州长。[①]

一切仪式和手续完成之后，我很快习惯了一个长途通勤者的工作和生活。我在华盛顿乔治敦附近租了一个只有一间卧室的公寓。大部分周末，我都会开着我那辆 1998 款的金属蓝的克莱斯勒铂锐敞篷车返回普林斯顿附近的家，单程就有 186 英里。经过与格林斯潘主席和美联储理事会伦理道德督察员卡里·威廉斯进行了简短的讨论之后，至少暂时还保留着《美国经济评论》编委会成员的名号（无报酬）。

在工作日，我参加美联储理事会的内部会议和信息发布会，会见来访者，并且去各地出差，包括拜访各地区的联邦储备银行。我第一次出差是和苏珊·比斯一起去布朗斯维尔、得克萨斯以及达拉斯的联邦储备银行检查那里的社区发展情况。然而，我却远远没有那种非常劳累的感觉。我和罗杰·弗格森聊天时，他曾经为我解释道，新任的理事们在经过一段时间的工作之后才能找到工作的切入点，确定哪些问题对自己最重要，从而找到自己合适的位置。

为了找到工作的切入点，我不得不面对理事会的委员会体系。理事会除了货币政策以外的大部分工作都是由专门委员会负责的，这些专门委员会往往都是由两三个理事组成，他们调查之后，向理事会提出建议。在任务分配方面，资历是一个不容忽视的重要因素，一般是由美联储副主席与主席协商决定。我对从事银行监督工作越来越感兴趣，但负责这一事务的委员会的领导者是弗格森，苏珊和马克这两个银行家是其中的两名成员，已经无法再增加人数了。我本来也可以主动申请从事更多的行政工作，但我之前已经在普林斯顿大学经济系主

① 作为美联储理事会的一名成员，“伯南克理事”的英文说法为“Governor Bernanke”，其中的Governor同时还有“州长”的意思，因此，不熟悉伯南克的人可能会误以为他是某个州的州长。——译者注

任的岗位上做过类似的工作了，我想更多地参与政策制定的过程。最后，我加入的委员会是支付、清算与结算委员会（该委员会的工作有利于保障金融体系的正常运转）以及消费者与社区事务委员会（该委员会的工作有利于保护消费者权益和促进社区发展）。第二个委员会的领导者是爱德华·格拉姆利克，一个成员是苏珊。我还承担了一些行政事务，比如负责经济研究事务的监督。这对我来说自然是非常合适的。在这个岗位上，我推动美联储创办了一本新期刊——《国际中央银行期刊》（*International Journal of Central Banking*）。这本期刊致力于发表世界各地与政策相关的研究成果。

但我来到华盛顿的目的是参与货币政策制定过程。事实上，我知道格林斯潘主席对于利率政策的方向具有主导性的影响力。弗格森曾经称他为美联储中“800 磅的大猩猩”[①]。在我看来，格林斯潘发挥这么大影响力也不是不合理，毕竟，我加入美联储的时候，他已经在美联储主席的位子上坐了 15 年之久，他做出的决策已经为他赢得了“大师”[②]的称号。我想，我最多只是在开会期间对汇率产生微弱的影响。其实，我对单个的决定并不是很感兴趣，相反，我更加感兴趣的是美联储赖以做出决策的整体理论框架。在我看来，这个大框架似乎落后于时代了。

传统上，中央银行制定货币政策的过程一直笼罩着一层神秘的面纱。一位名叫威廉·格雷德的记者在 1989 年写的一本书的书名就反映了这一点。那本书名为《殿堂藏秘：美联储如何经营美国》（*Secrets of the Temple: How the Federal Reserve Runs the Country*）。相似地，在 20 世纪 20 年代、30 年代和 40 年代初担任英格兰银行行长的蒙塔古·诺

---

① 此处将格林斯潘比作“大猩猩”，暗示他在美联储内部是一位资格老、地位高、权势大的重磅人物。——译者注

② 2006 年初，格林斯潘从美联储主席卸任时，人们誉他为“大师”，称赞他带领美国渡过了多次经济险滩。——译者注

曼曾将“绝不解释、绝不辩护”作为中央银行的行事法则。很多人都提出了各种各样的说法，赞成央行在货币政策制定过程中保持神秘感，但我认为央行之所以这样做，与热狗厂家拒不让人参观工厂的原因是如出一辙的，因为一旦没有了神秘感，公众就知道了“产品”的生产过程，这个产品的吸引力就会受到削弱。

保持决策过程的神秘感是一件利弊兼有的事情。一方面，它有利于让中央银行家们显得无所不知，有利于提高短期政策的灵活性；另一方面，它会让公众感到困惑，让市场手忙脚乱，为阴谋论铺就了温床。在当今这个公共部门和私营部门日益注重透明度和问责制的世界上，我觉得美联储政策制定过程中的神秘色彩已经过时了。我还相信，神秘色彩降低了货币政策的有效性。我和米什金曾经在关于通胀目标制的论文中指出，如果央行能够同公众和市场进行清楚的沟通，那么货币政策就能够产生更好的效果。

2002 年 8 月 13 日，也就是宣誓就职一周多之后，我第一次参加了联邦公开市场委员会的会议。（联邦公开市场委员会每年都要在华盛顿特区召开至少 8 次例行会议。）在那次会议召开之前的那个周末，我仔细研读了美联储的同事们为我准备的大量背景材料。其中有一个材料是“绿皮书”。之所以被称为绿皮书，是因为它的封面用的是绿色的硬纸。绿皮书里面包含了与国内经济和国际经济相关的数据和分析，还有美联储的经济预测。绿皮书回顾了金融市场的发展过程，比较了替代性货币政策可能产生的影响。那些材料中还有员工备忘录和其他文件。美联储做出的预测与私营部门的预测一样，既是科学，也堪称艺术。他们利用了在过去多年来建立的一系列预测模型。但美联储的经济学家们在预测中增加了大量的专业判断，这些专业判断在标准的预测数据中是很难捕捉到的，比如，他们考虑的因素包括恶劣天气、政府税收和支出政策的潜在变化以及地缘政治的发展。中央银行和私营部门预测的准确性一直得到广泛的研究，结果并不怎么理想。不幸的是，一两个季度之后的经济运行轨迹非常难以预测。也就是说，谨慎的预测对于连贯的货币决策至关重要，就像商业规划和战争策略在各自的领域内的重要性一样。

格林斯潘的经济预测能力是非常著名的。他在加入政府部门之前，曾经创办和经营过一家公司，即“陶森–格林斯潘经济顾问公司”（Townsend-Greenspan & Co., Inc.）。他不太注重在计算机模拟的基础上进行预测，而是采取一种非常有特色的、自下而上的预测方式。他会定期思考数以百计的“小”信息，然后再总结出“大”趋势，换句话讲，他注重先看树木，而非森林。在我的思维中，我倾向于首先着眼于经济发展指标的整体状况，也就是先看森林，而非树木。但我知道格林斯潘的预测方法有时候的确会产生一些有趣的见解，而标准的预测可能无法取得这些见解。

那次会议召开的当天早上，与会者在马丁大楼的顶层一起吃了早餐。这座大楼建于20世纪70年代，其名字是为了纪念从1951年到1970年担任美联储主席的威廉·麦克切斯尼·马丁，坐落在建于大萧条时期的埃克尔斯大楼后面。我在早餐时间见到了各地区的联邦储备银行的行长，并与他们进行了简短交谈。我在还是一名学者时就知道他们中间的一些人的情况。联邦公开市场委员会的成员都显得十分和蔼可亲，几乎没有根据政策主张形成小团体的倾向。因此，整个餐厅看起来完全不像高中校园里那些自助餐厅。[①]同一个桌子上吃饭的，既有更加担心通胀的鹰派，也有更加担心就业与经济增长的鸽派。[②]

在会议开始前的10或15分钟左右，与会者开始慢慢地走向埃克尔

① 在高中的自助餐厅里，往往会出现学生们根据个人喜好而聚在一桌就餐的情景，作者此处认为美联储餐厅看起来不像高中的自助餐厅，意在表明美联储内部看起来并不存在小团体。——译者注

② 在美联储抗通胀和保就业这两大核心任务上，鹰派反对通胀，要求紧缩，而鸽派成员更担心就业疲弱，更担忧经济增长，主张量化宽松。——译者注

斯大楼的会议室，在会议桌周围找到自己预先分配的座位坐下。会议桌是用红木和黑色花岗石做成的。会议室长 56 英尺，天花板很高，看起来很优雅，窗户十分敞亮，面朝宪法大道。一个墙壁上悬挂着一幅巨大的美国地图，上面显示着 12 个联邦储备银行各自负责的储备区。

除了政策制定者之外，与会者还包括美联储几个下属部门的负责人以及一些职员。部门负责人也有发言权。纽约联邦储备银行的公开市场交易部门的领导者负责管理美联储在公开市场上购买和销售证券的事务，并与市场参与者保持频繁的联系。在会议伊始，他一般会先总结一下关键的金融事态。当我加入美联储的时候，“公开市场交易部门”的领导者是迪诺 · 科斯。美联储理事会的“研究和统计数据部门”的负责人戴夫 · 斯托克顿及“国际金融部门”的负责人卡伦 · 约翰逊会阐述蓝皮书里面提到的政策选项。[①]有时候，他们的副职会代他们参会，做这项工作。这三个部门的领导者会发挥很大的影响力。我在普林斯顿大学的同事、曾经在 20 世纪 90 年代中期担任过美联储副主席的艾伦 · 布林德把这三个部门的负责人称为“三巨头”。

格林斯潘的椅子在会议开始前几分钟还空着。他的椅子位于椭圆形会议桌一端的中间位置，正对着会议室大门。会议桌长 27 英尺，宽 11 英尺，重达两吨。格林斯潘的右边坐着纽约联邦储备银行的行长比尔 · 麦克多诺。纽约联邦储备银行行长传统上也是联邦公开市场委员会的副主席。比尔 · 麦克多诺之前是一位来自芝加哥的银行家，自 1993 年以来一直担任纽约联邦储备银行的行长。格林斯潘的左

① 美联储的 7 位理事和 12 位联邦储备银行的行长每年至少举行 8 次会议。会议上他们会拿到“绿皮书”“蓝皮书”和“褐皮书”以供参考。“绿皮书”是美联储总部经济学家对美国经济的预测，“蓝皮书”是美联储总部经济学家对不同货币政策的讨论，“褐皮书”是各个地区联邦储备银行对每个地区经济的评述。经过各抒己见的讨论之后，7 位美联储委员和有权投票的 5 位联邦储备银行行长投票决定该期的货币政策。然后，纽约联邦储备银行通过公开市场业务实施既定的货币政策。——译者注

边坐着美联储副主席罗杰·弗格森。两个资历最浅的成员——我和科恩——被挤到了会议桌的角落里，位于格林斯潘主席的视线范围之外。会议室里还坐着大约 35 位来自美联储和联邦储备银行的职员。

9 点整的时候，壁炉旁边的一扇门打开了，格林斯潘主席走出了他的办公室，大步走到他的座位上。房间里安静下来。格林斯潘坐了下来，整理了一下文件。他欢迎我和科恩，然后请下属开始阐述政策问题。

格林斯潘在会前的早餐期间就和我见了面，以确保我明白联邦公开市场委员会是如何组织会议的。第一个议程是下属简要介绍一下对金融市场和经济前景的分析，接着由 7 位美联储理事会成员和 12 位联邦储备银行行长提出问题，之后就到了“经济论战”的时间。每个与会者用四五分钟的时间阐述一下自己对经济前景的看法。联邦储备银行行长们通常首先汇报各自区域的发展情况，然后介绍一下对整个国民经济的看法。行长们讲完之后，就轮到了美联储的理事、联邦公开市场委员会副主席（比尔·麦克多诺）和主席（格林斯潘）。

曾经，7 位美联储理事和 12 位联邦储备银行行长中，至少有一部分人是即兴发表看法的。但 1994 年，为了回应众议院金融服务委员会主席亨利·冈萨雷斯的要求，联邦公开市场委员会同意对外发布完整的会议记录。自那之后，大部分与会者都开始读预先准备好的讲话稿了。这虽然有利于提升会议的透明度，但不利于改善讨论的质量和自发性。[①]

① 1993 年，时任众议院金融服务委员会主席、得州共和党人亨利·冈萨雷斯指责联邦公开市场委员会缺少信息披露，要求对美联储的运作进行独立审计，要求公开市场委员会出示会议的录像带，并在会议召开后的一周内发布详细的会议记录，而非几周后才给出一些模糊性的总结陈词。格林斯潘于 1994 年初接受了这种要求。——译者注

我加入美联储时，美国经济正经历着复杂的变化。这个国家的经济刚刚摆脱一场衰退（即刚刚摆脱经济收缩时期），走上复苏轨道，复苏期只持续了 8 个月，也就是从 2001 年 3 月到 11 月。（一旦产量开始增加，即使损失的就业和产出尚未完全恢复，也可以说经济在复苏，经济衰退结束。）经济衰退可以由许多因素单独引起，也可以由多重因素共同引起。始于 2001 年的那场经济衰退是由网络泡沫的崩溃以及美国股市整体大幅下滑引发的，其间又进一步遭受了“9 · 11”恐怖袭击事件的打击。

联邦公开市场委员会在应对经济衰退过程中的反应可谓是非常快的。2001 年，它将一个重要的政策工具——联邦基金利率从 2000 年的 6.5%削减到了 1.75%，与历史标准相比，这个反应是非常迅速的。美国联邦基金利率是指美国同业拆借市场的利率，是最主要的隔夜拆借利率。尽管联邦基金利率是私营部门之间的利率，但美联储能够通过控制银行可以获取的资金规模对它施加间接影响。更准确地说，美联储通过影响银行准备金的规模来管理联邦基金利率。

商业银行需要从库存的现金中拿出一定的比例存放在中央银行，这部分存入中央银行的现金就是这家银行的准备金。实行准备金的目的是为了确保商业银行在遇到突然大量提取银行存款时具备相当充足的清偿能力。银行准备金账户非常类似于个人在银行开立的活期储蓄账户。商业银行在中央银行的准备金账户除了用来储蓄多余资金之外，还可以用来为其他银行付款或从其他银行收款。中央银行要求的存款准备金占其存款总额的最低比例就是存款准备金率。

美联储能够通过证券的买进或卖出影响商业银行准备金的数量，因此，也能影响联邦基金利率。当美联储卖出证券，而某些银行买入这些证券时，美联储就会从那些商业银行的准备金账户中扣掉相应数量的资金，从而减少商业银行的准备金。美联储卖出债券的结果就是消耗掉银行体系内的现金储备。如果可用的现金储备变少，那么银行就更加愿意从其他银行借款，从而有助于提高联邦基金利率，也就是提高银行为其借款支付的利率。相似地，为了降低联邦基金利率，美联储就会买入证券，因此会增加银行体系的现金储备，降低银行之间的借款利率。

当时，提高或降低联邦基金利率是联邦公开市场委员会影响经济的主要手段，联邦基金利率的水平是主要的政策风向标。如果联邦公开市场委员会认定需要刺激经济活动，就会削减联邦基金利率，这样有助于压低其他利率，包括汽车贷款利率、住房抵押贷款利率和企业债券利率，从而促进借贷和支出。正如凯恩斯主义的理论预测的那样，只要经济体内存在闲置产能，增加开支就会促使公司增加生产规模，并雇用更多工人。然而，如果经济没有闲置产能，需求增加可能推动物价和工资攀升，并加剧通货膨胀。如果联邦公开市场委员会认为经济运行过程中存在过热的现象，即产出高出了可持续的水平，它就会提高联邦基金利率，导致其他各种利率全面攀升，从而达到降低经济增速和降低通胀率的目标。

2002 年 8 月，提高利率算不上一个认真的选择。毫无疑问，2001 年迅速削减利率缩短了经济衰退的时间。然而，接踵而至的经济复苏却较为温和，经济增速只能说是不温不火，美联储内部的一些悲观主义者甚至开始担忧美国经济会摇摇欲坠地走向崩溃。此外，尽管生产规模增加了，但美国经济却陷入了一种所谓的“失业型复苏”的状态。经济衰退之后，失业率非但没有降低，反而有所升高，而通胀率一直保持在特别低的位置，这是经济疲软的症状，因为公司不愿意在需求疲软之际提高物价。股市依然低迷。在世界通信公司、安然公司和安达信会计事务所爆出公司治理丑闻之后，股市长期保持低迷。然而，乐观主义者认为，如果据此就预测经济会陷入新的衰退，即陷入所谓的“二次衰退”，则为时尚早。在低利率的推动下，汽车与房地产销售领域出现了异常火爆的现象，以至于波士顿联邦储备银行行长凯茜·迈尼汉甚至表示她认识的一些人担心会出现房地产泡沫。

如同往常一样，在第一轮讨论中，拥有最终发言权的仍然是格林斯潘。为了兼顾乐观主义者和悲观主义者的观点，他提出暂时不要降低联邦基金利率，但要在受到密切关注的会议声明中明确提出“风险主要偏向疲软”这句话。在央行的话语体系内，这就相当于给金融市场发出了一个信号，即接下来的利率变动更有可能是降低，而不是提高。格林斯潘讲完之后，我们就开始进入第二个阶段的辩论，即“政策辩论”。在格林斯潘的带领下，这一轮辩论的时间通常很短，与会者所做的只是就是否赞成格林斯潘提出的政策建议发表看法。大部分情况下，大家都是表示赞同，有时候也会提出反对意见。这一次，我表示同意。

不幸的是，到 9 月，也就是我第二次参加联邦公开市场委员会的会议之际，美国经济依然没有表现出走强的迹象。一些与会者提出，人们担心美国可能对伊拉克开战，这种担心的强化似乎正在导致企业和家庭在做出投资与支出决策时表现得格外慎重。在那次会议上，我们还讨论了通胀率是不是降得太低了。人们往往认为低通胀是一件好事，因为在低通胀的经济环境下，人们可以用较少的资金购买更多的商品与服务。但事实上，如果通胀率长期维持着过低的水平，就会导致人们的工资水平与收入水平增速缓慢，从而抵消掉物价降低带来的优势。事实上，如同长期的高通胀一样，通胀率长期维持在过低的水平也会损害经济的健康运行。日本的经历就清楚地说明了这一点。通胀率长期过低，或者说长期通缩对经济的拖累作用可能非常严重，即便把短期利率降低到零，也无法刺激经济和就业。当轮到我发言时，我坦率地指出降低利率可能会进一步推动原本已经非常热的行业（比如房地产业）的发展，但我表示倾向于削减利率，因为这样可以有效地防止美国经济下探到通缩的深渊。

我们还探讨了零利率下限的问题。所谓零利率下限，是指长期以来存在的一种有失偏颇的认识，即利率不能低于零。长期以来，利率不低于零也是美国经济的一个事实。在萎靡不振的经济面前，零利率下限是否就意味着一旦美联储将利率降低到零就弹尽粮绝、无计可施了呢？我们对此进行了深入辩论。其实，削减联邦基金利率并不是促增长的唯一手段。美联储工作人员在之前好几年内的研究论文一直在探讨这个问题，我在普林斯顿大学教书期间也提出过这种观点。但格林斯潘却认为零利率下限不足为虑，提出即便联邦基金利率真的降到了零，联邦公开市场委员会仍然能找到其他办法来进一步放宽货币政策，但他当时没有明确地说具体怎么操作。

虽然格林斯潘提出在联邦公开市场委员会召开下一次例会之前可能有必要削减利率，但在当时那次会议上却不赞成立即削减利率。虽然我个人是倾向于削减利率的，但在那次会议上，我还是对他的提议表示赞成，因为当时整个委员会似乎都在朝着削减利率的方向前进，具体什么时候出台政策就不是那么重要了。但当时有两个与会者表示反对格林斯潘的提议。令人惊讶的是，其中一个人竟然是美联储理事爱德华·格拉姆利克。美联储理事们反对格林斯潘的概率要远远低于联邦储备银行行长们反对格林斯潘的概率，原因可能是这些理事们在华盛顿办公，在会后与格林斯潘讨论的机会比较多。另外一个表示反对的是达拉斯联邦储备银行行长鲍勃·麦克蒂尔。他之前赢得了一个绰号是“孤独的鸽派”。

由于已经参加过联邦公开市场委员会的两次例会，我发现自己变得乐于在公开场合发表言论了。2002 年 10 月 15 日，在纽约，我提出了一个问题：如果出现资产价格泡沫，那么应该采取什么样的货币政策加以应对呢？这个问题提得恰逢其时，因为我们看到房价不断上涨，而在此之前，股市泡沫破灭在很大程度上引发了 2001 年的那场经济衰退。

大多数人都认为自己知道“泡沫”是什么，但经济学家还没有给出一个精准确切的定义。这个词通常是指投资者把某类资产的价格哄抬到了远远超出其内在价值，并期待着以更高价格转卖出去的情形。我们探讨了央行是否应该为了刺破泡沫而故意提高利率。我积极参与了讨论。

关于这个战略，我提出了两个担忧。第一，在泡沫形成之前进行确认是一件非常困难的事情。谁也无法准确地知道一项资产的内在价值，因为这种内在价值取决于许多因素，包括经济在遥远的未来的表现。事实上，如果泡沫很容易就被发现，那么投资者从一开始就不会被泡沫困住。

第二，联邦公开市场委员会在2002年面临着一种棘手情形：当经济体内的一个行业（比如房地产业）存在过热情形，而其他行业则普遍低迷，那该采取什么样的货币政策呢？货币政策不可能只针对某一个特定的资产类别，而不顾其他金融市场和整体经济的利益。我回顾了20世纪20年代末期的股市繁荣。当时，美联储系统的实际领导人、纽约联邦储备银行的行长本杰明·斯特朗拒绝通过提高利率打压股市，理由是高利率的影响不会仅仅局限于股市。他打了个比方：因为股市过热而提高利率就相当于因为一个孩子犯错而教训所有孩子。斯特朗于1928年去世后，他的继任者放弃了他那种放任自流的方法，提高了利率。这一决定的最终结果并不仅仅是1929年的股市崩盘（美联储的确成功地让市场冷静了下来，却引发了悲剧），而且过紧的货币政策在很大程度上引起了大萧条。

利用货币政策刺破泡沫引发的一系列问题是否意味着央行应该忽略正在形成的泡沫呢？我认为，绝不该这样。首先，泡沫会导致整体经济出现过热现象。比如，如果股票价格节节上涨，就会促使股民增加支出，从而有可能导致不可持续的经济增长和更高的通胀率。从这种意义上来讲，货币政策有助于刺破泡沫，同时促使整个经济体趋于稳定状态。早在 1999 年，在杰克逊霍尔年会[①]上，我和马克·格特勒合作提交的一篇论文就提出了这个观点。其次，至关重要的一点是，央行和其他机构可以通过其他方式应对通胀，比如通过加强银行的监管和财务教育等。换句话讲，就要像我在讲话中多次提到的那样，“根据不同的任务选择正确的工具”。

11 月，在一次题为“通缩：它会发生在这里吗？”的演讲中，我探讨了联邦公开市场委员会在 9 月讨论过的一个问题：如果通胀率降到了非常低的水平，而利率又削减到了零，那么这是否意味着美联储就弹尽粮绝、无计可施了呢？我在文中表示，美联储应该采取一切可能的办法避免通缩的发生。比如，美联储可以设定一个高于零的通胀目标，以便为通缩提供一个缓冲区，或者说安全区。虽然美联储从没有明确公布过自己的通胀目标，但在发展经济体，央行设定的通胀目标一般不是零，而是大约 2%。我还提出，如果有必要，就可以赶在通缩发生之前采取削减利率的政策，作为预防措施。

但如果通缩不期而至，美联储将奈之若何呢？我之前多次强调过，即便短期利率接近于零，已经失去了进一步削减的空间，央行依然大有可为。我提出了多个方法来降低住房抵押贷款利率等较长期利率，并为经济体注入活力。

在那次关于通缩的演讲中，我设想了一些对抗通缩的可能方案，提到了一种极端的策略，即大范围减税与央行增发货币相结合。换言之，这一路线图的终点是央行直接向实体经济投放流动性，在实体经济中直接创造需求，从而实现高速增长。米尔顿·弗里德曼将我这种

① 杰克逊霍尔年会由美国堪萨斯联邦储备银行于 1978 年发起，每年 8 月下旬在怀俄明州的旅游胜地——杰克逊霍尔召开一年一度的全球央行经济政策研讨会。这场会议也是全球央行年度日历中最重要的货币政策会议，吸引了全世界的央行行长前来参会，汇聚了许多知名的政策思想家和实践者，同时也被众多投资者用来获取央行政策改变的信号。——译者注

策略讥讽为“从直升机上撒钱”。我在担任美联储理事和主席期间，我的媒体关系主管、美联社前记者戴夫·斯基德莫尔编辑我的演讲集，他建议我删除与“从直升机上撒钱”有关的比喻。但我没有听从他的建议。毕竟，我是以学者身份打这个比方的。他告诉我：“作为一个中央银行家，你不应该这么说。”我回答说：“每个人都知道米尔顿·弗里德曼提到过这个说法。”事实表明，许多华尔街债券交易员显然没有兴趣深入研究米尔顿给我这个绰号的原因，他们也没有将我的说法视为一个学者对假想问题的讨论，而是视为一个决策者向市场发出的愿意推高通胀率的信号，如果通胀率过高，则会导致他们的债券贬值。

我在美联储理事任期内的第三次公开演讲中，仍将通缩与弗里德曼的观点放到了核心位置加以讨论。那次演讲是在芝加哥大学发表的，当时是为了庆祝米尔顿的90大寿。我在斯坦福大学任教期间就认识了米尔顿，当时他供职于斯坦福大学胡佛研究所。他身材并不伟岸，但面庞上总是挂着微笑。他喜欢和任何人谈论经济，即使像我这样一个年轻的助理教授也不例外。正是得益于他和安娜·施瓦茨合作完成的著作，我才了解到美联储未能防止经济陷入通缩是大萧条的主要原因。有鉴于此，我提醒听众“我现在正供职于美联储”，最后，我对听众说：“我想告诉米尔顿和安娜，关于大萧条，你们是对的，我们的确难辞其咎，我们非常抱歉，但多亏了你们，我们不会重蹈覆辙。”

# 第四章
# 身处“大师乐队”的岁月

在格林斯潘这位“大师”的年代，美联储就像一个受他指挥的乐队。作为这个乐队中一位资历较浅的成员，我在格林斯潘行将卸任的那段时间内才逐渐发挥了更大的作用。我可以按照自己的规划过一种或安静或忙碌的生活。虽然我早已习惯了学术研究的孤独，但在美联储的岁月有时候会让我产生一种格外孤单的感觉。我有时候会出去发表演讲，拜访联邦储备银行，或者代表美联储理事会去参加国外的会议，但大部分时候都是独自一人待在办公室里。我每天早上到得很早，把车停在埃克尔斯大楼的地下车库里。曾经有一段时间，科恩经常把他的自行车停到我旁边的那个位子上。

在不开会的时候，我大部分日子基本上都是这么过的：读报告，跟踪最新的经济与金融动态，继续做我搬到华盛顿时尚未完成的学术研究，或者写讲话稿。美联储的员工非常乐意帮我写讲话稿，甚至完全代笔，不过我喜欢先独立完成初稿，然后根据员工的意见加以修改。有几位理事在办公室里一天到晚收看美国全国广播公司财经频道的节目，但我觉得这样容易分散我的精力。我只是每隔一段时间就查一查彭博社的新闻更新，或者读一读美联储员工送过来的关于市场最新动态的材料。

当我刚刚加入美联储之时，理事们汇聚一堂的机会并不多，很多实质性的工作都是由负责具体事务的委员会解决的。我们每两周都会在周一上午开会，听取美联储员工就经济、金融、国际发展等领域汇报最新动态，听完之后，理事们会提出问题。作为一位大学教授，我之前习惯于在研讨会上提出一些猜测性的或假设性的问题，但在美联储，我很快变得拘束了很多。曾有一次，我在会议上提出了一个非常随意的问题，结果那一天快要下班之际，工作人员给我送来了长达10页的备忘录，按照4种假设情况回答了我的问题，并且还附上了一份参考书目。从那之后，我只会在真正需要得到答复的时候才把问题说出来。

在普林斯顿大学，我经常去同事的办公室走动走动，聊一聊新的想法，或者就是简单地闲聊一番。在美联储，在不开会的时间里，我和其他理事们打照面的机会并不多，想见面的话，一定要提前约好才行。理事们的办公室间隔地分布在一条长长的、铺着地毯的走廊两侧，天花板呈拱形，具有图书馆一般的安静氛围。每个办公室外面都有一个小办公室，是行政助理办公之处。美联储为我配备的行政秘书是丽塔·普罗克特。她是一个自信、高效的美联储“老兵”，她教我美联储的做事方式，我很快就进入了角色。在普林斯顿大学，我与系里的其他几位同事共用一位行政助理，但在美联储，丽塔只为我服务。由于我给丽塔交办的任务量非常小，所以，她有时会主动提出帮马克·奥尔森做一点事。

学者生活与决策者生活的另外一个区别在于着装规定。作为一个教授，我经常穿着牛仔裤上班。我不习惯每天都穿西装，尤其是在华盛顿，华盛顿的夏天很热。当然，我明白，正装可以表明你认真对待这份工作。有一次，在美国经济学会出席座谈会时，我半开玩笑地提出了一条建议：应该让美联储理事们穿夏威夷衬衫和百慕大短裤来表明他们致力于提供公共服务。

我在办公室外面的生活与在办公室里面的生活一样安静。在周末，我要么待在普林斯顿的家里，要么就是在路上。学术界的朋友偶尔会来看看我。但在大多数工作日晚上，我回到空荡荡的公寓里，给安娜打电话，了解一下他们在新泽西的生活情况。我在乔治敦租的那套公寓附近有几家越南餐厅，我是那里的常客。不出去吃饭的时候，我就用微波炉加热一下Hot Pockets品牌的三明治，一边吃，一边看《宋飞正传》（*Seinfeld*）这部喜剧。有时，我会漫步到一个名叫蓝巷的地方。那是一个爵士乐爱好者的俱乐部，距离我租住的公寓有几个街区的距离。在非工作时间，我阅读虚构类和非虚构类读物，涉及所有题材，包括历史、生物、数学等。虽然我最大的业余爱好是棒球，但我到华盛顿的时候，还无法立即沉湎于这个爱好，因为蒙特利尔博览会队（Montreal Expos）直到2004年9月29日才正式迁至华盛顿特区，并于2005年更名为华盛顿国民队（Washington Nationals）。

我经常会收到一些大使馆之类的邀请，但大部分都被我拒绝了。我喜欢与格林斯潘及其妻子安德烈娅·米切尔聚餐。格林斯潘会表现出自己的“狡猾”和自嘲式的幽默感，这在公共场合很少见。比如，他跟我讲过他向安德烈娅求婚的情景，他当时说的话充满了他那独有的模棱两可的风格，以至于安德烈娅不明白他说的是什么。安德烈娅会给我讲起她在美国广播公司做记者时的一些令人刺激的经历，很有吸引力。曾经供职于美联储理事会的人，包括曾经的高级职员以及退休的理事，组建了一个非正式的俱乐部。这个俱乐部超出了美联储这个机构围墙的限制。曾经担任过美联储理事的迈克·凯利和他的妻子珍妮特居住在水门综合大厦附近。他每年圣诞节前后都会发起聚会，正在供职于或曾经供职于美联储的人如果在华盛顿的话，都会过去参加。

在工作中，我与格林斯潘主席一对一交流的机会相对较少。我偶尔主动提出到他办公室里见他，他有时会邀请我到他的私人餐厅吃午饭。我猜想，虽然我们相处得很好，但他认为我这个人学术气太浓，对中央银行实际业务的复杂性认识不足。他的看法似乎也不是完全没有道理。在参加联邦公开市场委员会召开的会议时，以及在多次演讲中，我都反复强调了需要政策透明度，这在他看来是难以接受的。

我敬畏格林斯潘的卓越声誉和辉煌履历，但与此同时，我是一位接受了传统教育的学者，他在很大程度上是自学成才的，我从他身上能看出一定的不足之处。他的很多经济学知识都是在作为一名顾问期间学到的。他在纽约大学读完硕士学位之后，就到哥伦比亚大学读博士，他的导师是美联储前主席阿瑟·伯恩斯。伯恩斯在经济衰退与复苏的实证分析领域堪称一位先驱人物。20世纪50年代初期，当格林斯潘咨询公司的业务开始腾飞之际，他从研究生院休学。很久之后，到1977年，他才获得了博士学位。他并不是提交了一份传统意义上的博士论文，而是根据以往所写的文章获得博士学位的。他很精明，知道大量深奥的事实，但他的思想具有明显的个人特质，与我相比，对各种经济学概念的强调比较少。他曾经师从小说家、哲学家安·兰德，在非正式场合下的言论中经常表现出显著的自由主义风格，但他倾向于务实的货币政策。

尽管我与格林斯潘主席的世界观有所不同，但我喜欢他，尊敬他。他待人总是很亲切，他非常热切地希望与别人讨论经济问题。曾经有一次，在联邦公开市场委员会会议召开的20分钟之前，我去见他。我忘记了那次拜访他的确切原因。当我走进他的办公室时，他正坐在办公桌旁喝燕麦粥，脖子上围着一方餐巾。我们开始讨论我的观点，由于太投入了，我们都忘记了时间，他忽然意识到我们迟到了5分钟，这是明显违反规定的。他解下餐巾，从他办公室的那扇门快步走进了会议室。我走到走廊上，从走廊绕到了会议室。

当时，许多局外人认为联邦公开市场委员会完全处在格林斯潘的操纵之下，但我很快了解到实情并非如此。如果主席有特别坚持的观点，他的建议几乎肯定会成为政策。他的个人威望和美联储听从主席意见的传统通常是足以确保这一点的。比如，20世纪90年代末就是这种情况。当时，他反对加息，因为他坚定地认为快速的生产率增长使经济获得了更大的发展空间，因此他认为加息还为时过早。鲍勃·伍德沃德在一本书里提到这一点有助于格林斯潘获得“大师”的称号。但格林斯潘知道发挥各个委员会的作用，并且他通常会照顾到委员会成员的意见，如果有时候他可能无法完全照顾到他人意见，那么他就会通过聪明的妥协或含糊的承诺，表示会在未来会议上采取行动。

从本质上来讲，我和格林斯潘在很多事情上都有共识。和我一样，他总是激情澎湃地维持美联储的独立性，努力使美联储不屈服于短期的政治压力，尽量以一种无关政治、无关党派的方式做出决策；而且和我一样，他也认为货币政策是一种强大的工具，当情况允许时，他非常乐于采取有力的行动。我们一致认为低且稳定的通胀率在很大程度上是有利的，而且我们还一致认为即使短期利率达到零，货币政策仍将有效。格林斯潘也认同我的一个观点，即货币政策制定者不能可靠、准确地识别出资产价格泡沫，也无法保证通过提高利率刺破泡沫就万无一失。

我们的思想在几个不同的方面存在分歧。比如，我支持将通胀目标制作为美联储的一个政策框架，旨在提高美联储的透明度，但他不信任这个框架。他甚至以开玩笑的方式解释透明度给自己造成的紧张。1987年，他告诉参议院的一个委员会说：“自从成为央行行长之后，我说话时经常会喃喃自语，而且缺乏连贯性。如果你觉得我讲的某句话似乎很清楚，那么你一定误解了我说的话。”同时，他不看重对银行进行监管的作用，认为这不太有助于推动银行摆脱困境。他相信，银行会竭尽全力地避免让自己的资金安全遭受来自市场力量的威胁，因此，肯定不会去做风险较高的贷款业务。尽管我认为银行监管是防范资产价格泡沫的第一道防线，但他更倾向于采取放任自流的态度，等待泡沫破灭之后，再亡羊补牢式地降低利率，缓解泡沫破灭造成的经济后果。

在 20 世纪 90 年代的大部分时间里，美联储管理之下的美国经济体呈现了一片欣欣向荣的景象，就业率强劲增长，通胀率缓慢降至低位。这样一来，美联储就逐步实现了国会为其规定的“双重使命”，即“充分就业”和“物价稳定”。格林斯潘本人也赢得了“大师”称号。然而，当我加入美联储的时候，情况却出现了鲜明的逆转，我们发现这两个使命遭到的风险都呈现出了加剧态势。从就业方面来讲，我们必须想方设法地应对“失业型复苏”问题。从物价稳定方面来讲，我们面临着大萧条时代以来未曾见过的问题，即通胀率一再下探，可能会下探到非常低的水平，甚至可能出现通缩。

从历史情况来看，经济衰退接近尾声之际，就业形势一般都会趋于改善。但当世纪之交的那场经济衰退于 2001 年 11 月结束之后的两年内，虽然美国经济的社会产出规模稳步增长，但工作岗位居然减少了 70 万个，失业率从 5.5%缓慢攀升到 5.8%。许多经济学家和权威人士都不禁发问：全球经济一体化与生产流程自动化是否已经永久性地损害了美国经济体创造就业的能力呢？抑或是不是美国经济复苏的进度太慢，而人口增速较快，以至于无法创造足够的就业岗位呢？

与此同时，通胀率长期维持低位，随着经济复苏的推进，美联储曾经发出警告说通胀率可能在 2003 年期间降低到 0.5%，甚至有可能降到更低的水平，通缩的风险是切切实实存在的，不能排除到考虑范围之外。一旦出现通缩，工资与物价水平将会双双下滑。

对于联邦公开市场委员会而言，对于潜在通缩的担忧是一种“新体验”，因为自从大萧条以来，价格稳定程度面临的主要威胁一直是过度通胀，而非通缩。通胀率在 20 世纪 70 年代迅速攀升，时任美联储主席保罗 · 沃尔克把利率上调到了非常高的水平，以期给经济降温，从而降低通胀率。虽然降低通胀率的目标达到了，但付出的代价也很大。沃尔克于 1979 年就任美联储主席之后的几个月内，美联储大幅缩紧货币政策，利率迅速回升。到 1981 年末，联邦基金利率已经达到了

20%，30 年期住房抵押贷款固定利率高达 18%。由此引发的一个严重后果就是，房地产业、汽车行业以及其他严重依赖信贷的行业的发展都戛然而止。1980 年的短暂衰退之后，接踵而至的是 1981—1982 年的严重衰退，失业率一度攀升到了 10%的高位，上一次出现这个水平的失业率还是在 20 世纪 30 年代末的事。

1987 年，格林斯潘接替沃尔克，出任美联储主席。虽然当时格林斯潘可以采取一些较为缓和的、副作用较小的措施，但他采取了一系列强力措施对抗通胀。到 20 世纪 90 年代末，对抗通胀的战斗似乎告一段落了，每年通胀率下降到了 2%的水平。这似乎符合格林斯潘对于“物价稳定”的非正式定义，即通胀率要低到足以使家庭与企业在做经济决策时不会将其纳入考虑范围。

20 世纪 70 年代的大通胀给货币政策制定者们留下了难以磨灭的印象。在我加入美联储之际，担任芝加哥联邦储备银行行长的迈克尔·莫斯可在尼克松时代就曾经以经济学家的身份供职于那个实行了工资与物价管制措施的机构。这些措施试图把一切涨价行为定性为非法，但最后以失败而告终，变得臭名昭著。（可以预测的是，当时肯定有很多供应商会想方设法地逃避这些限制涨价的管制措施，如果管制价格导致供应商无法盈利，而供应商又无法逃避管制，那么他们索性把货物囤起来，市场上就买不到。）唐纳德·科恩早在 20 世纪 70 年代就是美联储理事了，当时美联储主席是阿瑟·伯恩斯。在伯恩斯任期内，通胀率出现了飙升。格林斯潘当时正在担任福特总统的经济顾问委员会主席一职，他肯定记得福特政府发起的“马上打击通胀”运动。在这场运动中，福特政府号召人们戴上一些特殊的纽扣，表示自己致力于遏制生活成本日渐上升的势头。由于美联储的很多决策者们都经历过这些严重的通胀时代，因此，他们的先天思维是担心通胀率升得太高，而不是降得太低。如果让他们因为通胀率过低而担心，那么很容易颠覆他们固有的思维模式，使其产生无所适从的反应。但通缩的可能性是切实存在的，我们很快就不得不加以认真考虑了。

2001 年，联邦基金利率被迅速削减到了 1.75%，2002 年的大部分时间里都维持着这个水平。然而，到 2002 年 11 月联邦公开市场委员会召开例会之际，也就是我加入美联储之后第三次参加联邦公开市场委员会例会之际，进一步削减利率的呼声越来越高，因为美国的经济形势经过夏季的短暂改善之后，创造就业岗位的进程再度趋于停滞。我本人也同意需要进一步削减利率来推动就业形势的改善。此外，我还表示，削减利率有利于防止原本已经处于低位的通胀率出现进一步下探。格林斯潘也得出了同样的结论。他对我们表示："我们面临的是一个具有潜在通缩性质的经济体。这是一个非常可怕的前景，我们肯定要努力避免其成为现实。"格林斯潘提议将联邦基金利率削减 0.5 个百分点，使其降低到 1.25%，与会者也表示支持。我们在会后发布的会议声明中指出，由于削减了利率，"风险趋于均衡"，这就意味着联邦基金利率的未来变动趋势极有可能提高，也有可能降低。

削减利率之后，美国经济形势似乎改善了几个月，但到我们于 2003 年 3 月召开例会之际，经济复苏势头似乎再次停滞了。令人震惊的是，劳工部发布的报告指出，私营部门在 2 月的就业岗位缩减了 308 000 个。达拉斯联邦储备银行行长鲍勃·麦克蒂尔说道："这样的经济复苏，与衰退有什么区别？"

在那次会议召开的几天之前，美国军队已经开始进入伊拉克了。美国的企业和家庭都不确定这场战争将对美国经济产生什么影响，因此都推迟了采购与投资计划。在那次会议上，我提到了那场战争对于经济决策造成的不确定性。你不需要持有博士学位就能很清楚地看到企业与家庭都不愿意投资，不愿意借债，他们一定要看到战争对于美国经济的影响，尤其是对于能源价格的影响。我与我的同事也是如此。在格林斯潘的敦促下，我们决定先等一等，然后再考虑采取进一步的行动。在我们会后发布的会议声明中，我们表示战争造成的不确定性太大，我们不能有效地描绘出经济形势或货币政策的短期演变轨迹。这种史无前例的说法可能加剧了民众对于经济的忧虑。

我希望我的一些学术研究能够对我们的讨论产生一定的启发意义。尤其值得一提的是，因为当短期利率接近于零时，美联储与外界就政策问题进行准确的沟通就显得尤为重要，我在这方面做过大量的学术研究。我认为，实行通胀目标制以及提升政策透明度是非常重要的。2003 年 3 月，我开始就这类主题发表了一系列演讲。

虽然通胀目标制在联邦公开市场委员会内部具有一定的争议性，但我仍然敢于在美联储外面公开谈论这个话题，我并不担心惹别人不高兴。美联储理事们和联邦储备银行行长们发表的演讲往往与货币政策或银行监管有关。演讲稿有时还会提前分发给与会者，可能是为了征求评论，也可能是出于一种礼节性考虑，但它们不需要让美联储主席或其他人加以修改。除了极少数的情况之外，大家不会事先就讲话的主题或内容进行沟通或协调。讲话者要明确表示他们讲的都是自己的看法，而不是整个理事会的立场。联邦公开市场委员会例会的参与者们还必须接受一个“噤声期”，即在例会召开之前或之后的那几天内不能谈论当前的货币政策以及自己对经济前景的看法。这一做法有助于让市场在例会召开前后那段时间内保持冷静。

在 2003 年 3 月那次例会上，我在讲话开始就指出，纵观全球，发达经济体、新兴经济体，都日益倾向于采用通胀目标制，但在美国国内，很少有人能够明白或肯定它的益处。我说：“美国媒体对于通胀目标制的讨论让我想起了一些美国人看待公制测量单位的方式——他们并没有真正了解公制测量单位是什么，却认为它是外国的、不可理解的以及略有破坏性的。”

这种怀疑态度的一个原因在于通胀目标制没有完全顾及美联储的双重使命，似乎忽略了一个（充分就业）来满足另一个（物价稳定）。

然而，虽然这种政策框架的名字叫作“通胀目标制”，但事实上它的内涵并不仅仅局限于控制通胀。通胀目标一旦确定下来，时间跨度往往是好几年，只要在这几年结束之际满足这个目标即可。因此，在这几年内，美联储仍然拥有较大的灵活性和自主空间去不失时机地调整货币政策，应对就业率攀升的问题。经济学家们和中央银行家们把这种版本的通胀目标制称为“灵活的通胀目标制”。这种政策框架能够将通胀目标的长期约束性与货币政策的短期灵活性融合在一起，更有助于应对经济体系在运行过程中暴露出来的缺陷。几乎所有采用通胀目标制的央行在实现通胀目标的过程中都享有相当充裕的灵活空间。

事实上，在我看来，如果美联储设定一个通胀目标，并且市场与公众认为这个目标是可信的，那么美联储在经济下行的过程中享有的自主空间反而更大，而不是更少。如果市场与公众相信美联储会在未来很长一段时间内采取一切必要的措施去实现既定的通胀目标，或者正如经济学家们所说的那样，如果公众的通胀预期牢牢稳定在美联储公开宣布的目标上，那么那些有能力决定工资水平与物价水平的人的要求就会保持缓和。这有助于维持工资与物价的稳定性，从而使得美联储能够大胆地采取有力举措应对通胀，而不必担心通胀会恶化到失控的地步。

实行通货膨胀目标制国家的中央银行不但预先公布明确的通胀目标或目标区间，而且还定期向政府和公众解释当前的通货膨胀状况和应对措施。在2003年的大环境中，美联储与公众就通胀目标进行了沟通，结果表明这种沟通的作用特别显著，中央银行、政府和公众之间就形成了一个开放、透明的沟通机制与监督机制。当时，面对切切实实存在的通缩风险，我们需要刺激经济需求，将通胀率推高一点。但由于联邦基金利率已经低到了接近于零的地步，我们按照传统方式，也就是按照进一步削减联邦基金利率的方式放宽货币政策的空间已经几乎不存在了。就其本质而言，联邦基金利率属于短期利率，对于经济运行过程的意义略逊于住房抵押贷款利率以及公司债券利率等长期利率，而这些长期利率是不受美联储直接控制的。相反，它们是由金融市场参与者制定的。

由于我们进一步削减联邦基金利率的空间几乎不存在了，那么将如何为长期利率施加下行压力呢？一种方式就是与市场参与者进行沟通，使他们相信美联储直接控制的短期利率将在相对较长的一个时期内继续维持低位。在制定长期利率的过程中，市场参与者会考虑到他们对于短期利率变动态势的预期。这样一来，如果他们预期到短期利率走低，那么长期利率也会走低。我提出，如果美联储将通胀目标设定为某一个数值，公众预期就会认为实际通胀率将低于这个数值。在这种情况下，投资者就会猜测我们为了实现这个通胀目标，必然会将短期利率维持很长一段时间。由此引发的一个结果就是，长期利率必然会走低，从而刺激了市场需求，推动实际通胀率走向我们既定的目标。

在既不采用通胀目标制，也没有一个具有连贯性的沟通框架的情况下，美联储与市场的沟通策略就是我所谓的“马塞尔·马索”（法国哑剧大师）式的沟通策略。这种策略的基本观点是“看我做了什么，不要看我说了什么”。在正常时期，这种策略可能行得通，市场可以根据美联储在过去的行为推测它在未来可能采取的措施。然而，在 2002 年和 2003 年，由于利率和通胀率均长期维持低位——之前没有类似的情形，金融市场参与者无法根据足够多的历史信息判断美联储的未来决策方向。因此，我认为，通胀目标制有助于弥补这种信息真空。

在美联储，关于通胀目标制的争议已经存在了很长一段时间。早在 1995 年 1 月的联邦公开市场委员会例会上，格林斯潘就提到过这一主题，以期在国会做证之前试探一下美联储的立场，结果引发了一场争论。然而，等到我加入美联储，成为一名普普通通的理事时，格林斯潘仍然坚决反对采用通胀目标制。格林斯潘还担心 7 位美联储理事以及 12 位联邦储备银行行长无法就通胀目标的具体数值和落实方案达成共识。最后，作为一个在政治斗争中接受过长期洗礼的“老兵”，格林斯潘还暗示说如果没有国会批准，他就不愿意改变货币政策框架。这样一来，虽然我们无休无止地讨论是否有必要与公众进行更加高效的沟通，并且有时候还提到了通胀目标，但我们知道，除非格林斯潘改弦更张，否则就只能停留在讨论阶段，不会成为现实。

随着伊拉克战争的推进，不确定性因素逐渐减少，我们对于经济形势的看法也逐渐趋于明朗。2003 年 5 月那次例会召开之前的经济形势并不是我们乐于见到的。工作岗位在 2 月呈现出了大幅减少的态势，从 2 月初到 4 月底，累计减少了 525 000 个。一个不祥的现象是，通胀率继续逐渐降低。由于缺乏一套完善、有效的沟通框架，我们只能绞尽脑汁、竭尽全力地向公众解释美联储将以坚定的态度继续维持宽松的货币政策，直至通胀率和就业率回升。

联邦公开市场委员会与市场沟通的历程可谓漫长而曲折。在 1994 年之前，该委员会召开例会之后不会发表声明，即便例会决定改变联邦基金利率的时候也不会发表声明。这样一来，市场参与者就不得不绞尽脑汁地通过观察货币市场的短期动态去猜测联邦公开市场委员会的决定。1994 年 2 月，格林斯潘开始在会后发表一份“主席声明”（chairman’s statement），通常是在唐纳德 · 科恩的协助下拟定的。不久之后，联邦公开市场委员会就发现了这种声明对市场产生的影响，于是，随着时间的推移，这种会议声明披露的信息越来越多。由于联邦公开市场委员会既想向市场传递出自己的倾向，又不愿表达对某一项具体行动的承诺，因此，这种声明的篇幅也越来越长。

从 2000 年开始，联邦公开市场委员会为了传递自己的意图，开始在其会议声明中使用与“风险均衡”有关的句子。比如，如果美国经济正在趋于疲软，接下来的利率变动可能下行，那么这个委员会就会在其会议声明中采用“在可预见的未来，风险主要偏向疲软”的说法。如果美国经济正在趋于走强，那么接下来的利率变动可能上行，而这个委员会就会在其会议声明中采用“在可预见的未来，风险主要偏向通胀压力”的说法。然而，这种公式化的句子没有表达出委员会内部对于双重使命面临风险的不同看法。

2003 年 5 月那次例会结束之后发布的会议声明首次允许委员会成员分别表达自己对于经济增长和通胀形势的看法。那份声明指出，之后几个季度中，经济增长面临的风险大抵是相同的。但在一个具有关键意义的新句子中，我们说道:“通胀率出现不受欢迎的大幅降低的可能性虽然微小，超出了在原本已经非常低的基础上有所提高的概率。”这份声明虽然读起来有些佶屈聱牙，却引导了市场参与者关注通胀率过低的现象，最重要的是，我们公开表示通胀率大幅下降是“不受欢迎的”，这与之前 40 年间的态度形成了鲜明对比，因为之前通胀率下降总是被视为一件好事。事实上，联邦公开市场委员会这种表态相当于说我们设定了一个通胀目标，我们担心实际通胀率会降低到这个数值以下，只不过没有给出具体的数值。

市场敏锐地捕捉到了这个信息。市场预期到美联储将会实行更加宽松的货币政策，或者至少会延续当前水平的宽松政策，因此，证券交易商们尽量压低了长期利率，从而为美国经济体提供了更多的刺激。在那次会议召开之前，10 年期国库券的收益率是 3.92%，到 6 月中旬降低到了 3.13%。30 年期住房抵押贷款固定利率从 5.7% 降低到了 5.2%。引人注目的是，我们只是通过我们的语言表述就达到了这种目标。在 6 月的会议上，我们紧跟市场情形，采取了削减联邦基金利率的措施，从 1.25% 削减到了 1%。20 世纪 60 年代，美联储开始把利率作为政策工具。1% 的联邦基金利率是自从那时以来的最低水平。

大概从那时开始，为了让公众意识到通胀率不仅有可能升得太高，还有可能降得太低，我就开始通过四处演讲发出呼吁，其中就包括 5

月在日本的一次演讲。日本就是通缩的典型国家。7 月，在加州大学圣迭戈分校，我表示即便通缩风险小，美联储也必须认真对待。我认为美联储向市场清楚地解释自己的意图具有至关重要的意义。我说："货币政策的成功与否在更大程度上取决于央行能否很好地向市场传达其规划和目标，而不是其他因素。"当然，我发现设定某个数值的通胀目标是清楚解释政策意图的最便捷方式。

联邦公开市场委员会虽然不准备采取这个步骤，但我们花了很多时间去讨论如何在会议声明中传递我们的政策规划。8 月那次例会之后，我们在会后发布的声明中就我们自己对于未来货币政策的走向提供了指导意见，只不过在措辞上有些模糊。我们表示，我们预期会在一个"相当长的时期"内维持低利率政策。之所以采用"相当长的时期"这种模糊说法，就是为了影响市场对于短期利率的预期，从而将长期利率维持低位。

正当联邦公开市场委员会推动美国经济实现更为强劲的复苏之际，财政政策帮了我们一些忙。2003 年 5 月，小布什政府新的减税方案得到了国会的批准。之前，小布什政府曾在 2001 年实行减税方案。这个新的减税方案削减了工资、个人利息和股息应缴的税率，从而让人们口袋里的现金多了起来，增加了消费支出能力，从而增加了对商品和服务的需求，推动了生产和就业。

11 月，蒂莫西 · 盖特纳接替比尔 · 麦克多诺，出任纽约联邦储备银行的行长。由于美国很多家大银行的总部位于纽约地区，所以按照惯例，纽约联邦储备银行的行长同时也是联邦公开市场委员会副主席，在货币政策制定方面以及在银行业监管方面具有重要的发言权。虽然我深入了解盖特纳之后，成为他的一个大粉丝，但我第一次见到他时，却没有对他产生深刻的印象。他身材有些瘦削，说起话来轻声细语，虽然实际年龄是 42 岁，但看上去要年轻一些。

他既没有经济学专业资历，[①]也没有作为银行监管者的经验，但他却获得了一系列重磅人物毫无保留的支持，其中包括拉里·萨默斯、鲍勃·鲁宾和皮特·彼德森。前两位是美国前财政部部长，第三位是纽约联邦储备银行前行长，曾经在尼克松政府时期担任过商务部部长，是全球最大私募基金公司——黑石集团的联合创始人。盖特纳的职位太重要了，将如此重要的工作交给一个人，没有看他是否具有相应的专业学历和资历，也没有看他是否长期保持着辉煌的业绩，而是根据他人的推荐，所以，我最初是持怀疑态度的。

然而，事实证明，对盖特纳的任命是正确的。他虽然没有博士学位，但在金融危机管理方面拥有非常丰富的经验，实际能力绝不亚于拥有博士学位者。他曾经供职于亨利·基辛格创办的全球性的咨询公司，之后，到 1988 年，他加入了美国财政部，并且晋升很快。鲁宾和萨默斯对他的智慧和精明产生了深刻的印象。在美国财政部努力扑灭世界各地“金融大火”的过程中，尤其是在 1997 年的亚洲金融危机期间，盖特纳都扮演过重要角色。

到 2003 年 12 月那次例会，也就是盖特纳首次参加的例会召开之际，美国经济看起来较为强劲。令人印象深刻的是，初步估计第三季度的年化增长率超过 8%。联邦公开市场委员会在讨论中持乐观态度。几个与会者指出：“相当长的时期”这个措辞似乎有助于压低长期利率。格林斯潘说：“很明显，我们向公众传递信息的努力已经取得了成功。”尽管经济增长的前景有所改善，但通胀率仍然太低，以至于我们难以自信地认为通缩风险已经完全消除了，而且失业率还在 6%。联邦公开市场委员会继续将联邦基金利率保持在 1%，并展望在一个相当长的时期内继续维持宽松政策。

---

① 盖特纳本科就读于达特茅斯大学，获政府与亚洲研究学士学位，硕士就读于约翰·霍普金斯大学高等国际研究院，获国际经济与东亚研究硕士。因此，伯南克在此认为盖特纳没有经济学专业背景。——译者注

2002 年 8 月，我被任命为美联储理事时，是接替迈克·凯利的剩余任期，在 2004 年 1 月 31 日到期。白宫官员没给我许下坚定的承诺，但表示如果我想留任的话，将会得到重点考虑。任期结束后，我觉得返回普林斯顿大学的话，似乎还为时过早，因此，在 2003 年夏季，我申请再次任命。不久，我便收到消息说我的留任申请已经被批准了。普林斯顿大学将我的离校期从两年延长到了三年，但明确告诉我绝不会进一步延长了。

2003 年 10 月 14 日，参议院银行业委员会为了确认我的任命而举行了一场听证会，不过参会者很少。当时，罗杰·弗格森也在听证会上，他再次被提名为美联储副主席，任期为 4 年。来自肯塔基州的参议员、棒球名人堂投手吉姆·班宁先是一如既往地批评了美联储。他在国会的剩余任期内仍将会对我和美联储的其他官员频繁地发表批评意见。他让我和弗格森保证不会唯格林斯潘的马首是瞻，我回应说我对格林斯潘的政策方向总体感到满意，但表明了我在通胀目标制等问题上坚持独立的立场。我与弗格森的提名经过参议院银行业委员会的批准之后，接下来就要获得整个参议院层面的批准，而最后均获得了通过，在没有大张旗鼓宣传的情况下，我们都上任了。

2004 年 1 月下旬，联邦公开市场委员会第一次例会召开之际，经济前景似乎变得更加光明了。2003 年下半年，美国经济的年化增长率超过了 6%，失业率在 2003 年 12 月 5.7%的基础之上似乎出现了温和的下降态势。从另一方面来看，就业增长势头依然很弱，通胀率仍然非常低，以至于在 2002 年 9 月还坚持主张继续放宽货币政策的“鸽派”人物爱德华·格拉姆利克带头倒向了反对通胀，要求紧缩的“鹰派”，反对在过长的时期内实行过低的利率。他说一股强劲增长的势头正在美国经济体内部蔓延，是时候开始逐渐削减货币刺激了。格林斯潘也乐观地认为，即便货币政策的支持力度减少一些，美国经济仍然能够继续改善。

在放宽货币政策的过程中，与外界的良好沟通扮演了至关重要的角色。同样，要成功地缩紧货币政策，做好沟通工作仍然至关重要。作为减少刺激的第一步，我们在会议声明中放弃了一些关于“在一段相当长的时期内维持低利率”的说法，取而代之的是“我们认为我们能够耐心地移除宽松政策”。这就意味着我们正在逐步迈向紧缩型货币政策，只是步调比较慢而已，但市场显然没有领会我们的暗示，无论是短期利率，还是长期利率，都几乎没有什么变动。

经济改善势头延续到了2004年。与此同时，我们继续对会议声明的措辞做出微妙的调整。在2004年5月的例会上，我们放弃了“耐心”的措辞，而是说“很有可能以缓慢有序的步伐移除宽松政策”。这样，我们不仅暗示了下一次提高利率的时机（不久之后），而且暗示了提高利率的速度（缓慢）。6月，我们不再仅仅依靠语言暗示向市场发出信号，而是一致同意将联邦基金利率从1%提高到1.25%。这是自2000年5月之后第一次提高利率。就业增长的强劲势头以及通缩风险的消退是这次提高利率的依据。美联储突然提高联邦基金利率可能会导致市场产生震动，但这一次市场提前预料到了这一步，并做好了准备，因为市场和我们一样，也看到了经济形势的改善，并且在之前会议声明的帮助下，准确地猜到了货币政策的回应方式。

在6月的会议上，我说：“在过去一年里，经济改善势头得到了长期维持……美联储为这次改善做出了贡献，我们应该驻足，品味成功的喜悦……我们的政策以及创新的沟通策略，在危险的时期内为经济提供了至关重要的支撑。”

从2003年下半年到2004年全年，美国经济在长达一年半的时间里持续改善，摆脱了失业型复苏状态，就业增长势头日趋强劲。与此同时，通胀率从低得令人担忧的水平提高到了接近于2%的水平。这个水平足以缓冲通缩风险，而且又不至于干扰经济的健康运行。如果我们之前没有通过降低利率和改善沟通策略为经济提供支撑，那么经济复苏就会停止，失业率会升得更高，失业问题持续时间更久，通缩风险会更高。[①]

正如我们所说的那样，联邦公开市场委员会在之后两年内以“缓慢有序的步伐”提高了利率。到 2006 年 1 月格林斯潘最后一次参加联邦公开市场委员会的会议时，美联储已经将联邦基金利率提高到了 4.5%。然而，美国就业率的增长势头保持了下去，通胀率呈现出了温和提升的态势。格林斯潘任期最后那一个月的失业率是 4.7%，扣除食品和能源价格波动后的通胀率略低于 2%。

这位大师回首往事，多么希望再次打造这种辉煌的成就。2005 年 8 月，格林斯潘以美联储主席的身份最后一次参加杰克逊霍尔年会时，他被众人誉为史上最伟大的中央银行家。

---

① 后来经过更新的数据表明，当时虽然通胀率肯定有所减少，但通缩风险可能略低于我们所想的水平，决策者肯定要依靠我们当时能够获取的数据作为决策依据。此外，鉴于经济复苏的内在基础仍然不是十分牢固，通胀率仍然存在进一步下探的风险。

# 第五章
# 次贷危机的火花

尽管美国经济经历了“金发女孩经济”[①]时期（既不太热，又不太冷），而且连续18年担任美联储主席的格林斯潘备受赞誉，但危险的暗流正在涌动。现在回过头去，能清楚地看到风险，但当时并不这么清楚。

美联储主席任期行将结束之际，有人问我感到最惊讶的是什么。我说：“金融危机。”之所以这么讲，并不是说我们完全错过了危机酝酿阶段发生的事情。事实上，我们之前看到了一些零碎的片段，只不过对这些片段的认识不够完整，所以不明白为什么这些片段引发了一场如此严重的金融危机。或者可以更加准确地说，我们连想都没有想到这一点。这场危机足以匹敌那场引发“大萧条”的金融危机，甚至有过之而无不及。

有些人曾经从多个角度出发，就经济运行过程中存在的风险发出过警告，但几乎没有哪个经济学家、决策者或金融高管按照连贯的方式把所有这些片段组合到一起进行分析。耶鲁大学经济学教授、未

---

① 金发女孩经济（Goldilocks Economy），指一个经济体内高增长和低通胀同时并存，利率可以保持在较低水平，而且没有出现大量失业。这是不断波动的经济周期内最为美妙的阶段，最能让投资者对经济前景产生高度的乐观预期。——译者注

来的诺贝尔经济学奖得主罗伯特·希勒[1]在2005年的《非理性繁荣》（*Irrational Exuberance*）一书中就美国房价可能存在的泡沫发出了警告。还有更早的。在2003年的杰克逊霍尔年会上，来自国际清算银行的克劳迪奥·博利奥和威廉·怀特写道："金融平静的时期过长，可能导致投资者和金融机构变得自满，并承担过度的风险。"他们的观点与经济学家明斯基在数十年前发表的观点具有异曲同工之处。明斯基认为，如果不爆发一场危机，金融体系面临的风险往往会趋于加剧。2005年，在杰克逊霍尔年会上，芝加哥大学经济学教授、后来担任印度央行行长的拉古拉迈·拉詹谈到了设计非常不合理的薪酬制度可能导致资产管理人员过度冒险。当然，如同以往，十分常见的是，很多评论者警告人们当心一些迫在眉睫的危机，但最后这些危机并没有变成现实，比如高通胀会卷土重来以及巨额贸易赤字会拖累美元趋于崩溃。

如果一场飓风刮倒了一栋房子，你可能会将其归因于飓风的冲击力太强或者房子的结构存在缺陷。当然，最终而言，这两个因素都和房子倒塌具有一定的关系。一场毁灭性的金融危机与此也具有一定的相似性。有些因素属于直接诱因，是危机的直接"触发器"，比如飓风本身就属于这类直接"触发器"。但如果没有结构化缺陷，也就是系统内部不存在缺陷，直接诱因也不会造成大范围的破坏。房子的基础不牢固，也是飓风造成严重破坏的一个原因。

2007—2009年的金融危机有几个"触发器"，其中，最重要、最著名的一个就是房价和建筑业的快速上涨以及随后的崩溃。人们普遍认为，抵押贷款规则的崩溃导致不计其数的贷款流向了信用记录较差的

① 2013年，罗伯特·希勒、尤金·法玛与彼得·汉森因对资产价格的实证分析做出的贡献而获得诺贝尔经济学奖。——译者注

借款者，以至于最后加剧了房地产行业的繁荣与萧条。[①]其他一些强调较少的诱因还包括商业地产开发商的贷款风险过高，以及全球市场对安全金融资产的需求较大，这种需求刺激华尔街建立并销售一些复杂的、新的金融工具，而到最后这些工具却崩溃得一发不可收拾。

许多人在论述金融危机时几乎总是把所有注意力都放到直接触发器上，尤其是房地产泡沫破灭和不负责任的次级抵押贷款。这些触发器，犹如一场强大的飓风一样，在任何情境下都会产生毁灭性的影响，但如果金融体系内部没有关键缺陷，后果也不至于严重到几乎拖垮整个美国经济的地步。美国金融体系变得越来越复杂，越来越不透明，金融监管体系变得陈旧过时，支离破碎到了危险的地步，对债务，尤其是短期债务的过度依赖，导致美国金融体系承受了极大压力而表现出了日趋严重的不稳定性。多重触发器与结构缺陷之间的相互作用呈现出了非同寻常的复杂性，这也就有助于解释为什么几乎没有人预料到这场危机的性质和影响范围。

然而，即便房地产泡沫破灭与次贷危机只是这场危机的部分元素，它们也无疑扮演了至关重要的角色。因此，我们有必要了解一下美联储在危机爆发之前对这些领域发展动态的看法，以及为什么我们以及其他监管者都没有更加有效地阻止风险进一步加剧。

住房金融的演变充分体现了金融体系从20世纪中叶到21世纪初的重大变化。几十年前，银行的工作人员揽储的对象都是自己在杂货店点头问好的熟人，而且放贷对象居住的社区与银行之间的距离充其量只有30分钟的车程。这种揽储与放贷模式是很常见的。社区银行的工作人员或者大银行在当地社区的代表通常与贷款人建立了一定的私

① 根据费寇分数（FICO score）这个指标来衡量，这些信用记录较差的借款者的得分一般不会高于620，这就导致他们在买房时，除非先支付更大比例的首付，否则就无法获得正常的抵押贷款，即优级抵押贷款。

人关系，而且也能很好地了解抵押品（通常是房子）的有关信息。贷款一旦放出去，他们只能自己持有，而无法转卖给别人，这样一来，就激励他们竭力制定合理的贷款决策。

到我 2002 年加入美联储之际，一种更时尚、更光鲜的版本已经在很大程度上取代了传统的抵押贷款模式。从理论上来看，传统模式经历的这些“改变”属于“改进”性质的，旨在解决传统模式的一些缺陷。信用记录计算机化、信贷评分标准化等新技术使得抵押贷款更加高效、更具有竞争力，降低放贷过程中涉及的成本，拓展银行可以服务的借款者的范围。此外，商业银行等金融机构发放的抵押贷款的来源不再像过去那样主要局限于储户的存款。相反，它们可以将自己持有的流动性较差但具有未来现金收入流的住房抵押贷款汇聚重组为抵押贷款群组。由证券化机构以现金方式购入，经过担保或信用升级后以证券的形式在资本市场上出售给来自世界各地的投资者。这个融资过程被称为“住房抵押贷款证券化”。这一过程将原先不易被出售给投资者的缺乏流动性但能够产生可预见性现金流入的资产，转换成可以在市场上流动的证券，从而拓宽银行的筹集渠道，使得银行能够将全球储蓄作为资金池获取变现资金，用以发放新的住房抵押贷款。资金的供应者也看到了好处。新的住房抵押贷款支持证券在结构设计上具有鲜明的灵活性和多样性。比如，可以将美国不同地区的贷款汇聚到一起，也可以将一个抵押贷款切割为不同的部分，以迎合不同投资者的风险偏好。

这种新模式有时被称为“发放—分销模式”，确确实实具有一定的优点，但到 21 世纪伊始，这个模式还为危险和不负责任的放贷行为提供了便利，甚至是鼓励，因为贷款发放者可以将其转卖出去，再也不必长期持有这些贷款，以至于他们越来越不关心这些贷款的质量，常常把发放贷款的责任委托给一些经纪机构，而这些所谓的经纪机构也只不过在商业街上租了个门面而已，除此之外，几乎没有其他什么投入了，他们只要拿到佣金即可，贷款质量好坏影响不到他们的自身利益。这样一来，这些经纪机构便竭尽全力地为发放抵押贷款的机构拉客户，拉得越多，佣金越多。

在传统的模式中，发放住房抵押贷款的机构是商业银行或储蓄和贷款协会。但在新模式中，发放住房抵押贷款的机构往往是非银行类公司，这些公司发放贷款的来源就是从华尔街获取的各种形式的短期贷款，而这种形式的资金来源很不可靠，可能一夜之间就消失得无影无踪。

随着“借款者—经纪机构—抵押贷款发起机构—证券化机构—投资者”这个链条越来越长，确保贷款质量的责任就变得越来越分散，而且证券变得越来越复杂。评级机构（通常从证券发行机构那里获取资助）对这些证券进行信用升级操作之后，就卖给了全球各地的投资者，其中包括美国养老基金、德国银行、亚洲或中东政府掌控的主权财富基金。

绝大多数投资者不会独立分析自己购买的证券，而且对于有关风险的了解也很有限。在某些情况下，缺少道德的投资公司甚至会故意把不良抵押贷款证券出售给投资者。此外，即便许多证券化机构本身也不了解其销售的证券产品的风险。一项研究发现，从 2004 年到 2006 年，许多华尔街的经理人都积极参与了证券化金融，期待着房价继续上涨，不断增加个人住房投资，以至于最后自食其果。

在一定时期内，这种住房抵押贷款证券化的制度安排似乎运作得不错，受到了借款者和投资者的广泛认可。投资者很喜欢这种资产，因为他们可以买到高评级的资产，而且收益率高于政府债券。住房抵押贷款借款者也受益，因为这有助于降低发放抵押贷款的成本和增加信贷投放量。

事实上，由于次级抵押贷款容易申请，而且月供较低，至少在推出初期，申请抵押贷款的美国人数量迅速增加。政客们也喜欢这种现象，认为这有助于实现居者有其屋，有助于实现所谓的“美国梦”。如果先期利率被调高了，房主付不起月供，会发生什么情况呢？人们的一个普遍假设是房价会永远上涨，这样就可以把现有的房子抵押给银行，获取新的抵押贷款，或者，作为最后一招，索性将房子卖掉还贷。如果房主违约，抵押贷款支持证券的投资者的利益也有保障，因为房子本身的价值会超过证券的价值。证券多样性和金融工程的魔力淡化了风险，并将其分散到了全球氛围之内。

然而，如果房价急剧下跌，大批房主违约呢？没有人真正知道会发生什么，但都认为这种情况似乎非常不可能成为现实。但最后，这种情况还是发生了。

在 2001 年那一轮经济衰退开始的几年里，我和我在美联储的同事们密切关注着房地产市场和住房抵押贷款市场的发展。我们既看到了积极的一面，也看到了消极的一面。蓬勃开展的房屋建设活动支撑了美国经济的增长，不然，美国经济将陷入缓慢增长的状态。房屋价值的不断攀升支撑了消费者信心的提升。

美联储主席格林斯潘经常指出，房屋抵押贷款是消费支出的一个重要来源。我们谈论较多的是银行的盈利能力和资金状况，而不是抵押贷款风险。事实上，我们的担心似乎是多余的，因为银行系统的业绩似乎格外引人注目，2005 年，没有一家银行倒闭。这是自从大萧条时期实行联邦存款保险制度以来第一个没有银行倒闭的年份。利润高、信贷损失低成为整个金融业的普遍现象。

我们也不是完全不了解或不关心房地产业及金融行业的风险。比如，在联邦公开市场委员会的几次会议上，波士顿联邦储备银行行长凯茜 · 迈尼汉都曾表示她担心低利率政策可能会沦为投资者获得更多收益的一个工具，也就是说，可能会导致投资者做一些风险过大的投资，以期获得更高的回报。2002 年 8 月出任美联储理事会下属的银行监管委员会负责人的苏珊·比斯则多次对次级抵押贷款问题及其对借贷双方的影响表示了严重担忧。在好几次会议上，美联储理事爱德华·格拉姆利克与罗杰·弗格森都曾经向美联储工作人员询问过房地产泡沫带来的风险。

格林斯潘本人显然意识到了潜在的金融风险。在2004年1月的会议上，他公开表示担心信用记录不佳的公司发行的债券利率偏低的问题，这种信号表明投资者可能低估了风险。他说："现阶段，我们的心理很容易出现剧烈的波动。我们从资产价格结构就能看出这一点。这个结构还没有达到能够用'泡沫'一词形容的地步，但资产价格的涨势咄咄逼人。"

我则主张加强对金融体系遭遇的威胁进行更具系统性的监管。在2004年3月的会议上，我提出我们应该效仿英国央行和其他主要中央银行，每季度或每半年发布一份"金融稳定性报告"，警告美国投资者关注潜在风险，推动美联储和其他监管机构根据现实需要采取行动。我承认我们为了避免引发公众焦虑，的确可能会描绘出一个美好的画面，但是我说："金融状况的确在不断改变，监管这些变化，并向公众如实传达我们所看到的，是我们共同的责任。"

随着房价的持续增长，联邦公开市场委员会给予了更多的重视。2005年6月那次会议上，联邦公开市场委员会还曾经专门听过工作人员就这个主题做的专题报告。我没有参加那次会议，因为那时我已经离开了美联储，去白宫工作了，但即便参加了那次会议，我也不认为自己比其他在场的人更具有远见。今天，读一读当时的会议记录，内心觉得很痛苦。专题报告结束后，有一个辩论环节。表示赞成者认为美国房地产市场的确存在泡沫。他们指出，全国房地产市场的确存在泡沫，因为房价上涨速度远远快于租金上涨速度。如果你把房子视为一种投资品，而不仅仅是一个居住的地方，那么租金应该和房价以类似的速度上升，这就像一家盈利水平一般，而其股价却在不断上升的企业一样，这是泡沫的标志。

表达反对意见的人则淡化泡沫的可能性，或者提出即便存在泡沫，经济风险也是可控的。他们认为，房价上涨是合理的，是消费者收入和信心增长的体现，相对较低的抵押贷款利率和不同区域对于房地产建设的限制措施导致一些房屋具有明显的区位优势，这些房屋的价格注定会上涨。历史经验表明，虽然在某种程度上可能存在错误的定价方式，但都会慢慢矫正过来，在此过程中，也许出现一段房价停滞不前的时期。美联储的经济学家认为，如果房价下跌，美联储降息可能减轻整体经济受到的冲击。

在那次会议上，如同大多数经济学家一样，大多数政策制定者也淡化风险。苏珊·比斯再次采取了一种相对悲观的观点，对于市场越来越依赖不良贷款方式表示忧虑，比如初期利率很有诱惑力的“可调整利率抵押贷款”①以及无须偿还贷款本金的“只付利息抵押贷款”②，这些高风险的抵押贷款方式可能给银行和其他放贷机构造成损失，但她认为房地产市场或者银行业存在的风险不是特别大。

在联邦公开市场委员会召开那次专题报告会之前，格林斯潘曾提及房地产市场当中的“小泡沫群”，认为泡沫很小，只是集中在局部。房地产经纪人经常挂在嘴边的一句话就是：“位置，位置，还是位置！”这句话似乎能解释格林斯潘的观点。在大城市，或者在部分地区，很容易出现泡沫，这是很容易想象的，但就全国而言，不同地方有着不

---

① 可调整利率抵押贷款，指借款者前几年只需要支付1%~2%的超低利息，但是享受了几年这种“诱惑利率”之后，利率优惠期便结束了，利率上升到正常市场利率，导致月供突然增加。

② 只付利息抵押贷款，指借款者在头几年只要求贷款人支付利息，无须偿还本金。和普通抵押贷款相比，此类贷款的月供数额能降低30%~40%，但这类贷款采用的是可调整利率，一旦之后利率上升，月供也会突然增加。对于那些低收入或信用评级较低的贷款买房者来说，这些抵押贷款方式虽然可以让他们早日置业，但很有可能因为无力还贷而丧失房屋赎回权。——译者注

同的条件，因此，很难想象房地产市场会发生全国性的泡沫。（评级机构认为，将不同地区的抵押贷款打包组合，由此形成的证券化信贷产品会保护投资者的利益，其实这是一个严重错误的观点。）事实上，的确存在全国性的泡沫，只是不同地区、不同城市的泡沫存在差异，比如，沙州（佛罗里达、内华达和亚利桑那）的泡沫比中西部各州大一些。泡沫破灭后，产生了严重影响，且波及到全国，足以让各地的人都能感受到房地产萧条的冲击。

2005 年，在多个场合，格林斯潘就金融市场和房地产市场的失衡现象发出了含蓄的警告，这些警告中就体现出了他的“浮沫论”。2 月，在国会“汉弗莱–霍金斯听证会”上做证时，格林斯潘说道：“历史警告说，人们经历长期的相对稳定状态之后，容易过度冒险。”同年 8 月，在杰克逊霍尔年会上，他暗示人们在股票、债券和房产上面支出过多，这意味着人们没有充分考虑到这些资产的风险，并指出，风险溢价长期偏低在历史上从来都不会产生好结局。一个月后，他又警告说，各种面向次级借款者的“可调整利率抵押贷款”在房价普遍降温时，就会导致借贷双方蒙受巨大损失。其实，早在 1996 年，格林斯潘就曾经公开发表他对“非理性繁荣”的思考，导致房地产市场一度出现了短期震荡，但格林斯潘的思考很快就被人抛至脑后，房地产市场开始了新一轮上涨。2005 年，也就是格林斯潘行将卸任之年，格林斯潘的多番警告显然没有引起市场足够的关注，以至于 2005 年上涨了 15%。之前的 2004 年，美国房价上涨了 16%。与此同时，股票和债券市场在 2005 年末与年初的行情大体上处于同一个水平。

显然，美联储的许多人，包括我自己在内，都低估了房地产泡沫的影响范围及其带来的风险。这至少给我们提出了两个重要的问题。第一个问题：未来如何避免类似的问题再次上演？改进金融体系和加强金融监管当然是少不了的。第二个问题更加困难：假设我们在 2003

年或 2004 年清楚地识别到了房地产泡沫，如果有的话，我们应该做些什么呢？特别是，我们应该通过提高利率去抑制房地产市场的繁荣吗？我在担任美联储理事后的第一次演讲中就提出，在大多数情况下，货币政策不是应对资产泡沫的合适工具。即便今天，我仍然认为这是一个正确的观点。

2001 年那场经济衰退开始之后，失业型复苏与通缩风险是切实存在的严重问题。我认同格林斯潘的一个观点，即货币政策最重要的任务应该是促进就业市场的改善，同时避免经济进一步滑向通货紧缩，而非抑制资产价格泡沫。如果一个央行过于注重通过货币政策去解决资产价格问题，则有可能造成严重后果。几年之后，这方面就出现了一个典型例子。2010 年和 2011 年，为了应对抵押贷款债务攀升，缓解市场对于房价持续上升的担忧，瑞典央行不顾当时通胀预期仍然低于其目标，而且失业率居高不下的现实情况，采取了提高利率的举措，结果导致瑞典经济陷入了通缩境地，又迫使瑞典央行在之后 3 年内将利率从 2% 下调至零。这种逆转的确令人尴尬。[①]

一些人认为美联储的“双重使命”（抑通胀、促就业）与“挤泡沫”之间的关系并不像我描述的那么对立。其中，最著名的一位就是斯坦福大学经济学家约翰 · 泰勒。泰勒认为，如果美联储在 21 世纪伊始那几年把利率略微提高一些，或许就能挤掉一些泡沫，同时也能实现“促进就业”和“维持物价稳定”的“双重使命”。他认为如果美联储根据他提出的一个简单规则，即所谓的“泰勒规则”[②]制定货币政策，

---

① 2015 年 2 月，为抗击通缩，瑞典央行被迫采取了进一步的举措，包括购买政府债券以及将银行准备金率下调到负数水平。

② 泰勒规则（Taylor rule），是常用的简单货币政策规则之一，由斯坦福大学的约翰 · 泰勒于 1993 年根据美国货币政策的实际经验确定的一种短期利率调整的规则。泰勒认为，保持实际短期利率稳定和中性政策立场，当产出缺口为正（负）和通胀缺口超过（低于）目标值时，应提高（降低）名义利率。——译者注

那就有可能避免房地产泡沫膨胀到最恶劣的地步。

那么在21世纪伊始的那几年里，货币政策是否能做到既宽松得可以让美联储实现双重使命，又紧缩得可以有效抑制房地产市场的繁荣呢？似乎非常难以置信。如果真像“泰勒规则”暗示的那样小幅提高利率，那么大幅减缓美国经济复苏进度倒是真的，但对抑制房价的影响则微乎其微。美联储2010年的研究表明，如果在2003—2005年期间遵循“泰勒规则”行事，那么采用“可调整利率抵押贷款”的借款者初期的月供可能会增加75美元左右，而根据当时的研究，很多人预期房价的上涨速度会超过10%，因此，即便当时将他们的月供提高75美元，也抑制不了他们的购房行为。2004年6月，美联储虽然开始稳步收紧货币政策，但美国房价仍然继续大幅上涨了好几年。

很多认为美联储早就应该提高利率抑制房价的人肯定首先存在一个隐含的假设，即过于宽松的货币政策导致了房地产的繁荣，但我们很容易就能确定货币政策以外的诸多因素导致了房地产市场的繁荣。罗伯特·希勒曾经正确地预测过互联网股市泡沫和房地产泡沫。他认为房地产泡沫很大程度上归因于心理因素，而不是低利率。他在2007年指出，美国房价在1998年左右开始迅速上涨，而美联储削减利率则是2001年的事情。几乎在美国房价大幅上涨的同时，其他一些国家（包括英国）的房价也开始步入大幅上涨的轨道，而这些国家的货币政策比美国的货币政策紧缩得多。

此外，美国经济在20世纪80年代后期和90年代经历了一个稳定增长的时期，经济学家将这个时期称为“大稳健”时期。这有可能滋生自满情绪。对“大稳健”做出重大贡献的货币政策也有可能间接地催生“泡沫心理”，但货币政策不能为了防范未来的自满情绪而刻意诱发不稳定的经济状况。

然而，推动房价上涨的另外一个因素就是外国资金源源不断地涌入美国。这与我们的货币政策基本上没什么关系。这些资金压低了长期利率，包括抵押贷款利率，同时增加了市场对抵押贷款支持证券的需求。其他经历了大规模外资涌入的国家，比如西班牙，也出现了房地产市场的繁荣。从2004年到2005年，美联储收紧货币政策之后，长期利率却没有上升，这种状况在以前美联储加息的进程中从未出现过，因此被格林斯潘称为一个“谜团”。我在多次演讲中把这个“谜团”归因于“全球储蓄过剩”，即全球范围内可用储蓄过多，而好的投资项目和企业投资意愿较低。其他国家过剩的储蓄，大部分都流向了美国。中国等新兴市场国家竭力通过压低本国货币价值去促进出口，减少进口。如果一个国家要人为地促使本国货币对美元贬值，就必须购买美元计价的资产。中国购买了上万亿美元的美国债券，包括抵押贷款支持证券。

如果货币政策不是应对房地产泡沫的合适工具，那么什么工具合适呢？在2002年的演讲中，我曾表示，金融监管应该是应对资产价格泡沫和其他金融风险的第一道防线。如果能够集中有效地使用这个工具，那么货币政策就可以自由地追求低通胀率和低失业率了。不幸的是，在美国这种情况下，无论是美联储，还是其他金融监管机构，都几乎没有有效地利用金融监管这个工具。毫无疑问，这场危机之所以变得如此严重，监管缺失是一个重要原因。

一般来说，银行监管有两个目的：第一，确保银行财务状况良好；第二，保护消费者。

在美联储理事会，银行业监督管理部门负责对银行业进行安全、稳健的监管。消费者和社区事务部门则负责制定规则去保护消费者，并检查银行是否遵守这些规则。这两种力量中的一个或两个都有助于防止房地产市场和抵押贷款市场的风险积聚，而实际上却没有，那么问题就来了：为什么呢？

21世纪伊始的那几年，美国房价的大幅上涨，似乎与高风险抵押贷款行为具有密切的联系，这些高风险抵押贷款行为不仅包括次级抵押贷款，还包括不良承销行为（比如没有核实借款者的收入）以及具有某些特色的贷款行为（比如“只付利息抵押贷款”）。对于信用记录较弱的借款者而言，这些贷款行为涉及很高的风险。高风险抵押贷款与房价之间的作用是相互的。高风险抵押贷款增加了住房需求，推高了房价。与此同时，房价上涨越多，银行的慎重程度越低。迄今为止，最糟糕的贷款发生在2005年，当年房价接近于顶峰。2006年，房价才开始出现下行态势。事实上，到2006年和2007年，一些首付很少，甚至没有首付的贷款人开始出现贷款违约。

次级贷款并不是21世纪头10年才出现的新事物，但其在抵押贷款总额中所占的份额却从21世纪伊始就稳步上升。在1994年，只有不到5%的新抵押贷款属于次级贷款，但到2005年，次贷的份额已经升到了20%左右。此外，很大一部分次级贷款起源于21世纪伊始的可调整利率抵押贷款。这些贷款的利率最初设置得非常低，利率优惠期通常持续两年或三年。之后，它将按照市场利率进行调整。这些“诱惑利率”加上极低的首付，在许多情况下使得信用记录不良的借款者能够购买房屋，但在正常情况下，他们连首付都承担不起。借款者相信在利率优惠期结束之前，自己能够获得更多的融资，而且银行也抱有这种期待，但获取融资的前提是房价不断上涨，只有这样，房屋所有者的权益才会不断上涨。

包括美联储在内的监管机构都意识到了这些趋势，但回想起来，我们的反应过于缓慢和谨慎。我并不认为这可以归因于监管者准备不足，这些活跃在一线的监管者与银行联系最密切。如同任何大型组织一样，美联储的职员也有强有弱，但总体而言，监管者的素质都是非常高的。从某种意义上讲，低利率符合银行的利益，同时，美联储的部分监管人员可能也认为低利率符合自己的职业生涯或经济利益，但我不认为美联储的工作人员会和银行站在一起。然而，美联储的一些监管人员却容易受到这种言论的影响，即不应该进行过于严格的监管，市场竞争的力量在一定程度上有助于遏制不良贷款行为。作为一个承担着广泛经济职责的央行，美联储比较关心信贷投放，以及信贷的安全性与合理性。我们的监管者往往倾向于从这个角度思考问题。一般来讲，在对银行进行监管时，监管者会综合平衡一下不同的考量，这也是一种合理的做法，但在有些情况下，也会不顾银行管理者的意愿而采取一些过于严格的监管措施。如果监管小组在一家大银行的派驻时间过长，则很容易导致他们愿意接受一些有利于银行的观点和倾向。

美联储长期存在的一个难题就是很难在美国 12 个储备区维持一致的监管举措。在不同的储备区，监管人员的工作能力和监管理念会存在一定的差异，从而使得采取统一标准的监管措施面临很大的困难。最终，美联储理事会负责制定银行业监管政策，但各地区的联邦储备银行负责日复一日的实际监管工作。联邦储备银行的监管者们经常不满华盛顿方面发来的监管指令，争辩说他们比美联储理事会的人更了解本地区的情况。事实上，2005 年，苏珊 · 比斯曾经试图将银行监管的权力集中到美联储理事会，但联邦储备银行的行长们成功地进行了抵制。

尽管美联储的监管理念和管理方式的确能发挥一定的作用，但有效监督面临的一些最大障碍存在于美联储之外，存在于更广泛的金融监管结构上。在危机爆发之前，美国金融监管体系呈现出高度碎片化的特征，而且存在着多重漏洞。金融体系内部的很多重要环节即便处于监管之下，监管也算不上充分和完整，而且至关重要的是，监管整个金融体系的职责是分散的，没有任何一个机构能够独揽所有监管大权。造成这种碎片化的原因既有历史性的，也有政治性的。从历史上来看，很多监管机构都是为了应对危机和其他事件而专门设立起来的，比如，在内战期间设立了货币监理署，1907 年的金融恐慌后设立了美联储，以及在大萧条时期设立了联邦存款保险公司和证券交易委员会。

从政治上来看，政治体系内部不同权力中心之间存在矛盾（比如国会系统内部存在权力重叠的各个委员会之间的矛盾，以及州政府监管机构与联邦政府监管机构之间的矛盾），再加上一些特殊利益团体的阻挠（比如代表银行业与房地产业利益的游说团体），使得美国无法对现有体系进行合理化改进。

结果就是一团乱麻。比如，监管金融市场（包括股票市场和期货市场）的权力，一部分属于美国证券交易委员会，一部分属于商品期货交易委员会（该机构成立于 1974 年）。美国的银行监管体制相当复杂。首先，由于银行实行联邦注册银行和州注册银行并存的双重银行体制（“联邦注册银行”亦称“国民银行”，指依照联邦法律登记注册的银行。“州注册银行”指依照各州法律登记注册的银行，而并非州立银行），因此法律不仅赋予联邦政府以监管商业银行的职能，而且也授权各州政府行使监管职责。因此，除美国财政部下设的货币监理署以外，各州政府均设立了银行监管机构，形成了联邦和州政府的双线监管体制。美国所有联邦注册银行都是联邦储备体系的成员，而州注册银行则可自主选择是否成为美联储的成员，选择成为美联储成员的被称为州成员银行，否则被称为州非成员银行。美联储对所有成员银行均负有直接的、基本的监管职能。美联储还是银行控股公司和金融控股公司的基本监管者，负责发放这两类公司的营业执照。这两类公司控制着美国绝大多数的银行和金融机构，其中既包括州注册银行，也包括联邦注册银行。在危机之前，还有另外一个机构——美国储蓄机构监理局（OTS），负责监管储蓄银行、储蓄及借贷协会。美国全国信贷联盟协会（Credit Union National Association）负责监管信用社。

为了摆脱某些机构的监管，被监管机构可以变更自己的注册机构，从而就会为监管机构放松监管提供一种动力，因为被监管者要向监管机构支付一笔费用，监管机构不想失去自己的“客户”。比如，2007 年 3 月，美国最大的次级抵押贷款机构——美国国家金融服务公司

（Countrywide Financial）变更了旗下储蓄机构的注册机构，主要监管机构就从美联储变成了美国储蓄机构监理局。之所以这么做，是因为美国储蓄机构监理局承诺对该公司“少一些敌意”。美国货币监理署有时会积极地“引诱”银行向“联邦注册银行”转变，以期将其纳入自己的监管范围之内。美国储蓄机构监理局与美国货币监理署这两个监管机构为其监管对象提供便利，即宣称这些机构免受州政府和当地政府大部分法律法规的限制。

这种碎片化的金融监管格局限制了联邦监管机构的监管能力，往往使其监管范围缩小到了那些能够影响到整个金融体系的事件上。比如，2005 年，在美国的次级抵押贷款中，只有 20% 是由联邦监管机构监管下的银行和储蓄机构放出去的，30% 是由联邦监管对象旗下的非银行类子公司放出去的，其余 50% 是由各州特许设立的、几乎游离于监管之外的抵押贷款公司放出去的。少数几个州在监管非银行类抵押贷款方面做得很好，其中经常被提到的有马萨诸塞州和北卡罗来纳州。由于缺少资源和政治支持，大多数州在这方面做得都不好。

即便是对住房抵押贷款证券化业务的监管权也分散在多个机构之间。联邦房地产企业监管办公室（OFHEO）负责监管政府扶持下的、开展住房抵押贷款证券化业务的公司（比如房利美和房地美），而美国证券交易委员会负责监管华尔街那些开展住房抵押贷款业务的私营公司。每个监管者只能看到问题的一部分，有些问题根本没有被人发现，这就如同盲人摸象一般。

很多金融机构在开辟有利可图的新业务和新市场的过程中，风险评估与管理的工作做得十分糟糕。每一个金融机构都有自己独特的信息系统，因此，金融机构合并的浪潮加剧了风险评估与管理的难度。事实表明，很多大银行不仅面临着自身发行的住房抵押贷款违约的风险，还面临着其他方方面面的风险，比如，它们持有或担保的证券化资产也可能出现违约风险。因此，很多机构用来评估和管理风险的信息系统根本不足以及时跟踪子公司所持资产的迅速变动情况，不足以捕捉到多元化的风险敞口，不足以体现出风险交互效应的严重程度。

包括美联储在内的监管机构都时常推动银行改进风险评估与管理系统。苏珊·比斯在出席行业论坛时，一直都在宣扬全面评估风险的优点，建议金融机构不要只看到部分风险，而忽略全局。然而，事实上，即便到了金融危机爆发的前几年，无论是银行，还是监管机构，都没有全面深入地了解抵押贷款的违约风险水平。

与此同时，受制于官僚主义式的障碍，受制于形形色色的法律和政治障碍，监管机构要想及时了解金融产品和金融实践的迅速变动，的确十分吃力。联邦级别的银行监管者（包括美联储、美国货币监理署、美国联邦存款保险公司、美国储蓄机构监理局）在应对新问题时，采取的方法往往是给银行发布官方的“指导意见”。这些所谓的“指导意见”肯定不像正式的监管法规那样有法律效力，但对于州政府或联邦政府委派的银行查账员（或审计员）具有相当大的影响力。在危机之前的那几年里，监管机构先后就多个问题发布过指导意见，其中包括：次级贷款（1999 年和 2001 年）、低首付房地产贷款（1999 年）、房地产估价方式（2003 年和 2005 年）、掠夺式贷款（2004 年和 2005 年）、房屋净值贷款（2005 年）。联邦机构还针对次级抵押贷款业务中十分普遍的“非传统特征”（比如逾期还款）发布了指导意见，并在 2006 年将其指导意见正式确定下来。然而，大多数指导意见和监管法规都不够严格，也不够及时。

官僚主义的惰性，以及法律和政治障碍，放慢了指导意见的发布速度。通常情况下，当监管机构共同发布指导意见时，他们必须首先在自己内部达成共识，然后在不同机构之间达成共识。在颁布监管法规时，需要经过一套复杂的法律程序，其中包括预留出一段时间，征求各个利益攸关方的评论，看看其他机构会做出什么回应。有时候即便发布一个指导意见，也需要经过如此复杂的程序。每当某些集团的既得利益受到威胁，政治压力便接踵而至。比如，2005年夏天，监管机构开始担心一些银行，尤其是规模较小的银行发放或持有太多的商业房地产贷款，为写字楼、购物中心、公寓和住宅开发提供融资支持，便发布了旨在推动银行降低该领域风险的指导意见。虽然这个指导意见有助于改善当时的金融实践，但不是特别严格。当时，珍妮特·耶伦的职务是旧金山联邦储备银行行长，她的审计人员正在努力为美国西海岸火热的商业房地产贷款业务降温。2010年，耶伦以嘲讽的口吻对金融危机调查委员会说起了那份指导意见的终稿："你可以把它拿走，撕碎，扔到垃圾桶，因为它对我们没有丝毫用处。"

即便不是十分严格，该指导意见仍然招致了社区银行家们的强烈反对，因为他们的盈利严重依赖商业房地产贷款。社区银行只是美国整个银行系统的一小部分，却有着与其体量不成比例的政治影响力。成千上万的抗议信件如雪花般纷至沓来，众议院金融服务委员会还专门举行了听证会。监管者想方设法顶住游说人士和政客的攻讦，并花了几个月的时间向批评自己的人保证会放松对社区银行等规模较小的银行的要求，这样也不妨碍实现指导意见的既定目标。所有这些拉锯战持续了很久，直到2006年底，指导意见终稿才得以发布。这时，距离问题被发现已经过去了一年半。

美联储在努力确保银行免受过度风险的同时，还要努力确保银行不会侵害消费者的利益。2002年，我刚加入美联储的时候，与苏珊·比斯具有同等地位的爱德华·格拉姆利克就已经主管美联储的消费者和社区事务部门四年之久了，他担任这个职务一直到2005年离开美联储。我加入美联储后不久，也成为这个部门的成员，并一直干到2005年春季。我离开这个部门之后，苏珊·比斯又接替我，加入了进来。爱德华·格拉姆利克富有仁爱之心，考虑事情也比较周全，对保护消费者利益怀有深厚的感情，对过于简单化的自由市场教条持有怀疑态度。不过，虽然他亲自主管消费者权益保护事务，但很多监管法规和措施依然没有得到落实。

国会赋予美联储的一个重要职责就是保护金融服务消费者的权益。很多这方面的重要法律需要美联储去落实，其中就包括《诚实借贷法案》（Truth in Lending Act）。这部法案旨在指导消费信贷发放过程中的信息披露，旨在消除授信机构与消费者之间的信息不对称状况，使消费者能够根据自己的意愿选择授信机构，以维护金融机构之间的公平竞争。然而，执行美联储监管法规的职责分散在不同的机构之间，既有联邦机构，也有州级机构，这些机构监管着多种类型的金融机构。美联储的直接执法对象是美联储系统内部的银行（截至2005年底，美国7 500家商业银行中约有900家加入了美联储系统），以及大约5 000家银行控股公司（其中，许多只是为了掩护一群子公司而设立的空壳公司）。

不幸的是，消费者权益保护部门在美联储的地位相对较低，掌握的资源有限，没有能力核查银行资产的安全性与健康性。格林斯潘主席也没有高度重视消费者权益保护事务。虽然他支持加强信息披露和金融教育，认为这些有助于提高市场运行效率，但他不愿意过度插手金融服务市场。

我被委派到消费者权益保护部门反映出我的资历较轻，但我没有提出反对意见。虽然我在这方面经验寥寥，但我很有兴趣，认为这是帮助普通美国人的一种方式。我与同事一道，定期拜访美联储内部在消费者权益保护方面的顾问委员会，同时也会拜访美联储外部的一些团体。此外，我还努力自学错综复杂的监管规则。

从哲学上来讲，我认为自己在金融监管事务上的态度既不是强烈支持，也不是强烈反对。作为一名经济学家，我本能地相信市场。如同格林斯潘一样，我在大多数情况下支持清晰披露金融产品的相关信息，支持加强对金融服务消费者的金融教育，而不是一刀切地采取全面禁止措施。另一方面，正如较为新兴的行为经济学追随者强调的那样，我也知道在人类行为的背后起到激励作用的是心理以及经济因素。实际上，行为经济学家会说，人们没有时间和精力来分析他们的抵押贷款合同的细节。因此，有时候索性禁止不符合消费者利益的条款可能是比较好的选择。比如，无论警告标签多么明确，政府都不允许销售使用易燃材料制作的儿童睡衣。随着时间的推移，我更加认同行为经济学的观点。后来，我担任美联储主席期间，美联储开始定期找一些真实的消费者做测试，询问他们是否能够理解某些信息披露条款（比如信用卡条款）。结果，我们发现对于一些金融产品而言，要制定足够清晰的信息披露条款，几乎是不可能的。如同易燃的儿童睡衣一样，某些金融产品也应该一禁了之，决不允许它们进入市场。

2006 年和 2007 年，也就是我担任美联储主席的前两年，我多次在国会举行的听证会上听到有人指责美联储前几年在消费者权益保护方面存在失职问题。批评者主要认为美联储没有利用《住房所有权与权益保护法案》（Home Ownership and Equity Protection Act, HOEPA）等法案赋予的职权取消某些抵押贷款行为的合法性，美联储在消费者权益保护方面经常行动迟缓，导致贷款标准松弛，进而使许多人得以成功申请到他们根本无力承担的抵押贷款。美联储在落实《住房所有权与权益保护法案》方面的确乏善可陈，但这部法案蕴含着很多值得关注的内容。

《住房所有权与权益保护法案》是美国国会于 1994 年在美联储支持下通过的，将一些特定的住房抵押贷款归为“高成本”贷款，对于这些贷款要求进行特定的披露，并禁止一些不公平条款，以期解决一些无良公司为了欺骗客户而从事的所谓“掠夺性放贷”，即放贷人利用借款者的劣势地位向借款者推销其根本不能负担的信贷以攫取不当利益的行为。这些客户主要是老年人、少数族裔以及低收入者。这些借贷行为的典型表现包括：诱饵调包（bait-and-switch），即告诉消费者某一类贷款，消费者最后拿到的其实是另一类贷款；资产剥离（equity stripping），即放贷给那些收入较低、不足以偿还贷款的消费者，以便最终没收他们的住房；贷款翻转（loan flipping），即经常对借款者进行毫无经济利益的再融资，其主要的或唯一的目的是获取额外的贷款费用、提前偿付的罚款以及为信贷相关产品融资而产生的其他费用；搭售（packing），即在融资过程中搭售一些没必要的产品，以便向消费者收取更多的费用。

《住房所有权与权益保护法案》的一个前提是高利率的住房抵押贷款更有可能属于“掠夺性放贷”，将一些特定的住房抵押贷款归为“高成本”贷款，对于这些贷款要求金融机构披露更多的信息，并禁止一些不公平条款。比如，该法案限制金融机构使用“提前还款罚金”条款，因为这项条款会加大消费者的融资成本。该法案还明确指出高成本贷款客户的违约概率较大，以期打消金融机构开展住房抵押贷款证券化业务的积极性。重要的是，这部法案适用于任何放贷机构，包括独立的抵押贷款公司，而不仅仅是美联储或其他联邦机构监管的放贷机构。

2001 年 12 月，也就是我加入美联储之前的那一年，美联储在法律允许的范围内最大限度地拓展了高成本贷款的定义，因此，也将《住房所有权与权益保护法案》保护性条款的适用范围扩大到了更多种类的贷款上。这一变革之举是美联储在举行了一系列关于掠夺性放贷的听证会之后采取的。

在危机爆发之前，《住房所有权与权益保护法案》的一个条文引发了一场争论。该条文授权美联储查禁一切它认为“不公平或有欺骗性”的借贷行为。至关重要的是，该条文适用于所有抵押贷款，不仅仅是高成本贷款。从本质上讲，这个条文无异于给美联储送上了一把尚方宝剑，只要它认为哪种抵押贷款行为不公平，就可以予以查禁。2001

年，除了拓展高成本贷款的定义之外，美联储还禁止了三类它认为不公平或欺骗性的贷款行为，其中最重要的就是“贷款翻转”行为。然而，它没有禁止其他可疑的贷款行为，比如在没有充分核实借款者收入水平或还贷能力的情况下就发放贷款。

从一定程度上来讲，美联储之所以不愿意实施一刀切式的禁止措施，是因为银行监管机构、消费者权益保护人士以及政客们普遍对次级贷款与掠夺性贷款采取了区别对待的态度。掠夺性贷款遭到了普遍谴责，这是很有道理的。与此相反，向那些信用记录存在污点的人放贷，则受到了广泛赞扬。2001 年，爱德华·格拉姆利克在赞扬美联储拓展《住房所有权与权益保护法案》的保护范围时说：“我们尽力缩小修订范围，并留下回旋余地，以免阻碍合法的次级抵押贷款市场的增长大势。”

为什么这些人要支持次级贷款呢？从历史上看，银行往往会剥夺低收入群体和少数族裔获得信贷的权利。一些银行甚至一竿子打翻整个社区，凡是这个社区的居民申请贷款，一律加以拒绝。为了应对这种“画红线注销”行为，即不加区别地将一部分顾客划出贷款对象范围的做法，国会于 1977 年通过了《社区再投资法案》（Community Reinvestment Act），要求监管机构鼓励银行等金融机构服务于它们所在的社区。这部法案为金融机构向低收入群体和少数族裔的借款者发放贷款提供了动力，但由于各种原因，银行迫于这部法案的压力，被迫放松了信贷标准，为日后贷款违约和次贷危机埋下隐患，以至于后来金融机构发现次级贷款在经济方面非常有吸引力。比如，限制高利贷的法律被取消之后，放贷机构便能够向高风险借款者收取较高利率了。此外，信息技术的进步，加上标准化信贷评分的发展（这种评分将复杂的信用记录简化成了数字），很容易导致放贷机构自发地做出仓促的决定。

次级贷款被广泛视为应对歧视性贷款的良方。到 2005 年，美国住宅自有率提高到了创纪录的69%，而在此10年前，这个比例只有64%。很多新房主是非洲裔美国人、西班牙裔美国人以及收入较低的人。2001年，尽管次级贷款领域出现了很多非常显而易见的拙劣做法，爱德华·格拉姆利克仍然提出，联邦级别的金融监管机构，包括美联储在内，都要努力避免干扰“合法”的次级抵押贷款市场。

由于担心抑制次级贷款市场的发展，格林斯潘以及美联储其他高官原则上并不乐意严格地、大范围地运用《住房所有权与权益保护法案》所给的权限去查禁他们认为“不公平或欺骗性”的金融行为。我加入美联储前后那一段时间里，格林斯潘在公开讲话中以及在发给国会的信件中，都表示担心如果不加区别地考虑某些信贷行为的特殊情况而加以查禁，或将产生出人意料的后果。因此，美联储在审计银行的过程中，采用的是“逐案审查法”，会逐一审查贷款行为是否不公平，是否具有欺骗性。美联储还提出了一个有一定道理的观点，即《住房所有权与权益保护法案》赋予的权力不适用于某些拙劣的认购行为（比如，不记录认购者的收入水平），这些行为可能是不可取的，但从主观意图上来讲不一定具有掠夺性。

我记得，在我担任美联储理事期间，美联储没有正式讨论过如何运用《住房所有权与权益保护法案》赋予的权力，但我知道美联储采用的“逐案审查法”，也没有提出过反对意见。我觉得，不加区别的查禁可能会产生出乎意料的结果，这是符合逻辑的。比如，如果我们运用了这个权力，严格要求金融机构记录借款者的收入水平，那么社区银行的工作人员要想根据自己对某个人的了解而发放信用卡，就做不到了。这样一来，一些可能具有良好信誉的借款者就有可能被剥夺获得信用卡的机会，从而进一步削弱社区银行的竞争力。美联储还认为“逐案审查法”将为我们判断全面查禁某些不公平的金融行为是否万无一失提供必要的信息。

无论这些论点从抽象角度看是否正确，在现实实践中，美联储很少去禁止所谓不公平或欺骗性的金融行为，我们也未能阻止一些可疑的行为。但美联储的这种逻辑中存在一定的漏洞。随着贷款标准的松弛，发生了很多之前没有想到的例外情况，而且这些例外情况变得非常普遍。比如，美联储为了让银行家们能够发放“信用贷款”①，并没有全面禁止“低文件贷款”②的行为。不过，这样一来，即便对于自己不认识的借款者，放贷者也不愿意要求其提交充足的文件证明。

同样，美联储也没有明确禁止某些类型的“非传统抵押贷款”（exotic mortgage），比如，美联储允许金融机构发放只需要支付利息的抵押贷款，因为这种贷款模式对一些借款者而言是比较合适的。但很多金融机构为那些没有足够经济实力或经济头脑的借款者提供这类贷款，以至于借款者最后没有能力处理好还贷的事情。

鉴于不同部门之间要建立有效的联合指导机制尚且面临着一些官僚主义障碍，美联储查禁一切不公平或欺骗性金融行为的权力虽然远远算不上一个理想的工具，却可能是应对不安全的借贷行为的最佳方法。我担任美联储主席之后不久，美联储曾经广泛运用过这一权力。当然，到那个时候，金融领域很多问题已经根深蒂固，危害已经无可挽回。

虽然美联储在关于《住房所有权与权益保护法案》的争论尘埃落定之后开始制定关于抵押贷款行为的监管规定，但如果没有得到切实执行，终归发挥不了任何作用。爱德华·格拉姆利克对执行监管规定的问题给予过很多关注。他多次强调指出，由于监管体系存在碎片化现象，消费者权益保护类法律法规的执行就存在严重失衡的问题。比

① 信用贷款（character loan），指金融机构根据借款者的信誉发放贷款，借款者不需要提供担保。——译者注

② 低文件贷款（low-documentation loan），指借款者可以陈述他们的收入，不需要提交常规的文件，放贷者只从口头上了解这些数据，而且这种贷款的利率略高于银行主流的贷款利率。——译者注

如，某些实行了存款保险制度的银行和储蓄机构会经常受到美联储等联邦监管机构派出的工作组的检查。然而，很多银行控股公司下属的一些子公司并不是依靠存款支撑的银行或储蓄机构，它们游离于联邦机构的监管范围之外，私下里给消费者发放贷款，有的抵押贷款公司是从华尔街获取本金的。这些子公司大部分都是处于州级监管机构的监管范围之内，而这些州级的监管机构掌握的资源往往非常少；也有一小部分是处在美国联邦贸易委员会的监管范围之内，而联邦贸易委员会掌握的资源也非常少。此外，联邦贸易委员会的职责范围非常广，除了监管金融事务之外，还包括执行反垄断法以及调查各类商业欺诈案件。它只是回应投诉，而不主动开展例行检查。有些放贷机构既不是银行，也不是银行控股公司的子公司，完全游离于联邦监管机构的监管范围之外，如果接受监管的话，只接受州级监管机构和联邦贸易委员会的监管。

爱德华·格拉姆利克认识到，除非国会采取行动，否则不太可能在联邦政府层面完成对独立的抵押贷款公司的监管。他重点关注的对象是隶属于银行控股公司的、非银行类放贷机构。从原则上看，美联储作为银行控股公司的监管者，有权将其监管规定应用于银行控股公司的子公司，即便这些子公司不是银行也无妨。事实上，在一个恶劣的案例中，美联储曾经出手干预。2004 年，美联储给花旗金融开了一张 7 000 万美元的罚单，并责令其针对一系列违法违规行为采取补救措施。花旗金融是花旗集团的子公司，从事无担保个人贷款和房屋抵押贷款业务。

不过，花旗金融是个例外情况，因为根据国会对金融监管的改革蓝图（1999 年的《格雷姆–里奇–比利雷法案》就是这个蓝图的一部分），银行控股公司的子公司有一个主要监管者（比如，非银行类的抵押贷款公司的主要监管者是州级监管机构），美联储属于次要监管者，只有在主要监管者忽视重大问题，且存在确凿证据的情况下，美联储才能向这个子公司派出审计人员。这种削弱美联储监管权力的方案被戏称为“美联储弱化”，其初衷是让美联储集中精力去监管那些加入美联储系统的银行以及银行控股公司，减少银行控股公司的子公司面临的监管压力，保护其安全性和稳健性。

爱德华·格拉姆利克认为，美联储应该经常检查银行控股公司的非银行类子公司是否违犯了保护消费者权益的法律法规，而不是等到州级监管机构存在重大疏漏之际才加以干预。2007年，他去世的三个月之前向《华尔街日报》透露说，他曾经在2000年前后私下向格林斯潘主席提出了这个想法，但遭到格林斯潘的反对，所以他没有继续推进这个想法。

格林斯潘对《华尔街日报》说他不记得这番谈话了，但承认他反对这个主意。他说他担心对这么多小型金融机构开展检查带来的相关成本，担心这样有可能抑制合法的次级贷款市场的发展，同时也担心一些金融机构会向借款者宣称自己接受了美联储的检查，从而导致借款者产生一种虚假的安全感。

后来，我在其他几个场合也听到爱德华·格拉姆利克谈到政策执行问题，但据我所知，他并没有非常努力地加以推进，即便在美联储内部也没有。我觉得他对次贷市场的兴起也怀有复杂情感。正如2007年他在《次级贷款：美国最新的繁荣与萧条》（*Subprime Mortgages: America's Latest Boom and Bust*）一书中所讲的那样，虽然他先于其他很多人看到了次级贷款的风险，但也看到了它积极的一面，比如次级贷款有利于为提高住房拥有率创造机遇。虽然他没有预测到后来发生的所有事情，但毫无疑问的是，与包括我本人在内的美联储其他理事相比，他的确看到了更多，也做得更多。

如果美联储真像爱德华·格拉姆利克提议的那样对一些银行控股公司的子公司开展例行检查，会产生另一番的效果吗？尽管可能不会产生很大的效果，但的确会起到一些作用，因为美联储对于掠夺性贷款和次级贷款之间的区别具有高度敏感性。不过根据当时的规定，美联储在任何情况下都不能检查独立的抵押贷款公司。2007 年，也就是我担任美联储主席的第二年，美联储与其他联邦监管机构和州级监管机构进行了协调，开始检查银行控股公司的非银行类子公司是否遵守消费者保护法律。

但到那个时候，采取这些补救措施为时已晚。我们和其他监管机构在 2006 年前后采取的其他监管措施无不是如此。监管不足、贪婪无度和缺乏道德的银行已经造成了数十万笔不良抵押贷款。这些贷款最终导致金融体系的脆弱性暴露无遗。美国房价从 2006 年春到 2009 年春暴跌了 30% 多，直到 2012 年初才开始持续恢复。次级抵押贷款严重违约或丧失抵押品赎回权的比例从 2005 年秋季的 6% 飙升到了 2009 年底的 30% 多。这些抵押贷款往往存在捆绑销售现象，并且被分拆成错综复杂的金融产品，销往世界各地。没有人真正知道究竟有多少损失会浮现出来。

# 第六章
# 初出茅庐

2005年初，格雷格·曼昆宣布辞去小布什政府的总统经济顾问委员会主席一职，返回哈佛大学任教。我在读研究生的时候就认识他。他给我打电话，问我是否有兴趣继任这个职务。

对于一位具有政策偏向性的经济学家而言，总统经济顾问委员会委员已算是华盛顿特区最有趣的工作之一了，更不用提担任主席一职了。总统经济顾问委员会成立于1946年，是白宫内部的经济咨询机构。委员会由一名主席和两名委员组成。委员会主席也称为总统首席经济顾问。委员会的这三名成员都由美国总统任命，并经参议院确认。委员会另外有大约20名幕僚，主要是经济学家，都是临时离开大学、美联储或其他政府机构来任职的。也有一些本科生或研究生担任研究助理。

通常来讲，总统经济顾问委员会不存在明显的政治倾向，为政府提供客观的经济建议，但与美联储这种严格无党派倾向的机构相比，该委员会的政治倾向肯定要强一点。总统经济顾问委员会主席如果表现出政治倾向，则很容易陷入困境。曼昆自己就曾经在媒体上引发了短暂的争议，因为他在公开讲话中以赞扬的口吻评价将工作外包给其他国家，称这是“开展国际贸易的新方式”。我不得不考虑我在这个岗位上是否会有舒适感。当时，我在华盛顿工作时间不长，白宫的人在考虑我的政治倾向之际，并没有开展什么复杂的测试，他们只是问我是否注册了共和党选民，问我如何跟小布什总统聊我在教育委员会工作的经历。

我认为自己是一个温和的共和党人，在社会问题上持有开明态度，在财政和国防问题上较为保守，在有可能的情况下，倾向于依靠市场的力量。任何一位典型的经济学家都是如此。我在十几岁的时候就阅读过格林斯潘导师安·兰德的著作，但我从来没有相信过自由放任的思想。我之前相信（现在仍然相信）必须在尊重个人权利与支持家庭、社区和其他机构之间寻求平衡，改善社会价值观，增进公共利益。我认为我比较赞同小布什总统提出的“富有同情心的保守主义，却又认可自由市场”的观点。我知道，如同效力于任何政府一样，我将不得不与白宫的立场保持高度一致，即便我不完全同意他们的观点，也要这么做。但如果我效力于总统经济顾问委员会的话，就能亲眼目睹经济政策的出炉过程，看看理想化的经济分析遭遇华盛顿的混乱政治时会出现怎样一番情景。此外，如果总统能够再次赢得选举，我还有望参与新的政策倡议。

当时，两个孩子都出去上大学了（女儿阿莉莎正在安纳波利斯市的圣约翰大学念书），我妻子安娜也想换个环境。我们就搬到了华盛顿特区，在国会山东面几个街区远的地方买了一栋房子。安娜找到了一份工作，在华盛顿西北部的一所私立女子学校——国家大教堂学校教西班牙语。我从普林斯顿大学总共请了三年的假期，如果我在第三年，也就是最后一年接受了这个新职位的话，就意味着我必须辞去在普林斯顿大学的终身教授职位。辞去普林斯顿大学的终身教授职位，担任美联储理事（任期只有 14 年），再加入总统经济顾问委员会，不得不努力博得总统的青睐，就工作安全感而言，可以说我走上了一条错误的道路，但我就是很渴望在白宫工作。

获得总统经济顾问委员会主席一职的提名之后，我就不再参加联邦公开市场委员会的会议了，以避免我这个新职位对货币政策制定过程产生什么影响。我以美联储理事的身份最后一次参加会议是在 2005 年 3 月 22 日，那次会议上，美联储决定将联邦基金利率提高到 2.75%。2005 年 5 月 25 日，我到参议院银行业委员会参加他们举行的听证会。6 月 21 日，我终于得到了参议院的确认。在曼昆离职到我正式获得确认这段时间，哈维·罗森暂时担任总统经济顾问委员会的主席。哈维·罗森是我的朋友，也是我在普林斯顿大学的一位同事，在曼昆担任总统经济顾问委员会主席期间，哈维曾经是该委员会的一位成员。他是一位喜欢安静的学者，似乎很受白宫的欢迎。我觉得这对我而言是一个好兆头。在他离职前的一个派对上，他向我介绍了他的妻子和两个成年的孩子。他说："民意测验专家们说只有四分之一的犹太人投票给了共和党人，我这一家就是这个结论的完美体现。"当时在场的白宫办公厅副主任卡尔·罗夫听了之后忍不住笑了起来。

我担任主席一职，还有两个委员的空缺需要找人填补。经过与总统经济顾问委员会办公室主任加里·布兰克的商议，我发现了两个非常合适的候选人：一个是凯瑟琳·拜克尔，毕业于哈佛大学，是卫生经济学领域内一颗冉冉升起的新星；另一个是达特茅斯学院的经济学教授马修·斯劳特，专注于研究贸易和全球化问题，同时也是一位多面手式的人才。我们还从学术机构和政府机构招募了一批经济学家作为访问学者。幸运的是，长期工作人员还是很稳定的，不需要另外招聘，其中一位是史蒂夫·布劳恩，他曾经是美联储的一位职员，总统经济顾问委员会的宏观经济预测就是他一手负责的。

之前很多年里，总统经济顾问委员会的办公地点在白宫旁边的艾森豪威尔行政办公楼。这座大楼建于 19 世纪，采用的是法兰西帝国的建筑风格，气势颇为恢宏，最早国务院、战争部和海军部曾在此办公，后来被改造成多个部门的办公大楼，现在主要由白宫幕僚使用。从我那个天花板很高的办公室望出去，可以直接俯瞰白宫西翼的入口。不幸的是，由于艾森豪威尔行政办公楼要进行大规模翻修，我的很多下属不得不搬到了一个街区之外的一座平淡无奇的办公楼里，那是我们的临时办公点。我想尽量离白宫西翼近一点，就没有搬过去，但又想与下属们保持密切联系，于是，不得不经常在白宫和临时办公点之间来回奔波。

总统经济顾问委员会是一个非常好的扁平化组织，无论职衔是什么，无论资历深浅，所有人都配合得很密切。我有时会和几位研究助理一起写政策备忘录，完成的速度比在美联储时还要快。虽然我们的资源有限，但我们研究的问题却十分广泛，其中有些问题只是与经济具有部分联系，比如移民问题和气候变化问题。令我们引以为豪的是，我们可以在几个小时之内就写出内容深刻、引用翔实的备忘录。我们还随时跟踪经济数据和经济新闻，每天为白宫提供最新的经济动态。我们送往白宫西翼的所有材料，我都要亲自检查一遍。我知道专业性较强的经济学术语会遭到忽略，便竭力采用简单明了的措辞把问题讲清楚。作为主席，我每天早上 7 点半都要代表总统经济顾问委员会到白宫的罗斯福厅参加幕僚会议，会议的组织者是白宫办公厅主任安迪 · 卡德和副主任卡尔 · 罗夫。罗夫在会上总是称我为“数据医生”，但这个叫法没有流行开，其他人也不这么称呼我。罗夫还通常会让我总结一下最新的经济动态，因此，我每天早上 7 点就要到办公室，查阅一下前一个夜间发生的新闻。我和我的下属通常工作到很晚，晚饭都是从附近的“赛百味”叫外卖。

白宫讨论经济政策的会议是由国家经济委员会主席阿尔 · 哈伯德负责组织的。国家经济委员会是克林顿政府时期设立的，有点类似于国家安全委员会（负责协助白宫处理外交政策和军事方面的问题）和国内政策委员会（负责协助白宫处理教育等非经济类的国内问题）。国家经济委员会负责搜集各个行政部门对于经济政策的看法，解决不同看法之间的分歧，并向总统提出建议。很多人觉得阿尔 · 哈伯德与

2001—2003年担任总统经济顾问委员会主席一职的格伦·哈伯德有亲属关系，实则不然，他们并不存在亲属关系。阿尔·哈伯德身材瘦长，精力充沛，笑声十分洪亮，颇具个人特色。在制定经济政策的过程中，他表现出了非常优秀的组织和领导才能。他是一个商人，而不是一个经济学家，但每当他有什么弄不明白的时候，他往往非常愿意承认，涉及经济领域的专业问题时，他通常会听从我的建议。每当开会探讨经济问题，他总是会给我所代表的总统经济顾问委员会留出一个发表评论的机会。

我与小布什总统的关系虽然不是特别亲近，却还算友好。他曾邀请我去得克萨斯州的克劳福德农场（只邀请过我这一次）。那天气温高达100华氏度（38摄氏度左右），他邀请我跑步，我婉拒了。我会定期到椭圆形办公室（通常每周一次）向总统和副总统汇报工作，同时在场的还有其他8到10个高级幕僚。小布什总统学习新事物的速度很快，提的问题也很好，如果有人讲的内容很基础，或者很无聊，总统不会掩饰自己不耐烦的情绪。有时候，他本人或者副总统在会议结束后还会提出一些问题，请哈伯德或哈伯德的副手基思·亨尼西转达给我。

白宫的“士气”很好。小布什很信赖自己的下属，包括一个内部的小圈子，有些下属在他担任得克萨斯州州长的时候就跟着他。不仅如此，即便对于后来加入他那个班底、跟他相处时间较短的人（像我这样），他也给予了充分支持。他经常告诉我们，能在白宫工作是一份殊荣，我们每天都应该谨记这一点。他会突然造访总统经济顾问委员会的办公室，和工作人员握手和交谈。

众所周知，小布什喜欢开玩笑。他很讲究穿着礼仪。有一次，我正在椭圆形办公室做陈述，他向我走来，掀了一下我的裤腿。当时，我穿着一身深黑色西装，但袜子是棕黄色的，似乎不太协调。这是我作为一名大学教授多年形成的习惯。小布什一脸认真地对我说：“你知道，这是白宫，我们有着装标准。”他问我：“你从哪里买的那双袜子？和你的衣服太不搭配了。”考虑到小布什总统正在努力促使政府形成保守的消费习惯，我回答道:“我是在GAP服装连锁店买的,10美元4双。”他听了后，点了点头，面无表情，我继续做陈述。第二天，我到椭圆形办公室参加了另一个会议。总统进来时，副总统切尼以及经济团队的每一个成员都穿着棕黄色袜子。总统试图假装他没有注意到，但过了一会儿，他突然大笑起来。这起恶作剧的策划者是基思·亨尼西。

且不论白宫的士气如何，那段日子的确是不太好过。小布什总统提出的一部分倡议，包括几份贸易协议，得到了落实。他与国会谈妥了一份资金规模非常大的公路建设融资法案。他还为最终改革房利美和房地美做好了一些重要的前期准备工作。然而，他关于扩大社会保障覆盖面的提议无果而终，全面改革移民制度也没有了下文。

2005年8月，卡特里娜飓风肆虐新奥尔良市和墨西哥湾沿岸地区，导致1 800多人丧生。灾害过后，总统经济顾问委员会的经济学家们投入了很多时间研究重建方案，努力为这座城市制订一个从经济角度来看较为合理的重建方案。杜克大学能源经济学家理查德·纽厄尔源源不断地为我们提供关于炼油厂、输油管道、汽油运输和短缺情况的信息。在美国有线电视频道（C-SPAN）的电话访谈节目中，与观众一起探讨政府关于重建新奥尔良市的规划方案。我过于注重讨论台风造成的经济损失以及救助当地经济的各种策略，结果，第一位打进热线电话的观众评论说：“你知道吗，我认为你太关注数字，而忘记了受灾的人们。”这是一个很好的教训：永远不要忘记数字背后的人。

作为总统经济顾问委员会的主席，我偶尔也会到国会的各个委员会做证，对经济政策问题发表讲话，并会见记者。然而，白宫只是偶尔让我到电视上露个脸，从来不让我参与政治活动。我不确定这是因为我不是一个合格的发言人（到美国有线电视频道做节目的那次经历表明了这一点），还是因为他们知道未来总统可能考虑让我接替格林斯潘，所以才不想让我披上过于浓重的政治色彩。

每次我在公共场合发表讲话，房价快速上涨都是要面对的最棘手的问题之一。我不知道房价会如何演变，所以我避免公开预测房价走势。我曾经提到，在房价上涨过程中，至少一部分原因在于民众收入增加、房贷利率较低等经济基本面的因素。但房产，如同其他资产一样，不能无限期地产生异常高的回报。我当然明白这个道理，也曾偶尔在内部和外部的讨论中提到这一点。但我认为与房价急剧下降相比，涨速放缓或适度下跌的情况更有可能。不过，在史蒂夫·布劳恩的帮助下，我分析了房价大幅下跌和房产净值的减少可能引发的经济后果。我和史蒂夫在椭圆形办公室提出的结论认为，房价下跌或将影响家庭支出，会引发一次温和的经济衰退，类似于 2001 年那次为期 8 个月的经济衰退，也有可能比那次衰退严重一点。但我们在分析过程中未能充分考虑房价下跌（以及由此产生的抵押贷款拖欠问题）对金融体系稳定性的影响。

我获得总统经济顾问委员会主席一职的提名之后，一时间猜测四起，大家都在猜我是否会在美联储主席格林斯潘的任期于 2006 年 1 月结束之后成为继任人选。总统经济顾问委员会主席一职曾经是美联储主席格林斯潘以及美联储前主席阿瑟·伯恩斯的垫脚石。格林斯潘在福特政府时期曾经担任这个职务，伯恩斯曾经在艾森豪威尔政府时期担任这个职务。当我最终被任命为美联储主席时，普林斯顿大学经济学家、《纽约时报》专栏作家保罗·克鲁格曼在一篇文章中将我在总统经济顾问委员会的任职期限称为“史上最长的面试”。但当我考虑前往总统经济顾问委员会任职时，并没有认真地考虑过自己未来出任美联储主席的可能性。当我在普林斯顿大学的同事艾伦·布林德问及我成为美联储主席的前景时，我抱着一副不予重视的态度，轻描淡写地说被任命的可能“也许只有5%”。我从来没有为了获得美联储主席的职位而开展任何活动，也从未与小布什总统讨论过这个问题。

格林斯潘担任美联储主席期间，一度被认为是不可或缺的。比如，1999年，格林斯潘的美联储主席任期即将结束之际，参议员约翰·麦凯恩在共和党举行的一场总统初选辩论中被问道：“如果你担任总统期间美联储主席格林斯潘不幸去世，你会怎么办？”麦凯恩的回答是，他会想办法把他撑起来，让他端坐在椅子上，替他戴上墨镜，摆放在办公室里，希望没有人发现有什么不对劲。麦凯恩这句回答足以表明格林斯潘对于美国经济的重要性。2006年，格林斯潘已经80岁了，依然思维敏捷，积极活跃。如果可以的话，我猜测小布什肯定会重新任命他的。但法律规定，美联储理事会成员的一个完整任期为14年。格林斯潘最初就任美联储主席时，承接了前任保罗·沃尔克尚未结束的任期，他自己作为美联储理事的14年完整任期是从1992年2月1日到2006年1月31日。这就意味着他在2006年1月之后就失去了担任美联储理事的法定资格，因此也就无资格连任美联储主席一职。格林斯潘担任美联储主席一职的时间超过了18年，仅仅比威廉·麦克切斯尼·马丁创下的最高纪录少4个月。威廉·麦克切斯尼·马丁在1951年4月2日到1970年1月31日之间担任美联储主席。

小布什总统成立了一个由副总统切尼为首的委员会，负责推荐格林斯潘的继任者。委员会成员包括阿尔·哈伯德、安迪·卡德和白宫人事主管莉莎·赖特。我知道他们审议的一些人选。记者们以及一些竞猜网站纷纷猜测我、马丁·费尔德斯坦和格伦·哈伯德是主要的竞争者。费尔德斯坦在哈佛大学开设经济学导论课程，学术生涯十分杰出，在里根总统时期担任过总统经济顾问委员会主席。那时，他表示担心里根的减税政策会造成预算赤字，这个观点与里根政府时任财政部部长唐·里甘等人的观点产生了冲突。有传言说，虽然那次冲突过去了20多年，但仍然会降低费尔德斯坦胜出的机会。我以为格伦·哈伯德是最有可能胜出的人选。他在担任过总统经济顾问委员会主席之后重返学术界，担任哥伦比亚大学商学院院长一职。他与小布什总统的关系也很密切，曾经帮助小布什设计标志性的减税方案。他在共和党政治活动中一直表现活跃。就我自己的情况而言，相关经历似乎主要是我在美联储的短暂任职履历，此外，我还写过一些关于货币和金融问题的文章，发表过相关的讲话。费尔德斯坦和哈伯德的主要成就集中在财政政策方面，而不是货币政策方面。

2005 年 9 月，这个委员会邀请我到副总统办公室参加一个面试。我先在白宫西翼的一个大厅里坐了一会儿，等待被叫进去，虽然有点不耐烦，但仍然佯装阅读《华尔街日报》。我记得当时大厅里人来人往，我心里还犯嘀咕，觉得这样不利于保持面试的神秘氛围啊。我被叫过去的时间，比预定时间晚了约 20 分钟。面试本身大概持续了半个小时，主要是谈一谈我的经验和资历。我说，如果我不选择美联储主席，我很乐意待在总统经济顾问委员会，只要小布什总统要我。几周过去了，没有消息，我确信我肯定要继续待在总统经济顾问委员会了。有一天，安迪 · 卡德让我在白宫幕僚会议召开之前去找他，聊 5 分钟。我觉得我之前的预感肯定要被证实了。相反，卡德问我是否愿意担任美联储主席。我请他给我几个小时去考虑考虑，但我想我们都很清楚，我打算接受这个职务。

我一离开卡德的办公室，就给安娜打电话。她喜极而泣，但又说："哦，不，我就担心这会成为现实。"安娜比我更清楚这个职务对于我们二人的精力、情感和体力将提出多么高的要求。但她会支持我，我将永远感激。在接下来的 8 年里，我们家里频繁发生的一个对话就是安娜批评某个记者或官员把一切都搞错了，而我又极不协调地向她解释对方并不是完全错了。

2005 年 10 月 24 日，小布什总统、格林斯潘和我走进了椭圆形办公室，记者们的照相机咔嚓咔嚓地闪个不停。安娜、乔尔、阿莉莎已经在里面坐好了，但几乎被记者和他们的相机、麦克风挡住了。小布什总统宣布了提名。轮到我讲话的时候，我感谢小布什总统和格林斯潘主席，格林斯潘赞扬我“为卓越的经济决策创立了新标准”。我暗示性地提到，我希望实行通胀目标制，增加美联储运作的透明度，并且表示在格林斯潘时期不断演变的货币政策最佳实践将得到进一步改进，我还表示要让格林斯潘的政策保持连续性，这将是我的一个优先任务。这就等于含蓄地承诺将延续格林斯潘在2004年6月开始实施的逐步提高利率的政策。

整个活动的持续时间不到8分钟。

获得提名之后，我再次经历了漫长的审查过程。这次审查内容更加广泛，联邦调查局都参与了进去。2005年11月15日，我再次前往参议院银行业委员会，参加提名听证会。这是三年半里面第四次到那里参加听证会了。我受到了热情接待，基本上都对我担任美联储主席表示了支持，只有共和党参议员吉姆·邦宁提出了反对意见。但参议院众所周知的一个特点就是从容淡定，直到格林斯潘任期的最后一天，也就是2006年1月31日，才就我继任美联储主席一事举行了确认投票会。

第二天，即2006年2月1日，在美联储理事会的会议室，我宣誓就职，成为第14位美联储主席。宣誓仪式的主持者是时任美联储副主席的罗杰·弗格森，同时还有其他几位理事和职员在场。2月6日，美联储在埃克尔斯大楼的中庭为我举行了一个正式的宣誓就职仪式。小布什是第二位踏进美联储大门的美国总统。第一位是富兰克林·罗斯福。1937年，埃克尔斯大楼落成典礼上，罗斯福来到了美联储。

正式宣誓之后，我把我的书籍和文件搬到了天花板非常高的美联储主席办公室里，办公室天花板的中间位置悬挂着一个非常优雅的枝形吊灯。有一天早上在例会开始之前，美联储高级顾问林恩·福克斯组织了几个美联储职员出现在了我的办公室。他们每个人都穿着一双棕黄色的袜子，就像之前我和基思·亨尼西在小布什总统面前策划的恶作剧一样。我的办公桌是19世纪的古董，是已故的美联储理事约翰·拉韦尔捐赠的。桌上摆放着电脑、彭博终端和电视，把我围在了中间，那感觉仿佛坐在飞机驾驶舱一样。墙壁上的内置书柜构成了我的小型图书馆，许多书是从我在普林斯顿大学的办公室里搬过来的，其中一本是沃尔特·白芝浩所著的《伦巴第街》。办公室一端的壁炉前摆放着美国国旗和美联储的鹰旗。站在两个高大的窗户前，可以眺望到国家广场上修剪整齐的草坪。壁炉旁边有一扇门，门内是接待区，丽塔·普罗克特正在里面整理文件。

与我的前任不同的是，我打算使用电子邮件与同事沟通。为了避免信息泄露，我需要一个笔名。美联储的信息技术专家安迪·杰斯特建议我用爱德华·坎斯（Edward Quince）这个名字。“坎斯”这个词是他在一个软件盒子上看到的，他觉得“爱德华”的发音听起来比较顺耳。我也觉得这个名字不错，便采用这个名字开通了一个电子邮箱账户，和同事进行电子邮件交流时就使用这个名字。后来，美联储在电话簿中把这个名字列入了安全团队。我担任美联储主席期间，我的笔名一直处于保密状态，当美联储根据国会或《信息自由法案》的要求不得不公开我的邮件时，就会把这个笔名删掉。

一切安排停当之后，我要解决的第一个实质性问题是提高美联储应对金融危机的能力。在宣誓就职之前，我就曾与高级工作人员会面，讨论我们的应急计划。“9·11”恐怖袭击事件之后，在罗杰·弗格森和唐纳德·科恩的带领下，美联储的工作人员大大提高了危机管理能力。我决心在此基础上更上一层楼。我要求下属每天向我报告主要金融公司的最新动态。我把这些资料保存在钥匙环上的闪存盘里。

我曾经提出过美联储应该撰写金融稳定性报告，为了落实这个想法，我组建了一个由高级职员构成的委员会，定期向美联储理事会汇报金融系统的潜在问题。以蒂姆·盖特纳为首的纽约联邦储备银行也做了类似的工作。但由于美联储在这方面投入的资源有限，最终对政策选择的影响是比较有限的。

从刚刚就任美联储主席这个职务开始，我就比较注重做一些政治方面的工作。我在美联储法务办公室主管温·汉布利的协助下，开始邀请国会的一些主要成员到美联储共进早餐或午餐。我们首先邀请的是对美联储行使监督权的几个委员会的成员，这些委员会包括参议院银行业委员会和众议院金融服务委员会，但我们的邀请范围后来逐渐扩大，两党的人都会邀请。我正式宣誓仅仅两周之后，便举行了第一次聚餐，邀请的是来自马萨诸塞州的众议员巴尼·弗兰克。他是众议院金融服务委员会中的资深民主党人。我还频繁到这些委员会成员的办公室去拜访他们，或者在私下场合向整个委员会发表一些简短讲话。通过这些交际活动，我对国会内部正在进行的辩论有了很多了解，尤其是对预算和金融监管问题的了解，并且更加熟悉立法过程。

与国会建立关系需要下一番功夫，但我与白宫的关系是非常不错的。在接下来的几年里，我会定期与总统、副总统以及白宫的顾问们在椭圆形办公室外面的小餐厅共进午餐。我还遵循格林斯潘时期形成的惯例，每周都会与财政部部长共进早餐或午餐。我刚就任美联储主席之际，时任财政部部长是约翰·斯诺。此人富有幽默感，直率豪爽，在就任财政部部长之前，曾经是一家铁路公司的领导者。此外，美联储理事会的全体成员每月都会以非正式的形式同总统经济顾问委员会的人共进一次午餐。我担任美联储主席之后，劳动经济学家爱德华·拉齐尔继任总统经济顾问委员会主席。我在斯坦福大学的时候就认识他。我偶尔还会见一见白宫的人，比如阿尔·哈伯德和基思·亨尼西。阿尔·哈伯德卸任国家经济委员会主席之后，这个职务由基思·亨尼西继任。我还会邀请我的“邻居”——国务卿康多莉扎·赖斯共进午餐。之所以称她为“邻居”，是因为她所在的国务院办公楼就在美联储的办公楼旁边。我们有一些共同的经历，比如都曾在斯坦福大学任教以及都服务于小布什政府。

我就任美联储主席初期，除了与其他部门的人建立良好的关系之外，还有一个优先工作，就是与其他国家的政策制定者建立友好的工作关系。我就任美联储主席之际，时任英格兰银行行长是默文·金。2006 年 3 月底的一天，我和他愉快地共进了午餐。其实，我很早之前就认识他了，因为 1983 年，我们以访问学者身份访问麻省理工学院期间，共用一间办公室。那时，我们都是资历尚浅的大学教师，根本没想到自己未来竟然要负责世界上最重要的货币之一。2006 年 4 月，我在华盛顿分别单独会见了日本央行行长福井俊彦、欧洲央行行长让–克洛德特里谢和墨西哥央行行长吉列尔莫·奥尔蒂斯。当时，他们到华盛顿是为了参加国际货币基金组织召开的春季会议。国际货币基金组织与美联储之间只有几个街区的距离。

我担任美联储主席期间，很大一部分时间都花在了参加国际会议上，尤其是与其他国家央行行长的会议。我们每年有 6 次机会前往国际清算银行参加成员国会议。（美联储主席与副主席一般会轮流参会。）国际清算银行位于瑞士巴塞尔，创办于 1930 年，最初的目的是处理“一战”后德国的支付赔偿以及与其有关的清算等业务问题。后来，随着强迫德国支付赔偿的初衷逐渐无法实现，该行的宗旨也逐渐转变为促进各国中央银行之间的合作，为国际金融业务提供便利，并接受委托或作为代理人办理国际清算业务等，也为多国央行行长探讨共同关心的问题提供了一个平台。我们先开一天的会议，探讨全球经济、货币政策与金融监管等问题，然后一起去国际清算银行的餐厅吃晚餐。饭菜都是精心烹制的，有 4 道菜（每道菜都专门配有红酒），晚餐时间很长，我们一边吃，一边坦率地交谈。经过一代代的发展，各国的央行行长们似乎已经形成了一个“俱乐部”，就任美联储主席之后，我终于跻身其中了。

当我没有与财政部部长、国会成员或外国官员共进午餐时，我就在美联储的自助餐厅吃饭，端着盘子排队，打完饭，找个空位坐下来。这与我之前担任美联储理事时的习惯是一样的。虽然我已经是主席了，但我仍然认为继续倾听各级下属的心声是很重要的。至于锻炼，我每周去几次美联储的健身房，用室内划船机锻炼一下，或者负重训练，或者练习一下投篮。篮球场是从一个壁球馆改造过来的，最多只能容纳二对二的比赛。这种锻炼方式与我之前担任美联储理事时的情况也是一样的。

我重返美联储后，与美联储公共关系部门主管米歇尔·史密斯有了再次合作的机会。我之前担任美联储理事期间就曾与她有过共事的经历。她来自得克萨斯州，富有魅力，曾经先后为三位财政部部长和两位美联储主席提供咨询服务。三位财长分别是劳埃德·本特森（米歇尔在华盛顿的第一份工作就是他提供的）、罗伯特·鲁宾和拉里·萨默斯，两位美联储主席就是格林斯潘和我了。她非常善于处理媒体关系，是这方面的老手。我担任美联储主席期间，她还担任美联储办公室主任一职，帮我管理日程和公开露面方面的事情。她性格外向，善于交际。她很清楚某个理事对于某个任务的完成情况是否满意，也清楚某个员工是否遇到了什么难处。我想了解这些信息时，总是依靠她来告知我。

在就任美联储主席后的第一年里，我和米歇尔安排了很多公开演讲，还安排了对 12 个地区储备银行的访问事宜，但 2006 年 12 月，我本应该访问亚特兰大联邦储备银行，却不得不取消，前往中国参加一个经济峰会。2006 年 2 月 24 日，我回到普林斯顿大学，对众多教师和学生发表演讲，这是我以美联储主席的身份发表的第一个演讲。为了增强我作为通胀斗士的公信力，也为了驳斥把我称为“直升机”的无稽之谈，我把讲话重点放到了低通胀带来的经济利益上。这个话题对于一位央行行长而言还是轻而易举的。正如我担任美联储理事期间所做的那样，我继续花费大量时间准备讲话稿。在央行的业务中，讲话稿不仅仅是关于政策的，也是政策工具，但由于时间比较有限，很多时候我会更多地依赖下属帮我完成初稿和修订工作。

我宣誓就职仅仅两周之后，就要给国会准备“半年度证词”。美联储工作人员给我送来了厚厚一大摞简报材料，内容涉及美联储方方面面的职责。我知道肯定有人提出与美联储职责无关的问题，要回答好这些问题可能有点棘手。于是，我便召集了一些下属开会，共同讨论潜在的答案。华盛顿决策者在参加听证会之前，往往会通过“谋杀委员会”的方式为参加听证会做准备。所谓“谋杀委员会”（murder board），实际上是一种模拟听证会，由美联储的工作人员扮演国会议员，而要参加国会听证会的政策制定者就在这种模拟场景中锻炼自己的应变能力，针对各种刁钻问题提出自己的答案。我不喜欢这样的“表演”，而是更喜欢直截了当的对话。在之前与国会打交道的过程中我就知道，国会议员们经常会问一些诱导性的问题，意图诱导你赞同他们喜欢的某个政策提议。由于很多人都是律师出身，因此，难免会为了达到各种目的而提出纷繁多样的问题，但他们提出这些问题并不意味着他们真的对你的答案怀有好奇心。

2001 年，格林斯潘似乎就在国会听证会上陷入了困境，因为当时即将上台的小布什政府提出了减税方案，而格林斯潘似乎隐含地表达了支持观点，并且表示减税比积累巨额预算盈余更为可取（当时，人们普遍预测会出现巨额预算盈余）。虽然本应该保持政治中立的格林斯潘还不至于明确表示支持政府的很多具体提案，但他在那次听证会上的言论在一定程度上损害了他的声誉。参议院民主党领袖哈里·里德之前跟我见面聊天的时候，提到格林斯潘支持减税方案的事情，似乎还有强烈的不满。他向我传递的信息很明确，即我不应该插手财政方面的事务。

但我无法在忽视财政政策的情况下理智地讨论经济问题，因此，我决定以非常宽泛的措辞去探讨财政问题。比如，我强调指出，有必要在税收和支出之间实现合理平衡，但同时表示至于如何实现这种平衡，则取决于国会和政府。在谈到政府预算赤字问题时，我有时会引用一个简单的“算术法则”，即政府预算赤字就是收入减去支出的结果为负数的情况。有时候，某些国会议员会说增加支出、削减税收和减少赤字可以并行不悖，但这从数学角度来看是不可能的。

在任命我为美联储主席的过程中，小布什政府显然更为关注我在宏观经济和货币政策方面的背景，而选择性地忽视了我在银行监管方面资历欠缺的问题。虽然美联储的银行监管部门汇集了经验丰富的理事们，但我仍然认真对待我的工作职责，要求美联储银行监管部门的工作人员定期为我提供信息简报。我有很多东西要学。我在刚担任美联储主席那段时间里，曾经专门见过一些银行监管者讨论行业最新动态，其中包括当时担任联邦存款保险公司代理主席的马丁·格伦伯格。[①]

要做好美联储主席这份工作，无论别人为你提出多少建议都是不够的，关键是自己要在工作中不断学习，有时候这个过程是痛苦的。曾有一次，我和格林斯潘在美联储餐厅内共进早餐时，问他是否有什么建议要提给我。他板着脸，不动声色，但眼神闪烁，告诉我在与正式来访的客人吃饭时，最好坐在能看到钟表的地方，这样你就知道什么时候应该打住了。我和纽约市长迈克尔·布隆伯格共进晚餐时，他给我提了一条更加直截了当的建议：“别把事情弄砸了！”这是他对手下雇员最常讲的话。

① 马丁先后两次担任代理主席，期限分别是从 2005 年 11 月 16 日到 2006 年 6 月 26 日，以及从 2011 年 7 月 9 日到 2012 年 11 月 15 日。——译者注

2006年2月14日那次听证会是我以美联储主席身份参加的第一个国会听证会。前一天夜里，我睡得不好，醒了好几回。虽然我在接下来的8年里要参加数十次听证会，但我总是不喜欢这种事情。听证会有时变成了耐力比赛，在长达四五个小时的时间里不间断地集中注意力。在参加听证会前的几个小时内，我什么都不敢喝。我特别注意这一点，这样就不必请求中途休息了。令人压力更大的是，我在作答时需要谨小慎微，注意措辞，因为我的答案不仅需要经过面前那些国会议员的推敲，还要经过媒体、市场和公众的解读。得益于当过大学教授的经历，我在大部分时间都能保持镇定，因为在对方提出问题或发表评论之后，我都会把对方想象成经济学系的学生，把我自己想象成老师，这样一来，即便对方提出的问题背后有一些恶意，或者有不可告人的动机，我往往也能将其忽略掉，从而心平气和地作答。

在那次听证会上，我传递了一个总体乐观的信息。2005年，美国经济增幅超过了3%，这是一个健康有力的速度，而且失业率降低到了5%以下。我们预计美国经济将在2006年和2007年继续保持健康的增长态势，通货膨胀仍然处在控制之下。因为经济发展显然不需要货币政策方面的帮助，我们便将联邦基金利率提高了0.25个百分点。从2004年中期开始，美联储在年内每次货币政策会议上都加息0.25个百分点。2006年3月那次加息之前，联邦基金利率已经达到了4.5%。

虽然当时美国经济保持了稳定增长的趋势，但我注意到了房地产市场增速放缓的现象，而且其他一些行业的增速似乎也会放缓。我说这是预料之中的，但我警告说，鉴于房价和房地产建设在过去的几年中呈现出了快速增长趋势，它们的降速可能会超出我们的预料。我们不知道房地产市场会如何演变，但我承诺美联储会给予密切关注。

我以美联储主席身份参加的第一个联邦公开市场委员会会议被安排到了2006年3月27—28日。那次会议是两天，而不是一天。在格林斯潘担任美联储主席期间，联邦公开市场委员会的大多数会议都是一天，这就意味着真正开会的时间其实只有4个小时，以便能够赶在下午2点15分准时发表会议声明。在格林斯潘时期，联邦公开市场委员会只有在1月和6月才会召开为期两天的例会，多出来的一天让美联储职员就某一个特殊议题进行汇报。我想增加为期两天的会议，以便拥有更多的时间用于思考问题。我与联邦公开市场委员会的成员单独会面时曾经提到过这一点。一开始，我们同意将为期两天的例会数量增加一倍，即从每年2次增加到4次（每年总共有8次会议）。

我还对开会方式做了一些调整，以便实现我的一个目标：弱化美联储对美联储主席的顺从意识，明确告诉大家，货币政策的决定权掌握在联邦公开市场委员会的所有成员手中，而不是掌握在美联储主席一个人手中。在经济前景讨论环节，我先让联邦公开市场委员会的每一位成员阐述一下自己对经济前景的看法，然后再谈我自己的看法，以期通过这种方式表明我倾听和考虑了他们的看法。在之后的政策审议环节，我也是最后一个发言，而不是第一个发言。格林斯潘之前也是这么做的。我的目的是为了避免对他人意见造成不必要的压制。美联储是一个强大的、思想深刻的组织，我想让大家明白，每一个决策都要经过广泛的分析和辩论。

我之前还是一名学者时，就一直重视坦率的讨论，这样可以让新想法浮现出来，然后进行彻底的审视。正是由于这个原因，我想鼓励联邦公开市场委员会的成员们自发地开展更多交流。他们之前习惯于在开会期间阅读事先准备好的稿子。我向大家介绍了学术会议中一个常见的习惯：与会者可以在别人讲话的时候举起双手，希望主持人能够立即发现自己，以便获得提出简短问题或评论的机会。我们将这种方法称为“双手干预”。有些人对这种方法不以为然，而有些人的确会尝试这么做。我有时候还会让同事们就某一句评论进行详细阐述。这些建议起到了一定的作用，但我们的讨论却并没有像我希望的那样变得自由顺畅。毕竟，让 19 个人在一起讨论问题，人数太多了。

我为了努力消除美联储主席的个人影响力而付出的努力的确有了点效果。有一件小事可以表明这一点。2006 年秋天，我女儿阿莉莎回到了学校，一位朋友问她父亲是做什么工作的。阿莉莎回答道：“哦，其实，我爸是美联储主席。”那位同学顿时蒙了，回应说：“你爸是格林斯潘？！”

2005 年 8 月，爱德华 · 格拉姆利克辞职。2006 年 1 月，格林斯潘卸任。至此，美联储理事会的 7 个成员只剩下了 5 个，分别是：罗杰 · 弗格森（美联储副主席）、苏珊 · 比斯、马克 · 奥尔森、唐纳德 · 科恩和我自己。2006 年 6 月，弗格森与奥尔森也离开了美联储。弗格森最后去了美国教师退休基金会，担任首席执行官。美国教师退休基金会主要为美国的教师和其他专业人士管理退休基金。奥尔森辞职后去了上市公司会计监督委员会，担任主席一职。该委员会是美国国会在安然公司会计丑闻曝光之后为了加强对上市公司会计人员的监督而设立的非营利性机构。2007 年，苏珊 · 比斯退休了，虽然在几家公司的董事会担任职务，但她选择回到南卡罗来纳州的家中居住。

2006 年，白宫提名了三位新理事。在此过程中，白宫一直与我保持密切磋商。对此，我感到很高兴，而且我对于总统提名的人选也很满意。我宣誓就职后的一个月内，白宫国家经济委员会助手凯文 · 沃什和芝加哥大学经济学家兰迪 · 克罗兹纳也加入了美联储理事会，成为理事。到了 9 月，曾经一同与我撰写文章的里克 · 米什金也就任美联储理事。

我在白宫工作期间曾经与凯文 · 沃什有过共事经历。当时，他在国家经济委员会协助处理银行业与金融业的问题。在进入白宫之前，他曾在一家投行——摩根士丹利从事合并和收购业务。2006 年担任美联储理事之际，他还不到 36 岁，是美联储历史上最年轻的理事。他的年轻招来了一些批评者，其中包括美联储的前副主席普雷斯顿·马丁，但事实表明，他的政治经验、市场经验以及在华尔街的众多人脉资源是非常宝贵的。

兰迪·克罗兹纳的学术兴趣集中在银行业和金融业。和我一样，他也对经济史怀有浓厚的兴趣，包括大萧条那段历史。我加入美联储之前就认识他，一同参加过多个学术会议。苏珊退休之后，他就成了美联储银行业监管委员会的负责人。

里克·米什金精力充沛，富有幽默感，偶尔会开些无伤大雅的玩笑。在人们的想象中，工作在美联储理事会的人应该是老成持重的银行家，但他却算得上这种形象的对立面。我曾经与他有过合作经历，知道他对货币和金融问题有着深刻的思考，也有很强的信念。我期待他是我在联邦公开市场委员会的一个盟友，将会与我一道推动美联储实行通胀目标制。

最后一项变动是，白宫根据我的建议，提名唐纳德·科恩担任美联储副主席。三年半之前，我和他同一天加入美联储，现在，我们将要共同领导这个机构。

尽管 2006 年增加了三个新成员，但随着苏珊的离开，美联储理事会只有五名理事。由于种种原因，尤其是参议院对于提名人选的例行阻挠，美联储在之后的三年半里不得不在只有五名理事的情况下运作。

2006 年 3 月，我以美联储主席的身份参加了第一个联邦公开市场委员会例会。我和我的同事都是乐观的。我们认为房地产市场的降温是好消息。房地产建设浪潮的消退和房价的趋稳会挤出一些泡沫，使得整体经济增速放缓到一个可持续的水平，降低通胀风险。我们一致投票赞成将联邦基金利率提高 0.25 个百分点，提高到 4.75%。这是美联储连续 15 次宣布加息 0.25 个百分点。

但从那之后，我就知道我们在制定货币政策时可能会面临一点困难。根据我们的评估，当时的联邦基金利率已经非常接近于正常水平了，但经济似乎仍然存在过热迹象，能源价格上升，导致我们开始有些担心通货膨胀问题了。更多加息可能是有意义的，但我们似乎能看到，在不久的将来，就要结束紧缩型的货币政策了。

然后，我犯了一个新手容易犯的错误，实际上算两个错误。我想为美联储增添一些灵活性，摆脱从 2004 年 6 月开始的"每次货币政策会议加息 0.25 个百分点"的传统模式，在一两次会议上维持利率不变，为我们评估经济前景腾出更多的时间。这似乎挺合理的。2006 年 4 月 27 日，我在参众两院联合经济委员会参加一个听证会时暗示了这种可能性。我说："联邦公开市场委员会在未来某个时间可能决定在一次或更多会议上不采取行动，以便腾出更多时间去获取关于经济前景的信息。"我还补充道："当然，在某个特定的会议上决定不采取任何行动，并不排除在随后的会议上采取行动的可能性。"

我传递的这个消息似乎非常清晰。我只是说我们"在未来某个时间"的会议上可能不会提高利率，以便腾出更多的时间去评估形势，但这并不意味着在下一个会议上不提高利率，也不意味着紧缩政策就结束了。我原以为市场能够正确地理解我的本意，但实际情况并非如此。这是我的第一个错误。市场想当然地认为我这番证词必定蕴含着某个重大信息，以至于从每一个音节着手加以深刻分析。市场断定我这番证词无异于宣布立即结束加息，迅速做出了剧烈反应，导致较长期利率迅速下降，股市迅速上扬。这种错误理解让我很沮丧，因为鉴于当时的经济态势，我认为至少再加一次息可能是合理的。

接下来的周六晚上，我在华盛顿希尔顿酒店的宴会厅参加了白宫记者协会举办的晚宴。出席者多达几千人。白宫记者协会晚宴是华盛顿社交日历上最宏大、最炫目的媒体晚宴之一。我真的不喜欢参加这类活动。晚宴的初衷是让华盛顿的记者与官员们开展社交，互动一下，放松一下，但如今已经变成了嘈杂的狂欢和名人的秀场。为了应酬，你不得不周旋于餐桌之间，自始至终噪声不绝于耳。我在担任美联储理事期间，曾经参加过一次这个晚宴，雷·查尔斯的现场演唱根本听不清，而那竟然是他生前最后一次演出，因此，我对这种活动深感绝望。但我还是决定赴宴。格林斯潘之前一直也是这么做的。我认为这种晚宴也有一定的可取之处，至少可以让我见到其他一些赴宴者。

那个周末，在晚宴正式开始前的一个招待会上，我遇到了CNBC（美国全国广播公司财经频道）的一位当红主持人，名叫玛丽亚·巴蒂罗姆。她跟我讲市场将我在联合经济委员会上的证词视为加息政策终止的信号。我当时心想我们的对话不会被记录下来，便告诉她说市场参与者无法正确理解我的本意，这令我很沮丧。没想到，这居然成了我的第二个错误。

接下来的那个周一，我正在办公室工作的时候，办公桌上那台彭博终端的显示器上，股市突然下挫。我一时陷入了困惑，但很快就明白了个中缘由。玛丽亚·巴蒂罗姆把她和我的对话报道出去了，尤其是我对于证词被误解的担忧。市场便立即做出了反应。

接踵而至的便是一波批评浪潮，接下来5月那次国会听证会上，参议员吉姆·邦宁也对我提出了批评。美联储理事会办公室主任米歇尔·史密斯和我的妻子安娜通过她们自己的方式帮我减少负面影响，但我感觉很不好。我的失误对市场的影响是短暂性的，我也认为不会对美国经济造成什么实质性的创伤，但我一直在努力塑造我的公信力，就像具有传奇色彩的格林斯潘所做的那样。我当时觉得这个错误会对我的公信力造成了不可挽回的损害。等到那阵子暴风雨过去之后，我总结了这次的重大教训，明白了我说的话具有何等的能量。

几年之后，我在纽约经济俱乐部发表演讲之前，又见到了玛丽亚·巴蒂罗姆。她向我道歉。我真诚地告诉她，与其说是她的错误，不如说是我的错误。

最终，我们在2006年又加息两次，分别是5月和6月，将联邦基金利率提高到了5.25%。经济增速放缓，在很大程度上是因为住房建设增速放缓。我们在会议声明中指出，房地产市场放缓速度可能会加快。但如同之前一样，我们仍然认为一个逐渐放缓的房地产市场有利于推动美国经济实现更加均衡和稳定的增长。

与此同时，失业率仍然维持在5%以下，通胀率略有提升。从某种程度上来讲，通胀率升高反映出了油价上涨，美联储内部的经济学家们的预期是，油价上涨对通胀的影响只是暂时的。然而，联邦公开市场委员会的许多人担心通胀可能会愈演愈烈，因此一致支持加息。到了6月，我们在会议声明中表示"一些通胀风险依然存在"，这意味着我们尚未决定是结束紧缩政策，还是继续提高利率。这个决定将取决于经济发展态势，尤其是取决于通胀的持续时间。

接下来8月的那次例会上，是我在担任美联储主席期间第一次感受到巨大的决策压力。我们掌握的数据和商业新闻报道都表明，即使不考虑能源价格波动，通胀压力依然在不断积聚。我们没有设定官方的通胀目标，但当时最新的数据表明物价涨幅超过了联邦公开市场委员会很多成员认可的范围，即2%或稍低一些。同时，工资涨幅加速，这虽然有利于工人，却意味着公司将面临更高的生产成本，也面临着更大的压力，可能会提高产品价格。联邦公开市场委员会的很多成员支持加息，或者至少在会议声明中发出一个强烈信号，向市场暗示未来可能会加息。

但当时美联储已经连续17次宣布加息0.25个百分点了。我征求了唐纳德·科恩、蒂姆·盖特纳和委员会其他成员的意见之后，决定暂停加息。我认为，我们不能排除未来加息的可能性，但同时认为我们不应该在会议声明中释放强烈信号。经济增速正在放缓，房地产建设活动增速持续下降。我们不知道房地产市场收缩的速度有多快，也不知道房价下跌可能会对业主的家庭支出产生多少影响。但我知道利率变动对经济的全面影响需要在一段时间之后才能显现出来。我们之前已经逐步提高了利率，经过一段时间之后，这些加息足以平息通货膨胀。我建议我们维持联邦基金利率不变，并在会议声明中明确指出“一些通胀压力继续存在”。联邦公开市场委员会成员里面，绝大部分人都同意我的观点，唯一的例外是里士满联邦储备银行行长杰夫·莱克尔，他一贯是联邦公开市场委员会里面的鹰派成员。

2006 年那个夏天，暂停加息并不是唯一一个轰动性的经济事件。7 月，亨利·保尔森就任财长，继保罗·奥尼尔和约翰·斯诺之后，成为小布什政府的第三位财长。他身材伟岸，很有运动员的气质，他的一个小拇指受过伤，总是以奇怪的角度呈弯曲状。他在达特茅斯大学学习期间，曾经是美国常春藤盟校最佳橄榄球球手之一，还赢得了“铁锤”的绰号。他几乎完全谢顶了，金丝框眼镜后面，双目炯炯有神。他似乎有着用不完的精力，我过了一段时间之后才逐渐习惯。

在尼克松政府时期，保尔森曾供职于白宫，但其绝大部分职业生涯都是在投行高盛集团度过的，最后几年还担任过高盛集团的首席执行官。作为高盛集团的首席执行官，他的一个优势就是对中国这个世界上最重要的新兴市场很感兴趣，也很了解。在担任美国财长期间，他与中国官员建立了一个半年一次的战略经济对话机制，我也经常参加。尽管保尔森在高盛赚了好几亿美元，但他和他的妻子温迪令人非常钦佩的一点是生活节俭，大部分空闲时间都投入到了赏鸟和其他亲近自然的活动。保尔森是一位基督教科学派的信徒，不抽烟，也不喝酒。

小布什总统选择的前两位财长都是工业领域的大亨，但不考虑政治因素的话，如果选择具有金融从业经验的人，可能更为合适。毕竟，财政部的绝大部分工作都涉及金融和财政政策，如果不是长期从事金融业务的首席执行官，恐怕很难对这方面有很好的了解。

我和保尔森继续每周共进一次早餐，我们都喜欢燕麦。尽管我们的背景与个性存在巨大差异，但我们很谈得来。保尔森作为一个精明的金融从业者，具有丰富的“街头智慧”[①]。我们的相聚，也是严谨的学术精神与街头智慧的相聚。

① 街头智慧指一个人懂得如何与社会融合，并且默契配合得恰到好处，熟悉都市生活方式和世态，具有巧妙的生存能力，知道如何把事情处理得滴水不漏。——译者注

The Courage to Act

# 第二部分　危机

# 第七章
# 初步的震荡与应对

2007 年 8 月 15 日，我不停地参加视频会议，不停地了解最新市场行情，好不容易抽出了几分钟的时间，给我弟弟塞思发了封邮件。根据之前的计划，我与安娜本来要和塞思等家族成员一起去南卡罗来纳州的默特尔比奇度假，但我在邮件里告诉他，我与安娜不得不取消这个安排了。

我写道："你或许能猜出来为什么。"

默特尔比奇之旅是一个家族传统，我也不想取消。小时候，我父母和很多做小生意的人一样，一年到头几乎没有空闲时间，但尽管如此，他们几乎每一年夏季都会抽出一周的时间，带着我、弟弟塞思和妹妹莎伦去默特尔比奇度假。我们兄妹成年之后，继续保持这个传统，带着孩子，陪着父母去那里度假。我还特意选了一本度假期间阅读的休闲书，《比尔 · 詹姆斯的棒球史新研究摘要》，但现在看来，今年肯定用不上了。

塞思回复道："收到来信，感到遗憾，祝一切顺利。好运！"

但"一切顺利"只是个美好的愿望而已，房地产市场和次级抵押贷款领域的问题酝酿了数月之后，变得日趋严重，俨然已经演变成了一个更为严重的金融挑战，在更糟的情况下，甚至有可能彻底颠覆《财富》杂志在上个月才为之欢呼的有史以来最大的经济繁荣。上一周的 8 月 9 日，法国最大的银行——法国巴黎银行（BNP Paribas）披露其在美国次级抵押贷款证券方面出现未曾预料到的巨额损失，宣布冻结其下属的三个在美国次贷市场面临亏损的投资基金。法国巴黎银行在一份声明中说道："美国证券化市场的特定领域出现流动性完全蒸发的局面，这使得要给特定资产很好地估值变得不可能，不管这些资产的质量或者评级如何。"换句话说，投资者对次级贷款支持的证券怀有不信任感，潜在买家已经完全撤出市场了。

接下来，全球市场上出现了一波恐慌性抛售浪潮。投资者们纷纷意识到，他们根本不清楚到底谁持有与次贷相关的证券，关于持这些证券的贷款，也无法获取可靠的信息，无法预测接下来哪一个金融机构会禁止他们赎回自己的金钱。法国巴黎银行的声明发表之后，全球信贷市场的关键环节似乎有可能失灵，从而引发严重的经济后果。到了 8 月 15 日，也就是我给塞思发邮件的那一天，又发生了一个具有冲击性的事件。那天，一位分析师提出，美国最大的抵押贷款银行——美国国家金融服务公司，可能会面临破产。道琼斯工业股票平均价格指数骤降到了 4 个月来的最低水平。

当时，美联储已经拿出一些时间去评估次级抵押贷款违约以及房地产市场增速放缓的原因和后果。我们的房地产专家不断更新关于抵押贷款市场、住房销售数量、房价和住房建设活动的最新数据，我们认为房地产市场之前过热，降温是不可避免的，甚至是可取的。但在 2007 年初，也就是我担任美联储主席的第二年，降温的幅度开始带来一些不好的兆头。

2007 年 3 月，我在联合经济委员会的听证会上表示，房地产已经开始了"重大修正"。抵押贷款拖欠率在上升，特别是可调整利率抵押贷款。而且特别令人担忧的是，早期违约现象（贷款后不久发生的违约）迅速增加。随着抵押贷款违约率逐渐攀升，潜在的购房者，尤其是信用记录较弱的那些人，发现获得贷款的难度越来越大。然而，从整体情况来看，经济还在继续增长，并创造新的就业机会。事实上，经济增幅超过了我们的预期。根据当时的报道，2007 年第二和第三季度，经济产出的增幅接近 4%，失业率也保持在低位。这意味着什么呢？我为联合经济委员会提供了我的初步结论：“在当前这个时间点上……次级抵押贷款市场发生的问题对更加广泛的经济和金融市场的影响似乎可能得到控制。”

然而，到了 8 月中旬给塞思发邮件的时候，我知道自己大错特错了。“可能得到控制”这个说法，虽然刚提出来的时候，美联储很多人、大多数市场参与者以及媒体评论员也都表示接受，但最后却让我陷入了尴尬。我们之前认为，房地产市场增速放缓和次级抵押贷款问题主要通过两个渠道影响经济：首先，在建筑行业以及其他与房地产相关的行业（如家居用品行业等），就业岗位会减少。其次，抑制消费者支出。（房价下跌会让业主感到自己的财富缩水，弱化了他们利用房屋净值获取融资的能力。）这个基本逻辑与我和史蒂夫·布劳恩 2005 年在总统经济顾问委员会向小布什总统评估房价下跌的影响时采用的逻辑是一样的。

事实证明，我和史蒂夫·布劳恩的评估是错误的，因为我们没有考虑次级抵押贷款违约最后可能会破坏美国和全球金融系统。甚至到 2007 年初，这个后果似乎还很遥远。在未偿还贷款中，只有约 13% 属于次级抵押贷款，而且固定利率次级抵押贷款的表现相当不错，优质贷款和所谓的次优抵押贷款（信贷质量介于次级抵押贷款和优质抵押贷款之间的一种贷款）的表现更不用提了。唯一令人担忧的问题是可调整利率次级抵押贷款的违约率有所攀升，尤其是前几年的“诱惑利率”结束、利率上升到正常市场利率之后，违约现象更甚，但这种贷款在未偿还贷款中所占的比重只有 8%。根据我们当时的计算，即使存在非常高的次级抵押贷款违约率，引发的经济损失也不会超过全球股票市场行情糟糕时一天的损失。

此外，美国的银行似乎也有能力抵御房价下跌引发的风险。联邦存款保险公司曾在2006年底报道说，美国经济的大部分领域呈现出继续增长的态势，从而抵消了房地产市场的“显著颓势”对银行造成的影响。联邦存款保险公司担保的机构中，绝大多数的收入情况连续6年保持增长，创下历史新高。在之前两年半里，只有一家走向倒闭。银行股表现也不错，这标志着投资者的信心水平还是相当高的。

根据联邦存款保险公司的观点，银行资本水平仍处于历史高位。这一点是令人欣慰的。银行资本代表着银行的所有者或者说股东们往这家银行投入的股份，可以缓冲亏损带来的影响。我们可以想象一下，如果一家银行拿出100美元，作为抵押贷款放出去，其中90美元来自储户的存款，剩下的10美元则来自银行的股东们缴存的资本，那么如果银行在抵押贷款业务上亏损5美元，银行股东们投入的10美元的股份现在还剩下5美元，即便发生挤兑，银行仍然能撑得下去，仍然具备偿债能力。但如果其中95美元来自储户的存款，只有剩下的5美元来自股东缴存的资本，那么一旦亏损5美元，或者亏损更多，银行股东缴存的资本金便完全亏损进去了，一旦发生挤兑，银行就无力支撑了。因此，充足的资本意味着即便出现重大亏损，银行体系依然可以扛得住，可以继续给购房者和企业发放贷款。

站在2007年初的那个时间节点来看，美国经济的表现还是很不错的，次级抵押贷款的市场份额相对较小，银行体系似乎也保持着健康运行态势，导致我和美联储其他人纷纷认为次级贷款问题只是部分受到波及的社区和房地产行业担忧的大问题，不太可能造成重大经济损失。但我们未能预料到次级抵押贷款市场上的问题可能引发屡见不鲜的金融恐慌，而且这种新时代的金融恐慌会以一种全新的、陌生的形式发生。

在 19 和 20 世纪早期反复出现的金融恐慌常常始于银行挤兑事件，而银行挤兑事件爆发的原因，如果单独去考虑的话，可以说都是微不足道的小事，根本不至于严重到引发系统性危机的地步。比如，1907 年的那次恐慌，原因就是美国尼克伯克信托公司（Knickerbocker Trust）的一群投机分子大肆举债，在股市上收购联合铜业公司（United Copper Company）的股票，试图通过垄断手段谋取巨额利益，但最终此举失利，引发了华尔街的大恐慌和关于尼克伯克信托公司即将破产的传言。民众都知道这些投机分子与纽约的各大银行和信托公司具有密切的联系，但不知道自己存款的那家银行是否与这些投机分子有联系，而且当时还没有存款保险制度，因此，挤兑的民众在银行前面排起了长队。短短几天时间，随着挤兑风潮的蔓延，几家大银行濒临倒闭，引发了全国性的金融恐慌和严重的经济衰退。金融恐慌最后引发的代价远远超过了诱发事件（一小撮投机分子的阴谋以失败而告终）造成的损失。

今天，储户几乎不会争先恐后地到银行取款机前面排着长队提取现金了，因为自从 1934 年之后，联邦政府出台了存款保险制度，即便银行倒闭，储户仍然可以拿回存款（存在一定的上限）。但这并不意味着挤兑风潮成为历史。正如我们在 2007 年 8 月所了解到的那样，现在仍然存在挤兑风潮，只不过形式与以往不同而已。

在过去的几十年里，除了正式的银行体系之外，还形成了形式多样的非银行金融机构和金融市场，并构成了一个错综复杂的网络。经济学家保罗·麦卡利将这个网络称为“影子银行”。影子银行体系包括非银行类放贷机构（抵押贷款公司和消费金融公司）以及在证券市场运作的公司（比如投行）。这些公司依赖短期融资，而不是政府担保的存款。商业银行的资金来源中，除了政府担保的存款之外，未经政府担保的短期融资（包括从所谓“银行间同业拆借市场”筹措的资金）所占的比重也越来越大。

这种短期的、游离于存款保险制度之外的融资通常是由货币市场基金、养老基金等机构投资者提供的，被称为“批发融资”（wholesale funding），以区别于“零售融资”（retail funding），即银行通过储户的银行存款实现的融资。但如同存款保险制度出台之前的零售融资一样，批发融资也可能遭遇挤兑风险。事实表明，在危机期间，很多出现问题的、形式复杂的证券都是直接或间接地通过“批发融资”方式实现融资。其中主要工具是商业票据或再回购协议。商业票据主要是由企业（包括金融机构与非金融机构）为满足流动资金需求而发行的、期限一般在 30 天以内的短期债务契约。商业票据是货币市场上历史最悠久的工具，最早可以追溯到 19 世纪初期。传统上，商业票据是无担保的，偿还事宜仅仅基于借款者的承诺，而不是抵押品。因此，只有完善的、信誉良好的机构可以发行商业票据。然而，在危机爆发之前的那几年里，我们看到一种新形式的商业票据，即所谓的资产支持型商业票据（asset-backed commercial paper）所占的市场份额实现了迅速扩张。

资产支持型商业票据是由一种名为“渠道发行商”（conduit）或者说“特殊目的机构”（special-purpose vehicle）的影子银行体系发行的。这套体系起源于金融控股公司或商业银行内部，负责组织发行资产支持型商业票据等结构化金融产品，自 20 世纪 80 年代发展至今，大约有 30 年的历史；主要处理住房抵押贷款、信用卡贷款、汽车贷款和其他形式的贷款。之所以被称为资产支持型商业票据，是因为如果有必要，渠道发行商将会卖掉贷款和证券，去兑现之前发行的这类商业票据。

“再回购协议”也被称为“回购协议”，指的是商业银行在出售证券等金融资产时签订的协议，约定在一定期限后按原定价格或约定价格购回所卖证券，以获得即时可用资金，等到协议期满时，再以即时可用资金做相反交易。从技术角度来看，再回购协议是证券的出售与回购，但它承担着抵押贷款的功能。再回购协议的期限一般很短，最常见的是隔夜拆借，但也有期限长的。此外，还有一种“连续合同”

的形式，这种形式的回购协议没有固定期限，在双方都没有表示终止的意图时，借款机构（比如华尔街投行或对冲基金）从同一个放贷机构（比如货币市场基金）获取贷款的合同每天自动展期，直至一方提出终止为止。如果由于某种原因借款者不能按时偿还贷款，贷款者可以自由出售证券。

尽管批发融资不是政府担保的，但大多数市场参与者和监管者仍然认为这种融资爆发挤兑风险的概率是比较低的。回购协议被视为一种特别安全的融资手段，因为即使借贷公司破产了，用于抵押的证券也能够保护贷款人的权益。但当次级抵押贷款市场违约率攀升时，那些提供批发融资的放贷机构就会被迫重新考虑借款公司用作抵押品的证券的风险评级。这些证券往往都是结构化证券，错综复杂，且相关信息很不透明。许多放贷机构严重依赖信用评级机构对于抵押品风险水平的评估结果。评级机构往往都是私营企业，全球最著名的三大评级机构是标准普尔、穆迪和惠誉国际。但一个不容忽视的问题就是，这些评级机构的评级费用是由证券发行机构支付的，这就在一定程度上影响了评级过程的客观性。即便一些信用级别较高的抵押贷款证券开始出现亏损迹象，放贷机构也会对信用级别失去信心，这是可以理解的。由于放贷机构无法自行评估复杂证券背后的风险，那么只要用作抵押的证券涉及次级贷款或者其他存在风险的抵押贷款，放贷机构就会减少或停止放贷。放贷机构的行为就像杂货店主一样，只要听到关于疯牛病的报道，就可能决定停止销售所有的牛肉，即便真正感染疾病的牛只占一小部分，他们也会采取这种一刀切的应对举措。

当零散的储户挤兑时，他们只是取回自己存入银行的资金。但当提供批发融资的机构挤兑时，情况就比较复杂了，因为它们可能不会完全收回所有资金，作为替代性的应对举措，它们可能会提出更多的保护性条款或更有利的条款。很多放贷机构采取的第一个应对举措就是缩短商业票据贷款的还款期限，甚至隔夜还款的情况也是常见的，或者要求通过回购协议实现融资的借款机构拿出更多的抵押品，或者索性直接拒绝接受风险较高、复杂程度较高的证券作为抵押品。正如传统意义上的挤兑风潮造成的结果一样，放贷机构采取这些应对举措的结果也是如此。影子银行系统内的一些实体组织（包括一些“渠道发行商”）发现获得融资的难度越来越大，以至于面临更大的压力，不得不采取一些收缩自保举措，比如卖掉资产或拒绝发放新的贷款。

1907 年大恐慌时期的挤兑风潮放大了一小撮股票投机分子的损失，引发了一场全国性的信贷危机和经济衰退。相似地，2007 年 8 月短期融资市场开始的这场恐慌最后也将次级抵押贷款市场的“修正”转变成了全球金融市场和全球经济的一场更大危机。

2007 年 8 月，法国巴黎银行宣布冻结三个在美国次贷市场面临亏损的投资基金，宣告次贷危机这场地震正式到来了。但在此之前的 6 月，我们就感受到了强烈震荡，那预示着一场危机的到来。2007 年 6 月，华尔街第五大投行贝尔斯登宣布旗下两个严重涉足次级贷款市场的基金出现重大亏损。这两个基金的收益是通过稳健上涨的房地产市场所带动的，高杠杆的存在却使得它们都在房价出现回落时变得不堪一击。也就是说，当它们的杠杆率达到 30 倍时，房价出现 0.3%的回落就可以使其资本耗尽。6 月 7 日，投资者被告知，他们不能再从一只基金赎回他们的投资了；6 月 26 日，同样的通知发给了另一只基金的投资者。从法律上来讲，贝尔斯登没有义务去救助这两个基金，因为它们是单独注册的实体，也就是说，属于表外投资工具。但贝尔斯登希望与为这两只基金提供融资的机构保持良好关系，这些机构中有不少投行。于是，它为其中一只基金提供了 16 亿美元的贷款。但到了 7 月 31 日，贝尔斯登宣布这两只基金倒闭，它贷给这两只基金的绝大部分资金都亏掉了。此外，美国银行（Bank of America）也为这两只基金的资产提供了有偿担保，结果也亏损了 40 多亿美元。贝尔斯登旗下这两只对冲基金引发的阵痛导致放贷机构开始在涉及抵押贷款的投资业务上变得异常谨慎，尤其是针对结构化信贷产品，因为这类产品往往将多种形式的抵押贷款和其他形式的信贷结合在了一起，以至于看起来错综复杂，风险水平难以评估。

到 7 月底，次贷危机的影响开始蔓延到了海外。莱茵兰基金（Rhineland Funding）是德国工业银行于 2002 年创建的一个以资产支持型商业票据融资为支撑的表外投资工具，它的盈亏情况并不体现在银行的资产负债表上。德国工业银行只是德国一个中等规模的商业银行，主要为德国的中小企业放贷。莱茵兰基金的管理者们大肆购买次级抵押贷款支持的证券，还买进了其他几种在部分程度上以次级抵押贷款支持的证券。总体来看，次级抵押贷款支持证券在该基金的投资组合中所占比重高达 52%。很多放贷机构对于这种赌注深感忧虑，便拒绝为莱茵兰基金的商业票据延期。莱茵兰基金的很大一部分资产都是德国工业银行出面担保的。随着其他各方的资金纷纷撤出，德国工业银行变成了莱茵兰基金及其不良资产的实际所有者，以至于最后被拖到了破产的边缘。最终，在德国监管机构的敦促下，德国多家银行联合出资救助了这家银行。但莱茵兰基金的大亏损导致放贷机构更加担忧通过资产支持型商业票据获得资助的“渠道发行商”。资产支持型商业票据融资市场很快开始迅速收缩，2007 年 7 月底，这个市场的规模是 1.2 万亿美元，到 2007 年底，却收缩到了 8 000 亿美元。当“渠道发行商”遭受损失时，他们的放贷机构除了允许它们破产之外，面临着两种选择：一个是出售“渠道发行商”用于抵押的资产，另一个就是继续注资救助“渠道发行商”。但这两种应对举措既会导致放贷机构面临亏损风险，也会加剧它们的融资需求。

那年夏季，我们跟踪分析了短期融资市场上的压力，但面临着一些障碍，因为我们无权从贝尔斯登等投行获得机密数据，它们归美国证券交易委员会监管，无权监管不在美国本土运作的外国银行（比如德国工业银行），也无权监管对冲基金，对冲基金基本上处于监管的真空地带。我们担心批发融资提供者一旦退出市场，将迫使更多的公司和投资工具“贱卖”抵押贷款资产，从而压低资产价格，将风险传导至持有类似资产的其他公司。不幸的是，我们除了密切跟踪市场动态之外，也没法做其他事情了。短期融资市场的压力也许会消退一些，也许不会。

在 8 月 7 日的联邦公开市场委员会会议上，我们讨论了市场动荡情况。就在此前一天，即 8 月 6 日，美国第十大抵押贷款机构——美国住房抵押贷款投资公司由于深度涉足可调整利率抵押贷款业务而蒙受重大损失，正式向法院申请破产保护。我们还注意到，市场略微倾向于认为联邦公开市场委员会最终会降低利率，以抵消近期的金融动荡对经济造成的风险。

但是，当时的整体经济似乎并不需要通过降低利率来提振。就业增长幅度虽然不是很引人注目，但一直相对稳定，失业率一直保持在 4.4%。此外，7 月底石油价格上升到每桶 78 美元，创下历史新高。即便联邦公开市场委员会里的鸽派成员也开始担心通过削减利率加快经济增速的话，或将进一步推高通胀率。我知道有些成员一直觉得我们一年前在我的强烈建议下做出的暂停加息决定是错误的，认为如果当时没有暂停加息，通胀就会受到抑制。

我们一致投票决定暂时将联邦基金利率保持在去年的水平，即 5.25%，但我们的会议声明反映了我们各自存在的担忧。我们承认最近的市场波动导致经济增长面临更多的风险。我们在之前的会议声明中多次强调通胀问题在我们政策制定过程中占据“主导”地位。我们在开会期间，就会议声明中是否应该保留“主导”这一措辞进行了激烈的辩论。纽约联邦储备银行行长盖特纳和旧金山联邦储备银行行长耶伦主张删除这一措辞，认为此举将更加倾向于引导市场认为我们将在当年晚些时候降息。但其他一些与会者则主张保留这一措辞，担心一旦删去，可能表明美联储对于通胀问题没有表现出足够的忧虑。一些与会者认为，到目前为止，市场动荡一直相对温和，我们不应该反应过度。我相信大部分与会者更加担心的问题依然是通胀，而不是经济增长面临的风险，所以，我支持保留“主导”这一措辞，以便更好地反映出大部分与会者的感受。正是由于会议措辞的微小变动会对市场参与者的政策预期产生重要影响，我们才将过多的时间用在讨论措辞的取舍上。

2007年8月9日，周四，早上7点刚过，太阳已经升起将近两个小时，气温达到了80华氏度（27摄氏度）左右，我迈出家门，钻进司机开来的黑色越野车后排座位，15分钟后到了办公室。我要和保尔森在我的私人餐厅共进早餐。

当天早些时候，法国巴黎银行就宣布冻结其下属的三只在美国次贷市场面临亏损的投资基金。同样令人担忧的是，该银行表示无法客观公正地评估旗下基金的不良资产。金融市场上的一条铁律是，证券投资者不愿意购买他们所知甚少的证券。但是没有市场交易的话，又没有办法确定证券的真实价值。在保尔森还没到的时候，我收到了美联储职员发来的电子邮件，对最新的市场动态有了一个大致的、初步的了解。当时，由于时差的影响，欧洲的交易日已经快结束了。法国巴黎银行宣布那条消息之后，欧洲市场反应非常大，短期银行借款利率飙升，股票价格迅速下挫。美国市场当时还没开始，但我获取的信息暗示那天的行情将是非常糟糕的。

欧洲央行已经采取措施来对抗混乱。具有讽刺意味的是，虽然我们知道市场阵痛很容易穿越大西洋，但与美国相比，欧洲却更加强烈地感受到了美国次级抵押贷款问题的冲击。一个月前，也就是7月，德国工业银行遭遇重大亏损的消息传出之际，并没有在市场上掀起很大的波澜。但德国工业银行只是一个区域性银行，而法国巴黎银行则是一个全球性的角色。如果它都感染了次级抵押贷款的病毒，那还有谁没感染呢？其他类型的资产支持证券的公允价值如何？抵押贷款证券化的初衷是将数以千计的贷款打包成证券，然后进一步切割成众多份额销往全球市场，从而达到分散风险的目标，但此刻来看，抵押贷款证券化似乎成了将次贷病毒传播到全球市场的始作俑者，而且这种迹象越来越明显。

随着市场上不信任气氛的加重，各大银行纷纷开始囤积现金，不愿相互拆借，结果导致联邦基金利率，也就是银行之间相互借贷的隔夜利率迅速升高，超过了联邦公开市场委员会两天前刚刚定下来的5.25%。外国银行对于美元的需求增加，从而加剧了市场压力。早餐期间，我与保尔森讨论了欧洲市场的动态，并约定保持密切沟通。那天早上，我给布赖恩·马迪根发了封邮件，指示纽约联邦储备银行从公开市场上大量收购国库证券。布赖恩·马迪根前不久刚从文森特·莱因哈特手里接过美联储货币事务部门主管职务。[①]

证券卖方收到的现金会流入银行，从而满足银行对现金的更大需求。如果银行对于现今的需求降低，那么联邦基金利率应该回落到我们之前确定的水平，短期融资市场的压力应该会趋于弱化。如果一切顺利，我们在一天或两天之后就可以撤出现金。白芝浩提出的“最后贷款人”这一概念认为，银行应当在金融恐慌时期慷慨放贷给那些经营稳健、拥有优质抵押品的公司，从而促进金融机构和市场的稳定。那天上午晚些时候，根据我给布赖恩的指令，纽约联邦储备银行向金融体系注入240亿美元的现金。这与白芝浩的建议也是一致的。欧洲金融系统的情况则较为糟糕，欧洲央行不得不注入更多的现金，多达

---

① 美联储联邦公开市场委员会不直接从事证券买卖，它只是向纽约联邦储备银行交易部发出指令，在那里，负责国内公开市场操作的经理指挥众多下属人员实际操作美国财政部和政府机构证券，特别是美国国库券的买卖活动。该经理每天向联邦公开市场委员会成员通报交易部情况。——译者注

950 亿欧元（1 300 亿美元）。对于美联储和欧洲央行而言，目标都是确保金融机构和非金融机构拥有足够的短期融资。在接下来的一周内，加拿大、日本、澳大利亚、挪威和瑞士的央行都将进行类似的操作。

第二天，即 8 月 10 日（周五）上午，联邦公开市场委员会召开紧急视频会议之后，发表了一份声明。那次会议是我担任美联储主席以来，以及四年前伊拉克战争爆发以来，联邦公开市场委员会第一次未经事先安排的情况下召开会议。上午 8 点 45 分，在华盛顿办公的几位美联储理事聚集在一个名为"特别图书馆"的私密会议室。那个房间光线昏暗，甚至有点发霉的气味，高大的书架从地板延伸到天花板，上面堆满了书籍。我们围着桌子坐下。那个桌子还是 1914 年美联储理事会首次开会时使用过的。金属名牌显示了最初那几位理事各自所坐的位置。联邦储备银行行长们在各自所在城市连线参会。他们身在不同地方，但头像汇集在一个巨大的屏幕上，这种画面让我想起了《好莱坞广场》（*Hollywood Squares*）这部影片的镜头。

8 月 10 日那份会议声明中的官僚语气掩盖了其潜在的力量。我们表示："美联储将提供流动性，促进金融市场的有序运作。美联储将通过公开市场操作提供必要储备金，促进联邦基金市场交易，利率接近联邦公开市场委员会的目标利率 5.25%。鉴于目前货币市场与信用市场的混乱情况，存款机构可能存在不正常的现金需求，贴现窗口会一如既往地提供资金。"贴现窗口是央行向商业银行、储蓄和贷款协会等吸纳储蓄的机构临时提供流动性的业务，一般作为最后资金渠道启动，银行以短期的国库券、政府债券和商业贷款等做抵押从央行借入资金。借入资金的利率即为再贴现利率，由央银设定，一般低于银行从其他渠道获得的短期资金成本。央行通过贴现窗口上调再贴现利率，可规范银行的借款行为，约束银行的粗放式借款行为；反之，下调再贴现利率则是鼓励银行借款。发表会议声明后，我们通过购买证券的方式为金融体系注资 380 亿美元。鉴于欧洲市场面临的压力更大，欧洲央行动作更大，注资金额高达 610 亿欧元（约合 840 亿美元）。

回顾 1987 年和 2001 年“9 · 11”恐怖袭击事件之后的股灾，不难发现，美联储发表的类似声明在很大程度上促进了市场稳定。但这次不一样，这次的问题更严重，更深刻，我们的声明没有产生预期效果。投资者仍然不愿意提供短期信贷，而是宁愿将资金转投到更安全、更具流动性的资产上，如短期国债。商业票据，尤其是资产支持型商业票据的发行量骤减，期限大幅缩短，经常只有一天或两天，放贷机构都希望在最短的时间内回笼资金。不妙的是，次级抵押贷款市场上发生的问题产生了溢出效应，导致其他类型信贷的价值遭到重新评估。批发融资的提供者们对次优抵押贷款、第二抵押贷款（业主通过抵押房屋净值获得的贷款）和商业地产抵押贷款的戒备心理也越来越强。如果融资条件继续收紧，那么持有这些证券的企业和投资工具，可能会被迫不计代价地到市场上贱卖这些证券，从而进一步压低这些资产的价格。贱卖资产会导致贱卖机构自身以及持有类似资产的机构更难获取融资。

我给塞思发邮件取消预定行程的时候，美联储显然需要多采取一些措施，但我们需要怎么做呢？为了应对当前的事件，人们常常拿历史来类比。这一次也不例外，但关键是要选择正确的类比对象。2007 年 8 月，我回顾了美联储以及其他机构应对类似情形的历史，锁定了两个案例：1987 年 10 月，道琼斯指数曾经单日暴跌将近 23%；1998 年 8 月，俄罗斯主权债务违约的影响波及了全世界，道琼斯指数在三天之内重挫 11.5%。但在这两个时期，在美联储干预措施的帮助下，市场每次都很快实现了反弹，几乎没有给美国经济造成明显的创伤。然而，并不是每个人都认为这些干预措施是成功的。一些人认为美联储在 1998 年秋季连续三次降低联邦基金利率（每次降低 0.25 个百分点）的行为属于过度反应，对当时的网络泡沫起到了推波助澜的作用。由于当时美联储每次面临资产价格暴跌就倾向于通过降息来为市场提供流动性，一些人以嘲讽的态度将格林斯潘这种在资产价格暴跌时救市，而市场上涨时又几乎不怎么出手抑制的行为称作“格林斯潘卖权”（Greenspan put）。所谓卖权（put），是一种保护买家在股票或其他证券价格下跌之际免遭损失的期权合约。

2007年8月，各大报纸上的专栏文章纷纷猜测“直升机”伯南克将很快采取类似的干预措施，但很多评论人士都反对美联储采取干预措施，因为这些人认为投资者变得过于自满，必须让他们尝到教训。根据这种思路，要扭转当前的混乱局面，就要对风险进行重新定价，这就意味着股票、债券、抵押贷款相关证券等资产的价格降低，这对投资者而言是十分痛苦的过程。《华尔街日报》的一篇评论文章在呼吁8月7日的联邦公开市场委员会例会上不要降息时指出：“信用恐慌固然不是好事，但其一个优点就在于让市场恢复一些恐惧和谦逊。”

当然，投资者迫不及待地想逃离《华尔街日报》专栏作家们描述的“恐惧和谦逊”。在呼吁宽松货币政策的那些人中，形式最为丰富多彩的就要数CNBC明星记者吉姆·克拉默在8月6日录制的一个视频了。米歇尔用电子邮件把这个视频发给我，并写道：“我要提醒你一下，他一点也不尊重你。”我觉得这句话可能并没有充分表达出克拉默对我的态度。我从没有看过这个视频。当批评意见演变成指名道姓或歇斯底里的地步时，我索性置若罔闻。

虽然我可以忽略克拉默的意见，但我从其他人那里听到的声音值得给予更多关注。唐纳德·科恩给我转发了美联储前理事莱尔·格拉姆利的一封邮件，在邮件中，格拉姆利说：“当前抵押贷款市场的形势是我见过的最糟糕的，并且在一天天恶化。我不是在谎报军情。”1985年离开美联储之后，格拉姆利在美国抵押贷款银行家协会工作了十多年，还曾在美国国家金融服务公司董事会担任过职务。他讲的话虽然体现出专业性，但他的视角或许受到了他在离开美联储后所任职务的影响。

在商言商，这是一个颠扑不破的真理。他们奔走呼号，目的就是争取有利于自己的投资政策，或者说是为了促进自身的利益。这是一个不言自明的事实。我在倾听外部的声音时，总是牢记这一点。但对于格拉姆利等人的忧虑，我不能置若罔闻，毕竟，我知道如果任由当前的金融乱象发展下去，那么这种局面最终必然会阻碍家庭和企业获得贷款，在最坏的情况下，甚至会导致整个经济陷入混乱。与此同时，我还注意到了道德风险，把投资者和金融机构从他们的错误决定中救助过来，不让他们承担后果，未来可能会鼓励更多糟糕的决策。①

我们需要借助正确的工具打破挤兑心态，平复市场担忧，并促使股票、次级抵押贷款等金融资产重新定价，回归基本价值，不至于出现市场冻结或价格暴跌。可以说，我们当时几乎要重拾一项之前拒绝过的计划，即调整美联储的贴现窗口政策，鼓励银行和储蓄机构向美联储借款。

银行基本上都忽略了我们在 8 月 10 日的会议声明中暗含的欢迎再贴现贷款的信息。我们眼前的一个选择就是，联邦公开市场委员会可以削减联邦基金利率，但这将对经济产生广泛的影响，可能引发通货膨胀。通过贴现窗口贷款是一个更精确的工具，可以有针对性地解决我们所面临的挑战，即短期资金不足现象日趋严重。然而，在调整再贴现利率时，我们面临着两个问题。

第一个是市场对于从美联储借款普遍抱有成见。白芝浩建议我们收取“惩罚性”的再贴现利率。当时的再贴现利率是 6.25%，比联邦基金利率目标（即银行间隔夜拆借利率）高出了 1 个百分点。在正常情况下，惩罚性利率鼓励银行首先向私营市场寻求资金，而不是依靠美联储。但这种制度安排的一个副作用是银行担心一旦外界知道自己以

① 道德风险这个理念来自关于保险业的著作，指一旦人们的资产获得保险，他们就不会像之前那么努力地去规避损失或意外。

惩罚性的利率向央行借款，就会显得自己实力软弱，从而更难吸引私营市场的资金。毕竟，若非到了万不得已的境地，一个实力强大的银行为什么会接受央行开出的惩罚性利率呢？虽然美联储对于那些到贴现窗口借款的银行严格保密，不会泄露它们的信息，但银行还是担心市场参与者通过观察自己的行为，或者通过认真分析美联储的资产负债表，猜测出一个银行什么时候寻求了再贴现贷款。几乎所有再贴现贷款的发放对象都是具有良好担保物、实力较强的机构，过去是这样，现在仍然是这样。美联储自从一个世纪之前创立之际开始，从来没有在再贴现贷款业务上亏损过一分钱。然而，市场对于再贴现贷款普遍抱有成见，认为一旦一个银行接受了美联储的惩罚性再贴现利率，就表明自身的实力不强，从而影响了再贴现贷款制度的有效性。如果银行由于担心寻求再贴现贷款会向外界释放一个不好的信号，让外界认为自己的财务状况是糟糕的，那么银行就不愿意寻求再贴现贷款，即便设置了银行这个“最后贷款人”的角色，也基本上起不到什么作用。

除了成见之外，再贴现贷款还面临着第二个问题，即金融体系已经发展得过于庞大，组成部分过于复杂，贴现窗口已经无法满足市场的融资需求了。《联邦储备法》规定，只有储蓄类机构，也就是说，只有银行和储贷协会，才有资格从美联储借款。但近几十年以来，影子银行体系经历了蓬勃发展。这个体系赖以运作的资金来自于批发融资，而不是联邦存款保险制度担保的储蓄，而且影子银行体系在信贷市场上扮演着日益显著的角色。我们的贴现窗口不能直接帮助这些丧失融资渠道的非银行类金融机构，从而限制了我们抑制市场恐慌的能力。

因此，虽然我们一直思考如何更大限度地发挥贴现窗口的作用，但我们担心这会沦落为一场无人参加的宴会。如果我们大张旗鼓地采取一些显著措施吸引银行申请再贴现贷款，最终却没什么效果，则会导致市场质疑美联储是否能够有效应对危机，从而动摇市场信心，加剧市场恐慌。

然而，到 8 月 16 日，金融形势进一步恶化，以至于我们决定采取更加积极主动的措施。那天上午，蒂姆 · 盖特纳、唐纳德 · 科恩和我决定与欧洲、加拿大和日本的央行行长们开会磋商。我还安排联邦公开市场委员会在当天晚上 6 点再召开一场紧急视频会议。为了打消市场对于再贴现贷款的成见，我们决定削减惩罚性的再贴现贷款利率，强化再贴现贷款对于市场的吸引力。为此，我们打算在联邦公开市场委员会确定的利率目标的基础上提高 0.5 个百分点，作为再贴现贷款利率，而不是像之前那样在联邦公开市场委员会的利率目标基础上提高 1 个百分点。我们还努力说服一些主流银行申请再贴现贷款，以此向市场表明跟央行借款并不等同于实力薄弱。之前的再抵押贷款通常是隔夜贷款，但这次，我们决定将偿还期限延长到 30 天，并且表示如果贷款需要展期，美联储也会持一种开明的态度。我们在联邦公开市场委员会的新一期会议声明中明确承认经济增长面临着更大的风险，并明确表示“我们愿意采取必要的行动”。这就意味着，如果有必要，我们愿意加大削减利率的力度，以便防止金融乱局的影响外溢到美国的整体经济。

在考虑将再贴现利率下调 0.5 个百分点的过程中（里克 · 米什金也赞同这一举措），需要在两类不同的忧虑之间找到一个恰到好处的平衡点。一方面的忧虑是，如果再贴现利率降幅不够大，那么银行在申请再贴现贷款的时候难免存在顾虑，担心以高利率申请贷款会给市场树立一种实力薄弱的形象。另一方面的忧虑是，如果再贴现利率的降幅过大，那么那些在公开市场上无法像大银行那样以较低利率获取隔夜贷款的小银行就会纷纷提交再贴现抵押贷款申请，而对于这种情况，我们在行政方面还没有做好准备。

8 月 17 日，周五，上午 8 点 15 分 ，我们在联邦公开市场委员会的会议声明中宣布下调再贴现利率，不幸的是，短期融资市场没有立即做出反应，但股市却应声飙升。标准普尔 500 指数期货在声明发布后的46秒内上涨3.6%。CNBC著名金融节目评论员鲍勃·皮萨尼宣称："市场把伯南克当成了一个摇滚明星！"（不过他这样讲有点为时过早。）

我和联邦公开市场委员会的同事们通过电子邮件共享我们获取的信息。正如之前预期的那样，市场对于再贴现贷款的成见仍然让很多银行家们感到紧张。波士顿联邦储备银行行长埃里克·罗森格伦向我报告说，道富银行的首席执行官罗恩·罗格不愿意申请再贴现贷款。道富银行是波士顿储备区内最大的银行，如果波士顿联邦储备银行的贴现窗口放贷规模激增，罗格的银行自然会成为媒体报道的猜测目标。罗格曾经问罗森格伦波士顿联邦储备银行是否可以取消每周的贷款汇总报告。虽然从法律上来讲，我们可以在没有预警的情况下改变会计程序，但即便这样做了，估计也很难刺激市场信心。得克萨斯州一位银行家建议达拉斯联邦储备银行行长理查德·费希尔说服一些具有重要影响力的银行使用贴现窗口，这样有助于打消市场对于再贴现贷款的成见。

那天上午10点，盖特纳和票据交换所协会（Clearing House Association）举办了一场视频会议。这个组织的成员是美国主要商业银行和投资银行。盖特纳告诉他们，我们认为在贴现窗口借款是"实力的象征"。那天晚上，盖特纳派驻花旗银行的监管人员表示花旗银行管理层已经批准从贴现窗口借款了。8月22日（周三），花旗宣布向美联储申请5亿美元、期限为30天的再贴现融资。当天晚些时候，摩根大通、美国银行以及总部位于北卡罗来纳州夏洛特市的美联银行（Wachovia Corporation）也各自宣布向美联储借5亿美元。第二天，我们的贷款汇总报告显示，仅仅8月22日一天，再贴现融资金额就高达23亿美元，而之前一周的再贴现融资金额只有2.64亿美元。

美联储理事会同时给花旗集团、摩根大通和美国银行发送邮件，告诉它们可以暂时不受《联邦储备法》23A条款的限制，因为这个条款在正常情况下会限制商业银行把自己拿到的再贴现贷款注入非银行类组成单位，比如从事消费金融或证券交易的子公司。我们这样做的目的是给影子银行系统提供更多的短期资金。因为银行及其控股公司之间的交易可能危及银行的存款保险，所以，这件事情需要联邦存款保险公司签字认可。于是，我便联系了联邦存款保险公司主席希拉·贝尔。

希拉女士是一位来自堪萨斯州的共和党人士，曾经长期为共和党参议员鲍勃·多尔效力。2006 年 6 月，小布什总统任命她担任联邦存款保险公司主席。她曾经长期执教于美国马萨诸塞大学阿默斯特校区，但也有过在美国财政部等政府部门任职的经历。她是一个民粹主义者，从内心里不信任华尔街大银行和监督这些银行的政府机构，特别是美联储和财政部。她可能会固守自己的地盘，不让别人插手，别人可能很难与她共事。但我仍然有点钦佩她，她精力旺盛，在追求目标的过程中表现出了敏锐的政治观察能力，而且善于和媒体打交道。

我明白她的机构在监管体系中发挥着至关重要的作用。每当市场形势需要美联储、财政部、联邦存款保险公司开展合作，都是我负责给她打电话。这次也是如此。由于她不太好打交道，我不放心让别人联系她，不想让别人一个无意的失误阻碍我们出台好政策。我们宣布降息的那天，希拉回应了我们关于豁免 23A 条款的请求。我给她发了一封邮件，感谢她的及时响应。她在回信中说道：“一个小小的信贷危机竟然促使你们这样，真是令人惊讶。”

不幸的是，虽然我们最初成功地增加了贴现窗口贷款，但这种态势却没有持续下去。从美联储申请了 20 亿美元贷款的那四家大银行在其声明中无一例外地宣布它们其实不需要这些钱，毫无疑问，它们还是担心市场对于再贴现贷款抱有成见。5 周之后，贴现窗口的贷款规模降低到了 2.07 亿美元，这比我们放松再贴现贷款条件之前的规模略小一些。

当我们在酝酿进一步降低再贴现利率时，美国国家金融服务公司的问题一直是优先考虑的。美国将近五分之一的抵押贷款都来自该公司。美联储、联邦存款保险公司和美国储蓄机构监理局派驻该公司的监察人员一直在努力判断该公司是否能够存活下去，毕竟次贷投资在该公司的投资组合中占有很大的比重。

2007 年 8 月 16 日，在加利福尼亚州洛杉矶县卡拉巴萨斯市，美国国家金融服务公司的一个储贷机构前，一群紧张不安的储户排着长队，等待提取现金。当被告知联邦存款保险公司为他们的存款提供担保时，很多人放心地离开了。虽然化解了挤兑风险，但该公司面临着一个更大的威胁，即早在 8 月 2 日，放贷机构拒绝债务展期，导致该公司无法继续通过商业票据和回购协议获取融资。此时，通过出售资产筹措资金也不能解决问题，因为即便能找到买家，它持有的抵押贷款债券也已经严重贬值。为了获得流动性，避免破产，该公司用光了其之前与其他几家大银行确定的 115 亿美元的紧急拆借额度，也就是说，能借的每一分钱都借过来了。

8 月 10 日，我让美联储货币事务委员会的部门主管布赖恩 · 马迪根和美联储银行业监督管理部门主管罗杰 · 科尔评估一下美国国家金融服务公司是否具有系统重要性。换句话说，该公司的失败是否会危及整个金融系统。我问他们："它的失败对大银行或投资银行有什么影响？对抵押贷款市场有什么影响？"

这是我第一次不得不专门针对一家大型金融机构发问。后来，美国储蓄机构监理局的局长约翰 · 赖克为我提供了一个非常奇怪的乐观消息。约翰 · 赖克曾经是一位社区银行家，并曾经长期担任佛罗里达州参议员康尼 · 麦克的助手，热情地呼吁政府部门放松金融监管。2003 年，在一次记者会上，当时正担任联邦存款保险公司副主席的约翰 · 赖克和其他几个人手拿一把修剪花木用的大剪刀，站在一摞用红丝带捆着的纸张前面"摆造型"，那一摞厚厚的纸张就代表着他负责执行的监管规定。

在离开办公室开启为期两周的度假之旅前，约翰·赖克竭力向我、美联储理事兰迪·克罗兹纳、联邦存款保险公司主席希拉·贝尔和美国货币监理署署长约翰·杜根打包票说，美国国家金融服务公司即将破产的传闻都是不真实的。他承认该公司面临流动性的挑战，但认为近期倒闭的抵押贷款机构很多，这反而使美国国家金融服务公司在融资市场上面临的竞争压力大幅下降，因此，从长远来看，该公司的前景是光明的。

对于美国国家金融服务公司创办人兼首席执行官安吉罗·莫兹罗提出的豁免《联邦储备法》23A条款的请求，约翰·赖克抱着支持的态度。莫兹罗头发花白，黝黑的皮肤有些不自然。他之所以提出这个请求，是因为这个条款禁止它的控股公司利用储蓄机构获取再贴现贷款。希拉和联邦存款保险公司当然有理由怀疑，旧金山联邦储备银行行长耶伦也表示怀疑，认为如果美联储为该公司间接提供贷款，会承受很大风险，该公司很可能已经破产，无法偿还给我们。该公司的总部就位于耶伦主管的储备区。我们宣布降低再贴现利率的第二天，唐纳德·科恩向我转述耶伦的话说，美联储应该迅速拒绝莫兹罗关于豁免23A条款的请求。科恩说，耶伦确信莫兹罗的公司前景堪忧，本来就应该卖掉，但莫兹罗一直否认。

8月22日，美国国家金融服务公司终于得到了暂时解救。那天，美国银行为该公司注入了多达20亿美元的股权投资，从而极大地提振了市场对该公司的信心。这跟耶伦设想的出售该公司的方式有点不一样，但这次股权投资为美国银行最终收购该公司迈出了第一步。8月30日，周四，该公司撤回了关于豁免《联邦储备法》23A条款的请求，当时我正在前往怀俄明州杰克逊霍尔的飞机上，准备参加堪萨斯联邦储备银行举办的年度经济论坛并发表演讲。那次会议的主题是“住房、住房金融与货币政策”。这个主题在年会召开很久之前就确定下来了。

当时，我已经很久没有公开谈论经济问题了。之前最近的一次是7月在众议院和参议院先后举行的听证会上提交半年一次的货币政策报告。随着信贷市场的问题开始拖累经济增速，市场参与者开始寻找一些蛛丝马迹，看看我们是否打算全面削减短期利率。

我们肯定是朝着这个方向努力。事实上，就在我动身前往杰克逊霍尔的两天前，我还跟唐纳德·科恩和蒂姆·盖特纳辩论是否有必要赶在联邦公开市场委员会9月18日的例会之前采取一次降息举措。但市场肯定不会预料到我们在两次例会之间就采取降息举措，因此，我们担心如果我们这么做了，肯定会让市场深感惊讶，导致交易者认为我们比他们所想的还要着急。

科恩在给我和盖特纳的一封邮件中写道："提前降息是有风险的，可能会导致市场参与者认为我们知道一些他们不知道的事情。"他建议我们在联邦公开市场委员会的下一次例会上把联邦基金利率降低0.5个百分点，是普遍预期的0.25个百分点的两倍。

央行的世界一向披着神秘面纱，外界知之甚少。堪萨斯联邦储备银行在杰克逊湖木屋旅馆举办的为期两天的研讨会是这个世界上一个具有重大意义的国际盛会。过去25年里，就在国际劳动节前，美联储的顶尖决策者及其幕僚、各国央行行长、知名学者、私立机构的经济学家以及美国主流的财经记者都会在这里齐聚一堂。与会人数大约为110人。他们上午在鹿角形状的吊灯下面讨论货币政策与全球经济态势，下午欣赏周围雄浑壮丽的美景，晚上参加宴会和娱乐活动。从旅馆后面，可以欣赏到顶部被积雪覆盖的大提顿山，景色很美。天气晴朗的时候，可以清楚地看见杰克逊湖结冰的水面。每年，科恩都会带一帮人去登山，这个过程很艰苦，被称为"科恩死亡之旅"。健康状况不佳或者不那么雄心勃勃的人可以去钓鱼，可以到湖上泛舟，或者坐在阳台上用双筒望远镜欣赏在高山草甸上悠闲吃草的驼鹿和麋鹿。

之前在普林斯顿大学当教授时，应邀参加杰克逊霍尔年会是一件令人羡慕的事，我也很高兴偶尔收到这样的邀请函。但现在，作为美联储主席，我却有点不想参加这个会议。能谈论经济问题，我固然很高兴，但在媒体的密切关注下，讨论过程很难自由地、无拘无束地进行下去，也很难发挥应有的作用。我清楚地知道，任何一个事物都会被人重复一遍又一遍，其负面效应会遭到无限地放大，因此，我参加这个会议时，只是读一读提前准备好的讲话稿。

2007 年 8 月的市场动荡进一步放大了这种风险，一旦我们出现任何失误，负面效应可能变得更大。美联储理事会办公室主任米歇尔 · 史密斯与我、科恩和盖特纳商量之后，决定采取一个罕见的举动：给所有联邦储备银行的行长们发邮件，请他们避免接受媒体采访。同样非同寻常的是，大部分行长都同意配合。美联储理事兰迪 · 克罗兹纳先动身前往杰克逊霍尔，以便美联储所有理事在会议开幕前一天都在天上飞行，无法联络。我们还派了一个电脑专家小组过去，让他们在会议室安装网络连接设备，以便我们在需要时可以评估市场形势。

我在周四傍晚时分抵达杰克逊霍尔，参加完一场市场评估会议之后，又参加了一场晚宴。那场晚宴的气氛有些凝重。周五和周六是开会时间。我们的朋友、同事爱德华 · 格拉姆利克预定在研讨会上讲话，但由于患有白血病，病情严重，无法成行。在参加这次会议之前不久，我和安娜刚刚参加了莱尔 · 格拉姆利及其妻子玛丽斯举办的一场早午餐会，在那次早午餐会上见到了格拉姆利克及其妻子露丝。格拉姆利克当时知道自己来日不多，但精神状态很好，很高兴和朋友们聚一聚。我在会议的欢迎晚宴上讲话时指出，我们不仅会怀念格拉姆利克的深刻见解，还会怀念他那热情和慷慨的精神。在周六的午餐会上，美联储研究与统计部副主任、格拉姆利克的好朋友戴维 · 威尔科克斯宣读了格拉姆利克提前准备好的讲话稿，他的讲话稿的主题是次级贷款的繁荣与萧条。

第二天，也就是 8 月 31 日那天上午，我的讲话必须慎之又慎。我想当场提出我们打算降息，但又担心在联邦公开市场委员会在例会上进行辩论和投票之前宣布这一消息，可能会破坏委员会的程序。

我在讲话中描述了房地产市场低迷和相关的金融压力已经对经济造成的创伤，并提醒我的听众说“运转良好的金融市场对于经济繁荣至关重要”。当时，有一种观点认为，联邦公开市场委员会可能单独采取救助华尔街的行动。为了驳斥这一观点，我表示：“美联储没有责任保护放贷者与投资者免于承担其财务决策的后果，而且美联储也不合适做这样的事情。”但我保证，“美联储将会采取必要措施限制金融市场上的动荡可能对整体经济造成的不良影响。”我那些话是同时讲给好几类人听的，一方面要说服批评我们的人，让他们相信我们会帮助普通的美国人；另一方面，我还希望能够说服投资者，让他们不要反应过度，不要从所有形式的私人信贷中撤资。

市场的反应积极，但程度较弱。显然，许多交易员本来希望从我的讲话中解读出即将降息的明确信号，但最后我的讲话却让他们感到失望。道琼斯公司专栏作家劳伦斯·诺曼总结道：“如同狄更斯笔下那位饥饿的雾都孤儿接受贫民救济院施舍的粥一样……市场……明确表示想要更多的救助。”

正是在这种情况下，在与会者还没有完全离开之时，我、科恩和盖特纳就已开始思考如何说服我们的同事了。我们想说服他们同意采取更多的措施，保护美国就业和民生免受华尔街乱局的影响。我们想要他们在联邦公开市场委员会下一次例会上支持全面削减短期利率，而且，如果有必要，考虑采取一些非传统的措施。周五的会开完之后，我和盖特纳就先离开了，科恩留下来，继续听周六上午的发言。他在一封邮件中向我转述了著名的保守派经济学家马丁·费尔德斯坦在讲话中流露出的特别悲观的看法。科恩本人也算不上一个乐观主义者，但他仍然认为费尔德斯坦的观点太悲观了。不过，他坦然地承认道：“我自己没有这么坐立不安……我认为这可以有效地软化联邦公开市场委员会委员们的反对意见，让他们支持我们大幅降息。”

我和盖特纳回到华盛顿之后，便着手落实我所说的“创新思维”。之前在应对危机的过程中，我们着眼于贴现窗口贷款，而不是标准的货币政策，这已经有一点偏离传统了。但我决定，如果有必要的话，就采取进一步的措施。我们不能因为担心偏离传统而裹足不前。我们要动用一切可用的手段解决问题。那个周日，在发给科恩、盖特纳和凯文·沃什的一封邮件中，我列举了需要采取更多措施的理由，并简要地概括了一下决策者与幕僚们之间存在的一些观点。

一个十分有趣的建议是与欧洲央行建立货币互换额度。所谓货币互换额度，就是一种制度安排，美联储通过这种制度安排，为欧洲央行提供美元，而欧洲央行以欧元作为偿还担保品。这种制度安排的意义在于保护美国市场免受欧洲金融动荡的影响。虽然欧洲央行已经为欧洲大陆的货币市场提供了欧元，但欧洲大部分金融活动是以美元交易的。在这种情况下，与欧洲央行（或其他国家的中央银行）建立货币互换额度，为它们提供美元，那么它们随后就能将美元借给自己管辖范围之内的商业银行，从而减少外资银行争夺美元可能对美国市场造成的干扰。从政治上来讲，与外国央行建立货币互换额度可能不受欢迎，但它是有必要的，有助于保护美国的经济。在这个问题上，科恩最初持怀疑态度，表示他需要看到欧洲央行提出一个更好的理由去解释自己为什么无法使用自己的美元储备为商业银行放贷。但盖特纳的态度较为开放，认为美联储与欧洲央行和两三个主要国家的中央银行建立互换额度，可以减少在美国经营的外国银行直接向美联储申请美元借款的需求，促使它们向本国央行申请美元借款，这样一来，它们本国的央行就必须负责贷款的管理和盈亏。

我还和他们讨论了幕僚们的另一个建议，即设立两个机构，让需要资金的机构竞拍美联储贷款。一个机构为储蓄机构设立，另一个机构为华尔街投行之类的非储蓄类金融机构设立。通过竞标，或许可以降低再贴现贷款的利率，而不是像之前那样的固定利率。这样一来，借款者可以宣称自己支付的是市场利率，而不是惩罚利率，有助于减少借款者申请再贴现贷款时背负的成见。此外，由于准备拍卖以及确定最终中标者都需要一定的时间，因此，借款者收到资金的时间会相应延后，这也清楚地表明它们不是迫切需要现金。

创新思维列表上的最后一项是迫使银行更多地披露关于自身财务状况的信息，重要的是，还要披露关于表外投资工具的信息，这些表外投资工具已经成为影子银行体系的一个必要组成部分。它们披露的情况可能会令人感到恐惧，但至少市场参与者可以切实评估借贷风险，并在此基础上决定是否要继续提供贷款，而不是基于自己的恐惧就全面撤出市场。

在这些建议中，一个特别值得关注的是让诸如投资银行之类的非储蓄类金融机构参与美联储贷款的竞拍过程。这需要我们跨越非常高的心理门槛。我们将援引鲜为人知的《联邦储备法》第 13 条第 3 款为自己做辩护。这一条款授权美联储可以“在非常时期和紧急情况下”为银行实体以外的任何实体提供贷款，其中包括个人、合伙企业和公司等，也就是说，任何一个具有良好信誉的个人或实体。自从大萧条之后，我们就没有再动用过这个条款。我知道要推销这个想法很难，但我想让大家把这个想法纳入考虑范围。

从杰克逊霍尔回来之后，我在发给科恩、盖特纳和沃什的一封邮件中写道：“幕僚们的观点不能说服我完全打消这个想法。”在当前这个金融体系中，银行的中心地位已经较为弱化，因此，扩大美联储的借贷范围是必要之举。我还写道：“但我认同只有在走投无路之际才能孤注一掷地祭出这一招。”

# 第八章
# 更上一层楼

2007 年 9 月 18 日联邦公开市场委员会召开例会之际，8 月冲击金融市场的动荡局面似乎缓解了一点，股市在收复了 8 月跌幅的基础上还有所上涨，融资和信贷市场也平静了一些。

然而，形势远远没有回到正轨。资产支持商业票据的发行量进一步下降，利率呈现出了走高的态势。在回购协议融资市场上，放贷者要求借款者提供更多的抵押品，即便借款人提供的抵押品质量相对较高，也不得不增加抵押品的数量。银行间隔夜拆借利率依然保持高位。它们越来越不愿意放贷。结果，即便一些信用记录较好的家庭和企业，仍然发现贷款越来越难以获取。与此同时，经济新闻也令人感到悲观，美国劳工部公布 8 月就业机会减少 4 000 个，这是自 2003 年以来首个出现跌幅的月份。

联邦公开市场委员会会议前一周，安娜和我参加了一个纪念格拉姆利克的小型聚会，地点在格拉姆利克那个优雅的公寓，从那里可以俯瞰岩溪公园和华盛顿市区。他的妻子露丝虽然悲痛难言，但仍然显得很亲切。格拉姆利克准备的那篇关于次级贷款的讲话稿在杰克逊霍尔年会上被宣读后不久，也就是 9 月 5 日，他就去世了。根据他的遗愿，几天之后，我在他的追悼会上发表了讲话。仪式结束后，一支来自新奥尔良的爵士乐队走进教堂，演奏了一首喧闹的《圣徒进行曲》。

联邦公开市场委员会召开例会的那天早上，华盛顿那令人压抑的酷暑已经消退了一点，天气令人感觉心旷神怡，我乘坐的SUV（多功能运动车）开进理事会的车库，我下了车，进入一个壁面镶着木板的电梯，前往位于二楼的美联储理事们的办公室。

我一直努力寻求联邦公开市场委员会的支持，希望采取更多行动来缓解信贷市场动荡对于经济的影响。事实证明，在这个问题上，鹰派和鸽派达成了默契，至少可以说他们或多或少地达成了默契。会后，我们宣布委员会一致投票决定将联邦基金利率目标下调0.5个百分点，至4.75%。那是我们4年来第一次降低利率。由于市场预期仅降息0.25个百分点，所以那次会议声明的发布，迅速导致股市下挫和债券收益率下降。

一些鹰派委员，比如里士满联邦储备银行行长杰夫·莱克尔与达拉斯联邦储备银行行长理查德·费希尔本来主张较小幅度的降息，但巧合的是，由于联邦储备银行行长们轮流享有投票权，他们二人在2007年无权投票。时常偏向鹰派的堪萨斯联邦储备银行行长托马斯·赫尼希与圣路易斯联邦储备银行行长比尔·普尔在2007年享有投票权，但他们没有提出异议。他们说他们希望采取更多的行动以消除将来增加降息幅度的必要性和市场预期。我估计，一些鹰派人士之所以态度缓和，在一定程度上是因为通胀数据略微改善了一些，而且美联储幕僚预计2008年和2009年的通胀率会低于2%，这些迹象都略微缓解了他们的担忧。

当然，我们深知经济学家们预测未来的难度有多大。美联储研究部门主管戴夫·斯托克顿长期从事经济形势预测，拥有丰富的经验，同样也拥有幽默感。但即便这样一位经验丰富的预测者仍然认为经济预测过程纷繁复杂，令人难以置信。在讨论美联储幕僚提出的经济预测之前，为了提醒我们经济预测过程的复杂混乱程度，他打趣地说：

“我觉得我要请你们戴上头套，穿上白大褂，跟我去香肠加工厂看一看那里有多混乱，你们就知道经济预测过程有多混乱了。”

美联储的经济模型和经济预测模型一般情况下无法很好地考虑金融不稳定性对经济的影响，部分原因是金融危机比较罕见，相关数据稀缺（其实这是很幸运的）。2007 年，美联储的研究人员为了克服这个困难而采取了积极行动。他们分析了其他一些近年来遭遇了重大金融危机的工业化国家，比如瑞典和日本。斯托克顿在谈到他和他的团队面临的挑战时，提醒我们关注一下 1998 年。那一年，俄罗斯主权债务违约引发了国际金融市场的动荡，美联储幕僚因此下调了经济增长预期。但美国的信贷流动情况并没有受到多大的影响，美国经济顶住了那场风暴。俄罗斯主权债务违约风波爆发半年之后，美联储研究人员开始改变之前的看法，上调了美国经济预期。

斯托克顿说：“我觉得可以公平地说，我们在 1998 年出错的部分原因在于我们没能认识到当时美国经济的强劲态势。”

如今，美联储的预测者们就像 1998 年所做的那样，在金融动荡面前，采取了降低经济预期的措施，虽然降低幅度较为有限。他们是否犯了当年那样的错误，迫于金融动荡的压力而认为经济颓势过于严重？或者走到了当年那种错误的对立面，认为经济颓势微乎其微？虽然 8 月的工作岗位有所减少，但失业率只有 4.6%，仍然处在很低的水平。另一方面，1998 年的乱局主要出现在股票和债券市场上，而现在的金融混乱出现在抵押贷款市场，住房价格的变动以及抵押贷款的获取难度对实体经济的影响更为直接。

目前，只有五分之一的家庭直接持有股票，持有债券的家庭更少，但大约三分之二的家庭拥有住房，而不是租房。在这种情况下，房屋价格和销量的持续下降会抑制房地产建设活动，减少居民消费支出，拖累经济增速，这将导致房地产更加疲软。我警告说，这种恶性循环或将引发经济颓势。

米什金坐在我在格林斯潘主席时期所坐的那个角落的位子上，提出了一种更为直白的观点：“虽然我们不允许公开提到衰退，但我们不得不提，因为经济衰退的可能性很大。”

信贷可能给经济带来麻烦，但我们当前面临的乱局是类似于大萧条呢，还是比大萧条缓和得多呢？这是难以界定的。迄今为止，信贷市场面临的压力似乎更像1998年俄罗斯债务危机爆发之际的情形，而不是类似于1929年的情形。事实上，纽约联邦储备银行曾经发布了一份日常数据对比图，表明当前的危机其实是1998年那次危机的重演。市场动荡还是没有超出近年的经验范围，这一点是令我感到慰藉的。但由于经济前景存在这么多的不确定性，我觉得出于保险起见，联邦基金利率的降幅要比平常情况下大一些。大多数鹰派人士接受这种说法，但要清楚，委员会并没有承诺会进一步削减利率。我认为我们应该发出一个前瞻性信息，所以我表示：“我认为市场想听我们说出这样的话：我们明白你们的需求，我们就在这里，我们将采取必要的举措。”

如同8月那次会议一样，我们还讨论了道德风险问题。有人认为，鉴于当前这种背景，我们应该避免用较低的利率去刺激经济，因为这会让低估风险的投资者解套。达拉斯联邦储备银行行长理查德·费希尔警告说，降息幅度太大就是屈服于“紧急警报”，会纵容而不是约束高风险的投资行为。但鉴于整体经济面临的威胁越来越大，大部分委员，包括我自己、科恩、盖特纳、耶伦和米什金在内，都对这种观点失去了耐心。我说：“作为中央银行，我们有责任帮助市场正常运转，促进整体经济稳定。”

虽然我们迅速采取了降息举措，而且降息幅度超出了市场预期，但在其他两个方面，行动则比较迟缓。8月浮现出来，并由美联储理事会和纽约联邦储备银行的工作人员加以推进的“创新思维”，催生了双重建议。第一个建议是为美国银行以及在美国经营的外国银行推出贴现窗口贷款拍卖制度，拍卖为期 28 天的贴现窗口贷款。这是美联储职责范围之内的事。

第二个建议是同欧洲央行和瑞士国家银行建立货币互换额度。这个工作总体上是由联邦公开市场委员会负责推进的。通过货币互换制度，我们可以为这两大央行提供美元，这两大央行分别用欧元和瑞士法郎作为担保品。获得美元之后，它们就能为各自管辖的商业银行和其他金融机构放贷。我们的预期是，让这两大央行与我们一起拍卖美元贷款，有助于减少美国货币市场面临的压力，尤其是早上（美国东海岸时间），因为当时欧洲银行还没结束营业，它们会努力在纽约设法获取美元贷款。

为了协调信贷拍卖事宜，我们与欧洲央行就公布时机等细节问题进行了讨论。这种讨论一直持续到联邦公开市场委员会 9 月例会召开的前一天。特别值得注意的是，欧洲央行非常敏感，唯恐货币互换协议可能会暴露出美联储正在驰援欧洲市场。我们也不想让别人错误地推断出我们的贷款对象是高风险的私营银行，而不是信誉卓著的央行。鉴于欧洲央行缺乏自信，而且货币市场的运作形势有所改善，我们便决定暂停讨论。就这样，信贷拍卖计划和货币互换协议的事情就暂时搁置了下来。

针对我们 9 月的降息举措，市场一如既往地有褒有贬。《华尔街日报》的多位社论作者虽然抱着嘲笑的态度，但没有明确提出赞成或反对。第二天上午，我在哈佛大学读书期间的教授、在杰克逊霍尔年会上发表悲观论调而引起科恩关注的马丁 · 费尔德斯坦向我们表示祝贺，祝贺我们设法达成了共识，全票通过了降息举措。他认为这个举措是大胆的，也是正确的。

众议院金融服务委员会主席巴尼 · 弗兰克和参议院银行业委员会主席克里斯 · 多德都就 9 月的降息举措发表了声明。弗兰克说他对降息感到高兴，但对会议声明表示不悦，因为他认为我们的会议声明过高地评估了通胀风险。多德在其声明中提到了他早在 8 月 21 日就曾同我和保尔森见过面。他之所以提到这件事，是想以此暗示他对我施加了压力，降息也有他的一份功劳。事实上，我跟他见面的时候，只是对他讲了我对经济形势的一个评论，即如果有必要，我准备动用每一个可用的工具，而现在，那次谈话刚过去不到一个月，他就把我的评论描述成斩钉截铁的承诺，说我当时就向他承诺了降低联邦基金利率。这根本不是我的本意。美联储不会屈服于任何压力，相反，会努力摆脱一切政治因素的干扰，独立做出决策。因此，我不怎么喜欢多德的话。

值得注意的是，有一个人本来可能会批评我们的降息举措，但这次却格外安静。他就是英国央行行长默文 · 金。2007 年夏季的某一天，他曾公开表示强烈反对央行干预市场。2007 年 8 月，当美联储与欧洲央行为了缓解金融压力而为市场提供数百亿美元和欧元时，英国央行一直按兵不动。9 月 12 日，在向英国议会提交的一份报告中，他没有指名道姓地对欧洲央行和美联储提出了尖锐批评。他在报告中写道："提供这种流动性支持……会鼓励过度冒险，为未来的金融危机播下种子。"换句话说，英格兰银行不会救市。他解释了为什么英国央行没有像欧洲央行、瑞士国家银行那样与美联储建立货币互换协议。

然而，到我们 9 月 18 日宣布降息的时候，默文似乎已经改变了主意。在我们那次例会结束后的第二天，英国央行首次宣布将为英国货币市场注入长期资金（100 亿英镑，约合 200 亿美元，为期 3 个月）。那场危机的后续演变给我的感受是："散兵坑里没有无神论者，金融危机中没有空想家。"[①]默文 · 金与其他国家的央行行长最终都跳进了散兵坑，采取了救市措施。

---

① 格言"散兵坑里没有无神论者"表达了这样一种观点，即当人们处于巨大的压力或恐惧（例如战争）之中时，人们会相信一种超然的力量，以求慰藉。——译者注

默文·金之所以改弦更张，是因为全球金融危机已经蔓延到了英国的大街上。2007 年 9 月 14 日，英国财政大臣向外宣布，英格兰银行作为“最后贷款人”向总部位于英格兰东北部纽卡斯尔的北岩银行（Northern Rock）提供紧急资金援助，以帮助其克服暂时性的流动性困难。但在之前一天，即 2007 年 9 月 13 日，英国广播公司就披露了此事。之后，立即引起了社会恐慌，北岩银行的储户们争相从该银行的各个营业网点提取存款，一场挤兑风波就此爆发。这也充分说明了银行向央行寻求再贴现贷款时背负的成见。在短短几天内，大约 30 亿英镑的银行存款（约占该银行零售存款业务的 11%）被提走。这是 1866 年奥弗伦–格尼银行（Overend, Gurney&Co）倒闭之后 140 年来英国银行业发生的首次挤兑。但北岩银行的资金来源明显存在较大的潜在风险。在快速扩张的过程中，它的绝大部分资金都是通过货币市场和互联网渠道获取的，而不是当地储户的存款，短期资金比重严重偏高，同时其证券化资金来源占到了其资金来源的一半以上。进入 2007 年 9 月，全球金融危机日益肆虐，国际货币市场的流动性压力剧增，北岩银行瞬间失去了多个融资渠道，因为在批发融资市场上，金融机构自保其身，不愿向其提供资金，而在证券化市场上，由于结构化金融产品定价下跌以及投资者的逃离，北岩银行不能按照原有计划抛售证券。融资链条的断裂导致北岩银行迅速走向流动性困境，开始摇摇欲坠。之前，英国政府还没有实行存款保险制度，仅仅通过金融业内部一些机构共同设立的保险项目为储户的部分资金提供担保。英国央行采取干预措施之后不久，英国政府便宣布将为北岩银行的所有存款提供担保，银行挤兑遂被平息。2008 年 2 月，英国财政部取得了北岩银行的全部股份，该银行被国有化。

联邦公开市场委员会例会结束两天后，即 9 月 20 日，我到弗兰克的众议院金融服务委员会参加听证会。一同前去的还有亨利·保尔森以及住房与城市发展部部长阿方索·杰克逊。那场听证会的主题是设法遏制抵押品止赎权浪潮的日益高涨，以便让业主们继续保留住自己的住房，并减少存在弊端的贷款业务。那场听证会虽然至关重要，但从政治视角来看，却存在争议。在之前两年间，抵押品止赎权问题越来越严重，尤其是通过可调整利率次级抵押贷款购置的住房的止赎权。我们预计，随着很多抵押贷款的“诱惑利率”结束，利率大幅上调，抵押品止赎权现象会继续增多，而且随着房价下跌，业主获取融资的难度越来越大，那些首付非常低的业主可能不愿意继续支付高额月供。

一些国会议员主张联邦政府为那些陷入困境的业主直接提供救助，但大多数议员则不赞成用纳税人的大笔钱去解决这个问题。政府只能在不新增开支的情况下，在力所能及的范围内减少抵押品止赎权现象。前不久，小布什总统转而要求大萧条时期设立的联邦住房管理局，帮助那些通过可调整利率次级贷款购房，而近期却没有还上月供的业主们。根据该计划，这些业主可以通过联邦住房管理局推出的再融资计划获得利率固定的融资，业主缴纳的房贷保险金（而非纳税人缴纳的税款）可以用来承担这个计划的成本。小布什总统还要求保尔森和阿方索·杰克逊研究一个名为“希望在眼前”（Hope Now）的房贷救助计划。该计划旨在避免越来越多的房屋遭到冻结，政府与主要的贷款公司达成协议，将某些次级房贷利率冻结5年，避免某些业主在未来数年因贷款升高付不出房贷而导致房子遭到法院查封和拍卖。这项计划成本主要由企业负担，不会动用美国政府的经费。

在美联储，我们也会在力所能及的范围内做一些事情，当我们觉得能帮得上忙时，就给政府和国会提建议。无论在美联储内部还是外部，我都经常说避免“没有必要”的止赎现象是燃眉之急。我所说的“没有必要”的止赎，是指如果月供少一点，或者贷款条款修改一下，业主就能还上，就能保住自己的房子。但作为中央银行，美联储无权落实财政支出计划，因此，谈到帮助处于困境的业主，我们的能力是有限的。但是，我们可以利用的最佳工具就是银行监管权。（这里暂且不提降低短期利率的权力，因为这个工具是为了实现较为宏观的经济目标而预留的。）9 月初，美联储和其他几个监管机构一道，发布了针对抵押贷款服务公司（mortgage servicer）的监管指导意见。这些公司通常为银行所有，负责收取贷款者支付的月供，然后将资金转交给抵押贷款所有者，包括抵押贷款支持证券的所有者。这些公司还会通过修改还款条款或启动抵押品止赎程序来处理拖欠月供的借款者。我们敦促抵押贷款服务公司与陷入困境的借款者开展合作，因为冻结住宅需要耗费一定的时间和金钱，而且遭到冻结的住宅很少能够以好价钱转售出去。因此，如果放贷出现了问题，那么修改还贷条款，让业主保住自己的房子，日后再继续还款，对业主和放贷机构来讲都是有意义的。我们向抵押贷款行业发出的信息是，如果它们让辛苦谋生的业主们缓一口气，即使还款计划被搁置，监管机构也不会批评它们。全国各地有很多非营利性机构致力于为业主提供咨询和帮助，各大储备区的联邦储备银行也孜孜不倦地为此努力，向这些非营利性机构提供技术援助和其他支持。

不幸的是，制度层面的障碍和操作层面的复杂性成了修改贷款合约的拦路虎。比如，抵押贷款支持证券领域的很多法律法规都要求，只有在大部分投资者或全部投资者同意的情况下，贷款合约才能修改。这就为修改贷款合约设置了一个很高的门槛。很多借款者都申请了第二份抵押贷款，而且第二个放贷机构与第一个放贷机构是不同的，这样一来，在没有得到对方许可的情况下，哪一家都不大乐意修改业主的贷款合约。抵押贷款服务公司要处理的问题贷款越来越多，多到无力应对的程度，要处理这些问题贷款，需要付出更多的时间，需要拿出更多的知识，比处理良性资产麻烦多了。此外，抵押贷款服务公司出面修改贷款合约，得到的报酬很有限，因此，它们既没有动力，也没有资源去有效处理修改贷款合约的事宜。当然，并非所有贷款合约都符合修改条件，因为有些借款者的违约是由非利率因素导致的，比如失业、生病或离婚等。在这些情况下，即便修改贷款合约，降低月供金额，他们依然无法还贷。

在那次听证会上，我一如既往地指出修改违约者的贷款合约无论对放贷机构而言，还是对借款者而言，都是有利的，但双方似乎没有达成多少共识，真正付诸行动者并不多。从政治角度来讲，避免抵押品止赎权可能会被描述为防止华尔街去侵害普通民众的利益。但很多选民显然认为如果帮助违约者修改了贷款合约，那么，在那些负责任的借款者看来则是不负责任之举。

参加完听证会的第二天，我和安娜前往19世纪的美国海军英雄史蒂芬·迪凯特的豪宅式旧居，参加格林斯潘回忆录《动荡年代》（*The Age of Turbulence*）的发布仪式。格林斯潘在职期间，基本上不怎么跟媒体打交道，现在却在联邦公开市场委员会例会召开前夕在哥伦比亚广播公司的《60分钟》节目中宣传新书。当被主持人问及如何评价美联储应对金融危机的方式时，他表现得很客气，回答得闪烁其词，他说不知道自己会采取什么不同的做法，还说我“干得不错”。我希望他是正确的。我当时没有这样说出来，但当金融危机持续演变之际，我不禁开始反思他的书名蕴含的反讽意味。

联邦公开市场委员会9月例会结束后的几周内，金融环境持续小幅改善，降息和我们之前努力增加的流动性似乎已经对批发融资市场产生了促进作用。银行间同业拆借利率表明放款银行对借款银行的偿还能力感到略微放心了一些。股票市场继续上扬，道琼斯指数在10月9日收盘时，创下了14 165点的历史纪录。

但并非所有消息都是积极的。华尔街分析师满是悲观地猜测各大金融公司即将发布的财报。9月28日，在美国储蓄机构监理局的批准下，网络银行（NetBank Inc.）成为次贷危机中第一家破产的商业银行。

该银行 1996 年成立于亚特兰大郊区，是美国最早一批纯粹通过网络开展业务的银行之一。这是 20 世纪 80 年代储贷危机结束以来倒闭的规模最大的储贷机构。

到 10 月中旬，华尔街分析师之前预料的坏消息纷至沓来。穆迪和标准普尔这两大信用评级机构继续下调次级贷款支持证券的信用评级，证券价格延续了下跌态势。10 月 15 日所在的那一周内，花旗集团、美国银行、美联银行发布的财报显示，减记不良贷款和抵押贷款支持证券后，利润急剧下降。那一周的最后一个交易日，即 10 月 19 日（周五），股市大跌，而那天恰逢 1987 年股灾的 20 周年纪念日。道琼斯指数下跌 367 点，创下了 9 月 18 日降息前一天以来的最低点。在随后的几天略有反弹，但 10 月初以来的高位直到几年之后才会再现。

10 月 19 日股市收盘几个小时之后，美联储理事凯文 · 沃什给我发来了一则令我不安的谣传，内容是由证券交易委员会负责监管的华尔街券商——美林公司将要披露的亏损规模比它之前预期的规模大得多。如果是真的，那这件事太不寻常了。凯文 · 沃什认为美林公司严重亏损的事件表明信贷市场正处于剧烈回调过程，形势已经恶化到了十分严重的地步，就连一些大型金融公司都难以评估自身持有的证券的价值，这个问题比美林公司的亏损问题严重得多。10 月 24 日，美林公司披露了其 93 年历史中最大的季度亏损——23 亿美元。美林公司还首度披露其账面上还有多达 150 亿美元的复合型债务抵押证券，是由次级抵押贷款证券担保的。

顾名思义，债务抵押证券由多种形式的债务构成，这些债务被打包销售给投资者。起初，债务抵押证券只是为了根据投资者的风险偏好而推出的多元化金融产品，但此时却与其他复合型金融工具一样，严重挫伤了投资者的信心。美林公司也创造了规模庞大的债务抵押债券卖给投资者，但其资产组合中还包括一些评级非常高的证券。然而，此时的评级再也无法让潜在买家放心，债务抵押证券的价值也骤然下跌。10 月 30 日，美林首席执行官斯坦 · 奥尼尔辞职。

联邦公开市场委员会 10 月 30—31 日例会日益临近。如同 9 月一样，关键问题仍然是华尔街动荡会在多大程度上损害美国的实体经济，也就是说，会在多大程度上损害美国的就业、购物和未来储蓄。消费者支出水平维持得非常好。除了住房以外，其他经济指标，比如新申领失业救济金的人数，也预示着经济或将走强。在这次例会上，如同在之前那次例会上一样，美联储也只是预测经济增速会适度放缓。

联邦公开市场委员会的鹰派成员指出，有两个事态加重了他们的忧虑。第一是美元在外汇市场上趋于疲软（如果这种态势持续下去，则有可能提高进口商品价格和通胀率）；第二是开会前一天，每桶原油价格飙升到了 93 美元以上，经通胀因素调整之后，已经打破了 1981 年石油危机创下的历史纪录。然而，美联储幕僚们的通胀预期并没有改变多少。美联储理事会“研究和统计数据部门”的负责人戴夫 · 斯托克顿解释说，预计美元走低不会对进口商品价格产生持久影响，美联储幕僚预计能源价格走势会逆转。

考虑到经济增长和通货膨胀面临的风险，我们的货币政策基本上有两个选择。一个选择是，我们可以通过进一步下调隔夜拆借利率，应对动荡不安的信贷市场引发的危险。另一个选择是，我们可以以通胀风险仍然令人担忧为由，暂时不采取任何举措，静待事态进一步演变。10 月 15 日，我在纽约经济俱乐部发表演讲时，就一直小心翼翼地避免发出任何关于降息的信号。不过，纽约联邦储备银行针对华尔街的最新调查表明，市场对于我们 10 月例会的降息预期是 0.25 个百分点。

我跟联邦公开市场委员会讲，对我而言，降息决策必须拿捏得十分仔细。我承认通胀仍然是一个令人忧虑的问题，如果我们保持目标利率不变，市场有可能抵御住后续风险。但我最终选择了降息，因为我认为如果包括房价在内的物价形势真正恶化起来，那么经济下行风险还是很大的。然而，我向鹰派做出了一个妥协（我后来又感到有些后悔做出这个妥协），同意在具体措辞上做出一定的挑战，表示如果数据没有出现什么大的变化，我们就不急于修改利率。最终，我们将联邦基金利率降低到了4.5%，并且指出“通货膨胀的上行风险与经济增长的下行风险已基本达成平衡”。同时，我们还表示将继续评估金融以及其他市场变动对经济前景的影响，并在必要的情况下，采取措施来维护物价稳定以及经济的可持续发展。

堪萨斯联邦储备银行行长托马斯·赫尼希表示反对，认为降息举措实施起来很容易，而且往往会受到欢迎，但如果以后你发现自己不该这么做，再想提高利率，就很困难了。风险平衡的措辞让可能具有鹰派倾向的圣路易斯联邦储备银行行长比尔·普尔感到满意。最后降息举措的投票结果是，9票赞成，1票反对。

联邦公开市场委员会的会议声明发布之后，当时正在寻求民主党总统候选人提名的克里斯·多德再次发表了一份声明，这份声明暗示我们的降息举措与他8月同我和保尔森的会谈有关。暂且不提这份令我不悦的声明了，在2007年底到2008年那段时间，我更为担忧的问题是克里斯·多德对总统提名的三位美联储理事置之不理。2007年5月，总统提名来自弗吉尼亚海滩的社区银行家贝齐·杜克和第一资本金融公司（Capital One Financial Corp.）高管拉里·克莱恩填补美联储理事会中的两个空缺。随着马克·奥尔森和苏珊·比斯先后于2006年6月和2007年3月离职，美联储理事会不但人手不足，而且也缺乏具有银行实务经验的人。同时，之前为填补爱德华·格拉姆利克剩余任期（到2008年1月31日结束）而担任美联储理事的兰迪·克罗兹纳，也获得了任期为14年的新提名。在8月2日的听证会上，贝齐·杜克与兰迪·克罗兹纳遭到了多德的严厉指责，因为他们表示，从更为宽泛的经济健康指标来看，次贷问题还没有显现出来。多德似乎没有打算继续推认他们这三位美联储理事提名人选的确认工作。

结果，到了9月26日，美联储的理事岗位仍然存在空缺。但即便在这种情况下，我们也不得不积极应对充满不确定性的金融和经济形势。美联储法务部门主管布赖恩·格罗斯跟贝齐·杜克交谈时，杜克提到，他曾经听到多德说不可能同时批准三名人选。格罗斯在华盛顿具有丰富的任职经验，在一封电子邮件中，他以谨慎乐观的态度表示，不同时批准三名人选，但至少会批准一名人选。不过多德却无意处理这些人选的任命事宜，以至于他们的事情在之后很长一段时间内悬而未决。

几个月过去后，由于提名一直没有得到确认，兰迪·克罗兹纳觉得有些厌倦。从法律上来讲，即便他当前的任期结束，他仍然可以继续履职，直到其他人得到确认，并顶了他的位置。但在提名没有得到国会确认的情况下，他觉得很难从心理上将自己视为真正意义上的美联储理事。他在美联储承担的角色非常重要，负责银行监管事务和消费者权益保护事务。然而他的提名一直处于悬而未决的状态，但我们真的不能再失去这样一位理事了。2008年1月，我请他到肯尼迪中心听交响乐，希望让他的精神振奋起来。美联储自从1914年开始运行以来，理事数量还从来没有降低到5人以下。

与此同时，我还担心美联储理事米什金也会离职。他之前曾经出过一本关于货币和银行业的教材，广受好评，也给他带来了丰厚收入。他在此基础上做了些改进，打算出新版，他问政府伦理办公室是否可以在供职于美联储期间做这件事，结果遭到了回绝。我请他考虑一下无论如何都不要离职。

克罗兹纳和米什金都对美联储的工作做出了重要贡献，但要确保他们的意见得到倾听，我面临着一个程序上的挑战。联邦政府关于会议公开的法律规定，任何4个或更多美联储理事会成员召开的会议都被视为官方会议，既要公开宣布出去，还要对公众开放（某些特殊情况下可不对公众开放)。美联储副主席科恩拥有长期任职美联储的经验，凯文·沃什在华尔街和政界拥有丰富的人脉资源，熟悉金融实务，是我通过无穷无尽的视频会议制定危机应对战略时最常合作的两个搭档。纽约联邦储备银行行长盖特纳也参与了我们大部分的讨论，但由于不是美联储理事，他参会时，虽然人数凑够了4个，但不适用于联邦关于会议公开的法律，可以不用对公众开放。邀请克罗兹纳和米什金这两位美联储理事参加讨论的话，就不一样了，因为这样一来，参加讨论的美联储理事数量超过了4个，符合联邦政府关于会议公开的法律，整个会议就可以在阳光下开展了，有利于提高美联储的透明度。而我会通过分别邀请他们共进午餐和邮件沟通的方式与他们分享最新的经济态势。

在联邦公开市场委员会10月的例会上，我们还实质性地讨论了我在危机爆发之前确定的一个优先的、我非常重视的事项，即让美联储的货币政策更加透明化和系统化。我一直主张美联储采取具体而灵活的通胀目标，同时尽最大可能地增加就业。我担任美联储主席后，终于可以做点什么了，而不仅仅是空谈。

我在早期担任美联储主席时，让科恩带领联邦公开市场委员会的一个小组委员会研究一下美联储如何在货币政策方面改善与外界的沟通，或许可以尝试一下实施通胀目标制。2003年，在圣路易斯联邦储备银行举办的一个研讨会上，科恩在通胀目标制的问题上与我持有相反的观点。但他将自己描述为持有怀疑精神者，而非反对者。科恩深得同事尊重，如果他能想办法缓解自己的忧虑，那么他就会倾向于支持我的观点，其他人也会效仿。

科恩领导的那个小组委员会包括耶伦和加里·斯特恩。耶伦作为一名货币政策制定者，早在1994—1996年就在美联储理事会有过任职经历。加里·斯特恩是任职时间最长的联邦储备银行行长，从1985年开始，他就一直担任明尼阿波利斯联邦储备银行行长。该小组委员会没有建议我们正式采用通胀目标制，但在他们所做的工作的基础上，且经过联邦公开市场委员会在2007年6月的讨论审议，我提出为了朝这个方向努力，我们可以多发布一些具体数据，通过这些信息向市场阐明联邦公开市场委员会委员们所谓的“价格稳定”究竟是什么意思，并更加频繁地发布覆盖面更加广泛的经济预测报告。这两大措施结合在一起，将有助于市场参与者对未来货币政策和利率变动方向形成更为精准的预期，也有助于提高美联储的透明度。

联邦公开市场委员会从1979年起开始在每年两次向国会提出的报告中发布经济预测。科恩领导的小组委员会研究过把发布次数增加为4次，而且加快发布速度的做法，还评估过迈向正式的通胀目标制的一个微妙而重要的步骤，即把预测经济增长、通胀率和就业形势的期间从两年延长到三年。至少在正常情况下，三年足够让货币政策实现或接近联邦公开市场委员会期望的通胀率。联邦公开市场委员会通过宣布三年的通胀预期，向市场透露出其通胀目标，虽然这种做法是间接的，但我相信市场会了解其中的深意。

科恩的那个小组委员会还没有忘记美联储的另一半使命——促进就业。然而，就业问题比通胀问题复杂，因为毕竟通胀问题最终几乎完全取决于货币政策的紧缩或宽松，因此，联邦公开市场委员会可以把通胀目标锁定在我们认为最合理的水平上，但要实现可持续的最高就业率，取决于多重因素，包括劳动力队伍的人口学特征、劳动者的技能组合情况、技术发展水平等，这些因素都超出了货币政策制定者的控制范围。此外，还存在一个问题，即经济学家们永远无法准确地得知可持续的最高就业率是多少，必须基于历史经验去估计。因此，我们虽然可以制定一个固定水平的通胀目标，但无法制定一个固定水平的就业目标。然而，当货币政策制定者预测未来三年之内的失业率时，至少会让人们大致了解就业政策制定者们在没有催生物价上涨和工资提高的情况下可以实现的就业水平。

在理想情况下，整个委员会都会同意预测内容。多个国家的货币政策委员会都会发布经过集体商议并达成共识的预测报告，英国就是一个主要的例子。我们不能指望人员构成多元化（而且地理分布广泛）的联邦公开市场委员会在19名成员全部到位的情况下，就某个预测方案达成共识。相反，根据现有的做法，我们可以让每一位成员在假定自己较为喜欢的货币政策得到实施的情况下，提交自己对于经济增长、通胀率和失业率的预测。我们在公开发布的报告中去除三个最高值和三个最低值的情况下，列出其他各位成员对于每一个变量的预测结果，同时在汇总分析的基础上给出一个总体趋势。

在这套新制度下，第一份预测的结果显示，联邦公开市场委员会大多数成员都预测，截至2010年底的这三年内，通胀率介于1.6%和1.9%之间，失业率介于4.7%和4.9%之间。因此，我们可以合理地得出这样一个结论，即在不引发经济过热风险的情况下，通货膨胀率将略低于2%，失业率将略低于5%。在这个问题上，预测值是否精准并不是多么重要，因为预测结果只是为市场指明一个大方向，即联邦公开市场委员会将把经济引向何处。

现在，剩下的事情就是宣布这套新制度了。9月中旬，一向非常务实的盖特纳强烈建议我考虑一下将宣布时间推迟到我2008年2月到国会参加半年一次的听证会之后，因为他认为当时金融体系非常脆弱，不是推出新货币政策制度的最佳时机，而且美联储幕僚正在忙于应对危机，最好不要分散他们的精力。他还说，如果当时公布出去，那么确实存在“无声无息地消失在其他事情的噪声之中”的风险。我略加考虑之后，也认为2007年秋季的确不是最佳的宣布时机。

2007年10月25日，记者格雷格·伊普在《华尔街日报》发表的一篇报道中披露了我们这套新制度的要点，从而缩小了我们宣布时机的选择范围。我决定在11月14日宣布出去，并在发布新闻稿之后到自由派的智库——卡托研究所发表演讲，就采取这套制度的原因和意义做出进一步阐述。

在宣布之前，我们需要同参议院银行业委员会主席克里斯·多德和众议院金融服务委员会主席巴尼·弗兰克进行磋商。虽然我坚定地相信美联储在实施货币政策时应该保持完全的独立性，但这套新制度会改变国会依据法律为美联储设立的使命，因此，此时跟他们磋商一下是完全合适的。我亲自给弗兰克打电话，美联储法务部门主管拉里克·布兰查德联系了多德的那个委员会的一名经济学家。弗兰克担心如果迈向通胀目标制，可能不利于美联储实现促进就业的目标，但至少他暂时认可我的观点，即这些变革的主要目标是增加美联储的透明度。

我们发布新闻稿，宣布实行这套新制度之后，我前往卡托研究所发表演讲，阐述了这么做的理由，赞扬格林斯潘率先推动美联储实现更大的透明度，并表示我们将在他的成果的基础上更上一层楼。格林斯潘担任美联储主席的 18 年间，货币政策沟通方式的确取得了诸多进步，其中包括从 1994 年开始公开宣布调整其货币政策杠杆——联邦基金利率，从 2005 年开始更快地公布联邦公开市场委员会会议记录。

我们发布了新的货币政策沟通方式之后，媒体界和经济学家们普遍给予了积极评价，但正如盖特纳之前预计的那样，果然无声无息地消失在其他事情的噪声之中。

# 第九章
# 危机拉开帷幕

2007年11月，市场继续像过山车般地动荡不安，投资者试图对不断恶化的危机形势做出评估，他们关注的焦点是那些主要的金融公司。抵押贷款相关证券和其他信贷产品的价格继续大幅下跌，迫使许多公司的资产发生大幅减记。同时，美国与欧洲的融资成本持续上升，为企业盈利带来了进一步压力，而且在一些情况下，还会迫使企业贱卖资产。

企业亏损的规模十分庞大。11月4日，花旗集团披露准备减记旗下80亿到110亿美元与次贷相关的资产。此外，花旗集团还表示其首席执行官查克·普林斯“决定退休”。普林斯在2003年从桑福德·韦尔那里继任了这个职位。桑福德·韦尔在1998年通过合并旅行者集团（Travelers Group Inc.）和花旗银行，组成了新的花旗集团，这是美国有史以来最大的一起企业兼并案，花旗集团成为世界上规模最大的金融服务集团之一。查克·普林斯是这场金融危机中第二个下台的金融巨头的掌舵人，第一个是美林集团首席执行官斯坦·奥尼尔。他表示，鉴于亏损的规模，“唯一体面的做法”就是下台。然而，就在他下台的4个月前，他在日本接受《金融时报》采访时还表示：“音乐停止时……事情会变得很复杂，但只要音乐仍在演奏，你就必须起身跳舞。我们目前还在跳舞。”这句话后来被视为金融业在危机爆发之前志得意满的象征。

随后的几个月里，随着市场形势变得越发明朗，花旗集团的问题也趋于恶化，因为花旗集团的很大一部分业务是通过另外注册的、游离于资产负债表之外的结构化投资工具完成的。这类结构化投资工具至少持有花旗集团三分之一的资产。花旗集团在1998年发明了这类结构化投资工具，与其他类型的表外工具具有一定的相似性，但其结构多少还算保守一些。结构化投资工具没有多少资本去抵消亏损，但资金来源通常比其他投资工具稳定一些，对资产支持商业票据的依赖性相对较低，更多地使用期限为5年的长期债务。它们持有的资产类型较为广泛。许多结构化投资工具的次贷风险敞口很少，或根本没有。通常，它们会持有大量容易出售的（流动）资产，比如美国国债。在危机爆发之前，这类投资工具的表现相当好，一部分原因就在于此，这是不足为奇的。从2004年到2007年之间，结构化投资工具行业的规模扩大到了原来的3倍，而且，就在危机之前，36家表外投资工具持有近4 000亿美元的资产。

然而，到了2007年下半年，表外投资工具行业开始承受压力。最先遇到麻烦的是那些持有大量次贷资产的公司。这是不足为奇的，但这引发了市场恐慌。即便那些持有很少的次贷资产，或者完全不持有这类资产的表外投资工具，也遭遇了投资者的撤资浪潮。这表明投资者对这类投资工具的不信任变得多么严重。随着资金枯竭，结构化投资工具必须迅速出售资产来偿还投资者。2007年11月底，结构化投资工具平均已经清算了其资产组合的23%。在接下来的一年，几乎所有的结构化投资工具都会违约、重组，或被发起人收回，纳入到自己的资产负债表中。

但这并不是故事的结局。摇摇欲坠的结构化投资工具对花旗集团之类的发起银行也产生了直接影响。发起银行为结构化投资工具提供建议，有时还提供备用的信用额度。从理论上来讲，发起银行除了意识到为结构化投资工具提供信用额度可能引发亏损之外，并没有认识到其他潜在的风险敞口。结构化投资工具和其他表外工具对银行是有吸引力的，因为风险敞口的减少意味着银行可以降低资本持有量。然而，发起银行以及监管机构没有考虑到“声誉风险”。如果结构化投资工具的外部融资渠道关闭，面临崩溃，那么发起银行就会发现很难与表外投资工具划清界限，自身的声誉势必遭到损害。在这类情况下，发起银行会争先恐后地支撑自己设立的结构化投资工具，担心这些投资工具的崩溃会伤害银行的公众形象和在投资者群体中的声誉，但支撑表外投资工具意味着对它们的损失负责。

11 月 5 日，也就是花旗宣布资产减记后的第二天，惠誉（Fitch Ratings）宣布正在重新评估所谓“单一险种保险公司”的财务实力。有 9 家单一险种保险公司虽然鲜为外界所知，却在保险业内发挥着重要作用，其中包括美国城市债券保险公司（MBIA）、安巴克金融集团（Ambac）和金融担保保险公司（FGIC）。它们为债券和其他证券提供保险服务，在发生违约时，赔偿投保人。从本质上说，它们之所以被称为“单一险种保险公司”，是因为这是它们唯一的业务。传统上，它们的承保范围是公司债券和市政债券，但随着时间的推移，承包范围逐渐扩大到了抵押贷款支持证券和其他类型的贷款。当一场大地震或飓风破坏了成千上万户居民的财产时，财产保险公司会遭受重大损失，同样，当与次贷相关的证券和其他证券出现巨额亏损时，单一险种保险公司也会蒙受重大损失。正是这个因素促使惠誉评级公司重新评估了它们的财务实力。

如果评级公司取消了债券的 3A 评级（按照危机演变态势来看，这是很有可能的），那么受影响的不仅仅是保险公司，向这些保险公司投保的那些公司也会承受损失。这就是“传染”，是金融恐慌得到传播的一个经典特征。脆弱的公司一旦出现问题，会将恐慌传染给那些为他们提供借款，或依靠他们提供担保或其他支持的公司。因此，单一险种保险公司的问题导致很多公司股价大跌。

惠誉宣布几天后，波士顿联邦储备银行行长埃里克·罗森格伦向我汇报了他与几位对冲基金经理的谈话。这些基金经理特别关注债券保险公司的评级下调对市政债券市场的潜在影响。当时，市政债券市场还没怎么受到那场危机的影响。单一险种保险公司承保的2.5万亿美元债券中，大约有1.5万亿美元属于市政债券，用于为学校、道路和桥梁建设融资。如果单一险种保险公司的评级遭到下调，那么即便发行市政债券的那些州和城市的财务状况没有改变，市政债券的评级也必然会遭到殃及。

2008年11月7日，顶级投行J·P·摩根公司遗产的继承者摩根士丹利宣布减记旗下37亿美元的次级债券，加重了当时的悲观情绪。后来，到12月19日，摩根士丹利又宣布将减记金额上调一倍多，增加到94亿美元。之后，美联银行和其他大公司纷纷宣布了更大规模的亏损和减记。

当然，也有一些积极的信息。许多公司开始募集资金，其中大部分来自国外，这至少在一定程度上弥补了资产负债表上的亏空。10月，贝尔斯登与中国的中信证券公司公布了双方的战略合作方案，两公司将通过交易安排达成互相持股的结构。11月，花旗集团从阿布扎比投资局募集资金。12月，摩根士丹利向中国主权财富基金募集资金，美林向新加坡政府的一家投资公司募集资金。外国政府投资美国金融公司的举动引起了美国国会的关注。议员们一方面感到高兴，因为这些资本的注入，有利于支撑摇摇欲坠的美国金融体系；另一方面，他们又担心外国投资对美国企业的影响。然而，在大多数情况下，这些投资都属于被动投资，商业决策的控制权仍然掌握在现有的股东和管理层手中。

尽管偶尔会传出一些好消息，比如10月的就业报告表明就业形势有所改善，但联邦公开市场委员会10月30—31日的例会之后的那几周内，经济前景趋于恶化，资金压力急剧上升，股市下跌大约 8 个百分点。更加重要的是，美国实体经济日益感受到金融动荡的影响。抵押贷款信贷日益收紧，房屋建筑活动继续大幅减少，丧失抵押品赎回权的现象日渐蔓延，房价维持下跌态势，收入与信心的下降导致家庭支出减少。我们之前预期的相当不错的经济增长步伐似乎不会再维持下去。

到 11 月中旬，市场开始假定联邦公开市场委员会将很快再次降息。但圣路易斯联邦储备银行行长比尔 · 普尔的新闻专访和兰迪 · 克罗兹纳的演讲都促使市场重新做出评估，至少暂时是这样的。他们二人毕竟都是享有投票权的联邦公开市场委员会委员。普尔在 9 月和 10 月倒向了大多数人那一边，投票赞成降息。11 月 15 日，他告诉道琼斯通讯社说，通货膨胀的上行风险与经济增长的下行风险已基本达成平衡（与联邦公开市场委员会在 2007 年 10 月 31 日发布的会议声明中的措辞一样），必须出现一些新信息，才能让他改变主意。第二天，兰迪 · 克罗兹纳在纽约发表的一篇讲话中虽然竭力避免诠释 10 月 31 日的会议声明，但他表示赞同普尔的诠释。

我认为，普尔是故意发出自己打算传递的信息，而兰迪则是通过间接的、无意的方式发出了自己打算传递的信息。兰迪竭力避免诠释 10 月 31 日的会议声明，也就是说，竭力避免诠释联邦公开市场委员会对于经济和货币政策前景的最新声明。很多委员不愿意向市场发出信息时就会这样做，这是一个长久以来形成的惯例。但金融和经济状况迅速改变，现在的情况似乎表明联邦公开市场委员会的措施未能充分抵消房地产市场衰退和信贷紧缩的风险。此外，兰迪被视为中立派，而不是鹰派或鸽派。美联储观察人士阅读他的言论，从中提取的信息，在更大程度上反映了联邦公开市场委员整体上的观点。

我有意识地采取民主方法去领导联邦公开市场委员会。我想让人们明白，当我们做出重要的政策选择时，各种各样的观点和视角都被纳入了考虑范围。尽管有人抱怨说，联邦公开市场委员会所有成员公开表达不同意见，有时候会制造杂音，但我认为通常情况下，这是非常有用的。但我知道，有时候我们需要发出果断的、明确的信息。此时，由于经济前景和货币政策存在高度的不确定性，我们就需要向市场传递果断的、明确的信息。11 月 16—18 日那个周末，我到南非开普敦参加二十国集团峰会。这个峰会汇集了 19 个国家和欧盟的央行行长和财政部部长。华盛顿时间 19 日（周一），凌晨 2 点 43 分，美联储理事会三个经济研究部门的主管的黑莓手机发出了嗡嗡声，他们同时收到了我发送的电子邮件，内容是："我认为，在联邦公开市场委员会 12 月会议召开之前，给市场提供一些指导意见，让市场更好地理解我们的思维是一个不错的想法。"我的计划是利用 11 月 29 日在夏洛特的一次演讲，为市场提供一点指导意见。根据预先安排，在之前一天，科恩要在纽约发表演讲，正好也可以给市场提供一点指导意见。

我们的指导意见是：金融压力已经严重削弱了经济前景，我们准备做出回应。科恩还回答了美联储的批评者提出的观点，即我们的降息救助了华尔街的公司和大银行，使它们免于承受错误判断造成的后果。科恩回答说："我们不应该为了教训一小部分人而绑架整个经济。"我在演讲中承认在过去一个月内，金融市场再次出现的动荡已经对经济前景造成了重大影响，我们将"充分考虑"未来的经济数据和当前的金融动态。

市场收到了我们响亮而清楚的信息，从科恩发表演讲前一天到我发表演讲后一天，道指飙升了 400 多点。我们之所以要关注股市行情，不是因为我们想把它拉升多少点，而是因为从股市的反应可以很好地衡量我们的政策信息是否得到了市场的理解。

虽然我们发出的信息很明确，但经济前景却很不明确。12 月 7 日，周五，劳工部在联邦公开市场委员会召开会议之前，发布了一份相对积极的就业报告，指出 11 月增加了 94 000 个就业岗位，失业率稳定在

4.7%，从而弱化了我和科恩演讲引发的降息预期。无论金融危机会产生什么样的不良影响，都至少没有影响到就业市场。与华尔街的金融动荡相比，健康的就业市场对大多数美国人会产生更直接的影响。

虽然就业形势看似良好，但在联邦公开市场委员会2007年12月11日的会议上，美联储经济学家表示，他们已经将2008年的经济增长预期降低到了1.3%这个疲软的水平。戴夫·斯托克顿承认，这个预测虽然比较悲观，但至少表明美国经济已经度过了衰退期，不过最终的事实依然可能表明，这种悲观的预测也过于乐观了。他开玩笑地说，美联储人力资源办公室前不久之所以决定增加对美联储幕僚毒品测试的频率，并不是因为他们做出了这个决定，他说："我可以向你们保证……我们做出这个预测的时候，头脑是完全清晰的，晚上喝的刺激性最强的东西就是百事可乐，吃的是自动售货机上卖的奶油夹心饼干，绝对没有吃其他刺激性更强的东西。"但无论他们做出这个预测时是否受到了毒品的影响，事实都表明，他们预测的经济增长率与实际水平存在很大差距。一年之后，美国国家经济研究局这个事后诸葛亮宣称我们此时所说的大衰退是从2007年12月开始的，美国经济不是已经度过了衰退期，而是刚刚进入衰退期。

鉴于已经掌握的信息，每往前走一步，我们都谨小慎微。2007年12月11日的会议上，联邦公开市场委员会成员以9∶1的投票结果，决定将联邦基金利率削减0.25个百分点，即削减到4.25%。我们从会议声明中删除了关于风险平衡的措辞，因为这样的措辞会给市场造成我们不再降息的预期。同时，我们还避免使用任何可能导致市场认为我们将再次降息的新措辞。在这次会议上，提出反对意见的是鸽派成员埃里克·罗森格伦。他和美联储理事米什金一起主张降息幅度应为0.5个百分点，米什金本来也倾向于投反对票，但应我的请求，他最后还是改变了主意。我想，如果我们以高票通过一个决定的话，就能避免向脆弱的市场发出模糊的信息。然而，在我的支持下，米什金不久之后就开始公开谈论持续的金融压力对经济构成的危险。

在利率决策问题上，我一直觉得左右为难。我之所以在 2007 年 12 月那次会议上请求联邦公开市场委员会批准降息 0.25 个百分点，就是因为我担心市场觉得降息 0.5 个百分点太突兀，并将其解读为我们更加担心经济前景的信号。但我还表示："我对这一点觉得很为难，而且我认为我们在之后的会议上很有可能不得不进一步采取行动。"

此外，我们还着手推进 9 月搁置起来的两个计划，一个是向银行拍卖贴现窗口贷款，另一个是与其他央行建立货币互换额度。在此过程中，我们创造了许多与危机相关的缩略词，比如TAF（Term Auction Facility），意为"定期拍卖机制"。之所以用"定期"一词，是因为这种贷款的期限比隔夜贷款长。按照央行的业务标准来看，我们最初拍卖的资金规模相对较小。最初拍卖的资金分为两笔贴现窗口贷款，每笔 200 亿美元，期限大约为一个月。我们还宣布将在 2008 年 1 月继续拍卖两笔贴现窗口贷款，规模暂时未定，到那时再看看是否要继续下去。为了缓解欧洲货币市场对于美元的需求，我们与欧洲央行和瑞士国家银行建立了临时性的货币互换协议，前者互换额度为 200 亿美元，后者为 40 亿美元。

定期拍卖机制和货币互换协议落实到位之后，我们进入了科恩这位航海爱好者所说的"未经地图标绘的水域"。我们清楚地意识到了这些措施失败之后造成的风险。根据之前的设计，定期拍卖机制是为了克服银行向央行申请贴现窗口贷款时背负的成见，但如果定期拍卖机制也被市场贴上了成见，我们将怎么应对呢？我们还意识到，为银行提供短期贷款虽然可以减少它们的融资压力，但无法阻止它们在与次贷相关的业务上的亏损。（但我们希望这能够降低那些面临巨大融资压力的金融机构贱卖资产的需求，从而延缓抵押贷款支持证券和其他证券的降价速度。）相似地，我们担心我们在货币互换协议方面迈出的第一个试探性步骤还不够大，无法大大地减少欧洲的压力，因此，我曾对联邦公开市场委员会说："这可能行不通。我不想过度宣传。我们这样做只是想先试一试，看看会发生什么。"

我们本以为12月11日那次会议采取的举措应该大致符合投资者预期，但市场反应很快告诉我们实则非然。当日收盘时，道指下跌294点。显然，一些市场参与者希望我们的降息幅度更大一些，并就未来降息发出更强的暗示信号。摩根士丹利经济学家戴维·格林劳说："市场越来越多地发现美联储没有了解清楚实际情况。"

大部分负面反应是由沟通不畅导致的。尽管记者们从12月初开始就一直在猜测我们可能会针对货币市场运作情况采取一些应对措施，但联邦公开市场委员会12月11日那次会议之后，我们没有立即宣布货币互换协议和定期拍卖机制，导致市场开始推测没有宣布就代表没有新行动，因此更加担心美联储不够积极主动。

根据之前商定的结果，我们将在12月11日那次会议结束后的第二天上午公布这两个新项目，之所以这样做，是因为我们想与其他6个将要发表声明的央行协调一下接下来的行动。欧洲央行与瑞士国家银行是与我们建立货币互换协议的合作伙伴，它们计划宣布将为辖区内的银行提供美元融资。英格兰银行和加拿大银行将宣布以各自货币注入流动性的新举措。瑞典和日本的央行没有采取行动，但计划表达它们对我们的支持。我觉得，协调一下声明发布事宜，将为市场提供更加清晰的信息，也许还会提振全球市场的信心。

我们之所以这样做，有一个不为人知的原因值得一提。欧洲央行行长特里谢希望我们将定期拍卖机制和货币互换协议的宣布时机选定在同一时间，这样就有助于让市场参与者认为货币互换协议是美联储解决美国困境的方案中的一部分，而不是美联储为了帮助欧洲而推出的，以此避免让欧洲银行面临的美元融资困难显得过于突兀。特里谢是法国的一位职业公务员，在精英学校接受的教育，曾经担任法国央行行长，颇具绅士风度，待人彬彬有礼，并且十分关注公众表达出来的信息。不过，在其祖父式的风范之下，也具有十分精明的政治手腕以及判断市场心理的能力。

对于特里谢的忧虑，我在一定程度上怀有同情心。在这场危机中居于核心地位的次贷危机肇始于美国，但美国货币市场上的问题也是欧洲的问题。事实也证明了这一点：最初的货币互换协议为欧洲注入了240亿美元的流动性，不仅如此，最初公开拍卖的400亿美元再贴现贷款中，大约300亿美元也流入了欧洲市场以及在美国市场上运作的外国银行，其中德国银行获得的流动性最多。外国银行在美国设立的分支无法为储户办理美国的存款保险业务，因此，无法像美国银行那样把储户存款作为稳定的资金来源。然而，从法律上来讲，美联储的贴现窗口贷款对所有在美国运作的银行开放。这种规定是有道理的，因为美国企业和家庭既需要依赖国内银行的贷款，也需要依赖国外银行的贷款，如果在美国运作的国外银行发生流动性紧缩，则会损害美国客户的利益。

联邦公开市场委员会12月那次会议结束之后不久，我便与科恩、盖特纳、沃什以及美联储办公室主任米歇尔·史密斯绞尽脑汁地商量如何在我们的会议召开之前避免市场情绪的波动。我们曾经讨论过我是否需要定期召开记者招待会。记者招待会在华盛顿是司空见惯的事情，在其他国家央行也是家常便饭，但如果美联储定期召开记者招待会，却是迈出了一大步。美联储前主席保罗·沃尔克曾经在1979年10月6日（周六）召开过一次，宣布抗击通胀的举措，但人们认为那次属于特殊情况。

我早就痛苦地意识到美联储主席的每一句话都可能轻易地遭到误解或过度解读。我知道，一旦我们开始定期举办记者招待会，那就没有退路了，但我还是热切地希望进一步探讨这个想法。科恩建议可以缓慢推进，先每年举办两次，时间分别是 4 月和 10 月，以此补充我在 2 月和 7 月就货币政策问题向国会发表的证词。我还提出了两个月接受一次报纸专访。这个想法至少在美联储内部被视为离经叛道之举。我知道欧洲央行行长定期接受欧元区各国媒体的轮流采访。我们讨论这个问题的那个周末，大家发言都很谨慎。最后，我们只就一点达成了共识，即我、科恩和盖特纳应该意识到讲话时机的重要性，通过安排讲话时机去努力塑造市场的政策预期。

联邦公开市场委员会 2007 年 12 月那次会议结束之后的一周内，我就开始推进在刚就任美联储主席之际做出的一个承诺，即完善监管法规，保护抵押贷款借款者的利益。尽管大多数发放抵押贷款的机构是由联邦政府的其他机构或各州政府负责监管，但美联储的监管规则适用于所有放贷机构。除了少数例外情况之外，美联储一直拒绝明确说明究竟哪些借贷行为属于《住房所有权与权益保护法案》规定的“不公平或欺骗性”的金融行为，而是比较喜欢采用“逐案审查法”，会逐一审查贷款行为是否公平，是否具有欺骗性，因为美联储的很多人认为一刀切式地禁止某些借贷行为的话，可能会产生意料之外的后果，从而无意之间导致一些合法的贷款变成了非法，或者至少加剧了一些贷款的申请难度。

但到了 2007 年底，一个很清楚的事实是，一些借贷行为必须加以全面禁止，无论是否会产生意料之外的后果。12 月 18 日，美联储提出了一个监管规则，禁止放贷机构在不考虑借款者还款能力的情况下发放贷款，放贷机构必须核实借款者的收入与资产。这些本来都是常识，但在狂热的房地产泡沫中，在放贷机构可以将一切问题转嫁给不知情的抵押贷款支持证券购买者的制度中，却被抛到了一边。我们还对提前还款者提出惩罚措施。

立法过程中需要多次公开征求意见，因此慢得令人发疯。早在

2006年夏季，兰迪·克罗兹纳就主持召开了听证会，着手修订《住房所有权与权益保护法案》的部分规则，直到2007年12月才提出新规则，2008年7月才得到最终采纳，2009年10月才开始落实，但为时已晚，次级贷款行为已经没有多少了，监管措施也无用武之地了。

美联储理事会为了提出《住房所有权与权益保护法案》新规则而召开的审议会议，标志着美联储朝着公开透明的方向迈出了一大步，因为这次会议首次允许摄像机全程录音录像，而在之前的美联储理事会公开会议上，基本上都是仅仅通过纸媒发布信息，录像机只能拍摄前几分钟的画面，还没有声音。

2007年的那个圣诞节，我和安娜一直待在华盛顿。圣诞节前的那个周五，我们遵循历年传统，与负责我们安保工作的特勤人员共进午餐。参加的人有鲍勃·阿格纽、其副手埃德·麦康伯等特勤人员。这些特勤人员常伴在我们身边，我们将他们视为朋友。安娜经常跟我分享一些她了解的关于这些特勤人员家庭和背景的事情，让我感到很惊讶，特勤人员是从来不会与我分享这些事情的。从我在厨房里切到拇指，到2011年5月一位自称独立记者的人在美国–墨西哥商会的一个颁奖晚宴上扛着摄像机向我搭讪等场合，特勤人员总会在现场帮我。2008年4月，来自"全国人民行动联盟"（National People's Action）的600名示威者乘坐大巴，来到了我家门前，举行抗议活动。该组织是一个呼吁种族平等和主张经济正义的草根组织。当时正在执勤的特勤人员只有一个人，名叫查尔斯·布里斯科，他独自守住了我家，过了20分钟左右，他成功地说服示威者离开，全程没有请求警察支援。

在那个圣诞节假期，我们危机管理团队的成员分散在不同的度假地点（盖特纳和家人去了巴厘岛，科恩去西雅图和家人团聚了），但我们一直通过电子邮件保持联系，并且每周召开两次视频会议。12月31日下午，我给科恩和盖特纳发了一封长长的邮件，倾诉了我的焦虑感和挫败感。我写道:“我越来越担心我们的利率太高……几乎无法应对某些领域日趋严重的下行风险。”市场参与者一直批评我们“在应对逐渐增强的风暴时过于迟疑和缓慢”。我预测，政客们不久之后就会和市场参与者一样，对我们提出批评。“这场游戏的一部分是展示信心，我们给外界营造的看似无计可施、犹豫不决的形象，对缓解形势没有什么益处。”

之前，在联邦公开市场委员会 12 月 11 日那次会议上，我还为到底应该降息 0.25 个百分点还是 0.5 个百分点感到难以抉择，但现在我知道我们要采取更多措施才行。2007 年 12 月 28 日的一份报告指出，11 月新房销量骤降 9%，创下近两年的新低。房价下跌与信贷问题可能会相互加强，引发更为普遍的下行态势。我对科恩和盖特纳讲，房价下跌开始在消费者心中扎根，而且舆论调查显示，市场信心已经下降到了上一次衰退之际的水平。我建议联邦公开市场委员会举行一次特别视频会议。我觉得，如果经济数据，尤其是就业数据继续疲软，那么我们就应该在 1 月采取两次降息举措，特别视频会议上降息 0.25 个百分点，1 月 29—30 日的会议上再次降息 0.25 个百分点。科恩与盖特纳在各自回复中都对我提出了警告，他们认为在两次例会之间采取行动往往是为了应对紧急情况。盖特纳认为，很难判断 1 月突然提前降息是让市场放心，还是让市场担心。他写道:“市场想要看到我们的灵活性和力度，但也希望看到政策的可预测性与稳定性。”

我们这种长距离的辩论一直持续到 2008 年新年。我指出，在 2008 年 1 月底的会议上，按照投票权轮流方案，两位鹰派的联邦储备银行行长将享有投票权，一位是达拉斯联邦储备银行行长理查德·费希尔，另一位是费城联邦储备银行行长查尔斯·普洛舍。到 1 月底，可能需要降息 0.5 个百分点，如果有必要，也可能降息 0.75 个百分点。因此，如果我们 1 月分两次降息，那么到月底开会时，在就降息问题投票时面临的阻力可能就会少一些。对此，科恩表示认同，认为我主张的召开一次特别视频会议的提议很有说服力，但对于我们是否要在这次特别视频会议上采取降息举措，他持有开放的态度。他在给我的回信中写道："如果市场信心明显大幅降低，那么我更加倾向于赞同在这次特别视频会议上采取降息举措。"

2008 年 1 月 9 日下午 5 点，联邦公开市场委员会视频会议开始，我已经决定不提出降息，因为我觉得如果我可以利用这次会议寻求在下次例会上大幅降息的共识，那么仍然可以得到同样的降息效果，给联邦公开市场委员会的审议过程造成的损害也比较小，而且我在 1 月 10 日发表演讲时也可以发出一个强烈的信号。我告诉委员会，我们似乎正在进入经济衰退期。我注意到美联储幕僚再次下调了 2008 年的经济增长预期，降低到只有 1%的水平，失业率已从 3 月的 4.4%上升到了 12 月的 5%。经济以 1%的速度缓慢增长时，陷入衰退是在所难免的。失业率增加那么多，预示着未来的上升幅度更大。我说："我担心经济已经不仅仅是放缓了，而是有可能变得更糟糕。"

我知道，如果我坚持的话，科恩和盖特纳会支持我采取降息举措，耶伦和罗森格伦也会支持我。但联邦公开市场委员会其他成员，比如里士满联邦储备银行行长杰夫·莱克尔，则不会支持我，因为他不想给别人留下自己会屈服于一份经济报告的压力。美国劳工部 1 月 4 日发布的报告公布的就业数据不容乐观，远远低于投资者预期，12 月美国新增就业人数为 18 000，这与 2003 年 8 月相比并未增加多少就业岗位。而失业率则上升至 2005 年 11 月以来的新高，从 11 月的 4.7%迅速攀升至 5%。萎靡不振的劳动力市场引发了投资者对居民消费支出和美国经济衰退的担忧。1 月 4 日下午，多篇新闻报道猜测小布什政府正在考虑推出一项财政刺激计划。同一天，我到白宫出席了小布什总统召开的一个会议，同时在场的还有保尔森和其他高级经济官员。因此，在 1 月 9 日的联邦公开市场委员会视频会议上，美联储理事以及联邦公开市场委员会其他一些成员（包括明尼阿波利斯联邦储备银行行长

加里 · 斯特恩）纷纷担心，如果美联储在我刚刚到白宫参加完会议的情况下决定降息，恐怕美联储作为央行享有的独立性的“光环”会黯然失色。

大约在下午 7 点，视频会议结束。之后，我集中精力敲定第二天午餐会上的演讲。那天晚上和第二天早上，我和科恩、盖特纳、凯文 · 沃什以及其他几位高级幕僚一起探讨措辞问题。我们仔细推敲着每一个字：我应该说更多的降息行动“可能是必要的”，还是“很可能是必要的”？我应该说我们为了支撑经济增长，随时准备采取“实质性的额外行动”，还是随时准备采取“有意义的额外行动”？我们并非没有注意到讨论这种事情的荒谬性，但我们通过痛苦的经历学到了一个教训：措辞往往很重要。我们的目标是向市场传递尽可能清晰和强烈的信号，同时保留在必要时改变方向的回旋空间。

在发表演讲的那一天，我特意去了趟美联储理事会的理发店剪头发和修胡子。理发师名叫莱尼 · 吉列奥。他的名片上印的头衔是“美联储理事会发型师”。莱尼在马丁大楼的地下室里租用一个小房间开理发店。我 2002 年加入美联储之际，就多次来他这里理发。在给我理发之前，他还给艾伦 · 格林斯潘、保罗 · 沃尔克和阿瑟 · 伯恩斯这三位美联储前主席理过发，并向他们发表过关于政治、货币政策和棒球的观点，他的一些言论还闪耀着智慧的光芒。他的墙上写着“我的货币供给取决于你的增长率”。

回到办公室后，我决定使用语气较强的措辞，即“很可能是必要的”和“实质性的额外行动”。市场很快明白了我要传递的信息。我发表这次演讲的地点是五月花酒店（正好是 1965 年全美拼字比赛的地点，我在那场比赛中表现不好）。这次演讲强化了华尔街分析师对于降息 0.5 个百分点，而非 0.25 个百分点的预期。

之后，股市开始上扬，但背后的原因不仅仅是我的演讲，还包括美国银行将要收购深陷困境的次级贷款发放机构——美国国家金融服务公司。乐观主义者认为这桩金额高达40亿美元的收购案可能标志着次贷危机已经触底，对美国银行而言，这也不失为一个好消息，因为美国国家金融服务公司旗下的抵押贷款发放和服务业务的规模十分庞大，美国银行以40亿美元的价格收购，被认为是捡了便宜。悲观主义者则认为从存款规模来看，美国银行堪称美国之最，它收购了一个未来注定亏损的定时炸弹。

当我们美联储认识到需要用更积极的货币政策去应对日渐加重的危机时，小布什政府也在考虑财政补救措施。自去年11月以来，保尔森一直在和我讨论是否需要采取某种形式的财政刺激措施来提振经济，比如临时削减社会保障和医疗保险方面的工资税率。我说，现在业主们正在努力还月供，这个时候大范围减税可能是特别有用的。我也推动落实这样一个想法，即动用联邦贷款担保或其他激励措施，促使州政府和地方政府加快推进基础设施项目建设，从而创造就业。不过，总统经济顾问委员会认为这个想法不切实际，主要反对理由是可以在很短的时间内开工建设的项目非常少。

作为政治独立的中央银行，我们不得不慎之又慎。只要我们负责达到国会为我们设定的目标，那么在不受政治干扰的情况下制定货币政策对我们的国家而言是最好的选择。如果我们试图在超出我们管辖范围的财政问题上施加影响，那么我们就不要指望民选领导人尊重美联储悠久的自治传统。但与此同时，鉴于我们美联储的人掌握很多专业知识，我认为，如果能帮得上忙，如果我们可以避免卷入党派斗争，我们应该乐意提供一些建议，至少在私下场合是这样。本着这一精神，我在1月4日同保尔森和小布什见了面，在1月14日私下会见了民主党在众议院的议长南希·佩洛西。佩洛西1月8日曾呼吁通过经济刺激法案。不久之后，彭博社发布了一篇报道，说我支持财政刺激方案。这篇报道的消息源头是我的一位民主党助手，这位助手匿名为彭博社提供了消息。事实上，我的确认为某种形式的刺激方案是一个好主意，我 1 月 17 日在众议院预算委员会做证时也是这么讲的，但我还补充性地提出了在制订财政刺激方案时需要注意的其他一些问题，而这位助理显然忽视了这些问题。消息泄露让我感到生气，但并没让我感到意外，我知道华盛顿的运作方式就是这样。

美联储理事会的幕僚首先建议我避免在财政刺激问题上持有任何立场，我拒绝了他们的建议之后，他们又提醒我主张任何刺激方案都要基于客观的诱发因素，比如失业规模。他们仍然预测 2008 年的经济只是增速放缓，而非彻头彻尾地陷入衰退，他们不相信财政刺激方案具有合理性。他们警告我要慎重发表积极措辞。美联储研究与统计部副主任戴维 · 威尔科克斯就曾对我提出了一个警告，即“你说一句积极的话，就能把火车头推出车站”。威尔科克斯在克林顿政府时期曾经供职于财政部，政治嗅觉比美联储大多数职业经济学家都要敏锐。不过，我对这种情况不太确定，因为我怀疑我的讲话是否会像格林斯潘的讲话那样有分量。在我看来，国会首先看重的，也是最看重的是利益和意识形态，而不是专家或所谓专家们的建议，包括美联储主席的建议。

最后，我做证说：“从原则上讲，如果财政措施可以迅速实施，在短期内产生效果，并避免增加长期赤字，那就可能有用。”但至于财政刺激究竟是应该采取减税的形式，还是采取增加财政支出的形式，抑或采取双管齐下的形式，我并没有表达出自己的偏好。我虽然是由一个共和党的总统提名，但我供职的机构却没有任何党派倾向。我这番证词传递出来的信息，与曾在克林顿时期做过财政部部长的拉里 · 萨默斯前一天在参众两院联合经济委员会上发表的证词传递出来的信息是一致的，只不过他说得简明一些。他说：“刺激计划应该是及时的、有针对性的和暂时的。”我发表证词之后的那天，即 1 月 18 日，小布什总统提出了一个金额高达 1 500 亿美元的一揽子经济刺激方案，主要内容是临时为个人、家庭和企业减税。

当我准备预算证词时，开始为一周前没有坚持在两次例会间采取降息举措感到后悔。负面的金融消息继续不断出现，比如美林和花旗集团继续大幅减记资产，单一险种保险公司的麻烦越来越严重，股价反复大幅下调等，12 月的零售额下降，整体经济形势似乎更加动荡。1 月 15 日，零售额发布那天，我给科恩和盖特纳写了一封邮件，对他们说："如果我能一手主导降息，那我这周就做。"那天上午，他们说服了我放弃这种想法。我答应等到下次例会召开之际再采取降息举措，但降息幅度要大得多，至少 0.75 个百分点。我努力寻求他人的支持。接下来的那一周，发生了一件出乎意料的事，即科恩之前所说的"市场信心明显大幅降低"，从而给我们提供了一个大幅降息的理由。

1 月 21 日是马丁·路德·金纪念日，美联储放假，但那天上午，我还是去了办公室。我和父亲一样，如果无法有效地利用时间，就会感到心烦意乱，感到很不高兴，这个性格特征（用"缺陷"一词可能更好）导致我在刚结婚那段时间与安娜发生过一些矛盾，但我们达成了一个协议：我在周末和假期的上午工作，下午和晚上全身心地陪伴家人，做一些娱乐活动。但这一天，我天黑好久之后才回到家里。

我一到办公室，就查看了彭博终端的消息，发现一股抛售浪潮正在横扫欧洲股市。期货市场预计第二天美国股市开盘时会暴跌 3.5%。我给盖特纳打电话时，他正向市场人士核实这个情况。沃什给我发邮件问道："我们应该开一场市场评估会议吗？"我也觉得我们应该这么做，便表示赞同。当时，他正在路上，但他说 11 点开会的话，可以赶上。我给科恩、盖特纳、沃什、米歇尔·史密斯、布赖恩·马迪根和纽约联邦储备银行公开市场交易部门主管比尔·达德利群发了召集视频会议的邮件。布赖恩很快回复了邮件，并动身出发来美联储。（我不知道布赖恩什么时候睡觉，我只记得，无论白天，还是黑夜，只要给他发邮件，10 分钟之内肯定能收到回复。）

我们决定在那天下午通过视频会议召开联邦公开市场委员会会议，提出立即降息 0.75 个百分点，并在会议声明中暗示将在月底采取更多举措。我坐在电脑前，起草会议声明草案，并发给大家，征求评论。布赖恩着手安排视频会议，并联系没有参加那天早上的视频会议的两位美联储理事和 11 位联邦储备银行行长。到下午 3 点 15 分，除了米什金之外，他联系上了其他所有人。费城联邦储备银行行长查尔斯 · 普洛舍当时正在佛罗里达州，但可以到亚特兰大联邦储备银行杰克逊维尔分行利用安全的通信线路参加视频会议。明尼阿波利斯联邦储备银行行长加里 · 斯特恩可以在芝加哥参加视频会议。我们把会议时间定在下午 6 点。快到下午 4 点的时候，美联储幕僚联系到了米什金，他去太浩湖度假了，正在一座山上滑雪，来不及找到一条安全的电话线路。

视频会议开始时，比尔 · 达德利先汇报了市场动态。他是加州大学伯克利分校的经济学博士，待人非常友善，总是笑容满面。他曾经在长达 10 年的时间里担任高盛首席经济学家，后来盖特纳聘请他担任纽约联邦储备银行公开市场交易部门主管。他既深谙宏观经济和货币政策，也了解华尔街的运作方式。

达德利说，美国股票价值在新年的前三周内已经下跌了近 10%，期货价格还表明，股市周二开盘时，可能再低开 5%。我们不知道是什么因素推动了最新的抛售浪潮。达德利提到，美林和花旗集团前一周的资产减记和单一险种保险公司的问题可能影响到市政债券市场。他在欧洲市场的联系人认为美国进入衰退的风险越来越大，而且有可能影响到欧洲的经济。

我对联邦公开市场委员会讲，我们的工作不是保护股票投资者。但是我说，股市大幅下跌“反映了越来越多的人相信美国将进入深度的、旷日持久的衰退”。这种想法引发了一个令人担忧的动态，即投资者不愿承担风险，放贷者不愿发放贷款。此时，立即削减联邦基金目标利率的话，可能有助于遏制这个动态。

我说：“我们或将面临一场大范围的危机，我们不能再拖延，必须解决这个危机，必须尽量控制它。如果我们做不到，那么我们就会失去控制整个局势的控制权。”

比尔·普尔表示反对，认为如果我们在两次例会之间采取行动，就等于开创了一个先例，这样一来，每当股市大跌，市场就会预期美联储尽快降息。作为一个拥有投票权的鹰派人士，堪萨斯联邦储备银行行长托马斯·赫尼希也显得进退两难，因为他一方面知道我们需要抢在经济形势进一步恶化之前打破市场的不良心理预期，另一方面又担心可能引发通货膨胀问题。科恩、盖特纳、罗森格伦、凯文·沃什、兰迪·克罗兹纳和芝加哥联邦储备银行行长查理·埃文斯支持我的提议。善于调和分歧的科恩说道：“我们可能看起来很恐慌，但我认为不采取行动的风险更大。”

最终，联邦公开市场委员会以 8 票赞成、1 票反对的投票结果赞成将联邦基金利率从 4.25%降至 3.5%，并在会议声明中承诺“根据需要及时行动”。比尔·普尔表示反对，托马斯·赫尼希最终还是投了赞成票。这是联邦公开市场委员会自 1982 年以来最大幅度的降息，也是 2001 年 9 月 11 日以来第一次在两次例会之间采取紧急行动。我们是在周二开盘前宣布这个降息消息的，但开盘后道指仍然低开 464 点，不过盘中反弹，收跌 128 点，跌幅 1%。这个跌幅比期货市场在我们发布降息之前预测的跌幅小得多了。

这次紧急会议结束后，一些评论集中分析了我的领导风格发生的显著转变。有人认为这次突然降息表明我面对市场压力时的坚决果断，有人认为这次突然降息折射了我面对市场压力时的优柔寡断。我相信变的不是我，而是市场形势。的确，就在几个月前，我还一直强调集思广益、凝聚共识的领导风格的重要性，但在危机之中，必须更加注重强有力的领导风格。在必要的情况下，我愿意采用这样的领导风格。

1 月 24 日的一则新闻，导致人们开始质疑我们的降息决定是否正确。当天，法国第二大银行——兴业银行宣布由于该行一位名叫热罗姆 · 凯维埃尔的交易员在期货市场违规交易欧洲股价指数期货，给银行带来约 72 亿美元的损失。兴业银行在 1 月 19 日对热罗姆进行质询之后就发现了这笔损失，但没有公布出来，以便争取解除交易仓位的时间。现在看来，马丁 · 路德 · 金纪念日（1 月 21 日）那天，欧洲市场的抛售浪潮可能与这件事情有一定的联系。我们不知道会爆发怎样的令人震惊的流氓交易事件。事实上，在巴黎时间 1 月 19 日上午，兴业银行在巴黎和纽约的资深经理人还在视频会议上告诉纽约联邦储备银行的监管人员说，即便与次贷相关的资产的亏损减记之后，该行第四季度仍然有所盈利。

一些评论人士说，我们在焦急之下采取了不必要的动作，但我相信我们必须在市场动荡之前先行一步，采取更大幅度的降息。

一些评论人士对我个人提出了批评。我才就职两年，任期还剩两年，那些记者们却开始猜测新总统是否会重新任命我（新总统一年之后才就职）。《纽约时报》问共和党总统候选人、亚利桑那州参议员约翰 · 麦凯恩我的表现如何。麦凯恩回答说："现在还不清楚。"同时，路透社甚至表示，如果民主党赢得了总统大选，就会从耶伦、拉里 · 萨默斯和我之前在普林斯顿大学的同事艾伦 · 布林德中间挑选替代我的人选。

路透社援引众议院金融服务委员会主席巴尼 · 弗兰克的话，说一位民主党总统"可能会寻找更符合民主观点的人选"。看到路透社的报道之后，弗兰克指示一位高级助手给美联储理事会法律总顾问斯科特 · 阿尔瓦雷斯打电话，说他这句话并不意味着表达对我的不满，也不是呼吁把我换掉，他只是在陈述明显的事实，即等我的任期结束后，新总统有权任命一位新的美联储主席。如果换成别人给出这番解释，我可能会表示怀疑。但弗兰克给的解释，我就不得不信。他虽然嘴巴上不饶人，但为人坦荡，也很诚实。当他想批评你的时候，绝对会直白地表达出来，不会让你有所怀疑。第二天，他公开发表了一份长达 6 段话的说明加以澄清。他说他为自己所犯的“菜鸟才会犯的错误”深感不安。他能迅速道歉，在华盛顿是非同寻常的罕见事件。对于这一点，我很佩服他。

联邦公开市场委员会 1 月 29—30 日那次会议召开之前的一周内，我已经为再次降息奠定了基础。美联储的经济学家继续预测经济缓慢增长，而不是完全陷入衰退，甚至提高了经济增长率的预测值。但在我看来，经济增长风险似乎很大。我们将联邦基金利率目标削减了 0.5 个百分点，降至 3%。我们也调整了会议声明的措辞，既表示我们仍然倾向于未来进一步采取降息举措，也承认最近降息幅度很大，降息暂时来看可能足够了。

投票结果是 9 票赞成，1 票反对。达拉斯联邦储备银行行长理查德·费希尔说，他曾经为自己的决定祈祷过，但不能强加给大家，也不能违背自己的意愿投赞成票。他担心通胀问题，因为即便不考虑波动剧烈的食品与能源成本，2007 年下半年的通胀率也呈现出了提高态势，而且他不希望我们针对金融动荡采取应对举措。他说：“当市场处于躁郁症的抑郁期时，制定政策满足市场需求，就像给赫特人贾巴[①]喂食，即便没有危险，也起不到任何作用，因为它必然会要求喂得更多。”

投赞成票的与会者属于多数派。在这部分人之间，关于联邦基金利率的降幅是否足够，依然存在分歧。大多数人认为，如果美国经济能够按照美联储经济学家们预测的那样，没有陷入衰退，那么当前的

---

① 赫特人贾巴（Jabba the Hut）是科幻电影《星球大战》中的怪物，是个可憎的匪徒。——译者注

降息幅度足以为经济提供支撑，但米什金嘲笑这种乐观的看法。他说："这让我想起了我非常喜欢的一部电影，是巨蟒剧团的《布莱恩的一生》，一个镜头是布莱恩被罗马大兵钉在十字架上，他面对冤死，脸上充满了委屈惆怅，但钉在旁边十字架上的另一死刑犯这时却放声高唱'总该看看生活的光明面'。"

事实证明，米什金的直觉是正确的，但当时我们要在各种担忧之间寻求平衡。我们也担心通货膨胀，也知道很难评估金融动荡对整体经济的影响，而且不想对金融压力采取过度的应对举措，从而加剧市场的道德风险。但从 2007 年 8 月到 2008 年 1 月这 6 个月内，我们已经把联邦基金利率从 5.25%降低到了 3%，比其他几大央行的反应速度都要快，都要早。我们还改进了融资方案，以缓解市场压力。2008 年 1 月底，我们的反应似乎是正确的，但还不能完全确定。我们希望自己看到危机落下帷幕，但最终事实表明，其实危机才刚刚拉开帷幕。

# 第十章
# 贝尔斯登的悲剧

参议院银行业委员会把举办听证会的地方从往常的房间改到了德克森参议院办公大楼一楼较为宽敞的G50号厅。G50号厅原本是大礼堂，但是，2008年4月3日上午，里面依然挤满了人。明亮的灯光照射在证人席墨绿色的桌布上，我与证券交易委员会主席克里斯·考克斯、财政部副部长罗伯特·斯蒂尔（他代表当时正在访问中国的财政部部长保尔森出席此次听证会）以及盖特纳一起坐在桌后。参议员从架高的平台上俯视会场，证人席和后面高台之间的地板上，有十多名摄影记者在努力寻找比较好的拍摄角度。

我等着听证会开始，双手交叉着放在提前准备好的讲话稿上。我的左边摆了一杯冰水，右边是一支鹅颈式麦克风和计时器，前面的小牌子上写着我的名字。我提醒自己保持镇定。参议院银行业委员会主席克里斯·多德有着一头浓密的白发，一看就像是电影里经常出现的参议员形象，他在喧闹声中敲着小木槌，请大家安静下来。听证会预定10点开始，但直到过了10分钟之后，现场才安静下来，听证会开始。

多德开始讲话了。他说："我们为什么不在原来的地方举行听证会呢？看看这个房间里参加听证会的人有这么多就知道了。"

参议员和观众到这里参加听证会的目的就是要了解关于救助贝尔

斯登的第一手信息。3 月中旬，美联储决定通过摩根大通公司向拥有 85 年历史的美国华尔街第五大投行贝尔斯登提供 300 亿美元的应急资金，以缓解该公司的流动性短缺危机。这是自 1929 年美国经济大萧条以来，美联储首次动用纳税人的钱向非商业银行提供应急资金。多德将我们开会的那几天称为“重要的四天时间”。除此之外，我们为了减少笼罩金融市场的恐慌，对贝尔斯登公司在华尔街上的竞争对手，开放通常只保留给商业银行和储蓄存款机构的贷款。我们在这两项行动中，都宣称面临着“异常和紧急情况”。

多德似乎对我们的行动表示赞赏，说：“毫无疑问的是，当金融市场在恐慌边缘摇摇欲坠之际，这些行动带来了秩序，起到了稳定作用，却引发了一场极为激烈的辩论。”他似乎认定我们是出于善意，让我们相当高兴。不过，他之后问道：“这次行动究竟属于为防止金融市场系统性崩溃而采取的合理救助，还是像某些人所说的那样，放着为房贷苦苦挣扎的民众不管，而用纳税人的 300 亿美元来救助一家华尔街公司？”

此言一出，现场气氛突然躁动起来，委员会的委员们严厉批评监管者对金融公司疏于监管。对此，我急忙解释道：“我们的出发点是保护美国金融体系和整个经济体的安全。我相信如果美国民众能明白我们是在努力保护经济体而非华尔街银行家，他们就会更好地理解我们所采取的行动。”

当参议院银行业委员会委员们发表声明之际，多德的问题似乎一直回响在听证会大厅的空气之中。亚拉巴马州资深共和党人理查德·谢尔比把重点放在了法律层面上。他问道：“美联储怎么可能享有‘单方面的监管权力’将政府的安全网络扩大到之前不受保护的投行呢？”接着，他拉长了语调，不紧不慢地说道：“今天，在这里，参议院银行业委员会要解决美联储或其他决策机构未来是否应该享有如此广泛的应急权力的问题。”

参议院银行业委员会的所有委员发表声明之后，多德试图缓解我的情绪，说道：“伯南克主席最近几天在国会花了很多时间，在这次听证会召开之前，我曾私下建议我们不妨给他找一间办公室，过去几天里，他来这儿的频率太高了。”

我向他表示感谢，然后开始解释3月15—16日那个周末前后发生的事情。

在那个至关重要的周末之前的6周内，我们以前所未有的力度，迅速采取了一系列降息举措，并创造性地运用了我们的放贷权力。在此之后，我们对经济和金融体系的前景感觉好了一点。后来，美国劳工部的统计显示，美国非农人口就业岗位在2008年1月出现四年半以来的首次下跌，比之前一个月减少了17 000个工作岗位。由于就业率是经济是否景气的重要指标，再加上此前公布的2007年第四季度经济增长率仅为0.6%，国内民众对经济正在出现衰退的担心加重了。考虑到这些因素，我们在2008年1月的降息举措似乎是完全合理的。与此同时，财政政策刺激与货币政策刺激并驾齐驱。2008年2月13日，在报税季节即将到来之际，小布什总统签署了一份两党经过协调之后达成的减税法案，这就意味着在4月和7月，个人将获得300美元的退税，有孩子的家庭将获得高达1 200美元的退税。

减税法案签署后的第二天，我试图在参议院做证时谋求平衡。我预测美国经济会“先经历一个缓慢增长的时期，然后在今年的晚些时候，货币政策和财政政策的刺激作用开始显现，经济增速开始加快”。但我警告说“下行风险依然存在”，并承诺美联储将“及时采取必要措施，支撑经济增长”。同一天，格林斯潘在在休斯敦的一个会议上表示美国经济“明显处在衰退的边缘”，这一言论迅速变成了各大金融媒体的头条新闻。

当时，虽然经济下行风险非常大，但我不愿意在公共场合使用“衰退”这个词。格林斯潘退休后，成了一个普通公民，有言论自由，而我却没有。约翰·梅纳德·凯恩斯曾观察到，情绪常常驱动经济决策。凯恩斯的基本出发点是，投资行为不能用理论或理性选择去解释，因为经济前景根本难以捉摸。因此，他提出投资的冲动要靠“动物精神”，即靠自然本能的驱动。我也想为大家描绘一个真实的经济状况，但考虑到凯恩斯的深刻观点，再加上消费者信心已经接近于16年来的新低，我还是决定不唱衰经济，以免导致本已四处弥漫的悲观情绪变得更加严重。

动物精神、情绪、心理，无论你喜欢哪种说法，都是2008年2月和3月那些经济和金融事件的核心原因。消费者信心降低，金融市场人气直线下降。紧张的买家和放贷机构都在着力规避更多类别的证券，甚至一些与次级抵押贷款证券没有关系的证券也遭到了波及，比如市政债券、学生贷款支持证券以及企业为了并购融资而发行的低评级债券。这些行为其实是缺乏洞察力的表现，表明市场恐慌正在加剧，经济和信贷市场已经陷入了一个日趋严重的、自我毁灭的恶性循环，即负面的经济新闻加剧金融动荡，而金融动荡又反过来扰乱信贷流通，导致经济活动失去一个动力之源。

单一险种保险公司的困境也日渐加深。安巴克金融集团在1月18日失去了3A信用评级。在纽约州保险监管机构的敦促下，8家大型银行和华尔街的几家公司共同商讨如何对其开展救助。另一家单一险种保险公司——金融担保保险公司的评级在1月30日遭到下调。接下来，很可能就要轮到美国城市债券保险公司了。我们美联储的危机管理小组成员（我、科恩、盖特纳和沃什）以及美联储法律总顾问斯科特·阿尔瓦雷斯、美联储货币事务部门主管布赖恩·马迪根密切地跟踪着市场形势的变化。

这些单一险种保险公司的信用评级之所以遭到下调，一个原因就是它们为与次贷相关的证券提供了担保服务。然而，由于这些保险公司同时还承保市政债券，导致市政债券的投资者开始变得谨慎起来。

从很大程度上来讲，市政债券市场是遭到金融动荡殃及的无辜者。我们竭力思考救助之策。我们有权在纽约联邦储备银行的市场交易中买进某些期限较短（到期日在半年以下）的市政债券，但要给州或城市提供大规模的贷款，我们需要动用《联邦储备法》第13条第3款赋予我们的权力。科恩同其他监管机构以及财政部的官员开会商讨是否要救助市政债券市场，经过慎重的讨论，达成的共识是不需要美联储对市政债券市场采取救助措施。沃什也认为，美联储应该尽量避免暗示将对市政债券市场采取任何干预措施。

金融动荡已经扩散到了另一个很少有人了解，却意义重大的信贷市场，即拍卖利率证券市场。很多单一险种保险公司都为这种证券提供保险服务。这种证券形成于20世纪80年代中期，是一种由地方政府部门、学生贷款机构、医院等非营利性组织或封闭式基金所发行的长期证券，虽然借贷期较长，但支付的是较低的短期债券利息。其利率通过券商举行拍卖竞标重新设定，拍卖会举行的时间间隔为1—7周不等，所以实为短线投资，很多投资者会在拍卖会上抛售证券，回笼资金，新投资者也可以趁机买进。这类投资产品的回报高于其他风险低但比较简单的证券，持有者多半为公司、退休基金等机构投资者或拥有一定财力的个人。如果拍卖会因为新投资者需求不足而失败，那么发行者就要提高利率再拍卖，有时甚至是支付惩罚性利率。

拍卖会几乎从不会出现失败的情况。虽然偶尔也会出现买家不够多的情况，但支持拍卖会的那些大型投资银行和商业银行通常会介入，成为后备的投标者。但2008年2月中旬的拍卖会却令人大跌眼镜。当时，在次贷危机的冲击下，拍卖利率证券市场发生剧烈动荡，很多银行拒绝购买这种证券，拍卖会屡次流拍，迫使卖方不断提高利率。要知道，很多提供承销服务的金融机构的资产负债表中已经充斥着大量难以卖出的其他复合型债务支持证券，它们购买更多证券的兴趣大为降低。尤其值得关注的是，2月14日那场拍卖会的流拍率高得惊人，达到了 80%。信用记录良好的发行方自身并无过错，却不得不突然面对陡然升高的惩罚性利率。比如，纽约和新泽西的港务局发现，要发行这种债券，它必须付出的利率从 4.2%提高到了 20%，几乎上涨了 4 倍。但在次贷危机愈演愈烈的情况下，即便发行方支付惩罚性利率，效果仍然不佳，致使承销银行决定暂停召开拍卖会，使得流动性问题越发严重。

在其他市场上，金融多米诺骨牌不断倒下。2008 年 2 月 11 日，美国国际集团（AIG）在向美国证券交易委员会提交的文件中做出预期亏损修正，将与次贷相关的金融衍生品业务的损失规模由此前公布的 11 亿美元修正为 48.8 亿美元，这一损失仅涉及 2007 年 10 月和 11 月。（金融衍生产品是一种金融合约，其价值依赖于基础资产价值变动。）2008 年 2 月 29 日，该集团公布其 2007 年第四季度的净亏损达 52.9 亿美元。之后，惠誉、穆迪、标准普尔三大评级机构也相应下调了其信用评级。瑞士银行业巨头——瑞银集团 2 月 14 日公布其 2007 年第四季度出现了 113 亿美元的净亏损，这也刷新了银行业单季亏损的纪录。巨额亏损中有 20 亿美元与次优级抵押贷款有关。次优级抵押贷款的风险要大于优级抵押贷款，但风险小于次级抵押贷款。瑞银集团还表示，即使发生以上亏损，其仍拥有巨额的美国抵押贷款资产。瑞银集团的举动迫使其他持有类似资产的放贷机构纷纷跟进减记与次优级抵级押贷款相关的资产。考虑到投资者的不信任水平居高不下和变幻莫测的公认会计准则，那些最悲观的公司和机构投资者对资产的估值似乎决定了整个行业的资产价格。

2008 年 2 月 28 日，由伦敦培洛顿合伙公司（Peloton Partners）负责管理、高盛公司前交易员负责交易的两只对冲基金倒闭，这两只对冲基金的资产总计 30 亿美元。3 月 3 日，位于新墨西哥州圣达菲市的索恩柏格抵押贷款公司（Thornburg Mortgage）宣布无力追加日益增长的保证金要求，也就是说，无法满足紧张不安的债权人要求其追加现金、证券或其他形式担保品的要求，令投资者担心房地产市场下滑的影响进一步扩大，引发公司可能破产的忧虑。索恩柏格抵押贷款公司资产规模高达360多亿美元，专业从事对信用记录优良的借款者发放可变利率的大额房贷（金额甚至超过了房利美与房地美417 000美元的房贷上限），但也购买由价格已经暴跌的次优级房贷担保的证券。3月6日，凯雷集团（Carlyle Group）支持的一只资产规模高达220亿美元的投资基金也宣布无法满足投资者追加保证金的要求。凯雷集团的合伙人经常在华盛顿的核心小圈子里走动，这只基金的投资组合几乎完全由房地美和房利美发行的抵押贷款支持证券构成，而且投资者认为两房获得了联邦政府的支持，因此，投资者普遍认为该基金的资产是非常安全的。然而，事实上，凯雷集团旗下的这只投资基金每1美元的自有资金，就对应着30多美元的借贷资金，只能吸收小规模的亏损，到3月10日（周一），该基金不得不抛售了将近60亿美元的资产，这又是一次贱卖行为。

索恩柏格抵押贷款公司、伦敦培洛顿合伙公司和凯雷集团旗下投资基金的遭遇存在一些共同之处，即回购协议市场的放贷者都不愿意接受它们的担保品了，而之前却像例行公事般地接受。去年夏季之前，回购协议交易被普遍视为一种安全可靠的融资渠道，以至于索恩柏格抵押贷款公司之类的公司竟然可以放心地利用它们去融资，以便购买长期证券，比如抵押贷款支持证券等。由于长期利率往往高于短期利率，这种策略通常是有利可图的。事实上，传统银行接受活期存款，而发放贷款的期限则少则数月，多则数年，以便收取息差，也是基于同样的道理。

但索恩柏格抵押贷款公司不是银行，当然，它的借款也没有受到政府的担保。当市场参与者开始对该公司的情况产生忧虑时，回购协议市场上的放贷者开始紧张起来，然后就开始撤资。一种日益常见的情况是，一些放贷者缩短还款期限，并要求借款者为每1美元的借款提供更多的担保品。此外，还有一些放贷者索性完全不肯放贷。这样一来，该公司就无法利用其持有的房贷证券，甚至一些高质量的大额房贷证券实现再融资。该公司发现自己陷入了严重困境，非常类似于存款保险制度建立之前的银行挤兑情景。

3 月 3 日下午，新墨西哥州参议员杰夫 · 宾加曼代表索恩柏格抵押贷款公司的联合创始人加勒特 · 索恩柏格打来电话，并给我留了话。（国会议员代表特定的选民提出特定请求的情况并不罕见，而且随着危机不断演变，变得更加普遍。）他打电话的时候，我正在前往佛罗里达州奥兰多市，准备在第二天的社区银行家大会上发表一篇关于缓解丧失抵押品赎回权现象的演讲。宾加曼打电话的目的是想知道美联储是否将根据《联邦储备法》第 13 条第 3 款的规定宣布紧急状态。如果宣布紧急状态，美联储就可以贷款给索恩柏格抵押贷款公司和其他再也无法利用 3A 级担保品在回购协议市场上获得融资的公司。对于是否要宣布紧急状态，我知道美联储幕僚是存在怀疑态度的，但我觉得形势越来越紧急，为了力挽狂澜，祭出这一招的时间越来越临近了。

"不要立即说'不'，至少我愿意讨论这件事。"我如是指示即将代表美联储给索恩柏格回电话的布赖恩 · 马迪根。当我第二天回到华盛顿的时候，我给索恩柏格打了个电话。我很同情他，他和他的公司都陷入了并不是自己造成的恐慌，但我知道，只有在代表广泛的公共利益时，动用我们的紧急权力才是有道理的。该公司是否值得我们提供贷款是无关紧要的。关键是如果提供贷款，就会颠覆美联储在长达 60 年的时间里一直坚持的惯例，即不要动用《联邦储备法》第 13 条第 3 款的规定提供贷款。之所以这样，是因为我们认识到如果保护非银行类金融机构免于承担其冒险行为引发的后果，将会引发道德风险，而且我们还明白，国会的原本意图是希望我们只在最危急的情况下动用这个条款规定的权力。该公司即便倒闭了，也不会产生广泛的经济影响。因此，我们认为在这种情况下动用第 13 条第 3 款的权力是不合理的。我们没有给它提供贷款，它后来就倒闭了。

1932年，国会之所以在《联邦储备法》中增加了第13条第3款，就是受到了20世纪30年代初期数千家银行倒闭、信贷蒸发情况的刺激。该条款授权美联储在面对“异常和紧急情况”下，可向任何个人、合伙企业或机构发放贷款，但必须有5个或以上的美联储理事会成员表决同意。此外，负责发放贷款的联邦储备银行也必须取得足够的证据证明借款者无法通过其他渠道获取资金。重要的是，第13条第3款所说的贷款和标准的贴现窗口贷款一样，负责发放贷款的联邦储备银行必须获得满意的担保品。换句话讲，借款者担保品的质量必须足够高，能够让联邦储备银行合理地预期自己发放的贷款将得到清偿。这项要求的意义在于保护纳税人，因为该条文规定的贷款如果出现亏损，将会减少美联储提交给财政部的盈利规模，从而导致预算赤字增加。同时，这个条文还限制了美联储的干预能力，当我们动用这个条文时，不能为金融机构注入资本金（比如购买该金融机构的股票），也不能担保该金融机构的资产免遭亏损。

在大萧条期间，美联储曾经动用过《联邦储备法》第13条第3款的权力，但只是很零星地动用。从1932年到1936年，美联储根据这个条款的规定发放了123笔贷款，最大一笔的金额是30万美元，发放给了一家打字机制造商，另一笔25万美元的贷款发放给了一个种植蔬菜的农场主。到20世纪30年代中期过后，经济形势和信贷市场逐渐好转，美联储也就没有再动用过这个权力。

到2008年2月底，影子银行面临的融资问题日趋严重，我相信我们需要着手处理。影子银行之前都依靠回购协议市场和商业票据市场获取融资。大概在这个时候，雷曼兄弟的首席执行官迪克·富尔德敦促美联储理事会将雷曼兄弟之类的华尔街投行纳入美联储的“定期拍卖机制”，使它们也能像商业银行那样获取贴现窗口贷款，但如果要这样做，我们就要动用《联邦储备法》第13条第3款赋予我们的权力。2月28日，高盛集团主席兼首席执行官劳埃德·布兰克费恩给我打来电话说，他认为更加广泛地开放贴现窗口，无论对投行自身，还是对市场，都是有利的。我最关心的是市场。当时，众多迫切需要融资的公司贱卖自己的证券和其他资产，每个人似乎都在卖，但几乎没人愿意买，导致资产价格出现了螺旋式下跌态势。我给盖特纳发了一封邮件说：“我们的状况似乎日益麻烦。”

3月7日（周五）上午8点半，原本已经很脆弱的金融市场将会听到我们前一天晚上已经秘密了解到的一个消息，即2月份美国的就业人数减少了63 000人，这是连续第二个月呈现出减少态势。在此情况下，戴夫·斯托克顿的幕僚预测美国经济增速在2008年上半年将放缓，下半年增长率非常低，或者根本没有增长。

这一则就业新闻清楚地表明金融的不稳定性、收缩的信贷和下降的市场信心严重损害经济。按照原定计划，我们打算到下周再宣布几项旨在为市场注入短期资金的措施，但现在看来，已经无须等待了，我们决定在周五早上股市开盘之前就宣布。这几项措施包括：第一，我们要增加3月份拍卖的为期28天的贴现窗口贷款规模，从一周前公布的600亿美元，增加到1 000亿美元。第二，为了让投资者更加放心地持有房利美和房地美担保的抵押贷款支持证券，我们宣布愿意在纽约联邦储备银行与20家证券交易商开展的货币政策操作中接受这些证券。这些证券交易商就是所谓的一级交易商，包括五大独立的投资银行（高盛、摩根士丹利、美林、雷曼兄弟和贝尔斯登）。我们宣布这项措施之后，这些一级交易商就可以利用房利美和房地美担保的债券从美联储那里获取为期28天的贷款。一般来讲，纽约联邦储备银行的货币操作目标仅仅局限于国债，接受抵押贷款证券可以说是一个新转折。周四晚上，我从该行仓促地分发给联邦公开市场委员会委员的一份备忘录中看到，该行本来计划每周提供100亿美元额度，但我认为相对于抵押贷款市场的庞大规模而言，这个数字似乎太小。我给盖特纳发了一封邮件，解释了我的观点，他也表示赞同。半小时后，我们将额度调整为每周250亿美元，也就是说，我们要在3月的4周之内为市场提供1 000亿美元的资金。

周五，糟糕的就业报告和我们注入新流动性的举措争夺市场的关注。道琼斯指数下跌147点，但一个积极的迹象是，两房抵押贷款支持证券的利率和国库券的利率之间的差距缩小了，这就表明投资者回避抵押贷款支持证券的意愿降低了。

我们计划在3月11日（周二）宣布额外的措施。首先，我们要把跟其他央行的货币互换额度提高一倍，即跟欧洲央行的互换额度提高到300亿美元，跟瑞士国家银行的互换额度提高到60亿美元。其次，更重要的是，我们要在未来两周内将美联储借给一级交易商的国库券金额大幅提高到2 000亿美元。美联储从1969年起就一直在出借少量的国库券。新措施的重大意义在于出借国库券时，收取的担保品不但包括两房的抵押贷款支持证券，还包括由投资银行和其他私营公司包装的所谓的“私营品牌抵押贷款支持证券”（private-label mortgage securities）。

对于这一救市举措，我们已经讨论了好几个月。这种计划会把大量国库券交给交易商和其他市场参与者，而国库券是回购协议市场上最容易接受的抵押品，因此，获得国库券的人可以到回购协议市场上换取资金。通过帮助交易商持续获得资金，我们就增加了他们给其他市场参与者发放贷款的能力，从而促进信贷向企业和家庭的流动。我们希望通过接受“私营品牌抵押贷款支持证券”，可以鼓励批发融资市场上的短期资金供应者重新考虑信任这种证券。但这也意味着我们必须动用《联邦储备法》第13条第3款赋予我们的权力。

周末，到瑞士巴塞尔参加央行官员会议的科恩安排好了扩大货币互换额度的步骤，也鼓励那些没有与美国建立货币互换协议的各国央行采取我们的做法，宣布为市场注入流动性的举措。

我在华盛顿向联邦公开市场委员会委员们解释了向一级交易商出借国库券的原因。我们建议把这个新方案称作“短期证券借贷机制”（TSLF）。这是我们新创造的一个缩略词。我在电子邮件中写道：“这种做法非同寻常，但市场状况也是如此，我强烈建议推行这个计划。”为此，我需要美联储理事会5位理事投赞成票，而且由于关系到纽约联邦储备银行与其他储备银行所做的交易，我需要联邦公开市场委员会多数委员投赞成票。

3月10日（周一）晚上7点15分，我在预定计划之外，又召集联邦公开市场委员会开了一次紧急会议。那时，我觉得我们要开创一段新的历史。我解释说，市场出现的新动荡，部分原因可以归结为市场对悲观的经济报告做出的自然反应，另一部分原因可以归结为我所说的“自我强化的流动性态势”。换句话讲，即恐慌催生恐慌。我们上周五采取的措施以及我们周二将要宣布的措施旨在削弱或打破这种态势。纽约联邦储备银行公开市场交易部门主管比尔·达德利回顾和评估了不断恶化的金融形势，提到了索恩柏格抵押贷款公司、伦敦培洛顿合伙公司和凯雷集团旗下的投资基金，并补充了一句“今天有传闻说贝尔斯登遭遇了融资困难”。当时，贝尔斯登的资产规模已经达到了4 000亿美元，几乎是索恩柏格抵押贷款公司、伦敦培洛顿合伙公司和凯雷集团旗下的投资基金凯雷资本这三家资产总和的6倍。里士满联邦储备银行行长杰夫·莱克尔反对美联储单独针对个别类型的资产采取救助措施（在这里，这个类型的资产指的是抵押贷款支持证券），因为一旦开了这个先例，那么如果国会要求美联储救助其他类型的资产，美联储就难以拒绝了。

科恩在做出回应时，引用了周末的巴塞尔会议上一位央行行长所说的话:“有时候,我们的确需要考虑一下超出想象的事情。”科恩补充说:“我认为,对我们来说,现在就是这种时机。”

我坦诚地说:“我们正在超越传统界限,我们正在做我们还没有做过的事情。另一方面,这场金融危机现在已爆发8个月了,经济前景显著恶化,我认为我们必须拿出灵活性和创造性去应对这个非同寻常的挑战。”

最后,联邦公开市场委员会批准实施“短期证券借贷机制”。莱克尔当年不享有投票权。同为鹰派的达拉斯联邦储备银行行长理查德·费希尔和费城联邦储备银行行长查尔斯·普洛舍虽然存在一些顾虑,但还是投了赞成票。美联储理事米什金由于在芬兰滑雪而无法参会,错过了这次投票。(之前,联邦公开市场委员会在马丁·路德·金纪念日召开的那次紧急会议,他也因为在外面滑雪而错过了。)在周二早上宣布之前,他在电子邮件中以美联储理事身份表示赞同美联储动用《联邦储备法》第13条第3款赋予的权力。他还在邮件中写道:“我每次离开理事会,金融形势都会恶化,真倒霉,或许我永远都不应该离开理事会,那样的话,金融形势将会改善。”

我们3月11日宣布了“短期证券借贷机制”。我们用了技术性较强的金融术语描述了这个工具,并没有明确提到紧急情况,也没有明确提到动用第13条第3款赋予我们的权力。(我们担心鼓吹大萧条那种紧急情况下动用过的权力,最后会加重恐慌。)但我们的新举措受到了市场参与者的欢迎。他们认识到,这显示我们愿意贷款给非银行类金融机构,这类机构对于促进信贷流动和促进金融市场的平稳运行起到了至关重要的作用。当天,道琼斯指数上涨417点,标志着5年多以来的最大涨幅。尽管市场燃起了兴奋情绪,但之前遭到重创的贝尔斯登股票只小幅上涨了67美分,收于62.97美元,与14个月前的172.69美元高点相去甚远。贝尔斯登的股价在早上一度下跌,但后来证券交易委员会主席克里斯·考克斯告诉记者他的机构对贝尔斯登等五大投行用于缓冲亏损的资本水平“感到放心”之后，出现了一定的反弹。

但贝尔斯登的情况并没有好转。信用评级公司穆迪刚刚宣布降低贝尔斯登旗下一只专业从事次优级抵押贷款业务的基金发起的15桩证券交易的信用评级。虽然穆迪没有降低贝尔斯登本身的信用评级，却导致市场担心贝尔斯登的现金可能耗尽，无法偿付债权人。贝尔斯登那位已经82岁高龄的前首席执行官艾伦·格林伯格不得不出面安抚市场，告诉CNBC说，关于贝尔斯登现金短缺的谣言是“无稽之谈”。

贝尔斯登成立于1923年，由约瑟夫·贝尔、罗伯特·斯登和哈罗德·迈耶联合创办。自那之后，贝尔斯登一直屹立于华尔街。1929年爆发的那场股灾中，贝尔斯登在没有裁减一名员工的情况下挺了过来。

多年来，贝尔斯登敢于承担其他公司不敢承担的风险，赢得了斗志旺盛的美誉。第二次世界大战期间，当富兰克林·罗斯福征用铁路运送战争物资时，贝尔斯登大规模购买了大幅折价的铁路公司债券。战争结束后，随着这些铁路公司不会被收归国有的前景逐渐明朗化，贝尔斯登又高价卖出了这些证券，从而赚到了惊人的差价。贝尔斯登注重从公司外面招聘那些遭到竞争对手忽略的人才，这些人被称为PSD，意指这些人出身贫穷（poor），但聪明（smart），并且具有强烈的追求财富的欲望（desire）。格林伯格的父亲是俄克拉何马市的一位服装商。他于1949年进入贝尔斯登，并在1978年出任首席执行官。他的绰号是“牌王”（Ace），因为他热衷于玩桥牌。他还是一位业余魔术师（他特别喜欢纸牌魔术）。1993年，格林伯格把贝尔斯登领导权交给了詹姆斯·凯恩。凯恩曾经是一位职业的桥牌玩家，格林伯格在1969年聘请他到贝尔斯登做股票经纪人。

1998年，当美国长期资本管理公司由于俄罗斯主权债务违约而陷入危机之际，凯恩这位曾经从大学退学的掌舵者做出的反应，加强了贝尔斯登是金融圈局外人的“名声”。美国长期资本管理公司在贝尔斯登开立了多个账户，贝尔斯登负责其交易结算，光是贝尔斯登每年从中获取的佣金就多达 4 000 万美元。当俄罗斯主权债务违约，该公司交易策略失败，濒于破产之际，纽约联邦储备银行出面组织私营公司联合施救，但贝尔斯登拒绝与其他 14 家大银行和投资公司合作，拒不伸出援手，还不断地对长期资本管理公司发出警告，称如果其存放在贝尔斯登的净资产数额低于 5 亿美元，该行就立刻停止对其提供资本清算服务。

凯恩成为首席执行官之后，格林伯格并没有完全退出，到 2008 年 3 月，他仍然在公司担任执行委员会主席。在这两人的共同经营之下，贝尔斯登陷入了严重的抵押贷款危机。

贝尔斯登的股价达到高峰之际，正赶上美国房价开始大幅下跌。这次下跌持续了两年之久。贝尔斯登不仅将抵押债券打包成抵押贷款支持证券并加以销售，还（通过子公司）充当抵押贷款的发起者，并持有其他公司发行的抵押贷款证券。它的经理人非常看好次级抵押贷款和结构化信贷产品，并投入巨资。这些业务使得贝尔斯登 2006 年的盈利连续 5 年创下新高。但 2007 年 6 月，该公司旗下两只基金因涉足次级抵押贷款债券市场出现亏损。贝尔斯登避险基金公司的客户要求赎回基金，但因为该基金持有的这些债券在市场上没法出售，故而基金公司向市场宣告拒绝赎回申请，严重损害了投资者的信心，引发市场恐慌。因此，贝尔斯登决定减少对（没有担保品的）商业票据融资的依赖性，更多地依靠（有担保品的）回购协议融资。他们认为，如果公司的经营状况恶化，那么回购协议市场上的放贷者挤兑的可能性比较小。到 2007 年底，贝尔斯登利用回购协议市场交易获得了 1 020 亿美元的短期融资，而利用商业票据市场获得的融资规模不到 40 亿美元。

2007 年第四季度，贝尔斯登披露了其历史上第一次亏损。2008 年

1 月，73 岁的凯恩辞去了首席执行官职务。其实，在他辞职之前，当贝尔斯登旗下的次级抵押贷款基金趋于崩溃，公司上下忙得不可开交时，凯恩经常不在办公室，总是出去参加桥牌比赛或高尔夫球赛。他的继任者是艾伦 · 施瓦茨，但他仅仅在职了两个月的时间。

从 3 月 10 日（周一）开始，施瓦茨的试用期开始变成了一场噩梦。当天，该公司的现金储备大概有 180 亿美元。到周三营业时间结束之际，已经减少到了 120 亿美元。周四，现金储备继续大规模减小。对冲基金和其他经纪商开始提取现金。平时与贝尔斯登从事金融衍生品交易的公司也暂停交易，放贷者准备不再为贝尔斯登第二天早上的回购协议展期。由于不确定贝尔斯登还能存在多久，回购协议市场上的一些放贷者甚至拒绝接受贝尔斯登拿出的最安全的担保品——国库券。由于忧心忡忡的客户纷纷抽回投资资金以及贷款人突然要求收回贷款，贝尔斯登此时只有 20 多亿美元的现金，显然不足以满足次日（周五）的日常交易资金需求。如果贝尔斯登是老式的银行，那么储户们肯定会聚集到它的门前挤兑。但在现在这个新世界里，挤兑的喧嚣声不见了，取而代之的是储户用电子手段提取现金，其实这跟传统的挤兑是同样危险的。

周四晚上，跟施瓦茨一起加班的一位律师给摩根大通首席执行官杰米 · 戴蒙打电话，希望能筹借一笔隔夜贷款，以便周五还能继续营业。摩根大通是美国第三大银行控股公司（截至 2007 年底），是贝尔斯登的清算银行，扮演着贝尔斯登与回购协议市场放贷者之间的中间人的角色。因此，摩根大通非常了解贝尔斯登的资产情况。摩根大通的回应是，它可能有兴趣买入贝尔斯登的一些金融资产或产品，但没有承诺一定会这么做。施瓦茨给盖特纳打电话，说贝尔斯登没有现金还债了，第二天早上可能要申请破产。如同戴蒙一样，盖特纳也派了一个团队去检查贝尔斯登的账目。

如果贝尔斯登第二天早上真的申请破产，会出现什么情况呢？当午夜临近之际，我、科恩、盖特纳以及一些高级幕僚召开了一次紧急会议，努力想了想还有什么应对之策，哪怕能起到一点的缓冲作用也好。布赖恩 · 马迪根开出了一些备选“药方”，其中威力最猛的一个就是宣布“异常和紧急情况”，动用《联邦储备法》第 13 条第 3 款赋予美联储的权力，直接贷款给华尔街的投资银行，以期阻止挤兑风波蔓延到贝尔斯登之外的机构。如果说我们之前刻意淡化了“短期证券借贷机制”的紧急性，那么这次我们要明确地承认情况的紧急性。盖特纳提议我们将贴现窗口贷款利率进一步削减 0.5 个百分点，使其与联邦基金利率持平，以便鼓励银行向美联储申请贷款。

周五一大清早，纽约联邦储备银行和摩根大通分别通过派驻贝尔斯登的检查组传回了令人感到非常悲观的消息，贝尔斯登的资产负债表里，有毒资产比比皆是，令人触目惊心。摩根大通表示它需要更多的时间去评估贝尔斯登的资产情况。同时，摩根大通还告诉我们，如果没有美联储协助，它不会给贝尔斯登贷款。虽然戴蒙一直对摩根大通精湛的风险管理及其“堡垒式的资产负债表”感到自豪，而且其 1.6 万亿美元的财力是贝尔斯登的 4 倍，但摩根大通不愿意以一己之力去救助贝尔斯登。

摩根大通的历史可以追溯到美国建国伊始。现在的摩根大通是 2000 年由摩根公司与大通曼哈顿银行合并而成。大通银行的历史可以追溯到 1799 年，当时，阿龙 · 伯尔为了同亚历山大 · 汉密尔顿的纽约银行（Bank of New York）开展竞争，创立了曼哈顿公司（Manhattan Co.）。摩根银行由摩根先生（J. P. Morgan）于 1871 年创立。摩根先生在 1907 年的金融恐慌中救助了华尔街。

戴蒙虽然比较年轻，但已然满头银发。他从 2005 年底开始担任摩根大通的首席执行官。他的祖父是一位希腊银行家，早期的事业很成功。（贝尔斯登的律师给他打电话的那天晚上，他正在一家希腊餐馆同家人庆祝他 52 岁的生日。)

1982 年在哈佛大学获得MBA学位后，他加入美国运通公司，成为桑迪·韦尔的助理，开始了自己在金融街的职业生涯。后来，他帮助韦尔把花旗集团建设成了超级金融集团。1998 年，两人发生争执后，戴蒙到芝加哥重建他的职业生涯，到 2000 年出任美国第一银行（Bank One）的首席执行官。当时，这家银行是美国第五大银行。2004 年，摩根大通与美国第一银行合并之后，他回到了纽约。2005 年底，他被任命为合并后的摩根大通的首席执行官，一年后成为董事会主席。我发现他聪明，非常坚毅（他浓重的纽约口音可能强化了这种印象）。他一开始就理解这场危机的严重性，决心带领他的银行渡过这个难关。

周四，当纽约那边还在忙活的时候，我去睡觉了，没睡几个小时，醒了好几次，周五早上 5 点就醒了。然后，我坐到厨房的桌子旁，和科恩、沃什、盖特纳、保尔森和财政部副部长罗伯特·斯蒂尔通了电话。“短期证券借贷机制”只有到 3 月 27 日才能正式推出，贝尔斯登也才能借到国库券。我们探讨了其他可以尽快发挥作用的措施。

盖特纳提出了一个让贝尔斯登能够继续支撑下去的计划，而且纽约联邦储备银行的法律顾问汤姆·巴克斯特认为这个计划不需要动用《联邦储备法》第 13 条第 3 款的权力。作为贝尔斯登和回购协议市场的放贷者之间的清算银行，摩根大通持有贝尔斯登的大量证券。汤姆建议我们借钱给摩根大通，因为它是吸收存款的商业银行，有资格直接从贴现窗口借款。然后，摩根大通将美联储的资金借给贝尔斯登，用贝尔斯登的证券作为抵押品。对于这笔贷款，我们美联储不享有追索权。这意味着如果贝尔斯登没有偿还，摩根大通是不用负责的，我们换来的只是贝尔斯登的证券。这个计划基本上让美联储替代了逃离回购协议市场的放贷者。然而，美联储理事会法律总顾问斯科特·阿尔瓦雷斯提出了不同的法律解释。他说，因为贷款的实际受益方是贝尔斯登，我们还是不得不援引《联邦储备法》第 13 条第 3 款的规定。

我认为斯科特的说法非常有道理，至少从法律精神上来看是这样。我非常信任斯科特的建议。我一直认为律师总是过度追求形式上的东西，但斯科特给我的印象是法学造诣很深，既关注法律的内在逻辑，又关注需要借助法律加以落实的政策。

我通了一个小时左右的电话之后，证券交易委员会的人也加入了进来，但不是证券交易委员会主席克里斯 · 考克斯。我好像没有考克斯的电话号码。通话持续了大约两个小时，夜色逐渐淡去，天已然亮了起来。忽然，我的安保人员按响了门铃，因为我本应该一个小时之前就出门了，他们按门铃是想确定我没事。我告诉他们先等一等。我接着打电话。我和科恩、蒂姆、保尔森探讨了我们应该做什么。有人认为，贝尔斯登规模庞大，在金融体系中盘根错节，其崩溃或将大大加剧恐慌，也可能导致其他大公司倒闭。真的是这样吗？或者，换句话讲，贝尔斯登真的具有系统重要性吗？我们之前没有把索恩柏格抵押贷款公司列为具有系统重要性的公司。具体到贝尔斯登的情况，我们要做出更加艰难的判断。

当艰难的决定出现时，我一如既往地想到了以史为鉴。我脑海里浮现出两个先例。1990 年，德崇证券因垃圾证券交易丑闻而陷入危机的时候，政府拒绝干预。当时，它是美国第五大投行，就像 2008 年的贝尔斯登一样。但德崇证券那场危机的性质不同于当前这场危机，因为当时不会涉及更大范围的、系统性的危机。此外，德崇证券与其他公司的关联性要小得多，而贝尔斯登通过衍生品合约和财务关系，与其他大公司的关联性则要大得多。在格林斯潘的领导下，美联储官员仔细审查了德崇证券的情况，发现它的破产并不会对整个金融体系构成风险，他们便采取了放任自流的态度。结果表明，这个反应是正确的。相比之下，1998 年，美联储认为，在亚洲金融危机和俄罗斯主权债务违约之后，市场太脆弱了，美国长期资本管理公司规模庞大，错综复杂，与其他公司存在高度关联性，一旦其倒闭，引发无序违约，市场将无法承受由此引发的冲击。于是，比尔·麦克多诺领导下的纽约联邦储备银行出面组织了私营部门的一些公司开展联合救助，而没有动用政府资金。之后不到两年的时间，美国长期资本管理公司以有序的方式完成了破产清算程序。

但那天早上，我们根本没有时间去安排私营公司去救助贝尔斯登，但我们确信其破产会引发更大的恐慌。贝尔斯登有近400家子公司，其活动触及了几乎所有主要金融公司。它有5 000个交易对手和750 000份开放的衍生品合约。贝尔斯登之类的金融机构可以被贴上“大到不能倒”的标签，即规模太大，而不能倒下，一旦倒下，将会引发不可预料的系统性风险。当这类金融机构陷入困境时，如何处理就成了一件极为棘手的事情。但规模还不是最主要的问题，毕竟，论规模，贝尔斯登还比不上美国最大的商业银行。事实上，真正令人担忧的是它与其他公司的相互关联性。它与其他公司存在过于盘根错节的联系，以至于到了无法破产的地步。

贝尔斯登的债权人之中，有些是为散户投资者服务的知名货币基金。按理来讲，这些基金是非常安全的。所以，我们担心，如果这些基金出现亏损，可能会对投资者的信心产生更加广泛的影响。破产程序一旦启动，可能会把很多债权人的现金冻结好几年。此外，我们必须缓解贝尔斯登的衍生品仓位解除引发的混乱，其中一个原因就是这些衍生品合约数量惊人，性质又相当复杂，另一个原因是贝尔斯登的衍生品交易对手将不得不匆忙地为自己投资组合的风险敞口寻求新的避险工具。

但最大的风险来自于交易规模高达2.8万亿美元的三方回购市场。三方回购不同于传统上那种规模大却不透明的双边回购。双边回购是指资金融出方与资金融入方一对一协商确定价量、担保品等合约要素，是典型的场外市场交易方式。三方回购则指双方就回购金额和利率达成回购交易后，由独立的第三方提供抵押品管理服务，通过三方回购协议约定自动完成抵押品的选择和结算。贝尔斯登的融资渠道主要集中在三方回购市场。当贝尔斯登的放贷机构拒绝为贷款展期时，摩根大通作为贝尔斯登的清算银行，将面临一个严峻的选择：要么冒险将数百亿美元的股东资本借给贝尔斯登，要么为了贝尔斯登债权人的利益卖掉贝尔斯登的抵押品。然而，一旦摩根大通决定以贱卖的方式处置抵押品（这是很有可能出现的结果），证券价格恐怕就会进一步下跌，导致新一轮的亏损和减记浪潮。更糟的是，三方回购市场上的其他放贷者由于害怕自己的资金蒙受亏损或遭到冻结，可能会拒绝向任何借款者放贷。这样一来，其他 4 家最大的投行将变得特别脆弱，贝尔斯登的倒闭可能导致这些投行也遭遇挤兑浪潮。我自己最害怕的事情就是，如果贝尔斯登崩溃，回购市场可能会完全崩溃，对金融市场造成灾难性的后果，而且信贷冻结和资产价格的暴跌，也会对整个经济造成灾难性的后果。

纽约联邦储备银行的法律顾问汤姆·巴克斯特的贷款计划可以帮助贝尔斯登支撑到周末，到那时，我们也有了喘息空间，可以想办法制订一个较为长久的解决方案。然而，正如美联储理事会法律总顾问斯科特·阿尔瓦雷斯所说的那样，如果我们要通过摩根大通去救助贝尔斯登，必须动用《联邦储备法》第 13 条第 3 款赋予我们的权力。我坚持认为，没有联邦政府的同意，美联储在这条路上不可能走很远。我们相当自信地认为，如果给贝尔斯登贷款，虽然有风险，但它很可能会偿还。如果没有偿还，纳税人的钱将受到影响。因此，至少从这个角度来看，我们正在讨论的计划也属于财政问题。保尔森中途退出了讨论会，去问小布什总统对这个方案的看法。很快，他传回话来，说我们得到了总统的支持。

当时已经是早上 7 点左右，留给我们的时间越来越少。正如盖特纳提醒的那样，回购协议市场 7 点半就要开盘了。美联储是唯一一个有权干预这个市场的机构，我又是美联储主席。我在之前的讨论中，认真听取了其他人的看法。我预料到了很多风险，但回购协议市场的风险是最大的。可能很多美国人都没有听说过这个市场。我建议我们采取干预措施。讨论了几个操作层面的问题之后，我挂掉了电话，准备了一下，就出门上班了。我给我的行政秘书丽塔·普罗克特发了封邮件："请给我准备点橙汁和松饼，我10分钟后到。"

上午9点15分，美联储理事会开会，以4票赞成、0票反对的结果授权纽约联邦储备银行向摩根大通银行提供"无追索权和背对背的"贷款，后者再向贝尔斯登公司提供期限为28天的担保融资。虽然我们动用了《联邦储备法》第13条第3款赋予我们的权力，也可以直接向贝尔斯登提供贷款，但由于昨天夜里纽约联邦储备银行根据巴克斯特的想法准备的文件是按照"背对背"贷款拟定的，我们已经没有时间起草新的文件了。美联储理事会还允许我在必要时授权纽约联邦储备银行对其他券商提供贷款。但至少那个周五，我们还不需要对其他券商放贷。虽然我们之前曾经动用了《联邦储备法》第13条第3款赋予我们的权力创造了"短期证券借贷机制"，但美联储决定通过摩根大通公司向贝尔斯登提供应急资金，以缓解该公司的流动性短缺危机，却是自1929年美国经济大萧条以来，美联储首次向非商业银行类金融机构提供应急资金。米什金同样错过了这次投票，因为他正在从芬兰回来的路上。按照《联邦储备法》的要求，美联储只有得到至少5位美联储理事同意的情况下，才可动用紧急贷款权。我们这次会议上只有4名理事，米什金的缺席导致理事人数不足5名。但由于"9·11"恐怖袭击事件发生之后，在美联储理事中，只有罗杰·弗格森一人在华盛顿，所以，《联邦储备法》增加了一个预防性的修正条款，规定"只要所有在场理事一致赞成"，即可动用紧急贷款权。

这个消息一发布出去，股市最初的反应是下跌300点，后来才有所反弹，投资者在猜测接下来会发生什么。贝尔斯登的股价从57美元下降到 30 美元，其债权人和客户继续挤兑。我们最终为贝尔斯登提供了 130 亿美元的贷款，贝尔斯登撑到了周末。我们必须和时间赛跑，找到一个较为长期的解决方案。我们必须在亚洲开盘之前，也就是说在亚洲最大的东京股市周一早晨（纽约时间周日晚上）开盘之前拿出方案。

我在我的办公室度过了一个忙碌的周末，一直跟美联储幕僚们讨论问题，跟踪市场动态。盖特纳堪称美联储在华尔街的耳目，他与戴蒙一直保持着联系。我们希望摩根大通收购贝尔斯登，或者给贝尔斯登提供贷款，帮助稳定局势。美国私募巨头——弗劳尔斯公司（J. C. Flowers & Co.）也考虑是否出资收购贝尔斯登，但显然只有摩根大通的资金实力足够雄厚，可以在周一之前完成交易。在周六晚上，戴蒙告诉盖特纳说他准备以每股 8—12 美元的价格收购贝尔斯登的股票。美联储银行业监管部门的狄波拉 · 贝利汇报说纽约联邦储备银行将派人与美国证券交易委员会一起审查其他大型投资银行的现金头寸。她在给我的邮件中写道："对于一些投行来说，周一将是非常艰难的一天，尤其是雷曼兄弟。"雷曼兄弟是美国第四大投行。普遍预期是，如果贝尔斯登倒下，投资资本攻击的下一个目标就是雷曼兄弟。

周日，盖特纳打来电话说他跟戴蒙谈过了，戴蒙打算取消收购贝尔斯登的交易，因为他不愿意承担贝尔斯登的大量次级抵押贷款资产。盖特纳开始与保尔森和戴蒙进一步商讨如何让戴蒙改变主意。我在思考这个消息时，美联储办公室主任米歇尔 · 史密斯转发了一封来自前财长萨默斯的邮件。萨默斯曾经在克林顿政府时期担任财长，曾经是米歇尔和盖特纳的上司，现在是哈佛大学经济学教授，还兼任一家大型对冲基金——德劭基金（D. E. Shaw）的总经理。萨默斯之前给盖特纳发过邮件，但没有收到回复，所以让米歇尔向我转达他的信息。

说得婉转些，萨默斯以直言不讳著称。他的邮件似乎在警告我们不要救助贝尔斯登。他说他周六大部分时间都在和一位曾经供职于贝尔斯登的人了解情况。他在给米歇尔的邮件中写道："美联储走的这条路很可能无法控制系统性风险，导致外界认为美联储的人在帮助自己的朋友，从而引发合理的指责，还会在道德风险方面造成不利的影响。"他继续写道："无论是伯南克，还是盖特纳，抑或其他人，我很高兴解释给你们听。最起码要向伯南克转达这样一条信息：美联储如要救助贝尔斯登，就必须成功，不然就会信誉扫地。"最后，他写道，"祝你们好运！萨默斯。"

萨默斯在电子邮件中指出，救助贝尔斯登会引发"异常激烈的争论"。后来，在 4 月 3 日的听证会上，克里斯 · 多德也是这么说的。萨默斯提到的道德风险，的确是存在的。但他不需要解释给我们听，他也不需要解释，如果我们失败了，我们将信誉扫地，我们知道这一点。我们希望债权人在给大大小小的金融机构提供资金时，务必谨小慎微。如果他们预期任何将要倒闭的金融机构都会获得救助，那么他们就不会那么小心了，这就是道德风险问题。然而，从短期来看，我们无法为了规避道德风险而忽视市场对于短期流动性的迫切需求，如果我们坐视不管，那么回购协议市场和其他融资市场就有可能普遍爆发风险。这样一来，结果就是信贷流动遭到冻结，对美国经济和普通美国人产生严重的后果。对此，我们有充分的了解。

周末，参议员多德主动提出帮我们给戴蒙的朋友比尔 · 戴利打电话，让比尔说服戴蒙重新回到谈判桌。比尔在克林顿政府时期曾经担任商务部部长，又是芝加哥市市长理查德 · 戴利的弟弟。戴蒙在芝加哥经营美国第一银行期间，似乎跟比尔交情不错。事实证明，我们不需要多德打这个电话。午后刚过，盖特纳和保尔森已经跟戴蒙达成了交易。摩根大通以每股 2 美元的价格收购贝尔斯登（2007 年 1 月，贝尔斯登每股价格接近 173 美元）。保尔森为了抑制道德风险，努力压低股价。他不希望外界认为我们在救助贝尔斯登的股东。重要的是，未来几周内，在等待两家公司的股东批准这桩交易之前，摩根大通将负责贝尔斯登的所有债务。如果没有这种强有力的担保，贝尔斯登的挤兑风潮很可能会继续下去，而贝尔斯登则可能在这桩收购交易完成之前就倒闭了。

戴蒙为什么改变主意了呢？这是因为，我们在这桩交易中争议最大的环节做出了妥协。戴蒙曾经明确表示，对摩根大通而言，这桩交易规模太大，风险太高。为了促成交易，美联储做出了妥协，同意最多借出300亿美元的无追索权的贷款，用贝尔斯登价值300亿美元的资产做抵押。这些资产主要是评级机构评定为“投资级”的抵押贷款支持证券。由于纽约联邦储备银行是实际放贷者，因此，为了评估贝尔斯登那些证券的价值，美联储聘请了以华尔街资深证券分析师拉里·芬克为首的债券基金管理公司——黑石集团（BlackRock）。黑石集团向美联储提的建议是，可以合理地预期，如果持有这些证券几年，就能收回本金和利息。这一评估意见让盖特纳确认这桩贷款可以“得到满意的担保”。我们判断资产价值的一个前提就是，我们相信自己最后一定能够稳定金融体系。如果我们成功地做到了这一点，那么我们最后肯定能够收回本息。如果失败了，那么最后的结果就充满了变数。由于美联储的亏损会减少向财政部上缴的利润，因此，我们希望财政部担保我们的贷款。但财政部在没有获得国会批准的情况下是无权这么做的。不过保尔森给我们出具了一封承诺函，承诺政府部门对于我们的支持。

那天下午和晚上，我和科恩一直打电话，向其他几个国家的央行透漏了一下我们的计划。我还打电话给欧洲央行的特里谢、英国央行行长默文·金以及日本央行行长福井俊彦，他们表示支持，对于贝尔斯登能够免于崩溃感到欣慰。我们还想让媒体经常援引其观点的两位美联储前主席理解我们所做的事情以及背后的原因。我与科恩分别给沃尔克和格林斯潘打电话。我跟沃尔克谈了我对形势的评估，他那边表示支持，但很快又开始公开表达他的忧虑。

周日下午3点45分，美联储理事会开会，宣布了“异常和紧急情况”，批准了以贝尔斯登300亿美元资产为担保的贷款，并批准设立了一个重要的新型借贷工具，即“一级交易商信贷机制”（Primary Dealer Credit Facility）。根据这个工具，一级交易商可以像商业银行那样向美联储借款，而且就接受的担保品范围而言，远远超过了之前的“短期证券借贷机制”。

我们设立“一级交易商信贷机制”的目的是防止一级交易商倒闭造成的破坏。这个工具推出之后，会增加市场流动性，促使市场更加流畅地运转，破坏金融形势稳定性的价格波动应该会减少，从而提振市场信心，为一级交易商买卖金融资产提供很多便利条件。

我们除了设立“一级交易商信贷机制”之外，还为商业银行获取流动性提供了更大的便利，即我们把贴现窗口贷款的最长到期日从30天延长到了90天，而且我们把贴现窗口贷款利率降低了0.25个百分点，降到了3.25%，仅仅比联邦基金利率高了0.25个百分点。

我们在亚洲开盘之前发表声明之后的几个月里，纽约联邦储备银行开展了艰辛的谈判，试图为我们的贷款获取最大限度的担保品，确保我们的利益得到最大的保障。同时，贝尔斯登的股东对于每股2美元的收购价格感到非常气愤，甚至戴蒙都开始担心他们会投票拒绝这桩并购案。为了减少来自贝尔斯登股东的阻力，尽快完成这宗收购案，戴蒙决定重新谈判，将其对贝尔斯登的收购报价由每股2美元调高到10美元。①

3月24日，这个价格得到了贝尔斯登股东的同意，盖特纳和我说

① 戴蒙之所以决定进一步提高收购价格，另外一个原因就是律师在起草文件时，一时仓促而存在一个疏忽之处，导致摩根大通已经保证一年内维持贝尔斯登原有的业务，负责帮助贝尔斯登偿还债务，即使摩根大通股东们拒绝这笔交易，也不影响这个承诺。这一承诺让贝尔斯登生气的投资者们有充足的理由抬高价格。

服保尔森勉强同意不反对戴蒙所提的较高的收购价格，这的确会向市场发送一个强有力的信号，说明我们的干预是为了保护金融体系，不是为了保护贝尔斯登的股东，但是如果贝尔斯登股东拒绝这个提案，那么3月13日贝尔斯登股价暴跌的惨剧又会重新上演。这样一来的话，我们就不知道美国的金融体系会不会在未来的几天内走向崩溃。

我们也在努力为美联储议定一份比较好的交易方案。纽约联邦储备银行将向一个名叫梅登巷有限责任公司（Maiden Lane LLC）的独立实体提供300亿美元的贷款，由它来购买并管理贝尔斯登的房贷类资产。这个独立实体的名字是根据纽约联邦储备银行外面一条街道的名字命名的。我们要贷款290亿美元给梅登巷有限责任公司，摩根大通银行要贷款10亿美元。如果梅登巷有限责任公司出现亏损，摩根大通必须承受最初亏损的10亿美元。从表面上来看，梅登巷有限责任公司有点像花旗集团等用于次贷赌博的表外投资工具，令人感到不安。但是梅登巷有限责任公司与那些表外投资工具的一个重大差异就在于美联储把这家公司纳入其资产负债表中，每季公开披露这家公司的市值。对美联储和纳税人来说，这笔交易最后很成功，我们的贷款获得清偿，还收到7.65亿美元的利息。此外，到2015年初为止，对美联储和纳税人来说，梅登巷公司持有的资产还创造了价值17亿美元的额外盈利。重点不是这笔贷款获得清偿，而是金融体系和经济至少在一段时间里没有出现令人震惊的大混乱。

不过，救助贝尔斯登还是遭到了严厉批评，戴蒙对贝尔斯登股东提高收购价后更是如此。主要的批评意见认为美联储救助陷入困境的华尔街是一种不公平的做法（对于这种观点，我自己也是赞同的），但批评者们没有考虑如果我们不采取行动会有什么后果。沃尔克在4月份的一次演讲中批评说，美联储在救助贝尔斯登过程中采取的行动“游离在法定权力和默示权力的边缘，超越了央行长期坚持的原则与惯例”。令我感到一丝安慰的是，他没有说我们的行为超越了法定权限。

他警告人们，私营部门的过分行为与监管的缺失共同铺就了“一切危机的温床”，而这种情况必须就此结束。我同意这一点，也认识到我们游离于法定权力与默示权力的边缘，不过，我仍然担心，虽然我们已经把权力运用到了极致，但一旦发生某种崩溃，依然有可能无法应付。

联邦公开市场委员会在 3 月 18 日，也就是摩根大通同意并购贝尔斯登两天后开会。斯托克顿和幕僚解释他们认为经济已经陷入衰退的原因。我考虑到经济前景恶化，金融压力大增，建议大幅降息 0.75 个百分点，也就是说，把联邦基金利率降为 2.25%。联邦公开市场委员批准了这个建议。两位鹰派委员投了反对票，其中一位是达拉斯联邦储备银行行长理查德 · 费希尔，另一位是费城联邦储备银行行长查尔斯 · 普洛舍。4 月 30 日，联邦公开市场委员会继续降息，降幅为 0.25 个百分点，降至 2%。

我们救助贝尔斯登的行动为金融市场带去了一段风平浪静的时刻。3 月底，多家投行报告的利润超出了市场预期。6 月底，大型商业银行与投资银行募得了 1 400 亿美元的新资本，这表示市场对美国金融体系的信任度不断攀升。融资市场的形势实现了好转，到 3 月底，一级交易商通过一级交易商信贷机制借到的资金增加到了 370 亿美元，之后，到 7 月初，已经没有一级交易商通过这个信贷工具获取融资了。信贷市场的好转也体现在了股市上。3 月 31 日，道指的收盘点位是 12 263 点，恢复到了贝尔斯登危机爆发之前的水平。到 5 月，道指攀升到 13 058 点，比 2007 年 10 月的峰值低了不到 8%。最重要的是，经济表现出了适度增长的迹象。7 月 31 日，商务部发布的报告指出，第一季度的经济增长率接近 1%，第二季度的经济增长率接近 2%。我们认为，在低利率和临时性减税的情况下，经济应该可以避免陷入衰退。

不过，这些积极作用都是一两个月之后才表现出来的，参议院在

4 月 3 日为救助贝尔斯登事件举行听证会时，这一切还无从得知。我在摄影机灯光照射下说明了采取干预措施的原因，我知道，一些具有深刻思维的参议员了解我们这些干预措施的积极意义（很多参议员后来也跟我讲过这一点），但对很多参议员而言，通过炒作救助贝尔斯登的事情达到政治上的目的，的确太有吸引力了。毕竟，我们不得不面对这样一个问题：为什么那么多普通美国人需要救助的时候，我们没有伸出援手，却偏偏去救助华尔街呢？

我解释说，华尔街和普通人是相互联系和互相依赖的。“由于全球经济和金融体系已经承受了格外沉重的压力，一旦贝尔斯登违约，产生的破坏作用可能过于严重，要想加以控制，恐怕难度极大。”我还指出，这种破坏作用肯定不会仅仅局限于金融市场，波及范围肯定会更加广泛，实体经济难免遭殃，如果大家无法获取信贷，就不能买房买车，企业应该无法扩张，甚至在某些情况下无法支付营运成本，这种情况很快就会对普通人的就业和收入产生强大的冲击。

我们为什么要奖励失败者，而引发道德风险呢？参议员吉姆·邦宁甚至近乎咆哮地说：“你们这样做，是在搞社会主义！”我指出，即使我们出手相救，贝尔斯登还是失去了独立性，它的股东们还是蒙受了重大损失，而且它那 14 000 名雇员里面，可能很多人很快就要丢饭碗了。

我对南达科他州参议员蒂姆·约翰逊说：“我认为任何公司应该都不愿意忍受这种局面。我们考虑的是如何保护美国金融体系和美国经济。我相信如果美国民众明白我们是在努力保护经济，而不是在保护华尔街上的任何个别人，那么他们就应该能理解我们采取这些行动的原因。”

有一点是非常清楚的。从此时此刻开始，我们在应对危机的过程中将面临两个挑战，一个是做正确的事情，另一个是向民众和政客们解释清楚为什么我们所做的事情是正确的。

如今，回首过去，我们救助贝尔斯登的行动究竟是对还是错呢？一些经济学家认为是错误的。我们的行动促使金融市场出现了一定的平静，但这种平静维持了不到6个月就戛然而止了。2008年9月，雷曼兄弟申请破产时，我之前在贝尔斯登危机爆发之际担心的事情还是发生了。有人会在事后说，救助贝尔斯登产生了道德风险，降低了雷曼兄弟之类公司募集资本或寻找买家的紧迫性。

当我们在2008年3月做出救助决策时，根本无从得知未来会发生什么。然而，即便现在回头去看，我仍然觉得我们的干预措施是得当的，我感到问心无愧。我觉得，2008年9月雷曼兄弟破产引发的巨大冲击印证了我们在3月的判断，即一家大型投行的崩溃会重创金融体系与整体经济。我们对贝尔斯登采取的干预措施让金融体系和经济获得了将近6个月的喘息，而为此付出的成本却是比较小的。但不幸的是，这段喘息时间不足以修复美国经济已经遭到的创伤，也无法防止恐慌在秋季再度爆发。

虽然有些批评人士认为我们救助贝尔斯登的行动引发了道德风险，而正是这种道德风险在很大程度上促成了雷曼兄弟的破产，但我认为这种说法是在夸大其词。正如我曾经对参议员蒂姆·约翰逊讲过的那样，虽然我们救助了贝尔斯登，但没有任何一家公司，愿意追求像贝尔斯登那样的结局。此外，包括雷曼兄弟在内的很多金融公司，在2008年夏季，的的确确募集了大量的资本。雷曼兄弟之所以破产，是因为它遭到了疯狂的挤兑，而这种疯狂挤兑恰恰表明雷曼兄弟的债权人认为雷曼兄弟不会获得救助，这恰恰说明我们对贝尔斯登的救助根本没有引发道德风险。换句话讲，雷曼兄弟的倒闭是由市场纪律或者说市场约束造成的。

但无可否认的是，这些的确是非常难以回答的问题，我们将在2008年春夏之交对这些问题开展内部辩论。

# 第十一章
# 房利美与房地美：一个漫长而炎热的夏季

救助完贝尔斯登之后，市场经历了一段相对平静的时刻，但我们仍然如履薄冰，战战兢兢。威力强大的破坏性力量一旦被释放出来，就不会那么轻易地消退。房价下跌态势一直没有得到扭转，未来肯定还会出现更多的违约现象和丧失抵押品赎回权现象，房贷相关证券出现的损失必然越来越大，但至于损失规模有多大，我们无从得知。我们相信未来曝出的负面消息肯定会越来越多。

整个夏季，我们的银行业监管人员不停地给我们传来坏消息。总部位于加利福尼亚州帕萨迪纳市的印地麦克银行（IndyMac）是美国第七大储贷机构，但此时却由于深度卷入次优级房贷市场而陷入了摇摇欲坠的状态。该行由美国储蓄机构监理局负责监管，但由于其揽到的存款得到了存款保险制度的担保，因此，也接受联邦存款保险公司的监管。通常来讲，美联储不会对其行使监管权，但由于其可能要向美联储申请贴现窗口贷款，促使旧金山联邦储备银行向其派驻了两位核查人员。7 月 1 日，美联储银行业监管部门的狄波拉 · 贝利根据核查人员的报告，告诉我她不确定该行还能撑多久，她写道："从周五开始，存款就一直流失，现在该行每小时都在检查存款流失情况，目前正在尽快抛售资产，其资产规模在萎缩。" 到现在为止，金融危机已经爆发一年之久了，即便受到存款保险制度保护的储户也非常惊恐，联邦存款保险公司那些如死神般的专家已经做好接管该行的准备了。

虽然印地麦克银行之类的私营储贷机构令我们忧心，但令我们更忧心的是“两房”的危机。两房是美国最大的两家住房抵押贷款机构，持有和担保的住房抵押贷款证券堪称全球之最。它们是由美国国会立法设立的政府资助机构，目的在于为住房抵押贷款市场提供稳定而连续的支持，提高住房抵押贷款的可获得性，从而提高自有住房比率。房利美成立于1938年，房地美成立于1970年，最初都是联邦政府机构的组成部分，但后来都改成了股份制公司（房利美的改制时间是1958年，房地美是1989年）。虽然从法律角度来看，这两家机构属于私营企业，但实际上它们受到了联邦政府的监管，也跟政府具有密切联系，享有州和地方政府的所得税减免权，与美国财政部具有相似的信用级别。

这两家公司既在法律上保持着私营公司的身份，又在事实上享受着政府给予的多项优惠，因此，其地位是比较独特的。其实，这种状况早就使得这两家公司能够旱涝保收，赚了，股东分红，赔了，纳税人埋单。

房利美和房地美在提高美国自有住房比例方面的确取得了一些成就。在担保业务上，两房并不直接发放贷款，而是从银行、抵押贷款公司和其他放贷机构那里购买住房抵押贷款，并将买进的贷款打包成为住房抵押贷款支持证券，然后这些证券出售给银行、保险公司、养老基金或外国央行等投资者。在这一贷款证券化过程中，两房负责为抵押贷款的还本付息做担保，只承担贷款的信用风险，并从中收取一定比例的担保费，而抵押贷款证券的其他风险都由投资者承担。通过住房抵押贷款证券化，两房使得世界各地的储蓄源源不断地流向了美国房地产市场。如此庞大的现金流入有利于降低抵押贷款的成本，并让美国民众更容易获取抵押贷款，因此，提高了自有住房比例。但至于提高幅度有多大，一直是众说纷纭，莫衷一是。

两房虽然给房地产市场、金融体系和纳税人带来了一定的益处，但也伴随着重大的风险。最大风险可能起源于国会创立这两家公司时可以保持的模糊空间。正式来讲，如果两房破产，美国政府没有义务去保护那些直接为两房提供贷款或者从两房购买抵押贷款支持证券的投资者。因此，联邦预算并不会考虑救助两房的事情。在华盛顿，现实情况是官方数据塑造出来的，在编制预算过程中删掉救助两房的潜在成本导致历届国会和政府都忽略了这一风险。

然而，投资者认为，政府不会让房利美和房地美破产的，因为政府担心这会伤害到美国的房地产市场、金融市场和整体经济。两房作为政府支持企业享有的隐性的政府担保，使其借贷利率不会比政府的借贷利率高出多少。房利美和房地美的监管机构——联邦房地产企业监管办公室根据国会的授意，长期以来只要求两房持有少量资本，以缓冲可能出现的亏损，但这基本上没有影响投资者对这两家政府支持企业及其享有的隐性政府担保的信心，所以，这两家公司可以安然无恙地挺过房地产市场和整体经济的波动。

在正常时期，两房由于能够低息融资，获得了巨额利润。它们采取了一种特别有利可图的策略，即利用低息获取的融资，购买并持有价值上万亿美元的抵押贷款支持证券，其中有很多是它们自己发行和担保的。它们从持有的抵押贷款支持证券中赚到的利息，远高于它们为了获取融资而支付的利息。这就像免费的午餐一样，利润源源不断地流入，却不用承担明显的风险。国会也从这免费的午餐中分得了一杯羹。议员会要求两房拿出一部分利润去支持其选区内的住房建设项目。两房也拿出了一些利润投入到了游说和政治捐款，以便巩固与政客们的友好关系。它们的影响力在很大程度上保护它们挺过了2003—2006年的一系列会计风波，比如过高地评估盈利水平、一些高管领取过高的奖金等。

这两家公司还尽力与美联储保持良好的关系，其中的原因可能是我们经常公开表示担心该公司暴露出来的一些风险。美联储经常会收到这两家公司聘请一些知名经济学家撰写的研究报告，其结论都是说这两家政府支持企业如同房子般坚固。在刚刚就任美联储主席的那段时间里，我曾经与它们的高管和经济学家开过几次会，谈了谈这两家公司本身以及房地产市场的问题。当时，这两家公司的首席执行官的任职时间都是比较短的，房地美首席执行官理查德·赛伦在2003年下半年才就任，他之前是波士顿联邦储备银行行长。他戴着眼镜，讲话时操一口浓重的波士顿口音，似乎很清楚政府支持企业的内在问题（他对此似乎也感到有些遗憾）。2004年12月，房利美首席执行官富兰克林·雷恩斯由于受到房利美会计丑闻的拖累而辞职，丹尼尔·马德临时出任房利美首席执行官。丹尼尔在海军陆战队时曾经获得过勋章，父亲是哥伦比亚广播公司电视新闻前主播罗杰·马德。丹尼尔似乎比赛伦更加强硬，更有进取心，他让我觉得他会坚决维护公司的利益。

来自政府审计署、国会预算办公室等机构的批评者经常针对两房为美国政府发出警告，他们认为，美国政府未来很可能要为两房中的一家或两家提供救助。格林斯潘在美联储幕僚们的支持和敦促下，也曾多次公开发表批评两房的言论。我就任美联储主席之后，也继续对它们提出批评，指出政府支持企业的资本水平太低，给纳税人以及整个金融体系带来了风险。

2007年，金融危机刚爆发之际，作为政府支持企业，两房似乎会向它们自己以及它们的支持者所预期和承诺的那样，起到稳定市场的作用，因为投资银行和其他私营公司一直在制造所谓的私营品牌抵押贷款支持证券。这些证券的安全性很低，有很多是两房不愿意证券化的抵押贷款。这种不符合两房担保或收购标准的抵押贷款被称为不合规格抵押贷款。之所以不合规格，原因有两种：要么是超过了国会规定的合法的最高贷款额度（即巨额抵押贷款），要么是不符合两房对于抵押贷款信用级别的要求。当很多抵押贷款支持证券评级不佳的消息传出来之后，投资者对新发行的“私营品牌抵押贷款支持证券”的需求顿时消失得无影无踪，那些创造这些非标准型证券的银行或其他机构除了自己持有这些证券之外，就别无选择了。大多数贷款机构这样做的能力或意愿有限，这表明只有符合两房担保或收购标准的标准型房贷可以支撑房地产市场的运作。到 2008 年夏季，两房持有或担保的美国抵押贷款价值大约为 5.3 万亿美元，其中大约一半尚未偿还。在私营部门的竞争者纷纷倒闭之后，作为政府支持机构的两房更加不可或缺。

然而，这两家公司真正有多么强大呢？事实表明，虽然它们自吹自擂地宣称自己的担保标准有多么高，但这并不意味着它们只是买进优级抵押贷款支持证券。从道理上来讲，两房不可以直接向贷款机构购买次级房贷和其他奇怪的房贷，但是，它们既担心私营品牌抵押贷款支持证券的竞争，又渴望得到评级较差的房贷承诺的高回报率，因此，它们购买和持有了大规模的私营品牌抵押贷款支持证券，其中包括次贷和其他评级较低的证券。根据一些报告的评估，从 2004 年到 2006 年，评级较低的“私营品牌抵押贷款支持证券”的发行总额大约为 1.6 万亿美元，两房大约购买了其中的三分之一，而且这两家公司的首席执行官都非常支持这种策略，即便评级较低的房屋抵押贷款支持证券造成的损失逐渐攀升，这些高管的决心依然没有改变。

与此同时，房价下跌的态势一直没有改变，房贷拖延和违约案例逐渐增加，开创了大萧条以来的新纪录，而且拖延和违约的情况不仅仅局限于次级贷款的借款者，6 月初，美联储经济学家告诉我说，他们预计在 2008 年之内，美国将有 220 万套房屋丧失抵押品赎回权，远远高于 2007 年的 150 万套。这种情况对两房来讲是双重打击，因为不仅仅两房的资产负债表持有的房贷会出现亏损，而且其他机构持有、由两房担保的房贷也会出现亏损。

房利美和房地美的营业状况由盈利转变为亏损之后，减少了给股东的分红，股价出现了暴跌。如果投资者认为政府会出手相救，他们就不会抛弃两房的抵押贷款支持证券。但事实上，很多投资者从来没有期望会得到政府的保护，实际上政府的确没有出手救助房利美和房地美。无论是国内投资者，还是国外投资者，对两房的信心都在逐渐流失。

当时，其他很多国家的央行与主权财富基金（例如为产油国投资收益的基金）都大规模地持有房利美和房地美的抵押贷款支持证券，因为两房的证券具有很高的流动性，无论买进，还是卖出，都非常便利，以至于这些外国投资者想当然地认为这种证券几乎可以充当美国政府发行的国库券的替代品。2008 年，仅仅中国这一个国家持有的两房证券的价值就高达 7 000 多亿美元，比其持有的美国长期国库券的价值还要略高一些。

房利美与房地美这两家政府支持机构引来了越来越多的质疑，就在这个时候，中东和东亚很多国家的央行行长、主权财富基金经理人以及官员纷纷给我和保尔森打电话，询问这两家公司是否安全，美国政府会不会支持这两家公司。好几位给我打来电话的人根本就不知道美国政府并不打算给这两家公司兜底，不过，很多新闻报道已经披露了有关的风险并对这些国家发出了警告，我所能做的只是尽最大可能地安慰他们，但没有资格提供暗示性或其他性质的担保。

由于美国金融体系依然存在很多风险，我和保尔森都希望促使国会重点关注一下金融管制缺失的问题。2008 年 7 月 10 日，我和保尔森到弗兰克主持的众议院金融服务委员会参加听证会时，保尔森就特别着重地指出支离破碎的金融监管存在一些内在的问题，主张全面推进金融改革，并建议国会让美联储负责全面维护金融体系的稳定，这一点也是财政部之前在 3 月所提的加强金融监管方案中的一个组成部分。这个建议似乎赢得了普遍欢迎。（弗兰克说，虽然让美联储承担这一角色并不算最理想的，却不失为一个最好的选择。为了证明自己所说的话有道理，他援引了美国著名喜剧演员亨尼·扬曼的话。有人问扬曼："你觉得你的妻子怎么样？"扬曼回答道："跟什么相比呢？"）我和保尔森都呼吁制定一套更加有序的金融监管制度，以便让那些濒临倒闭的大型公司能够站稳脚跟。弗兰克希望能在2009年初完成这种监管立法，但在我看来，这种要求并不现实。

市场形势的变化异常迅速。就在我们去弗兰克那里参加听证会之前的那一天（周一），房利美与房地美的股票价格出现了暴跌，因为有一位分析师预测，由于会计准则的变化，房利美与房地美可能需要募集数百亿美元的新资本。之前，虽然两房持有或担保的抵押贷款支持证券可能出现亏损，但它们持有的资本依然非常少，就是因为管制标准处于非常松散的状态。这种分析一出，很少有人怀疑这一点，市场对于两房的信心骤降。

与此同时，在这一周的周末，联邦存款保险公司接管了印地麦克银行，印地麦克银行是美国历史上第三大破产银行，因其规模过于庞大，导致联邦存款保险公司大约消耗了130亿美元的保险金。事后，美国储蓄机构监理局的局长约翰·赖克和纽约州参议员查克·舒默开始了互相指责。印地麦克银行遭遇的挤兑风潮开始于6月26日，而就在当天，舒默给赖克和联邦存款保险公司发了一封公开信，说印地麦克银行"对纳税人和借款者都构成重大风险"。赖克发布了一篇新闻稿，抱怨说舒默的信函引爆了挤兑，但舒默回应说，爆发挤兑的原因在于监管机构疏于监管，没有制止印地麦克银行"拙劣和松散的房贷行为"。他们的言论似乎都有道理，的确，印地麦克银行问题重重，以至于陷入困境，倒闭也是在所难免的，但在金融危机时，官员的一言一语会产生特别大的影响。

虽然房利美与房地美也需要我们的扶持，但就像印地麦克银行崩溃所显示的那样，财政部和美联储必须谨言慎行，不能公开发表过多的言论，也不能公开承认这一事实。虽然两房有政府的隐性担保，投资者还是很担心两家公司发行新债券。市场参与者之间流传的一种谣言认为美联储很快就会对两房开放贴现窗口。但我不希望这样做，因为多年以来，美联储一直在批评两房，如果现在要出手相救，帮它们解困，那将是多么讽刺的事情啊。此外，我认为两房应该由国会和行政部门负责。路透社报道了一则谣言，说我跟房地美首席执行官理查德·赛伦谈过对两房开放贴现窗口的事宜。因此，我给各地的联邦储备银行行长发了一封电子邮件，写道："这个传言没有一丝的真实性。我要明确地澄清这一点。"事实上，我的计划是派人独立核查这两家政府支持机构的财务状况，至于最后要怎么做，要以我们收到的最乐观的信息为基础。

美联储和货币监理署曾经与两房的主管机构——联邦房地产企业监管办公室达成过协议，要求深入了解两房面临的风险。换句话讲，银行监管机构会派人检查两房的账目。科恩希望这种检查悄悄地进行，以免引发市场恐慌。为了做到这一点，美联储与货币监理署决定到联邦房地产企业监管办公室的办公场所检查两房的账目，而不是到两房的办公地点。

虽然我最初反对救助两房，但这种决心并没有持续多久。就在印地麦克银行倒闭的那一天，房利美与房地美的股价出现暴跌。虽然小布什总统与保尔森财长发表了一些支持两房的言论，却依然无法扭转暴跌趋势。两房的总市值在一周内跌去了将近 50%。同时，印地麦克银行曾经遭遇的疯狂挤兑情景再次上演，在电视上播出了一遍又一遍。与此同时，原油价格在不断攀升，创下了每桶 145 美元的新高。在这些负面消息疯狂传播的时候，保尔森给我打来电话说总统允许我们请求国会出手救助两房。

保尔森一直把他和国会以及两房高管磋商的进展及时地通知我们，但房利美与房地美的次级抵押贷款支持证券业务造成的亏损越来越高、投资者对它们的信心迅速下降，保尔森觉得自己已经别无选择了，必须请求国会授权他动用必要的金融资源去支持和稳定这两家公司。然而，他还有一些担忧，他担心如果自己迫不及待地提出立法，导致市场意识到政府非常关心这件事，最后反而会引发针对两房的挤兑。他问我，在立法工作完成之前，美联储是否愿意为两房提供临时性的信用额度。

我勉强同意了保尔森的请求，但房利美和房地美既不是商业银行，也不是投资银行，没有资格向美联储贴现窗口申请借款。因此，要救助两房，我们必须行使一项之前很少行使的贷款权限。这个权限是《联邦储备法》第 13 条第 13 款规定的，比我们之前救助贝尔斯登时援引的《联邦储备法》第 13 条第 3 款赋予的权限还有限。根据《联邦储备法》第 13 条第 13 款的规定，我们的贷款必须以国库券或由两房之类“机构”担保的证券为抵押。但两项权力都只能在“异常和紧急情况”下方可动用。动用第 13 条第 3 款的权限要取决于法律规定，而动用第 13 条第 13 款的规定则取决于美联储的监管规定。虽然保尔森强调说我们的信用额度只是临时性和预防性的，但如同美联储的所有贷款一样，任何信贷都应该有担保品。我跟美联储理事商议是否提供必要贷款时，他们一致认为维持两房的稳定至关重要。7 月 13 日（周日），美联储理事会开会，同意动用《联邦储备法》第 13 条第 13 款的规定，授权纽约联邦储备银行在必要时贷款给两房。我们在新闻稿中表示，我们采取这种行动“是为了确保在金融市场面临巨大压力之际，提高两房提供房贷的能力”。

7 月 15 日，保尔森在参议院银行业委员会中努力推销他的想法。当时，我和证券交易委员会主席克里斯 · 考克斯就坐在他的旁边。保尔森请求国会给他“非指定”的授权，也就是说“没有限制”的授权，以便财政部大规模买进房利美与房地美的债券和股票。保尔森解释道，如果国会获得的授权没有限制，那么市场就会感到非常放心，到最后财政部或许根本就无须动用这种无限制的授权，市场就会自发地恢复稳定。他说："如果你口袋里有一把玩具手枪，你可能早晚会把它掏出来。但如果你有一支火箭筒，而且人们也知道你有火箭筒，你也许就不会用到它了。"这句话的意思就是，权力越大，用到权力的可能性就越小。有时候，市场恐惧情绪会自发地愈演愈烈，如果政府机构在此时可以展现出强大的干预权力，则有可能让市场感到放心，从而避免最差的结果，保尔森的话让我想到了一个军事原则，即"压倒性兵力"原则。通过这种方法，你可以促使对方产生畏惧心理，不战而降，从而最大限度地降低伤亡人数。

众议院和参议院分别在 7 月 23 日和 26 日通过了两党联合制订的救助房利美与房地美的方案。7 月 30 日，小布什总统签署之后成为法律。这部法律包括了批评人士长期主张的提高资本充足率，将主管机构从联邦房地产企业监管办公室更换成更为强势的联邦住房金融局。如果这些事情发生在 5 年前，那么批评者肯定会欢呼这些改革是真正意义上的进步，但这些措施发生在 2008 年夏季，迫于当时两房和金融市场面临的形势，这些改革措施大多已经无关紧要了。真正重要的是针对两房采取的救助措施。

米什金最后一次参加联邦公开市场委员会的会议是在 2008 年 8 月 5 日，同时，那也是美联储新任理事贝齐 · 杜克第一次参加联邦公开市场委员会的会议。小布什总统早在 2007 年 5 月就提名贝齐和第一资本金融公司高管拉里 · 克莱恩担任美联储理事。米什金很早之前就支持美联储采取有力的救助行动，以应对金融动荡，而此刻，他要回到哥伦比亚大学去了，对此，我感到非常遗憾。但为了在欢送午餐会上保持轻松的氛围，我朗读了一下他之前在联邦公开市场委员会会议上的讲话。比如，针对联邦公开市场委员会的投票结果中正方与反方的差距往往非常小的情况，米什金曾经如实描述他的感受："我夹在中间，感觉就像是一个人坐在篱笆上那样。你知道，坐在篱笆上可不舒服。"

贝齐虽然在一系列的银行并购之后进入了美联银行，但其大部分职业生涯都是在弗吉尼亚州管理社区银行。她待人坦诚友好，心地善良，深受欢迎。我经常采纳她的一些非常好的观点，她带来银行家的务实观点，对美联储理事会和联邦公开市场委员会的经济学家大有帮助。我在 8 月 5 日那次会议开始之前主持了她的宣誓就职仪式。她等了 15 个月之久，参议院才确认了她的提名。但克莱恩的提名被一些民主党参议员卡住了，原因是一些社区事务活动人士抱怨他所在的公司发放次级贷款的做法。克莱恩给我打了好几次电话，表达了他极度的沮丧和失望。

现任美联储理事兰迪·克罗兹纳之前是填补爱德华·格拉姆利克剩余的任期，到 2008 年 1 月 31 日任期就结束了，在结束之前获得了任期为 14 年的新提名，但参议院里的一些民主党人拒绝批准他的新任期。参议院似乎正在制造一个令人遗憾的惯例，即在总统任期的最后一年到一年半之间，不予确认美联储理事提名人选的任命。（贝齐·杜克的提名在小布什总统任期即将结束之际通过了参议院的确认，属于一个例外情况。）1999 年，也就是距离 2000 年总统大选还不到一年的时间，时任总统克林顿提名美联储理事罗杰·弗格森连任，但时任参议院银行业委员会主席菲尔·格拉姆拒绝批准弗格森第二个任期的提名，小布什总统就职后重新提名他连任美联储理事之后，才得到了参议院的批准。我很感激兰迪同意继续留任美联储理事会，直到新的替代人选宣誓就职为止。但不幸的是，由于政治原因，两位美联储理事的职位一直没人填补，以至于在困难时期常常出现人手不足的情况。

纽约联邦储备银行公开市场交易部门主管比尔·达德利在联邦公开市场委员会会议上汇报市场动态时，重点阐述了房利美与房地美面临的形势。上一周才走完立法程序出台的法律遏制了市场恶化的趋势，两房担保的抵押贷款支持证券以及它们为了融资而发行的证券不至于迅速崩溃。但对于房地产市场而言，这个最新的措施最多只是起到暂时缓解的作用，而无法彻底扭转市场的下跌趋势，虽然这部新的法律允许房利美与房地美通过提高抵押贷款支持证券在其投资组合中的比例，以期支持抵押贷款市场，但两房却不停地减少自己持有的抵押贷款支持证券，以降低自身可能承受的风险。虽然这部新的法律为美国政府提供了如同“火箭筒”般的、无限制的权限，外国投资者却不买账，纷纷减持或停止购进房利美与房地美的证券。由于抵押贷款支持证券的市场需求减少，房贷利率便随之高涨。虽然我们大幅降低了联邦基金利率，但 30 年期的房贷固定利率从 2008 年初的 5.5%上涨到了 6.5%的高位。

在邀请达德利汇报市场形势时，我还请他探讨了一下美联储的资产负债表。我们美联储可能面临着一个非常关键的问题，即我们能否一方面继续对金融机构提供紧急贷款，另一方面却要为了抑制通胀而设定非常低的短期利率。通过提供贷款缓解金融形势与设定短期利率，是我们的政策框架下的两个关键因素，但此时，这两个因素可能发生冲突。

美联储发放贷款时通常会收取证券或银行贷款作为担保品，收到贷款的机构会把这笔资金存入商业银行中，而商业银行则把这笔资金增加到其中美联储开立的准备金账户中。当银行持有大量准备金时，几乎不需要向其他银行借钱，此时，银行间短期拆借利率，即联邦基金利率，通常会下降。

但联邦公开市场委员会在制定货币政策时，会设定一个短期利率目标。我们的紧急贷款会增加银行在美联储设立的准备金账户中的资金，如果我们不采取抵销行动，结果往往是联邦基金利率和其他短期利率被压低。因此，我们从 4 月开始，把联邦基金利率目标定为 2%。我们认为，这有利于我们在保障就业与抑制通胀之间寻求平衡，是一个合理的水平。我们要继续提供紧急贷款，同时要防止联邦基金利率跌到 2%以下。

到目前为止，我们已经成功地解决了潜藏的矛盾，方法就是每贷出一美元的紧急贷款，就从我们的投资组合中卖出价值一美元的国库券。卖出国库券会抽走银行体系中的准备金，抵销因为我们的贷款而增加的准备金。这种叫作冲销的程序，让我们可以视需求放款，同时把短期利率维持在我们需要的水平上。

但是这种解决之道不能无限期地维持下去，我们已经卖出很多我们持有的国库券。市场对于紧急贷款的需求似乎是无止境的，如果我们提供的紧急贷款继续增加，那么最后我们或将耗尽现有的国库券，无法再推动冲销。这种情况下，任何紧急贷款都会提高银行的准备金水平，让我们失去对利率的控制能力，我们对这一点忧心忡忡，联邦公开市场委员会委员还会因为这件事遭受额外的攻击。①

美联储研究与统计部副主任戴维·威尔科克斯在比尔·达德利之后做了一个报告。他对联邦公开市场委员会说小布什政府的临时性减税措施有助于略微提高今年的经济增长率，但是就业形势一直疲软，金融动荡重新出现，促使美联储幕僚预测 2008 年下半年的经济增长率会低于 0.5%。我们针对银行信贷员所做的季度调查揭示了一个特别令人担心的现象，即银行已经大幅收紧贷款条件，特别是家庭贷款。幕僚坚持 4 月时首次提出的看法，认定经济要么已经陷入衰退，要么很快陷入衰退。

与此同时，我们不能完全排除通货膨胀隐忧。石油价格已经从 7 月的每桶 145 美元跌到了每桶 120 美元，然而，美联储经济学家仍然认为 2008 年下半年，通胀率会维持在令人不安的 3.5%的高位，即使排除波动剧烈的食品价格和能源价格，美联储经济学家仍然预期通胀

---

① 财政部的“补充融资方案”帮我们解决了一部分问题，方法是在债券市场上融资，再把获取的融资存进美联储，这样一来，美联储就可以在不增加银行准备金的前提下为紧急贷款获得资金支持。然而，我们央行在制定货币政策时不喜欢依赖财政部的帮忙。

率会提高到 2.5%，这超过了联邦公开市场委员会大多数委员所能接受的水平。我们像所有央行官员一样，总是保持警觉，害怕美国家庭与企业对我们维持物价稳定的决心失去信心。的确如此，欧洲央行为了应对可预见的通胀风险，一个月前才刚刚提高利率，完全不考虑经济增速放缓和金融压力持续存在的情况。由于我仍然担心金融压力会削弱经济增长和就业，因此决定维持我们的利率目标不变，等待更多的信息。只有达拉斯联邦储备银行行长费希尔投反对票，因为他希望立刻提高利率目标。

这样的投票结果是很好的，但 10 票赞成、1 票反对的投票结果根本没有体现出委员会中不断强化的鹰派气氛。我在第二天给科恩的电子邮件中宣泄了自己的情绪，写道:“我发现自己得不断安抚持有不同意见的人。这些人认为即使在经济和金融体系陷入危机、通胀风险和大宗商品市场的压力有所缓解的情况下，我们仍应采取紧缩政策。”这封电子邮件的主题是:“格林斯潘会怎么办？”科恩在出任美联储理事之前，曾经是格林斯潘最亲密的顾问，他向我保证说，我对联邦公开市场委员会的管理跟他预期的一样好。他写道:“现在不清楚的是，提出不同意见的人是否代表了大多数委员。”他提醒我，格林斯潘主政时，事情并非总是很顺利，这位大师在 1987 年经过三次没有人投反对票的“蜜月期”后，在接下来的 21 次会议中的 19 次，都曾经碰到反对意见。

当立法机构或最高法院投票表决时，正反两方往往势均力敌，赞成票与反对票数量相差不大。对于看惯了这种投票结果的人而言，我对于联邦公开市场委员会的 12 名委员中有人投下反对票的担忧似乎有些奇怪。但要知道，联邦公开市场委员会传统上的决策往往都能达成共识，在这种情况下，反对票往往表达了非常强烈的反对意见。大多数国家的央行都努力向外界表现出集体共识，但是也有像英国央行那样的例外情况，因为英国央行行长（相当于美联储主席）有时候会因为反对票占多数而受挫。央行影响金融，进而影响经济的能力，有一部分取决于市场是否相信央行会遵循一贯的决策方式，我担心太多的反对票可能破坏市场对我们的信任。

8 月的华盛顿，步调通常很慢，国会放假，联邦机构的很多员工放假。然而，2008 年 8 月，美联储却像 2007 年 8 月一样忙碌。我甚至懒得计划度假，不过我还是会偶尔出去看看华盛顿国民队的比赛。在金融危机加重之际，看棒球比赛能让我喘一口气，至少看一场比赛能让我休息几个小时。自从 2009 年国民队落脚华盛顿以来，我一直是国民队的球迷。不幸的是，我不能关掉黑莓手机，而且经常被迫在体育场里寻找安静的角落，以便接电话。某个周日的下午，我在体育场的急救区找到了一个稍微安静点的地方，两位护士好奇地看着我低声打电话。

8 月 6 日，沃什向我汇报说，在与房利美首席执行官丹尼尔 · 马德举行的早餐会上，他了解到房利美第三季度的业绩将是惨淡的，亏损规模可能是市场预期的 3 倍，马德担心公司的资本可能不足以吸收亏损，这与他之前曾经信誓旦旦的口吻相比截然相反。此外，我从财务核查人员那里了解到，房地美应该也会宣布重大亏损，不过其首席执行官理查德 · 赛伦承诺说可以募集 55 亿美元的资本。（这个承诺一直没有兑现，但房利美兑现了之前的承诺，募集到了 74 亿美元。）8 月 11 日，财长保尔森及其幕僚来到了美联储的埃克尔斯大楼，参加一场关于两房的会议。纽约联邦储备银行的达德利等人通过电话，与我们一同开会。两房虽然在 7 月进行了改革，但其资本储备水平依然无法弥补可能出现的亏损。

在 7 月制定的那个法案中，有一个条文规定美联储必须就两房的财务状况与两房的新主管机构——联邦住房金融局进行磋商。8 月 14 日，我、科恩、沃什以及我们的几位财务核查人员跟联邦住房金融局局长吉姆·洛克哈特及其幕僚开会讨论如何完善我们在初夏建立的非正式制度。我比较欣赏吉姆，他经常与数字打交道，曾经担任美国社会保障管理总署的首席运营官。他不停地指出两房资本不足的问题。但此时，他陷入了两难境地，因为他既担心两房存在的问题，又倾向于保护两房，毕竟两房属于自己监管范围之内的机构。一般来讲，我对于其他机构的“地盘意识”比较敏感，这样或许比较有利于建立合作关系，制定良好的政策。但两房的状况日益严峻。沃什在给我的一封邮件中写道：“两房的资本水平太低，已经失去了固有的功能，公司内部也一片混乱，这种状态持续了这么久，我觉得它们随时可能爆炸。”

两房的困境进一步削弱了原本已经十分脆弱的金融市场，打消了人们对于房地产市场走向复苏的期待。我们在不动用特别授权的情况下，有权购买两房担保的证券，因此，我问达德利是否应该这样做，以期帮助房地产市场实现复苏。达德利最初持有怀疑态度。从技术层面而言，要高效地买入和管理两房证券可能很难，而且就像他在联邦公开市场委员会会议上解释的那样，从我们资产负债表的情况来看，同时购买更多证券与控制货币政策之间可能存在一些矛盾，我们的自由回旋余地是有限的。不过，他同意研究一下我的想法。

那个夏季，我们监控的大型金融机构不仅仅是印地麦克银行、房利美以及房地美，还有华盛顿互惠银行。这是一家设在西雅图的抵押贷款机构，由美国储蓄机构监理局负责监管。作为存款保险机构，联邦存款保险公司也在监控该银行。由于该银行可能向美联储的贴现窗口申请贷款，因此旧金山联邦储备银行也在监控该银行。

华盛顿互惠银行成立于1889年。当年西雅图的一场火灾烧毁了25个街区，该银行成立的初衷就是向居民提供建筑贷款。在之后的一个多世纪里，华盛顿互惠银行挺过了很多重大的创伤，其中包括大萧条时期的银行挤兑风潮，在20世纪80年代的储贷危机中，该银行一度濒临倒闭。该银行在20世纪80年代得到的教训就是，要想长久地生存下去，就必须不断地追求业绩增长，实现多元化经营。该银行实现多元化经营的主要方式是并购其他公司。最坚定不移地执行这套增长策略的人是其首席执行官凯利·基林格。基林格曾经是一位股票分析师，他那头明显染过的黄褐色头发经过了一番细心的梳理，精力十分充沛。1990年，40岁的他接掌了这家银行，然后通过一系列令人惊讶的并购，使该银行变成了美国最大的居民住房抵押服务供应商，最后变成美国第二大抵押贷款公司，仅次于美国全国金融公司。我在联邦咨询委员会的几次会议上见过基林格。联邦咨询委员会是依据《联邦储备法》设立的，由12家地区联邦储备银行各推选一名代表组成，每年在华盛顿特区与美联储理事会的成员会谈4次，银行家们向美联储的理事们提出各种货币政策的建议。即使在这么古板的会议上，基林格的精力和强烈的意见都能够传达出来。

但如果扩张的步子迈得太快，可能带来一些危险。早在2004年，储蓄机构监理局就曾质疑过华盛顿互惠银行是否采取了足够措施去整合被并购企业。更糟糕的是，该银行增长策略的一个组成部分就是进军次贷市场，后来，次贷业务引发大规模亏损。2008年3月，我们派出的财务核查人员汇报说该银行董事会正在召集紧急会议，考虑可能采取的应对举措，其中包括卖掉该银行。董事会还雇了雷曼兄弟帮忙物色潜在收购者。

到2008年夏季，华盛顿互惠银行能否生存下去似乎都成了问题。然而，储蓄机构监理局认为，这家公司的问题虽然严重，却可以控制。联邦存款保险公司比较保守，总是对可能会让存款保险基金破产的风险很敏感，希望对该银行采取干预措施。美联储支持联邦存款保险公司。我担心储蓄机构监理局太重视维护自己监管对象的利益，而忽视了较为广泛的系统性风险。8月2日，我很高兴地从储蓄机构监理局局长约翰·赖克那里听说他们正在考虑换掉基林格，似乎储蓄机构监理局也很重视这件事。

科恩注意到了华盛顿互惠银行的情况，定期向我汇报。（约翰·赖克主管的）储蓄机构监理局和（希拉·贝尔主管的）联邦存款保险公司之间的紧张氛围一直在持续。贝尔想要华盛顿互惠银行积极寻找潜在的收购者，最好多找几家，以便确保卖一个合理的价钱，这样一来，联邦存款保险公司就可以避免或减少赔付。贝尔对储蓄机构监理局说，为了以防万一，他打算联系富国银行和摩根大通，评估它们对于这桩收购交易的兴趣，但根据科恩的汇报，储蓄机构监理局的官员听后十分生气，并指责美联储和联邦存款保险公司“是摩根大通的前锋”。于是，贝尔先暂时把这事搁置了起来。

8 月下旬，杰克逊霍尔年会日益逼近。我今年的讲话应该会受到格外密切的关注，于是我把草稿修改了一遍又一遍，并劳烦美联储的几位理事帮我审稿，我希望为大家提供一个关于货币政策的路线图，同时承认当前的市场形势存在高度的不确定性。

8 月 21 日（周四），经过精挑细选的与会者聚集在杰克逊湖旅馆，白雪覆盖下的大提顿山依然那么令人惊叹不已。如同往年一样的还有那些媒体的车，上面安装了指向天空的碟状卫星信号接收器，记者们在阳台上搭了多座用于采访的帐篷，很多记者站在山脚下，对着摄像机说话。

在今年的杰克逊霍尔年会上，美联储的技术人员也在会议大厅设置了一个信息中心，确保我们能够及时了解最新的市场动态，我、沃什、盖特纳和科恩经常在开会期间溜出去，探讨关于房利美与房地美的最新市场数据和动态。为了掩人耳目，我们尽量选择在不同的时间离开会议大厅。我还在会议的间隙尽量找时间同其他国家的央行官员举行会晤，向他们提供最新的信息，并听他们倾诉意见和忧虑。

关于房利美和房地美的新闻并不令人感到乐观。美联储和货币监理署派出的核查人员一致认为，如果对这两家公司进行务实的评估，那么报告一旦被市场看到，这两家公司可能很快就资不抵债了。来自摩根士丹利的一个团队为财政部评估了两房的账目之后，也得出了类似的结论。如果有必要采取干预措施，那么最有可能的方案就是让两房申请破产，或者接受监管。接受监管是申请破产之外的另一个选择。接受监管的公司将会在其监管机构的指导之下继续运营。

周五早晨，我在讲话中开门见山地提出金融市场上的紧张形势依然在继续，经济不断走弱，通货膨胀加剧，创造出了“我记忆中最具有挑战性的经济和决策环境”。我们会用稳定的货币政策引导市场预期。我们会保持宽松的货币政策，以便支持经济复苏，但我们也会采取必要的措施确保物价稳定。我还解释了为什么我们对贝尔斯登采取了干预措施，并阐明了未来如何避免类似危机再次上演。如同之前一样，我提出金融监管要基于一个系统性的视角，以便及时地发现风险，发现脆弱的环节，而当前这种碎片化的监管体系做不到这一点。

我讲完话之后，其他参与者重点探讨了金融危机的原因和影响。耶鲁大学经济学教授加里·戈顿指出，我们现在看到的金融恐慌，从结构上来讲类似于19世纪和20世纪初的金融恐慌，只不过在细节方面存在一些差异。对此，我表示赞同。事实上，我们美联储在当前这场金融恐慌中采取的应对举措就是扮演了“最后贷款人”的经典角色。其他发言者和与会者的态度就没有这么缓和了。我们救助贝尔斯登的行为引来了很多批评。一些与会者认为，让一家大型金融公司倒闭对金融体系而言是有利的。伦敦经济学院的威廉·比特毫不留情地抨击了我们的货币政策和我们的贷款方案，认为我们的货币政策过于宽松，会导致严重的通货膨胀。我在给美联储办公室主任米歇尔·史密斯和美联储负责维护媒体关系的戴夫·斯基德莫尔发送的一封邮件中，半开玩笑地写道我应该和比特就来年的通胀率公开打个赌。他们很快劝我打消这个想法。（事实证明，如果当时真要打这个赌的话，我就赢了。）在那次会议上，针对当前经济形势和我们的应对举措，与会者没有达成什么共识，也不明白未来究竟会发生什么。

周五晚上，我和其他与会者一起前往世界银行前行长吉姆·沃尔芬森在杰克逊霍尔的家里参加一场晚宴。我们讨论了过去一年发生的事情。沃尔芬森向在座各位提了个问题，即我们当前正在经历的这些事情，在未来的经济学教材中，究竟算得上一章，还是仅仅算得上一个脚注呢？大多数人都认为只算得上一个脚注，我没有回答，但我内心里认为这些事情不仅仅是一个脚注。

9 月 1 日是美国的劳工节，但由于房利美与房地美面临的情况非常紧迫，我们依然继续工作。来自财政部、美联储和联邦住房金融局的代表们在这三天的假期里，聚集到财政部办公大楼商量应对之策。财政部部长的办公室在三楼，我们每天都会聚集到财长办公室对面的会议室开会。大家都穿着便装，工作人员走来走去。除了我之外，美联储的代表还包括科恩、沃什、斯科特·阿尔瓦雷斯（美联储理事会法律总顾问）、蒂姆·克拉克（带领美联储工作人员核查两房账目的官员）。

我们把“作战指挥室”安排在财政部是合理的，毕竟国会已经把应对危机的“火箭筒”（即没有限制的授权）给了保尔森。当保尔森逐一梳理问题，要求大家提出解决方案或更多分析时，我终于明白了他为什么是一个非常高效的首席执行官。就像一个在敌境策划突袭的将军一样（就我们正在探讨的事情而言，这个比方是不夸张的），他要确保我们已经考虑到了每一种可能性。我们认为，接管是让房利美与房地美走向稳定的唯一途径。要在周末毫无预警或者不走漏风声的情况下采取这种措施，难度肯定不小。保尔森还要求财政部和美联储的幕僚们认真思考如何在接管之后维持这两家公司的正常运营。此外，律师们还帮助我们找到了除接管之外的其他选择。我们还探讨了财政部应该为两房债务和两房担保的证券提供哪些形式的保障措施。另外一个让人忧心的问题是，如果房利美和房地美抵制接管，我们该怎么办？如果它们抵制，就会产生很多法律上的不确定性因素，那么在这个不确定性的时期内，会造成什么伤害呢？我们如何才能确保这两家公司留住一些关键的雇员呢？

接管两房产生的外溢效应是难以预期的。比如，很多小银行大规模持有两房的股票，我担心接管之后两房股票的市值可能会降低，从而导致很多社区银行倒闭。我让我们的幕僚，努力去评估接管方案对社区银行造成的风险，但由于资料有限，他们的评估结果包含了很多猜测的成分。

就这样，我们的“作战规划”持续了一周，9 月 4 日（周四），早上 8 点，来自财政部、美联储和联邦住房金融局的代表们再次聚在一起开会。克拉克率领的账目核查团队再次证实房利美与房地美实际上已经资不抵债了。货币监理署和摩根士丹利的核查团队对此表示赞同。看来，我们发射火箭筒的时刻已经到来了。我、保尔森与洛克哈特一致同意召集房利美与房地美的首席执行官和高管过来开会。我们还预先演练了一下我们要发表的讲话。

第二天，我们跟两房摊牌了，地点是联邦住房金融局总部一个普通的会议室，跟白宫和财政部相距不到一个街区。我们一直努力避免会议走漏风声，但没想到《华尔街日报》记者达米安·帕莱塔看到我走进了联邦住房金融局的前门。他把这个消息发到了《华尔街日报》的财经快讯上。保尔森对两房的首席执行官马德与赛伦说，政府要接管这两家公司。他们二人听到之后，非常震惊。与申请破产倒闭不同的是，接管可以确保这两家公司能够继续在房地产市场上扮演关键的支撑角色，有利于保护两房债券和住房抵押贷款支持证券的持有者，从而避免全球金融市场发生恐慌。财政部会为这两家公司注入必要的资本，以维持它们的偿债能力。

接下来轮到我讲话。我强调了经济形势的严重性，并提出稳定房地产市场和金融市场符合美国的国家利益。我说，市场正在质疑两房的基本偿债能力，而且这种质疑是很有道理的，我们需要消除围绕两房的不确定性因素，避免更大的金融动荡，同时，为了稳定美国房地产市场，这两家公司必须继续经营下去。洛克哈特最后也发表了讲话，他详细地讲了他的想法，并说了他主管的联邦住房金融局要采取哪些措施。保尔森让这两位首席执行官向他们的董事会解释一下他们的公司将被接管的事实。保尔森肯定非常有说服力，因为马德和赛伦都没有抵制。

我们还决定换掉这两位首席执行官。这个时候，保尔森在金融业的一些老朋友派上了用场。马德的继任者是赫布·阿利森。阿利森曾经担任美林证券前首席执行官，入主房利美之前，正执掌全球最大的退休保险公司——美国教师退休基金会（TIAA-CREF）。赛伦的继任者是戴维·莫菲特。莫菲特是位于明尼阿波利斯的合众银行（Bancorp）的高管。保尔森对阿利森和莫菲特说，这两个工作是为公众服务的机遇。

接管的消息传出之后，包括国会议员在内的小圈子先是感到震惊，但之后普遍持欢迎态度。包括外国央行在内的投资者松了一口气，因为美国政府此举无异于明确表示政府将为两房担保的抵押贷款支持证券兜底。财政部还宣布将适度买进抵押贷款支持证券，为两房提供流动性支持，从而消除了美联储为两房提供信贷额度的必要性。（不过，我们一直准备好为两房提供信贷，以防万一，但后来从来没有用上过。）投资者开始更加放心地持有两房担保或发行的抵押贷款支持证券，房贷利率在之后的两周之内也下降了 0.5 个百分点。但房利美与房地美的股票却几乎下跌到了零。如同我们之前预测的那样，很多小银行持有两房的股票。这种情况下，我们必须保证它们的主管机构会同它们合作，以确保它们拥有充足的资本。

大概在同一时间，美联储前主席保罗·沃尔克在接受访问时恰当地概括了当时的形势。他说："虽然我经历了一些金融危机，但当前这场无疑是最复杂的。"沃尔克的确曾经处理过不少金融危机，其中包括1982年发展中国家的债务危机以及1984年美国有史以来规模最大的银行倒闭案——伊利诺伊大陆银行倒闭案，但这个倒闭案的纪录很快就会被打破了。

# 第十二章
# 雷曼兄弟：大坝决堤

在 2007 年到 2008 年那场危机中遭遇不幸的公司中，最具有象征性和争议性的就要数雷曼兄弟公司了。这家赫赫有名的投资银行的历史可以追溯到南北战争之前的美国南方。

雷曼兄弟公司最早是从巴伐利亚移民到亚拉巴马州蒙哥马利市的三位犹太裔兄弟——亨利、伊曼纽尔和迈耶——于 1850 年创立的棉花经纪公司，在南部做棉花买卖生意。1868 年，他们将公司总部迁移到了纽约市，后来联合其他几家大公司建立了纽约棉花交易所。20 世纪初期，雷曼兄弟公司开始从事投资银行业务，帮助航空、电影等新兴行业的成长型公司安排融资事务。后来，雷曼家族开始在政界扮演重要角色。迈耶之子赫伯特 · 雷曼在富兰克林 · 罗斯福担任纽约州州长期间担任该州副州长，1933 年罗斯福就任总统之后，赫伯特 · 雷曼担任纽约州州长。

1984 年，美国运通公司收购雷曼兄弟，将其同旗下的零售经纪商——希尔森公司合并到了一起，组建了希尔森–雷曼公司（Shearson Lehman）。至此，雷曼兄弟公司的事业似乎走到了尽头。在之后几年内，雷曼兄弟公司的高管们与母公司之间相互诽谤，导致美国运通公司在 1990 年把希尔森–雷曼公司改回了雷曼兄弟公司。1994 年，雷曼兄弟公司脱离美国运通公司，再次成为独立运作的投行。

让雷曼兄弟公司重现昔日风采的重任落在了新任首席执行官迪克·富尔德身上。富尔德1969年正式加入雷曼，成为商业票据交易员。他能力很强，身材瘦高，眼眶凹陷，性情暴躁，绰号“大猩猩”，与投资银行家那种儒雅风度恰好相反。但富尔德完成了既定的目标，把公司盈利提高了很多倍。在“9·11”恐怖袭击事件中，雷曼兄弟在世界金融中心3号的总部被摧毁，之后，他从竞争对手摩根士丹利那里购买了一栋位于曼哈顿的建筑，只用了一个月的时间就恢复营业。2006年，《财富》杂志的一篇文章盛赞雷曼兄弟之前10年内实现了“历来最卓越的经营业绩”，并认为“富尔德对雷曼兄弟的改造如此之全面，以至于这不太像首席执行官的做派，而是更像创始人的做派”。2008年，富尔德成为华尔街大公司里面任职时间最长的首席执行官。

我每次接触富尔德，跟他讨论问题，都能明显地感受到他对公司的投入。他把公司的成功视为对个人能力的证明。同样，每当投资者卖空公司股票，或者质疑公司资产的质量，他都认为这是对他个人尊严的侮辱。（卖空就是押注股票价格未来会跌，买多是押注股票价格未来会涨，二者正好相反。）但到2008年夏季，富尔德“历来最卓越的经营业绩”很快就要结束了。

雷曼兄弟有两个问题。第一个问题是，如同贝尔斯登一样，雷曼兄弟也严重依赖短期的、没有保险的回购协议融资。但与贝尔斯登相比，雷曼兄弟的一个重大优势就是它可以利用美联储设立的一级交易商信贷机制获得美联储的贷款。这个工具降低了出其不意的资金流出对雷曼兄弟的负面影响。然而，如同面向商业银行的贴现窗口一样，一级交易商信贷机制也背负着一些成见（没有公司愿意承认自己需要通过这个工具融资）。在3月和4月，雷曼兄弟通过这个工具借过7次钱，总金额高达27亿美元，但之后就没有再申请过。

第二个问题，也是较为根本的问题，就是截至5月底时，该公司6 390亿美元资产的质量。富尔德及其助手努力推动雷曼兄弟进军商业地产、杠杆贷款（贷款给已债台高筑的公司，为其并购和其他投机活动提供资金）以及“私营品牌抵押贷款支持证券”业务，而且在这个过程中，他们突破了公司关于风险控制的规章制度。即便按照华尔街在危机爆发之前的标准来衡量，这些做法依然是过于激进和冒险的。这些业务为公司带来了可观的利润，高管也获得了可观的奖金。但随着房地产市场崩盘，这些资产的价值暴跌。其他公司当然也遭受了损失，但雷曼兄弟的损失尤为严重，因为它的资金池和现金流比大多数公司都要弱。此外，富尔德和他的团队一直否认他们严重地下错了赌注。与许多同行相比，雷曼兄弟迟迟不减记问题资产的价值。绿灯资本公司（Greenlight Capital）习惯于做逆向投资的对冲基金经理人戴维·埃霍恩等人对雷曼兄弟的做法提出了批评。在这些批评者的煽动下，投资者和对手公司越来越怀疑雷曼兄弟对自身资产价值的判断。

证券交易委员会负责监管雷曼兄弟的主要子公司，这些子公司都是经纪商和自营商，从事证券买卖业务。但美国法律允许其母公司（即雷曼兄弟控股公司）在不受证券交易委员会或任何其他官方机构的监督下经营。但为了符合欧洲主管机构颁布的法律，雷曼兄弟的母公司自愿同意接受美国证券交易委员会“合并被监管实体方案”的监督。但这种自愿性质的监督没有法定性质的监督严格，这一点倒是不会令人感到意外。①

尽管证券交易委员会付出了真诚的努力，但它并不适合从事投资

① 合并被监管实体方案（Consolidated Supervised Entity），是美国证券交易委员会在2004年设立的、企业可自愿参与和退出的方案。该方案允许证券交易委员会对特定商业银行持股公司和投资银行持股公司进行合并监管，具体监管由证券交易委员会的交易与市场部门负责。这种方案的初衷是允许委员会对参与该方案的持股公司本身及其不受监管的子公司的财务或者经营缺陷进行监管并快速采取应对措施。——译者注

银行的监管。无论是过去，还是现在，它主要是一个执行机构，它的律师负责执行法律，比如禁止经纪商和自营商挪用客户账户的资金，要求真实披露证券产品的相关信息，以及惩罚违规者。证券交易委员会的目标不是确保公司良好经营，换句话说，证券交易委员会不是监督机构，不能像美联储或货币监理署那样派出核查人员重点检查所监督银行的整体安全，检查银行是否遵守消费者保护法规。①

尽管美联储不负责监管投资银行，而且实际上缺乏这种权力，但是救助贝尔斯登之后，我们跟雷曼兄弟有过一些接触。我们建立一级交易商信贷机制之后，如果雷曼兄弟需要向我们借款，那么我们可以要求它提供相关信息。此外，美国证券交易委员会正在向美联储寻求帮助。摩根大通收购贝尔斯登之后，纽约联邦储备银行的员工经常跟证券交易委员会和雷曼兄弟开展磋商，每天最多三次。我们最后会向雷曼兄弟和其他还存在的投资银行派出少数核查人员。一开始，美联储与证券交易委员会这两个机构的关系存在一些波折，美联储的核查人员由于对投行的合作意愿有所顾虑，因此不愿意同证券交易委员会负责执法的部门分享获取的信息。我和考克斯谈妥了一个合作备忘录，并于7月7日签署，提出了一些基本合作原则，之后，我们两个机构之间的协调情况改善了不少。

毫无疑问，雷曼兄弟需要资本。至于需要多少，是很难确定的。该公司及其批评者对于公司复杂资产的价值，存在很大的分歧。投资者和会计标准制定者认为应该根据应用较为广泛的“按市场计价法”，即按照现时市场价格来计量现在的资产价值，而不是按初始成本计价。但有些资产，比如对特定公司的放款，可能找不到一个活跃的市场，

① 2010年3月在国会做证时，2009年1月接替考克斯出任证券交易委员会主席的玛丽·夏皮罗（Mary Schapiro）承认证券交易委员会对雷曼兄弟和其他投行未能实行充分监督。监管方案“几乎是从一开始就存在人员不足的问题”，而且“需要更多地采用银行监管者的心态”，而不是“信息披露者的心态”。

而且即使市场存在，买家和卖家的数量也很少。在这么小的市场上，价格是不太可靠的，特别是在恐慌时期。通常，估值的结果，往往取决于你宁愿相信谁提出的假设条件。

虽然各方在资产估值方面有争议，但投资者对雷曼兄弟缺乏信心却是没有争议的，而且这一点到最后变成了最重要的问题。早在贝尔斯登出事前很久，盖特纳和保尔森就一直关心雷曼是否能够继续生存。保尔森尤其关心，在至少一年之久的时间里，他一直对富尔德施加压力，要他筹集更多资本。贝尔斯登事件结束后，雷曼的信用评级遭到了一连串的调降，美联储和财政部对富尔德施加的压力逐渐升高，告诉他必须筹集新资本，或是找到愿意买下他们公司大笔股权的伙伴。盖特纳是美联储跟富尔德之间的主要联络人，从 3 月到 9 月，盖特纳跟富尔德大约打了 50 通电话，富尔德一再把他所采取的行动告诉盖特纳。一天经常打上几十通电话的保尔森也经常跟富尔德通电话。根据他们的谈话，保尔森和盖特纳都认为，虽然富尔德积极考虑很多选项，但对公司究竟值多少钱却没有务实的看法。

如果雷曼兄弟是中型商业银行，那么强迫富尔德募集更多资本就是件理所当然的事，因为该公司要么符合监管机构的期望，要么就遭到联邦存款保险公司接管，然后在必要时，对储户赔付。但是美联储和联邦存款保险公司都无权接管雷曼兄弟，联邦存款保险公司的存款保险基金也不能用来弥补任何亏损。如果雷曼兄弟找不到新资本，从法律角度来看，政府只有一个办法，就是设法迫使该公司破产，但是这样做是毁灭性的。我们知道因为雷曼兄弟的规模，雷曼兄弟跟金融市场和众多金融公司存在错综复杂的关系，再加上投资者信心已经摇摇欲坠，强迫该公司破产可能引发金融混乱。

6 月 9 日（周一），雷曼兄弟宣布第二季度亏损 28 亿美元（这是自从 1994 年脱离美国运通公司以来的首次亏损），但雷曼兄弟宣布计划通过出售新股筹集 60 亿美元的资本。科恩告诉我，他认为新资本“至少在一段时间内能够稳定局势”。“不过，”他警告说，“还有更深层次的问题。”出人意料的巨额亏损损害了雷曼兄弟的信誉，也导致市场开始怀疑该公司是否隐瞒了其他事项。科恩说，对冲基金领域的某位人士曾经告诉他，华尔街已经形成共识，普遍认为雷曼兄弟气数将尽。科恩写道：“现在的问题不是会不会倒闭，而是何时倒闭以及怎么样倒闭。”我再一次开始担心预言可能会自我实现，即如果市场普遍担心雷曼兄弟的生存能力，那么其他公司将停止与它的业务往来，它就不可能恢复元气。

如果雷曼兄弟无法从回购协议市场上获取融资，那么我们就希望它能有充足的现金和易于销售的流动资产，这样它还可以暂时支撑一段时间。今年 5 月，纽约联邦储备银行和美国证券交易委员会曾经合作研究两个新的压力测试，以贝尔斯登的经验出发，假设回购协议市场在掌握担保品的情况下仍然愿意放款，但测试结果表明，放贷者却仍然可能挤兑。我们评估了剩下的四个独立的投资银行（高盛、摩根士丹利、美林和雷曼兄弟）的资金情况，看看它们对回购协议市场上的资金撤离或者系统性混乱的承受能力，看看是否能够经得住挤兑。第一个压力测试叫作“贝尔斯登真实版测试”，模拟贝尔斯登实际面对的情景。第二个压力测试叫作“贝尔斯登轻微版测试”，比贝尔斯登在 3 月面临的真实问题轻微一些。

结果，虽然两家投资银行（摩根士丹利和高盛）拥有足够的流动资产，通过第二个压力测试，却没有一家投资银行通过第一个压力测试，于是我们敦促这些公司解决问题。雷曼兄弟的情况尤其严重。在贝尔斯登轻微版测试中，雷曼兄弟有 150 亿美元的资金缺口，而在更为严格的贝尔斯登真实版测试中，雷曼兄弟有 840 亿美元的资金缺口。因此，我们特别告诉雷曼兄弟至少还需要 150 亿美元的流动资产。到 7 月底，雷曼兄弟报告自己的流动资产大约增加 200 亿美元，而且已经把若干不动产卖掉。然而，事后证明，碰到紧急状况时，并非所有的流动资产都能立即派上用场，其中大部分已经用来作为担保品，而且随着信用日益丧失，雷曼兄弟的偿债能力和长期生存能力让人存疑。

8 月下旬，富尔德提出将雷曼兄弟一分为二：一个是“好银行”，将保留公司的最佳资产和经营状况良好的业务；另一个是“坏银行”，将保留公司的问题资产和其他涉及房贷的资产。在雷曼兄弟，两个单位被称为“干净公司”（Cleanco）和“分拆公司”（Spinco）。雷曼会在坏银行中投注资本，并努力筹集额外资本。保尔森立即明确表示政府无权像富尔德提议的那样为坏银行注入资金。在合适的条件下，好银行和坏银行的策略可能会成功，因为在剥离问题资产后形成的好银行可以募集新资本，坏银行可以通过高利率向投资者融资，以期得到喘息的机会，然后再慢慢出售资产。富尔德说，他希望卖掉贝尔斯登旗下最有价值的子公司，即负责资产管理的纽伯格 · 伯曼公司（Neuberger Berman），以便剥离不良资产，弥补亏损。一些人认为它可以卖到 70 亿到 80 亿美元。然而，即使这个计划最终被证明是可行的，也需要数月时间才能完成，但富尔德可用的时间不多了。

富尔德宣布这个新计划的同时，韩国一家国营的银行——韩国产业银行提出收购雷曼兄弟一大部分股份。富尔德和韩国人的谈判持续了几个月。其他可能的追求者包括中国的中信证券公司、中东的两家主权财富基金、大都会人寿保险公司以及英国汇丰银行。9 月 8 日，韩国金融监管机构对这桩交易提出批评，导致韩国产业银行打了退堂鼓。其他可能的交易也都无果而终。富尔德还曾接触过沃伦 · 巴菲特，但没有成功。雷曼的股价持续下跌（仅来自韩国的消息就导致它的股价在一天之内从 14.15 美元降至 7.79 美元），从而导致雷曼兄弟更难筹集新资本。

到 9 月初，投资者一直在回避雷曼兄弟。美联储和财政部努力为其寻找买主。保尔森曾与美国银行首席执行官肯 · 刘易斯接触过。大家都知道刘易斯渴望拥有一家投资银行，但他不肯轻易透露内心的真实想法。他可能对这桩交易感兴趣，但是否要做，取决于雷曼兄弟公司的状况以及政府是否愿意帮助。刘易斯提出了另一个担忧。之前，在收购美国国家金融服务公司时，政府并没有给他施加压力，但他认为这样做有利于促进金融体系的稳定性，但在这桩交易完成之后，美国银行的直接监管机构——里士满联邦储备银行却一直给他施加压力，要求他想方设法提高资本储备水平，因此，刘易斯对里士满联邦储备银行感到有点不满，认为这违反了美联储之前做出的承诺。这一次，刘易斯想知道美联储是否还愿意让他收购雷曼兄弟。

我和美联储理事会法律总顾问斯科特·阿尔瓦雷斯一起研究了刘易斯的抱怨。里士满联邦储备银行表达的关切似乎是合理的。虽然美国银行最近募集了200亿美元的资本，但是并购全国金融公司却使该行的房贷业务可能出现相当大的亏损风险，里士满联邦储备银行完全有理由促使美国银行增加资本，例如，通过保留更多的收益，给股东少支付一些红利。重要的是，基于现有的信息，里士满联邦储备银行的监管者认为，如果美国银行觉得可以，他们不会阻止其收购雷曼兄弟。这是好消息，这意味着避免雷曼兄弟破产的方案仍然是可行的。如果真的能够做到这样，算是一个最好的结局了。

富尔德为了增强公司的实力付出了疯狂的努力，但最后都无果而终。破产倒闭的结局似乎越来越近了。9月9日，美联储经济学家帕特里克·帕金森告诉我，雷曼兄弟将于9月18日再次披露重大亏损，即第三季度亏损39亿美元。他补充说，盖特纳和考克斯计划告诉富尔德，如果他没有筹集到资本，他将不得不考虑破产。他们之所以这样讲，就是要吓一吓富尔德，让他赶紧行动起来。我们也担心该公司的资金问题，包括从三方回购协议市场获取的2 000亿美元。波士顿联邦储备银行行长埃里克·罗森格伦在共同基金领域人脉较广，他向我报告说，主要放贷者已经从雷曼兄弟撤退。罗森格伦在给我的邮件中写道：“他们希望加快行动速度，却不希望被人指责为大事件的始作俑者。”与此同时，雷曼兄弟在回购协议市场上的清算银行——摩根大通要求雷曼兄弟再提供50亿美元的担保品。

9月10日（周三）那一天是从沉闷的视频会议和其他各种会议中开始的。雷曼兄弟的融资之门已经完全关闭。罗森格伦报告说，如果信用评级机构下调了雷曼兄弟的信用评级，那么一些借款者将完全抽出给雷曼兄弟的贷款。我们面临的选择似乎越来越明显，要避免雷曼兄弟倒闭，唯一的途径就是找到一个愿意完全收购雷曼兄弟的投资者，或者至少要找到一个愿意收购大部分股权的投资者。在新买家出现之前，刘易斯的美国银行似乎是最好的选择。

不幸的是，面对这一摊子令人忧心的事情，我却不得不按照很久之前的安排，去参观圣路易斯联邦储备银行。在正常情况下，我认为访问地区储备银行是非常有意义的事情，可以借此机会见一见它们的理事和雇员，以及当地的商业领袖。但眼下雷曼兄弟的事情还没有解决，而且下周还要召开联邦公开市场委员会会议，我就有点后悔当初同意这个安排了。但既然早就定好了，我不得不去。我到圣路易斯联邦储备银行的当天晚上，参加了一个晚宴，该行前理事和现任理事都参加了。第二天一大早，我还没出酒店，连衣服都没来得及换，就接到了保尔森的电话。他担心美国银行的刘易斯临阵退缩，请我给他打个电话。

我跟刘易斯聊了大概20分钟。我敦促他继续评估雷曼兄弟的账务，看看收购雷曼兄弟是否符合美国银行的利益。我重申了监管人员之前发出的信息，即他的银行必须逐渐提高资本水平，但我们认为只要这笔交易具有商业价值，美国银行目前的资金状况应该不会妨害收购雷曼兄弟的事情。刘易斯同意派一个评估小组到纽约，继续评估雷曼兄弟的情况。他在这场金融风暴中，考虑的是寻求对自己有利的生意，而不是为了自保而完全抽身。这令我受到了一丝鼓舞。

刘易斯戴着一副眼镜，显得斯文和矜持，但如同前任休 · 麦科尔一样，他也有一种雷厉风行的风格。麦科尔出生于南卡罗来纳州，曾是一名海军陆战队队员。他在佛罗里达、得克萨斯和美国南方其他一些地方开展了一系列咄咄逼人的并购，把名不见经传的北卡罗来纳国民银行（NCNB）转变成了一家区域性的银行巨头——万国银行（NationsBank）。1988 年，也就是国会大幅削减对银行跨州设立分支机构的限制措施 4 年之后，万国银行收购了美国银行，一跃成为美国第一家业务遍及东西两岸的银行。美国银行是传奇人物詹尼尼（A. P. Giannini）1904 年在旧金山设立的。虽然万国银行是并购方，但由于美国银行知名度较大，收购之后的新银行就采用了“美国银行”这个名字。2001 年，麦科尔退休，密西西比州出生的刘易斯接掌美国银行。1969 年，从佐治亚州立大学毕业后，刘易斯就加入了北卡罗来纳国民银行，成为一名信贷分析人员。他担任首席执行官后，曾于 2004 年收购了富利波士顿金融公司（FleetBoston Financial），使得美国银行在新英格兰地区站稳了脚跟，但他把主要精力集中到巩固麦科尔收购的一系列企业上。

9 月 11 日（周四），我飞回华盛顿。联邦公开市场委员会会议定于 9 月 16 日（周二）召开，由于我把工作重心放到了雷曼兄弟的事情上，因此，这次准备不像之前那么充分，科恩提出帮我。我们二人在周五给大多数联邦储备银行的行长打电话，讨论政策选择。我还抽空跟美联储的其他理事闲聊了一下。

与 8 月相比，我们的经济展望变动不大。通货膨胀和经济放缓依然是央行的典型困境。用高利率去抑制通胀以及用低利率刺激经济增长这两件事，我们不能同时做。消费者价格指数较上年同期增长了一个令人不安的 5.4%，这反映了大宗商品价格高企和更广泛的市场压力。与此同时，经济显然已经走弱。8 月的失业率从前一个月的 5.7% 大幅提高到了 6.1%。

面对通胀率的上升，联邦公开市场委员会中的鹰派委员感到惊愕。早在 8 月 5 日会议之前，堪萨斯、达拉斯、芝加哥这三个地方的联邦储备银行的私营部门理事就建议提高利率。一般而言，地区联邦储备银行行长对其来自私营部门的理事具有深刻的影响，因此，这些建议反映了其行长的观点，而这些行长都是联邦公开市场委员会会议的参与者。鹰派委员通常会得到怀疑美联储货币政策之人的支持，其中就包括《华尔街日报》的一些社论作者。该报曾经猛烈批评我们的宽松措施过于鲁莽。鸽派一直在反驳这种观点，在公开讲话中宣称金融动荡淡化了货币政策的效果，因此需要制定效力更强的政策。鸽派指出，银行正在紧缩信贷标准，汽车贷款之类重要利率的降幅没有达到美联储之前设定的利率目标。

根据磋商的情况来看，得出的结论是，联邦公开市场委员会的中间派将赞成保持政策不变，至少暂时不变。我赞同这一观点，并努力防止鹰派得逞。在其他国家，观望态度似乎也占据了上风，欧洲央行 7 月加息后，8 月保持不变，加拿大银行和英格兰银行也没有改变几个关键的利率。

9 月 12 日（周五），铺天盖地的媒体报道指出政府正在努力想办法解决雷曼兄弟的事情。富尔德继续宣传他的好银行和坏银行计划，也宣传要出售纽伯格 · 伯曼公司，但市场不听他的话。周四收盘时，雷曼兄弟的股价已经跌到了 4.22 美元，只有 2 月的 7%。更糟糕的是，大范围的挤兑似乎已经开始，要求挤兑现金或增加担保品的客户和交易对手太多了，以至于雷曼兄弟根本处理不过来。

周五早上，我到财政部与保尔森共进早餐。我们都同意我们必须尽己所能地避免雷曼兄弟在混乱中倒闭。保尔森之前同媒体透露说不会用纳税人的钱去救助雷曼兄弟，我没有追问他为什么要这么讲。[①]我知道他之所以发表这些声明，一部分原因是他感到比较沮丧，不想让自己成为救助华尔街的代言人，这是可以理解的。此外，他这样做也有战术性的目标，即鼓励私营部门自己寻找解决问题之道。我也知道任何政府资金都将来自美联储，而不是财政部。

最重要的是，根据和保尔森的合作经验，我知道他会尽力避免雷曼兄弟倒闭造成的可怕后果。今年 3 月，我们曾一起救助贝尔斯登，我们一直认为这是正确的决定。与被收购前夕的贝尔斯登相比，雷曼兄弟的规模要大 50%，而且在金融体系中盘根错节的程度不会亚于贝尔斯登（雷曼兄弟的衍生品"账户"规模是贝尔斯登的两倍）。此外，如果说现在的情况跟救助贝尔斯登时的情况有什么不同的话，那就是现在的金融市场和经济更加脆弱。我们仍然担心回购协议市场的稳定性（我之前之所以支持救助贝尔斯登，最大的动机就在于此），因为雷曼兄弟在回购协议市场上获取的借款是贝尔斯登的两倍。

看来，雷曼兄弟的命运将在周末盖棺定论。盖特纳邀请其他多家大型金融机构的首席执行官在周五晚上到纽约联邦储备银行一起开会。雷曼兄弟及其潜在收购者美国银行则没有邀请。与会者包括一些大型投行的首席执行官，比如高盛的劳埃德 · 布兰克费恩、美林的约翰 · 赛恩和摩根士丹利的约翰 · 麦克，还包括美国主要银行的首席执行官，比如摩根大通的杰米 · 戴蒙、花旗银行的维克拉姆 · 潘迪特以及纽约梅隆银行的鲍勃 · 凯利。与会者还包括外资银行在美国业务的负责人，比如瑞士信贷银行的布雷迪 · 杜根、法国巴黎银行的埃弗里特 · 申克、苏格兰皇家银行的埃伦 · 阿勒马尼和瑞士联合银行的罗伯

---

① 保尔森在回忆录中提到盖特纳曾经在这个问题上逼问他，保尔森写道："盖特纳表示担心我对于政府救助的表态，他说如果财政部最终帮助雷曼兄弟的买家，我将失去信誉。但我想说'政府不会施以援手'的表态有助于我们达成协议。如果我们在周末必须扭转立场，那就顺其自然吧。"

特·沃尔夫。

盖特纳的目标是达成一个能够救助雷曼兄弟的协议。这个过程将双管齐下。一方面，专家团队将评估雷曼兄弟的资产，努力确定其资产的真实价值。美国银行的团队已经开始行动了。令我们感到鼓舞的是，英国巴克莱银行（Barclays）已经对收购雷曼兄弟表达了一点兴趣。巴克莱银行是世界上最大、最古老的银行之一，可以追溯到1690年。如同美国银行一样，巴克莱银行也想增强其在投资银行业务的实力。

另一方面，华尔街的首席执行官们配合美联储、财政部和证券交易委员会，对雷曼兄弟制订其他可行的救助方案。由于周末临近，我们认为最有可能出现的情况就是，华尔街各大公司提供资金支持或担保，协助美国银行或巴克莱银行收购雷曼兄弟。万一这两家银行都不愿意收购，那么我们希望建立一种合作机制，通过这种机制，整个金融行业共同努力，防止雷曼兄弟在混乱无序的状态中崩溃。这让我想起了10年前救助美国长期资本管理公司的情景。纽约联邦储备银行提供会议场所、三明治和咖啡，召集金融行业的一群首席执行官开会，结果没人愿意提供资金援助，最后，美联储出面协调，那些首席执行官们才算凑齐了足够多的资金，事情才逐渐得到解决。

如同当年救助美国长期资本管理公司时的情景一样，2008年9月，我们也是希望私营部门能够找到解决雷曼兄弟困局的办法。但这一次，这些首席执行官们更加担心的是自己公司的稳定性，而且美林和美国国际集团的压力逐渐显现了出来。一些与会者担心雷曼兄弟只是多米诺骨牌中的一张牌。在这种情况下，让他们出钱去救助竞争对手，难度可能非常大。

随着9月13—14日那个周末的到来，美国民众、政界和媒体界的看法日渐强硬，反对美联储和财政部为了防止雷曼兄弟倒闭而采取特殊行动。大家只愿意让我们帮雷曼兄弟从私营部门寻找一位买家。早在 9 月初，共和党在总统候选人的提名大会上已经明确表示不赞成救助华尔街。在参议院银行业委员会中影响力很大的资深共和党人理查德·谢尔比也对这种观点做出了肯定的回应。（小布什总统以及共和党提名的候选人麦凯恩的立场则比较微妙。）

媒体对我们的批评越来越多。伦敦《金融时报》提到了两周前政府接管房利美和房地美的举动，并评论道：“政府应该像回避瘟疫一样回避这样的救助行动。”《华尔街日报》认为：“如果联邦政府机构在救助贝尔斯登和房利美之后，再出手救助雷曼兄弟，那就无异于表明政府会为所有陷入危机的机构兜底，联邦政府的这个新政策将鼓励更多不计后果的冒险行为。”那个周末，我们面临的挑战远远超出了替雷曼兄弟找到解决之道面临的挑战，我们必须在面对公众和媒体苛刻批评的情况下完成这项任务。

有些人提出批评意见，是因为他们是意识形态主义者，坚定地崇信一些教条，比如盲目地认为自由市场总是正确的。有些人则是因为了解的信息不够深入，认为如果华尔街的几家公司得到了应有的惩罚，经济自然就会好起来的。有些人则认为救助华尔街，却不救助普通民众，是有失公平的行为。就个人来讲，我对这种观点是怀有认同感的（每当我看到有人在保险杠贴纸上写着“我找谁救助”的时候，内心都会感到震撼）。但无论大家是否理解，我们采取救助措施确实可以避免金融体系出现灾难性的崩溃，有利于保护美国经济，符合每个人的利益。

反对者最具有实质性的依据是，无论救助行为在短期内产生什么好处，如果一味地保护企业，使其免于承担风险行为造成的后果，那么从长期来看，就会导致风险更大的行为。我当然同意这一点，在资本主义制度中，必须允许市场惩罚做了拙劣决策的个人或企业。25 年前，曾经是一名宇航员、后来担任美国东方航空公司首席执行官的弗兰克·博尔曼说了一句非常经典的话：“没有破产的资本主义就像没有地狱的基督教。”但2008年9月，我绝对相信，在一场重大的金融危机期间一味地强调道德风险，会产生误导作用，也是非常危险的。我可以肯定保尔森和盖特纳认同这一点。

后来，我在接受采访时说道：“如果你有一位邻居喜欢在床上抽烟……假如他一不小心引燃了自己的房子，你可能会说，我不会帮他报警，让他的房子自己烧去吧，反正不干我事，但如果你的房子是用木头建成的，又位于他房子的隔壁，你该怎么办呢？再假如整个城市的房子都是用木头造的，你又该怎么办呢？”按照《金融时报》和《华尔街日报》的社论作者在2008年9月10日的逻辑，应该会主张让火继续燃烧，如果救助了那个躺在床上抽烟的人，就会鼓励更多人在床上抽烟，其实，更好的办法就是先把火扑灭，然后，如果有必要的话，再制定一些促进消防安全的法律法规，并付诸实施。

救火的观点同样适用于雷曼兄弟，如果雷曼兄弟倒闭，肯定会给金融市场造成大规模的破坏，不仅仅雷曼兄弟的股东、经理人和债权人要承担沉重的代价，而且其他相关各方，包括世界各地数以百万计的人，都会受到其冲击波的伤害。在我参加的很多场讨论中，包括我们在决定雷曼兄弟命运的那个周末于纽约和华盛顿开展的讨论，我从来没有听谁说过雷曼兄弟倒闭不会造成灾难的，也没有听谁说过我们应该考虑让雷曼兄弟倒闭。我们需要做的事情就是把火扑灭。

当然，我们在谈判中肯定要拿出一定的强硬态度，不然如果私营机构知道政府最终肯定会拿出一个解决方案，它们就不会乐意自己出钱救助雷曼兄弟。盖特纳曾把他为周五晚上的会议所写的谈话要点发给我，让我批准。他建议在谈话中刺激一下参会的首席执行官们，促使他们自己提出防止雷曼兄弟倒闭的方案。

盖特纳提议对这些首席执行官们说：“如果雷曼兄弟突然无序地倒闭，将会对资本市场产生广泛的负面影响，引发资产价格急剧下降的风险。金融界需要一起寻求有序解决的方案……如果事情真的发生，我无法保证能够控制住损失。”盖特纳清楚地讲到了雷曼兄弟倒闭的风险，我相信大部分或所有首席执行官们都能理解其中的风险。

盖特纳希望看到的，也是我们所有人都希望看到的，就是那些首席执行官们为了自己以及更多人的利益，与政府合作，采取行动。就像盖特纳在谈话要点中所说的一样，希望那些首席执行官们认真分析雷曼兄弟的资产的真实价值，并在必要时提供资金。美联储会在法规上协助促成必要的核准，而且提供正常的担保放款（这件事在我们的权限范围内），但是美联储不会提供“特别的信贷支持”。“特别的信贷支持”这个词语的定义很模糊，我认为盖特纳的本意也是这样，因为与会的首席执行官们可能认为，雷曼兄弟债台高筑，政府应该会想出什么办法，填补资金缺口，正如盖特纳所说的那样，我们会提供贷款，却不提供特别的信贷支持，应该会有助于压制这种假设。作为一家中央银行，我们能够根据担保品放款，却无权用高价买进不良资产，或以其他方式吸收雷曼兄弟的亏损。

那个周末，一切似乎都模糊不定。保尔森、盖特纳、考克斯和沃什都在纽约参加谈判，由于美联储理事会可能要在周末开会，批准雷曼兄弟公司的收购事宜，我便留了在华盛顿，大部分时间都待在办公室里，饿了就吃米歇尔·史密斯给我送的三明治。财政部、美联储和证券交易委员会频繁地通过视频会议协调工作。（有时候，我甚至会梦到办公室咖啡桌上那个免提电话。）我只在周五和周六晚上回过家，待一会儿又回到办公室，困了就在办公室的沙发上小憩一下。

周五晚上和周六早上，我收到的报告令人沮丧。美国银行和巴克莱银行发现雷曼兄弟的资产负债表的损失比预期的要大得多。他们试图让政府拿出400亿到500亿美元的新资本。我问盖特纳这两家银行是否为了获得更好的交易或者找一个终止交易的借口而故意夸大了数字。盖特纳承认存在这种可能性，但提醒我说，包括高盛和瑞士信贷在内的其他公司曾经对雷曼兄弟的部分资产开展了独立评估，结果表明，真实价值远低于雷曼兄弟宣称的价值，涉及商业地产类资产更是如此。

虽然我想避免雷曼兄弟公司倒闭，但鉴于我收到的报告，我不得不重新审视一下我们之前考虑过的两个策略，即找一个单独的公司，或让私营金融公司组建一个财团去收购雷曼兄弟。在纽约联邦储备银行开会的那些公司，财务状况都不是很好。通过单个公司或一个财团去收购雷曼兄弟，把危机重重的资产负债表拼凑到一起，是会带来一个更强大的金融体系呢，还是会导致更严重的问题呢？我想到了自己对 20 世纪 30 年代大萧条的研究。那个时期，最具灾难性的金融倒闭案就是奥地利最大银行——信贷银行（Kreditanstalt）的倒闭。这家银行的倒闭导致其他几家银行也跟着倒闭，而且破坏了刚刚开始复苏的美国经济与欧洲经济。信贷银行破产的一大原因就是之前被迫收购了奥地利另一家实力较弱的、严重亏损的银行，最终被拖到了绝境。

在现阶段的危机中，如果说哪一个美国机构的资产负债表最健康，借贷与投资能力最强，而且信用没有遭到日益严重的质疑，那就是美国联邦政府。在我看来，要结束危机，唯一的途径很可能是说服国会把纳税人的钱投入到美国的金融机构。我在周末的视频会议中提到了这一点。

随着周六逐渐过去，形势变得更加清楚了，雷曼兄弟严重资不抵债。即便到非流动性市场上贱卖资产，资产价格也会严重低于价值，偿债能力更弱。富尔德后来宣称，雷曼兄弟还没有破产，但他提到的资本水平夸大了资产价值，大大高出了真实的资本水平。由于雷曼兄弟资不抵债，就不能仅仅依靠美联储贷款去救助。即便我们动用《联邦储备法》第 13 条第 3 款的授权，也必须凭着适当的担保品才能放款。如果我们有合理的理由认为收不回本金，那么美联储就无权注入资本或发放贷款。

为了促成收购，我们本来是可以动用放贷权限的，但雷曼兄弟疲软的财务状况对任何收购者而言都是一个大问题，无论获得雷曼兄弟的业务会带来什么样的长期利益，就短期而言，雷曼兄弟的亏损肯定会给收购者造成很大的压力。我希望到纽约联邦储备银行参加会议的那些首席执行官们能够给我们提供一些帮助，但他们并没有表现出多大的热情，他们自己也敏锐地意识到了自己的资源是有限的，而且一旦危机恶化，这些仅有的资源就可能对他们的生存起到至关重要的作用。

我还接到了其他方面的坏消息。高盛前合伙人、亿万富翁克里斯托弗·弗劳尔斯经营的私募基金——弗劳尔斯公司报告说美国国际集团也陷入严重困境，因为其庞大的衍生品业务出现亏损，导致交易对手要求其提供更多担保品。

如果雷曼兄弟倒闭，那么另外三大投资银行——美林、摩根士丹利、高盛——当然有理由担心，市场似乎已经做好了对最弱者发起攻击的准备。除了雷曼兄弟之外，最弱的显然就是犯了很多同样错误的美林。美林在1914年成立，美林创始人查尔斯·美里尔曾有句名言："让华尔街深入群众。"就践行这个承诺而言，美林的成就是无可匹敌的。"一战"后，美林通过在电影和连锁商店领域的押注，实现了繁荣发展。1929年股市崩盘之前，美林提醒客户卖出股票，远离债务，结果名声大振。美林挺过了大萧条后，到1941年，变成了世界最大的证券公司。然而，它却在房地产行业由盛到衰的过渡时期大规模投资住房与商业房地产的抵押贷款业务。2007年10月，美林公司首席执行官斯坦·奥尼尔辞职，继任者是曾任纽约股票交易所首席执行官的约翰·赛恩。

我想为周二联邦公开市场委员会会议做准备，但发现很难集中精力去看会议材料。在与纽约沟通的过程中，我抽出时间与其他有关人员保持沟通，包括美联储理事、联邦储备银行行长和多位议员。我在沟通过程中尽量避免表现出虚假的乐观主义，但也不想表现得像一个失败者一样。周六上午10点，我跟其他央行的领导人举行了视频会议，与会人士包括英格兰银行总裁默文·金、欧洲央行行长特里谢和日本银行行长白川方明。特里谢特别担心雷曼兄弟的问题无解。他说雷曼兄弟倒闭可能会导致全球金融市场的衰退，我说我同意这一点，并表示会尽力而为。他还告诉我一个重要的信息：他听说英国银行体系的监管机构——英国金融服务管理局（Financial Services Authority）非常担心巴克莱银行接下雷曼兄弟的不良资产，因为英国这家旗舰银行自身的情况还存在很大的不确定性。我问他是否可以在这个问题上施加一点影响力，他说会试一试。

周日上午的新闻比周六的还要糟糕。美国银行确定要放弃收购雷曼兄弟的计划了。（刘易斯后来报告说，他曾经告诉保尔森，雷曼兄弟在官方评估中将其资产的真实价值高估了600亿到700亿美元。）但好在刘易斯正在跟约翰·赛恩谈收购美林的事情，因为他认为美林比雷曼兄弟更适合美国银行，因为美国银行的零售银行业务十分庞大，而美林的经纪人大军被戏称为“雷鸣般的羊群”，其零售业务在各大投行之间是最庞大的。保尔森强烈建议赛恩考虑刘易斯的报价。赛恩在华尔街拥有丰富的运营经验，知道风在往哪里吹。如果美林退出市场，那就意味着又少了一家面临倒闭危险的大型投行。但美林脱险之后，压力就可能转移给剩下的那两家投行（摩根士丹利和高盛）。

除了美国银行确定放弃收购雷曼兄弟之外，巴克莱银行那边的希望也变得越来越渺茫。正如默文·金承诺的那样，卡勒姆·麦卡锡领导下的英国金融服务管理局由于担心巴克莱银行为雷曼兄弟的不良资产承担责任受到拖累，最后成为英国政府的噩梦，因此不愿意批准这个并购案。我原本觉得英国政府考虑到雷曼兄弟破产将对全球金融稳定造成严重威胁从而回心转意，但现在看来，这种事情似乎不会发生了。

美、英两国证券法的差异也给这桩交易带来了一个问题（这一点是默文·金提醒我的，后来得到了盖特纳的确认）。根据英国法律，巴克莱银行在并购案获得股东批准之前，不得为雷曼兄弟的债务提供担保，而且批准程序可能要耗费几周，甚至几个月的时间。摩根大通收购贝尔斯登之所以能够稳定市场，是因为摩根大通在获得股东批准前，就能担保贝尔斯登的债务。因此，即便巴克莱银行原则上同意这桩交易，如果我们不能为雷曼兄弟找到无条件的担保，挤兑还是可能会摧毁这家公司。保尔森报告说，他呼吁英国财政大臣阿利斯泰尔·达林豁免股东批准的规定，阿利斯泰尔·达林拒绝合作，原因是如果暂停适用这条规定，无异于“否定了数以百万计的股东的权利”。此外，如同麦卡锡一样，他也担心如果巴克莱银行收购雷曼兄弟，那么这家美国公司的错误投资造成的坏账，最后可能要由英国的纳税人承担，这种事情很难向英国国会解释。

这时盖特纳的一通电话彻底粉碎了我残存的一丝希望。他说没有人愿意收购雷曼兄弟，证实了美国银行正在跟美林谈判，巴克莱银行无法及时地克服监管法律层面的问题，不能为雷曼兄弟的负债提供担保。我问盖特纳我们能否尽可能地放宽对担保品的要求，为雷曼兄弟提供贷款，使其支撑下去。

结果盖特纳说：“不。挤兑是阻止不了的，我们贷款也无济于事。”他进一步解释说，如果没有人愿意为雷曼兄弟的债务提供担保，重建雷曼兄弟的信用，那么美联储给它的贷款再多，也救不了它。即便我们同意雷曼兄弟以最差的资产作为担保，为其放款，它那些债权人和交易对手也只会利用这个机会加快挤兑，尽快抽回自己的资金。此外，雷曼兄弟最重要的价值在于其专业知识、信誉和业务网络，这也是美国银行首席执行官刘易斯当初对雷曼兄弟感兴趣的主要原因。但当前全面挤兑已经开始了，雷曼兄弟的那些客户以及具有专业知识的雇员已经放弃了它，这种情况下，即使它支撑下去，也没有多少价值了。即便美联储给它贷款，依然挽救不了它，而且它的不良资产最后只会烂在美联储手上。盖特纳说：“我们一切策略的基础就是帮它找到一个收购方。”这既有现实障碍，也有法律障碍。如果找不到收购方，也没有监管机构为其注入资本或提供担保，那么美联储即便想救它也无计可施。

这真是太可怕了，可怕得令人难以置信。我们正在进入一个无底的深渊。我敦促盖特纳再想想办法，但他也束手无策了，似乎下一步就是为破产做准备。提交破产申请的时间可能是周日午夜后不久。盖特纳用他的经典口吻说道：“我们要做的就是往跑道上喷洒消防泡沫了。”这种说法表达了我们都知道的事实：雷曼兄弟的崩溃就像大型飞机紧急迫降一样，可能会引起惨重灾难。虽然我们应该采取一切可能的措施去阻止这种事情，但我们却什么也做不了。

因为我们知道雷曼兄弟的崩溃可能会促使大家恐慌性地囤积现金，从而导致短期融资市场暂时停止运转，因此，我们决定增加美联储的资金供应量。在周日中午召开的紧急会议上，美联储理事会大幅拓宽了可接受的抵押品的范围。我们表示，为了支持回购协议市场，我们愿意接受正常情况下用作担保品的任何资产。我们还扩大了一些贷款计划的规模，并临时性地放宽了《联邦储备法》第23条第1款中限制银行为从事证券交易的关联企业提供融资的规定。在这里，我们的做法仍然遵循了白芝浩当年提出的建议：我们应对金融恐慌的举措就是为具有基本偿债能力的金融机构和市场提供基本不受限制的短期信贷。如果巴克莱银行愿意收购雷曼兄弟旗下的经纪商和自营商子公司（这类子公司算是雷曼兄弟旗下相对健康一点的组成部分，持有雷曼兄弟60%的资产），而且雷曼兄弟提出我们可以接受的担保品，我们还会继续以按日计息的方式对雷曼兄弟贷款，以便促成这桩并购案。等到并购完成后，巴克莱银行就会把贷款还给我们。我认为所有这些步骤，或许都可以减少雷曼兄弟倒闭造成的影响。

不幸的是，从短期来看，我们的努力杯水车薪。雷曼兄弟的倒闭会助长金融恐慌的火焰，而且破产程序会拖上好几年。这就更加有力地证明传统的破产清算程序完全不适用于在金融危机中倒闭的大型金融公司。

华尔街的一些“老人”面对 9 月 13—14 日那个周末发生的事情，肯定会产生一丝怀旧感。雷曼兄弟和美林，这两家偶像级的大公司，曾经挺过了世界大战和大萧条，却在一个周末就烟消云散了，雷曼兄弟宣布破产，美林被美国银行收购。我一点也不怀旧，我知道这两家公司的冒险行为不仅危及它们自身，还危及全球经济，其后果是不可预知的。

周日晚上，美联储一些理事和高级幕僚还在办公室加班。一些幕僚正在努力协助雷曼兄弟对一些衍生品头寸进行平仓，希望减少该公司申请破产后引起的混乱。我给我的同事通报了一下最新情况，又给其他几个央行的行长和国会山那边打了电话。与纽约联邦储备银行和财政部开了一个视频会议之后，就回家了。

# 第十三章
# 美国国际集团："这让我很生气"

9月15日（周一），美国东部时间凌晨1点45分，雷曼兄弟申请破产的消息传出，瞬间撼动了全球金融市场，外国市场首当其冲，美国市场开盘后也在劫难逃。我、科恩、沃什和盖特纳在上午9点召开视频会议，评估市场动态。到这一天结束之际，道指暴跌504点，单日下跌点数开创了美国股市7年来的单日最大跌幅。美国国际集团的股价跌幅超过50%，两家仅存的独立投资银行（摩根士丹利和高盛）的股价跌幅高达八分之一。

虽然股市一如既往地成为当天晚间财经新闻的焦点，但令我们更加忧虑的是融资市场，包括回购协议市场和商业票据市场，因为周一那天，这些融资市场上的借贷成本上涨了一倍。至少从短期来看，股价波动对经济的影响是不太大的，但在融资市场（金融公司与非金融公司获取信贷的关键渠道）恢复正常运转之前，经济面临的风险仍然很大。

周一那天，由于担心公司或金融机构违约，投资者纷纷捂住资金，不愿意放贷，而是把美国国库券视为避风港，要求的月利率甚至低到了0.21%。银行囤积现金导致联邦基金利率飙升到6%，远远超过了联邦公开市场委员会预定的2%的利率目标。直到纽约联邦储备银行当天上午晚些时候临时向货币市场释放700亿美元，这种局面才得到改善。

根据预先安排，联邦公开市场委员会将于9月16日召开会议，但9月15日上午10点，美联储经济学家们就提前向美联储理事会做了经济展望报告。我们可以猜测周末的事情造成的影响，但现在还为时太早，具体危害程度还不清楚。下午6点，民主党总统候选人、参议员奥巴马给我打了个电话，想了解一下最新消息。我对他讲，雷曼兄弟的倒闭对经济造成的影响虽然还不确定，但很可能非常严重。他认真地倾听，并提了几个问题。他可能有些自己的看法，但没有表达出来。我们还讨论了两房的问题，我说政府接管两房是稳定房地产市场的第一步，是必要的和积极的。我说最近的一系列事件传递的一个最清楚的信息就是，国会需要全面改革金融监管体系。我们都认同这一点，但都清楚在明年1月新总统就任之前，可能什么也做不了。

雷曼兄弟的倒闭事件在周末逐渐展开之际，我们一直关注着美国国际集团，该集团的保险业务规模多达数万亿美元，遍及130个国家。上周五，该集团首席执行官罗伯特·维拉姆斯德对盖特纳说他们的现金可能很快就会耗尽。罗伯特·维拉姆斯德三个月前才加入美国国际集团，之前曾在花旗银行供职多年。该集团的几位高管曾向美联储幕僚咨询过从美联储申请贷款的可能性，他们警告说美国国际集团的信用评级可能很快就会遭到下调，交易对手为了保护自己免遭违约风险，将会要求美国国际集团拿出更多的现金和担保品。

美联储对美国国际集团并不负有监管职责，但整个夏季我们一直在关注着它。它最大的业务是销售普通的生命财产保险，在美国的业务主要是由各州负责监管。这些监管机构应该确保美国国际集团的子公司处在正常经营状态，具有为客户理赔的能力。然而，对美国国际集团诸多业务（包括在外国的业务和非保险类的业务）进行统筹管理的控股公司却不受保险监管机构的监管。因为碰巧拥有一家小型的储贷机构，美国储蓄机构监理局便有权监管这个庞大的控股公司。但美国储蓄机构监理局规模小，人手不足，双方在专业能力与可用资源方面相差悬殊。虽然该集团在 6 月就宣布了次贷证券相关业务出现重大亏损，并聘请维拉姆斯德出任首席执行官，但直到决定雷曼兄弟命运的那个周末（9 月 13—14 日），储蓄机构监理局一直都没有暗示过美国国际集团可能陷入了严重困境。

美国国际集团的前身是美亚保险公司（American Asiatic Underwriters），于 1919 年在中国成立，创始人是施德。施德出生在加利福尼亚州，喜欢冒险，大学没读完就辍学了。27 岁时，他辞去了日本横滨一家轮船公司的职员工作，移居上海，在一个只有两个房间的办公室里设立了一家综合保险商，即美亚保险公司。经过几十年的发展，其业务除了亚洲之外，还拓展到了北美、欧洲、拉美和中东。1967 年，施德创立了美国国际集团控股公司，负责统筹整合这些业务。1968 年，汉克 · 格林伯格接替施德，担任美国国际集团的首席执行官。一年之后，该集团上市。格林伯格出生于布朗克斯，父亲是出租车司机。格林伯格 17 岁时离家出走，加入“二战”，曾经参加了解放达豪集中营的战斗。他的性格被描述为“强势、聪明、易怒、急躁、控制欲强以及有偏执倾向”，但正是这样一个人，将美国国际集团转变成了世界最大的保险公司。

美国国际集团对美国金融稳定构成的主要威胁并非来自于常规的保险业务，而是来自于其庞大的衍生品业务。1987 年，格林伯格创立了一家从事金融商品业务的子公司，名叫美国国际集团金融产品公司（AIG-FP）。虽然这个子公司从事多种金融工具的交易，但截至 20 世纪 90 年代晚期，其核心产品仍然是各种不同名称的保险。该集团的顾客包括美国和欧洲的银行与其他金融机构，这些顾客向美国国际集团金融产品公司购买保险目的是希望免于承担“债务抵押债券”违约引发的亏损。债务抵押债券以一个或多个类别且分散化的抵押债务信用为基础，重新分割投资回报和风险，以满足不同风险偏好投资者的需要。美国国际集团为了赚取固定支付（基本上就是保险费），同意在这些证券的亏损超过特定数量时提供赔偿。这种保险是通过名叫"信贷违约掉期"的衍生品提供给顾客的。

这看起来是双赢的安排。由于美国国际集团的信用评级很高，那些购买债务抵押债券保险的客户并不会要求美国国际集团持有规模庞大的准备金，以应对潜在的亏损风险。同时，向美国国际集团投保的银行等机构可以向监管机构证明自己已经取得了稳固的保障，有能力对抗自身的债务抵押债券可能出现的庞大亏损，从而可以减少自身的资本规模。美国国际集团销售债务抵押债券保险时，并没有提高自身的资本规模，因此，随着这种保险业务的规模逐渐扩大，金融体系中支持债务抵押债券的资本规模实际上是降低的。

在监管机构虎视眈眈的目光之下，一家运转良好的保险公司为了防止遭遇灾难性的亏损，往往会提高资本和准备金规模，限制对单一风险的暴露程度，并将承保的部分业务转给其他保险商（就是所谓的再保险）。从经济学的角度来看，美国国际集团金融产品公司就是一家保险销售商，但实际上其交易不受传统保险规则规范，处在不受监管的状态。它自身也没有采取任何预防措施，因此，一旦危机袭来，它是毫无防备的。

格林伯格很早之前就意识到了美国国际集团金融产品公司的衍生品交易蕴含的风险。1993 年，这家子公司在一笔保险业务上栽了个大跟头，赔了 1 亿美元，之后，格林伯格决定撤掉这家子公司的创始人、总裁霍华德 · 邵信。据报道，格林伯格曾经对新任总裁汤姆 · 萨维奇说："你们这帮人再做任何影响 3A 评级的事，我绝不饶你们。"但很明显的一点是，格林伯格并没有意愿或能力去限制这个子公司的冒险行为。将这个子公司拖垮的信贷违约掉期交易中，大部分都是 2003 年到 2005 年之间承接的。格林伯格在 2005 年 3 月把自己的工作都丢了，因为证券交易委员会和司法部发现了美国国际集团的会计欺诈行为，导致该集团信用评级被降低，并被罚款 16 亿美元，集团董事会迫使格林伯格辞职，继任者是该集团的资深经理人马丁·苏利文。再往后，格林伯格辞职时才加入美国国际集团的维拉姆斯德接替苏利文，出任首席执行官。

美国国际集团金融产品公司承保的证券高度复杂，难以估值，这就加剧了该公司的风险。早在 1998 年，《财富》杂志就曾报道说："其实，华尔街的很多人不再认真分析这家公司的情况了，因为它错综复杂，令人捉摸不透，他们只能依靠自己对该公司的信心，告诉自己格林伯格会继续创造盈利。"

维拉姆斯德出任首席执行官时，宣布打算专注于核心保险业务。如果他的计划能够落实（他曾经提出到 9 月会宣布详细计划），那么美国国际集团金融产品公司以及其他奇怪的业务（比如飞机租赁业务）就能卖掉或逐渐拆分。

虽然从名义上来讲，储蓄机构监理局是美国国际集团的监管机构，但它很少关心美国国际集团金融产品公司的透明度及其面临的风险。它在 2007 年 7 月发布的一份评估报告中提出了自己的判断，认为这个公司的风险管理计划是适当的，并认为其面临的信贷风险也不大。储蓄机构监理局还指出信用评级机构为该公司承保的证券给出了很高的评级，并补充说该公司已经从 2005 年 12 月开始停止承保涉及次贷风险的交易。基于这些评估意见，该局认为自己几乎没理由采取任何行动。然而，尽管美国国际集团从 2005 年开始已经停止承保涉及次贷风险的证券，但也没有采取什么措施去削弱现有的次贷风险。

维拉姆斯德在 9 月 13—14 日的那个周末一直忙个不停。他的公司需要一大笔现金，而且这个需求非常迫切。他和纽约州负责监管保险公司的官员埃里克·迪纳罗商量着如何制订一个计划，能够让美国国际集团控股公司从其子公司那里获得200亿美元。他和他的团队还努力从弗劳尔斯公司、KKR公司（科尔伯格–克拉维斯–罗伯特公司）等私募基金那里筹集资金。

如同雷曼兄弟一样，美国国际集团了解自身风险的过程也是非常缓慢的。周六上午，科恩向我汇报说该集团觉得自己的难处只是暂时性的现金短缺，而且该集团虽然同弗劳尔斯公司和KKR公司洽谈，却不考虑出售核心资产（如旗下一家保险子公司）或寻找一位愿意投入巨额资金的合作伙伴。我担心美国国际集团不会认真地分析自己的状况，便让科恩敦促其制订一个具体、可信的问题解决计划。我当时已经考虑到可能需要采取干预措施，但我们不太乐意这样做。我在给科恩的邮件中写道："如果他们明确、公开地承诺会采取措施，恢复自己的独立性和稳定性，那么如果有好的担保品，我还是愿意考虑给他们发放贷款。"

科恩建议我们先等一等，看看私营机构是否能拿出什么解决方案，就像保尔森和盖特纳处理雷曼兄弟倒闭案时采取的策略那样。他提到美联储最后可能有必要为美国国际集团提供短期贷款，帮助其补充现金，但他表示我们要尽量避免这种结果。对此，我表示赞同。

周日，虽然雷曼兄弟正在走向崩溃，但美国国际集团再次引起了我们的关注。无论是美国国际集团自身，还是来自私营部门的潜在救助者，每次谈到所需资金，金额都越来越高。美国国际集团承保的证券的价值持续下跌，交易对手为了防止美国国际集团可能无法偿清债务，纷纷要求其增加担保品以求自保。此外，美国国际集团还通过一种叫作证券贷款的融资方式，利用旗下保险子公司拥有的证券作为担保品获取融资（这种做法实际上类似于在回购协议市场中借款），在抵押贷款支持证券市场加倍下注，大规模投资于价值也在骤跌的"私营品牌抵押贷款支持证券"，是一种很不明智的做法。为美国国际集团提供资金的那一方有权在通知美国国际集团仅一天后就要求其还款。随着市场对美国国际集团稳定性的忧虑逐渐攀升，很多放贷者都这么做了。周六晚上，美国国际集团似乎需要600亿美元的现金才不至于违约。但周一上午，一些人预测它需要的现金规模超过800亿美元。

同时，美国国际集团同潜在投资者的谈判进展得并不顺利。周日上午，弗劳尔斯公司和KKR公司提出购买美国国际集团的部分业务，但遭到了该集团董事会的拒绝。随着所需资金越来越多，潜在买家的兴趣也在逐渐消退。最后，当该集团很快就资不抵债之际，其副总裁雅各布·弗伦克尔（之前曾任以色列央行行长、芝加哥大学经济学教授）开始对科恩等人讲，他们可能需要美联储协助才能维持生机。

到了周一，对于美国国际集团引发的危险，我们几乎没有任何怀疑了。这个集团太大了，在金融体系中过于盘根错节，以至于其倒闭的后果虽然不好预测，但影响范围肯定非常大。由于金融市场已经陷入了混乱，一旦这家世界上最大的保险集团倒闭，对投资者信心造成的影响将难以估量。此外，保险行业是金融体系的重要组成部分，该集团倒闭将严重影响公众与投资者对保险行业的信心。我真的不想看到这样的结局。

周一，午间刚过，保尔森在白宫记者会中否认了政府正在贷款给美国国际集团，他说："目前在纽约进行的事情，跟政府的任何过渡性贷款无关，完全是民间部门的努力。"当时保尔森深感受挫，因为我们无力救助雷曼，又陷在反救助怒火日增和金融体系可能崩溃的两难中，仅对民间部门救助美国国际集团的计划抱着一线希望，但是这种结果似乎越来越不可能。

周一下午5点，美联储经济学家迈克·吉布森（后来出任美联储银行业监管部门负责人），向我汇报了他和美联储其他幕僚同美国国际集团、纽约州保险监管机构以及纽约联邦储备银行开视频会议的情况。他说美国国际集团的计划在不断变化，目前已经不再提从私募基金筹资的事情了，而是希望以大杂烩式的资产（包括飞机租赁业务和滑雪胜地业务)作为担保品，从美联储获取贷款。

随着恐慌加剧，问题开始扩散到其他公司。我从旧金山联邦储备银行那边收到一条消息，标准普尔和惠誉将下调华盛顿互惠银行的信用评级。他们的报告补充说:“存款正在减少，没有人排队，也没有混乱迹象，但是存款的确在减少。”科恩报告说，他和兰迪再次跟储蓄机构监理局的约翰·赖克和联邦存款保险公司的希拉·贝尔谈到华盛顿互惠银行的事情对存款保险基金构成的威胁，两人继续敦促联邦存款保险公司尽快卖掉华盛顿互惠银行。非金融公司也感受到压力，我听说，依赖商业票据市场筹集日常营运资金的福特汽车公司，因为担心资金问题，希望跟我们讨论，我觉得自己正在拿着手榴弹玩杂技。金融恐慌是集体丧失维系制度运作所需的信心。我认为，如果我们不能很快地找出稳定这种状况的方法，形势会急剧恶化。

周一当天，盖特纳和纽约联邦储备银行的幕僚努力为美国国际集团寻找解决之道，一直忙到周一深夜(盖特纳的精力和长时间专注的能力总是让我深感震惊，他的新陈代谢似乎因为增压而加强。在联邦公开市场委员会会议中途休息时，他会吞下几个甜甜圈，却仍然保持身材苗条)。米歇尔·史密斯曾经报告过说，盖特纳认为，救助美国国际集团行动失败的“可能性确实有几分”，因此，我们打电话给盖特纳，我们一致认为，第二天早上，他应该缺席联邦公开市场委员会的会议，留在纽约继续为美国国际集团努力，他的副行长克莉丝汀会代表纽约联邦储备银行出席会议。

周二早上，联邦公开市场委员会会议开始前一个小时，我正在为美国国际集团的问题，跟保尔森、盖特纳、美联储理事沃什和贝齐·杜克等人开视频会议。由于私募基金公司退出竞标，而且对美国国际集团资产的价值开展过评估的投行也没有兴趣竞标，如果说还有什么办法的话，那就只有美联储的贷款了。盖特纳简要说明了一下他们半夜里制订出的救助计划，保尔森和我敦促他继续努力，尽快汇报。

视频会议开了很久，以至于我迟了将近半个小时，才去参加联邦公开市场委员会的会议。在正常的情况下，我都会在 9 点准时进入会议室，今天早上我匆匆走向座位时，大家都好奇地看着我。因为有太多的问题没有解决，会议时间又过去了不少，我没有告诉大家多少事情，指出市场“持续承受非常重大的压力”，美国国际集团的情况让人越来越担心，这也是盖特纳没有出席会议的原因。

在联邦公开市场委员会这次会议中，我们探讨的内容不仅仅局限于货币政策和雷曼兄弟倒闭的后续影响。根据之前的计划，我还请求联邦公开市场委员会授权我扩大美联储同其他央行的货币互换额度，因为美国与外国银行的短期利率之所以上升，一个原因就是国外缺少美元供给，扩大货币互换额度使得我们能够为外国央行供给更多美元，再由它们转贷给其国内银行，以此稳定融资市场。经过讨论，联邦公开市场委员会扩大了我们同欧洲央行和瑞士国家银行现有的货币互换额度，并与英格兰银行、加拿大银行和日本银行建立新的换汇额度。

比尔·达德利做的报告指出市场形势非常严峻。道指在周一下跌将近 4.5%后，周二延续了下跌态势，短期借贷成本继续快速上升。高盛和摩根士丹利承受的压力也在增加，它们的资金来源逐渐枯竭，其他公司不愿与它们签订衍生品交易合约，避险基金和其他重要客户担心其中一家或两家公司可能步上雷曼兄弟的后尘，纷纷把自己的账户转移到别的地方。更糟糕的是，美国历史上最悠久的货币市场基金——“主要储备基金”（Reserve Primary Fund）就曾受雷曼兄弟倒闭影响而跌破 1 美元面值，从而引发投资者大量的恐慌性赎回。如果赎回大潮波及其他货币市场基金，那么这场危机无异于开辟了一个新的战场。

货币市场基金由证券交易委员会负责监管，投资对象往往是非常安全的、流动性非常强的资产，比如短期国库券和信用评级较高的商业票据。货币市场基金模仿银行账户，允许投资者在自己的基金账户上签发支票和转账，这些使得投资者可以随时追加投资额，也可以随时通过签发支票的形式退出基金，而且每份基金的价格固定为 1 美元，这就意味着投资者可以合理地预期及规避损失。很多个人投资者把一些现金投入货币基金。投资者通常会选择产品线完整的基金公司。公司、市政机构与退休基金等机构投资者也发现货币基金是一个存放投资资金的好地方。

“主要储备基金”由储备管理公司（Reserve Management）负责管理。该公司在 1971 年成立了美国首只货币市场共同基金。与很多货币基金相比，“主要储备基金”承担的风险要大得多，因此，它支付给投资者的收益也要远超平均水平，对投资者的吸引力非常大。因此，这只基金发展得很快。然而，我们后来发现该基金大约把 7.85 亿美元的资金投入到了雷曼兄弟的商业票据上，现在这些商业票据已经基本上一文不值了，“主要储备基金”每股价值已经低于 1 美元了，用华尔街的行话来讲就是，这只基金已经“跌破面值”了，这是 14 年来首只跌破面值的货币市场基金。投资者不禁担心该基金止赎，纷纷开始赎回资金。到周二结束时，投资者大约赎回 400 亿美元的资金，几乎等于该基金价值的三分之二。随后几天里，挤兑波及其他货币市场基金，威胁整个货币市场基金行业的稳定，危害家庭、企业和非营利组织的现金资产。随着现金流失，金融公司和非金融公司都同样遭殃，无法通过卖出商业票据来取得发放薪酬与存货融资所需的资金。

但这些问题虽然严重，却不是最严重的。比尔·达德利继续说：“我们当然要先考虑美国国际集团的问题。”该集团虽然不是银行，却也碰到类似挤兑的问题，放贷机构和其他交易对手越来越不愿意跟该集团打交道，而那些以债务抵押债券为担保品，向该集团购买保险的公司，此刻要求更多的现金作为担保，确保该集团有能力清偿债务。我们得争分夺秒地找到解决之道，但我和达德利都没有什么具体的想法。

由于时间非常紧迫，剩下的议程就遭到了压缩。很多与会者看到了经济增速进一步放缓的迹象，也看到了通货膨胀没有略微减轻的迹象。我重申了我的观点，即我认为美国经济可能已经陷入了衰退。讨论结束时，我们考虑到最新的市场动态，修改了之前计划好的会议声明，同时，我们还一致同意继续将联邦基金利率维持在 2%。

回过头来看，那个决定肯定是错误的。当初之所以做出那个选择，一部分原因就是时间太紧张，不仅会议本身的时间太紧，而且我们也没有充足的时间去判断雷曼兄弟倒闭引发的影响。我与科恩在前一周做了大量的工作，去说服大家同意维持利率不变。就我们当时掌握的信息来看，这个比较中性的路线是正确的。在那次时间被压缩的会议中，如果要改变之前这个共识，可能会引发分歧，而且当时与会者普遍认为，在更好地了解雷曼兄弟倒闭引发的结果之前，我们最好暂时维持联邦基金利率不变。因此，尽管一些市场参与者希望我们降息，但我并没有推动大家这么做。

当我们在华盛顿讨论货币政策之际，盖特纳和他的团队正在纽约匆匆忙忙地起草为美国国际集团提供紧急贷款的条件。这次贷款的规模高达 850 亿美元，以期避免该集团崩溃。与雷曼兄弟不同的是，虽然该集团金融产品业务和资产管理业务存在严重问题，但它的保险业务运作良好，拥有很多有价值的资产，包括其在国内和国外的保险子公司以及其他金融服务公司。这些资产可以作为担保品，满足法律规定的联邦储备银行必须“得到满意的担保”的条件。然而，我们给美国国际集团提供贷款的行为，等于再次开创了一个先例，这不仅仅因为该集团是一家保险公司，而且因为担保品性质不同。与我们在危机期间提供的其他贷款不同的是，美国国际集团这笔贷款的担保品不是抵押贷款支持证券或其他证券，而是一些经营状况良好的子公司的价值。因此，与我们平常接受的担保品相比，美国国际集团的担保品在估值或转卖方面难度较大。但如果美国国际集团控股公司倒闭，那么它那些用作担保品的子公司的价值也就会大幅降低。美国国际集团持有的那些有销路的有价证券根本不足以为其所需要的巨额贷款做担保。但我们除了提供贷款之外，看不到其他选择。

盖特纳提出的贷款条件中，贷款利率高达11.5%，而且为保障纳税人的利益不受损害，政府将获得美国国际集团80%的股权。（盖特纳曾经让一批银行家研究救助美国国际集团的条件，而他最终提出的条件在很大程度上是以这些银行家的研究结果为基础的。）

我们提出这么苛刻的条件是合适的。我们并不是很了解该集团的情况，其金融产品公司的衍生品头寸过于复杂，准确估值的难度很大，而且金融市场的形势极端恶劣，这么一笔贷款将不可避免地带来重大风险。显然，没有私营企业愿意承担风险。纳税人既然承担了这个风险，就应该得到足够的补偿。特别值得一提的是，我们之所以要获取该集团绝大部分的股权，就是为了让纳税人在其涅槃重生之后，可以分享盈利。

同样重要的是，苛刻的条件有助于消除救助美国国际集团，而不救助其他公司造成的不公平性，也有助于缓解由此引发的道德风险。如果处于类似困境的公司的高管们认为自己能够以宽松的条件获得政府救助，那么就没有多少动力去筹集资本，降低风险，也没有多少动力去接受其他公司收购其部分资产或整个公司的请求。正是由于同样的原因，美联储和财政部才向贝尔斯登和两房的股东开出了苛刻的条件。但无论我们怎么做，政客的反应都会十分强烈，然而我们需要表明自己已经为纳税人争取了最好的交易条件，并且尽最大可能地减少了美国国际集团及其股东从救助过程中获取的意外利益。

我的职责是把这个交易方案推销给华盛顿官方，但首先一点，也是最重要的一点，就是推销给美联储理事会。我在联邦公开市场委员会会议的间隙，曾跟几位理事提了一下美国国际集团的现状和纽约联邦储备银行所做的工作。联邦公开市场委员会会议一结束，我就召集美联储理事开会。我们在开会期间，盖特纳发来了救助方案，并参加了会议。

一个关键问题是这850亿美元的贷款是否能够救助这家公司。我们认为，终极的灾难就是发放这么大一笔贷款之后，该集团却倒闭了。当然我们无法十分肯定，但是根据外部和内部的评估，我们相信，就整体而言，即使美国国际集团缺少现金，无法满足当前需求，或许也能够继续存活下去。该集团现金流失的主要根源在于旗下金融商品公司的业务和证券贷款业务。如果金融商品公司是一家独立公司，肯定无法继续存活，但据我们所知，其保险和其他多项业务的经营状况是比较良好的，美国国际集团的保单持有人遍及全球130多个国家和地区。正是这些经营状况良好的业务的潜在价值为其获得美联储紧急贷款提供了担保。

我们的行为是基于这样一个推论：如果我们给美国国际集团的贷款确实促进了金融市场的稳定，那么美国国际集团的子公司和资产就很可能保留足够的价值，我们的贷款也有可能收回；但如果金融形势持续恶化，导致美国经济陷入更加严重的衰退，那么美国国际集团资产的价值也将受到影响。在这种情况下，收回贷款的希望就会彻底破灭。我们只能期待实现更好的结局，除此之外，别无选择。

我们也曾经考虑过放弃美国国际集团，看看金融市场会不会在未来某一时刻趋于稳定，但考虑到眼下雷曼兄弟的倒闭引发了市场大震荡，至少我自己认为这种希望很显然是渺茫的。美国国际集团的规模大概等于雷曼兄弟和贝尔斯登之和，而且如同两家公司一样，在全球金融体系中也是盘根错节的。由于混业经营的缘故，它还与多家商业银行建立了密切的交易关系，如果该集团倒下，必定会拖累更多的商业银行，在多个方面造成难以预料的混乱。首先，美国国际集团的债权方和衍生品合约交易对手的偿债能力会遭到市场质疑。其次，美国国际集团商业票据的持有者会承担亏损（之前，雷曼兄弟的商业票据持有者遭遇亏损，引发了货币市场基金的挤兑浪潮）。再次，州保险基金的现金也会被耗尽。这种基金是各州政府为了在保险公司倒闭时保护投保者的利益而设立的。（有时候，州保险基金依赖业界的事后评估，因此，现金必须直接来自其他保险公司。）各州保险基金的流失，再加上美国国际集团宣告破产后其旗下的保险子公司可能遭到各州保险业主管机构的查封，必然进一步打击市场对于其他保险公司的信心。我们或将看到保单赎回浪潮，而且其他保险公司也将出现资金短缺。美国国际集团的保险子公司还承保了退休计划中一些颇受欢迎的投资产品。最后，如果美国国际集团的资产遭到迅速抛售，必然殃及美国股市和债市，将迫使更多公司走向资不抵债的状态。毫无疑问的是，有很多后果是我们根本没有考虑到的。

我认为如果美国国际集团董事会接受我们的条件，我们必须给它贷款。美联储理事会一直投了赞成票，批准给它贷款。美联储 5 位理事一致赞同是有必要的，因为只有这样才符合《联邦储备法》第 13 条第 3 款的规定。当时的会议记录简明地道出了我们救助美国国际集团的理由（考虑到当时的形势，这段文字似乎有点轻描淡写的色彩）：理事会成员一致认为，金融市场已经脆弱不堪，如果美国国际集团无序倒闭，很可能会对金融市场产生系统性影响，因此，最佳方案就是为其提供贷款，助其在债务到期时履行义务。理事会成员还同意贷款条件应该保护美国政府与纳税人的利益。

9 月 16 日（周二）那天，各种事情似乎没完没了。美联储理事的会议刚结束，我就要赶到白宫去参加下午 3 点半的会议。我和保尔森之前安排了这场会议，是想向小布什总统介绍一下最新的市场动态，但其实我们谈的内容远远超出了预期。与会者还包括副总统切尼、证券交易委员会主席考克斯、美国商品期货交易委员会主席沃尔特·卢肯、证券交易委员会高级幕僚埃里克·斯瑞以及来自财政部和白宫的几位官员。白宫的那几位官员里面包括白宫办公厅主任博尔顿（他之前曾担任白宫管理与预算办公室主任）、接替我出任总统经济顾问委员会主席的爱德华·拉齐尔以及现任预算局局长吉姆·尼斯勒（时任白宫管理与预算办公室主任）。我和保尔森讲话时，房间里一片寂静。总统提了几个问题，然后说我们应该做必要的事情，而他将尽力提供政治支持，并建议我们同国会谈谈。

我们同意他的提议。下午6点半，保尔森和我跟国会的几位领袖见面，包括参议院多数派领袖哈里·里德、众议院少数派领袖约翰·博纳、参议院银行业委员会主席克里斯·多德以及众议院金融服务委员会主席巴尼·弗兰克。弗兰克穿着皱巴巴的衬衫，下摆还露在外面。参议院预算委员会主席、资深共和党议员贾德·格雷格到场时身着无尾燕尾服，但没系领带。

保尔森和我做了形势介绍之后，接受大家的提问。我记得没有一位议员质疑干预的必要性。弗兰克想知道美联储从哪里找到850亿美元去给美国国际集团放贷。我认为现在不是解释银行准备金机制的时候，便对他讲："我们有8 000亿美元。"我这里的数字指的是美联储资产负债表在危机爆发之前的规模。弗兰克一脸惊愕，他不明白为什么美联储有这么多钱可以支配。我解释说，根据《联邦储备法》第13条第3款的规定，美联储有权发放必要的贷款去阻止金融危机，我们当前就是在做这件事。

正如哈里·里德明确提到的那样，我们必须独立履行好这份职责。我相信大多数与会者都明白我们是别无选择的，但我们不能期待国会公开支持我们。

在各个会议之间的空当里，我听过几次关于纽约那边最新情况的简报。美国国际集团首席执行官罗伯特·维拉姆斯德已经把由盖特纳提出，并得到美联储批准的贷款条件转达给了其董事会。保尔森让维拉姆斯德下台，接替者是埃德·利迪。埃德·利迪从 1999 年到 2005 年担任好事达保险公司（Allstate）的总裁。维拉姆斯德的任期很短，的确无法为解决美国国际集团的难题做多少工作。但我们也认为美国国际集团的悲惨局面的确需要更换一下领导者。维拉姆斯德没有提出任何反对意见，就接受了这个决定。

面对盖特纳提出的条件，美国国际集团的董事们无不惊讶沮丧。但考虑到他们公司给自己、美联储、美国金融体系和美国经济制造的可怕局面，他们不应该感到惊讶。据说，维拉姆斯德告诉他的董事会："我们面临着两个糟糕的选择，明天早上申请破产或今晚接受美联储的交易条件。"董事会问盖特纳是否能够协商一下条件，盖特纳明确拒绝了，表示如果他们不接受这些条件，他就准备任由其集团倒闭。我强烈支持盖特纳的立场，告诉他说我们已经尽力了，考虑到形势，我们提出的条件是完全合理的。我很佩服盖特纳表现出来的像扑克牌高手那样的冷静，其实我们都知道防止美国国际集团崩溃是何其重要。

晚上 8 点是盖特纳给美国国际集团董事会规定的给出答复的最后期限。就在最后一刻即将来临之时，维拉姆斯德打电话给盖特纳说美国国际集团愿意接受这个方案，盖特纳又打电话告诉了我。

现在，我们要做的就是发新闻稿了，在与美联储办公室主任米歇尔·史密斯一起讨论新闻稿之前，我再次回想了一下我们的措施。事情变得太快，慎重思考的时间太少，但我们别无选择。晚上 9 点，关于我们救助美国国际集团的新闻就见诸各大财经媒体了。

没有人（包括我）为美国国际集团感到同情，它的麻烦是自找的。很少达成共识的国会这次却很快团结了起来，强烈反对救助。在接下来的几个月里，我在愤怒的议员面前一遍遍地解释为什么我们必须这么做。当然，国会仅仅是反映出美国的公众舆论。

此外，由于美国国际集团在之后几个季度里出现了巨额亏损，导致救助方案多次变更。最后，美国政府（包括美联储和财政部）为其注资大约 1 820 亿美元。我们最初救助美国国际集团的时候，我总是尽量压抑住自己的情绪，用冷静客观的方式去分析问题，解决问题，但当我了解美国国际集团的高管们多么不负责任（或者说多么无能）的时候，我简直怒不可遏。后来，我在一次电视采访中曾经说道："讨论美国国际集团的事情时，我很生气，摔过好几次电话。我理解为什么美国人生气。美国国际集团做了如此可怕的押注，却要用纳税人的钱去支撑它。这是绝对不公平的，但我们只能努力稳定局面，除此之外，别无选择，不然就要面对很大的风险，不仅美国的金融体系要遭到冲击，整个美国经济都会跟着遭殃。"

幸运的是，美联储和财政部给美国国际集团的救助资金收了回来，还有将近 230 亿美元的利润。这令我感到一丝慰藉，这也证明该集团的新领导者（包括接替埃德 · 利迪出任首席执行官的罗伯特 · 本默切）以及美联储和财政部在提供救助资金后派出的监督小组非常称职。但最重要的是，我们的干预措施稳定了金融体系，使得美国国际集团和其他金融机构能够站稳脚跟。

没想到，救助方案实施 3 年之后，美国国际集团前首席执行官、持有美国国际集团大量股权的投资机构施德国际公司（Starr International Co.）的负责人竟然起诉美国政府，理由是美国政府在救助过程中强行加注不公平的惩罚条件，索赔 250 亿美元。这简直是无耻至极。他罔顾了一个重要事实，即美国国际集团董事会当初已经认识到了这些救助条件会让股东一无所有，并且自愿接受。此外，事实证明，正是得益于我们的救助，该集团才能重新盈利，股东才能重新获得该集团的控制权，而索恩柏格抵押贷款公司等数千个公司由于在危机中没有得到类似的救助，最后都倒闭了。

9 月 13—14 日那个周末不仅决定了雷曼兄弟的命运，也决定了美国国际集团的命运，使得已经历时一年的、非常严重的危机变成了美国历史上最严重的金融恐慌。由于雷曼兄弟倒闭了，而美国国际集团却得到救助，质疑的声音从来没有中断过。政府是刻意决定让雷曼倒闭的吗？如果是这样，为什么政府后来要救助美国国际集团？此外，如果能够以某种方式救助雷曼兄弟，那么后来的大部分危机是否可以避免呢？

很多人认为，雷曼兄弟原本也是可以救助过来的，就像之前的贝尔斯登和后来的美国国际集团那样，因此，任由雷曼兄弟倒闭是一个重大的决策失误。然而，美联储和财政部并没有刻意让雷曼兄弟倒闭，它之所以没有获救，是因为我们救助其他机构时采用的办法在雷曼兄弟那里行不通。和贝尔斯登不同的是，雷曼兄弟找不到收购方，没有一家稳定的公司能够为雷曼兄弟的债务提供担保，并且让市场相信雷曼兄弟最终能够存活下去。财政部不像处理两房的情况时那样拥有经过国会批准的资金，可以投下去。雷曼兄弟和美国国际集团不同，美国国际集团拥有足够的担保品，可以为美联储的庞大贷款提供担保。雷曼既没有看来合理、能够稳定自己的计划，也没有足够的担保品，可以为挽救危亡所需巨额资金做担保。根据破产清算人员 2010 年出示的报告，雷曼兄弟的情况很可能比最初报告的还糟糕。我们后来才知道该公司采用欺诈性的会计手段，夸大了资本与资产比率，严重高估了可以付给债权人的现金储备。最后，雷曼兄弟的债券持有者在破产案中，大约只能收回债权的 27%，其他无担保债权人，大约只能收回债权的 25%。据估计，债权人的损失总额接近 2 000 亿美元。

有些人提出在一夜之间将雷曼兄弟转变成银行控股公司，就像后来其他投行所做的那样，或许能够让雷曼兄弟得救。但这是解决不了问题的。雷曼兄弟原本就可以通过一级交易商信贷机制向美联储申请短期贷款，但短期贷款根本不够，因为从雷曼兄弟的亏损规模来看，它要找到一个收购方，一个长期性的大投资者，或者私营公司组成的财团。富尔德努力了几个月，一直无法吸引大投资者，在最后那个致命的周末里更是找不到。

如果在那个慌乱的周末的确存在可用的救助工具，而我们却没有想到，那真的证明我们不够聪明。但当时多达数十人在华盛顿和纽约商讨救助雷曼兄弟的事情，我、保尔森和盖特纳召集了很多会议，但从没有一个人提出可行的解决方案。我们知道雷曼兄弟需要救助，却无计可施。

我明白为什么一些人断定我们是刻意让雷曼兄弟倒闭的。从某种意义上来讲，这些人高估了我们的能力。当时，我们给外界营造了一种足智多谋的形象，很难想象我们在雷曼兄弟的问题上会无计可施。甚至在 2008 年 9 月参加联邦公开市场委员会会议的那些人当中，有些人，比如圣路易斯联邦储备银行行长吉姆 · 布拉德、里士满联邦储备银行行长杰夫 · 莱克尔和堪萨斯联邦储备银行行长托马斯 · 赫尼希，都认为让雷曼兄弟倒闭是蓄意为之，而非不可避免的结局。

保尔森在那个周末以及之前一段时间宣布不会用政府资金救助雷曼兄弟，也导致外界误以为我们是刻意让雷曼兄弟倒闭的。保尔森有好几个理由这样讲，救助那些“大到不能倒”的公司是不受欢迎的，无论是从个人角度来看，还是从政治角度来看，他都不想被视为救助方案的代言人。这样会令他感觉很不舒服。但我知道这种声明背后也有一些战术性的考虑，因为我们都希望某个私营公司或某些私营公司组成的财团出面，在救助雷曼兄弟的过程中发挥主导作用，而如果私营公司知道政府最后会介入的话，就丧失了参与救助的动力和承担潜在亏损的意愿，因此，保尔森必须讲一些强硬的话。然而，事实上，保尔森的声明并不重要，因为美联储的贷款是唯一可以动用的政府资金，如果大家认为用巨额贷款救助雷曼兄弟是可行的，那么决定贷款与否的是美联储，而不是保尔森或财政部。

雷曼兄弟崩溃后，我和保尔森立即到国会参加听证会，谈到是否可能救助雷曼兄弟时，我们故意把话讲得模糊一些。我们讲的都是事实，比如，私营金融公司在雷曼兄弟事件中的准备时间要远远多于在贝尔斯登事件中的准备时间，我们打算把救助的主导权交给私营公司，但这些事实上都不是最关键的。我们之所以商定要含糊其辞，是因为我们非常担心一旦承认自己无计可施，或将重创市场信心，从而导致那些脆弱的公司面临更大的压力。现在，回头去看，我觉得我们当时或许应该把话讲得更明白一些，一个原因就是当时含糊不清的态度导致大家误以为我们原本能够救助雷曼兄弟。当时，我们有充分的理由担心高盛、摩根士丹利和其他公司遭到挤兑，而我们避而不谈雷曼兄弟倒闭的原因反而让外界看不清我们的救助标准。我们当时含糊其辞，似乎暗示我们未来还有能力采取干预措施，真的提振了市场信心吗？如果我们当时承认无力救助雷曼兄弟，会对提振市场信心更有帮助吗？我也不知道。

虽然我们尽最大努力地救助雷曼兄弟，但我心里仍然担心它的倒闭是不可避免的，我们所做的事情只是在拖延倒闭的时间而已。今天，我相信自己当时的直觉是正确的。在雷曼兄弟倒闭的那个周末，美联储在没有国会支持的情况下，单枪匹马地救助大型金融公司的能力已经迅速地消耗殆尽。正如比尔·达德利对联邦公开市场委员会强调的那样，美联储的资产负债表不断扩大，势必损伤我们执行货币政策的能力。然而，更加重要的是，政界对于美联储的"流氓行径"的容忍已经达到了极限。（曾经与米尔顿·弗里德曼合作写书的安娜·施瓦茨将美联储的救助措施称为"流氓行径"）。简而言之，即便美联储当时有办法单独救助雷曼兄弟，甚至救助后来的美国国际集团，但由于权力有限，再加上缺乏政治支持，我们也肯定什么都做不了。

即便我们用尽一切可用的资源，也挽不回金融体系的颓势，亏损继续扩大，资本日益短缺，市场信心蒸发，这些在雷曼兄弟倒闭之后一直存在。前几年美国遭遇了好几次严重的飓风，雷曼兄弟倒闭的那个周末，我觉得一连串的飓风扑向了海岸，只不过这些飓风的名字不是卡特里娜、丽塔或古斯塔夫，而是叫作美国国际集团、美林、摩根士丹利、高盛、华盛顿互惠银行、美联银行、美国银行、花旗银行等等。由于缺乏可用资源，也没有政治支持，美联储怎么可能有望单独应对这么大的危机呢？就像我在雷曼兄弟倒闭的那个周末所说的那样，我们不要再欺骗自己了：是时候求助于国会了。如果说在不用纳税人的钱和缺乏政治支持的情况下就能应对这么严重的危机，那么历史上根本找不到这样的先例。

事实表明，即便百年一遇的经济和金融灾难，也不足以让很多议员超越意识形态和短期政治顾虑的束缚。虽然雷曼兄弟倒闭后造成了严重混乱，而且可能对整个美国经济造成沉重打击，但国会视而不见，还是多耗费了两周的时间，举行了两轮投票，才批准了我们为了结束危机而提出的救助方案。显然，如果没有某些大公司倒闭，如果不是整个经济体系都会遭到拖累，国会是断然不会行动起来的。换句话讲，雷曼兄弟那样的倒闭事件很可能在所难免。

如果历史学家最后认为，救助雷曼兄弟无助于避免后来的一系列倒闭案例，无助于避免危机愈演愈烈，无助于避免随之而来的经济衰退，也无助于避免国会批准动用数千亿美元的纳税人资金，那么“雷曼兄弟的崩溃是否可以避免”的问题就变得无关紧要了。但我不希望大多数人都认为雷曼兄弟的倒闭是可以避免的，或者说雷曼兄弟的倒闭是政策选择的结果，原因很简单，就是因为这种观点是错误的。我们当时就相信雷曼兄弟的倒闭会引发格外严重的动荡，而且为了避免这个结局，我们能想到的办法都用了。我们后来救助美国国际集团也是基于这个逻辑，但美国国际集团与雷曼兄弟的情况存在一些差异，从而使得我们之前临时推出的一些机制正好有了用武之地。

# 第十四章
# 求助于国会

9 月 17 日（周三），各大报纸的头版都报道了救助美国国际集团的新闻，而且这条消息的排版方式与宣战新闻常用的排版方式一模一样。政治界和媒体界试图借助传统智慧去解读过去几天发生的事情，因此，他们最初的反应对我们是不利的。周一和周二，大部分社论作者和经济学家都支持让雷曼兄弟倒闭，认为这是一个符合原则的决定，因此，很多人认为我们后来决定救助美国国际集团是一反常态的表现，而没有认识到这是我们针对不同的情况做出的不同反应。

对于救助美国国际集团的事情，即便那些通常倾向于支持美联储的经济学家们都持有批评态度。曾经担任美联储货币事务部门主管，而且与我合写过论文的经济学家文森特 · 莱因哈特说："政府跟雷曼兄弟公司划清了界线，现在却把这条线上的一部分抹掉了。"曾经与我合写过论文、后来受聘于英格兰银行的鸽派经济学家亚当 · 波森撰文指出："这是很坏的消息，也开创了一个令人感到混乱的先例。美国国际集团资本和流动性流失几个月了，头脑清楚的人都可以逃出去。"我熟识的卡内基–梅隆大学教授、曾任里士满邦储备银行经济学家的马文 · 古德弗兰德批评美联储说："你们没有任何规则，你们是在游戏中途制定规则。"我知道我们做了正确的决定，但是这些消息灵通的观察家们的反应让我意识到一个事实，我们很难说服国会、媒体和大众。

我认识或者合作过的人，比如莱因哈特、波森和古德弗兰德，似乎不愿对我们做出无过错推定，这让我觉得难过。

政客们一如既往地试图做到两面讨好。一方面，很多政客知道救助方案非常不受欢迎，所以就绞尽脑汁地利用（并强化）一个观点，即财政部和美联储把华尔街的利益置于大众利益之前。参议员吉姆·邦宁非常不恰当地将美联储比作委内瑞拉的独裁统治者查韦斯。道琼斯通讯社的一篇报道很好地捕捉到了当时的气氛："在这个流行政治攻击的大选季里，国会山的民主党人与共和党人似乎至少有一天是扔掉斧头、摒弃前嫌的，但他们正好把斧头扔到伯南克身上。"另一方面，一些思考问题比较周全的议员，比如巴尼·弗兰克，意识到自己以后可能也会做出不受欢迎的决策，因此，他们在发表评论的时候是比较慎重的。但弗兰克还是如同往常一样，忍不住要取笑我们一番，在那周稍后的听证会上，提议把9月15日（周一），也就是雷曼倒闭之后、美国国际集团获得救助之前的一个日子，定为"自由市场纪念日"，说"全国对自由市场的承诺只维持了周一那一天"。

在金融领域，短期融资市场几乎停滞了。银行捂住资金，不愿放贷，货币市场基金的撤资速度不断加快，尤其是所谓的优质货币市场基金的撤资速度更快。这类基金主要投资于投资级公司证券，如金融公司和非金融公司发行的商业票据。从这类基金撤出的资金主要流向了仅仅投资于国库券和其他被视为超级安全的政府债券。从9月10日到10月1日的3周内，优质货币市场基金撤出4 390亿美元，其中，3 620亿美元流向了仅仅投资于政府债券的基金，这种规模的资金转移确实是空前的。

9月17日，我早上7点左右就到办公室了。我先根据很久之前的安排，与来自佛罗里达州的参议员康尼·麦克共进早餐。康尼是费城运动家队（Philadelphia Athletics）的著名经理人康尼·麦克的曾孙（但两人的名字是一样的）。之后，我把救助美国国际集团的最新情况通报给了美联储内部和外部的同事们。上午 9 点 45 分，我在科恩、沃什和盖特纳的陪同下，与加拿大银行行长马克 · 卡尼、英格兰银行行长默文 · 金、欧洲央行总裁特里谢和日本银行行长白川方明谈话。他们都非常高兴地看到，我们在雷曼兄弟崩溃之后，正在努力避免美国国际集团走向倒闭。他们也都认为，我们应该不惜一切代价，去避免另一家规模庞大、盘根错节的大型金融公司走向倒闭。我表示很有信心，认为我们救助美国国际集团的方案肯定会行得通。

雷曼兄弟的崩溃和美国国际集团的濒于崩溃重创了全球各地的金融市场，央行行长们纷纷提高为市场注入流动性的规模，以平抑市场恐慌。我们还集体确认，要在周四欧洲市场开盘之际，一起宣布联邦公开市场委员会在周二通过的扩大外汇交换额度的决定。我对其他国家的央行行长们表示，感谢他们的支持。我这样讲并不只是嘴上说说而已，而是发自肺腑之言。我们都清楚意识到了我们面临的责任，也知道政界和媒体界已经在我们前进的道路上摆下了“地雷阵”。我们都明白，如果我们密切合作，而不是单枪匹马地去战斗，就能更加有效地应对挑战。

与各国央行行长通完电话之后，我在米歇尔 · 史密斯的建议之下，通过视频会议向联邦公开市场委员会做了一个简单汇报。从一大早开始，各地联邦储备银行的行长们就一直缠着米歇尔，希望能从她那里得到更多的信息。这些行长们个个都垂头丧气，他们一直饱受媒体的轰炸，而且储备银行的理事们也不断给他们打电话，希望了解更多的情况。因此，这些行长们都想知道自己应该如何回应。我向他们解释了给美国国际集团提供贷款的条件和理由。盖特纳和达德利也发表了评论，并回答了一些问题。我说我很难揣测小布什总统的反应。大多数人似乎都能认识到特殊的情况需要采取特殊的措施，但有些人却对美联储救助美国国际集团的行动表示忧虑，因为这一行动似乎与之前拒绝救助雷曼兄弟的态度截然相反，因此，他们担心反对美联储的政治攻击可能会不断加剧。

因为美联储理事会有权决定是否动用《联邦储备法》第 13 条第 3 款规定的紧急贷款权，因此，我们完全可以先斩后奏，等把救助美国国际集团的事情搞定，再将细节通知总统。这是完全合适的，而且事实上，这也是非常有必要的。但我在召开视频会议的时候，总是觉得我们在危机期间面临着一个两难的抉择：一方面，我想让更多的同事参与进来，征求有用的建议，并获得更大的支持；但另一方面，由于危机演变迅速，事态过于紧急，我们不得不迅速采取行动，以至于没有时间广泛协商，集思广益。

吃完午饭之后，我在米歇尔的请求下，接听了几位记者的电话，如果我们想赢得公众舆论的支持，就必须把我们的声音传递出去。一般情况下，我会与经常采访美联储的那些专线记者们保持联系，其中包括《华尔街日报》的乔恩·希尔森拉特、《经济学人》的格雷格·伊普、《金融时报》的克里希纳·古哈、《华盛顿邮报》的尼尔·欧文、彭博社的约翰·贝里、CNBC的史蒂夫·莱斯曼以及《纽约时报》的埃德·安德鲁斯。我知道这些更加专业的记者能够最好地理解并解释我们所做的事情，以及为什么要这么做。其他媒体会跟进他们的报道。

但这并不是说这些记者必然会不折不扣地相信我们当面告诉他们的话。《华尔街日报》编辑、专栏作家戴维·韦塞尔告诉我，如果专线记者的工作干得不错，那么当他们被调整到其他采访路线时，之前经常接受他们采访的官员们都会松一口气。在我过去这么多年里接触的记者中，有些人非常符合韦塞尔所说的标准。但整体而言，我觉得专线记者的报道通常还算客观公道，只不过那些不常采访美联储的记者们由于消息不灵通，往往有可能发出不客观或不准确的报道。

整个周三，我们一直特别密切地关注高盛和摩根士丹利。独立的投资银行就剩这两家了。它们受到了市场的严密监视和高度猜疑。虽然这两家公司的实力较强，资产负债表的情况也比较健康，但它们也要像其他公司那样每天寻找资金，以便为自己持有的证券资产融资，并满足贷款者提出的担保品要求。然而，我们现在已经完全了解到，如果放贷者、顾客与交易对手怀疑一个公司的稳定性，那么他们就不愿意为这个公司放款。因此，如果市场对高盛和摩根士丹利的信心继续下降的话，那么我们很可能会看到之前的挤兑浪潮再度发生在其中一家或两家身上。

这两家公司都具有悠久的历史。高盛是由马库斯·戈德曼于 1869 年在曼哈顿下城创立的。马库斯是从巴伐利亚移民到美国的犹太裔，其父亲从事养牛贩牛的生意。1882 年，他的女婿塞缪尔·萨克斯加入了进来。进入新世纪之后，该公司继续蓬勃发展，但在 1929 年股市崩盘后几乎倒闭，却在西德尼·温伯格的领导下恢复了元气。这名辍学生在 16 岁进入高盛，最初是一名清洁工。

长期以来，高盛一直与政府维持着密切的联系，因此，批评者将高盛戏称为“政府盛”（Government Sachs）。西德尼是富兰克林·罗斯福总统的心腹，而且有报道指出，艾森豪威尔和约翰逊这两位总统在任命财政部部长时，就曾听从西德尼的建议。克林顿总统时期的财长鲍勃·鲁宾曾经是高盛的高管，保尔森也是如此。在央行圈里，马里奥·德拉吉（曾任意大利银行行长，后任欧洲央行行长）、马克·卡尼（曾任加拿大银行行长，后任英格兰银行行长）、比尔·达德利（曾任纽约联邦储备银行公开市场交易部门主管，后任纽约联邦储备银行行长）也都是“高盛校友”（即高盛的前雇员）。美国商品期货交易委员会主席加里·亨斯勒也曾供职于高盛。鉴于高盛与政界之间如此密切的联系，人们担心高盛会对政府施加不适当的影响力，也就不足为奇了。但退一步讲，我们不能一边期待政府监管人员不得具有在金融市场和金融行业工作的经历，一边期待他们有效地履行监管职责，这似乎是不切实际的。我只能说与我合作过的“高盛校友”们不仅为他们的工作岗位带来了专业知识和经验，还非常热衷于促进公共利益。

高盛现任首席执行官劳埃德·布兰克费恩与我一样，都是同一时间在哈佛大学读的本科，但我跟他并不熟识。后来，他从哈佛大学拿到了法学博士学位，做了几年律师，然后由于偶然的机会加入了高盛，在伦敦担任贵重金属业务员。他成长于纽约市布鲁克林区的廉租房区，父亲是一名普通的邮件分拣员，母亲是一家防盗铃公司的接待员。我担任美联储主席期间见过布兰克费恩几面，跟他讨论过与高盛有关的问题，听取他对市场和经济的看法。他非常聪明，我发现他对市场发展的远见特别有用。虽然如此，我还是刻意避免和华尔街的任何公司建立密切关系。之所以这样做，一方面是考虑到美联储对它们肩负着管理职责，另一方面也是为了避免受到金融圈里十分常见的集体思维的影响。

摩根士丹利原是J·P·摩根公司中的投资部门，1933年美国经历了大萧条，国会通过《格拉斯–斯蒂格尔法案》(Glass-Steagall Act)，禁止公司同时提供商业银行业务（发放贷款）与投资银行业务（承销股票与债券），摩根士丹利于是作为一家投资银行于1935年9月5日在纽约成立，而J·P·摩根则转为一家纯商业银行。摩根士丹利的名称是由亨利·摩根与合作伙伴哈罗德·士丹利的姓氏合并在一起构成的。这家新公司很快变成了华尔街上的一家精英公司。1997年，它偏离了传统业务，同零售经纪商添惠证券投资公司合并，在此过程中取得“发现卡”(Discover credit card)业务的经营权。不过，摩根士丹利仍然从事证券承销与交易业务。虽然它在网络泡沫化后，获利恢复的速度比其他公司来得缓慢，但是它在1998年成为美国市值最大的证券公司。经过一连串的权力斗争，长期担任摩根士丹利高管的约翰·麦克于2005年出任首席执行官。

约翰·麦克来自于一个黎巴嫩移民家庭，是家中第六个儿子，他们家族原来的姓氏是麦科霍尔。他在北卡罗来纳州的穆尔斯维尔镇长大，他父亲在当地经营杂货店，他靠着足球奖学金上了杜克大学。业界认为他是积极进取、魅力十足的人物。他在危机发生前通过从事高风险业务和大借外债的方式提高了摩根士丹利的盈利水平。美联储理事沃什的第一份工作就在摩根士丹利，他密切关注着这家公司，从而让我们能够及时了解它的发展动态。

与此同时，华盛顿互惠银行的麻烦也到了一个危急关头。该银行已经垂死挣扎了好几个月，但储蓄机构监理局与联邦存款保险公司之间的分歧拖延了问题的解决。联邦存款保险公司主席希拉·贝尔一直推动华盛顿互惠银行卖掉自己，却遭到了储蓄机构监理局的持续抵制，因为储蓄机构监理局相信该银行可以依靠自己的力量继续经营下去。摩根大通银行似乎是最可靠的买主，但是另外好几家公司也表示有兴趣。到周末，谈判似乎就能结束了。

此外，我们接到的关于美联银行的报告也令人忧心。该银行的业绩已经连续多年表现不佳。6 月，该行董事会解聘了首席执行官肯·汤普森。汤普森来自于北卡罗来纳州落基山市，非常精明，爱好社交，高中时期曾是明星运动员，整个职业生涯都是在该银行度过的。他在 34 年之前加入了该银行的前身——第一联合银行（First Union Corp.）。我是在他加入联邦咨询委员会之后认识他的。他给我的印象是学识渊博，考虑问题周到，但他犯了许多同行都会犯的一个错误，即推动自己的银行进军高风险的房贷业务。2006 年，美联银行出资 250 亿美元收购黄金西部金融公司（Golden West Financial Corporation），继承了一个主要由评级较低的住房抵押贷款构成的投资组合。黄金西部金融公司曾经努力推广可调整利率抵押贷款，这种贷款方案的首付金额非常低，但最初的优惠利率结束、利率浮动到正常的市场利率之后，贷款余额非但不会减少，还会与日俱增，从而加剧违约风险。美联银行收购黄金西部金融公司，与美国银行收购美国国家金融服务公司，具有惊人的相似性。美联银行也曾大力拓展商业不动产和建设融资，但是现在亏损规模和资产减记规模却不断增加，美联银行只能束手无策地看着自己没有存款保险的资金日益减少。

扑了一场又一场火之后，我逐渐感到了疲倦。我们需要一个更加全面的危机解决方案，这就意味着我们必须求助国会，动用纳税人的资金。那个周末讨论雷曼兄弟和美国国际集团的案子时，我在视频会议上已经提到这一点，周三晚上，我跟保尔森、盖特纳、证券交易委员会主席克里斯·考克斯等人召开视频会议时，再次强调了这一点。救火这件事，不能由美联储独自承担，因为当我们展望未来时，发现很多大型的金融机构，乃至整个经济和金融体系都存在严重的风险。为了阻止危机，规避不堪设想的后果，我们必须获得必要的权力、财力和民主合法性。因此，我们不得不求助于国会。

保尔森最初没有表态，因为他知道如果要做这件事，那么他和他的团队就不得不走在前面，先把立法建议案制定出来，然后推销给国会。这并不是一件容易的事情，因为救助华尔街的事情已经触怒了很多选民和政客，而且普通大众还没有充分感受到华尔街动荡造成的影响。不过，虽然改进立法这件事情推动起来比较难，但其他选择似乎更糟糕。到周四上午，保尔森终于得出了与我们一样的结论，即如果没有国会的帮助，我们根本没有希望遏制这场危机。因此，他同意寻求国会的帮助，改进现有立法法规。

与此同时，证券交易委员会主席克里斯·考克斯希望禁止卖空金融股。如同雷曼兄弟倒台时的首席执行官迪克·富尔德那样，摩根士丹利的首席执行官约翰·麦克也在抱怨卖空行为威胁其公司的稳定性。考克斯认为，如果禁止卖空，就能帮助那些承受压力的公司消除一大威胁因素。

保尔森似乎乐于支持考克斯的建议，但我持有怀疑态度，毕竟，卖空是一个健康的市场确定资产价格的一种途径，当交易者对一家公司持有乐观态度时，就会买进该公司的股票，反之，如果持有悲观态度，则会卖空该公司的股票。有时候，空头就像金融海洋里的鲨鱼，依靠掠夺最弱小的公司大发横财。在正常情况下，卖空交易能够让股价从整体上反映出市场对于一个公司的看法，有利于维护金融生态的健康。但从另一个方面来看，目前的金融生态根本不是处于正常状态。我想好好考虑一下禁止卖空是否真的合理。在那次视频会议上，我很高兴地听到摩根士丹利的首席执行官约翰·麦克正在认真地同中国的主权财富基金洽谈第二笔投资（2007 年 12 月已经有过一笔了），同时还在和中国的一家银行洽谈投资事宜。募集资本是摩根士丹利恢复市场信心的最佳方式。

9 月 18 日（周四）也是一个艰难的日子，但事实表明，那天是一个转折点。一个不吉利的兆头是，我的那一天是从肠胃科医生的办公室开始的。他怀疑我肚子不舒服是因为我近来承受的压力太大。令我感到欢欣鼓舞的是，一位名叫查克·布拉豪什的白宫经济顾问给我转来了统计天才比尔·詹姆斯写给我的一封信。比尔在信中写道："告诉伯南克坚持住，市场形势不会继续变差了，只会越来越好。"

美联储同其他几大央行扩大货币互换额度的消息宣布之后，我把几次互换额度的上限加在一起算了算，结果就是，美联储要提供将近 2 500 亿美元的资金，以稳定全球美元融资市场。

那天早上和半个下午，我一直忙着跟财政部和证券交易委员会打电话，考克斯再度提议禁止卖空金融股。摩根士丹利、高盛等公司的股价面临的压力似乎一直在增加，其中一部分原因是卖空交易。我虽然还持有一定的质疑，但没有表达反对意见。考克斯把这个想法带回了证券交易委员会做进一步研究。

我们详细讨论了货币市场基金的问题。当时，即便一些最大的、最著名的货币基金都面临着资金严重外流的情况。这种挤兑可能对经济带来巨大伤害，不只是因为这样会加剧市场恐慌，还因为很多大公司依赖货币市场基金购买商业票据。货币基金资金的收缩会削弱通用电气或福特汽车之类的公司为日常运营寻求融资的能力。我们已经听说只有评级最高的公司能够销售商业票据，而且即便这种票据的到期日也只有一两天而已。同时，在商业票据市场吃到闭门羹（或担心吃到闭门羹）的公司，转而动用自己在银行的信用额度，导致现金短缺的银行面临更大的压力，从而更不愿意借款给其他客户。金融动荡的影响范围已经逐渐明朗化，对非金融领域、生产活动和就业水平的威胁已经显现了出来。

我们需要阻止市场“失血”。美联储、纽约联邦储备银行、波士顿联邦储备银行曾经研究过一种为货币市场基金提供资金的新工具，满足它们清偿投资者的需要。但是这种工具在技术层面和法律层面都相当复杂。我们不能直接给货币基金提供贷款，而是先以优惠条款贷款给银行，条件是它们要向货币基金购买流动性比较低的资产担保商业票据。这样就可以把资金投注到货币基金，也不违犯美联储不能直接向货币基金购买证券的法律限制。

那天早上，跟保尔森通话的时候，他还提出动用财政部的外汇平准基金为货币市场基金提供担保，这有些类似于联邦存款保险公司为银行存款提供担保。如果货币市场基金的投资者们认为自己的资金是安全的，就没有理由去挤兑了。我认为这个想法真的是太好了。外汇平准基金首创于大萧条时期，目的是让财政部在外汇市场上有效地管理美元汇率。（例如，如果财政部想要抑制美元价值快速上涨，就会卖出美元，买进欧元或日元，从而增加美元的市场供应量。如果财政部要减缓美元价值的跌势，就可以卖出欧元或日元，买进美元，从而减少美元的市场供应量。）之前，美国财政部曾经动用过外汇平准基金，只是间接地管理了美元汇率。最引人关注的一次发生在克林顿政府时期：1995 年，拉里 · 萨默斯和鲍勃 · 鲁宾领导下的美国财政部动用外汇平准基金，为墨西哥提供了 200 亿美元的贷款，协助墨西哥政府遏制比索价值暴跌趋势。

作为很多欧洲银行获取美元融资的一个主要渠道，货币市场基金持有很多外国资产。在这种情况下，阻止货币基金面临的挤兑风潮应该有助于稳定美元价值的观点应该是不难理解的。此外，保尔森的计划可能不会真正涉及支出或贷款，如果这种救助方案能够恢复投资者的信心，挤兑应该会停止，外汇平准基金也不会有丝毫的流失。财政部甚至还能因为这个方案获利，因为货币市场基金要为这种保险支付保险费。

我们继续讨论应该向国会提出什么请求。到目前为止，大家一致认为，危机已经变得过于严重，如果没有国会的拨款，美联储和财政部已经无力应对了。但如果国会同意了，那么我们怎样才能最好地配置这笔资金呢？从历史上看，政府通常会通过购买股票的方式，把资金注入那些能够生存下去的银行，即所谓“好银行”，从而遏制银行业危机。在某些情况下，可以通过把不良资产剥离给新注册的分支机构，即所谓的“坏银行，把原本的问题资产变为优良资产，把问题银行变成“好银行”。如此一来，坏银行就能分开融资，然后慢慢处理掉评级较低的贷款。我倾向于赞同这种方法。要恢复银行体系的偿债能力，向投资者和公众提供担保，促进信贷流向家庭和企业，这种方法似乎是最简单的，也是最直接的。

我们暂且不提把公有资本注入金融机构是否符合经济逻辑，保尔森还有一些较为严肃的考虑。他担心政府入股银行看起来像搞社会主义一样，或者像救助银行一样，这样一来，从政治角度来看，就根本不具有可行性。尤其是，他相信众议院中的共和党议员肯定不会接受政府接管银行的方案。如果把一个注定会遭到否决的方案提交给国会，只会毁灭市场信心。他还担心，政府注资的方案会导致现有的银行股东陷入恐慌，担心政府注资会是国有化（政府完全接管银行）的第一步，从而导致自己的股权遭到稀释，甚至会完全蒸发掉。我们对房利美、房地美和美国国际集团股东的严厉态度对于银行股东而言，丝毫没有安抚效果。一旦他们恐慌地抛售银行股票，那么银行股价必然下跌，从而导致银行再也不可能从私营部门获取融资了。最后，保尔森（如同我们所有人一样）担心那些遭到部分国有化或完全国有化的银行将很难重新恢复私营地位，而且很难重新实现盈利。

保尔森提议用国会拨款从银行购买不良资产（实际上是针对整个银行体系实施好银行/坏银行策略），这样做不但可以把不良资产从银行体系中剥离出去，也可以为留在银行账簿中的类似资产提供支撑，这种支撑会让银行更容易向投资者募集资本。他这个想法起源于财政部幕僚的一份备忘录，这份备忘录的标题是“击碎玻璃：银行资本重组计划”。这份计划就像是封闭在玻璃后面的救火设备，只有在紧急情况下才会把玻璃击碎，取出来灭火。从 4 月开始，这份计划就悄悄流传，其中虽然讨论了好几种稳定银行的计划，但重点放在通过拍卖方式向金融机构买进 5 000 亿美元的抵押贷款支持证券。再聘请专业资产管理人，管理买下来的证券，最后转售给民间投资者，目标是为纳税人赚到最高的投资回报率。

这份计划是有用的，却缺少细节，尤其是关于政府如何确定购买哪些资产以及用多少钱购买等问题，细节更少。这份计划开始流传之后，美联储经济学家比较深入地考虑过几种资产购买计划，他们担心购买资产的做法会很复杂，可能需要很多时间拟订和实施。他们在过去的金融危机中，也找不到可以模仿的先例。20 世纪 90 年代的瑞典银行危机中，瑞典政府采取的措施经常被视为成功政策的典范，瑞典政府在危机期间，曾经购买不良资产，但同时也为银行注入新资本。

不过，我了解保尔森为什么喜欢这种方法，而且我认为，因为保尔森是负责说服国会采取行动的人，他的看法值得特别受到重视。如果说，我在华盛顿学到了什么东西，那就是如果经济方案在政治上不可行，不管支持这种方案的理由多么完美无瑕，都不可能过关。此外，如果购买资产可以像我相信的那样推高不良资产的价格，那么整个制度就会间接重建资本。最重要的是，保尔森向我保证说，他在拟定购买资产的授权范围时，会让政府拥有购买银行股权的权限（如果事实证明这是最好的做法的话），也就等于直接注入政府资金（我比较喜欢的做法）。

计划制订好之后，下一步是将其推销给其他有关机构和人士。下午 3 点 30 分，保尔森、考克斯和我在白宫的罗斯福厅再度跟总统开会，白宫和其他部门的一些幕僚也参加了会议，沃什陪着我出席。每个人都到场后，总统从椭圆形办公室走进来，坐在长桌一边中间他常坐的位置上，与会人士已经根据印好的名牌找到自己的位置。我相当确定总统认识每一个人。桌上不必放名牌，但礼节还是得讲究。保尔森、考克斯和我像往常一样，坐在总统的正对面。

我和保尔森向小布什总统介绍了一下最新的市场动态，包括货币市场基金遭到挤兑的事情。我们强调迫切需要在经济遭受了更大的创伤之前控制住危机。根据保尔森的请求，我重复讲了一下我的判断，即美联储掌握的资金快要耗尽了，无力阻止整个金融体系遭到的挤兑，要全面应对危机，请求国会拨款是唯一可行的途径。然后，我们分析了财政部和美联储提出的恢复市场对货币基金信心的方案，还评估了克里斯·考克斯提出的禁止卖空的建议。最后，也是最重要的一点是，我们谈到了保尔森提的利用国会拨款购买不良资产的建议。

不到三天的时间，我们第二次去见小布什总统，请求他支持我们对美国的金融体系采取激进的、前所未有的干预措施。作为一位强烈倾向于让市场解决问题的共和党人，小布什总统对我们提出的选项肯定不满意。他也知道干预市场的方案很难得到他自己的政党的支持。但他表现出了富兰克林·罗斯福总统在 75 年前那种敢为人先的精神，同意我们暂时干预市场，认为短期的干预是为了自由市场的长远发展。

他再一次表示完全支持我们。我们都很感激。于是，国会就成了我们的下一站。

我回到办公室后，给众议院议长佩洛西打了个电话，问她能否安排我、保尔森、考克斯在那天晚上见一见国会的领袖们。她表示会尽量安排。下午 6 点，参议员奥巴马打来了电话。我解释了我们的策略，他答应尽可能给予支持。总统大选再过 6 周多就要举行，对于一场势均力敌的角逐而言，金融市场和国会发生的事情可能产生重要的影响。对美联储来说，情况是复杂的：我们需要与政府密切合作，推动国会拿出一个不受党派分歧影响的解决方案。对美联储来说，这种情况很棘手，我们需要跟行政部门密切合作，推动超越两党隔阂的法案。

每个周四下午，美联储都会发布资产负债表报告。这种报告内容似乎很无聊，不会引起什么关注，但此时，由于这份报告能够透露出我们提供了多少贷款，从而具有了新闻价值，格外引人关注。这个周四，我们的报告反映出金融体系承受的压力越来越严重。我们通过“一级交易商信贷机制”为证券经纪商提供的资金从一周前的 0 美元激增到了这周的 600 亿美元，开创了历史纪录。(一周后,“一级交易商信贷机制”提供的贷款总额达到了 1 060 亿美元。）与此同时，银行通过贴现窗口获取的资金规模比前一周多出了 100 亿美元，增加到了 335 亿美元。接下来的一周里，贴现窗口的贷款规模上升到将近 400 亿美元，这个规模都快赶上“9 · 11”恐怖袭击事件之后一天的 455 亿美元了。

那天下午，距 7 点还差几分钟的时候，我、保尔森和考克斯来到了国会大厦 H230 房间。这是一间小会议室，距离众议院议长佩洛西的办公室非常近。我们围着实木会议桌的一侧就座的时候，太阳已经开始落山了。佩洛西、参议院多数党领袖哈里 · 里德、众议院少数党领袖约翰 · 博纳坐在桌子的另一侧。其他议员，包括参议院银行业委员会和众议院金融服务委员会的委员们（大概 12 个人）围着会议桌坐了下来。保尔森先说了几句话，然后请我详细地阐述了我们面临的风险。

我没有提前准备讲话稿。由于没有会议记录，我不记得我说的每一件事情了，但与会者后来向媒体透露了我讲的一些内容。我当时想表达的内容就是：绝对有必要迅速采取行动。我说，我们面临着全球性金融危机的风险，它可能发生在几天之后，而不是几周之后。我完全相信我所说的每一个字，我认为在场的人也能意识到形势的严峻程度。会议室里非常安静。

然后，我谈到了金融危机引发的经济后果，包括对整个国家和选民的影响。这时，我努力表达一种客观的，甚至可以说谨慎的观点。我不想让人指责我在夸大其词或试图引发恐慌。虽然我拿失业率一度攀升到25%峰值的大萧条时期做类比，我还提到了日本和瑞典。这两个国家经历的金融危机虽然不算多么严重，依然引发了深度的经济衰退。我说，根据这些经验，如果我们不立即采取行动，我们可以预期到经济必将大幅衰退。股市和其他资产价格必将进一步大幅下降，失业率可能从当前的6%升到8%或9%，通用汽车等大型非金融公司可能继金融公司之后走向破产倒闭。

可以毫不夸张地说，我那一番话给大家留下了深刻的印象。同样可以毫不夸张地说，虽然我发出的警告十分可怕，但我还是低估了潜在的损害。至少大萧条以来，我们还没有见过这么大的全球性金融危机。虽然我们缺乏充分的依据去评估这场危机的后果，但根据我的学术研究以及我读过的历史资料来判断，影响可能很大，甚至是灾难性的。我记得当时我说话的时候很平静。我相信，唯一的出路就是集中精力、深思熟虑、有条不紊地采取应对举措。我们需要获取并维持议员们的信心，让他们相信我们有一套可行的方案。

议员们提出了很多问题，比如：需要多少钱？这些钱怎么用？救助金融公司时，是否附带一些条件，并限制经理人的薪资？如何帮助那些受到危机创伤的业主们以及其他无辜者？行政部门什么时候提出立法建议案？针对这些问题，我们尽量逐一作答。保尔森提到利用国会拨款购买不良资产，但没有提供细节。接近9点的时候，会议才结束。我偷偷地溜了出去，没有遭到记者跟踪，因为国会的领袖们当时很健谈，所以我才能轻易地溜走。

虽然负面消息很多，但我离开会议室时仍然有一种受到鼓舞的感觉。我告诉米歇尔·史密斯，我看到大家正在就未来的行动达成共识。因为一个广泛流传的说法是政府要采取全面应对危机的方案，市场也得到了鼓励，道指收涨410点。

9月19日（周五）早上7点30分，美联储理事会开会。我已经解释过财政部打算使用外汇平准基金为货币市场基金提供保障。但是我们还相信鼓励银行向货币基金购买资产支持商业票据的计划也有助于遏制挤兑风潮，因此，我们批准了这个计划。货币基金可以利用收到的现金应付挤兑，从而不必到下跌的市场上贱卖商业票据或其他资产。这样一来，我们美联储再一次扮演了“最后贷款人”的角色，只不过在这个例子里，我们是以间接方式操作的。由于一些最大的基金总部位于波士顿，我们就让波士顿联邦储备银行行长罗森格伦主持落实这个计划。

同时，瑞典、挪威、丹麦和澳大利亚的央行都要求跟我们建立货币互换额度。联邦公开市场委员会授权由我、科恩和盖特纳组成的委员会推动这件事情。我们批准了这些国家的请求，并向联邦公开市场委员会做了汇报。关于细节上的谈判工作，我们交给了比尔·达德利和他的团队去负责落实。与此同时，达德利还要忙着监督市场，协助监督多个贷款计划的落实情况，并落实美联储的市场操作方案，以推动联邦基金利率趋近于联邦公开市场委员会设定的2%的目标。我对科恩说：“达德利忙得像独臂贴壁纸的工人一样。”事实上，我们都觉得自己也像独臂贴壁纸一样，科幻小说作者雷伊·卡明斯说过一句话：“时间不会让一切事情同时发生。”过去一个月内，我觉得时间没有尽到这个职责。

那天上午晚些时候，在白宫的玫瑰园里，小布什总统公开发表讲话，为救助房利美、房地美和美国国际集团辩护。我、保尔森和考克斯就站在他的旁边。他还提到美联储通过提供贷款和协调其他央行“为我们的金融体系注入亟须的流动性”。

他说：“这些都是有针对性的措施，主要是为了阻止个别公司的问题蔓延到更大范围。但这些措施还不够，因为它们没有消除我们市场不稳定性背后的根源，这个根源就是抵押贷款相关资产。现在，随着房地产价格的下跌，这类资产失去了价值，抑制了信贷流动。”然后，他描述了我们之前在罗斯福厅已经讨论过的计划。

市场喜欢他们所听到的内容。短期美国国债收益率之前已经跌到了“二战”后的低谷，此时却急剧上涨。从周四晚间到周五晚间，期限为三个月的国库券利率从0.07%暴涨到0.92%。这是个好消息，表示交易者正在踊跃卖出超级安全的国库券，换取其他资产。与此同时，企业融资成本大幅下降，货币市场基金的资金流出速度放缓。股市上涨逾3%，道指只比一周前（也就是雷曼兄弟破产之前的那个周末）的水平低了不到1%。从禁止卖空指令受益的金融股暴涨约11%。我们还宣布纽约联邦储备银行会购买两房发行的短期债券，以支撑房地产市场。周五，我们买了80亿美元的国库券和债券，促使其利率下降幅度高达0.6%。普遍积极的反应表明市场对我们终于有了一个全面应对危机的计划感到放心，无论这个计划的具体组成部分是什么。

那一天接下来的时间里，我一直向记者、其他国家央行和国会解释总统之前提到的救助方案。国会议员的反应是很难解读的，但我可以判断出来，要获得他们的支持的确是很难的，因为他们坚持认为我们是在用纳税人的钱去救助华尔街，而没有意识到这是我们稳定经济的关键举措。

我还跟一些幕僚和美联储理事开会讨论如何进一步设计好保尔森所提出的不良资产购买计划。财政部提供的细节很少，我们想弄明白不同方法之间的优缺点。回顾历史，我们能找到的最好的类比对象是“重组信托公司”（Resolution Trust Corporation）。该公司是美国政府为解决20世纪80年代发生的储贷危机而专门成立的资产处置机构，成功重组了数百家问题储贷机构的资产。但“重组信托公司”和保尔森的计划有一个至关重要的差异，即在储贷危机中，当一家储贷机构倒闭后，其资产自动划归给了重组信托公司，因此，该公司不必考虑该为这些资产付出多少钱，而保尔森的计划是向还有偿付能力的机构购买资产。但究竟应该付出什么样的价格呢？

这个问题将成为资产购置过程中的最大障碍。政府应该支付当前的市场价格呢，还是别的价格呢？如果政府支付当前低迷的市场价格（假设在这种不正常的环境中还能够确定市场价格的话），那么该计划对于恢复银行偿付能力的作用可能很小，而且从法定会计准则来看，所有的金融机构可能会被迫按照政府的价格减记资产，这样做会恶化金融机构的财务状况。这个结局有悖于我们的初衷。但另一方面，政府支付的价格可以高于当前市场的价格，例如按照市场状况较为正常时的价格购买。作为有耐心的投资者，政府可以等到价值更能反映长期回报率的时候。这样必然对银行产生积极作用。但如果政府必须付出高于当前行情的价格，那么在出售资产时可能蒙受亏损，这对纳税人公平吗？在未来的几周里，美联储和财政部还将详细分析如何举行贷款拍卖会和评估资产价值，但如何设定最合适的资产价格依然是一个关键问题。

我们迫切需要同时在多个方面采取行动，再加上我们面临的难题又错综复杂，以至于我们所有人都感觉筋疲力尽。那一周，很多高级幕僚都工作到深夜。我们知道自己做出的抉择至关重要。但很多人依然不理解我们，比如，加州大学伯克利分校经济学教授布拉德·德朗在其博客中写道："伯南克和保尔森都在集中精力于避免犯下我们在1929年所犯的错误……他们想犯自己的、原创的错误。"

周五晚上，我从美联储监管人员那里听到高盛想把自己的法律地位从证券公司改为银行控股公司。顾名思义，银行控股公司拥有一个或更多的银行。高盛旗下有一家小型的存款机构，总部位于犹他州，是所谓的"工业贷款公司"。工业贷款公司可以快速转变成银行，从而使高盛符合银行控股公司的最低条件。这种法律地位的变化，只有一种影响，即高盛的监管机构从证券交易委员会变成了美联储。高盛的高管认为，只要美联储宣布将监督他们的活动，就可以降低短期资金遭到挤兑的风险。但媒体报道高盛此举的动机时出现了偏差，说高盛这样做是为了更加便于获得美联储的贷款。这种报道是有失偏颇的，因为高盛旗下的经纪交易机构早就可以通过一级交易商信贷机制获取美联储的贷款，高盛没必要为了获取美联储贷款而改变公司的法律地位。

周日，美联储理事会批准了高盛的申请，也批准摩根士丹利的类似申请。摩根士丹利也非常担心自己的资金是否稳定。我们决定批准变更法律地位之后，变更就立即生效了。在同样的会议上，美联储理事会还批准高盛、摩根士丹利和美林这三家机构位于伦敦的经纪交易分公司可以通过一级交易商信贷机制获取贷款，而不必把伦敦的担保品转移到纽约。这些步骤缓解了高盛和摩根士丹利的融资压力。我看到的证据表明，至少在这两个公司，危机体现了恐慌的自我应验性质，即投资者拒绝房贷，交易对手拒绝交易，完全是因为他们害怕别人也会这样做。高盛和摩根士丹利法律地位的更改，雷曼兄弟的倒闭，以及贝尔斯登和美林遭到并购，促使独立投行的时代突然终结了。

高盛和摩根士丹利并没有把稳定融资渠道的希望完全寄托在更改法律地位上，它们还在物色新的战略投资者。过了一周，高盛宣布获得了沃伦·巴菲特 50 亿美元的投资。

巴菲特富有智慧，虽然坐拥巨额财富，却非常谦逊，素有“奥马哈先知”之称。他在华盛顿的人脉关系错综复杂，我都捉摸不透。他的父亲曾在国会工作，所以巴菲特早期的一些事业是在华盛顿开创的。根据巴菲特自己的讲述，他在少年时就整合了好几份报纸的送报纸路线，把其他报童变成了他最早的一批员工。在整个危机期间以及危机过后，巴菲特都一直支持美联储，提振美联储的政治声望，也让我备受鼓舞。我认为，巴菲特对我们的支持是基于他个人对我们的尊重，但他肯定也能意识到如果自己支持了处于困境的决策人员，将有助于改善市场情绪，对经济有好处，从而也有利于他自己的投资。巴菲特在市场形势特别严峻的时刻投资高盛，的确是对美国经济投下了一张非常重要的信任票，大大降低了高盛面临的压力，也间接降低了摩根士丹利面临的压力。他的投资条件对自己十分有利，也为他的股东创造了相当优异的回报率。

摩根史丹利同中国的交易最后没有敲定。但 10 月中旬，日本最大的金融集团——三菱日联金融集团宣布要向摩根士丹利投资 90 亿美元。签署文件之前，三菱日联金融集团要求财长保尔森承诺将来美国政府不会侵蚀日本在摩根士丹利的股权，保尔森同意了。日本人投资摩根士丹利，加上先前巴菲特投资高盛，减少了我们对它们（以及对市场）的担忧。

因为周日还要举行会议，周末对于美联储（和财政部）已经形同虚设。我有一张国民队球赛的票，是在周日下午，但我不得不和保尔森一起到参议员鲍勃·科克里的办公室里，和 6 名共和党参议员开会。我们解释了财政部的建议和可能的选择。这次讨论起到了一些作用，但向来对美联储不满的参议员吉姆·邦宁发表了一番批评意见之后离开了。他讲话的主要意思是，美联储实行了过度宽松的货币政策，而且监管不力，才导致了这场危机，因此，不能指望美联储去解决危机。

早在周五晚上，财政部就给国会的领袖们送去了一份 3 页的立法建议概要。保尔森请求国会拨款 7 000 亿美元，用于购买问题资产。这个数字是武断的，大得令人惊愕，但保尔森指出，暂且不提商业不动产和建设融资等跟不动产有关的贷款余额，仅仅同大约 11 万亿美元的房贷余额相比，这个数字也是相当小的。由于危机过于严重，我们也必须采取相应程度的应对举措。另一方面，这 7 000 亿美元不是我们通常理解的政府支出，而是用于购买金融资产。如果一切进展顺利，政府最终会卖掉这些资产，所投资金就能大部分或全部收回。

议员们对于财政部的提议感到万分惊愕。根据保尔森本人的说法，他的初衷是将那 3 页建议作为讨论的提纲，细节内容由国会去补充。但很多议员却错误地认为，保尔森是想通过这个以立法草案形式写成的简短建议书向国会申请基本不受限制、不受监督的权力。这并不符合保尔森的初衷，也讲不通。对我们而言，这算是一个不好的开端。这一提议后来演变成了我们熟知的“问题资产救助计划”（TARP）。

# 第十五章
# “50%的人说绝对不行”

9月23日（周二），陪同小布什总统在白宫玫瑰园发表讲话后的第四天，我和保尔森再次聚到了一起。我们的对面坐着显然十分生气的参议院银行业委员会委员们。他们对问题资产救助计划抱有深深的怀疑。这个7 000亿美元的计划怎样才能起作用？普通美国人能得到什么好处呢？

在摄像机灯光和议员犀利的眼神之下，我做了一件之前从没做过的事情：我只在当天早上匆忙地写了几个要点，然后就全凭即兴发挥了。我之前就公开表示过对这个资产购买计划的支持，并且认为我是阐明这个计划的正确人选。我将向大家解释这个计划如何能既加强金融机构，稳定金融体系，又能公平地对待纳税人。我觉得自己又回到了经济学教授的岁月。

我说：“我先给大家提一个问题。为什么金融市场运转不下去了呢？金融机构和其他投资者持有数千亿美元的复合型证券，其中包括许多抵押贷款相关证券。大家可以想一想，这些证券存在两种不同的价格。第一个价格是贱卖价格，也就是在流动性不佳的市场上抛售的价格，第二个价格是持有至到期日的价格。由于这些证券错综复杂，经济和房地产市场又存在严重的不确定性，很多证券找不到活跃的市场。因此，今天这些证券的贱卖价格可能远远低于持有至到期日的价格。”

我继续解释说，如果政府支付的价格介于贱卖价格与持有到期日价格之间，也就是说，价格虽然低，却比较接近卖方在正常运作市场中可能得到的价格，那么资产购买计划可以发挥作用。金融机构可以按照这种中间价格出售资产，并根据这些价格评估账面上的资产价值，以免到最后剩下的资产也损失殆尽。同时，如果这个计划能够像我们预期的那样推动经济和房地产市场的复苏，那么由于政府支付的价格低于持有至到期日价格，就能确保收回纳税人的钱。

我认为，政府不必刻意计算这些资产的贱卖价格和持有至到期日的价格。如果政府同私营机构一同参加资产拍卖，那么介于这两个极端之间的价格就会自动形成。我指出，资产购买计划的消息被透露出去之后，已经促使与次贷相关的资产价格出现了抬升势头。这个现象充分说明我们的资产购买计划行得通。

我当时认为，而且现在仍然认为，用这种思路去处理资产购买事宜是最合适的。联邦存款保险公司主席希拉·贝尔也赞同这个思路。但对于一些高度复杂、难以估值的证券，要确定公平、有效的拍卖方式，在理念和操作层面都存在不小的难度。

在将近5个小时的时间里，参议员不停地质问我们，既提出问题，也提供建议。来自罗得岛州的民主党参议员杰克·里德在金融问题上表现得很精明。他指出，如果资产购买计划推高了金融机构的股价，那么纳税人就应该分享利润。在听证会进行到一半的时候，参议院银行业委员会主席克里斯·多德简明地指出了保尔森没有讲到的一点，即资产购买计划应该允许政府获得金融机构的股权。里德和多德的说法表明他们不见得会反对公共部门取得银行的部分股权，但他们似乎认为这种做法的意义不是迫使银行重组，也不是为了让政府取得银行的部分股权，而是提高纳税人的收益率。在回应这些问题时，我请参议员给行政部门足够的灵活空间，可以依据情况的变化去决定如何运用这7 000亿美元。

参议员反复提到了“公平”这一主题。来自怀俄明州的共和党参议员迈克·恩兹问道：这样对于那些没有不良资产可以卖给政府的小银行公平吗？很多不良贷款都是那些规模较大的银行一手造成的，我们现在要从它们那里购买不良资产，这样是不是在奖励失败者呢？实际上，很多小型银行确实持有不良资产，但恩兹指出了身陷困境的银行从这个方案中获利最大的事实，这再次印证了采取必要的救助行动与规避道德风险之间存在矛盾。几位参议员表示，无论什么金融机构，只要受益于这个计划，其高管的薪酬都应该受到限制。多德等人主张这笔救助资金不能一次性地发放，而应该分批发放，这样一来，一旦国会对结果不满意，就可以终止它。那次听证会漫长而艰辛，但我认为我们取得了一些进展。

这场听证会的次日，即9月24日（周三），我觉得我遭遇了残酷而非同寻常的惩罚。就在这一天之内，我就要前往参众两院联合经济委员会和巴尼·弗兰克的众议院金融服务委员会参加两场残酷的听证会。此外，我还要参加两场充斥着激烈辩论的会议，一场是众议院共和党协商会议，与会者几乎囊括了众议院所有共和党议员；另一场是参议院民主党党团会议。就在前一天上午，共和党众议员还生气地拒绝了一个包括副总统切尼、白宫办公厅主任博尔顿、国家经济委员会主席基思·亨尼西、美联储理事沃什在内的代表团发出的呼吁。

我和保尔森尽最大努力去和众议院共和党议员周旋，但与副总统所率领的代表团相比，我们的运气也好不到哪里去，议员们都排着队等着向我们发火呢。他们要表达的核心意思就是，救助华尔街那些贪婪成性的“肥猫”是严重践踏正义的举动，无异于让普通大众给华尔街送礼。一位众议员告诉我们，他跟他的选区内那些了解实体经济的银行家、汽车经销商等人交谈过，到目前为止，他们还没有看到华尔街困境带来任何实质性的影响。我告诉他：“他们会看到的，肯定会的。”华尔街的形势看似距离普通大众很远，但很可能导致小企业和企业家们无法获取信贷，从而扰乱经济运行，但大部分议员对此都持有怀疑态度。我担心国会可能要等到经济受到明显、重大，甚至可能完全无法扭转的创伤时，才会果断行动。

那天，我一直强调一个观点，即信贷状况恶化会构成一个严重的威胁。我对众议院金融服务委员会讲：“信贷是经济的命根子。如果金融形势得不到改善，我们会看到失业率升高，就业机会减少，经济增速放慢，抵押品止赎现象增加……这样肯定会对工薪阶层产生实质性的影响。”

我们面临的问题并不仅仅是“金融危机和普通大众无关”的观念。其他几个因素也导致我们的资产购买计划更加富有争议性，使得我们很难解释清楚。比如，有些经济学家认为如果低价购买资产，不会有帮助，如果提高价格，则对纳税人不公平。这种观点忽视了我的一个主张，即资产拍卖会产生一个介于贱卖价格和持有至到期日价格之间的价格。也有人针对如何设计资产拍卖提出了问题，因为我们要购买的证券很复杂，又很多元化。我认为这种反对理由听来是合理的，但我们也有办法反驳。虽然我们尽了最大的努力，解释了购买资产的理由，我却看不到大家达成了赞成这种方案的共识，只看到大家普遍怀疑这种方案怎么能够行得通。

当我解释资产购买计划时，还试图为行政部门争取灵活空间。我认为我们可以设立一个监督委员会，国会赋予这个委员会权力，使其能够在计划实施过程中推动必要的变革。但至于这场危机究竟会怎么演变，我自己也不清楚。因此，我争取两面开弓：既支持保尔森的策略，又设法为政府争取直接注入资本或采取其他措施的选择权。

当我和保尔森到国会山与民主党参议员开会时，他们对于财政部提出的这个资产购买计划的支持倾向似乎并不比共和党议员高多少。共和党与民主党的主要区别在于，前者希望政府少干预市场，采取静观其变的态度，让市场体系自行调整，而后者则希望政府多干预市场，直接采取行动，帮助普通大众，并减少高管薪酬。

参加完最后一场会议后，我疲惫至极，心灰意冷。回到了家里，我和妻子安娜一起收看小布什总统在电视上对全美民众发表的演说。他呼吁我们果断采取行动，结束危机。我觉得这个呼吁是有效果的。但是此时此刻，我在这个问题上已经不是一位事不关己高高挂起的旁观者了。

9 月 25 日（周四）早晨，市场形势改善了一点，财政部和美联储用于稳定货币市场基金的计划似乎产生了效果，优质基金的资金外流现象基本上停了下来，商业票据市场的运作情况似乎已经改善。然而，广大金融企业与非金融企业仍然面临着融资挑战。

同时，小布什总统授予保尔森全权代表行政部门同国会谈判，于是，保尔森马不停蹄地开始了穿梭外交。美联储的立场是独立的，无党派的，我们只要认真地观察市场形势的演变，并回答问题和提供建议就足够了，我们没有义务去卷入政策制定过程。我接到多名议员的来电，大多数议员都在寻找一个既能在政治上为人接受，又能把必须做的事情做好的方案。

我认为，到这个时候，关键问题应该是我们如何制订最佳的资产购买计划，以及是否应该将工作重心转移到直接注入资本或其他事情上。但随着辩论越来越激烈，大部分议员似乎都不愿意或不能把握核心问题。结果，保尔森发现自己一直在和议员们谈一连串次要问题，比如限制高管薪酬、问题资产救助计划的资金分批拨出、协助陷入困境的房奴（这点很重要，却无法及时地终止危机，避免崩溃）、监督资产购买计划落实细节以及如何对待小银行等。

围绕高管薪酬的激辩揭示了政治需要与经济需要之间的矛盾关系。很多议员都希望限制那些从该计划中受益的机构的高管薪酬。从政治上来讲，这种主张很有吸引力，而且我也明白为什么那么多议员对救助华尔街一事感到非常生气。早在危机爆发之前，很多人就认为银行家薪酬过高，有失公平，现在这些人过度冒险的行为把经济推入了深渊，更令人觉得不公平。但实事求是地讲，如果问题资产救助计划的附加条件过于沉重，那么企业很可能会尽己所能地拒绝接受救助。这样一来，实力较弱的银行也肯定不愿参与，因为在顾客和债权人眼里，参与这个计划会在这些银行身上烙下脆弱的印记。这样一来，我们的努力就会以失败而告终。从另一个角度来讲，限制高管薪酬的做法将引发问题的高管与解决问题的高管置于同一个评价标准上了，这样有失偏颇。我们需要有能力、有经验的专业人士出面，迅速重组陷入麻烦的公司。但像埃德·利迪那样愿意接受1美元年薪去经营美国国际集团的人，估计不会有很多。

因为我更多是从实际解决问题的角度去考虑这个计划，而不是从政治角度去考虑，所以对一些事情是不闻不问的。但很多奋战在一线的同事，包括保尔森和盖特纳在内，似乎赞同我的态度。尤其是盖特纳，对一些政客那种旧约式的思维感到很不满，因为他们更感兴趣的事情似乎是如何施加惩罚，而不是如何规避迫在眉睫的灾难。坏人的确应该得到应有的惩罚，我对此也没什么意见，但我认为，就当前情况来看，最好先救火，再追究责任。在过去这么多年里，我在华盛顿看到过很多人会佯装愤怒，但我不喜欢做这种游戏。我只是集中精力去解决我们面临的问题，避免像民粹主义者那样去谴责银行家。我之所以这样，一部分原因在于美联储、其他监管机构以及国会的很多人一直没有停止过谴责，我只想以理性的态度解决问题。从政治角度来看，我这种低调态度可能会给我们造成意想不到的伤害，但我坚持走自己的路，不然就感觉不舒服。

总统选举导致问题变得进一步复杂化了。共和党参议员约翰·麦凯恩做出了一个不明智的举动：暂停选举活动，前来华盛顿，据说是为了处理危机。但危机太大，太复杂，仅仅凭借一位参议员之力，是无法解决的，即便总统候选人也不行。我们担心一两位总统候选人可能为了获得政治优势而借这场危机大肆炒作，从而降低国会批准资产购买计划的可能性。

周四晚上，在麦凯恩的请求之下，小布什总统在白宫召集了一个会议，我决定还是不参加为好，我不想卷入关于立法细节的争论，这有可能危及美联储的政治独立性。其他一些关键的角色都参加了会议，包括小布什总统、保尔森、两位总统候选人以及两党在国会的领袖。他们原本有机会达成共识。两位候选人大体上赞成保尔森的计划，参议院银行业委员会发布了一系列两党议员都能接受的原则，比如限制高管薪酬、允许政府持有被救企业的股权等。小布什总统试图促使会议达成共识，但最后，相互攻击引发了一片混乱。选举政治和共和党人的抵制（基本上是共和党众议员的抵制）导致那次会议无法达成任何协议。民主党人除了担心一些实质性的问题之外，还觉得这个计划是共和党政府提出的，而且相当不受欢迎，因此，很不愿意投赞成票。这场会议虽然是在麦凯恩的请求下召开的，但他似乎不愿意积极寻求解决方案。

资产购买计划面临的一个障碍就是埃里克·坎托和其他几位共和党众议员，建议用资产保险计划取而代之，即政府收取保费，保障企业的资产不会蒙受损失。我一直都不了解这个方案的吸引力，但坎托宣称他的建议可以帮纳税人省钱。不过，最后他妥协地承认说这个保险计划不适用于最复杂的证券。而事实上，引发这场危机的核心因素恰恰就是这类证券。为这些资产提供保险需要先确定其真实的价值，然后确定一个公平的保险费。这样一来，反而比购买资产更难操作。此外，与资产购买计划不同的是，在资产保险计划之下，如果被保险的资产出现了升值，那么纳税人虽然最初支付了保费，最后也几乎得不到任何好处。但为了争取共和党议员的支持，我们把坎托这个计划进行适度调整之后，加到了最终提交给国会的那个议案里面，不过这个保险方案后来一直没有付诸实践。

左派的议员和经济学家努力推动救助陷入困境的业主们，而不是推动救助华尔街的资产购买计划。避免不必要的抵押品止赎现象对借款者和整个经济都是有好处的，对此，我毫不怀疑，而且我之前也经常这样讲。但要制订一个既注重成本和效益，又不至于对那些按时还贷的业主不公的计划，需要耗费相当多的时间。但由于金融体系在几天或者几周之后就有可能崩溃，我们需要迅速行动起来。

虽然两位总统候选人都跟美联储保持联系，但与麦凯恩相比，奥巴马对我的看法似乎更有兴趣。奥巴马曾经亲自给我打过电话，了解最新的市场动态，并且在 7 月下旬还曾经到办公室来拜访过，当时他已经在民意测验中处于领先地位了。他来的时候，我到美联储停车场迎接他，然后跟他的安保人员以及幕僚一起挤在一个小小的电梯里上楼，在会谈中，我们不仅聊了最新的市场动态，还聊了如果他当选总统会采取哪些措施加强金融监管和强化经济增长。他强调性地指出他支持美联储的政治独立性，对此我感到非常高兴。那天，我的行政秘书丽塔·普罗克特和其他几位行政工作人员被奥巴马吸引住了，围在我办公室门口，奥巴马跟他们每个人都简短地聊了几句。

与奥巴马相比，麦凯恩似乎一直坚持右派的政治立场。麦凯恩讲话坦率，做事高效，我对他印象不错。（我和妻子安娜曾经非常荣幸地陪同麦凯恩年近百岁的母亲一起在国会山观看了美国海军陆战队华盛顿特区仪仗队的花式枪操表演。）麦凯恩有从军背景，因此在应对外交和军事事务上，似乎比应对经济事务更加轻松。尽管如此，他仍然意识到，在金融体系快要崩溃之际，放任自流的做派是行不通的。他这个认识体现了他的经验和智慧。但他也面临着两难的处境。一方面，这场危机发生在共和党执政时期，而且目前的应对方案也是共和党政府提出来的，麦凯恩作为共和党的参选人，当然希望危机能够得到尽快解决；另一方面，共和党选民不想看到政府采取任何救助华尔街的行动，麦凯恩自然不敢违背民意。

当初，他决定暂停竞选活动来到华盛顿，肯定没有经过深思熟虑，因为当时共和党国会领袖并没有对某个计划明确表示支持。白宫会议后的那个周六，他给我打电话问了几个问题，表示他支持政府的提案，并对自己贸然干预这件事情引发的问题表示歉意，许诺以后会小心行事。他还把金融领域反复出现的爆炸性事件比作军事领域的“简易爆炸装置”。

美联储、财政部和纽约联邦储备银行的幕僚们共同努力，设计了一个有效的资产购买计划。我密切跟踪这项工作的进展。在我的催促下，他们还从外面聘请拍卖设计方面的专家。尽管付出了这些努力，一些富有经验的美联储幕僚仍然担心政府是否能够像保尔森期望的那样，迅速地购买足够的资产去抑制危机。美联储研究与统计部副主任戴维·威尔科克斯写信给我说：“问题是……嘴上说的往往跟现实情况相去甚远。到这一周，我更加相信我们需要为银行大规模注入资本。我认为现在还没有到那个时候，却越来越近了。”

周四，也就是白宫召开那场不幸的会议那一天，科恩给我转来了一条联邦存款保险公司主席希拉·贝尔发布的新闻：摩根大通已经出价并购华盛顿互惠银行。贝尔非常高兴，因为联邦存款保险公司不必为摩根大通的并购行动支付任何成本，而且企业和市政府等没有受到存款保险制度保障的储户也没有蒙受任何损失。然而，这桩交易却导致华盛顿互惠银行的股东以及优先级债务（指在企业破产清算时，需要优先偿还的债务）持有者承担了重大损失。

虽然在正常形势下迫使优先级债务持有者承担损失是正确的、常见的做法，但当时的形势已经算不上正常形势了，再这样做就是错误之举了，将给政府处理经营失败的银行制造更多的不确定性因素，同时也会导致其他银行更加难以发行新债。我和美联储的其他人，包括盖特纳和兰迪在内，都持有这种观点。之前在处理房利美、房地美和美国国际集团的案子时，优先级债务持有者的利益都得到了保护。与希拉·贝尔关系有些紧张的盖特纳对损害优先级债务持有者利益的事情感到格外忧虑，但美联储在这件事情上能够施加的影响力十分有限。这桩交易基本上是联邦存款保险公司和摩根大通谈下来的。摩根大通表示，如果他们必须保护华盛顿互惠银行优先级债务持有者的利益，就要取消交易。贝尔又坚决反对动用存款保险基金来保护优先级债务持有者，以免联邦存款保险公司承担成本。（贝尔坚持保护存款保险基金的做法值得称赞，但有时候她似乎更加在意存款保险基金，而不是整个金融体系。）为了给自己的态度寻找法律依据，她搬出了1991年《联邦存款保险公司改进法》，指出这部法律要求联邦存款保险公司必须遵循“成本最小化原则”，在处理经营失败的银行时，要确保存款保险基金承担最小的成本。此外，这部法律还规定，只有当联邦存款保险公司、美联储和财政部全都认定这种做法会危及整个金融体系的稳定时，成本最小化原则才可暂停适用。但这个“系统性风险例外原则”之前从来没有被援引过。

面对这一无可挽回的结局，储蓄机构监理局不得不低头接受，关闭了华盛顿互惠银行，让该行对优先级债务和其他债务违约。联邦存款保险公司取得了该银行的资产，保护了储户的利益。第二天，摩根大通为收购华盛顿互惠银行的金融业务和贷款组合支付了19亿美元。这是美国历史上最大的银行倒闭案。为了提升资本水平，摩根大通发行了普通股，募集了115亿美元。杰米·戴蒙在这样的环境下还能募集资本，充分体现了其银行的实力。

至于联邦存款保险公司让华盛顿互惠银行优先级债券持有者蒙受损失的决定是否恶化了危机，一直众说纷纭，莫衷一是，但贝尔却强有力地为自己的做法辩护。2010年4月，她在参议院说，这个案子顺利解决。在那年举行的另一次论坛会议中，她说：“即使这个案子曾经上过头版，也都是刊登在不明显的位置。对当时发生的其他事情来说，只能算是一件小事。”

我认为，虽然这个决定还不至于引发灾难性的影响，但很可能推动了下一张多米诺骨牌，即美联银行的倒下。包括兰迪在内的美联储理事都认同我这个观点。

当时，美联银行的领导者是鲍勃·斯蒂尔。斯蒂尔曾供职于高盛，也曾在保尔森手下担任过负责国内金融事务的财政部副部长，任职时间长达21个月。2008年7月，时任美联银行首席执行官的肯·汤普森被解聘之后，斯蒂尔接替他出任首席执行官一职。美联银行问题的根源是评级较低的抵押贷款支持证券在其资产组合中所占比例太大。在华盛顿互惠银行的优先级证券持有者蒙受损失后，无担保债权人开始向美联银行和其他摇摇欲坠的银行挤兑，到了华盛顿互惠银行倒闭那天中午，债权人已经拒绝为美联银行的短期资金合约（商业票据融资合约以及回购协议融资合约）提供展期。

9月26日（周五）早上，我到财政部同保尔森共进早餐。其间，保尔森告诉我，他对完成问题资产救助计划逐渐觉得乐观。重要的是，在向金融机构注入资本的问题上，他持有一种比较开放的态度，认为政府部门可以和私营部门共同投资，也可以利用某种形式的拍卖会来完成注资。我回到办公室后，立即发邮件给盖特纳、科恩、兰迪以及戴维·威尔科克斯等高级幕僚。我在邮件中写道：“之前他非常抗拒注入资本，但今天他似乎改弦更张了，认为这种想法不错。”然而，保尔森说，他不会改变立法策略，在公开讨论中会继续强调资产购买，同时在利用问题资产救助计划资金时，会要求最大的灵活空间。然而我还是鼓励美联储幕僚加倍努力，找出注入公共资金的最佳方案。

美联储理事会法律总顾问斯科特·阿尔瓦雷斯和美联储货币事务部门主管布赖恩·马迪根带领我们法务部门的工作团队，分析问题资产救助计划中的另外一条规定。根据这条规定，尽管我们的干预举措

（比如与其他央行的货币互换额度）造成了资产负债表的扩张，我们仍然有能力控制短期利率。2006 年，国会授权美联储，对准备金存在美联储的银行支付利息。然而，这项授权由于预算的原因，定在 5 年后的 2011 年才生效。但是我们在推动问题资产救助计划立法时，要求国会批准美联储立刻对准备金付息，而且把这项要求纳入法案。

最初我们是基于技术性原因，要求对准备金付息。到了 2008 年，我们需要这项授权解决一个日渐严重的问题：我们的紧急放款具有增加银行准备金的副作用，会导致短期利率跌破我们的联邦基金利率目标，造成我们丧失货币政策控制权的风险。银行拥有很多准备金时，彼此之间的拆款需求会减少，从而压低银行间相互拆借资金时采用的利率，即联邦基金利率。

到目前为止，我们一直都在卖出我们拥有的国库券，抵消我们的放款对准备金的影响（这就是所谓的“冲销”）。不过，随着我们的放款增加，到了某个时间点，这种权宜之计就不可行了，因为我们会没有国库券可卖。这时，如果没有立法行动，我们的干预措施就会受到限制，或者无法控制联邦基金利率这种主要货币政策工具，从而可能导致大家进一步丧失对金融体系的信心。能够对准备金付息（其他主要央行已经拥有这种权力）应该有助于解决这个问题。如果银行的准备金可以毫无风险地从美联储赚取利息，那么它们就不愿意按照较低的利率相互拆借资金。因此，如果我们制定的准备金利率足够高，那么无论我们放出多少贷款，都可以防止联邦基金利率跌到太低的水平。

我跟保尔森共进早餐之后给默文 · 金和特里谢分别打了电话，讨论联合降息的事情。据我所知，主要央行之间从来还没有协调过这种事情。我认为联合降息可以有力地发出国际团结的信号。默文 · 金之前对于干预市场持有保留态度，但我这次给他打电话时，他却表示了积极支持，而且似乎比特里谢更加乐于支持我的想法。他们二人都承诺要认真考虑一下我的提议。我对科恩和盖特纳说，联合降息似乎有希望，但是可能需要进一步地游说欧洲央行。科恩回答说，他会跟两家银行的副总裁讨论这个问题，还建议把加拿大和日本纳入谈判。

金融机构和金融市场十分脆弱的情况不只发生在美国。自从2007年9月北岩银行遭到挤兑以来，英国和欧洲大陆各国都一直在忙着扑灭金融火灾。周五那天，我们听说由比利时与荷兰合资、银行和保险业务规模高达7 750亿欧元的金融巨头——富通集团陷入了绝境，原因是在债务抵押证券上投资过大，而且没有管理好并购过来的荷兰银行。

周六，科恩向我汇报说欧洲央行副行长卢卡斯·帕帕季莫斯打来了一个电话。科恩用一句话总结了卢卡斯所讲的内容：富通集团正处于一片混乱，总部设在阿姆斯特丹的跨国企业荷兰国际集团已经联合曾于2007年8月宣布停止旗下次贷基金赎回、推动引发金融危机的法国巴黎银行，着手收购富通集团。但是他告诉科恩，这桩交易在周末可能无法达成，欧洲央行对于市场反应深感忧虑。

欧洲人行动之快，超出了帕帕季莫斯的预期。周日，比利时、荷兰和卢森堡政府联合向富通集团注入了112亿多欧元（160亿美元）的资本。欧洲央行利用与美联储建立的货币互换额度，为富通集团美元资金提供美元借款。德国政府实施了更大规模的干预行动，德国第二大商业房地产贷款机构——海波房地产控股公司（Hypo Real Estate）从政府机构和私营机构获得了大约350亿欧元（500亿美元）的担保。其他有问题的机构还包括英国的布拉德福德–宾利银行（9月底，英国政府利用在北岩银行挤兑事件中制定的程序，对该银行实施了部分国有化改造）以及德国、爱尔兰联合设立的德普发银行（Depfa，该银行是海波房地产控股公司的子公司，后来被德国政府国有化）。到9月29日，比利时的德克夏银行（Dexia）也必须接受救助，该银行曾经为德普发银行提供过一大笔贷款。

再看看美国。美联银行的恶化速度超出了我们的预期。当时，作为美国第四大银行控股公司，美联银行是一个更大的金融炸弹，可能比华盛顿互惠银行和雷曼兄弟更有爆炸性。该银行的子公司持有大量没有保险的债务，包括没有保险的债券、批发市场短期资金融资和外国存款。此外，与华盛顿互惠银行不同的是，美联银行还利用子公司之外的关联企业（如证券交易商）或控股公司（控股公司发行了500多亿美元的长期债券）开展了大量的业务。

希拉·贝尔清楚地意识到了美联银行一旦崩溃可能引发的风险，希望找到一个买家，买下整个美联银行，即包括母公司、非银行类关联企业和银行类子公司。沃什已经带领了一些人去评估高盛与美联银行合并的可能性。然而，在高盛对美联银行资产负债表引发的亏损感到不安，从而导致这种选择彻底没有希望实现了。

花旗银行和富国银行也表示了浓厚的兴趣。其实，让一家经营失败的银行同其他大银行合并并不是最理想的方案，因为这会进一步加剧银行业的资源集中度，强化大银行在这个行业中的主导地位，同时，如果被并购方资产状况过差，并购方有可能因此遭到削弱。然而，考虑到当时的形势，而且我们的选择方案迅速减少，让美联银行与其他银行合并似乎是最佳解决之道。一个值得安慰的事实是，在美国东南部，美联银行力量最强，而花旗银行和富国银行力量较弱，因此，如果美联银行同其中一家或两家合并起来，并不会削弱并购方银行吸收存款和发放贷款的能力。

9月27日（周六）到9月28日（周日）那个周末，我们一直忙着帮助美联银行收拾烂摊子，我们从9月28日到9月29日又进行了一场通宵达旦的谈判，参与方包括美联银行的控股公司、潜在买家以及三个监管机构，即联邦存款保险公司、美联储和货币监理署。周日早上，花旗银行（当时美国最大的银行控股公司，规模大约是美联银行的2.5倍）或富国银行（当时美国第六大银行控股公司，规模大约是美联银行的四分之三）收购美联银行的前景看似不错。

花旗银行首席执行官维克拉姆·潘迪特一直在为收购美联银行而努力。当时，潘迪特51岁，性格温和，文质彬彬。虽然很多监管者（尤其是联邦存款保险公司的那些人）对于他领导花旗银行的资质持有保留态度，但我觉得他非常精明睿智。他的大部分职业生涯都是在摩根士丹利从事证券交易，而不是传统的商业银行业务。2007年12月，他在查克·普林斯遭到解聘后入主花旗。（普林斯最著名的一句话是“我们还在跳舞”。）潘迪特在印度中部地区长大，16岁时来到美国，获得电气工程学领域的学位之后改读商科，后来获得了哥伦比亚大学金融学博士学位。他在花旗的使命就是推动这个病入膏肓的巨头将业务重心转移到其作为一家全球性商业银行所拥有的核心优势上来，同时处理掉不良资产，改善风险管理状况。

在并购美联银行的事情上，潘迪特的对手是富国银行首席执行官迪克·科瓦舍维奇。科瓦舍维奇性格暴躁，喜欢固执己见，在富国银行根基深厚。他的银行从业经历起步于花旗银行，后来曾担任明尼阿波利斯市的银行和金融服务公司——西北集团（Northwest Corp.）的首席执行官。1998年，西北集团收购了富国银行之后，更名为富国银行，并将总部迁至旧金山。他巧妙地整合了两家银行的业务，规避了那些风险最高、导致很多竞争对手陷入困境的次级房贷业务。一年前，也就是2007年6月，他把首席执行官的头衔交给了其多年的副手——约翰·斯顿夫，并打算年底完全退休。围绕收购美联银行的谈判开始的时候，距离他65岁生日就差一个月了，他决定再次出面，为富国银行敲定这桩大买卖。

科瓦舍维奇起初对这件事挺热心，但周日却决定打退堂鼓了，显然是担心美联银行的商业贷款可能引发的亏损。至于富国银行是否会重返谈判，以及（即便重返谈判）将提出什么条件，都还不明朗。于是，花旗银行可能就成了唯一的竞标者。

美联银行旗下有一家大型的银行子公司，因此，与处理雷曼兄弟时相比，政府又多了一个着力点。联邦存款保险公司可以购买这家银行的若干资产，或是为这些资产提供担保，从而提高美联银行的整体吸引力。然而，如同处理华盛顿互惠银行时一样，联邦存款保险公司这次也必须遵循成本最小化原则，只有基于规避系统性风险的需要，才可放弃这条原则。如果要放弃这条原则，就需要联邦存款保险公司理事会三分之二的理事批准，需要美联储理事会三分之二的理事批准，还需要财政部部长与总统商议并获得批准。

希拉·贝尔曾经告诉我，她认为收购美联银行的协议不需要政府协助就能达成，但为了防止出现意外情况，美联储在周日下午决定援引“系统性风险例外原则”。这是1991年《联邦存款保险公司改进法》实施17年来首次援引这条原则。我们通知了联邦存款保险公司，同时保尔森也获得了总统的批准。科恩和我游说贝尔，指出金融体系无法承受另一家大银行倒闭引发的风险，援引“系统性风险例外原则”会在谈判中为我们提供重要的灵活空间。白宫办公厅主任博尔顿在周日晚上给贝尔打了一个电话，表示白宫支持“系统性风险例外原则”。于是，第二天一大早，联邦存款保险公司理事会就采取行动，完成了必要的批准程序。

周日那个不眠之夜里，疲惫不堪的幕僚们不停地打电话、开会。科瓦舍维奇本人亲自前往纽约的凯雷饭店，跟踪事态最新进展。花旗银行高管们的热情似乎比较高，因为美联银行拥有3 300多个分支机构和将近4 200亿美元的存款，这无异于一个稳定而廉价的资金来源，令他们垂涎欲滴。但花旗银行自身也面临着一些难题，因此，希望联邦存款保险公司限制花旗可能从美联银行继承而来的亏损。贝尔要求美联储和财政部承担部分风险。虽说我总是抱着支持的态度，乐于促成交易，但是，当时我看不出美联储能帮上什么忙。由于问题资产救助计划还没有得到国会批准，财政部也拿不出钱。美联银行涉及住房抵押贷款规模约为 3 120 亿美元。联邦存款保险公司与花旗银行最后达成的协议是，花旗银行将首先承担这部分贷款可能发生的约 300 亿美元的损失。在未来 3 年里，花旗还将负担最高不超过 40 亿美元的相关损失，联邦存款保险公司将承担其余资产引发的相关损失。作为回报，联邦存款保险公司获得了花旗银行的优先股，并且有权决定是否增持其他股票，这样一来，如果花旗银行的股价上扬，联邦存款保险公司就可以从中获利。

花旗银行得到联邦存款保险公司的担保之后，表示同意收购美联银行的存款、债务和抵押贷款支持证券。贝尔的幕僚说联邦存款保险公司在这个交易中不会赔钱，而且正式的会计报告也得出了这个结论，于是，贝尔签字批准。后来，保尔森在回忆录中指出，当他在国会努力争取 7 000 亿美元去救助整个金融体之际，联邦存款保险公司竟然同意为一家银行 2 700 亿美元的贷款提供保险，而且似乎还没有引起广泛关注。贝尔既肩负着保护存款保险基金的责任，又必须避免系统性金融危机，我认为她在这两者之间实现了很好的平衡。我向她和她的幕僚表示恭喜。

但故事到这里，还没有结束。周一，美联银行卖给花旗银行的消息宣布之后，但还没有最终敲定的时候，科瓦舍维奇与富国银行突然杀了回来，高调宣布富国银行将以换股方式以 151 亿美元收购美联全部资产，而且更名正言顺的是，不需要联邦存款保险公司提供担保。富国银行对美联银行的收购显然对联邦存款保险公司有利，因为这样一来，联邦存款保险公司就不必再为美联银行 2 700 亿美元问题资产引发的损失提供担保了。富国银行之所以杀了回来，一部分原因是美国国税局在 9 月 30 日发布的一个通知中评估了美联银行的债券损失没有预计中的大，富国银行此次可能在收购中直接获益，据分析专家预计，这一新标准将为富国银行节约 250 亿美元的资金。贝尔非常喜欢富国银行的提议，因为联邦存款保险公司的风险会降低，而且她认为富国银行实力较强，鼓励美联银行和富国银行重新谈判。

这时，美联储和联邦存款保险公司再次发生了分歧。我们认为贝尔一心想为联邦存款保险公司争取更有利的交易条件，而不顾其他一些重要的事情。要知道，政府机构促成了美联银行与花旗银行的并购协议，现在又要反悔，恐怕有损政府机构的信誉，危及未来的谈判。我们还有一个担心，即之前花旗银行已经大力宣传并购美联银行的事情了，并宣称这有助于加强自己的实力，一旦这个并购协议被撤销，将导致市场担心花旗银行自身存在什么问题。

10月2日（周四）晚上，科恩对我说贝尔正在努力推动美联银行和富国银行的并购。她“完全不关心竞标过程的正当性”，也不关心撤销之前的交易给花旗银行带来的不确定性因素。我得到这个消息之际，美联银行和富国银行的律师正在通宵达旦、充满热情地谈判，而花旗银行却被蒙在鼓里。沃什在接近午夜之际给我发邮件，说美联银行首席执行官斯蒂尔将在美联银行董事会批准与富国银行的并购交易后，给花旗银行打电话（贝尔可能也会打电话）。沃什写道：“预料明天早上花旗会大发雷霆，可能威胁要采取法律行动……我们要传递的信息是：这一切都是富国银行自己向美联银行提出的，而且是联邦存款保险公司同意的（意思是说美联储没帮忙）。”

10月3日（周五）凌晨3点，科恩在给我的邮件中写道：“贝尔和斯蒂尔给潘迪特打电话，潘迪特气炸了，贝尔提出了辩护，说这个交易对她的基金更有利。形势不妙啊……可能影响到早上的市场。”后来潘迪特打电话给我，发泄怒火，敦促我们阻止美联银行和富国银行的交易。这个案子跟所有银行控股公司的合并一样，需要美联储理事会的批准。他警告说，如果他们自己的交易没有完成，花旗可能陷入险境，因为市场已经认为，花旗需要美联银行的存款才能继续存活。美国前财长、现任花旗资深顾问、董事罗伯特·鲁宾也给我打来了电话。他认为花旗可以提出更好的条件，重新开展谈判。

盖特纳是花旗银行的强烈支持者。他承认富国银行开的条件比较优越，但认为此时撕毁协议将削弱政府机构作为“诚实中间人”的公信力。他警告说，如果政府武断地食言，那么美国看起来就像一个“香蕉共和国”[①]。美联银行与华盛顿互惠银行的一个区别在于，美联银行是一家银行控股公司，而根据《银行控股公司法》的授权，美联储对银行控股公司的并购事宜具有管辖权，这就使得我们在美联银行并购过程中发挥一定的影响力。（因为华盛顿互惠银行是一家储蓄机构，摩根大通银行是由货币监理署负责监管的、依照联邦法律登记注册的银行，它们之间的并购不需要美联储批准。）然而，法律规定，必须有明确的证据，才能驳回银行控股公司的合并。比如，我们必须证明这桩并购案会损害当地金融市场的竞争秩序，或者有关银行没有履行投资当地社区的责任。然而，即便按照这些标准去审查这桩并购案，也无法找到多少有利于花旗银行、不利于富国银行的证据。真正的问题是美联银行接受富国银行提出的条件是否违反自己之前跟花旗达成的临时协议，但这是法院的事，不是美联储的事。此外，贝尔决定支持富国银行，与“成本最小化原则”是一致的，我能理解她的决定。

我们努力出面调解，希望各方相互妥协。为了安抚花旗银行，我们提出支持花旗并购美联银行在美国东北部和中大西洋地区的营业网络，富国银行则收购美联银行在美国东南部和加利福尼亚州的营业网络，这样有利于巩固花旗的存款基础，但作为交换条件，花旗银行要同意不阻拦富国银行收购美联银行。我们的提议得到了花旗银行的认可，但其将继续起诉美联银行、富国银行及其董事，索赔超过 600 亿美元。10 月 9 日，美联储理事会批准美联银行和富国银行的合并。我花了好几个小时向北卡罗来纳州的参议员和众议员保证这桩并购案不

① “香蕉共和国”指那些经济结构单一、政治体制不成熟、政府公信力较弱的国家，通常指中美洲和加勒比海的小国。——译者注

会减少北卡罗来纳州夏洛特市等地的就业机会，相反，这桩并购案可以避免美联银行崩溃，应该有利于保护当地的就业机会，也有利于避免引发更严重的、全国性的经济后果。

当监管机构正在处理美联银行的谈判时，保尔森继续同国会领袖们谈问题资产救助计划的事情。9月29日（周一）一大清早，保尔森就打来了电话，说他们已经在凌晨1点谈妥了。保尔森在华尔街从事证券交易的经验发挥了作用。他成功顶住了一些议员的压力，从而使得这个计划的内容没有出现大幅改动。资金会分两批拨付，每批3 500亿美元。如果国会不愿拨付第二批资金，必须先通过法案，然后还要总统点头同意。如果5年后这个计划出现亏损，总统就要提出一个计划，向金融业收取一定的费用以便弥补亏损。好几个机构负责监管问题资产救助计划的实施情况，并就如何最好地利用这些资金提出建议。这几个机构是：特别总检察长办公室、国会监管专家组以及金融稳定监督委员会（该委员会由美联储主席、财政部部长、联邦住房金融局局长、证券交易委员主席、住房与城市发展部长组成，我担任该委员会的首任主席）。

财政部提交国会的那一版“问题资产救助计划”包括了参议员杰克·里德提出的建议，即允许财政部持有被救助的私营公司的股票。这样一方面可以帮助私营公司弥补资金缺口；另一方面，当经济复苏、被救助公司的盈利增加、股价上扬时，财政部将出售被救助企业股权，恢复其私有股权，纳税人就能分享股利。该计划还要求财政部帮助陷入困境的业主。这个计划长达100多页，其中，财政部提出的重要内容都没有改动（比如请求国会拨付救助资金以及财政部有权根据具体情况灵活使用基金）。此外，这个计划还包括了批准美联储尽快对准备金付息。保尔森宣布这项立法案后，两党总统候选人都谨慎地表示支持。

同时，在周一上午的联邦公开市场委员会视频会议上，我向各地联邦储备银行行长报告美联银行的最新动态，以及为准备金付息的意义。我还要求委员会把我们跟主要央行的货币互换额度提高一倍以上，提高到 6 200 亿美元。委员会同意了我的观点。这场危机对欧洲银行的冲击，似乎比对美国银行的冲击还要大。仅仅就周一来看，盎格鲁-爱尔兰银行（Anglo-Irish Bank Corp.）的股价就惨跌 46%，德克夏银行惨跌 30%，德国商业银行和德国邮政银行分别暴跌 23% 和 24%，瑞典银行暴跌 19%。我几乎想象不到，除此之外，还有什么能更让人对经济投下"不信任票"。

但 9 月 29 日最重要的事情是国会对问题资产救助计划的投票，美国民众希望我们终止金融危机，但是我们却无法说服他们相信为金融体系注入几千亿美元的纳税人资金正是解决问题的一个方法。亚利桑那州参议员乔恩 · 凯尔对我说他的选民对问题资产救助计划的看法可以分为两派："50% 的人说不行，50% 的人说绝对不行。"社论作者和评论作者虽然对于这个计划的一些细节不满，但大体上都支持这项计划。比如，《华盛顿邮报》的一篇报道写道："这个计划不完美，存在高度不确定性，这是无可否认的，但其他的方案可能要更糟糕。"

考虑到国会的两党领袖已经表示赞同，我原以为议员们投票通过是没问题的。但周一快到中午的时候，正在国会山跟踪最新动态的沃什给我发来了一封令我感到困惑不解的邮件，内容是："供你参考，我们不愿看到的，众议院共和党票数可能不够，议长反对。"因为这句话句法有点乱，我可以肯定他写得很匆忙，但传递的信息是很明确的，即共和党支持票非常少，众议院议长佩洛西那一派议员希望民众认为民主党支持问题资产救助计划，因此不愿补足所缺票数。

沃什给我发完邮件两个小时之后，形势就很明朗了，众议院要毙掉这个议案。原定投票时间是 15 分钟，为了说服反对者回心转意，众议院领袖将投票时间延长到了 40 分钟。但最后，到下午 2 点 10 分，槌子落下的时候，反对票数仍然高达228票，赞成票数只有205票。我在办公室里通过电视关注形势的变化，通过彭博终端了解市场反应。我感觉好像被卡车撞击了一样，股市肯定也产生了同样的感觉。当天，道指收跌近778点，单日下跌点数开创了美国股市有史以来的新纪录，这个纪录至今依然保持着。用百分比来计算的话，跌幅近7%，开创了“9 · 11”恐怖袭击事件之后股市重开之日以来的新纪录。同时，标普指数下跌将近9%。美股单日蒸发市值1.2万亿美元。

众议院这一轮投票重创了我们为了终结危机而付出的努力。但当美国民众看到自己的401（k）退休金账户上的资金缩水时，支持问题资产救助计划的呼声又高涨了起来。清醒的国会领袖们决定再试一次，组织新一轮投票。他们为了让这个计划更有吸引力，将存款保险额度从10万美元临时提高到了25万美元（后来改成永久性的了）。10月1日（周三），参议院以74对25票的票数通过这项法案。10月3日（周五），众议院以263票赞成171票反对的投票结果，也通过了这项法案，总统当天下午就签了字。

这项法案赋予政府机构一个新的、强大的武器，美联储终于再也不用单独承担恢复金融稳定的大任了。

# 第十六章
# 一阵冷风

小布什总统签署“问题资产救助计划”（正式名称是《紧急稳定经济法案》）之后的那一周里，金融市场继续“失血”。有时候，股价在一个小时之内的震荡幅度就多达数百点，导致评估市场波动性的指标一度开创了历史纪录，但股市行情的总体趋势是下行的。从10月3日（周五）到10月10日（周五）之间，道指下跌1 874点，跌幅高达18%，令人震惊。我索性把办公桌上的彭博终端转了过去，背对着我，以免上面不停闪动的红色数字干扰我的注意力。

虽然问题资产救助计划已经开始实施，但市场对于金融机构的信心也几乎蒸发殆尽，即便对于一些实力强大的公司而言，获取信贷的难度也非常大。前一周，就连通用电气公司这个信用评级最高、坐拥多家金融公司与非金融公司的企业集团都遇到了融资挫折，放贷机构拒绝为其商业票据贷款提供展期，迫使其不得不向巴菲特借了30亿美元。公司债券利率和企业债券承保费用迅速上涨，这表明交易者预计低迷的经济将拖垮更多的公司。

在公开场合，我把当前正在发生的事情描述为“大萧条以来最严重的金融危机”，但考虑到已经倒闭或接近倒闭的大型金融机构的数量，考虑到这些事件对金融市场和信贷市场造成的广泛影响，再考虑到已经波及全球，我个人几乎可以肯定地说，这是人类历史上最严重的金融危机。这场金融危机会不会引发大萧条以来最严重的经济衰退，甚至触发更糟糕的情形，答案还无从得知。我们的数据表明经济下行情况越来越严重。美联储 10 月上旬针对银行信贷工作人员所做的常规调查表明，银行正在缩紧贷款条件，流向家庭和企业的信贷日渐枯竭。9 月，就业机会减少了 159 000 个，是连续第 9 个月呈现出减少态势。失业率虽然只是小幅提升到了 6.1%，但未来显然会急剧提升。

日趋严重的经济颓势不仅仅体现在政府的统计数据上。在同全美各地的商业领袖和社区领袖们交流的过程中，我也明显感受到了这一点。10 月中旬，美联储理事贝齐 · 杜克前往旧金山，会见了当地联邦储备银行来自私营部门的理事以及由当地商界人士组成的顾问小组。他在发给我的电子邮件中写道："他们的评论令人震惊和害怕，所有企业都说自己迈不开步子了，正在努力取消所有的资本支出计划以及能够自主决定的支出方案，获取信贷的难度越来越大……小企业和非营利性机构……发不出薪水，纷纷倒闭。因此，我请求努力恢复整个金融体系的信心。"

金融危机的影响蔓延得非常迅速，完全无视国界的存在，11 月，我在巴西圣保罗参加国际会议，其间，抽空会见了巴西几家最大的银行的首席执行官以及当地商界的其他领袖。其中一位首席执行官告诉我："在 9 月初，情况还好，但突然间一切似乎都停滞了，贷款没有了，投资也没有了，整个经济就像在刮一场冷风。"

在长达数周的时间里，我和保尔森一直在争论从陷入困境的银行购买不良资产以及直接为其注入资本的优劣。在私下谈话中，他似乎越来越赞同我比较青睐的策略，即直接注入资本。这样一来，政府可以持有被救助企业的部分股权。注资策略可以增加银行吸收亏损的能力，直接强化银行的实力，而相比之下，购买不良资产只能间接地强化银行的实力，其作用只是体现在提高银行资产价格而已。

10 月 1 日，我们和小布什总统共进午餐，其间，保尔森提出是否有可能同时将问题资产救助计划的资金用于两个方面：为银行注入资本和购买问题资产。因为该计划的措辞存在一定的模糊性，从而给政府提供了灵活空间，可以决定是采取其中一个策略，还是双管齐下，对此，保尔森还没有完全确定下来。但总统签署完这个计划一周后，保尔森显然不倾向于购买问题资产了。无论这个策略有什么优点，金融市场和整体经济的形势显然恶化得太迅速了，我们根本没有充足的时间去设计并实施一套高效的资产购买方案。

保尔森的态度之所以转变，可能受到了英国政府态度的影响。英国首相、前财政部部长戈登·布朗似乎也赞成通过购买股票的方式为银行注资。10 月 8 日（周三），英国宣布了这种救助方案。同一天，保尔森会见记者时发表声明指出，问题资产救助计划对政府的授权当中，有一项授权是财政部可以为银行注入资本。他说："我们会利用所有的工具，实现最大的效果，包括提升各种规模的金融机构的资本水平。"

经济学家和社论作者普遍都赞成为银行注资，但政客的反应很激烈。我和保尔森同议员开会时，都强调说我们需要灵活空间，以便应对不断变化的形势。新闻报道也提到问题资产救助计划包含多种方法，其中一个就是注入资本。参议员弗兰克·多德在 9 月 23 日的听证会上也指出了这一点。但很多议员认为注入资本只是一个诱饵，一旦注资，必然亏损。且不论这种说法是否有失偏颇，却加强了政客对问题资产救助计划的敌视态度。

现在回想一下，虽然我当时觉得保尔森针对这种做法在政治上的可行性以及针对市场反应所做的推论是正确的，但我或许应该更早、更有力地说服国会接受注入资本的方案。不过我们起初强调资产购买方案并非基于什么战术性的考虑，我们和财政部的确曾经非常努力地执行问题资产救助计划。美联储幕僚努力寻找既能稳定金融体系，又能公平对待纳税人的方法。但他们最后得出的结论是，考虑到要为错综复杂的、多元化的资产确定一个合理的价格，难度非常大，财政部可能需要好几周的时间才能制订出一个有效的方案。幕僚担心的另一个问题是：在问题资产越来越多的情况下，如果把 7 000 亿美元全都用于购买不良资产，可能不足以稳定金融体系。但如果为银行注入 7 000 亿美元的新资本，则会使得银行体系的资本水平提升一半，甚至更多，从而有助于稳定债权人和顾客的情绪，提升银行放款的信心。如果强化金融机构能够刺激私营部门的投资者也为银行注入资本，那就更好了。

由于保尔森越来越支持直接注入资本，戴维·威尔科克斯便率领美联储的一个团队制订了几个可供选择的实施方案。一种方法是“共同投资”（co-investment），旨在让私营部门的投资者也参与进去。银行监管机构和财政部将先确定哪些银行需要注入资本，然后那些缺乏资本的银行将有机会寻找私营部门的投资者，找不到的时候，就接受问题资产救助计划注入资本。保尔森喜欢共同投资的想法，但最终选择了一种更简单的、仅由政府注资的计划，理由是 2008 年秋季，资本市场事实上已经对绝大多数银行关上了大门。然而，戴维·威尔科克斯和他的团队提出的基本方法后来也派上了用场。

对于保尔森准备利用问题资产救助计划为银行注入资本，我是感到高兴的，因为我预计更加充实的资本储备将有助于银行更好地承受亏损，从而降低倒闭风险，也会减轻市场恐惧和恐慌。但我还知道，在混乱的形势中，资产价值波动幅度大，仅靠增加资本，可能不足以恢复市场信心。政府担保可能是有必要的。一个月前，我们看到财政部的担保终结了货币市场基金面临的挤兑浪潮，而且受到联邦存款保险公司保障的储户在危机期间基本上都保持镇定，没有参与挤兑。但在 21 世纪的银行体系中，存款只是银行融资的一个渠道。英国、爱尔兰和希腊的政府就是由于意识到了这一点，才开始对银行的所有债务（包括较长期债务）和存款提供担保。

尽管美联储可以在银行提交优质抵押品的前提下为其提供贷款，但无权为其债务提供直接担保。我与美联储幕僚讨论了一个为银行间同业拆借提供间接担保的想法，即银行与银行之间不再直接放贷，而是以美联储为中间方。放贷银行把存款存放在美联储，之后，美联储把这笔存款转给借款银行，这样一来，借款银行就不必承受放贷银行违约造成的后果，或许就能重振短期拆借市场。从表面上看来，这种政策似乎是合法的，也具有可行性，但在操作方面可能存在一定的难度，无法迅速付诸实践。好在我们后来又找到了一个更好的、更自然的替代方案。其实，联邦存款保险银行一直都拥有广泛的担保权，问题是要不要运用而已。

10月8日（周三），我和保尔森在财政部同联邦存款保险公司主席希拉·贝尔一起开会（盖特纳通过电话参会）。我们希望说服贝尔利用存款保险基金为整个银行体系的债务提供担保。如果要这样做，联邦存款保险公司理事会必须同美联储和财政部一道，宣布对所有银行（而非针对单一银行）适用“系统性风险例外原则”，就像当初我们为了促成花旗银行并购美联银行时所做的一样（这个并购案最后没有达成）。贝尔因为碰到诸多事件，被迫从安稳舒适的圈子里走出来，因此变得比较敏感，把这次会议说成是“突袭”。我可不认为这是这次会议的目的。我们的目标只是向决策官员提出他们有权采取行动的议题，我们的确不期望得到立即的承诺。

贝尔也不愿做出承诺，她说，即使我们宣布系统性风险，她还是怀疑自己是否具有担保所有银行债务的法定权限；她也怀疑350亿美元的存款保险基金，是否能为数万亿美元银行债务和存款提供值得信赖的担保。我们认为，如果全面担保有助于防止未来出现更多的银行倒闭现象，那么存款保险基金就应该不用担心遭遇亏损。

第二天早上，贝尔发电子邮件给我、保尔森和盖特纳，说她考虑后断定没有必要为整个银行体系提供全面担保，她的幕僚相信银行拥有足够的资本和盈余来弥补预期的亏损，长期而言，这样应该足以重建信心。她担心为银行担保可能会有意想不到的后果，包括吸走货币市场基金的资金（我认为财政部为货币基金提供的担保已经减轻了这方面的忧虑）。她也担心脆弱的银行可能利用得到担保的资金，进行孤注一掷的冒险，如果运气好，他们会把获利留给自己，如果运气不好，他们会把亏损丢给存款保险基金。她的结论是：利用问题资产救助计划的资金投资银行股，同时为财政部认为有需要的银行提供担保是比较好的做法，这样联邦存款保险公司可以发挥正常功能，处理某些银行的倒闭案。她认为这股银行倒闭浪潮还是可以管控的。

她在电子邮件中没有提到联邦存款保险公司缺少必要的权限，而且虽然她抱着保留态度，但她和幕僚都曾经认真研究过担保计划。到了周五，她提出其他的建议，即联邦存款保险公司会动用“系统性风险例外原则”，但只为银行新发行的债务提供担保，不会为原有债务和银行控股公司发行的债务提供担保；同时，投资者要为这种担保支付10%的“分摊费用”，即如果得到担保的银行债务违约，投资者会承担损失的10%，联邦存款保险公司只为优先级债务提供担保，而不为求偿顺序较低的债务提供担保，比如次级债务（次级债务的持有者只能在优先级债务持有者得到偿还之后，才享有求偿权）。银行必须为联邦存款保险公司的担保支付一定的保费。此外，联邦存款保险公司还会为游离于存款保险制度之外的账户提供担保，例如企业支票账户。

传统上，美联储反对扩大存款保险，因为这会增加道德风险，但在金融危机期间，为企业、市政机构和非营利性机构的支票账户提供保险，哪怕是暂时的，也是有意义的。如果没有这种担保，那么这些实体或许会迅速地将存款从较小的银行转移到那些“大到不能倒”的银行。然而，如果债务保险既向投资者征收10%的“分摊费用”，又把银行控股公司发行的债务排除在担保范围之外，似乎行不通，潜在的银行债务买家肯定连10%的风险都不愿意承受，尤其是买家现在可以购买欧洲银行的债务，欧洲有些国家已经全面担保银行的所有债务。

谈判进行了好几天。在幕僚们的艰苦努力下，我们终于达成了协议。10 月 13 日，联邦存款保险公司理事会一致同意动用“系统性风险例外原则”，批准对银行和银行控股公司新发行的、期限在 30 天以上、3 年以下的优先债务提供全额担保（无 10% 的“分摊费用”），并将联邦存款保险覆盖面扩大至所有无息存款账户。同一天，美联储也动用了这个原则。这个计划的正式名称叫作“临时流动性担保计划”。该计划提供的第一个月的债务保险是免费的。银行可以主动退出这个计划，但真正退出者很少。参与该计划的银行要缴纳少许保险费用。债务的到期日越长，保险费越高。如同贝尔最初的建议一样，这个计划将存款保险扩大到了企业、政府机构和非营利性机构的账户。我发了一封信给贝尔，承诺美联储监管人员会密切监视被保险银行的冒险行为。

根据这个计划，最后共有 122 家银行和银行控股公司发行了 3 460 亿美元的债务，银行获得了较长期的、稳定的资金来源，也提振了市场对于银行体系的信心。联邦存款保险公司在债务担保方面亏损了 1.5 亿美元，在扩大存款保险方面亏损了 21 亿美元，但它收了 110 亿美元的保险费，因此，存款保险基金等于净赚了近 90 亿美元。

所有的事情似乎是一起袭来的。美联储在讨论为银行注入资本和提供担保的同时，还要忙着研究一个关于如何支撑商业票据市场的新计划。自从 2007 年爆发危机以来，放贷者在购买商业票据方面一直非常谨慎，只为那些信用最好的发行人提供融资。雷曼兄弟商业票据违约后，购买商业票据的货币市场基金变得特别谨慎。从雷曼兄弟倒闭的那个周末的前几天到 10 月中旬，商业票据市场上的未清偿贷款总额大约减少了六分之一，或者说减少了 3 000 亿美元。越来越多的商业票据的期限缩短到了一天或两天，无法展期的借款者因此面临更大的风险。

在 2008 年 9 月之前，美联储也曾因为商业票据市场陷入混乱而采取干预措施。1970 年 6 月，宾州中央运输公司出人意料地宣布破产，商业票据违约。焦急的放贷者很快就拒绝为其他很多公司的商业票据提供展期。之后三周内，商业票据市场的公司借款规模减小 9% 以上。当时，美联储通过贴现窗口为银行提供贷款，并鼓励银行转贷给无法在商业票据市场上获取融资的公司。这一做法遏制了商业票据市场的颓势。但在 2008 年，贴现窗口贷款已经发挥不了作用，因为银行惜贷现象已经极其严重。我们需要采取较为直接的手段支撑商业票据市场。我们可以动用《联邦储备法》第 13 条第 3 款的规定，为商业票据无法展期的公司直接提供贷款。但这个步子似乎迈得太大了。我们只是希望恢复商业票据市场的正常运转，而不是用我们的贷款完全取代这个市场的作用。

在救助贝尔斯登的过程中，我们曾经设立过一个法律实体，让它持有贝尔斯登的高风险资产，然后由美联储为其放贷。美联储和纽约联邦储备银行都曾开过几次会议，提出了一些创意，最后大家也达成了一个类似的解决方案。美联储可以设立一个名为"商业票据融资机制"（Commercial Paper Funding Facility）的新工具，该实体可以利用美联储根据《联邦储备法》第 13 条第 3 款的授权，购买商业票据。10 月 1 日，我和保尔森同小布什总统共进午餐时，曾经讨论过这个基本的想法。

由于市场参与者普遍不愿意购买商业票据，即便愿意的话，也只是愿意购买到期日仅有短短几天的商业票据，因此，为了扭转这个局面，我们必须打破这种行为背后的思维定式。人们之所以只愿意购买期限非常短的商业票据，就是希望一旦出现什么问题，他们就能率先求偿，从而把后果留给那些购买期限较长的商业票据的放贷者。这其实是挤兑心态的一种体现。如果美联储出面支撑商业票据市场，为期限较长的商业票据提供担保，那么我们或许可以恢复放贷者和借款者的信心。

我们很快就遇到了出乎意料的问题。我们知道，美联储放贷时，负责发放贷款的联邦储备银行必须获得满意的担保品。在“商业票据融资机制”下，发放贷款的就是纽约联邦储备银行了。发行商业票据的公司必须承担偿还本息的法定义务。但根据长期以来的惯例，商业票据很少用有价证券之类的担保品担保。鉴于在商业票据融资机制下，仅有的资产是商业票据，那么借助这个机制发放的贷款还能视为获得了满意的担保品吗？

我们宣布设立“商业票据融资机制”时，觉得有办法解决这个问题。在宣布之前，我曾经跟保尔森提过，从问题资产救助计划中拿出一部分资金提供给这个新机制，用这部分资金去吸收亏损，那么美联储为商业票据融资机制提供的贷款就算有了适当的担保。保尔森的反应似乎挺积极，我们便开始期待着利用问题资产救助计划的资金去让商业票据融资机制运转起来。但令我生气的是，不知道是我误解了保尔森的意思，还是由于他和他的幕僚改变了主意，美联储和财政部的幕僚在随后几天的谈判里一直没能达成协议。保尔森后来写道，他之所以拒绝将问题资产救助计划的资金投入商业票据融资机制，是因为他不想把问题资产救助计划的第一笔资金投给商业票据融资机制。他写道：“我们需要节省资金，美联储自己能够提供资金的情况下，我们就不要往里面投钱了。”我不明白保尔森为什么这么想，不过他的确喜欢我们所提的建议，后来美联储和财政部也是按照这个模式合作的。

我们宣布商业票据融资机制时，本来觉得可以利用一下问题资产救助计划的资金，但现在却用不上了，因此，我们必须尽快想办法解决问题，确保我们通过这个机制发放的贷款能够得到适当的担保品。经过几次长时间的会议和电话交流之后，我们终于找到了一个行得通的办法。首先，我们规定，商业票据融资机制只能购买那些信用评级最高的商业票据。（不幸的是，这个规定把很多重要的但信用评级较低的公司排除在外了。）其次，我们要求那些想要把票据卖给这个机制的公司先支付一笔费用，并且把利率设定到一个足够高的水平，从而使得这些公司在市场形势恢复正常时自愿退出这个机制，回到普通市场上去融资。最后，为了控制我们可能面临的风险，我们为单一公司出售商业票据的金额设定了上限。有了这些条件之后，美联储与纽约联邦储备银行就相信通过商业票据融资机制发放的贷款获得了适当的担保。最后，该机制收到的费用多达 8.49 亿美元，非但没有造成亏损，反而创造了盈利。

在国会围绕着问题资产救助计划展开辩论的过程中，很多议员，尤其是民主党的议员，都强烈主张该计划应该帮助那些可能丧失房屋赎回权的业主们。最后通过的问题资产救助计划就考虑到了这个目标，授权政府动用问题资产救助计划的资金，要求政府修改房贷条款，降低利率与月付金，减少被查封的房屋的数量。这些规定只是我们为了遏制查封浪潮而采取的最新举措。之前，在 7 月，国会曾经通过了“业主希望计划”（Hope for Homeowners）。请注意，不要把“业主希望计划”与私营部门的金融机构在 2007 年推出的“希望在眼前”计划（Hope Now）弄混了。“业主希望计划”授权联邦住房管理局，在业主蒙受亏损之后，可对负资产家庭提供高达 3 000 亿美元的贷款，以免其房屋被银行收回，防止众多的负资产业主迈向破产边缘，从而避免新一轮断供潮和破产潮。这个计划得到了弗兰克等议员的大力支持。美联储认为这个计划是很有前景的，因为它既可以帮助放贷机构解决问题贷款（这些放贷机构当然也要承受适度的损失），又能降低业主们的月供。美联储和其他机构被授权监督这个计划的落实情况。当时，美联储理事贝齐 · 杜克正花费大量时间去研究房贷问题，他作为美联储的代表参与监督。

这个计划失败了。只有几百名业主提出申请，一个关键原因就在于国会不愿意在修改房贷条款上花费太多资金。此外，国会给联邦住房管理局的重新贷款计划制定的条款也无法吸引放贷者，以至于大部分放贷者拒绝参与。虽说国会的节俭体现了其对财政正义的认同，但也反映出一个事实，即很多人认为救助那些陷入困境的业主又是一次救助不负责任者的行动。我认为这个观点是有失偏颇的。因为在当时那种经济下行和信贷枯竭的形势下，丧失房屋赎回权的人越来越多，不仅那些明知负担不起房贷，却坚持买房的人最后出现了断供，丧失了房屋赎回权，而是数百万人都遭遇了这个问题。人们要么自己还不起房贷，要么知道身边的其他人还不起房贷。此外，帮助那些陷入困境的业主，不仅对这些业主自身有利，还对他们所在的社区、整个房地产市场以及整体经济有利，因为房屋被查封或遭到强制拍卖会降低房价，减少房屋建设活动。

当我们努力在美国国内施行多个新计划时，我还认真地关注着我们贸易伙伴的经济和金融动态。这股冷风在国外刮得也很猛，尤其是在欧洲。

我继续敦促其他几大央行和美联储一起降息。我相信降息能够支撑全球经济增长，而且各国央行表现出团结之后，也可以提振市场信心。9 月 26 日，我同英国央行行长默文 · 金、欧洲央行行长特里谢谈到这个问题时，他们表示有兴趣，但持有一定的保留意见，尤其是欧洲央行，一直担心通货膨胀。然而，随着金融形势和经济数据持续恶化，他们对联合降息的抵触情绪随之消失。其他几大央行也愿意加入我们。

要实现联合降息，需要做大量的协调工作。每一个参与其中的央行都必须安排与其政策委员会召开特别会议或视频会议，然后必须协调宣布降息的时间和措辞，而且还不能提前走漏任何风声，不然可能会造成市场震荡。

10 月 7 日（周二）晚上，联邦公开市场委员会召开视频会议。两位鹰派委员（达拉斯联邦储备银行行长理查德·费希尔和费城联邦储备银行行长查尔斯·普洛舍）当时碰巧在纽约，因此，他们二人便前往纽约联邦储备银行，跟盖特纳一起参加这次会议。盖特纳开玩笑地说："我必须指出，今天，在纽约，两位鹰派委员坐在我的左右，达成了历史性的联盟。"费希尔面无表情地说："主席先生，我们很高兴来到第三世界访问。"普洛舍回应说："我们只是想从侧翼包抄他，却没有成功。"

除了这个小玩笑之外，这场会议的基调是低沉的。达德利说，当前的金融形势"极度危险和脆弱"。我们决定将美联储与其他国家的货币互换额度上限提高一倍多，提高到 6 200 亿美元。此外，我们还将对商业银行的贷款规模增加至 9 000 亿美元，目的是希望无论信贷市场有多动荡，我们总能像平常一样，确保银行可以获取贷款。这么大的金额显示了问题的严重性，但是虽然我们尽了全力，恐慌仍在持续，信贷市场依然无法正常运转。

我指出，当前的金融形势对经济造成的风险越来越大，越来越严重，与各大央行各自为战相比，如果能联合采取应对举措，就能展现出我们的决心和合作，对美国和全球经济产生更大的积极作用。我们还相信，协调一致的行动可以为其他央行提供掩护，尤其是继承德国联邦银行鹰派传统的欧洲央行，能够成功地降低利率。联邦公开市场委员会全票通过，把联邦基金利率降低半个百分点，降为 1.5%。

在我们与其他央行协调联合降息的过程中，最高潮的部分就是一场视频会议。参与者包括我、欧洲央行的特里谢、英国央行的默文·金、加拿大央行的马克·卡尼以及日本央行的白川方明。

最后，在纽约时间 10 月 8 日早上 7 点，美联储、欧洲央行、英国央行、加拿大央行、瑞士央行、瑞典央行同时宣布降息 0.5 个百分点。①

① 其他国家在降息后的基准利率分别是：欧洲央行 3.75%，英国央行 4.5%，加拿大央行 2.5%，瑞典央行 4.25%。

政策利率已经接近零利率的日本银行表示强烈支持。我们没有跟中国央行协调，但是中国央行也在当地时间 10 月 8 日上午宣布了降息。能够导演这么复杂的一出大戏，我感觉很好。

联合降息虽然富有戏剧性，但没有解决全球金融体系存在的基本问题，比如市场恐慌持续存在，以及市场对于大型金融机构的安全性日益不安。在各大央行宣布联合降息的那一天，道指一度上涨 180 点，但收跌 189 点，跌幅 2%。通过这个现象，市场发出的信号是非常明确的，即救市力度需要加大，而且是越快越好。

在我们宣布联合降息之前，各国对金融危机的反应都是头痛医头，脚痛医脚，而且各国的做法也不尽相同。与美国相比，欧洲国家救助的金融公司更多，却没有制订一套全面的应对方案。德国虽然救助了海波房地产控股公司和德国工业银行（IKB），但政府一直在抱怨说救助行为存在道德风险，从而阻碍了欧洲国家之间的合作。另外，有些国家对于救助行为的溢出效应颇有怨言。爱尔兰 9 月 29 日宣布为银行存款和债务提供担保之后，英国担心爱尔兰此举会导致英国银行资金外流，便在 9 天后也宣布为银行债务提供担保。

有些小国根本没有足够的资源去救助本国的大银行。比如，冰岛就是如此。冰岛是一个只有 30 万人口的小国，但它拥有三家大银行，业务遍布北欧其他国家以及英国和荷兰。到 2008 年 10 月初，这三家银行都倒闭了，股东（以本国人为主）和债券持有者（以外国人为主）蒙受巨额损失。冰岛希望像欧洲央行和英国央行那样与美联储建立货币互换额度，但我们拒绝了，因为冰岛的金融机构与美国的金融机构联系很少，而且退一步讲，冰岛的问题太大，仅靠货币互换是无法解决的。

10 月 10 日（周五），一个加强全球合作的机会出现了。那天，世界各国财长和央行行长齐聚华盛顿，参加国际货币基金组织和世界银行的秋季例会。这两个机构可以追溯到 1944 年在新罕布什尔州举行的布雷顿森林会议。这两个机构的目标是促进国际经济合作，其中，国际货币基金组织的重点是维持经济与金融稳定，而世界银行的重点则是促进发展中国家的经济增长。

在举行全体会议之前，有一系列小规模的会议。周五是七国集团会议，与会者来自美国、加拿大、日本、法国、德国、意大利和英国。周六是规模较大的二十国集团会议，与会者除了来自主要工业国之外，还来自中国、印度、巴西、墨西哥和俄罗斯等重要的新兴经济体。随着新兴市场经济体在全球经济中所占的分量日益提高，二十国集团经济政策的影响力也越来越大。不过，由于世界上最大金融机构与金融市场基本上都位于七大工业国，因此，我估计七国集团的会议将是比较重要的。事实表明，我在担任美联储主席期间参加的国际会议中，这场竟然是最重要的。

那次七国集团会议是在美国财政部现金厅（Cash Room）举行的。那个大厅有两层楼高，地上和四壁的大理石熠熠生辉，华美的天花板上镶着金边，青铜的枝形吊灯直垂而下，大厅的入口正对着财政部大门。1869 年刚刚投入使用时，这个大厅是财政部同银行家及民众进行金融交易的场所，到 1976 年才停止使用，现在被用作举办正式会议和社交活动。为了举办七国集团会议，长条形的桌子被摆放成了正方形，座椅上面的卡片标明了各个国家与会者就座的位置，会议现场有同传服务，但美国代表团并不需要，所有讨论都是用英语进行的。副手和助理们在大厅里进进出出，助手、安保人员和其他辅助人员在外面的走廊里来回走动。按照惯例，作为东道国的财长，保尔森会担任会议主持人。

国际会议往往容易让人产生困意，这种场合的主要意义就在于让决策者及高级幕僚们与国际同行保持沟通。不同的会议，同样的议程，同样的陈词滥调，会后公报都是副手们提前写好的，充斥着含糊不清的、官僚主义式的措辞，目的就是要赢得一致的支持。

但这次会议的基调绝对不会让人产生困意。全球经济体系已经遭遇了20世纪30年代以来最大的风险。在场的大多数财长和央行行长都指责美国是这场危机的始作俑者。是谁放松金融监管，导致“牛仔式资本主义”肆虐地践踏整个世界？是谁的次贷危机传染了世界各地的金融机构？是谁让雷曼兄弟倒闭？关于最后这一点，特里谢操着具有浓重的法国口音的英语，特别慷慨激昂地做出了论证。他还提供了一张图，表明雷曼兄弟倒闭的那个周末之后国际资金市场的剧烈恶化情况。其他人附和特里谢的说法，整个会议似乎恶化到了相互指责的地步。

在全球危机中，美国自然要扮演领导者的角色，但美国的声誉和公信力却处在低谷。当危机的影响蔓延到全球范围内，并且愈演愈烈之际，其他发达国家不再像之前那样幸灾乐祸了，而是开始愤怒。其他国家纷纷质疑美国提出危机应对建议的资格。美国算什么？有什么资格提建议？我们从七国集团的会议上听到了这种声音，在周六的二十国集团会议上，这种声音更是频繁出现。

虽然气氛紧张，但七国集团的代表还是决定同舟共济。如果大家没有达成共同应对方案，甚至连共同应对方案的框架都没达成就离开了华盛顿，那么由此产生的负面影响可能太大了。虽然大家在会议桌上说一些相互埋怨的话，但彼此之间还是相互尊重的。我们知道只有我们才能阻止经济失血。我们打破了多年以来的会议套路，忽略了会议议程，开展了自由的、实质性的讨论。

之前一段时间里，我一直在思考我们应该怎么做。在会议召开之前的那个周三，我已经拟好了一套原则，希望能够在七国集团会议上得到采纳。虽然这些原则都是基本的，但我相信它们体现出了之前多次平息恐慌的措施。简单地说，我希望与会官员承诺相互合作，稳定金融市场，恢复信贷流动，支撑全球经济增长。为了实现这些目标，与会各国应该为本国银行提供必要的短期贷款和资本，对从事国际业务的银行实行联合监管，不再让具有系统重要性的机构倒闭。我希望大家能够承诺重新启动抵押贷款支持证券、商业票据和银行间同业拆借的市场。在财政部的支持下，我把我的政策建议提交给了草拟会议公报的助手们。

我提出的一些原则与其他人提出的存在一些共同之处。在最终版的会议公报中，我最初的清单被精简为5点：

1. 我们不会让更多的雷曼兄弟，也就是更多具有系统重要性的金融机构倒闭。（美国实施的“问题资产救助计划”践行了这一承诺。）

2. 我们将“解冻”融资市场。（美联储的商业票据融资机制践行了这一承诺。）

3. 我们将为银行注入资本，促进信贷流动。

4. 我们将落实存款保险制度，保护普通储户，维持市场对银行的信心。

5. 我们将重启证券化，让抵押贷款和其他形式的信贷可以吸引投资者的资金。

与我提交的建议清单相比，七国集团这份公报的一个创新之处就体现在第四点上，这一点不在我原来的清单上，因为美国在很久之前就设立了联邦存款保险制度，但对欧洲来说就成了问题，因为当时大部分欧洲国家还没有全面性的存款保险制度。

七国集团会议散会时，与会者的决心都恢复了。在美国，我们已经不再像雷曼兄弟倒闭之前那样头痛医头，脚痛医脚了。虽然我们动员其他国家的速度有些慢，但现在，我相信我们已经能够在全球范围内对危机发起一场系统性的反攻了。

各国的决策者们做出承诺之后，就开始落实了。最重要的是，周日晚上，欧元区国家同意为银行注资，并提供担保，奥地利、法国、德国、意大利、荷兰、葡萄牙、西班牙和瑞典都宣布了债务担保计划，类似于美国联邦存款保险公司提出的提议。更多的国家扩大了存款保险制度的覆盖范围，挪威和西班牙等国家宣布购买资产。到了周一，英国基本上对两家最大的银行（苏格兰皇家银行和苏格兰哈里法克斯银行）实行了国有化。这些国家的救市计划基本上都遵循了七国集团会议上通过的一系列原则。

美国财政部针对银行资本重组计划的研究工作一直持续到10月13日（周一）的哥伦布纪念日。这个计划被称作“资本收购计划”（Capital Purchase Program）。由于保尔森已经改变主意，因此，现在美联储和财政部在银行需要注资的问题上已经达成了共识。联邦存款保险公司和货币监理署也同意为此提供支持。为了避免银行认为接受注资是一种耻辱，我们希望注资方案能够吸引所有银行，而不只是一些实力较弱的银行。因为如果市场先入为主地认为接受注资是银行实力薄弱的体现，那么银行就会尽力避免接受注资，我们就无法对银行体系注入足够的资本，无法结束恐慌和刺激信贷流动。我们需要制定出既对纳税人公平，又没有太多惩罚性的条款，以免阻碍实力较强的银行接受注资。

我们还要避免让外界产生政府接管银行体系的印象，这是保尔森的一大忧虑。我们同意注资的方式是购买金融机构新发行的、没有投票权的优先股，政府只是根据“问题资产救助计划”去限制高管薪酬，并不介入金融机构的经营过程。因为政府购买的是优先股，因此，在获得股利方面，优先于普通股的持有者。此外，根据法律规定，政府还要获得金融机构的认股权证，这样一来，当金融机构的股价上涨时，纳税人能够分享股利，政府购买的优先股头3年将获得5%的股息，其后增至9%，以便刺激银行到时候用私营部门的资本取代政府的资本

（我们预期私营部门的资本到时候会很充足）。

为了吸引更多的银行，包括实力较强的银行参与其中，我们需要吸引美国几家主要的银行（有人向我提到我们在 2007 年 8 月为了吸引银行申请贴现贷款时所做的努力）。在哥伦布纪念日下午，保尔森召集了 9 位银行的首席执行官到他的大会议室开会。椭圆形的长会议桌一侧坐着各大金融机构的首席执行官，包括摩根大通的杰米·戴蒙、富国银行的迪克·科瓦舍维奇、花旗银行的维克拉姆·潘迪特、美国银行的肯·刘易斯、高盛的劳埃德·布兰克费恩、摩根士丹利的约翰·麦克、美林的约翰·赛恩以及道富银行的罗纳德·罗格以及纽约梅隆银行的鲍勃·凯利。坐在他们对面的是我、保尔森、盖特纳、希拉·贝尔和约翰·杜根。我和保尔森都表示无论实力强的银行还是实力弱的银行，参与都很重要。贝尔对这些首席执行官讲了一些与银行债务担保有关的事情，盖特纳评估了注资规模，表示最多只占每家银行风险加权资产的 3%。保尔森要求这些首席执行官承诺接受这笔资本，必要时可以跟他们的董事会商量。

摩根士丹利的约翰·麦克立即在一张纸上快速写下了接受注资的同意书，将其推向了会议桌的另一侧。富国银行的迪克·科瓦舍维奇一如既往地性情急躁，表示自己的银行不需要注资，但最后答应跟董事会商量一番。花旗银行的维克拉姆·潘迪特说这种注资的价格是低廉的，银行应该乐于接受。美国银行的肯·刘易斯敦促大家不要纠缠于细节问题，而是应该顾及银行体系的整体利益。最后，所有银行都接受了政府建议的 1 250 亿美元资本金额，也就是资本收购计划最初承诺的 2 500 亿美元的一半。之后不久将宣布巨额亏损的美林虽然已经安排好了要由美国银行并购，还是接受了属于自己的那一部分注资。

来自欧洲的消息和美国注资计划让股市欣喜不已。周一，道指收涨 936 点，涨至 9 387 点（涨幅 11%），收复了前一周的部分失地（前一周跌去 1 874 点），从百分比来看，创造了 76 年以来单日最大涨幅纪录。

周二早上，我、保尔森和贝尔在财政部现金厅参加记者招待会。保尔森描述了“资本收购计划”。资产收购还在研究中，但实施的时间会推迟。贝尔介绍了联邦存款保险公司扩大保险范围以及为银行债务提供担保的情况。最后，我详细说明了美联储的商业票据融资机制，表示我们要在两周后的 10 月 27 日开始购买商业票据。

虽然我们还需要好几个月才能实现稳定，但由于其他国家也采取了应对举措，我们终于形成了一套连贯、强大的应对策略。

# 第十七章 过渡时期

2008 年 11 月 4 日，贝拉克 · 奥巴马击败了约翰 · 麦凯恩。这太令我惊叹了，因为 40 年前我在南卡罗来纳州的狄龙镇读书时，学校还实行着种族隔离制度，没想到现在美国竟然迎来了第一位非洲裔的总统。同时，我还想起了 1932 年到 1933 年之间，胡佛政府向罗斯福政府过渡的那四个月内，美国经济存在高度的不确定性，导致美国修改宪法，将新旧总统交接时间缩短为两个月。尽管过渡期被缩短了，但从小布什政府向奥巴马政府过渡期间，当前这场还没有得到完全控制的危机肯定会变得更加复杂。财政部和其他政府机构将出现全面的人事变动，美联储不存在这种问题。我们下定决心要尽最大可能地确保政策的连续性。

一系列重大决策日益迫近。小布什政府会要求国会拨付“问题资产救助计划”的另一半资金吗？问题资产救助计划的资金应该用于救助苦苦挣扎的汽车厂商吗？应该如何帮助那些还不起房贷的业主们？考虑到“不管什么时候都只有一位总统”这一情况，即将上任和即将离任的政府必须就这些问题和其他问题想出合作方案。

与此同时，保尔森集中精力确保财政部的“资本收购计划”能够正常运作。曾经到财政部参加 10 月 13 日那次会议的 9 家大银行，已经接受政府 1 250 亿美元的新资本，剩下的 1 250 亿美元要分配给其他银行。要制订出将资本分配给小银行的详细方案，需要耗费一些时间。虽然不确定银行是否乐于参与，但是各种规模的银行对问题资产救助计划的资本有着强烈的需求，因此，到 2008 年底，财政部对银行的注资已经接近 2 000 亿美元。

这个资本收购计划是为了稳定银行体系而迈出的一大步。比照危机时期实行的其他救市计划来看，这个资本收购计划还算不上特别不受欢迎。一方面，对于那些接受政府注资的金融机构，我们限制其高管的薪酬，这有利于减少政治上的阻力。另一方面，这种限制又不会过于苛刻，不至于阻碍金融机构的广泛参与。所有规模的银行，包括社区银行在内，只要监管机构判断它们具有继续经营下去的潜力，就可以申请政府注资，这一点也有助于减少政治上的阻力。但有些政客担心自己赞成“问题资产救助计划”之后惹上麻烦，便施压财政部和美联储，要求我们证明这个方案行得通。一个提出频率最高的问题是：“银行究竟有没有将从问题资产救助计划中获取的资金贷出去？”

这个问题看似简单，实则非然，因为钱具有可替代性，你从这里获得的一美元，与从其他地方获得的一美元是一样的，因此，当银行发放一笔贷款时，如果你问这笔贷款的资金究竟来自于问题资产救助计划，还是来自于其他途径，其实并没有什么意义。此外，我们为银行注入资本的主要意义在于缓解亏损造成的潜在影响，从而鼓励银行冒着亏损风险去发放贷款。因此，比较好的提问方式应该是：“问题资产救助计划为银行注资后，银行贷款的规模是否比没有注资时增加了呢？”

即便这样问，回答起来也很难。我们怎么能证明如果没有问题资产救助计划时的情况呢？我深信问题资产救助计划和其他措施能成功地阻止金融体系的崩溃，不至于导致经济陷入极为严重的、漫长的衰退，而且避开萧条。这个计划推出后，银行的贷款规模确实远远低于危机前的贷款规模，但是这样比较是不公平的，因为由于经济衰退，具有贷款资格以及具有贷款意愿的企业和家庭数量大大减少。

美联储资深经济学家内利·梁率领的一个幕僚小组负责搜集数据，制定指标，评估问题资产救助计划对银行贷款的影响程度。但我们从来没有找到全面的、易于解释的评估指标。此外，我们虽然希望银行发放贷款，但不希望银行出现不良贷款，正是不良贷款导致我们陷入这种困境。因此，一些政客提出为接受救助的银行设定贷款目标，其实是不明智的。我们的策略有助于缓解银行和监管人员在危机时期的保守思维，我们和其他监管机构都鼓励银行为有信誉的客户发放贷款，我们也敦促监管人员在鼓励“合理的谨慎”与确保有信誉的借款者能够获得贷款之间寻求适度平衡。

同时，美联储商业票据融资机制的价值很快显现了出来。到 10 月 29 日那一天结束之际，也就是该机制推出两天之后，美联储收购的三个月期商业票据就多达 1 450 亿美元。推出一周之后，这个数字达到了 2 420 亿美元。到 2009 年 1 月，这个数字达到最高水平，即 3 500 亿美元。该机制阻止了这个重要的融资市场的迅速萎缩，推动商业票据融资利率恢复到了较为正常的水平。

尽管推出了这一系列重要的工具和政策，金融体系仍然没有从雷曼兄弟倒闭事件造成的冲击中恢复过来。一年前，投资者的恐惧主要集中在次级贷款方面，现在则几乎避开所有形式的私人信贷，比如信用卡贷款和汽车贷款。虽然他们没理由认为其他形式的贷款也会出现类似的亏损，但他们偏偏会这么认为。如同次级贷款一样，其他形式的贷款也被包装成了证券，卖给了投资者，以至于现在遭到了次贷危机的波及。投资者对于这类资产支持证券的需求迅速降低，也对整体经济构成了一种风险。

未来应对这种局面，我们与财政部合作制订了一套新的计划。11 月 25 日，我们动用了《联邦储备法》第 13 条第 3 款的规定，宣布推出“定期资产担保证券贷款机制”（Term Asset-Backed Securities Loan Facility）。但这个机制非常复杂，直到推出4个月后才贷出第一笔款。根据该机制，我们应该贷给购买期限最多为5年、有资产担保的3A评级证券的投资者，资产担保的内容有信用卡贷款、就学贷款、汽车贷款、商业抵押贷款和中小企业管理局担保的贷款等。我们的贷款应该没有追索权，意味着借款者可以用他们购买的资产担保证券还给我们，取代完全清偿贷款，这种做法等于为借款者提供了“下行风险保护”，即如果投资者在股市下滑时离场，可以在一定程度上保护他们的资金。但是，只有在这些证券的回报率跌到低于贷款成本时，在到期日前用这种证券偿还才有道理。

我们也制定了自保措施。投资者只能贷到占证券购买价格一部分比率的贷款，这样，一旦出现亏损时，投资者要承担第一笔亏损，跟我们“共同承担风险”。此外，财政部也采取了在美联储商业票据贷款机制中不愿采取的行动，从问题资产救助计划中拿出200亿美元作为资本，这样一来，美联储可以贷出的款项就增加到了2 000亿美元。这笔资金可以用来弥补给投资者造成的风险。最后，定期资产担保证券贷款机制融资的证券中，没有一笔是用证券偿还给美联储的，这个方案没有出现亏损，还为纳税人创造了利润。

在美联储和联邦存款保险公司的建议下，即将卸任的小布什政府和即将上任的奥巴马政府也在努力解决房屋被查封的问题。随着好几百万业主失业和更多的业主发现自己的房子“溺水”（房子的市价比欠的房贷还低），查封现象愈演愈烈，原本被查封的房子，基本上都是因为初期优惠利率结束后，月供大幅增加，而现在查封范围扩大了，传统的优级房贷也出现了问题。经济和社会所付出的成本不只是放款机构的损失，也不只是流离失所的家庭所面对的痛苦。查封的空房让社区显得破败，压低了附近房价，减少了地方的税收。

那个名为“希望在眼前”的房贷救助计划是私营公司在保尔森的动员下，于2007年10月开始实施的，在减少查封方面的确取得了一定的成就，但由于政府不提供资金，使其规模受到了限制。后来，于2008年7月完成立法的“业主希望计划”通过联邦住房管理局提供再融资，但是，国会规定了苛刻的要求和费用，阻挠了业主和放款者的参与，实际上破坏了这个计划。

同时，在单独干预或与其他机构的共同干预下，美联储阻止了100多例房屋查封事件。比如，2008年8月，波士顿联邦储备银行召集了2 200多位陷入困境的业主，同放款者、信贷服务公司和顾问在吉列体育馆（新英格兰爱国者足球队的本部）开展了一场大规模的研讨会。我们还同非营利机构——美国邻里互助合作组织（Neighbor Works America）合作，尽量降低查封事件对社区造成的破坏。

大选结束后，在新政府上台、问题资产救助计划资金可以用来缓解查封问题的情况下，提出新构想的好时机似乎来了。贝尔一直努力推动政府采取更多行动，防止查封现象愈演愈烈。2008年7月，联邦存款保险公司接管印地麦克银行后，开始修改银行所拥有或服务的房贷合约，规定月供不超过借款者月收入的31%。要达成这个目标必须采用多种策略，包括降低贷款利率，豁免部分本金以及延长房贷到期日（例如从30年延长为40年）。

这样做似乎是有价值的，但当我们在过渡期间就不同的方法展开辩论时，要判断这种做法的成败似乎还太早。到2008年底，只有几千件印地麦克的房贷合约修改了条款。我们不知道修改过的合约能否施行下去以及最后是否会形成新的违约。（联邦存款保险公司后来的评估发现印地麦克银行严重违约的案例中，后来有三分之二在修改条款后的一年半之内再度违约。）到了11月中旬，联邦存款保险公司的做法（即“印地麦克银行模式”）经过两房修正后开始实施。贝尔也对行政部门施压，希望动用问题资产救助计划的资金为放款者提供担保，以便鼓励放款者采用印地麦克银行的指引方针。如果借款者的房贷合约修改后违约，那么政府会赔偿一半损失。

我并不总是同意贝尔的观点，但我不得不佩服她的政治才能。她绕过了政府正常的决策过程，通过媒体发声和游说，她说服了包括众议院议长佩洛西和多德参议员在内的国会议员（以民主党人为主）支持她的计划。但是贝尔差不多把那些没有完全支持她计划的人，都描述成了反对缓解查封问题的人。我记得《纽约时报》有一篇报道让保尔森非常生气，因为那篇报道批评财政部没有按照贝尔的建议立即采取行动，就像卡特里娜飓风后的美国联邦应急管理局一样。

美联储完全同意贝尔计划的目标，却质疑其中的若干细节。美联储研究与统计部副主任戴维·威尔科克斯和其幕僚比较过其他策略。联邦存款保险公司的担保计划有几项缺点，其中一项似乎是对放款者慷慨到没有必要的程度。联邦存款保险公司的原始计划中，对放款者提供不合常理的引诱条件，把最没有偿还能力的借款者的房贷，修改成具有流通性的房贷，一旦借款者再度违约，放款者不仅能得到政府的担保款，而且还能查封房子。

美联储的经济学家们提出了几个替代性的计划，包括以“印地麦克银行模式”为基础的几个变体。这些经济学家们认为自己的计划能够减少政府负担的成本，让修改后的房贷合约更具有持续性。我们还建议美联储和财政部设立新的特殊投资实体，从放款者和投资者手中大批量地收购有风险的房贷。按照我们的计划，政府新设立的这个实体可以从问题资产救助计划中取得500亿美元的资本，也可以向美联储借钱，买进的房贷合约会交给独立的专业人士去修改，而不是交给私营部门的放款者和投资者去修改，然后才由联邦住房管理局提供再融资。

对于贝尔打算利用问题资产救助计划的资金去为修改过的房贷合约提供部分担保，保尔森也持有怀疑态度。但他的财长任期快要结束了，因此，他只是要求自己的团队集中精力分析各种方案，而不提出倾向性的建议。12 月 15 日，被奥巴马选定为国家经济委员会主席的拉里·萨默斯向奥巴马提交了一份与其他顾问商议之后的备忘录，也加入了我们的争论。萨默斯赞成修改“业主希望计划”，提高这个计划对放款者和借款者的吸引力。他对联邦存款保险公司在房贷修约后再度违约时补偿放款者的计划，也和美联储有着相同的忧虑。但他支持鼓励放款者对问题房贷降息。萨默斯的备忘录没有提到美联储设立特殊实体、大批量收购问题房贷的观点，但他告诉我们，如果新政府继续修改房贷合约，难免会查封一些住房，他不喜欢这种情况造成的政治后果，最后的决定必须等新总统和新财长宣誓就职以后再说。

虽然处于过渡时期，我们仍然继续推动货币政策制定过程。由于市场一直动荡，我们在 10 月 28—29 日那次联邦公开市场委员会会议上要讨论的内容很多。买家继续全面撤出市场。从联邦公开市场委员会 9 月会议到 10 月会议召开前一天，道指下跌将近 2 900 点，总市值大约丧失了四分之一。市场的震荡令人惊讶。然而，道指经过大跌后，却在我们开会的第一天暴涨近 900 点，但并没有什么明显的好消息可以解释这次暴涨。

房价与股价双双下跌，再加上信贷紧缩，反而加快了经济衰退。家庭与企业的信心，也就是说，对经济增长十分重要的“动物精神”，似乎在直线下降。密歇根大学曾经开展过一次著名的家庭调查，结果显示，消费者信心降到了近 30 年来的最低水平。美联储经济学家预测经济衰退会持续到 2009 年年中。事实证明，他们猜测的这个时间是正确的，但如同大部分外部的预测者一样，美联储幕僚和联邦公开市场委员会委员都没有准确预测到这场衰退的严重性。当然，我们现在清楚地知道，2008 年第三季度，美国经济收缩 2%，到第四季度，收缩幅度更加令人震惊，高达 8.2%，堪称 50 年里最糟糕的一个季度。2009

年第一季度的收缩幅度为5.4%，因此，这堪称大萧条以来最严重的经济衰退。同时，通胀率迅速下降，其两个重要表现就是每桶石油降价30美元和整体经济颓势。

此时，市场低迷和经济收缩已经变成了全球性的现象，新兴市场和发达经济体概莫能外。俄罗斯为了遏制股市下行趋势，暂停了交易。墨西哥为了阻止比索贬值，动用了15%的外汇储备。我们在10月底举行联邦公开市场委员会会议的第一天，日本的日经指数跌到26年来的最低点。具有讽刺意味的是，虽然这场危机肇始于美国，但迫切渴望安全资产的全球投资者却争抢以美元计价的资产，尤其是美国的国库券。自从我们上次开会以来，这种做法已经将美元价值推高了9%以上。由于美国经济迅速衰退，美元上涨根本算不上好消息，因为这会导致美国的出口商品变得更加昂贵，降低其在世界市场上的竞争力。

在这次会议上，我们谨慎地选择了墨西哥、巴西、韩国和新加坡这4个新兴经济体，增加到货币互换国家名单中，从而再一次扩大了货币互换额度。之所以选择它们，是因为它们对美国与全球的金融、经济稳定具有重要意义。我们也拒绝了其他几个国家建立货币互换额度的请求。增加这4个国家后，与美联储建立货币互换额度的央行增加到了14个。在这次会议召开两周之前，我们就取消了欧洲央行、英国央行、瑞士央行和日本央行的货币互换额度限制，反映了欧洲与日本对美元的需求的增加，也反映了我们跟这些央行的关系非常密切。

在这次会议召开之际，进一步降息的理由似乎非常充分。我对联邦公开市场委员会讲，到目前为止，虽然我们之前采取的那些措施的作用可能还没有完全显现出来，但我们面对的可能是一场特别严重和漫长的经济衰退，需要采取大胆的行动。最后，委员会一致同意将准联邦基金利率降低0.5个百分点，降至1%。这个水平与2003年我们极度担忧通缩时的利率水准一样。

按照惯例，联邦公开市场委员会开会的前一天晚上会举办晚宴。

我利用这个场合见了各地储备银行的行长们。他们非常担心美联储的干预措施引发的政治风险，尤其是救助美国国际集团可能引发的风险。虽然根据《联邦储备法》第 13 条第 3 款规定的放贷职责属于美联储理事会，而不属于联邦公开市场委员会，但有些联邦储备银行的行长们仍然觉得美联储没有提前充分征求他们的意见。每一位行长都要我保证，以后不能再把他们蒙在鼓里，要让他们分享信息，这样他们下次公开露面时，才不至于答不出一定会被问到的问题。鉴于最近事件的紧迫性，我没能坚守一向的建立共识风格，实属合理。但是这些行长们的顾虑的确是合理的，因此，我提议每周召开两次视频会议，让他们知晓美联储的最新动态，也了解金融、经济和立法方面的最新动态。

我们曾经希望问题资产救助计划的注资能够支撑起摇摇欲坠的金融巨头，使得我们不必再对其进行救助。不幸的是，经济状况恶化和巨额亏损继续困扰较弱的机构。9 月份才接受美联储 850 亿美元救助的美国国际集团就是其中之一。10 月初，我们已经额外增拨了 378 亿美元的贷款，为美国国际集团持有的“私营品牌抵押贷款支持证券”（政府不予担保）提供融资，但这笔钱根本不够用。该公司第三季度的亏损暴增到 240 亿美元。为了继续存活下去，他们需要资本注入，也需要美联储放宽 9 月份实施救助时开出的苛刻条件。

我们不能选择让美国国际集团倒闭，我们两个月前开始采取干预措施时，就是这么想的。因此，我们修改了紧急救助的条件，并将救助资金提高到 1 500 亿美元（包括财政部的救助资金）。起初，保尔森希望美联储提供新方案所需的全部资金，但我和盖特纳努力说服他，告诉他美联储独木难支，美国国际集团需要巨额资本，在私营融资渠道几乎完全关闭的情况下，只能让财政部出面提供资金了。11 月 10 日，美联储和财政部宣布了一个经过调整的救助方案，其中包括财政部购买 400 亿美元的优先股。由于资本收购计划的目标是强化相对健康的公司，而不是陷入困境的公司，因此，美国国际集团没有资格使用该计划的资金。我们要求美国国际集团接受更加苛刻的条件，包括为财政部持有的优先股提供较高的股息。作为调整后的救助方案的一部分，美国国际集团必须偿还美联储10月份为其提供的补充贷款，这样一来，我们就把提供给美国国际集团的信贷额度从850亿美元降到了600亿美元，作为交换条件，我们同意大幅降低我们收取的利率，而且把还款期限从三年延长到五年。

为了抑制美国国际集团面临的潜在风险，美联储再次动用《联邦储备法》第13条第3款的权限，批准纽约联邦储备银行设立了两个新的法律实体，并对其融资，这两个法律实体名称分别叫作梅登巷2号有限责任公司和梅登巷3号有限责任公司，美联储为梅登巷2号有限责任公司贷款225亿美元，让该公司利用这笔资金购买导致美国国际集团蒙受重大亏损的“私营品牌抵押贷款支持证券”。梅登巷3号有限责任公司会得到纽约联邦储备银行的300亿美元贷款，用于向美国国际集团的交易对手购买由美国国际集团金融商品公司担保的债务抵押债券，这样事实上就终结了曾经在9月份导致美国国际集团濒临绝境的保单。盖特纳把美国国际集团剥离不良资产比作“绑止血带”，目的是要阻止流血，按照同样的逻辑去打比方，我们给美国国际集团的贷款和财政部给它注入资本就相当于“输血”了。我们希望这次输血能拯救这个病人。之所以这样做，不是因为我们关心它，而是为了整个经济体系考虑。我们特别希望避免美国国际集团的信用评级被进一步下调，因为一旦出现这种情况，我们必然需要为其提供更多的担保，注入更多的资本。

为了保护美联储，我们从外面聘请了资产管理人员去评估我们购买的证券。美国国际集团提供了10亿美元以吸收梅登巷2号有限责任公司最先出现的亏损，另外提供50亿美元吸收梅登巷3号有限责任公司最先出现的亏损。这两家新公司和它们持有证券的总市值会表现在美联储的资产负债表上，每个季度都会更新。11 月 10 日，即宣布新的救助方案之前的那个周日，我和保尔森坐在他的办公室里打电话给国会领袖解释这个新方案，说明我们几乎别无选择，必须实施这个方案的原因。当时，他们没有提出多少反对意见，但后来却提出来了。这符合国会的一贯作风，我们之前领教过多次。

美国国际集团获得了大量注资并剥离不良资产后，似乎稳定了下来，至少暂时是这样。但经过修改的救助方案重新点燃了很多人的怒火（有些人是真的发怒，有些人则是刻意在摄像机前作秀）。我能理解这些人愤怒的原因，尤其是因为我们的救助似乎并没有产生多少效果，以至于没有成功地避免现在看似十分严重的经济衰退。但我毫不犹豫地继续帮助美国国际集团继续存活下去，这是必不可少的，可以防止危机进一步转移。此外，如果我们想收回之前投给美国国际集团的资金（那都是纳税人的钱），最佳的办法，也是唯一的办法，就是帮助美国国际集团存活下去。

梅登巷 3 号有限责任公司购买美国国际集团承保的债务抵押债券，引发了一个新问题。这是我本该预料到的。我们购买这些债券，其实就相当于让美国国际集团的交易对手（大多是大型金融机构，有些是外国的）获得了保险的全部好处。当这个事实逐渐明朗化之际，国会和媒体指责我们是在搞“走后门式救助”，批评我们没有让高盛等交易对手承担部分损失。

因为我的主要精力集中在如何控制恐慌上，因此，我起初对这种批评感到困惑不解。纽约联邦储备银行曾经希望美国国际集团的一些交易对手自愿返还一部分资金，但没有成功（这是不足为奇的）。如同我们一再指出的那样，从法律上来讲，我们不能强行减少给这些交易对手的付款，因为它们持有的保险合约的索赔效力并不亚于美国国际集团债券或传统保单的索赔效力。如果我们以监管机构的身份施压交易对手，要求其同意降低赔付额度（许多批评者坚持认为我们应该这样做），那么我们显然就是在滥用权力，而且很多交易对手是外国机构，超出了我们的管辖范围，而且一些国家的监管机构支持它们拒绝接受减少赔付。

我们招致批评的另一个地方是没有立即披露与美国国际集团在债务抵押债券业务上的交易对手的身份。我们之所以拒绝披露，是有合法理由的，比如，《统一商业秘密法》（Uniform Trade Secrets Act）不允许我们单方面披露这些交易对手的身份。我们担心一旦披露之后，这些机构未来是否还愿意同美国国际集团打交道。然而，在被国会和媒体穷追猛打了几周之后，我们就让美国国际集团披露其交易对手的身份，美国国际集团迅速地披露了这方面的信息。

我努力向外界解释我们的行动，为我们的反应进行辩护。这时，美联储办公室主任米歇尔·史密斯决定放弃美联储传统而保守的沟通策略，建议我同媒体和公众开展更加密切的沟通，包括接受全国新闻俱乐部（National Press Club）的邀请去那里发表演讲，并接受媒体提问（我 2009 年 2 月这样做了）。我与《纽约客》杂志的约翰·卡西迪合作，发表了一篇很长的文章，从内部人的视角披露了美联储是如何应对这场危机的。我还在全美范围内知名度较高的场所更加频繁地发表公开演讲，阐述了我们在应对危机过程中采取的很多措施以及这些措施之间是如何相互配合的。我还经常到国会的多个委员会参加听证会，同议员保持频繁联系，开展没有会议记录的面对面交流或电话交流。虽然我把重点放在国会的两党领袖和监督美联储的委员会上，但如果议员提出见我或跟我电话交流，我一般都会答应的，当然时间安排上存在无法调和的冲突，则属例外。

美国国际集团并非唯一一个需要“重症监护”的病人。短短几周之内，花旗集团似乎也到了崩溃边缘。花旗集团的历史可追溯到 1812 年成立的纽约城市银行（City Bank of New York）。自成立以来，一直保持着强大的实力，但争议不断，花旗几乎经历了美国历史上的所有恐慌。20 世纪 70—80 年代，由于对拉丁美洲国家的贷款引发了重大损失，花旗一度濒临崩溃，到了 90 年代，又因为商业不动产贷款出问题，再度濒临崩溃，好在当时沙特阿拉伯的阿勒瓦利德王子在 1991 年为其注资 5.9 亿美元，才得以生存下来。1998 年，花旗跟旅行者集团公司进行历史性的合并之后，变成了美国最大的银行控股公司，但到 2008 年 9 月，花旗被摩根大通超越，变成了美国第二大银行控股公司。虽然此时的花旗与桑福德 · 韦尔提出的“金融超市”的愿景存在一定的距离，但其实力仍然非常大，其全球资产总额超过 2 万亿美元。

花旗的摊子铺得非常大，而且错综复杂，业务遍及数十个国家，它的经理人努力打造连贯的发展战略。我们的监管人员特别担心花旗银行是否能在整个公司范围内发现和评估风险。一系列管理缺陷和高风险投资使其特别脆弱。其旗下一些结构化投资工具失去外部融资来源之后，被纳入花旗集团的资产负债表，导致其问题更糟糕。希拉 · 贝尔尖锐地批评了花旗银行的管理层，包括首席执行官维克拉姆 · 潘迪特和以理查德 · 帕森斯为首的董事会。花旗的问题究竟可以在多大程度上归因于潘迪特是一个存在争议的问题，毕竟，他从 2007 年 12 月才开始出任首席执行官一职。但希拉 · 贝尔有一点说得很对，花旗非常脆弱，而美联储和货币监理署做的工作不够多，没有解决好这个问题。

哥伦布纪念日那天，潘迪特从财政部收到了 250 亿美元的资金，对花旗银行注入了一针强心剂，但它的情况还是很危险。随着整体经济形势恶化，市场对花旗集团的忧虑不断加剧。花旗银行过度依赖没有联邦存款保险的 5 000 亿美元外国存款，也极为依赖短期融资，然而，这两种资金都存在挤兑风险。花旗银行之所以试图收购美联银行，主要原因就是希望得到更多获得了联邦存款保险的美国境内存款。花旗之前依赖的那些不太稳定的短期融资渠道逐渐消失了。这种情况，我们之前见过很多次。

11 月 20 日（周四），我在美联储餐厅里招待各位美联储理事，共进一年一度的感恩节午餐。当时的气氛很愉快，但是跟花旗有关的电话从当天早上就开始打进来了，而且一直持续到了那个周末。当时广泛传播的谣言说花旗正在张罗着把自己卖出去，但还不清楚究竟什么机构才能负担得起一桩如此庞大的并购案。

周五，又出现了一个让事情更加复杂的因素，当时，已经当选为美国总统的奥巴马宣布提名盖特纳作为新政府的财政部部长。虽然盖特纳之前并不是奥巴马核心团队的一员，但奥巴马在竞选期间曾经邀请盖特纳就危机情况做过汇报。奥巴马显然对盖特纳印象非常深刻。这个消息正式宣布之后，盖特纳就辞去了纽约联邦储备银行行长的职务，将自己从应对金融危机和制定货币政策的忙碌中解救了出来，但他仍然以奥巴马顾问的新身份同我们保持着密切联系。

于是，我们在盖特纳没有参与的情况下，再度辩论如何让一个濒临崩溃的金融巨头走向稳定。我们曾经在 10 月中旬的七国集团会议上公开承诺要避免再次让具有系统重要性的金融机构走向倒闭。花旗能够轻松地满足这种“系统重要性”的标准，但希拉 · 贝尔最初表示她认为可以让花旗倒闭，我怀疑她这样说有着挑衅的意思，但无论怎么讲，到最后她还是加入了我们，和我们一起努力避免花旗倒闭。我的确同意她所说的一个观点，花旗的问题都是由其拙劣决策导致的。但我们救助它，并不是为了花旗、花旗高管、花旗债权人或华尔街上的其他什么人，而是为了实现整体的经济和金融稳定。这个理由我们已经讲了无数遍，而且怎么讲都不嫌多。

我们发现，如同过去一样，我们必须在周末抓紧时间，赶在亚洲开盘之前处理好花旗银行的问题。这样一来，我们难免会开很多视频会议，做很多电子数据表，难免会在提出的方案被否决后出现情绪波动。问题资产救助计划在一定程度上减轻了我们的压力。另一方面，我们不仅要同花旗谈判，还要同财政部以及联邦存款保险公司谈判，以便商谈各个机构在救助行动中应该出多少力。这三个机构的领导者和幕僚都觉得自己已经没有资源了，压力非常大，其中既有政治原因，也有经济和体力的原因。我们要求花旗披露什么信息，它总是反应很慢，以至于进一步降低了我们对花旗管理层的信心。

贝尔曾经在给我的一封电子邮件中写道："我们连自己需要的信息都得不到，这地方真是太乱了。如果花旗连自己有多少资产都搞不清楚，我们能给它提供什么担保呢？"虽然我们同花旗的关系很紧张，但由于涉及面太广，相关风险太大，我们不得不硬着头皮继续做下去。我可以打包票，包括贝尔在内的所有人都清楚，最终而言，让花旗倒闭是行不通的。我们必须在相互妥协的基础上找到可行的解决方案。

11 月 23 日（周日）深夜，在亚洲开盘之前，我们宣布了旨在稳定花旗的一揽子救助方案，主要内容包括从问题资产救助计划中拿出 200 亿美元为花旗注资，换取花旗公司的优先股，股息 8%（并非财政部资本收购计划规定的 5%）。此外，财政部和联邦存款保险公司同意为花旗集团总计 3 060 亿美元的不良资产提供担保，范围包括住房抵押贷款和商业房产贷款等。对于接受政府担保的 3 060 亿美元资产，花旗必须自己消化这些资产造成的最初约 370 亿美元的损失，其余 2 690 亿美元的资产若出现任何亏损，美国政府都将承担 90%，花旗负担 10%，其中财政部要通过问题资产救助计划，承担政府应该承担的损失中最初的 50 亿美元，联邦存款保险公司承担接下来的 100 亿美元损失。财政部和联邦存款保险公司提供这种担保后，会换到花旗的优先股。在极不可能的情况下，也就是在亏损极为严重，以至于花旗、财政部和联邦存款保险公司承诺的担保亏损一空时，美联储就得提供等于剩余资产 90% 的备用贷款，而这份贷款将以花旗所有的资产作为担保品。救助方案中还有一个条件就是，花旗必须同意在未来 3 年内，未经政府批准，派发的普通股股息不得超过每股 0.01 美元，实际上无异于几乎完全取消了普通股的股息，且必须大幅减少高管薪酬，并根据贝尔和联邦存款保险公司的要求，修改现有的抵押贷款合约，减少不必要的房屋查封现象。联邦存款保险公司要参与这种安排，必须再度动用“系统性风险例外原则”，摆脱“成本最小化原则”的束缚。市场欢迎这个救助方案，至少起初是欢迎的。消息公布后，花旗股价飙涨近60%。

我们为什么要为花旗的资产提供这种担保，而不是注入更多资本呢？这种担保是花旗试图并购美联银行时由联邦存款保险公司想出来的，目的是保护花旗银行，使其免于碰到最糟糕的状况，消除花旗可能承受极端亏损的风险（这种风险相当微小），稳定投资者信心，同时，可用资金日渐减少的问题资产救助计划只需提供数目相对不大的资金。

问题资产救助计划第一笔3 500亿美元的拨款中，保尔森已经拿出2 500亿美元作为资本收购计划的资金，拿出400亿美元救助美国国际集团，现在又拿出200亿美元作为花旗集团的新资本。在面临业主和汽车厂商请求救助的情况下，保留一部分备用资金当然很重要。要解决资金短缺问题，最好的方法是要求国会拨出问题资产救助计划剩下的3 500亿美元，但小布什政府担心政治风险，担心国会不配合，因此没有提出请求。

花旗的事情解决后，美联储在11月25日（周二）发布了一则预示着我们下一步应对举措的消息：我们宣布将购买房利美、房地美、吉利美这三家政府支持企业担保的价值5 000亿美元的抵押贷款支持证券。（与两房不同的是，吉利美是政府独资企业，两房被财政部接管前都是私营企业。）此外，美联储还宣布将购买这三家机构以及其他政府支持企业发行的债券。我们之所以这样做，主要是基于我们对于房地产市场的忧虑。不确定性因素已经导致买家撤出了抵押贷款支持证券市场。投资者不知道政府对两房的支持还能持续多久，也不知道房地产市场的形势会变得多糟糕。此外，一些金融机构由于缺乏流动性资产和资本，在市场上疯狂抛售抵押贷款支持证券，从而推高了房贷利率。我们这个计划应该有助于提高市场对于抵押贷款支持证券的需求，同时向市场表明政府对这些公司的支持。虽然我们要到 2009 年 1 月份才能真正购买抵押贷款支持证券，但宣布这个计划对投资者的信心应该具有强大的影响。新闻稿发布后，仅用了几分钟的时间，两房发行的抵押贷款支持证券的利率和国库券的利率之间的差额就下跌了 0.65 个百分点，这个降幅不可谓不大。30 年期限的房贷利率从 11 月底的 6% 左右降到了 12 月底的 5% 左右。

由于抵押贷款市场的形势日益恶化，我希望美联储能以最快的速度落实购买抵押贷款支持证券的具体计划。联邦公开市场委员会已经有一项指令，允许纽约联邦储备银行在符合联邦公开市场委员会的货币政策的前提下，购买房利美、房地美或吉利美担保的抵押贷款支持证券。美联储货币事务部门主管布赖恩 · 马迪根认为，只要我们采取其他行动把联邦基金利率维持在目标水平上，就不需要再征求联邦公开市场委员会的批准。美联储理事会法律总顾问斯科特 · 阿尔瓦雷斯劝我说，即便仅仅为了与联邦公开市场委员会维持良好关系，推动这种规模和这么重要的方案，也应该先获得联邦公开市场委员会的批准，我没有忘记联邦储备银行行长曾经抱怨过双方沟通不够。

我们在视频会议中对联邦公开市场委员会阐述了这个提案的内容和意义。会议结束后，我与科恩打电话给其他委员，看看他们是否支持该计划，以及是否同意我们在联邦公开市场委员会下次会议召开之前宣布这个计划。在得到了委员的支持后，我们就宣布购买抵押贷款支持证券的计划。委员会在 12 月的会议中正式批准了这个方案，实际的购买大约从一个月后开始。

虽然我与科恩在宣布之前打了很多电话，仍有好几位联邦储备银行行长感到不悦，因为他们认为这个决定意义重大，我不应该在联邦公开市场委员会正式投票前宣布。我思考之后，认为我这样做是基于迅速行动的需要，但是他们的话确实有理。因此，我在 2009 年 1 月的联邦公开市场委员会上，承认我在仅得到非正式批准的情况下就宣布这个方案的确是错误的做法，我承诺将来会遵循更谨慎的程序。我们同意购买资产应该像改变短期利率一样，受到联邦公开市场委员会相同程序的监督。

虽然美国银行首席执行官肯·刘易斯在 9 月份拒绝收购雷曼兄弟，但他至少还给我们留着一线希望，那就是他同意并购接下来可能要倒下的多米诺骨牌——美林。刘易斯在没有政府协助的情况下，跟美林的首席执行官约翰·赛恩谈成了这笔交易。11 月 26 日，美联储理事会批准这桩并购案。12 月 5 日，两家公司的董事会也批准了这桩并购案。

我和保尔森似乎看到美林要稳定下来了，感到很高兴，但到 12 月 17 日，我们第一次听说美国银行考虑放弃这笔交易时，都感到很惊讶。刘易斯跟我们开会时告诉我们，美国银行最近才发现美林第四季度的亏损可能远比预期大（美林最后宣布亏损 153 亿美元）。刘易斯说，他考虑动用合约中一条叫作“重大不利变化”的条款，这项条款容许美国银行如果事后发现美林的状况远比签约时糟糕得多，可以取消合约。

刘易斯带来的这个消息意味着我们在控制危机的过程中可能要面临另一个重大打击了。如果并购案没有达成，那么美林的债权人、客户和其他交易对手肯定会立即发起挤兑，而且挤兑很可能会波及美国银行。如同我们刚刚看到的那样，花旗遭遇融资压力的一大原因就是并购美联银行的行动失败了。我可以肯定地说，如果刘易斯放弃这桩并购案，则会引发更大范围的恐慌，可能对美国银行产生不利影响。我不知道他究竟是怎么想的。

我与斯科特·阿尔瓦雷斯一道，同美联储的银行监管人员研究了这种形势。结果，我们更加坚定地认为刘易斯动用“重大不利变化”条款去取消这桩并购案是没有道理的。

从商业和法律观点来看，动用这项条款的理由似乎不太充分，美国银行在股东投票前有很多机会分析美林的资产（可没有人宣称美林误报了自己的资产），而且合约明确规定不能以市场形势的变化为理由去动用“重大不利变化”条款。如果刘易斯固执己见，他或许会迎来一场漫长的法律诉讼，而且最后很可能输掉。在诉讼期间，两家公司无疑都会承受沉重的市场压力，到最后，美国银行可能被迫并购大为弱化，甚至已经破产的美林。

虽然美联储是美国银行控股公司的监管机构，但我们没有权力强迫它们完成并购，因此，当刘易斯让我写信给他的董事会，指示他们去完成并购案时，我拒绝了。从法律角度来看，决定权掌握在美国银行自己手中。此外，当刘易斯向其股东披露美林的亏损情况、并购计划或与政府谈判的情况时，我们也是很谨慎的，不给他提供任何建议。但我和保尔森明确地提出了一个重点，即我们认为，动用“重大不利变化”条款对美国银行和整个金融体系都是很不利的。我们也把自己在公开场合说过的话告诉他，说我们肯定会采取必要行动，防止具有系统重要性的金融机构再次倒闭。这相当于为刘易斯提供了一个担保。在这种担保下，刘易斯说服他的董事会批准了这桩并购案在新年当天完成。

在刘易斯访问华盛顿之后，我们努力判断合并后的公司需要哪些条件才能继续存活下去。我怀疑刘易斯威胁要动用“重大不利变化”条款的一个目的可能是希望获得政府帮助。的确，美林的亏损规模很大，刘易斯有理由担心合并后的公司的稳定性，特别是因为美国银行自身也存在重大亏损。我们曾经为美国国际集团和花旗集团提供过帮助，投资者接下来可能会重点分析美国银行的弱点。我们希望在美国银行遭遇挤兑之前主动采取行动，而不是在挤兑浪潮的逼迫下采取行动。

根据沃什和多位监管人员、法务人员（包括美国银行的直接监管机构里士满联邦储备银行工作人员）的建议，美联储和财政部按照救助花旗集团的模式，提出了救助美国银行的一揽子方案。保尔森从问题资产救助计划中拿出200亿美元，作为资本注入并购交易完成之后的美国银行；作为交换条件，美国银行需向财政部发行40亿美元的优先股，如同之前花旗和美国国际集团那样，这些优先股的股息也是8%。此外，如同在救助花旗时所做的那样，财政部、美联储和联邦存款保险公司也动用了“系统性风险例外原则”，为美国银行1 180亿美元的资产担保（这些资产主要来自美林的抵押贷款相关资产），按照协议，如果资产损失不足100亿美元，美国银行将自行承担。如果损失金额在100亿—200亿美元，那么美国财政部及联邦存款保险公司共同承担第二个100亿美元中的90%，即90亿美元，美国银行承受10亿美元的损失。如果损失超过200亿美元，美联储承诺，在财政部和联邦存款保险公司的资金用完后，美联储将为其余980亿美元资产的90%提供无追索权贷款，美国银行承担98亿美元。作为获得救助的条件，美国银行同意将每股红利从此前的0.32美元大降至0.01美元，并限制高管人员的薪酬，而且未来三年之内，若未得到政府批准，美国银行均不得提高股利。最后，我们在2009年1月16日宣布了这项方案（不过，尽管双方于1月宣布了这项协议，却并没有正式签约和实施）。这个消息促进了美国银行的稳定，这无疑给1月20日就要就职的新总统献上了一份大礼。沃什在给我的一封电子邮件的最后一句写道：“总统先生将迎来一个愉快的就职日！”虽然新一届政府会面临诸多问题，但美国银行似乎不再有问题。

花旗和美国银行的这种担保让市场吃了一颗定心丸，但事实上，美联储、财政部和联邦存款保险公司都没有耗费任何资金。2009年5月，美国银行表示其亏损规模不会超出100亿美元，它自己能够承担，打算退出此项政府担保，我们允许美国银行退出，但必须支付政府 4.25 亿美元的退出费用，因为美国银行在这一年中一直受到政府政策下的各种隐性保护，国会议员也强烈要求美国财政部不能让美国银行在没有付出任何代价的情况下全身而退。

然而，救助美国银行的事情还没有彻底了结，依然存在争议。美林银行的股东批评刘易斯没有更早地披露美林的亏损情况，而我和保尔森被指责滥用权力，强迫美国银行董事会接受救助方案。以纽约州民主党议员埃多尔弗斯·汤斯和共和党议员达雷尔·伊萨为首的众议院政府监督与改革委员会，于 6 月 25 日召集了一场令我们很难对付的听证会，让我和保尔森等人前去就这些问题做证。就在听证会召开之前，来自俄亥俄州的民主党议员丹尼斯·库钦奇告诉我，他们“没有找出我违犯证券法的行为”，但我估计这场听证会肯定火药味十足。我和保尔森宣誓的时候，感觉我们就是在参加刑事审判的证人。我解释说，我们的确曾经试图说服刘易斯完成合并，但决定权留在他和董事会手中，是否向股东披露美林亏损情况的决定权也掌握在他自己手中。听证会经过 3 个小时的猛烈批评和冷嘲热讽才结束，但委员会的指控没有产生任何影响，后来也没有在这件事情上继续穷追不舍。然而，2012 年 9 月，美国银行同意支付将近 25 亿美元的费用，作为对未能及时发布美林亏损信息，并误导股东的补偿。

2008 年 12 月，底特律三大汽车制造商的高管及其代理人向国会寻求帮助。美联储还接到了汽车业高管的求助。他们显然非常担心自己的公司是否还能挺过未来的几个月。汽车公司之所以陷入这种困境，一方面受到了经济衰退的影响，另一方面是其拙劣的战略决策导致的，比如，前几年油价高涨，它们未能及时调整小汽车与卡车的产量。现在它们正在经历一场缓慢发展的、类似于“挤兑”的困境，因为供应商和其他债权人担心一家或多家汽车制造商会倒闭，便要求它们事先支付现金。国会已经考虑过几种救助办法，但最终的方案还没有浮出水面。

国会的初步努力无果而终之后，参议院多数党领袖哈里·里德、参议院银行业委员会主席克里斯·多德、众议院议长佩洛西和其他国会议员要求美联储为汽车制造商提供贷款。我们极不情愿做这个事情。我们认为，我们应该集中精力应对金融恐慌，这与美联储的创立目标是一致的。汽车制造业的摊子铺得非常大，其结构调整的过程不应该由美联储来牵头，而且美联储在汽车制造领域也没有相应的专业知识和技能。此外，金融领域的紧急事态需要我们采取迅速的应对举措，而汽车工业面临的威胁则演变得非常慢，从而使得国会有足够多的时间去讨论解决办法。如果国会决定不采取行动，而美联储却推翻了国会的决定，似乎是不合法的。

幸运的是，美联储不必为要不要救助汽车制造商的问题担忧了，因为保尔森和小布什总统同意动用问题资产救助计划的资金去救助通用汽车和克莱斯勒及其融资部门（福特决定不参与）。12 月 19 日，小布什总统在罗斯福厅宣布了这个投资计划。但这个计划无疑需要请求国会拨付问题资产救助计划的第二笔资金，即剩下的那 3 500 亿美元。1 月 12 日，即我们宣布美国银行救助计划的 4 天前，小布什总统请求国会拨付第二笔资金，从而使得新总统免于承受这种政治上令人感到不悦的责任。国会没有阻止这一请求。

原定于 2008 年 12 月 16 日召开的联邦公开市场委员会会议非常重要，于是，我便将开会时间延长到了两天，提前到 12 月 15 日（周一）开始。11 月份的失业率已经升到了 6.7%，就业人数减少了 50 万人以上，这个减幅不可谓不大。我们似乎正在迅速走向一个深渊。12 月 1 日，美国国家经济研究局正式确认美国经济已于一年前开始进入衰退，这个消息导致当天道指重挫 680 点，美联储经济学家预测 2008 年第四季度和 2009 年第一季度的美国经济会快速萎缩，到 2009 年 3 月失业率会提高到7.75%，到2009年底，失业率会再往上升到8%以上。事实证明，即使是这么可怕的预测，其实也算是相当乐观了。

在这次会议上，我们准备把联邦基金利率在1%的基础上进一步下调至少0.75个百分点，维持在0到0.25%之间。2003年，我们非常不愿意调到这个水平，一个主要原因是如果利率这么低，那么货币市场基金和其他机构就无法正常运转。对某些鹰派委员来说，这是艰难的决定，因为他们从这场危机开始以来，一直都抗拒降低利率。因此，我们的讨论持续了很久。费城联邦储备银行行长查尔斯·普洛舍说他投赞成票"有些不情愿"。达拉斯联邦储备银行行长理查德·费希尔最初投的是反对票，但是他在吃午餐期间，距离正式宣布投票结果只有几分钟的时候，表示希望改变投票。午餐后继续开会时，我宣布他改变了之前投的票，并解释说他是为了和大家"维持统一战线"而改弦更张的。

这次会议的决定具有历史意义，它意味着联邦公开市场委员会接受了经济形势需要接近于零的利率。从这方面来看，美国与日本的货币政策没什么两样了，因为日本的零利率政策已经维持了好多年。

现在，既然联邦基金利率基本上为零，我们再也不能通过削减联邦基金利率目标去放宽货币政策了。我们必须找到另一种方式。在12月的会议上，我们详细讨论了可能的选项。此时，我们面临的情况类似于格林斯潘在最后几年任期内面临的情况，当时，联邦基金利率已经降低到了1%，而且我们也非常担心通缩风险。这次会议还讨论了通过非传统货币政策应对通缩风险，体现了我在2002年那次为我赢得"直升机伯南克"称号的演讲中提到的内容。虽然银行间隔夜拆借利率基本上是零，但长期利率比较高，如果我们能压低长期利率，就可以刺激住房、汽车和资本投资的需求。支出的增加反过来应该会增加工作机遇，让更多人找到工作，从而有助于削弱通缩风险。

我们专注于两个工具。第一个是大规模资产购买计划（LSAP），这意味着美联储的资产负债表上要多出数千亿美元的证券。我们已经从事这项业务了，因为联邦公开市场委员会 3 周前就正式宣布批准我们以 6 000 亿美元购买政府支持机构（GSE）发行的抵押贷款支持证券和债券。除了购买这些证券以外，我们也可以增加购买国库券的规模。作为正常的货币政策操作的一部分，我们已经开始小规模地这么做了。几周前，我在得克萨斯州奥斯汀市发表的一篇演讲中提出了系统性地购买国库券的可能性，而且我们在 12 月份的联邦公开市场委员会会议声明中表示我们要评估这种可能性。这是对市场发出的一个强有力的信号。我们购买国库券之类的长期证券的目的就是要压低这些证券的利率，从而促进其他长期利率的降低，对经济提供额外的刺激。

第二个工具是一种沟通策略，被称为“公开口头操作”(open-mouth operations)。由于美国的短期利率已经降到了实际上为零的水平，我们希望说服公众和市场，使其相信我们将会把短期利率长期维持在这么低的水平，这反过来有助于压低长期利率，因为对未来短期利率的预期会影响投资者对长期证券利率的预期。我们还讨论了是否可以为通胀设定一个明确的目标，我自从 2002 年加入美联储以来，一直努力倡导通胀目标制。在经济衰退的大环境中，通胀率可能降到非常低的水平，一个明确的通胀目标有助于让市场相信在通胀率回到我们设定的目标之前，我们应该会继续维持宽松的货币政策。但我们知道，从经济和政治角度来看，为通胀制定一个明确的目标是关系重大的做法，因此，我们在 12 月份的这次会议上只是就进一步开展讨论达成了共识，而没有最终确定实行通胀目标制。这次会议的声明采用了具有模糊性的表述，模仿格林斯潘时代常用的“相当长的一段时期”和“可能考虑评估”之类的措辞，表示联邦公开市场委员会预计疲弱的经济状况可能令联邦基金利率目标“在一段时间内”保持在异常低的水平。

由于盖特纳在奥巴马政府宣布打算提名其担任财长之后就主动

辞去了纽约联邦储备银行行长的职务，因此他就不再担任联邦公开市场委员会委员，也就没有参加12月份那次会议。但按照离任委员的惯例，他参加了那次会议结束后的晚宴，我们和他开了一些无伤大雅的玩笑，也向他表达了敬意。我一开始拿《纽约每日新闻》把他列为“奥巴马内阁魅力人物”的事情开他的玩笑，最后，感谢他在过去一年半内付出的努力。我对他说：“在金融危机中，任何人都希望有你相伴。”里士满联邦储备银行行长杰夫·莱克尔是联邦公开市场委员会里面的强硬派委员，经常与盖特纳唱对台戏，此时开玩笑说盖特纳乐于为所有人提供救助，盖特纳则同样以打趣的方式回应。莱克尔经常说救助行为是市场混乱的一个原因，盖特纳告诉他，他这种观点就相当于在说消防员的救火行为是爆发火灾的一个原因。那次晚宴充满了幽默，但在困难时期，委员会的紧张情绪冲淡了那次晚宴的氛围。

对美联储而言，盖特纳的离开是一个重大损失。我会怀念他在讨论过程中提出的激烈言辞和他的一些独特说法，比如“计划胜过没有计划”、“在飞机跑道上喷洒消防泡沫”以及“旧约式思维”等。但在新一届政府中，能找到像他这样能干的合作伙伴，我感到很高兴。在选择盖特纳作为顾问时，奥巴马显然愿意承担政治压力。盖特纳曾经耐心地对奥巴马解释过为什么找他当财长会是个糟糕的选择，最主要的原因是他参与制订的救助计划为他招致了一些负面评价。他建议奥巴马找他的老师萨默斯当财长，但是奥巴马已经下定决心，强烈要求盖特纳接受新职，盖特纳最后终于接受。

我和妻子安娜都认识盖特纳的妻子卡罗尔。她是一名社会工作者，性格温柔、务实，曾经写过一本关于青少年成长的小说。卡罗尔对于盖特纳获得财长提名的反应，与安娜对于我获得美联储主席提名的反应如出一辙，也是深深的忧虑，因为她知道这个工作对于自己的丈夫和家庭可能造成的影响。人们想当然地认为一个国家的政策制定者的配偶享有很大的荣耀，但卡罗尔和安娜一样，对这种所谓的荣耀也不感兴趣。此时，我更加明白了卡罗尔和安娜的忧虑。盖特纳的提名公布之后，股市一度大幅上涨，我打趣地说这是“盖特纳式上涨”，但我和他都知道市场（和媒体）的判断是多么变幻莫测。

盖特纳很快遇到了麻烦。他在国际货币基金组织任职期间在计算应缴税额方面的一些失误，在其任命听证会上成为议员们关注的焦点。虽然卷入了欠税风波，还有其他麻烦，但他仍能镇静自若。他在政府任职期间培养的一大优势就是无论遇到什么障碍，都能集中精力做出正确的决策。他能够吸引一批既聪明又敬业的人，注重团队精神，他招聘幕僚的标准是“不要愚蠢者、不要爱炫耀者、不要爱发牢骚者”。他不喜欢华盛顿政界流行的夸夸其谈、空话连篇的风气，我对此表示赞赏，但我知道，对于财长这样一个高度政治化的角色而言，他的这种态度可能偶尔会影响工作效率。

我对奥巴马选定的其他经济官员也很满意。我跟萨默斯已经认识几十年了，我是在大学时期跌跌撞撞地进入了经济学领域，而萨默斯却从小就受到专业培养，似乎天生就注定会成为经济学领域的一颗明星：他的父母是经济学家，他的伯父保罗·萨缪尔森和舅舅肯尼思·阿罗都是诺贝尔经济学奖得主。萨默斯具有出色的分析能力，善于发现论证过程中的缺陷，这会使其周围的每一个人受益匪浅，也有助于制定更好的政策。

奥巴马提名克里斯蒂娜·罗默担任总统经济顾问委员会主席一职。我之前也担任过这个职务。罗默是我在普林斯顿大学时期的一位同事，也是我在新泽西州的罗基希尔村的邻居。她任教于加州大学伯克利分校，是一位才华横溢的经济史学家。她和我一样，也发表了很多关于大萧条的论文，深知那种被动的、传统的决策方式极大地恶化了大萧条时期的经济形势，而且她也比较赞成在金融与经济稳定遭遇可怕威胁时，要采取积极主动、不墨守成规的政策。

此外，奥巴马还提名丹尼尔·塔鲁洛出任美联储的新理事。塔鲁洛要接替兰迪的位置，兰迪由于第二个任期没有获得参议员批准，不得不在 2009 年 1 月份离职。塔鲁洛是乔治敦大学法学教授，主要研究领域是金融监管，曾经在克林顿政府时期担任过经济顾问等多种职务，获得提名之际正在奥巴马团队中担任经济问题工作组的负责人。我之前从来没有与他合作过，于是我便邀请他过来见一面。他对美联储的认识以及对我工作的兴趣给我留下了非常深刻的印象。我认为在兰迪离职之后，他自然是银行监管部门负责人的最佳人选，但我比较不确定的是，联邦公开市场委员会里面都是一群经济学家，而他作为一位律师，如何能顺利融入进去呢？但事实证明，他不仅在货币政策辩论中持有自己的立场，还对劳动市场的问题进行了特别深刻的研究。1 月 27 日，参议院以 96 票赞成、1 票反对（只有参议员邦宁一人投下了反对票）的投票结果，通过了他的任命。这样一来，美联储理事会的理事就包括我、贝齐 · 杜克、沃什、塔鲁洛和科恩，另外有两个理事席位空缺。（在兰迪离开和塔鲁洛宣誓就职之间的那一周里，美联储理事会有史以来第一次出现只有 4 位理事的情况。）

新旧政府过渡时期，肯定会有很多人卸任，当然也会有很多人上台。2009 年 1 月 5 日（周一），我在美联储为保尔森举办了一场小小的告别晚宴。两位前财长（鲁宾和萨默斯）、即将就任的新财长盖特纳、美联储两位在世的前主席（沃尔克和格林斯潘）以及美联储副主席科恩都参加了。保尔森似乎若有所思。他担任财长期间发生了很多事情，现在任期就要结束了，他似乎松了一口气。他与即将上台的新政府保持了密切合作，而且相信自己已经把继续对抗危机的武器交给了盖特纳及其同事，尤其是问题资产救助计划中的第二笔资金。

保尔森回到了芝加哥附近的家里之后，就可以自由地追逐自己的爱好了。他的两大爱好就是研究中国问题和环境保护。他将在芝加哥大学里面设立一个研究所，致力于加强美国与中国之间的商业和文化联系。他还会经常访问中国，并出版一本讲述中国经济机遇的书。在环境保护方面，保尔森和太太温迪将继续追逐他们的环保兴趣（他们二人都喜欢赏鸟）和从事慈善工作。他们还资助了一个致力于保护佐治亚州小圣西蒙斯岛的基金会。

2009 年 1 月 20 日，我和安娜一起到国会山参加新总统就职仪式。这是我们二人第一次参加这种仪式。我的安保人员护送我们穿过一排排的警察，走进国会大厦里一间华丽的小房间，跟联邦调查局局长罗伯特 · 米勒及其妻子安一起等待。后来，我们坐到了议长席后面的座位上。我们放眼望去，可以看到前面的国家广场上挤满了观礼者，在 28 华氏度（零下 2 摄氏度）的寒风中，我们冻得有点发抖。就职典礼终于开始了。艾瑞莎 · 富兰克林演唱了《我的国家属于你》（*My Country, Tis of Thee*）这首歌。首席大法官约翰 · 罗伯茨主持了宣誓仪式，然后，新总统开始发表他的就职演说。

在竞选期间，虽然美国面临着经济灾难，但他主打"希望"之牌。现在，在就职演说中，他再次围绕着这个主题提出了自己的见解。他说："我们依然是地球上最繁荣、最强大的国家。我们的劳动者的创造力并没有因为眼前这场危机而减弱，我们的头脑依然像以往那样善于发明创新，我们的产品与服务仍旧像上星期、上个月或去年一样受人欢迎，我们的能力丝毫无损……从今天起，我们必须振作起来，扫除我们身上的尘土，重新开启再造美国的事业。"

我和安娜坐在台上倾听总统的演说。我希望这次就职仪式能够帮助我们凝聚集体的力量与决心，为恢复美国和世界的繁荣提供一个契机。

# 第十八章 从金融危机到经济危机

2008年那个疯狂的秋季，整个联邦储备系统的幕僚与领导者都面临着勇气和能力的严峻考验。压力越来越大，坏消息似乎无休无止，我在每个人脸上都看到了疲惫。高级幕僚们几乎每周7天、每天24小时处于待命状态，各级雇员都根据实际需要而尽可能多地加班。布赖恩·马迪根更是不分昼夜，一直待在办公室里，以至于脸色越来越苍白，同事们纷纷开始担心他的健康状况。这种形势下，家庭和个人生活都被放到了次要地位。有一个周末，米歇尔·史密斯6岁的儿子亨利把她那个嗡嗡地响个不停的黑莓手机藏了起来，她找到手机时，亨利显得十分沮丧。不过，我们的士气一直非常高涨，因为大家都知道自己在做的工作是非常有必要的，大家都以自己的职业精神和专业知识为荣。我们在开会时都是畅所欲言，运用开创性思维，努力解决问题。这些会议催生了一些非常好的想法，虽然有些最后可能没有得到落实，但至少能防止我们分散精力。我们有9名经济学家喜欢自称“9个笨笨”。我觉得他们这样称呼自己，是有一种自豪感在里面。在一次漫长的会议结束之后，我在大家分配撰写会议记录和研究题目时，打趣地说道：“为什么每次都是这9个笨笨在一起工作啊？”虽然我们都很努力，但我担心这种状态能否长久地维持下去。

虽然我的内心经常处在翻江倒海般的状态，但我尽力表现得从容镇定和老成持重。其实，我必须这么做。（盖特纳曾经说我是“央行界的一尊佛”，我猜这可能是在恭维我，但不确定，因为你永远猜不透盖特纳究竟在想什么。）正如我经常对我的传声筒——米歇尔·史密斯所讲的那样，金融恐慌在很大程度上是心理因素造成的。如果我给外界展现一个镇定、理性的形象，让外界感到放心，就算在抑制恐慌的道路上取得了一半的成功。如果花费太多的心思去想恐慌造成的严重后果，那么自己可能就六神无主，甚至被吓瘫了。因此，我总是尽可能地集中精力去处理一些手头的具体任务，比如准备一份演讲稿或规划一个会议。

我的妻子安娜把我们的家庭生活安排得非常好，她会叮嘱我照顾好自己，并抽时间放松一下。根据她和医生的建议，我在饮食中去掉了谷蛋白含量较高的食物，在危机初期困扰我的消化问题就减轻了一些。安娜不是一位热情的棒球迷，但她总是愿意陪我观看国民队的赛事。作为报答，我会陪她前往肯尼迪艺术中心观看舞蹈表演。她还会买一些芳香剂，让我们家里弥漫着一股迷迭香、薰衣草或其他的香味（如果她不特意指出，我通常发现不了）。她总是有办法让我接地气，比如，在吃完饭时，我可能会跟她说美联储又采取了某个耗费数百亿美元的大动作，她就会说“挺好啊”，然后提醒我把垃圾和可回收废品拿出去。我们还会在周末出去买一些生活用品，虽然我们不想引起别人关注，但总是做不到，因为我们的几位安保人员跟在后面。

我们养了两只狗，一只叫斯坎波，是比格-巴吉度猎犬，另一只叫廷克，我无法准确断定它的血统，但很友善。它们多少能够分散一下我们的注意力。早上我出门时，它们会先送我到门口，然后回到客厅窗户旁的栖息处，俯瞰着窗外的院子。危机期间，我不止一次地希望自己能够不去办公室，而是一整天都跟它们待在一起。

2008 年，安娜实现了一个夙愿：她为华盛顿的孩子们启动了一个教育项目，她将其命名为“机会学院”（Chance Academy）。之后几年内，随着参加这个项目的孩子越来越多，她会多聘请一些兼职教师，有些家长也会来做志愿者（这样就可以不用交学费了，虽然学费也很少）。大部分费用都是我们自己承担的，偶尔也会得到朋友和一些基金会的赞助。安娜每周在这个项目上花费的时间都在60个小时以上，而且没有报酬，但她喜欢自己做的事情。

我回到家里听她讲白天的经历时，总是感到很欣慰。我相信美联储所做的事情也是在帮助大家，但是安娜的努力可以更快地产生具体的成果，那就是孩子们的进步和快乐。

新总统宣誓就职的确标志着我们应对危机的行动进入了一个新阶段。他的团队提出了不同的理念，但当时危机的性质已经发生了变化，不再仅仅局限于金融危机，而是开始更多地变成了经济危机，也就是说，美国的实体经济也遭到了冲击，美国经济早在一年多之前就进入了衰退。奥巴马总统不失时机地将第一个重大政策用于遏制灾难性的经济收缩。如同凯恩斯学派预测的那样，包括消费者支出、家庭采购、资本投资在内的民间需求崩溃，导致生产与就业岌岌可危。凯恩斯在20世纪30年代首次指出，经济衰退时，公共支出可以暂时取代私营部门的支出。在经济仍然直线下坠、短期利率已经接近零的情况下，经济的确需要财政协助，可以增加政府支出，也可以通过减税刺激私营部门增加支出，或者双管齐下。虽然我作为一位央行行长不应该在财政问题上指手画脚，但我早在2008年秋季就曾说过这样的话，以至于《华尔街日报》甚至说我这番言论是在力挺奥巴马当总统。其实，我不是在挺哪个人物，而是在挺一个方案，我之前还曾经力挺过小布什总统提出并于2008年初通过的财政刺激方案。

2月17日，就职后还不到一个月的时间，奥巴马就签署了一个重大的财政刺激方案，即《2009年美国复苏与再投资法案》。这项法案牵涉到的金额高达7 870亿美元，其中2 880亿美元用于减税，以便刺激消费与投资，其中最值得注意的是临时性地削减社会保障税。此外，该法案对州政府与地方政府补助 1 440 亿美元，主要是用来支持其教育支出和医疗补助计划（政府为穷人提供医疗服务的主要计划）。剩下的 3 550 亿美元分散在多种联邦支出计划中，其中 400 亿美元用于延长失业救济金领取时限，1 050 亿美元用于扩大基础建设投资。

我相信该法案有助于创造就业，减缓经济萎缩的速度。美联储幕僚和国会预算办公室都认同这个结论。尽管如此，经济复苏仍然是一个缓慢而漫长的过程。现在，一些经济学家（包括总统经济顾问委员会主席克里斯蒂娜·罗默）回过头去看这个计划时，表示经济刺激计划的规模太小了。在美联储内部，我们的一些专家也表示过这方面的担忧。我认为，在接下来的几年里，单纯从经济的角度来看，该计划的规模的确太小了。

这个法案的资金规模已经高达 7 870 亿美元，让人们认为这样一个方案规模小，我知道有点难度，但我们要想一想这个方案的目标是什么。它的目标是阻止规模高达 15 万亿美元的美国经济陷入 70 年来最严重的危机。与这个目标相比，这个法案的规模的确显得有点小了。同时，还有几个因素削弱了该法案的效果。第一，标题上的数字在一定程度上夸大了这个法案的实际规模。比如，即便没有该法案，医疗补助计划支出和税率调整也会实施。第二，也是比较重要的一点，就是州政府与地方政府会削减支出，还会加税，从而抵消了这个法案的大部分效果。在经济活动萎缩的情况下，州政府与地方政府的所得税、销售税、财产税都会急剧减少，但根据法律规定，它们还必须确保预算平衡。因此，一方面要通过裁员（包括裁掉成千上万个教师、警察和消防员）和取消资本支出计划去削减支出；另一方面会加税，以期增加收入。联邦政府的刺激方案的确对州政府和地方政府有所帮助，却不足以从根本上消除它们所面临的预算危机。

为这个方案辩护的人认为，这是规模最大、政治上可行的方案。

他们的说法是否正确有待商榷。（参议院里有三位共和党参议员支持这个法案，众议院里没有一位共和党众议员支持。）选民通常支持减税、增加社保支出和增加基础建设支出，至少他们能够直接从中受益。但由于经济衰退会自动减少税收，并增加社保负担（比如失业救济与食品券方面的支出会增加），很多人也担心这个方案会造成庞大的预算赤字。有些人则认为这种刺激方案只是资助了议员青睐的项目，而不顾这些项目是否真的有用，最后只满足了利益集团的需要，但这种观点没有产生什么大的影响力。如果这个法案的内容能够更集中一些，把主要目标放在加强美国基础建设、提高美国经济的长期生产潜能上，那么它或许能够得到更加广泛的支持，但即便如此，结果仍然是难以预测的。

在刚刚上台的前几周内，奥巴马政府把减少房屋查封现象作为一个工作重点。盖特纳和他的小组在新旧政府交替期间与有关各方开展了广泛的对话和探讨，之后制定了一套策略。2 月 18 日，奥巴马总统宣布了“住房可负担计划”（Making Homes Affordable Program）。这个计划有两个组成部分。第一个部分是“住房可负担再融资计划”（Home Affordable Refinance Program），帮助那些俗称“溺水屋”[①]的业主以较低利率再度取得融资，降低月供，避免住房被查封，从而保住住房，抑制房价下跌，但被帮扶对象需要有良好的按期还款记录，提出申请时不能断供。这个方案的某些内容体现了哥伦比亚大学教授克里斯托弗 · 迈耶和格伦 · 哈伯德所提的建议案（哈伯德曾经担任小布什总统的经济顾问，当初正是他邀我担任美联储理事）。溺水屋的业主缴纳的月供降低后，就比较可能维持房贷的正常缴纳。然而，只有由政府间

① 溺水屋（underwater home），指自身价值低于按揭买房者剩余贷款的房子。——译者注

接控制的两房所拥有或担保的房贷，才具有这个方案的申请资格。

第二个部分是“住房可负担贷款调整计划”（Home Affordable Modification Program），针对的是已经断供的业主。该计划的资金来自于问题资产救助计划，非两房拥有或担保的房贷也被纳入其中。如果业主的债务负担超过每月收入总额的31%，就有资格申请试验性房贷修正方案，借款人如果能够在试验期间持续还贷，就可以转为永久性修正。如果贷款机构依照政府方针每修订一份贷款条款，即可获得政府一定金额的补贴。为了鼓励永久性的修正，如果借方能坚持如期缴纳房贷，那么政府每年还将为贷款机构提供一定金额的补助。

但即便这种旨在救助业主的方案在政治上的受欢迎程度也没有提高多少。这不禁再次令我感到惊讶。美国人不怎么赞成救助华尔街，其实也不怎么赞成救助无力还贷的邻居。2009 年 2 月，CNBC 金融市场评论员里克 · 圣泰利在芝加哥商品交易所做现场直播时，忽然转过身去，（用语法混乱的句子）对交易员们大声喊道：“你们邻居希望房子多一个洗手间，却付不起房贷，你们有多少人愿意为他们埋单？愿意的举起手来？”交易员们在为他呐喊助威，交易大厅里响起一阵“不愿意”的呼声。圣泰利大声问：“奥巴马总统，你听到了吗？”这就是后来被称为“胡言乱语”的事件。事实上，有些人甚至认为这个事件是茶党运动[①]的导火索。

在新政府上台后的头个月内，促进银行体系稳定仍然是最重要的任务之一。短期融资市场已经得到了明显改善，这在很大程度上得益于美联储推出的一系列贷款计划。然而，虽然我们已经从问题资产救助计划中拿出巨额资金去支撑花旗与美国银行，市场对银行的信心仍

① 茶党运动（Tea Party movement），是美国公众发起的一场反对奥巴马政府的经济刺激计划和医疗改革方案，主张政府要缩小规模、缩减开支、降低税收、弱化监管的自下而上的社会运动。其中，Tea 是 Taxed Enough Already 这句话的首字母拼起来的单词，意为“税已经收得够多了”。——译者注

然很不牢固。2009 年 1 月和 2 月，超大型银行的股价暴跌，花旗和美国银行大约下跌了 80%，其他大银行的股价大概也都跌了一半以上。大银行债务的保险成本也高得令人担心，这表明市场参与者认为很可能会有新的大型金融机构倒闭。经济持续疲软，市场继续担心银行亏损，这些可能是市场焦虑背后的主要诱因，大家不能确定新政府的计划究竟对银行的投资方和债权方意味着什么，这无助于形势的改善。

在新旧政府过渡期间和就职之后的几天内，盖特纳经常召集财政部、美联储、联邦存款保险公司和货币监理署开会，讨论我们的政策选项。负责监管多个大型银行控股公司的纽约联邦储备银行通常通过电话连线的方式参加会议。联邦存款保险公司主席希拉·贝尔和货币监理署署长约翰·杜根被新政府保留了下来。比尔·达德利卸任纽约联邦储备银行公开市场交易部门主管职位，接替盖特纳出任纽约联邦储备银行行长。

起初，为了支撑银行体系，我们美联储和即将上任的财政部官员把分析重点放到了传统的策略上，比如进一步注资、收购问题资产和新形式的担保。到了 12 月底，科恩向我汇报了纽约联邦储备银行在这些方面所做的工作。新总统就职的第二天，美联储的幕僚就向我说明了一系列潜在的政策选项。

希拉·贝尔和联邦存款保险公司也提出了一些建议案，包括成立一个由私人投资者提供部分资金的所谓"集合银行"（aggregator bank）。从本质上来讲，这家银行由政府拥有，负责收购金融机构账上的不良证券资产，或者为这些资产提供担保，将这部分资产隐含的风险转移到政府，因此，这一机构也被称为"坏账银行"。

希拉·贝尔还建议允许银行在联邦存款保险公司的担保下发行所谓的资产担保债券（covered bond）。资产担保债券在欧洲很常见，在美国却很少见。这种债券由于有优质资产作为担保，信用等级更高，筹资成本更低。资产担保债券的担保资产池是动态的，如果某项资产到期或不再符合担保，发行人必须用另一笔健全的贷款取代，保持充足的担保率。资产担保债券通常为定期固定利率，到期还本付息；资产支持证券利率通常是浮动的，且一旦发生违约或提前支付，通常立即与持有人进行清算，投资人可能会蒙受亏损。因此，对投资人来说，资产担保债券比传统的资产支持证券安全。

美联储支持为银行注入更多资本，也接受允许银行发行资产担保债券的想法，但我们担心贝尔提出的设立“集合银行”的计划，因为她希望美联储动用《联邦准备法》第13条第3款的贷款权限，为这家银行提供资本。我们不能完全排除这种可能性，但是我们深知这样会进一步扩大我们的资产负债表规模（当时约为2.1万亿美元，已经是危机之前规模的两倍多了），增加银行体系中的准备金规模，并导致货币政策的执行变得更复杂。为了解决这个问题，我们问财政部官员是否支持美联储向国会申请立法，通过立法途径允许美联储直接向公众出售短期债券（我们暂时称之为“美联储证券”）。如果美联储像很多国家的央行那样可以发行自己的短期债券，那么我们应该可以在不增加银行体系中的准备金规模的情况下，为我们的房贷开辟融资渠道，也有助于我们更好地控制联邦基金利率。财政部官员对这个构想持有怀疑态度，他们怀疑国会不会批准（这点我必须同意），而且他们不愿意市场上出现一种能够与国库券存在竞争关系的新型政府债券，以免导致财政部发行国债时面临更加复杂的挑战。财政部对于竞争关系的担忧也使其对贝尔提出的“资产担保债券”的构想持有怀疑态度，因为根据贝尔的提议，这些资产担保债券的发行得到了美国政府的“充分信任和担保”，一旦真正开始发行，就无异于政府公债了。

虽然国会已经拨付了问题资产救助计划的第二笔资金，即3 500亿美元，但在讨论救市举措的过程中，我们还是一直担心银行亏损的规模可能超出该计划的应对能力。因此，利用该计划有限的资金实现最大的效果就变得至关重要了。关于这些资金的利用方式，这时大家还是赞成根据实际需要为银行注资，而不是按照普遍受益的方式收购资产。这一点与我们最初讨论是收购资产还是注入资本时的结果是一致的。

盖特纳出任财长的提名得到国会批准之后，问题资产救助计划的资金究竟怎么分配最终就取决于他了。他鼓励不同部门之间开展激烈的讨论，鼓励大家发挥创新思维，但最后他放弃了我们之前评估过的很多选择，转而支持比较简单的方案。他提出让一些规模最大，也最具有系统重要性的银行接受他最初所说的“估值演练”（valuation exercise），即后来所说的“压力测试”（stress test）。这样做的目的是评估这些银行需要多少资本才能挺过严重的经济衰退和恶化的金融市场。如果市场人士认为这种测试的结果是可信的，那么压力测试应该能够提升市场对于达标银行的信心。没有通过压力测试的银行将获得融资机会，如果无法融资，财政部将用问题资产救助计划的资金去弥补它们的资金缺口。无论是否能通过，我们都希望客户、交易对手和潜在投资者能够知道银行可以继续存活下去。

除了提出压力测试之外，盖特纳还提出大幅调整美联储之前为了激活资产支持证券市场而推出的“定期资产担保证券贷款机制”的贷款规模和适用范围，将贷款规模从 2 000 亿美元提高到 1 万亿美元，将适用范围扩大到商业设备贷款等类型的资产。这个调整旨在告诉市场，政府致力于次级资产支持证券市场。只要财政部同意在美联储蒙受亏损之际动用问题资产救助计划的资金去保护美联储，那么我们对于调整“定期资产担保证券贷款机制”的贷款规模和适用范围也没有异议。

盖特纳还想让“定期资产担保证券贷款机制”把“私营品牌抵押贷款支持证券”等旧有的遗留资产囊括进去，以期提高这些资产的价格和流动性。这里“旧有的遗留资产”包括在 2009 年前已经出现在银行及金融机构资产负债表上的贷款组合或资产抵押证券。我们拒绝了这个提议，因为我们担心这样做对美联储资产负债表产生的影响，而且我们希望这个机制将重点放在扩大信贷规模上。最后，我们的确为一些评级非常高的“商业不动产抵押贷款支持证券”开了绿灯，但这类情况的数量是有限的。之所以开绿灯，是因为我们认为这有助于激活当时已经奄奄一息的“商业不动产抵押贷款支持证券”市场，从而有助于帮助新的商业不动产项目获得信贷。

此外，盖特纳提出了一个新的计划——公私合营投资计划（PPIP）。美联储没有参与其中。该计划旨在解决其他类型的遗留资产。私人投资者将从问题资产救助计划获得贷款，以收购当前的有毒资产，比如“私营品牌抵押贷款支持证券”和危机前创造出来的结构化信贷产品。投资者自己的资金也会承担风险，他们将和政府分享之后转卖这些资产时获得的利润。该计划让私人投资者，而非政府机构，去决定收购哪些资产以及支付什么样的价格，这样一来就可以避免政府决定有毒资产价格。投资者肯定有动力去做出聪明的决定，因为他们的回报就取决于他们选择购买的资产以及他们是否有能力压低收购价格。这样一来，财政部在不必付出过高价格的情况下就收购了问题资产，终于实现了保尔森当初的愿望。虽然走到这一步花费了很长一段时间，但毕竟实现了。

2 月 10 日，在财政部现金厅里，地面和墙壁的大理石熠熠生辉，一排美国国旗显得庄严肃穆。盖特纳站在国旗前面，公开宣布了他的一揽子救市方案，其中包括对金融机构开展压力测试，扩大“定期资产担保证券贷款机制”的贷款规模和适用范围，以及推出“公私合营投资计划”。但他这套方案更像是粗枝大叶的半成品，而不是翔实可行的成品。市场对这套缺乏细节的方案的反应很不好，当天道指重挫 382 点。之前，我在向联邦公开市场委员会做简报时，曾经预测说市场应该不会喜欢这种缺乏细节的方案，但由于市场信心日益降低，我知道宣布一些东西是迫在眉睫的事情。然而，我们没有用多久就制定出了细节。盖特纳公布救市方案两周之后，美联储和其他银行监管机构发布了开展压力测试的细节。3 月 3 日，我们提供了与扩大“定期资产担保证券贷款机制”的贷款规模和适用范围有关的信息。3 月底，财政部公布了“公私合营投资计划”的细节。

但开展压力测试需要耗费一些时间。在我们等待结果时，针对银行体系的质疑依然存在。一个持续存在的问题，也是盖特纳和萨默斯曾经在白宫激烈争辩过的问题，就是如果压力测试的结果表明银行的资本缺口大于问题资产救助计划的剩余资金，那么我们该怎么办呢？萨默斯抱有悲观情绪，指出如果压力测试是可信的，那么肯定会暴露出一些银行灾难性的亏损，这些亏损将超出问题资产救助计划的应对能力。因此，他比较赞成将一些陷入困境的银行国有化，完全由政府接管。如果是在 6 到 8 个月前这么讲，会显得十分奇怪，但现在没有那么奇怪了。盖特纳宣布开展压力测试一周之后，一向极力主张自由市场的格林斯潘也提出是否有可能暂时将一些银行国有化，他说，这可能是一种百年一遇的事情。其他一些评论人士，比如《纽约时报》的专栏作者、经济学家克鲁格曼也赞同这种暂时国有化的观点。但盖特纳却认为，但凡有一点可能的话，就要避免国有化。在这一点上，我是赞同盖特纳的。2 月 25 日，我在众议院金融服务委员会参加听证会时表示“我们从来没有那样的计划”。我在财政部和白宫开会时，也多次提到了这个观点。

我知道，从政治层面来看，国有化可能有一些吸引力，因为国有化方案的救助色彩淡化了一些，而且一旦国有化，我们无须同其董事会和股东反复商谈，就可以对其实施改革。但根据我们最近对房利美、房地美和美国国际集团进行半国有化的经历来看，我认为，国有化将变成一场噩梦。一旦国有化，银行或将在很多年内陷入病怏怏的状态，因为政府没有高效经营银行的专业能力，私人投资者不大可能愿意把钱放在政府控制的银行。政治因素肯定会影响国有化银行的运作过程，比如，这些银行可能被迫为政府扶持的团体延长信贷，而不考虑这些团体的真实信誉如何，这样一来，很可能引发更多的亏损，到时候需要更多的救助。

然而，除了国有化之外，是否还存在可行的替代方案则取决于压力测试的结果。作为大型银行控股公司的监管者，美联储在这方面必须带头做好研究。美联储银行监管部门的副主任科里安·斯蒂芬森对美国大型金融机构组织了一次全面的评估。2009 年 2 月至 5 月，美联储和其他监管机构的幕僚们承受了格外沉重的负担。150 多名美联储的核查人员、分析人员和经济学家在长达 10 周的时间内利用晚上和周末加班，集中分析了 19 家规模最大的美国银行控股公司。这些公司的资产规模高达 1 000 亿美元，甚至可能更多。总体来看，它们持有美国三分之二的资产和二分之一的贷款。

压力测试并不是一个新理念。多年以来，银行及核查人员都利用这个方法去分析某个特定的资产组合在不利的外部形势之下可能会如何表现。但我们这一次要做的不仅仅是这种简单的测试，而是更加雄心勃勃。我们的目标就是用同样的方法开展一次非常严格的测试，测试对象囊括了所有的大型银行和它们的资产。这样一来，我们监管机构和市场既可以评估各个机构的整体健康程度，也能够对它们进行相互比较。（戴维·威尔考科斯及其团队曾经在 2008 年 10 月给保尔森提出了一个共同投资的计划，作为计划的一部分，他们建议对银行体系开展压力测试。）我们假设了未来两年内将出现的两种不利情景，让每一家接受测试的银行仔细评估一下其可能出现的亏损和盈利。第一种情景是基本的，假定经济和金融形势只是出现一般的恶化。对于这种假设，私营部门的预测人士也表示认同。第二种情景则假设经济和金融形势出现更加不利的变化。我们的核查人员和经济学家会利用统计模型和经济模型去分析数据，深入评估银行报上来的测试结果是否具有连贯性与合理性。如果我们对评估的盈利和亏损情况感到满意，我们就会计算一家银行在不同情景下需要多少资本才能存活下来。

然后，我们根据之前与财政部的安排，给每一家银行6个月的时间，去筹集充足的、高质量的资本，使它们能够在不利的经济形势下存活下去，并继续正常发放贷款。如果它们无法在私人借贷市场上筹措所需的资本，那么它们就不得不根据财政部设定的条款接受问题资产救助计划的资金。

我们还决定详细地公布每一家银行的压力测试结果，包括其各类资产的预估损失规模。这遭到了银行的强烈反对，而且一些老资格的核查人员也深感不安，发布这一类信息违反了美联储和其他银行监管机构历代银行核查人员的常规做法，也违反了银行监管机构对执行职能时所得资料加以保密的神圣原则。在经济形势正常的情况下，保密原则可以防止银行的专有信息遭到竞争对手剽窃，有助于提高银行与核查人员的合作意愿。但在2009年初那种充斥着恐慌与不确定性因素的环境下，披露银行的弱点的确有可能进一步侵蚀市场对央行的信心，甚至有可能会导致新的挤兑，进一步导致银行股价大幅下跌。这种可能性的的确确是存在的，我们不能忽视，但美联储理事会一致认为，尽可能地发布这类信息有助于减少不确定性因素，推动市场恢复对银行的信心。

我们的压力测试过程很透明，市场普遍认为测试结果是可信的，其中一部分原因可能是我们报告的预估损失规模甚至超出了外部的分析人士评估的结果。比如我们预测，在假定出现不利经济形势的条件下，银行在未来两年内将蒙受9%的贷款亏损，比1920年以来（包括大萧条那几年在内）任何两年的实际亏损比例都要大。但另外一个同样重要的原因是我们可以利用问题资产救助计划的资金去帮助那些陷入困境的银行。如果没有这样一笔资金，那么市场可能会怀疑我们放宽测试条件，以免引发挤兑。如果我们有这种备用资金，投资者就会认为我们监管机构会严格对待银行，确保陷入困境的银行按照我们开出的条件去接受所需资本，以便维持稳定。

压力测试的结果表明，大多数银行要么资本充足，要么接近于充足，因此提高了市场对银行体系的信心。5月份，测试结果发布之后，私人资本市场重新对美国银行打开了大门。到11月份，接受压力测试的银行的资本规模总量增加了770亿美元。在19家大银行里面，只有10家需要筹集更多的资本，但只有通用汽车金融服务公司无法自行筹措资本。财政部利用问题资产救助计划的资金向其注资38亿美元。在此之前，财政部曾经为其注资125亿美元。随着市场对金融机构的信心逐渐恢复，大型金融机构违约保险的成本也大幅下降。

压力测试是一个关键的转折点。自那之后，美国银行体系走上了稳步强化的道路，最后，美国经济也逐渐得到了强化。

当我写到这里的时候，金融危机最严重的时期已经过去了6年之久，但各路政客、记者和学者依然在不停地争辩这场危机的原因和影响。为什么会爆发这样一种危机呢？什么原因导致危机变得如此严重？我们的政策应对是否正确？如果世界各国政府没有成功地遏制住危机，会出现什么样的结果呢？

正如米尔顿·弗里德曼与安娜·施瓦茨在20世纪60年代的著作彻底改变了我们对大萧条的理解一样，未来肯定还会涌现出更多的新观点帮助我们彻底理解当前这场危机，但我们在努力应对危机的时候，肯定不能奢望学术争论能够为我们提供什么切实可行的建议。我们需要找到一个连贯性的框架，来指导我们的应对举措，

由于我一直致力于研究货币和金融史，因此，对于2007—2009年那场危机，很容易将其类比成19世纪与20世纪初的古典金融恐慌，但当前这场危机发生的时候，全球金融体系显然已经变得更加复杂化和一体化了，而我们的监管体系却还没有跟上这些变化，这就导致我们很难从历史中找到可以类比的案例，而且很难从历史中找到可以直接拿来借鉴的应对举措。但如果将这场危机放到历史视角下去理解，

却是很有意义的。

在当前这场危机的直接诱发因素之间，最显著的两个因素就是次贷泛滥和房价泡沫，但这场危机之所以导致我们付出如此惨重的经济和金融代价，主要原因可能在于恐慌本身，可以说，恐慌造成的代价不会小于次贷泛滥和房价泡沫造成的代价。我当时就是这么认为的，现在依然这么认为。虽然很多人认为我们在应对危机的时候存在头痛医头、脚痛医脚的现象，但美联储、财政部和联邦存款保险公司在很大程度上借鉴了应对金融恐慌的经典处方，而且最终成功地抑制了危机。如果我们没有成功，那么历史经验告诉我们，美国将会出现极为严重的经济崩溃，其后果远远比我们当前经历的这种经济衰退严重得多。

从细节来看，美国之前的历次银行业恐慌存在巨大差异，但凡是大的恐慌往往会存在一些相似相通之处。很多恐慌爆发之前都会存在一定时期的信贷繁荣，而正是信贷繁荣导致借方与贷方都更加容易受到金融震荡的冲击。此外，大多数恐慌都是由一个或者多个诱发事件引起的，这些诱发事件导致储户担心他们的银行是否还健康，1907 年，一小撮人的股票投机阴谋失败之所以能引发一场大恐慌，原因就在于此。

在一场金融恐慌中，最初遭遇挤兑的可能只是少数几家银行，但这种挤兑具有传染性，很快就会波及其他银行。挤兑的传染途径有好几种。一种方式是，当一家银行传出坏消息之后，储户自然会担心其他具有类似资产或业务模式的银行是否也会陷入麻烦。另一种方式是，金融机构之间的相互联系十分密切，它们通常会相互拆借资金，也会开展其他形式多样的交易，建立各种各样的业务联系，因此，一家机构遭遇挤兑之后，挤兑可能像倒下的多米诺骨牌一样，导致其他银行也在劫难逃。

但最危险的传染途径或许就是资产贱卖。面对挤兑的金融机构必须迅速地获取足够的现金，去满足储户或其他债权人的需要。如果他们不能借到必要的现金，就必须变卖资产，抛出的就是易于转卖的资产，比如政府债券，然后就会抛售难以转卖的资产，比如对个别企业的贷款。如果多个机构同时抛售难以转卖的资产，那么这些资产的市场价格就会暴跌。当资产价格暴跌的时候，这些金融机构的财务形势可能会进一步恶化，从而加剧债权人的恐慌，甚至有可能导致更加广泛的挤兑。

如果一家银行没有充足的现金去清偿当前的债务，那么我们就可以说这个银行存在流动性不足的问题，而流动性不足并不一定意味着资不抵债。也就是说，虽然这个银行没有充足的现金，但其资产价值仍然可能大于它的债务规模。然而，在金融恐慌之中，流动性不足与资不抵债之间的界限可能很快就会变得非常模糊。一方面，如果储户和其他短期放款人不担心他们的银行出现资不抵债或违约问题，那么即便这个银行真的存在资不抵债现象，也可能不会遭遇挤兑。另一方面，在金融恐慌中，即便最初还算健康的银行也可能被迫陷入资不抵债的状态，因为资产贱卖和经济衰退会降低它们的资产价值。在大型的金融恐慌中，流动性不足与资不抵债的现象往往同时存在。因此，要终结这种恐慌，就必须双管齐下，既要为银行提供短期借贷，又要为其注入资本。

当一场严重的恐慌爆发之际，整体经济难免会遭到重创。在充斥着恐慌和不确定性的形势下，投资者只想持有安全性和流动性最强的资产。放款人变得极为保守，信贷要么完全消失，要么仅仅提供给那些出价最高，并且愿意接受严苛条件的借款人。股票和公司债券等风险较高的资产的价格也将大幅下降，减少了家庭的财富，同时也削弱了公司获取新资本的能力。随着信贷紧缩和资产价格下跌，很多家庭和企业好像都按下了暂停键，招聘、投资、支出等活动迅速减少，促使经济陷入衰退。

这种非常基本的恐慌剧情曾经在美国反复上演，直到大萧条时期才有所消停，因为罗斯福总统开展了大刀阔斧的经济和金融改革，尤其是存款保险制度的实行对于结束这种恐慌功不可没。自那之后，美国金融体系进入了一段漫长的、相对平静的时期，而日本、北欧国家以及拉丁美洲和东亚的新兴市场经济体反倒多次爆发严重的金融危机。经济学家们深入研究了亚洲与拉丁美洲国家在20世纪80年代和90年代经历的危机之后，认为这些国家的危机与美国的危机不可相提并论，这些国家应对危机的经验也不适用于美国，因为在新兴市场国家，金融体系相对不发达，而且这些国家的经济体量较小，严重依赖于国际贸易和国际投资，从而更容易受到国际资本流动剧烈变化等所谓“外部冲击”的影响。此外，包括本人在内的众多经济学家还研究了北欧国家与日本经历的危机，我们得出的结论认为，美国与这些国家存在制度、经济和政治等方面的重大差异，这些国家的危机都有其独特性，也不能与美国的危机相提并论。或许我们应该听一听马克·吐温所讲的一句名言。他说：“历史不会重复，但会高度相似。”所以，尽管美国这场危机爆发的经济和金融背景与之前的危机截然不同，但它和之前的危机也存在一定的相似之处。

如同之前发生的大多数金融危机一样，2007—2009年那场危机爆发之前也出现了一个信贷繁荣时期。信贷繁荣主要体现在抵押贷款领域，但借款人的信用评分往往非常低。信贷繁荣还体现在其他领域，比如商业不动产领域。此外，这场危机与之前大多数危机的另一个相似之处就在于，最初都是由一些非常明显的诱发事件引起的。比如，2007年8月，法国巴黎银行披露其在美国次级抵押贷款证券方面出现未曾预料到的巨额损失，宣布冻结其下属的三只在美国次贷市场面临亏损的投资基金。这则消息与其他负面消息的发布导致投资者逐渐意识到，次级贷款以及结构化信贷产品虽然具有很高的信用评级，但仍然会出现重大亏损。

金融恐慌的一个明显特征就是金融机构遭遇大范围的挤兑。很多人认为，1934 年开始实施的联邦存款保险制度应该会完全消除银行挤兑的可能性，但这种观点忽略了一个事实，即在这场金融危机爆发之前的多年时间里，美国短期融资市场出现了日新月异的变化，尤其是回购协议融资市场和商业票据融资市场等批发融资市场发展得异常迅猛。

对于个人来讲，如果手中有多余的现金，那么往往会将其存在银行里面。但存款保险制度设定了一个限额，每个账户只有 10 万美元处于保险范围之内，超过这个金额的存款则得不到保险。这样一来，剩余现金较多的公司或机构投资者如果把钱存到银行，则几乎得不到任何保险。于是，很多公司、养老基金、货币市场基金、保险公司和证券交易商便不愿把钱存在银行，而是寻求其他替代性的投资渠道。与无保险的银行存款相比，无论是商业票据融资市场，还是回购协议融资市场，都被普遍视为较为安全和便捷的选择。

与此同时，在批发融资市场的另一端，也就是希望筹借现金的银行和其他公司，对于这个市场的兴趣也越来越高。一方面，具有揽储资格的商业银行发现批发融资不仅成本较低，灵活性较强，而且监管较为宽松，堪称对普通存款的一个有益补充。另一方面，那些在影子银行体系中占据核心地位，但不具备揽储资格的非银行类金融机构（比如投资银行、证券交易商和结构化投资工具），由于无法获取被保险的存款，不得不严重依赖批发融资，利用批发融资为自己持有的到期日较长、流动性较差的证券获取融资。到这场危机爆发前夕，美国金融体系对批发融资的依赖已经远远超过了对被保险存款的依赖。截至 2006 年底，银行持有的被保险存款为 4.1 万亿美元，而金融机构获取的批发融资规模则高达 5.6 万亿美元，其中包括 3.8 万亿美元的回购协议融资以及 1.8 万亿美元的商业票据融资。除此之外，银行还持有 3.27 万亿美元的未保险存款（比如超过 10 万美元的大额存款等）。

因为很多批发融资都直接或间接地得到了担保，因此，无论是银行和其他筹款公司，还是监管机构，都认为批发融资市场爆发挤兑的风险较低。然而，担保品只有被普遍视为评级高、易于转卖的时候，才能让放款者感到放心。国库券由于不存在信贷风险，可以在流动性市场上广泛交易，因此堪称理想的担保品。但批发融资市场发展得过于迅速，国库券和其他高品质的抵押品供不应求。与此同时，包括外国央行和主权财富基金在内的全球投资者都非常渴望获得安全性和流动性较强的资产，这也使得高品质的证券备受青睐，结果就导致安全性和流动性较强的资产非常短缺。

华尔街的金融公司从这种短缺中看到了盈利的机会，便雇用了一大批所谓的“金融工程师”将风险较高、流动性较差的资产转变成了安全性看似很高的资产。为了做到这一点，它们把信用评级不一的贷款和证券包装到一起，然后将其切割成信用评级较高和较低的几个组成部分。信用评级较高的那一部分可能持有 3A 评级。在很多情况下，信用评级公司会同证券发行机构商议证券的设计方式，并向发行机构收取一定的费用。这些结构化信贷产品为寻求高收益率、高评级证券的全球投资者（其中包括很多金融机构）提供了新的担保，似乎很有吸引力。

虽然结构化信贷产品满足了投资者对于安全资产的庞大需求，但它存在一个至关重要的缺陷。投资者投资这种产品时，未来是否能够获得足够的现金流取决于数百种，甚至数千种贷款或证券的履约情况，而这种情况是非常复杂的，从而导致投资者很难独立判断结构化信贷产品的真正质量。有些潜在投资者会要求这种产品的发行机构提供更多的相关信息，并提升这种产品推出过程的透明度，但是大部分投资者觉得这样过于麻烦，便选择了一条捷径，即依赖信用评级。这样一来，一旦涉及次贷业务的高评级证券出现问题，投资者就无法依赖自己的独立分析。于是，恐慌便像传染病一样开始四处传播。在1907年大恐慌中，凡是与股票投机分子有一点联系的银行都会遭到挤兑，同样，一个世纪之后的今天，凡是与次贷业务有一点联系的结构化信贷产品也会导致投资者疯狂撤资。

最严重的挤兑发生在商业票据融资市场，这个市场在2007年8月法国巴黎银行发布那个负面新闻之后就迅速萎缩了。在回购协议融资市场上，挤兑并不总是以放款人完全拒绝放款的形式出现，而是有多种形式。比如，放款人可能会要求借款人提供更多担保品，或者放款人拒绝接受某些形式的证券作为担保品，或者放款人只愿意接受隔夜贷款，而不愿意接受到期日较长的贷款。此外，由于回购协议融资市场的正常运转是以担保品的市价为基础的，因此，一旦担保品的价值下跌，立刻就会减少市场上可用于放贷的资金数量。整体而言，金融机构持有的批发融资从2006年底的5.6万亿美元降低到了2008年的4.5万亿美元，其中大部分下降都发生在非银行类金融机构。

在挤兑过程中，首当其冲的就是一系列投资工具。花旗集团等金融机构设立这些投资工具的目的就是让其持有错综复杂的结构化证券，而在挤兑浪潮中，大部分表外投资工具都被迫向发起机构寻求援助。最终，这些表外投资工具的亏损几乎完全由其发起机构吸收了。

除了需要应对批发融资市场上出现的挤兑之外，金融公司还必须面对其他方面的现金需求。很多为客户提供信贷额度的银行发现这些额度都被用到了最高限度。衍生品合约的交易对手会要求对方提交更多的担保品。投资公司的客户（如避险基金等）纷纷关闭结账，抽出现金和证券。在银行间同业拆借市场上，银行也拒绝相互拆借。毕竟，在恐慌期间，现金为王。投资者和企业尽最大努力地多持有一些短期的、安全的、流动性强的资产。

融资减少迫使很多机构开始贱卖资产，尤其是现在人人避之唯恐不及的结构化信贷产品。这些资产的价格开始出现暴跌，迫使很多金融机构开始减记账面上类似资产的价值。随着恐慌延续，很多流动性不足的公司开始资不抵债。那些资本水平过低或者冒险过多的金融机构要么倒闭，要么在资不抵债的边缘上苦苦挣扎，从而加剧了市场恐慌情绪。

金融体系内部的相互联系程度十分密切，这也加剧了恐慌的蔓延。比如，雷曼兄弟的倒闭直接引发了货币市场的挤兑，因为有一只货币市场基金因为持有雷曼兄弟的商业票据而蒙受了重大损失，以至于到最后投资者甚至开始拒绝接受与次贷业务完全无关的资产支持证券，比如信用卡债务、学生贷款债务和政府担保的小企业信贷等。按照正常情况来讲，投资者完全没有理由担心这些类型的资产支持证券，但由于恐慌情绪正在横扫市场，投资者也不得不提防。

随着恐慌的蔓延，银行间同业拆借的成本也在飞速上涨，这也从一个方面反映了危机的演变过程（参见图 1）。通常来讲，在银行间同业拆借市场上，借方支付的利率仅仅比美国短期国库券的利率高出一点（介于 0.2 到 0.5 个百分点之间）。银行间同业拆借利率与美国短期国库券利率之间的差额通常被称为“泰德利差”（TED spread）。这个差额在 2007 年夏季及之前一直维持在正常范围之内，这表明市场对于银行体系的总体信心一直是比较强的，尽管传出了一些关于次级抵押贷款支持证券的坏消息，这种信心依然很强。然而，随着金融恐慌的早期迹象逐渐明朗化，到 2007 年 8 月中旬，这个利差开始一路上涨到了 2~2.5 个百分点。2008 年 3 月，利差开始飞速上涨（当时正值救助贝尔斯登之际）。2008 年夏季略微下降，然后，当雷曼兄弟倒闭之际，又再次迅速上升，最高在 2008 年 10 月中旬达到 4.5 个百分点的最高值。随着政府的政策逐渐有了效果，这个利差到 2009 年中期降低到了正常水平。

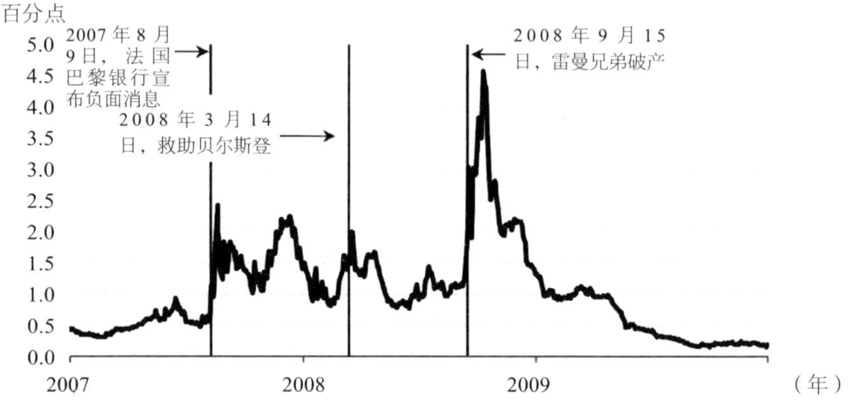


图中曲线表示泰德利差。泰德利差是三个月伦敦银行间同业拆借美元利率与三个月美国国债利率之间的差额，是衡量资金流动性松紧和投资者风险偏好变化的重要指标。此图表明，每逢危机的一些关键时间节点，信贷风险就会大幅上升。

**图 1　危机期间银行间拆借成本飙升**

资料来源：圣路易斯联邦储备银行

所有这些金融动荡都直接影响到了美国普通民众。美国经济从 2007 年 12 月开始陷入衰退。虽然如此，在 2008 年恐慌恶化之前，失业状况都还相当轻微（参见图 2），然后，就业市场趋于崩溃。在 2008 年的最后 4 个月里，共有 240 万个就业机会消失。在 2009 年上半年，又有 380 万个就业岗位消失。在这一年剩下的时间里，就业人数继续减少，但减幅没有之前那么大。

家庭消费的变化趋势与金融危机的演变趋势也大体相符。2008 年上半年，经通胀调整之后的美国家庭消费支出水平大体上保持不变，但在第三季度锐减 2.9%，其中雷曼兄弟倒闭的那个 9 月份跌幅最大，随着危机加剧，第四季度的消费者支出水平锐减 4.7%，标志着消费者支出水平自从 1980 年卡特总统为应对通货膨胀而实行信贷管制以来的最大跌幅。2009 年上半年，消费支出以大约 1.6% 的速度继续下跌。企业的资本支出也大幅下跌，最大的跌幅出现在 2008 年第四季度和 2009

年第一季度，总而言之，金融危机加剧和经济状况恶化存在密切的联系，这就有力地证明了金融恐慌是引发这次严重的经济衰退的主要原因。根据学术研究的结果（包括我自己对多个国家在大萧条时期经济形势的研究）来看，很多国家的经验都表明，严重的金融危机之后，一般会出现一次深刻的、漫长的经济衰退。

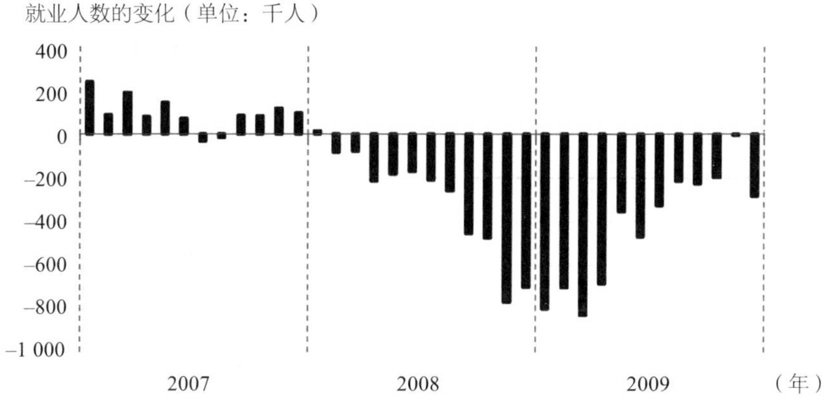


该柱状图显示，美国就业人数在 2007 年之前有小幅增加，但在经济进入衰退之后，就业人数逐渐小幅减少。2008 年 9 月，危机加剧，就业人数减少幅度迅速加大。金融形势恢复稳定之后，就业人数减少的速度开始趋于缓慢。

**图 2　危机加剧后，就业市场崩溃**

资料来源：美国劳工统计局

虽然我们得出的结论认为金融恐慌会对经济造成严重的创伤，但这并不意味着我们排除了其他因素对经济衰退的推动作用。在金融危机爆发之前，房地产泡沫不断加大，一旦破灭，必然减少房地产建筑活动，降低业主房屋的净值，从而减少家庭财富和家庭消费支出。事实上，历史证据和国际经验都表明，如果金融危机期间出现了房地产泡沫破灭现象，那么随后的经济衰退往往会更加严重。

然而，一些经济学家认为，仅仅从房地产泡沫破灭着手，就足以解释为什么这场经济衰退如此严重和如此持久。这些经济学家还认为，后来的金融危机只不过是一个次要事件。这种观念不只是一种学术辩论而已，它涉及我们在应对2007—2009年那场危机期间所采取的行动是否正确，也会影响决策者未来做出的决定。如果金融危机的确像这些经济学家所说的那样只是次要事件，那么我们这些决策者在当时为了稳定金融体系而付出的努力就显得太多余了，而且根据这种观点，决策者应该将所有的精力用于帮助那些房屋净值低于贷款总额的业主们。

我的确同意我们本来应该采取更多的措施去帮助那些不幸的业主们，虽然设计一套有效政策的难度可能超出很多人的理解，但我依然是这么认为的。然而，如果说金融危机只是次要事件，对经济衰退的影响微乎其微，那么似乎有些讲不通。仅仅从金融危机与经济衰退的先行后续关系来着手，就足以反驳这种观点。经济衰退开始于2007年12月，在此之前，金融危机爆发于2007年8月。金融危机在2008年9月和10月达到最高峰之后，经济也陷入了真正严重的衰退。2008年第四季度经济活动大幅减少，堪称半个世纪以来最糟，也恰恰是金融危机最严重的时刻。2009年6月，经济衰退结束，而在此之前，金融危机也刚刚趋于缓和。

那些认为经济衰退仅仅与房地产泡沫破灭有关的人认为房价在危机期间的大幅下跌是理所当然的。如果没有金融危机，房价是不是还会下跌得如此之快和如此之多，目前尚不明确。2006年，房价保持平稳态势，即使跌，跌幅也很小（参见图3）。2007年8月，危机浮现之际，房价大约比2006年初低了4%左右，但随着危机加剧，房价跌幅越来越大。显然，如果没有金融危机，房价泡沫的破灭态势可能就像美联储幕僚们之前预测的那样较为平缓。

2008年3月，贝尔斯登被摩根大通收购之际，房价从危机前的水平下降了将近10%。后来，到2008年9月，雷曼兄弟倒闭之际，房价进一步下跌了9%。从2008年9月到2009年5月，房价进一步下跌11%。在经济开始恢复之前，房价在2011年总体保持平稳。这一态势表明，至少可以在一定程度上将房价下跌的速度和幅度归因于金融危机及其对实体经济的影响，包括就业率下降、收入减少、信贷紧缩和市场信心动摇。事实上，房价很有可能是因为金融危机和经济衰退过于严重而出现了一路下跌的态势。从2009年9月到2015年初，房价上涨了25%多。总而言之，金融危机显然已经严重加剧了房价下跌的速度，扩大了下跌的幅度。

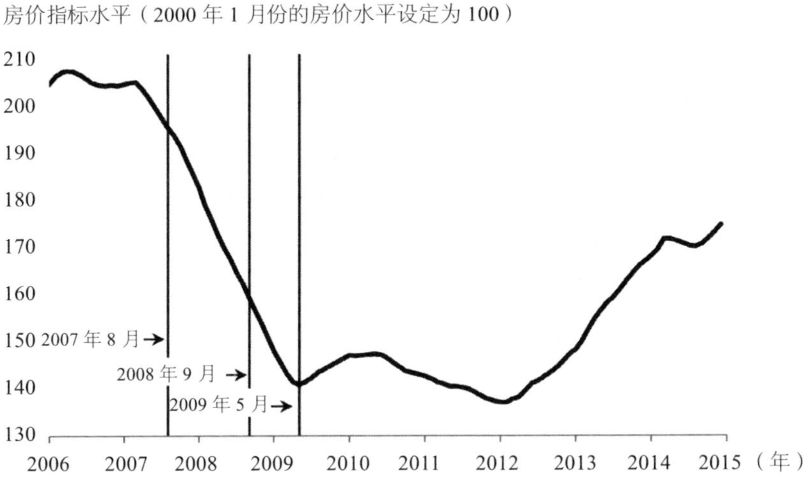


此图表明，从2006年初到2007年8月金融危机爆发这段时间内，美国20个主要城市的房价只是小幅下跌。随着金融危机日趋加剧，房价跌幅也随之加大。到2009年5月金融危机减弱之际，房价跌幅也开始缩小。2012年初，危机基本结束，房价开始反弹。

**图3　房价在危机爆发之后才开始暴跌**

资料来源：标准普尔/凯斯–席勒二十大城市综合指数（经季度调整）

美联储也是花了一定的时间之后才意识到了这场危机的存在，并逐渐了解了这场危机的严重性。在应对这场危机的过程中，我们必须注意规避其他的潜在风险，比如通胀率升高和金融市场的道德风险加剧。随着对形势的了解越来越清楚，我们便借鉴过去应对金融恐慌的经验，去指导我们对这场新危机的判断，并指导我们采取的对策。美联储的应对举措主要有4个元素：（1）降低利率，支持经济；（2）提供紧急贷款，增强金融体系的流动性，推动金融体系恢复稳定；（3）采取救助举措（必要时，与财政部和联邦存款保险公司进行协调），防止金融机构无序倒闭；（4）对具有系统重要性的大银行开展压力测试，评估其财务状况（和财政部及其他银行监管机构联合实施）。

2007年9月，华尔街的金融混乱似乎要影响到美国的普通民众。这一趋势已经十分明显了。因此，我们便开始着手降低联邦基金利率目标。我们一直降低利率，直至接近于零，无法继续降低为止。自那之后，我们就开始发挥创造性思维，找到了一些前所未有的方法去降低长期利率。为此，我们先是宣布了大规模购买抵押贷款支持证券计划。一路走来，可谓惊心动魄，但我和大部分同事都意志坚定地认为，我们不能够再犯美联储在20世纪30年代的那种错误。当时，美联储拒绝动用货币工具去避免剧烈的通货紧缩，结果导致大萧条时期的经济形势严重恶化。

我们提供紧急流动性的方式有很多种，是非常新颖的。当国会在1913年创立美联储时，就希望我们在金融恐慌中充当“最后贷款人”的角色，为银行提供贷款。但到21世纪，金融体系已经发生了很大的变化，传统的商业银行不再是唯一的主角。这就要求我们在应对恐慌之际，既要防止批发融资市场上的放款人和其他短期债权人发起挤兑（而不仅仅是防止普通的储户发起挤兑），又要为范围更广的金融机构提供紧急贷款（而不是仅仅为传统的商业银行提供贷款）。我们在努力应对危机的过程中，发挥了创造性思维，我们采取的很多举措被普遍视为具有创新性，甚至很大胆。但从本质上来讲，我们所做的事情符合国会在设立美联储时对我们的期待，符合白芝浩在一个半世纪之前提出的建议，也符合其他国家的央行在应对危机时的一贯做法。当金融机构失去融资渠道时，央行就要出面，根据金融机构提供的担保品提供紧急贷款，降低它们面临的压力，防止其过度贱卖资产。白芝浩从来没有听说过资产支持证券或回购协议，但我想他会理解我们为了防止恐慌蔓延而遵循的一些原则。

白芝浩从来没有考虑过美联储可能会跨越国界去充当“最后贷款人”，但美元在全球金融市场上扮演的角色就意味着其他国家的金融恐慌可能会外溢到美国市场上。因此，我们与欧洲、亚洲及拉丁美洲的14个央行建立了货币互换额度，以支撑这些地区以美元计价的融资市场。货币互换额度是美联储推出的金额最大的项目，额度最高时多达6 000亿美元。事实表明，货币互换在我们遏制危机向全球蔓延的过程发挥了至关重要的作用。

在有些情况下，我们还超越了白芝浩的建议，动用放贷权限去救助濒临倒闭的大型金融机构，包括贝尔斯登和美国国际集团。正如我们当时一再强调的那样，我们之所以采取这些行动，并不是考虑到其股东、高管和雇员的利益，而是因为它们的倒闭肯定会导致危机在更大范围内的蔓延，从而加剧早已肆虐市场的恐慌心理和不确定性因素。

最后，到2009年春季，我们与财政部和其他银行监管机构共同努力，对众多具有系统重要性的大银行开展了压力测试，评估其潜在的收益和亏损，并发布可信的评估结果，从而恢复了市场对金融体系的信心，为私营部门重新投资银行体系铺平了道路。

在恐慌爆发之后的很多时间里，美联储都是凭借一己之力承担了应对危机的重担。比如，美联储在很长一段时间内都只能借助自己的力量去防止具有系统重要性的金融机构走向倒闭。从2008年7月开始，国会也开始行动了，促成了更加全面的应对方案。财政部获得了救助房利美和房地美的授权，后来又获批了问题资产救助计划的资金，开始充实美国银行体系的资本水平。财政部为货币市场基金提供担保以及联邦存款保险公司为银行债务提供担保，都有助于稳定市场。

虽然金融恐慌在2009年趋于消退，但其对经济造成的创伤却日益显现。这场危机引发了大萧条以来最严重的经济衰退。2009年10月，失业率一路攀升至10%。四分之一的房屋的净值低于未偿房贷。银行等贷款机构在2008年查封了170万处房产，2009年又查封了210万处，2010年进一步查封180万处。最糟糕的是，这场危机及其对经济造成的创伤沉重打击了美国人民的信心，引发了黯淡的市场预期，而这种预期反过来又加剧了危机，形成了一个恶性循环。后来，等到市场平静多了之后，我们还不能停下来，还有更多的工作等着我们去做。

The Courage to Act

# 第三部分　危机余波

# 第十九章
# 量化宽松：正统理论的结束

2009年3月7日，我再次回到了家乡——南卡罗来纳州狄龙镇。上一次回来已经是两年半之前的事情了。当时，我刚担任美联储主席不久，回到狄龙后，镇上的人们在“伯南克日”举行了一系列活动，以示欢迎。这一次，哥伦比亚广播公司新闻访谈节目《60分钟》的记者斯科特·佩里陪我一同前往。我所到之处，摄像机都拍了下来。我们漫步在主街上，两侧是一座座显得有些破败的门面房。我还见了见狄龙高中的一些学生，到杰斐逊大街拜访了我儿时住过的房子。我们搬走后的这么多年里，这个房子已经换过好几个主人了，还曾被法院查封过一次。我还参加了一个以我名字命名的立交桥的落成典礼，这个立交桥是95号州际公路的一个出口，从这里出发往前走，就到了“边境之南”旅游区，我年轻的时候，曾经利用暑假时间在那里做过服务员。从“边境之南”继续往前走，就到了狄龙镇。我希望哪天可以从广播上听到“伯南克立交桥附近交通顺畅”的报道。

我带着佩里一起漫步在人行道上，来到了我家之前开药房的地方，在附近找了一个木头长椅坐了下来。对着摄像机，我解释了美联储所做的事情，提到了我们如何应对金融危机以及我对经济前景的预期。那期节目播出之后，我从很多人那里了解到主街的镜头给大家留下了非常深刻的印象，这也是我希望看到的结果。我对佩里讲：“你知道，我来自主街，这就是我的成长背景。我没去过华尔街，但关心华尔街的事情，一个原因，也是唯一的原因，就是因为华尔街的事情会影响到主街的事情，影响到美国的普通公众。”我解释说，如果我们没有实现金融市场的稳定，没有重新激活信贷流动，那么无数个像我父亲那样的人恐怕就要不幸遭殃了，因为我父亲当年正是利用借来的资金，才能够在距离原来那个药店一个街区远的地方新开了一家规模更大的药店，如果我们无法控制住金融危机，恐怕很多普通的美国人都将难以获得信贷。佩里提到，在任的美联储主席接受电视采访是很罕见的事，为什么我愿意接受采访呢？我回答说：“因为这是个非同一般的时刻，我可以借这个机会直接和整个美国说话。”

我在接受佩里采访过程中，谈到了美联储如何降低抵押贷款利率，如何强化银行实力，使其恢复放贷能力，以及如何促进货币市场基金的稳定。我还表示：“我认为不同的市场开始涌现了绿芽，随着市场信心逐渐恢复，这些绿芽将会开启一个积极的态势，推动我们的经济实现复苏。”有些人指出，我所说的“绿芽”一词意味着我早在 2009 年 3 月就看到了美国经济即将迎来强势复苏。其实，无论是我，还是我在美联储的同事，当时都没有产生这种预期，我所说的“绿芽”仅仅指抵押贷款市场和其他金融市场出现了改善迹象。我相信这些迹象最终会帮助美国经济走上复苏之路。我这个预测还算准确。3 月 9 日，也就是我接受采访的两天之后，道指跌到了 12 年来的新低，收于 6 547 点，但从此之后，便开始了漫长的回升过程。2009 年的整个春季，金融形势持续改善。这至少能够说明我们货币政策的效果已经开始显现，而且银行也通过了压力测试。虽然失业率的攀升态势一直持续到了 2009 年 10 月，但经济收缩现象在当年 6 月份就结束了。

《60 分钟》这个节目向美国广大听众传递了美联储的声音，这正是我迫切需要的。自从加入美联储以来，我一直强烈呼吁提高货币政策制定过程的透明度。我之所以持有这种观点，主要是因为我觉得如果公众可以理解美联储的思维，那么美联储货币政策的效果就会更加显著，而且美联储及货币政策的透明度还有助于我们更多地赢得公众信任。在讨论是否要接受《60分钟》的采访邀请时，负责媒体事务的美联储办公室主任米歇尔·史密斯写道：“美联储给公众营造的斯芬克斯般的神秘形象已经不起作用了。公众和媒体应该有机会去了解美联储这个机构本身，了解美联储的决策者和政策选择过程。我们就接受采访吧。”

这只是一个开始。2009年，我还到大学里接受学生的提问，撰写专栏文章解释美联储的行动，并参加美国公共广播公司的吉姆·莱勒主持的新闻访谈节目。在电视上露面的确不是我的专长，因此，我压根儿就没有可考虑从美联储退休之后去主持《今夜脱口秀》之类的节目。但我很高兴我们能够加强与外界的沟通，而不是在负面报道扑面而来之际被动地解释美联储的所作所为。2009年初的经济形势依然令人担忧，如果我能够解释正在发生的事情，向公众做出担保，缓解公众对经济前景的担忧，将对经济形势的改善起到一定程度的推动作用。

2009年1月底，联邦公开市场委员会召开第一次会议的时候，由于美联储刚刚开始大规模收购抵押贷款支持证券，因此，那次会议就没有采取什么额外的行动。参加那次会议的美联储理事只有4位，因为兰迪刚刚离开美联储理事会，而接替者丹尼尔·塔鲁洛还没有宣誓就职，比尔·达德利接替盖特纳出任纽约联邦储备银行行长之后，也成为联邦公开市场委员会的副主席。

由于美联储理事会和联邦公开市场委员会在人员构成上存在相当多的重叠，我们现在就把每一次会议当作美联储与联邦公开市场委员会的联席会议，以此凸显我们这两个机构之间的密切合作。联邦公开市场委员会的有些委员对于那些用字母表示的放贷机制感到不满。比如，里士满联邦储备银行行长杰夫·莱克尔就经常表示担心美联储推出的一系列计划，包括收购抵押贷款支持证券的计划，是不必要的，认为这些计划可能会扭曲市场。自亚当·斯密时代以来，经济学家们普遍认为，自由市场有能力高效地配置资源，但我和大部分同事都意识到，在金融恐慌中，恐慌情绪和避险意识会妨碍金融市场在资源配置方面发挥关键功能。我认为，至少到目前为止，我们的干预举措依然是很有必要的。在大多数联邦储备银行行长们的支持下，我们宣布将紧急贷款机制的有效期延长6个月，即延长到10月份。

在联邦公开市场委员会那次会议上，我们对经济形势的讨论非常激烈。大多数与会人员都认为我们不久之后将需要采取一些新的举措。当时，美国经济衰退日趋严重，而且正在向全球蔓延。我们6个月之前开会时还相当令人担忧的通胀率，此时却由于支出锐减和商品价格下跌而出现了迅速下降的势头。我们当时仍然看不到经济改善的迹象。我表示："我认为我们应该承认零利率政策可以再维持很长一段时间。"

在担任美联储主席之前，我就曾经谈到过短期利率降到零之后的货币政策走向问题。当时我是在回应一种普遍存在的观点，即一旦利率降到了零，就意味着货币政策将失去选择空间。我当时提出了相反的观点。现在，我们已经在传统的政策道路上走到了尽头，是时候将我的想法付诸实践了。

我们采取的诸多货币政策工具中，最重要的一个，显然也是最具有争议性的一个，就是收购数千亿美元的证券。我们通常将这个工具称为"大规模资产购买"，但金融界却坚持将这种工具称作"量化宽松"。[①]美联储在2008年12月收购两房债券和在2009年1月收购抵押

① 我曾经尝试过劝说媒体和市场使用美联储新闻发言人戴维·斯基德莫尔建议的"信贷宽松"，不要使用"量化宽松"，但最后没有成功。量化宽松是日本大概10年前采用的政策工具，但最后没有成功地实现预期目标。日本这种量化宽松与我们美联储收购证券其实存在很多方面的差异，尤其是目标的差异。日本实行量化宽松的主要目标是增加货币供应量，而美联储收购政府债券和抵押贷款支持证券的主要目标则是为了推动长期利率的降低。

贷款支持证券标志着我们开始动用这一工具。收购国库券的计划稍后也会逐渐实施。

我们大规模收购证券资产的目标就是降低长期利率，比如 30 年期抵押贷款和公司债券的利率。如果我们能够做到这一点，那么我们或许就能够刺激支出，比如刺激房地产行业的支出以及刺激企业的资本投资等。尤其值得一提的是，我们之所以打算收购 6 000 亿美元的抵押贷款支持证券，就是希望在众多投资者避之唯恐不及的时候，增加这种资产的市场需求，提高其市场价格，降低其收益率，从而降低申请抵押贷款的个人必须支付的利率。2008 年 11 月底，金融市场开始“向前看”之后，抵押贷款利率就开始下降了。当时，我们刚刚宣布要大规模收购证券的计划，但还没有进入实质操作阶段。

相似地，当我们收购长期国库券（比如 10 年期的国库券）的时候，就会推高这些国库券的价格，从而降低其收益率。虽然私营部门投资者在融资时支付的利率不可能像美国财政部发行国库券时支付的利率那么低（毕竟美国财政部被誉为“最安全的借款人”），但国库券收益率一旦降低，则会影响到其他证券的长期利率。比如，投资者在考虑是否购买一种公司债券时，往往会拿这种债券的收益率同具有类似到期日的国库券的收益率做个比较，如果国库券的收益率下降，那么即便公司债券收益率降低一些，投资者通常也会接受。此外，当美联储出面收购国库券时，就减少了其他投资者可以购买的国库券数量，从而迫使投资者转而购买股票等其他资产。这样一来，就会推高其他资产的价格。简而言之，我们收购国库券的最终目标就是迅速地、大规模地降低其他证券的收益率，即降低其他机构获取信贷的成本。①

① 在理想情况下，我们还应该收购私营部门的债券，比如公司债或“私营品牌抵押贷款支持证券”，以此对这些证券的利率施加直接影响。但与大多数央行不同的是，美联储无权这么做，如果非要这么做，必须动用《联邦储备法》第 13 条第 3 款的权限。

在联邦公开市场委员会接下来于2009年3月18日召开的会议上，无论是鹰派，还是鸽派，都流露出了悲观情绪。费城联邦储备银行行长查尔斯·普洛斯表示："我看不透现在的情况，一切似乎都很黯淡。"珍妮特·耶伦对此也表示赞同，她说："经济和金融方面的消息都令人感到沮丧。"市场上弥漫着一股恐慌情绪，大家都很担心银行体系的稳定性。自2009年初开始，就连几家实力较强的银行也遭遇了股价重挫。事实上，在不到18个月的时间里，道指已经下跌了将近50%。股市下跌不仅重创了美国公众的购买力，也不断地昭示着美国经济正在以令人惊恐的方式滑向一个无底深渊。由于企业裁员速度加快，美国在2009年2月份丧失了65万个就业岗位。随着越来越多的国家陷入衰退，美国的国际贸易也一度濒于崩溃。因此，我们必须采取更多的应对举措。

在我们可以采取的众多应对举措中，最强有力的一个就是扩大证券收购规模。但至于是更多地收购抵押贷款支持证券，还是开始收购国库券，我本人倒是没有明确的倾向性意见。（不难推测，收购抵押贷款支持证券的影响主要体现在房地产领域，而收购国库券的影响范围则更加广泛。）我摆到桌面上供大家讨论的方案把这两个选项同时囊括了进去。大家在会议上的讨论内容，以及几位联邦储备银行行长所做的关于商界人士悲观情绪的报告，为我们揭示了经济体系中更令人触目惊心的一面。这远远超出了我的预期。比如，达拉斯联邦储备银行行长理查德·费希尔在其报告中提到了这样一件事："曾经有一位企业家在电话中问我，'你想听好消息吗？'我说，'是的，请讲。'结果他说，'那你还是给别人打电话问问吧。'"面对此情此景，联邦公开市场委员会对于进一步采取行动的意愿已经十分强烈了。芝加哥联邦储备银行行长查理·埃文斯说："我觉得我们应该来点大动作，这很重要。"最后，我们同意双管齐下，一方面扩大抵押贷款支持证券的收购规模，另一方面开始收购国库券。这样一来，我们就一门心思地扑到了雄心勃勃的证券收购计划上。这个计划就是后来为人熟知的第一轮量化宽松。

这一揽子救助计划的目的就是引起市场关注，而且我们确实达到了这个目标。我们宣布2009年将收购由房利美、房地美、吉利美担保的、总额高达1.25万亿美元的抵押贷款支持证券，这比我们在2008年11月25日宣布的抵押贷款支持证券的收购规模高出了7 500亿美元。我们还宣布2009年将再度购买由房利美和房地美发行的1 000亿美元的债券，从而使得美联储购买的两房债券总额从之前的1 000亿美元增加到了2 000亿美元。此外，我们还宣布将在未来6个月内收购3 000亿美元的国库券，这是我们美联储第一次尝试收购国库券。最后，我们还宣布要加强对基准利率，也就是联邦基金利率的引导。2009年1月，我们表示希望联邦基金利率在非常低的水平上维持“一些时间”。到了3月份，“一些时间”就变成了维持得“更加长久的一个时期”。我们希望这个关于短期利率的新信号有助于降低长期利率。委员会一致批准了这个一揽子救助方案。里士满联邦储备银行行长杰夫·莱克尔这个鹰派委员虽然担心收购抵押贷款支持证券可能会导致房地产领域以外的信誉良好的借款人无法获取信贷，最后还是表示支持这一揽子方案。

此时，货币政策领域的行动主义已经迎来了一个新时期。我们宣布的救助计划产生了强大的效果。从我们那次会议召开前一天到2009年底，道指上扬3 000多点，一度攀升到了10 428点，涨幅超过40%。我们宣布一揽子救助计划之后，长期利率应声下跌，10年期国库券的收益率在一天之内就从3%下跌到了2.5%左右。这一幅度可以说是非常之大。2009年夏季，长期利率出现了反弹，回升到了4%以上。我们认为这一回升态势是一个积极的信号，表示我们的政策是成功的，因为国库券收益率提高反映出投资者预期经济会进一步增长，通胀率会进一步上升。这种预期与我们推动经济复苏的初衷是一致的。事实上，经过修正的数据表明，美国经济经过 4 个季度的萎缩之后，在 2009 年第三季度实现了 1.3% 的增长，而在第四季度则实现了 3.9% 的增长。

其他央行也陆续采取了量化宽松政策。2009 年 3 月，美联储宣布扩大量化宽松规模之际，英国央行差不多在同一时间也宣布了类似计划，开始收购政府债券。英国版的量化宽松政策也将重点放在了收购政府债券上面，而且英国这一政策投入的资金总量与英国经济体量的比例，也类似于美国的量化宽松政策。日本央行在 21 世纪伊始就率先实施了量化宽松政策。这一次，日本央行也扩大了政府债券的收购规模，并实施了其他一系列旨在促进信贷流通的计划。然而，这一时期，欧洲央行在收购资产方面迈的步子比较有限，而是将重点放在了为银行提供长期贷款上。

与此同时，美国国际集团这个羽翼丰满的保险业巨头在获得了 850 亿美元的初期救助 6 个月后，又开始陷入了困境。2008 年 10 月，我们又额外提供了 380 亿美元的贷款。2008 年 11 月，美联储跟财政部合作，调整了救助方案，从问题资产救助计划中拿出 400 亿美元为其注资。但这些救助措施并没有使其走向稳定。2008 年第四季度，美国国际集团令人震惊地亏损了 620 亿美元，从而导致其在 2008 年的亏损总额达到了 990 亿美元。这几乎相当于密西西比州一年的经济总产出。为了避免美国国际集团的信用评级遭到下调（因为一旦下调，就可能会引发倒闭），美联储和财政部在 2009 年 3 月 1 日再次调整救助方案。那天正好是周日，一天之后，即 3 月 2 日，该集团就会宣布第四季度的巨额亏损。这次经过调整的新救助方案包括从问题资产救助计划中拿出 300 亿美元为其注资。这样一来，加上 2008 年 11 月我们为了收购其优先股而提供的 400 亿美元救助，问题资产救助计划单单为美国国际集团这一家企业提供的救助规模就达到了 700 亿美元，换句话讲，国会为该计划拨付的资金中，10% 都用于救助美国国际集团了。这个数字还不包括美联储为美国国际集团提供的信贷。

总体算来，美国政府为了促进美国国际集团的稳定，通过多种渠道，累计提供了规模高达 1 800 多亿美元的救助。这早就令美国公众极为不满了，但现在 10% 这个数字更进一步地刺激到了美国公众的神经。3 月 15 日（周日），多份报纸引用一位匿名的美国政府高官所说的话，指出美国国际集团将向其金融产品部门以及其他部门的高管和雇员支付总额高达 1.65 亿美元的奖金和津贴，而正是这个臭名昭著的金融产品部门导致美国国际集团走到了破产边缘。美国国际集团拿着政府救命钱去发奖金的消息一曝出来，立即点燃了社会各界的怒火。来自艾奥瓦州的共和党籍参议员查克 · 格拉斯利建议，美国国际集团的雇员们应该效仿“日本的例子”，先道歉，然后辞职或自杀。来自新罕布什尔州的民主党籍众议员保罗 · 霍兹说：“我认为，AIG 代表着傲慢（arrogance）、无能（incompetence）和贪婪（greed）。”专栏作家查尔斯 · 克劳萨默呼吁绞死美国国际集团的一两个人，以收到杀一儆百的效果。当时，似乎真的很有可能会出现暴力事件。该集团多次收到死亡威胁，以至于最后不得不加强其金融产品部门在康涅狄格州的办公室以及高管住所的安保工作。众议院通过了一个极端的法案，规定只要一个公司从问题资产救助计划中接受的救助规模超过了 50 亿美元，其发放的奖金和津贴就要被课以 90% 的惩罚性税率，但这一法案似乎违犯了美国宪法，最后被参议院毙掉了。

美国国际集团的奖金丑闻又给我们的政治声望泼了一桶脏水。事实上，我们开始救助美国国际集团之后的 6 个月内，巴尼 · 弗兰克领导的众议院金融服务委员会没有针对救助方案举行过一场听证会，但这次奖金丑闻却促使他迅速地行动了起来，在 3 月 24 日就召开了一场听证会，并要求我、盖特纳和比尔 · 达德利出席。在听证会现场，“粉色代码”（Code Pink）组织的一些成员就坐在我们身后（“粉色代码”最初是美国女性为了抗议伊拉克战争而组建的一个团体）。听证会那天，她们穿着粉红色的衬衣和夹克。当电视台的摄像头转到我们这边的时候，抗议者们迅速举起了事先准备好的牌子，上面写着“我的工作在哪里”和“救救我”。弗兰克拿起木槌敲了敲桌子，宣布听证会开始，并指出“这是一次非常重要的、公开的听证会，不应该受到任何干扰，不要分散大家的注意力”。谁知过了一会儿，当盖特纳宣读声明时，弗兰克不得不打断盖特纳，警告坐在我们后面的抗议者说：“坐在后面的那些人，能不能表现得成熟点，不要再举牌子捣乱了？”

正如我在听证会上解释的那样，美联储理事会法律总顾问斯科特·阿尔瓦雷斯 3 月 10 日跟我讲了美国国际集团打算发奖金之后，我才算第一次了解到这个情况。当时，我立即就感觉到，美国国际集团这次又给我们惹来了政治和公共关系方面的大麻烦。我曾经试图阻止过他们，但美联储的律师们对我说这些奖金都是美国国际集团之前签署的合同所规定的内容，具有合法性，不能被随意剥夺。我们的律师还劝我不要通过诉讼手段去阻止他们发奖金，因为根据康涅狄格州的法律，美国国际集团最后可能不得不支付惩罚性的赔偿，而我们已经为其投入了那么多救助，恐怕到最后会殃及纳税人的钱。

在金融危机期间，很多现象背后都有一些隐情，但最初往往得不到人们的理解。美国国际集团这次发放奖金也是如此。其实，早在接受救助之前，美国国际集团就向一些关键的雇员承诺了发放奖金的事情，这些雇员中的大多数人都与饱受争议的金融产品部门没有任何联系，而且很多人都拥有一定的专业知识和技能，能够对妥善解决美国国际集团面临的复杂局面发挥至关重要的作用，因此也有利于保护我们投入到美国国际集团的纳税人的钱。当然，我也明白为什么那些丢掉工作的工人和房子面临查封的业主感到无比震怒。政府用纳税人的钱去救助一个公司，而现在这个公司却要拿着政府的救命钱去给自己的雇员发奖金，这是任何人都不能理解的。公众怒气冲天也是无可厚非的。我们从这件事中汲取的一个教训就是要救助濒临破产的金融机构，我们需要更大的法律权力，包括直接废除固有合同的权力。

最后，有些人自愿性地退掉了部分或全部奖金，财政部指派了律师肯·范伯格去监督那些从问题资产救助计划中获得救助资金的企业，防止滥发福利的情况再次上演。最后，公众的愤怒消退了，但这起丑闻以及其他类似的争议事件对美联储造成的政治创伤却一直持续了下去。2009 年 7 月，一份盖洛普调查的结果显示，只有 30%的受访公众认为美联储的工作做得不错或做得非常好。在被列入民调范围的 9 个联邦机构中，美联储的排名倒数第一，甚至还不如支持率只有 40%的美国国税局。

我经常提醒自己，我们接受任命的意义不在于博得公众欢迎，而是尽己所能地制定和实行一些符合美国人民长远利益的政策。2009 年春季和夏季，我们一如既往地支撑美国经济和稳定美国的金融体系。我仍然每周工作 7 天，并利用周末撰写或修改讲话稿或证词，或者静静地思考一下最近的动态。

但 2009 年 8 月的第一个周末，我给自己放了个假，去参加儿子乔尔的婚礼，乔尔和他的未婚妻艾丽斯·肯特在确定婚期的时候就刻意绕开了 8 月底的杰克逊霍尔年会。他们在阳光明媚的波多黎各首都圣胡安市选择了一家酒店举办婚礼。这是件好事，我也正好可以趁此机会转移一下我的注意力，放松一下。在婚礼嘉宾里面，有很多是乔尔在新泽西州读小学时就认识的朋友。婚礼结束一周后，这对新人又在马萨诸塞州的大巴灵顿举行了一场派对，他们就是在这里的西蒙洛克学院认识的。参与的嘉宾里面，有一位是麻省理工学院的教授肯·曼宁。38 年前，正是他说服我离开狄龙，到哈佛大学读书。我女儿阿莉莎当时正在南加州大学攻读学士后课程，为进入医学院做准备，她也参加了婚礼和派对。看到孩子们的日子过得越来越好，看到他们的生活远离了那些被华盛顿的政客和决策者们关注的事件，我和安娜都感到很高兴。

2009年初，展望未来，我考虑了一下我在美联储主席这个位子上还能干多久。我的任期在2010年1月就要结束了，估计奥巴马总统在2009年夏季就要开始考虑是否提名我连任。我当初同意出任美联储主席的时候，万万没想到竟然会爆发这样一场全球性的金融危机和深刻的经济衰退。我成了众矢之的，而且有些批评甚至是个人攻击。虽然我明白工作中难免会遭遇批评，但有时候还是感到郁闷。有些批评意见或许是正确的。尽管我们付出了艰苦的努力，但我们既没有避免金融危机，也没有避免经济衰退。曾几何时，在一片愁云惨雾的时候，我甚至会思考自己是不是这个岗位的合适人选，以及对这个国家和美联储而言，继续干下去是不是一个正确的选择。

在那些黯淡的日子里，我有时候会通过阅读亚伯拉罕·林肯的经典语录寻求精神慰藉，那是美联储停车场的管理者史蒂夫·贝兹曼赠予我的一张卡片上引用的一段话。我把这张卡片摆到了办公室的电脑旁边。在内战期间，林肯曾因军事失利饱受国会批评，面对此情此景，林肯如是说道："如果我试图去回应所有的攻击，那我一定会忙得不可开交，什么事情都做不成。我唯有尽己所能，殚精竭虑，坚持到底。如果结果证明我正确，那么我遭到的一切攻击就算不得什么。如果结果证明我错了，即使十个天使发誓说我是对的，也无济于事。"

无论我本人是否愿意留任，能否再次获得任命都不明朗。当时，很多媒体纷纷猜测总统经济顾问委员会主席萨默斯已经得到许诺，或者近乎得到许诺，将要出任下一任美联储主席。在政府内部人脉很广的美联储理事丹尼尔·塔鲁洛告诉科恩说，据他所知，没有人向萨默斯做出这种承诺，但传言依然没有消停。我还听说萨默斯曾经毫不留情地抨击了我们应对危机的方式，让我觉得他似乎在为角逐这个岗位做准备，但这只是道听途说而已。

在我愁眉不展之际，很多朋友和同事为我提供了支持。米歇尔·史密斯以及科恩等人驳斥了"伯南克离职对美联储而言是一件好事”的观点。沃什具有超高的政治判断能力，同共和党籍的议员们关系也特别好，他对我讲，尽管我经常和议员们发生争执，但国会山的那些人还是非常尊重我的。他对我能够获得连任充满信心。之后的几个月里，他还努力帮我在参议院拉选票，争取共和党议员们的支持。我似乎还有一些外援。2008 年 11 月，在金融危机发展到最严重的阶段之后不久，《华尔街日报》的一篇报道指出，他们对 54 位来自私营部门的经济学家进行了民意调查，结果其中四分之三的人都支持我再次获得提名。《华尔街日报》后来又开展了一些调查，得出的结论令我深受鼓舞。但我深知，除了经济学家们的意见之外，总统在决定是否再次提名我的过程中，还会考虑其他很多因素。虽然我没有百分之百的把握能够再次获得任命，但这似乎也不是完全没有可能。

我在 2009 年春季反复思考这个问题的时候发现，如果我就此离任，那么很多重要的工作可能就无法继续推进了。虽然金融危机最糟糕的时期似乎已经过去了，但美国经济已经下探到了大萧条时期以来最严重的衰退，货币政策对经济复苏具有至关重要的作用，而且改革金融监管体系这一至关重要的工作才刚刚开始展开。对我个人而言非常重要的一件事情就是，美联储是我最尊重的机构之一，但它的民意支持率却正处在低谷，左派和右派的激进分子都对其发起了攻击，我必须扭转这个局面。

当然我并不是解决这些问题的唯一人选，但如果就此离任，感觉就像丢盔弃甲地逃跑一样。这几年间，在美联储的历练让我掌握了相关的知识和人脉，这对于在危机期间维持政策的连续性是很有必要的。坦率地说，我希望我的努力能够得到最强有力的认可，即通过新总统的再次任命。要知道，新总统与最初提名我的总统属于不同的党派，能得到新总统的认可，将是莫大的荣幸。我和安娜详细讨论过总统可能考虑的多种因素，也讨论过我担心的事情。尽管她最初不愿意让我接受美联储主席的职位，但这次她也赞成我把已经启动的工作干完。

我决定努力争取再干一届。

作为奥巴马总统的一个贴身智囊，盖特纳对于总统的决定肯定能发挥至关重要的作用。我一点也不嫉妒他。在金融危机期间最黯淡的时刻，盖特纳曾经与我并肩作战，我相信他能理解我们所做的事情，应该会支持我。但萨默斯既是盖特纳的老师，又是盖特纳在政府里面的同事。此外，虽然我与奥巴马总统相处得不错，但萨默斯在白宫任职，与奥巴马总统的关系自然会更加密切，就像我 2005 年在白宫短暂任职期间与小布什总统建立的关系一样。

2009 年 6 月，盖特纳问及我的计划，我告诉他我想要连任。我还明确表示，如果我能连任的话，那么我的第二个任期也将是我最后一个任期，之后绝不再连任。我认为，对于美联储主席这个职位而言，连干两届是比较合适的。但如果我在这个职位上的任职时间超过 8 年，我很怀疑自己是否能承受住那么大的压力。我这番话可能对盖特纳产生了一定的影响力，因为如果我在 2014 年卸任，奥巴马总统仍然有机会去任命萨默斯，当然，前提是萨默斯接受任命，而且奥巴马总统能够再次当选。

直到最后，我也不知道总统的决定是如何做出的。盖特纳在自己的回忆录《压力测试》(*Stress Test*) 一书中写道，在危机期间保持政策连续性是一个纳入考虑范围的重要因素。奥巴马当然知道我采取一切必要措施去推动经济复苏的决心。我和当时的白宫办公厅主任拉姆 · 伊曼纽尔具有良好的关系。他参与统计了参议员的投票结果，告诉我说我的提名能够通过参议院的批准。我想我从政经历的相对欠缺起到了一定的积极作用，因为我的从政经历仅仅局限于在一个地方的教育委员会干过几年，以及在总统经济顾问委员会有过短暂的任职经历，因此被视为几乎不会受到党派政治的拖累，让我留任美联储还能让萨默斯继续担任奥巴马总统的贴身智囊。无论是哪些因素起到了作用，总统不久之后便做出了决定：盖特纳对我说，如果我想留任，那么这个职位就是我的。

2009 年 8 月 19 日（周三）傍晚时分，我和盖特纳一起到白宫的椭圆形办公室去见奥巴马总统。之所以安排在那个时间点，是因为记者团已经离开了，而且绝大部分工作人员也都下班了，白宫里面的工作人员已经很少了。会见时间很短。如同往常一样，总统依然非常友好，彬彬有礼。他赞扬了我所做的工作，肯定地说他打算提名我连任。我将之前跟盖特纳说过的话也对总统说了一遍，即我希望获得更多的时间去完成未竟的事业，但再干 4 年就足够了，4 年之后就肯定要退下来。他说他理解我的想法，然后对我说他很快就会宣布这一决定。一个半小时之后，我给米歇尔 · 史密斯发了一封邮件，写道："刚见了总统，一切顺利。"这一次，当我把这个消息告诉安娜时，她没有哭，她预料到了这个结果。

第二天，我去参加杰克逊霍尔年会。按照惯例，我在周五早上发表了一篇主旨演讲。我在演讲中提出了我对这个危机之年的思考，认为这的确算得上是多灾多难的一年。过去 12 个月之内，发生了一系列我们之前万万没想到的事情，比如，我们竟然会接管房利美和房地美，雷曼兄弟竟然会倒闭，美国国际集团竟然需要接二连三的救助，货币市场基金竟然出现了挤兑，花旗和美国银行竟然需要救助才能恢复稳定，问题资产救助计划竟然能得到国会批准，我们竟然会推出量化宽松政策等等。我们似乎已经坠入了无底深渊。我表示："尽管我们避免了最糟糕的情况，但前方依然布满了严峻的挑战。我们必须在固有成就的基础上继续共同努力，确保经济实现持续复苏。"

尽管大家在会场上的发言集中在危机和经济前景方面，但在吃饭时间和招待会上，大部分讨论内容都是关于谁将在未来四年领导美联储。我总是故意转移话题。很多同事公开表示支持我，其中就包括我在哈佛大学读书时的教授马丁 · 费尔德斯坦。我最初成为美联储主席一职候选人时，他也是一位候选人。博彩网站 Intrade 将我获得连任的概率定在了 79%。[1]

在周五的午餐会上，斯坦利·费希尔发表了演讲。他是我在麻省理工学院的论文指导老师，当时正担任以色列央行行长。在他讲话的时候，我的安保团队将我叫出了会场。我出去时，大家都流露出了惊讶的表情。由于怀俄明州的山脉里手机信号不好，我没有立即接到电话，然后，我回拨了过去。给我打电话的是白宫的一位助理，他是想对我说总统将于周二在马撒葡萄园岛正式宣布我的提名。届时，总统及其家人将在那里度假。

我在杰克逊霍尔机场员工休息室将这个消息透露给了陪我一同参会的美联储高级幕僚，包括戴夫·斯托克顿、布莱恩·马迪根和美联储国际金融部门的负责人内森·希茨。这个员工休息室是特意为我们预留出来的，让我们在等飞机时可以休息片刻。回到华盛顿之后，我给联邦公开市场委员会的每一个委员打了电话，透露了这个消息，至少在前几天，我觉得我透露消息的决定是正确的。

8 月 25 日（周二）一大清早，我在米歇尔·史密斯和安保人员鲍勃·阿格纽和埃德·麦康伯的陪同下，驱车前往安德鲁空军基地，然后我们从那里搭乘一架线条非常流畅的小型喷气式飞机前往马撒葡萄园岛的机场。奥巴马总统将在那里宣布我的提名。我按照要求穿上了蓝色的夹克衫和休闲裤，没有打领带。上午 9 点，总统的车队也到了，同行的还有他的安保团队和通信技术团队。总统从一辆黑色的SUV出来后，也很快换上了蓝色夹克衫和休闲裤。他以个人身份向我表示祝贺，然后，我们一起走到摄像机前。总统感谢我帮助美国和整个世界度过了一场严重的金融危机，说这场危机堪称史上最严重的危机之一。他盛赞我是一位研究大萧条的学者，认为这些成就可以归功于我的学

---

[1] 在博彩网站Intrade上，玩家可以就未来某些事件发生的可能性进行押注，其预测结果被全球主流媒体频频引用，准确性有时甚至能与民意调查结果相当。——译者注

术背景、性格、勇气和创新思维。我感谢总统支持，不仅支持我个人，也支持强大而独立的美联储。然后，我又前往机场。等我回到华盛顿的办公室时，正好赶上午餐时间。

过了几个月，又发生了一件令我备受鼓舞的事情。12 月 16 日，我被《时代》杂志评为“2009 年年度人物”。其实，早在几个月之前，米歇尔·史密斯就曾跟我讲过这件事有可能会发生，而且美联储和《时代》杂志的记者迈克尔·格伦瓦尔德也一直保持着良好的合作关系。我希望《时代》杂志这次采访能够像《60 分钟》节目那样，向美国公众展现我人性化的一面，帮助公众更好地理解美联储以及我们的行动。我认为这篇报道达到了这个效果。这篇报道将我誉为“全球最重要的经济体中最重要的舵手”，并盛赞美联储成功地避免了第二次大萧条的再次上演。我的头像登上了该杂志的封面，风格看起来有点类似于美钞上面的人物头像。

在提出赞扬的同时，《时代》杂志还指出美联储的行动招致了政治上的强烈反对。我在 12 月 3 日就感受到了这一点。那一天，我去参议院银行业委员会参加一场关于提名的听证会，时间竟然长达 5 个小时。前一天晚上我睡眠质量不好，不得不打起精神，保持镇定，并集中注意力。该委员会主席克里斯·多德虽然质疑美联储是否应该继续在金融监管领域扮演核心角色，但他支持我再次获得提名，还称赞说美联储在我的领导下采取了非同凡响的行动。

但其他人则更多地提出了批评。亚拉巴马州资深共和党人理查德·谢尔比针对我们的救助举措发表了一通抱怨，认为这些举措没有起到多大作用，到头来只不过加剧了道德风险而已。他对美联储资产负债表的规模和风险表达了担忧。他用夹杂着亚拉巴马州口音的腔调缓慢地说道：“主席先生，多年来我一直非常敬重美联储，不仅是因为它在美国货币政策中扮演着至关重要的角色，还因为它是一个审慎的监管者，但现在恐怕我们的信任和信心被辜负了。”然后，他列举了美国经济当时仍然面临的多项重大挑战：“现在摆在我们面前的问题就是伯南克主席究竟是不是带领我们走出泥潭、摆脱困境的最佳人选。”

美联储（以及我个人的）“劲敌”——共和党参议员吉姆·邦宁猛烈地抨击了他所说的诸多美联储败笔，其中既有我任期内的，也有格林斯潘时期的。在他看来，我从来没有真正摆脱过格林斯潘时期的政策。那次听证会结束两周之后，参议院银行业委员会就我的提名举行公开讨论时，邦宁狠狠地奚落了我当选为《时代》年度人物的事情，他说：“伯南克主席或许应该再考虑一下是否真的要接受年度人物的称号，因为之前斯大林、阿拉法特、希特勒、哈梅内伊、普京以及尼克松都曾经当选它的年度人物，而且斯大林和尼克松还两次当选。但我还是要向伯南克主席表示祝贺，希望他以后能证明自己至少比那些人强一点。”

我在听证会上竭力为我采取的举措进行辩护。我指出，美联储在财政部、联邦存款保险公司以及国会的配合下，成功避免了金融和经济的崩溃。我反驳了很多夸大其词的说法，比如，有人说美联储应该为这次危机承担全部责任，有人说美联储早就应该预料到危机，并完全规避危机。我指出了我们为提高透明度而采取的多项举措，解释了为什么我们的货币政策（比如大幅下调利率和收购证券）是有必要的和负责任的。我坦率地承认美联储在监管方面存在一定的败笔（但存在类似败笔的绝不只是美联储一个机构），并指出如果美联储要履行维持金融体系稳定的重要职能，就必须保留监管权。那天真的是困难重重，但我相信我已经充分阐述了我的想法。

两个月后，参议院银行业委员会以 16 ∶ 7 的投票结果批准了我的提名，并提交给参议院大会审议。我在参议院银行业委员会和参议院大会上的支持者基本上都是民主党人。但有一个例外，即来自俄勒冈州的杰夫·莫克里。他给我投了反对票。他在电话上对我讲，我与金融危机的起源有千丝万缕的联系，因此不值得他投赞成票。我认为他这一指控一棍子打死了所有在2007年之前参与美国经济政策制定过程的人。共和党议员里面，支持我的有4位，分别是来自犹他州的鲍勃·贝内特、田纳西州的鲍勃·科克里、新罕布什尔州的贾德·格雷格和内布拉斯加州的迈克·约翰森。

对于这4位共和党议员，我是非常敬重的，而且我在任期内也和他们开展了建设性的合作。贝内特气质高贵，思虑周全，性情温和。之前，他曾经为问题资产救助计划投过赞成票，而后来他在共和党总统候选人初选中失利的一部分原因就在于此。格雷格的工作能力非常强，在共和党议员讨论美联储的事情时，他经常挺身而出，支持美联储。在这类场合，来自田纳西州的共和党议员拉马尔·亚历山大为他提供了很多重要的支持。约翰森非常理智，为人低调，总是非常认真地倾听我在听证会上发表的证词。我在白宫工作期间，曾经与他有过短暂的共事经历，当时，他正担任农业部部长。我与科克里的关系则有点复杂，因为我们总是在政策取向上产生分歧。他对我们的量化宽松政策格外不满。他主张解除美联储保障就业的使命，但在参议院里面，他算是最具有经济学头脑的议员之一了。他还愿意超越政党的分歧去寻求合作。在很多问题上，他都会征求我的建议，也会在私下场合组织我和其他共和党议员开会，这样我就可以解释我们的行动了。我们开展了很多富有成效的讨论，我很敬重他，我相信他也很敬重我。

虽然上述几人以及其他几位共和党议员倾向于支持我，但他们属于少数例外情况，绝大部分共和党还是习惯于同美联储以及我个人唱对台戏。对此，我感到十分困惑。要知道，最初正是来自共和党的小布什总统提名我担任美联储主席，而且小布什总统在危机期间也非常支持我们的行动，为什么这些共和党议员偏偏这么倾向于反对我呢？当然，我们的工作也不是完美无缺的，我会尽量认真倾听并接受那些经过深思熟虑的评论，比如，理查德·谢尔比的评论就属于此类。我觉得这场危机似乎导致很大一部分共和党人走向了极端。已故的纽约州参议员丹尼尔·帕特里克·莫伊尼汉曾经说过，每个人都有权说出自己的观点，但不是每个人都能说出真相。一些共和党人，尤其是右派人士，越来越分不清什么是“观点”，什么是“真相”了。他们将危机归咎于美联储和两房，却几乎完全忽视了私营部门那些显著缺陷，也没有看到国会自身的失职问题。他们单纯地认为我们的救助就是把纳税人的钱分发给被救助者，而没有考虑到那些具有系统重要性的金融机构一旦倒闭，将会对美国经济造成何其沉重的打击。有时候，明明不存在通胀问题，他们却坚持认为存在。有时候，我们的官方数据不符合他们做出的预测，他们就搬出了阴谋论，说我们有不可告人的秘密。有些货币和财政政策明明能够支撑就业率的提升，他们却偏偏否认，同时还不遗余力地推动联邦政府把资金投向他们自己的选区。有些货币制度明明已经声名狼藉，不足为信，他们却还要大力鼓吹，比如金本位制度。

我认为，这些立场只会导致共和党越来越远离主流观点，越来越远离它自己的传统视角。我仍然认为自己是一个保守派人士，笃信尽职尽责的重要性，我也认同市场经济是促进经济增长和提升经济福利的最佳途径。但我对共和党内部一些极右派人士的无知观点失去了耐心。不是我疏远了他们，而是他们疏远了我。

当然，民主党也存在无端猜疑的问题，一些极左派人士更是如此。（如果极左派和极右派都反对我做的事，那我就知道这件事肯定是正确的。）来自佛蒙特州的民主党参议员伯尼·桑德斯将自己描述为一个社会主义者，并和其他一些共和党人固执地从阴谋论的视角看待这个世界的大企业和富人。（企业和富人固然掌握很多权力，但现实世界中发生的糟糕事情里面，大部分都是由愚昧无知、能力不足或运气欠佳导致的，而不是由什么大阴谋导致的。）当我最初就任美联储主席之际，我就下定决心摆脱政党的影响，这对我这个岗位而言也是比较合适的。

我在华盛顿的任职期间也几乎没有跟政党发生过任何瓜葛。我现在依然认为自己是一个无党派倾向的独立人士，而且我会把这种状态继续保持下去。

2010 年 1 月 28 日，经过一些政府人士积极帮我游说之后，参议院以 70：30 的投票结果批准了我的连任。虽然赞成票数与反对票数仍然存在较大的差距，但支持和反对的比例是美联储主席任命历史上差距最小的，之前历届美联储主席得到的投票结果中，赞成票数与反对票数的差距更大（比如，2010 年格林斯潘以 89 票赞成、4 票反对的投票结果获批第四次连任）。这是可以理解的，毕竟美国公众对于经济和金融形势不满，国会肯定要对此有所反应。

那次投票结束之后，几位参议员给我打来的电话令我感到比较困惑。他们说的内容有一个共同点，即他们相信我干得不错，但由于政治原因，不得不投反对票。他们似乎认为，出于政治原因去违心地投票完全是自然而然的事情。其中一个电话令我感到格外惊讶，一位参议员表达了他对我的信心，并就投反对票一事向我表示道歉，然后，我问他为什么投反对票，他坦率地回答说：“嗯，有时你不得不给大猩猩扔过去几块红肉，安抚它们一下。”

诸如此类的说法让我想起了喜剧演员莉莉·汤姆琳说过的一句感言：“无论你变得多么愤世嫉俗，你都无法持续下去。”如果可以的话，我宁愿尽可能地远离政治，但作为一位即将宣誓就职，再干 4 年的美联储掌舵人，我深知政治将会继续耗费我的时间和精力。

# 第二十章
# 建立新的金融体系

我们很有超前意识，在金融危机的熊熊烈火持续肆虐之际，我们就开始考虑火势减小之后需要做什么。为此，我们需要想一想下面这些难以回答却关系重大的问题：旧体系涅槃重生之后形成的新体系会是什么样子呢？如何才能防止金融危机再次上演？或者，从更加现实的角度来看，我们现在应该怎么做才能确保未来在危机失控之前将其控制住？

2008 年末至 2009 年初，我们考虑这些问题的时候，关于金融改革的全球对话已经铺展开来。2007 年 8 月，小布什总统要求总统金融市场工作组（包括财政部、美联储、美国证券交易委员会和商品期货交易委员会）研究可能引发金融动荡的因素，后来事实证明，当时一场危机正在酝酿之中。在国际上，2007 年 10 月，七国集团的工业国已要求金融稳定论坛（包括各成员国央行行长、财政部部长以及主要金融中心的监管机构）做同样的事情。2007 年 6 月，也就是在金融危机还没有爆发之际，保尔森在美国财政部的团队已经开始着手为改革过时、分散的美国金融监管体系准备“蓝图”了。

上述三个方面发布的报告都提出了一些有用的建议，其中，保尔森的“蓝图”最有雄心，最有助于我从整体上去思考监管体系的改革。它直接关注的艰巨任务是让联邦金融监管机构合理化，同时消除职能重叠现象，并弥补监管的空白地带。

保尔森的报告发表在2008年3月，提出了短期和长期的建议，最终目标是创造“三个高峰”并存的监管结构。第一个高峰是建立一个独立、审慎的监管机构，专注于确保个别银行、储贷机构、信用合作社和保险公司等金融机构的安全与稳健。报告设想美国货币监理署主要负责审慎监管。

第二个高峰是设立一个监管商业行为的新机构，负责保护消费者和投资者的利益免遭银行和非银行实体（包括券商和共同基金等）的侵害。新机构将把证券交易委员会和商品期货交易委员会现有的许多权力整合到一起，还将接管美联储和其他银行监管机构具有的消费者权益保护职能。

在财政部提出的改革蓝图中，前两个部分基本上认可并扩大了现有的监管职能，但第三个高峰则是以往没有过的，这一部分建议设立一个全新的机构，负责维持金融体系的整体稳定。这个机构还要负责监督金融体系中的一些关键基础设施，比如金融机构用于资金支付和证券转让的计算机系统。按照保尔森的建议，美联储要承担这个角色，监督金融体系，一旦发现任何缺陷，就要及时修补。此外，如果有必要的话，为了实现金融稳定的目标，美联储可以同前面提到的“审慎的监管机构”展开合作，对个别金融机构进行核查。

财政部这一改革蓝图明确地提出了金融监管的主要目标以及为实现这些目标所需的制度架构。但无论是保尔森，还是我们美联储方面，都知道人们肯定会认为这个蓝图中提出的长期性的建议野心勃勃，而且国会肯定不会在总统大选之年采取如此大刀阔斧的改革。但无论怎么讲，我们都知道这些变革举措不应该选择在危机期间加以推进。

2008年3月27日，也就是保尔森发布改革蓝图的4天前，当时还是总统候选人的奥巴马在曼哈顿的库伯联盟学院（Cooper Union）发表了一篇演讲，提出了21世纪金融监管体系改革的一些核心原则，认为美联储理应有权监督所有向其申请贷款的金融机构。同时，他还主张消除不同机构之间的职能重叠现象（没有谈到细节），强化银行的资本充足率要求，设立一个新的监督委员会，负责发现金融体系面临的潜在缺陷（职能上类似于保尔森提出的负责确保金融体系整体稳定的审慎监管机构）。大多数选民通常意识不到这些问题，看到奥巴马在大选辩论中提出来，我感到很高兴。我认为，他在演讲中谈到的那些原则合理且务实。

虽然上述各方还提出了其他一些具有建设性的建议，但在贝尔斯登和雷曼兄弟相继陷入困局之后，一系列迫在眉睫的问题摆在了我们眼前，其中一个就是：如何任凭一个规模庞大、错综复杂的金融机构倒下，却不至于危及整个金融体系？上述报告和研究都发生在危机之前或危机爆发之后不久，面对肆意泛滥的危机，似乎都无济于事。早在 2008 年 7 月，我和保尔森在弗兰克主持的众议院金融服务委员会听证会上就曾提出过这一至关重要的问题。但国会还没来得及认真思考这个问题，雷曼兄弟就破产了，金融世界再添变局，而问题资产救助计划的提案很快成为国会辩论中的主导议题，我们提出的那个问题被搁置了起来。

2008 年底，在各方都在竭力扑灭金融烈火之际，我们美联储方面也开始制定自己的金融改革提案。我希望在国会正式开始讨论之前，就提出一套经过充分思考的、完善的方案。凯文 · 沃什带领几位美联储理事和联邦储备银行行长，组成了一个专门负责这项工作的委员会，提出了一些关键的改革原则。

沃什那个委员会较为鲜明地提出了“宏观审慎”或者说“系统性”的金融监管原则。回顾过去，不难发现金融监管几乎完全陷入了“微观审慎”的误区，即过于关注个别主要金融机构的安全性和稳健性。这一做法背后的理论就是，如果照看好了个别大树，那么整个森林就会安然无恙。相反，“宏观审慎”原则既照看个别大树，又着眼于整个森林；既注重个别机构的健康，又看到足以影响整个金融体系稳定性的因素，包括不同机构之间的相互联系以及可能同时影响多个机构和市场的风险因素。比如，如果少数几家金融机构在次贷业务上承受的风险过大，不会波及整个金融体系，则不必过于紧张，但如果次贷风险同时影响很多家金融机构，那就很可能影响整个金融体系，必须迅速采取应对举措。“宏观审慎”原则的目标就是及时发现和消除涉及面广，但在个别机构表现不明显的风险因素。

为了真正落实“宏观审慎”的监管原则，沃什的团队还提出专门设立一个负责金融稳定的机构。这个想法类似于保尔森在其改革蓝图中第三部分传递的想法。到 2008 年秋季，我已经亲眼见识了不同市场和不同机构之间错综复杂的互动关系，因此，我完全相信在一个现代经济体内，要实现金融稳定，一套系统性的监管方法是不可或缺的。2009 年 3 月，我在美国对外关系委员会发表演说时就提出有必要建立一套全面的监管体系。我还再次呼吁建立一套新体系，以便帮助雷曼兄弟和美国国际集团等具有系统重要性的非银行类金融机构实现有序破产。

保尔森一直集中精力去解决危机引发的一系列迫在眉睫的威胁，直至 2009 年 1 月卸任。他卸任后，制定金融改革提案的任务就留给了盖特纳及其在财政部的团队。白宫办公厅主任拉姆·伊曼纽尔催促盖特纳在 2009 年 4 月的二十国集团峰会召开之前拿出一个草案，并且经常说“你一定不要白白地浪费掉这场严重的危机”。这种要求是不现实的。不过，奥巴马政府在上台后的前 100 天里有更加重要的事情要做，包括研究经济刺激方案和开展银行压力测试。此外，由于财政部一批高级官员的任命过程十分缓慢，导致盖特纳人手不足，严重影响工作进度。2009 年 2 月，戴维·威尔科克斯在给我的一封电子邮件中写道：

“盖特纳的团队根本算不上一个完整的团队，他们简直应付不过来了。”为了解决人手短缺的局面，我们美联储借给了财政部几位资深幕僚，包括曾经参与设计了一些紧急贷款机制的经济学家帕特里克·帕金森以及银行监管专家马克·范德维德。我和盖特纳都认为帕特里克·帕金森在制定金融改革提案方面可以帮上很大的忙。2月底，和盖特纳的一个午餐会结束之后，我在给科恩和其他一些人的邮件中写道：“可怜的帕特里克还没接到通知呢。”最后，帕特里克勉强接受了这个安排。

2009年6月17日，盖特纳提出了一份长达88页的金融监管计划白皮书。如果能通过，那么联邦金融法律将接受大萧条时期以来最全面的修订。但盖特纳这个计划也很务实，没有另起炉灶地打造一套新的金融金融监管体系，而是以当前这个体系为基础提出完善举措。

比如，虽然公众对救助举措感到不满，而且左派和右派日益强烈地要求任由那些“大到不能倒”的金融机构走向破产倒闭，这是可以理解的，但根据盖特纳这套计划，政府不会采取这种极端的方式去解决这些大型金融机构面临的问题。此外，还有人呼吁恢复大萧条时期开始实行的《格拉斯–斯蒂格尔法案》。该法案将投资银行业务（如证券承销业务）和商业银行业务（如抵押贷款和企业贷款业务）做了严格的区分，禁止大型金融机构同时经营这两类业务，以期确保商业银行远离证券业的风险。但在1999年国会废除了该法案，开始允许大而复杂的金融机构同时提供商业银行和投资银行的服务，为“金融超级市场”的出现创造了条件。

但盖特纳推出的改革方案没有恢复该法案，也没有出现新的、类似于该法案的条款。我觉得这很好解释。在危机期间，该法案以及类似的规定基本上发挥不了什么积极作用，事实上反而会妨碍摩根大通收购贝尔斯登，以及妨碍美国银行收购美林。这两家陷入危险的投行都是因此而恢复了稳定。更重要的是，即便该法案没有被废除，那些在这次危机中具有标志性的大公司依然难逃困局。一方面，美联银行和华盛顿互惠银行等商业银行之所以陷入困局，其原因与之前几十年、上百年内银行陷入困局的原因别无二致，都是由不良贷款导致的。另一方面，贝尔斯登和雷曼兄弟都是历史悠久的华尔街投行，其涉足的商业银行业务可以说是微乎其微。即便《格拉斯–斯蒂格尔法案》之前一直生效，这几家金融机构的业务模式依然不会发生实质性的改变。但一个例外情况可能就是花旗集团。该集团同时开展了商业银行业务、证券业务和保险业务，它是1998年由花旗公司及旅行家集团合并而成的，当年这桩并购案也是推动国会废除《格拉斯–斯蒂格尔法案》的一个动力。如果该法案一直有效，花旗集团或许就不会像今日这么庞大与复杂了。

对于奥巴马政府这份改革方案不恢复《格拉斯–斯蒂格尔法案》，而且没有提出对大型金融机构采取放任自流的态度，我是持有赞同态度的。我觉得这些具有系统重要性的金融机构在千钧一发之际终于能够幸免于难了。事实上，我们可能没有很好地理解金融市场上的规模效应蕴含的经济好处。规模最大的那些公司具有最大的政治影响力，而且市场参与者会普遍认为政府会保护这些大公司免于崩溃，使得大公司处于一种小公司不具备的优势地位，从而在一定程度上增强了这些公司的盈利能力，这些都是毫无疑问的，但一个公司的规模扩大之后，也会加剧它给金融体系构成的风险。

然而，规模的积极意义和经济价值是不容忽视的，比如，如果一个金融公司规模足够大，就能提供范围更大的服务，就能高效地服务于全球的非金融类企业。如果武断地限制金融公司的规模，则有可能破坏经济价值，以至于将就业机会和利润拱手送给外国竞争者。此外，金融公司的大小远远不是引发系统性风险的决定性因素。比如，贝尔斯登的规模只有其收购者——摩根大通的四分之一，还算不上“大到不能倒”，但其业务的牵涉面非常广，在金融体系内存在盘根错节的关系，以至于到了不能任由其破产倒闭的地步。退一步讲，即便在一个金融体系内，大多数金融机构的规模都比较小，依然有可能爆发严重的金融危机。大萧条时期即为明证。当时，美国拥有数以千计的小银行，大银行寥寥无几，加拿大却拥有10家大银行以及一些小银行，但美国的金融危机却比加拿大的金融危机严重得多。（从规模来看，加拿大今天的银行体系依然是由大公司主导的，但它也基本上安然无恙地挺过了最近的危机。）

鉴于这些考虑，我赞同财政部那个改革方案的观点，即解散大型金融公司很可能不是解决“大到不能倒”这一现象的最佳方式，至少在那些渐进式改革举措被尝试并被发现缺陷之前，不适合采用如此极端的改革举措。特别值得一提的是，与限制金融机构的规模相比，更加重要的一个任务是确保金融机构不会从自己的规模上获得不公平的优势，比如，不能让市场参与者想当然地认为政府会因为某个金融机构的规模大而在其陷入麻烦时为其提供救助。要不偏不倚地对待大公司和小公司的确是个严峻的挑战。为了解决这个问题，财政部的改革方案提出了三方面的建议。

第一，它提出针对那些具有系统重要性的银行和非银行类金融机构（如美国国际集团和华尔街投资公司），在资本充足率、流动性和风险管理等方面制定严格的标准。如果大而复杂的机构可能给金融系统带来更大的风险，那就要求它们遵循更加严格的标准，从而在更大程度上确保其运作过程的安全性。反过来，更严格的要求可能会促使大公司评估扩大规模带来的经济效益是否大于相关的成本，包括更加严格的监管规则和资本充足率要求引发的成本。如果扩大规模的收益小于成本，那么在市场力量的长期作用下，这些金融机构的规模和复杂程度就会变得越来越小，或者至少不会进一步增大。

第二，它提出美联储负责监管所有具有系统重要性的金融机构，其中不仅仅包括美联储之前就已拥有监管权限的银行控股公司，还包括大型的华尔街投行，而且可能还包括大型保险公司和其他大型金融机构。那些大而复杂的非银行类金融机构将再也无法逃避具有实质意义的监管了。

第三，也是至关重要的一点，就是它提议政府设立一套务实的破产机制，借助法律手段，以一种有序的方式去接管和解散那些处于破产边缘，却具有系统重要性的金融机构。这样一来，政府就再也不必像之前那样，要么对其救助，要么任由其像雷曼兄弟那样面临无序倒闭的风险。我认为，要解决“大到不能倒”的问题，这一法律机制是必不可少的，不仅可以避免雷曼兄弟的悲剧再次上演，还能够让那些大型金融机构摒弃侥幸心理，不再想当然地认为自己规模大就能得到救助。虽然美联储在危机期间曾经救助了一些具有系统重要性的大型金融机构，帮助它们恢复了稳定，但如果今后美联储能够不再提供这类救助，我本人则是再高兴不过了。

除了上述一些举措之外，财政部的金融改革方案还采取了另外一个必要的措施，凸显了用“宏观审慎”的监管去弥补基于个别机构和市场的“微观审慎”的监管。盖特纳最初设想让美联储负责监管整个金融体系，与保尔森之前提出的计划非常相似。但在国会中人脉深厚的希拉·贝尔积极游说克里斯·多德等关键议员，反对扩大美联储的权力范围。虽然她似乎乐意让美联储去监管个别非常大的金融机构（就像财政部的金融改革方案中所提的那样），但她呼吁建立一个凌驾于美国现有几大金融监管机构之上的超级监管机构，负责全面监督整个金融体系存在的系统性风险。按照她的设想，这个超级监管机构有自己单独的领导者，而且这个领导者是由总统任命的，尤其值得一提的是，她主张这个超级监管机构有权决定美联储能够监管哪些机构，而且如果这个机构认为美联储的监管规则存在不足之处，就可以重新制定监管规则。

对于希拉·贝尔的计划，我和盖特纳都不敢苟同。美联储已经具备了充当金融稳定监管机构的专业知识和经验。如果再设立一个超级监管机构，就等于多了一道决策程序，我认为这是没有必要的，只会导致决策过程更加冗繁复杂，从而导致我们无法迅速有效地应对系统性风险。但财政部最终提交给国会审议的金融监管改革方案在打了一定折扣的前提下接受了贝尔的提议，建议成立金融服务监督委员会（Financial Services Oversight Council），但其负责人是财政部部长，而不是像贝尔建议的那样由总统另行任命。该委员会也不像贝尔建议的那样有权制定监管规则，也无权认定哪些金融机构具有系统重要性，只是建议美联储格外关注哪些金融机构，并同美联储协商针对这些金融机构的管理标准。如果金融体系内的一些动态超出了其成员机构的直接监管范围，那么该委员会还应及时告知成员机构。该委员会还将为各个成员机构解决分歧提供一个平台，并征集各个监管机构的观点，以便及时发现金融体系内部浮现的风险因素。

盖特纳及其在政府部门的同僚之所以要将贝尔的建议纳入提交给国会的方案之中，是屈服于现实中的政治压力。克里斯·多德以及参议院银行业委员会的资深共和党议员理查德·谢尔比非但不会扩大美联储的权力，反而一心想着剥夺美联储的金融监管权力，仅仅让美联储负责货币政策事务。多德想把所有的银行监管机构合并为一个超级监管机构。虽然盖特纳已经接受了另行设立一个监督委员会的提议，但多德还是回应说："赋予美联储更多职权……就像你儿子把旅行车撞坏之后，你还要给他一辆更大、更快的汽车。"我觉得多德这些观点与其笃定的监管原则关系不大，更主要的是因为当时猛烈抨击美联储是一种政治上受欢迎的做法。谢尔比也很想利用这些反对美联储的情绪。等到美国国际集团的资金丑闻在3月中爆开之后，连原本支持美联储负责监管金融体系的巴尼·弗兰克也转而支持另行设立一个监管委员会的观点，因为他觉得那场奖金丑闻表明美联储已经无法获得足够的政治支持了，几乎不可能获得维护整体金融稳定的权力。我相信弗兰克的政治直觉，认为再反对另行设立一个监管委员会也没用。但后来深入了解了这个委员会的运作方式之后，对它的抵制情绪就少了一些，心里感觉舒坦了一点。

财政部的监管改革方案还提出了其他举措。它试图让不良证券的发源地——影子银行体系在阳光下运作，并要求贷款机构和证券发行机构自行保留一些证券。（这样一来，一旦证券违约，它们自身也要承担风险。）这也是巴尼·弗兰克特别期待的目标。该方案还提出加强对金融衍生品的监管，美国国际集团的巨额亏损里面，金融衍生品业务难辞其咎。该计划也准备加强管理金融衍生商品，例如造成美国国际集团严重亏损的投资商品。一个重要的建议是要求衍生商品交易更加标准化，清算工作由交易所集中开展，而不是由当事人私下解决。让衍生商品交易更为公开透明，将有助于监管机构和其他相关机构了解各公司和市场之间的互动状况，而且大多数交易所都有会员支持，可以承担起担保人的角色，防止出现违约情况。如果大多数衍生商品都能在交易所买卖的话，万一有大公司倒闭，也不大会让火势四处蔓延。为了确保交易所本身稳健运行，这方面的监管职权，包括金融体系中类似机构的管理和监督，都会交给美联储来负责，作为它维护金融体系稳定的一部分。

保尔森的蓝图主张大力精简监管机构，消除职能重叠现象，而盖特纳这个蓝图则算是温和的改良，现有的监管机构基本保持不变。政治因素是造成这种状况的主要因素。比如，盖特纳和同僚决定不合并证券交易委员会和商品期货交易委员会，尽管两者管理的市场和工具非常类似，目的也几乎一样。（例如美国证券交易委员的一个职权是管理公司债券交易，而商品期货交易委员会管理债券期货合约。）可是要把这两个机构合并为一，在政治上行不通，因为它们的监督者是国会中两个不同的委员会。国会的委员肯定会小心守护自己的地盘，因为这两个委员会管理的市场参与者会给议员提供很多竞选经费。

盖特纳这个蓝图还引发了监管机构方面的两个变革，其中一个变革不怎么重要，另一个则比较重要。不怎么重要的那个变革是废除了储贷机构的监管机构，即美国储蓄机构监理局。之前，在这个机构的监管之下，两大储贷机构（华盛顿互惠银行和印地麦克银行）都破产了，另外一个（美国国家金融服务公司）差点破产。此外，从名义上来讲，规模非常小的储蓄机构监理局竟然监管着美国国际集团那么大一摊子业务。根据盖特纳的方案，美国储蓄机构监理局的监管职能将转移给其他监管机构。

比较重要的那个变革就是提出设立一家新的消费者权益保护机构，即“消费者金融保护局”（Consumer Financial Protection Agency）。哈佛大学法学教授伊丽莎白·沃伦在2007年发表的一篇文章为设立这个机构提供了灵感之源。后来，沃伦被选为了马萨诸塞州参议员。在这篇文章中，沃伦呼吁设立“金融商品安全委员会”，保护消费者免受信用卡问题和存在缺陷的抵押贷款的侵害，就像美国消费品安全委员会在面包机起火时保护消费者权益一样。保尔森2008年的“蓝图”也有类似的构想，建议设立监督商业行为的机构，不过保尔森的初衷主要是保护股票投资者、债券投资者以及银行客户。盖特纳方案中出现的一个差别就在于，它建议美国证券交易委员会负责保护投资者权益，而不是专门另设一个机构。我们之前就得到过暗示，即新政府倾向于将保护消费者权益的职能从美联储剥离出去，当时是奥巴马宣誓就职的4周之前，科恩跟我讲了与丹尼尔·塔鲁洛的一次对话。塔鲁洛当时在奥巴马的过渡团队中担任负责人，科恩说塔鲁洛提到了“可能将美联储的消费者保护职能转移给别的机构”。

对于另行设立一个监管机构去保护消费者权益，我有一种矛盾心理。如同其他银行监管机构一样，美联储也对监管范围之内的金融机构实行保护消费者权益的联邦法律。我们的监管范围大约包括5 000家银行控股公司和800多家各州特许银行，它们都加入了联邦储备系统。我们还制定了详细的规则去落实这些法律。我在多个场合都坦率地承认，在金融危机爆发之前，我就知道美联储会由于种种原因而未能采取足够多的行动去阻止滥用抵押贷款的现象，但在美联储消费者权益保护部门主管桑迪·布朗斯坦的领导下以及在我的大力鼓励下，美联储消费者权益保护部门的工作人员取得了很多成就。他们有两个特别值得引以为豪的成绩，一个是根据美联储理事会于 2008 年 7 月实行的《住房所有权与权益保护法案》成功地制止了大量不公平的抵押贷款行为；另一个是 2008 年 12 月，美联储与多个联邦银行业监管机构合作，针对前期调查中发现的信用卡发行机构滥用权利的行为，修订了《诚实借贷法案》，大规模地禁止了不公平或欺骗性的做法，以期通过规范发卡机构的行为去保护消费者权益。美联储提出的信用卡监管改革措施为 2009 年 5 月众议院金融服务委员会通过的《信用卡持有者权利法案》奠定了基础。有一些文章提到了这部法律在很大程度上反映了美联储之前采取的监管举措，但我们的大部分贡献都被忽视了。

但我也理解奥巴马政府为什么非要主张单独设立一个致力于保护金融服务消费者权益的机构。如果他们的改革方案中纳入这一条款，那么他们就可以明确地宣称这是他们为美国普通公众争取到的一个胜利。此外，纵观世界各大央行，大多数都没有承担保护消费者权益的权力，因此，我也很难主张这是美联储的核心使命之一。从立法顺序上来讲，我认为对于我们美联储而言，更重要的一点是扮演好银行监管者的角色，维护银行体系的安全性和稳健性，并进一步强化宏观审慎的、系统性的监管。这种矛盾心理在美联储理事会内部的消费者顾问委员会召开的一个会议上达到了爆发点。该委员会的成员里面既有信用卡发行机构的代表，也有消费者的代表。我问该委员会的成员们是否认为美联储应该保留保护消费者权益的职能。虽然那些委员在前些年里同美联储工作人员打了不少交道，而且也知道美联储在这方面的工作比以前积极多了，但大多数人依然表示赞同另设一个机构，专门负责此事。之前，财政部提出的金融改革方案在打了一定折扣的前提下接受了贝尔关于另行设立“金融服务监督委员会”的提议，我没有予以积极反对。同样，虽然财政部的方案将保护金融消费者权益的职能从美联储剥离了出去，我也没有提出强烈反对意见。

我做出不予反对的决定之后，导致美联储内部一批受到新法案影响的工作人员产生了沮丧情绪，这是不足为奇的。美联储消费者权益保护部门主管桑迪·布朗斯坦为此召开了一次会议，让我倾听一下他们的忧虑。我对他们讲，即便我们反对，可能也是无效的。我还解释说，如果他们愿意的话，新的法律或将为他们提供转到新机构任职的权利，并保留当前的薪资和待遇。但那场会议进行得很艰难。他们都非常关注保护消费者权益，而且也花了很长时间去制定多项新举措，但换来的却是国会的不信任。我理解他们的沮丧，而且我自己也深感沮丧。

财政部的金融改革计划公布后的几周内，盖特纳的工作团队就推动其进入立法程序，由巴尼·弗兰克根据该计划拟订了一系列的法案。从 2009 年 10 月中旬到 12 月初，他主持委员会议进行法案修订，最后把各项修订结果汇总为了一部长达 1 279 页的法案。12 月 11 日，众议院以 223 票赞成、202 票反对的投票结果通过了这部法案，但共和党议员投的都是反对票。

这个法案出炉的过程中，各方进行了很多妥协。9 月份，弗兰克的委员会还没有开始考虑启动立法程序之际，弗兰克就同美国独立社区银行家协会会长卡姆登·法恩达成了一个协议。法恩这个协会代表了 5 000 多个社区银行的利益。这些银行家们对于设立新的消费者权益保护机构感到十分忧虑。他们不想再跟新的官僚机构打交道。但法恩跟弗兰克都做出了一个妥协，私下达成了如下协议：只要弗兰克确保资产不足 100 亿美元的银行（几乎覆盖了法恩这个协会的所有会员）免于接受新的监管机构定期核查，那么法恩就保证不会发起反对新法案的游说活动。他们的协议还规定，这个新设的消费者权益保护机构制定的监管规则虽然名义上适用于所有或大或小的放贷机构，但在实际执行中，监管规模较小的银行是否遵守这些规则的职责，要留给美联储、货币监理署和联邦存款保险公司。

弗兰克之所以答应法恩的要求，是因为他想分化银行业对于新设监管机构的观点。如果整个银行业联合起来反对，那么这股政治力量足以颠覆新设监管机构的想法。一旦让银行业内部走向分化，规模较小的银行就不会抵制这个新机构，虽然大银行仍然反对，但肯定不会有多少政客愿意为它们站台，至少不愿意公开为其站台。此外，每一位国会议员的选区里面至少都有一家社区银行。这个方下巴的法恩曾经也是密苏里州小镇的银行家，还曾担任密苏里州税务部门负责人，是一个非常精明的、精力非常旺盛的人。他一直积极维护社区银行的利益。他认为规模普遍很小的社区银行在这场危机中没有责任，而此刻却因大银行犯错而承担一并受罚的风险。他这种观点具有一定的合理性。我在担任美联储主席期间，几乎每年都会定期见见他，并到他那个协会的年会上发表讲话。2009 年秋季，支持美联储的外部团体可以说少之又少，而这个协会就是其中之一。

与此同时，我们美联储的独立性遭到了来自极左派和极右派的一系列威胁，其中有两个威胁呈现出了日益严重的态势。一个是要求审计美联储，另一个是要求美联储披露究竟哪些公司在危机期间通过美联储贴现窗口以及紧急贷款机制获得了贷款。从表面上看，这两个要求似乎都是合理的，因此也难以反驳，但它们严重威胁到了美联储的效率，也威胁到美联储在摆脱政治压力的前提下制定政策的能力。

我觉得“审计美联储”的要求最令人沮丧，主要是因为我们的一切账目和市场操作都已经接受了严格的审计，过去是这样，现在仍然是这样。然而，那些虚伪的支持者们不停地叫嚣着“审计美联储”，故意用“审计”一词去蛊惑公众，导致公众误以为我们美联储没有接受过任何监管一样。有谁会反对审计美联储这么大的机构的资产负债表呢？事实上，所有联邦储备银行的财务报表都必须接受美联储系统之外的一家会计事务所的审计，美联储理事会自身的所有财务报表也必须接受享有独立地位的美联储督察长办公室（Office of Inspector General）从美联储系统外部聘请的会计事务所的审计。所有这些信息，连同审计人员的意见，都会在美联储理事会的网站上公开发布。此外，在大多数联邦机构里面，其督察长办公室都有权对其督察的机构的运作情况开展调查。美联储也是如此。美联储督察长办公室还有权针对美联储理事会的公开市场操作情况以及其他工作内容开展广泛调查。

除了上述这些财务审计之外，直接对国会负责的政府审计署也会对美联储理事会的市场操作行为开展评估，以判断其效率如何以及是否存在舞弊行为。但一个至关重要的例外情况是政府审计署无权过问货币政策的制定过程。政府审计署评估的内容是货币政策的合理性及执行情况，因此，其评估结果不等同于一般意义上的审计（审计的内容一般是财务报表），但其评估结果往往具有非常重要的意义。政府审计署之所以无权评估货币政策的制定过程，是因为国会早在1978年就规定政府审计署无权过问货币政策的制定过程，因为国会认为美联储的货币政策旨在实现美国的长远经济利益，不能受到短期性的政治压力的干预（但美联储在履行银行监管等多个职能时的情况必须接受政府审计署的评估）。但这并不是说美联储的货币政策制定过程不受监督，恰恰相反，国会要求美联储定期提交报告和参加听证会，阐述货币政策的制定过程，以便判断美联储的做法是否履行了国会赋予的“双重使命”，即实现“充分就业”和“物价稳定”。

国会如此审慎地寻求平衡，既有利于打造一个负责任的美联储，又有利于保护美联储免受政治压力的影响。然而，一旦“审计美联储”的要求得逞，那么美联储货币政策制定过程的方方面面都将被纳入政府审计署的评估范围之内，这就会打破国会努力营造出来的平衡。政府审计署的评估通常是由国会议员发起的，肯定反映了某种政治意图，因此，这类评估很容易变成干扰美联储运作的工具。后来，我在一次演讲时，曾经略微夸张地对听众说，如果大家觉得国会管理联邦预算的效果不错，那就应该支持“审计美联储”的提案，让国会也去控制货币政策。

在众议院中，“审计美联储”运动的领头人是来自得克萨斯州的众议员罗恩·保罗。他原本是一位妇产科医生，后来当选为议员，2012年退休。他的儿子兰德·保罗在2010年被选为参议员。他曾经角逐过自由党和共和党的总统候选人，但最后均以失败告终。他支持恢复金本位制度。在参议院中，“审计美联储”运动的领头人是来自佛蒙特州的参议员伯尼·桑德斯。桑德斯将自己描述为一个民主社会主义人士。保罗和桑德斯的一个共同之处就是具有强烈的民粹主义思想，不信任美联储等任何由技术专家组成的机构，并且认为金融权力过度集中。对于任何一个民主国家而言，适度的民粹主义倾向是一件好事，能够时刻提醒政府为人民服务，警告美联储不要运用金融权力产生不适当的影响，从而有利于维持整个国家的健康运转。所有的决策者，包括我自己在内，都需要倾听一下这些人传递出来的信息。但在极端的情况下，无论是左派人士，还是右派人士，都有可能导致一批愤世嫉俗者去操纵公众本应以合理方式表达的不满情绪，导致客观公正的事实与符合逻辑的论据遭到蔑视。当极端的民粹主义观点开始在政治话语中占据主导地位之际，良性的治理就几乎无从谈起了。

我从来不担心自己与保罗或者桑德斯发生“遭遇战”。他们的观点中，的确存在一些合理之处，能够排除复杂的现实情况的干扰，令人听后如清夜闻钟，如当头棒喝。他们除了在意识形态方面存在一定的差异之外，主要差异就体现在桑德斯存在大声吼叫的习惯，直到吼得自己面红耳赤，而保罗则通常不紧不慢，亲切和蔼，只不过保罗的观点有时候会夹杂着一些“阴谋论”的色彩。比如，为了论证美联储的货币政策制定过程应该接受政府审计署的评估，保罗在2010年2月的一次听证会上指控美联储曾为水门事件中的窃贼提供资助，并指控美联储曾在20世纪80年代为伊拉克独裁者萨达姆提供了55亿美元的贷款，而萨达姆用这笔资金购买了武器和修建了核反应堆。我听了这番指控之后，顿时感到无比震惊，直斥这些指控"荒诞至极"。后来，美联储督察长办公室开展了大范围调查之后得出的结论也印证了我这一判断。

与大多数政客相比，每个人都有可能为了消除他人敌意而选择敞开心扉。2009年5月，我在参众两院联合经济委员会的一次听证会上告诉保罗，按照他的提案给出的解释来看，"审计美联储"的目标似乎是操纵美联储的货币政策制定过程。他坦率地承认道："当然，真正重要的就是这一个政策。"在2009年出版的《终结美联储》(*End the Fed*)一书中，他直白地提出他认为"审计美联储"是废除美联储的一个"垫脚石"。我曾经在私下里与他进行过真诚的沟通，甚至还曾邀请他前来美联储共进早餐。他的态度无疑是坦诚的，但其想法有武断之嫌，对于金本位制度在历史上发挥的真正作用缺乏清楚的了解。

2009年11月19日，保罗与民主党众议员艾伦·格雷森成功地说服众议院金融服务委员会通过了一个全方位审计美联储的修正案，消除政府审计署对美联储审计的空白点，将货币政策制定过程也纳入了审计范围。(格雷森堪称保罗的好搭档，虽然从哈佛大学获得了好几个学位，却是一个极端的民粹主义者，是美联储反对者中的死硬派，喜欢在听证会上猛烈抨击我和美联储其他代表。)虽然巴尼·弗兰克与来自北卡罗来纳州的民主党众议员梅尔·瓦特提出了反对意见，但无果而终。梅尔·瓦特后来被任命为联邦住房金融局的局长，该局对房利美和房地美承担着监管职能。保罗与格雷森这个修正案通过后的第二天，巴菲特在接受CNBC采访时警告国会不要拿美联储的独立性开玩笑。新罕布什尔州共和党参议员贾德·格雷格则威胁说，任何与保罗修正案有关的法案提交到参议院后，一定会阻止其通过。

与那些支持“审计美联储”的人相比，那些推动美联储披露借款者身份的议员能够得到我的一点理解，毕竟无论对于央行运作过程而言，还是对于一般意义上的政府治理过程而言，透明度都是至关重要的，尤其是当这个过程需要运用非常大的权力时，透明度就更加重要。但我知道如果在金融恐慌中立即做到透明，肯定会带来严重的问题，换言之，如果美联储被迫公开了借款者的身份，那么金融机构除非到了绝望至极、走投无路的地步，肯定会竭力回避美联储的贴现窗口。如此一来，中央银行在数百年间赖以正常运作的自由放贷能力和平抑恐慌能力将受到严重削弱。[①]不幸的是，有许多批评者把短期资金贷款和挽救贝尔斯登、美国国际集团等摇摇欲坠企业的长期贷款混为一谈，那些短期资金贷款其实都有安全抵押品，借款者也都是仍然具有还债能力的金融机构。那些流动资金贷款并不是送给个别企业的礼物，而是在金融恐慌期间，流动资金枯竭的时候给它们提供的一个补充。我们借钱给这些金融机构是希望它们跟客户间的资金流动可以维持正常状态，而它们的客户就包括普通的家庭和公司。

桑德斯说，他很难回到自己的选区，然后对选民说：“你们的钱都被贷出去了，但我们不知道贷给谁了。”我当然理解他的难处，也决定提高美联储的透明度。按照法律规定，美联储多年来每周都会发布一份关于其资产负债表的报告，我们内部称之为“H.4.1 报告”，但关注者很少。现在，美联储的工作人员已经开发了一个新网站，在 2009 年

---

① 关于贴现窗口贷款之类的紧急贷款背负的“成见”，一个值得关注的真实案例发生在 1932 年 8 月底。当时，罗斯福新政时期设立的“复兴金融公司”在报纸上披露了借款者的身份，严重加剧了市场对于这些借款者财务实力的担忧。经济史学家们一致认为，“复兴金融公司”在 1932 年 2 月到 8 月，也就是开始运作后的前 7 个月内，在减少银行倒闭方面取得了一定的成功，但在披露借款者的身份之后，其效率就大打折扣了。

2 月正式投入使用，信息获取过程更加便捷。我们公布了危机期间每一个贷款计划的详细信息，并以图表形式显示资产负债表的变化趋势。我还要求科恩组织一个内部工作组，审议一下之前在提高透明度方面的做法，以便未来能够尽可能多地发布有用信息。2009 年 6 月，我们开始发布月度贷款报告，内容包括借款企业数目、借款数量（按照公司类别排列）、抵押品情况（按照数量及信用评级排列）。但由于金融和经济体系还没有脱离险境，所以我们依然拒绝公开贷款者的身份，尽管彭博社和福布斯新闻可能根据《信息自由法案》起诉美联储，我们依然拒绝公开。

当国会慢吞吞地推进立法进程时，我们也在反思美联储自身在银行监管方面存在哪些不足，并着手加以改进。我再次求助于科恩，让他带领美联储理事会的其他决策者和幕僚，再加上来自多个联邦储备银行的工作人员，为银行家们，也是为我们自己，列出美联储在银行监管方面的经验与教训。纵观 2009 年，我们一直在根据科恩带领的这个工作组提出的建议，要求美国银行提高资本充足水平以更好地应对亏损，增加流动资产以更好地应对挤兑，并要求他们改善风险管理状况。我们还要求美联储的监管人员，一旦发现不足，一定要更加努力地要求银行加以改正，并不失时机地将情况反映给银行的最高管理者。

美联储的银行监管工作是由丹尼尔 · 塔鲁洛领导的。他学识渊博，勇于坚持自己的观点，有时候会失去耐心，对于抗拒变革的美联储系统而言，从很多方面来看，他都是一个理想的领导者。在我的支持下，他削减了联邦储备银行在银行监管方面享有的自主性，苏珊 · 比斯早在 2005 年就想实现这个目标，但最后无果而终。他的变革使得各地区的联邦储备银行在银行监管方面的权力更加一致，在监管大银行方面也可以更好地协调起来。塔鲁洛很有魄力，有时候甚至会触怒别人，但美联储系统的监管方式逐渐开始改变了。我们在 2009 年春季的大银行压力测试中，采用了跨部门的协作方式，我们在美联储内部打破了部门之间的藩篱，我们的监管人员、经济学家、律师、会计和金融专家越来越多地组成了协作团队。2009 年，美联储银行业监督管理部门主管罗杰·科尔退休后，我们任命美联储经济学家帕特里克·帕金森继任这一职位。之前，帕特里克曾经借调到财政部，帮助财政部制订金融监管改革方案。他具有宽广的视野，正是银行监管业务所需的理想人才。他虽然没做过一线的监管人员，但对整个金融体系的认识很深刻，也很了解金融体系在经济中的作用。由他来领导这个部门，可以为这个部门带来“外部人士的视角”。

我们除了努力改变内部的监管方式之外，还力促银行改变经营方式，让它们的高管和董事会更加关注那些可能引发过度风险的因素，比如，我们和其他监管机构都要求银行的薪酬奖励应该针对长期业绩，而不是针对通过冒险押注实现的短期盈利。这个原则不仅适用于银行高层，也适用于它们的基层工作人员，包括交易员和信贷员。这些基层人员的决策也可能给银行造成风险。

国会的工作自然是集中在监管国内银行，但现在的金融体系已经全球化了，如果仅仅对国内银行实行新规，进行更严格的监管，那么非但无法确保美国金融体系的稳定，而且在缺乏有效的国际协调的情况下，只会逼迫美国的金融业活动离开美国，转到其他国家的金融中心。此外，即便外国监管机构采取较为严格的标准，在缺乏国际协调的情况下，它们的标准也可能无法赶上美国的标准，否则可能导致全球资本市场的片段化，并削弱美国那些新规则的效率。要解决这些潜在的问题，就需要依靠总部设在瑞士巴塞尔的国际清算银行。国际清算银行不仅是央行行长们的聚会场所，也是“巴塞尔银行监管委员会”（下文简称“巴塞尔委员会”）这一国际论坛的发起机构。该论坛的代表来自 20 多个经济体，包括主要的新兴市场经济体。

2009年9月，巴塞尔委员会就开始召集各方代表针对银行资本和流动性的国际新标准进行谈判。我、丹尼尔·塔鲁洛以及比尔·达德利代表美联储参加讨论，代表团成员还包括联邦存款保险公司的希拉·贝尔和货币监理署署长约翰·杜根。这次协商最终催生的协议，就是后来所谓的“第三版《巴塞尔协定》”。“第一版《巴塞尔协定》”建立了资本与风险挂钩的资本充足率监管机制，银行应该持有更多资本，以便吸收潜在的损失。也就是说，银行对于商业贷款等风险资产，应持有较多的资本，以便吸收风险，而比较安全的政府债券等资产需要的资本水平则相应较低。然而，随着时间的推移，虽然第一版《巴塞尔协定》不同的风险权重将不同风险的资产加以区分，使得同样规模的资产可以对应不同的资本量，或者说同样的资本量可以保障不同规模的资产，但银行后来找到逃避监管之策，以至于有些符合低风险定义的资产实际上却蕴含着高风险，有些银行则把高风险资产纳入了表外投资工具（比如花旗集团的结构化投资工具）。

第二版《巴塞尔协定》是在2004年宣布的，建立了一套更先进的，也更复杂的方法去计算大银行的资本需求，但这一需求在一定程度上依赖银行自身的风险模型，监管者负责判断银行内部能否合理运转，并对其提出改进方案。这些针对资本充足率的最低要求（美国也从没完全照做）主要是为了阻止银行钻空子，而不是为了增加或减少银行的资本总量。

然而，正如我们现在痛苦地意识到的那样，世界各地的许多银行正是因为没有足够的资金而陷入了危机。因此，第三版《巴塞尔协定》的主要目标就是增加银行持有的资本，尤其是具有系统重要性的跨国银行。2010年12月发布的这个新协定不仅仅要求各大银行增加资本，还要求设立一个额外的“反周期”资本缓冲。各银行应在好年景里积累资本，以便能够在业绩糟糕时期吸收损失，并维持放贷能力。2011年，巴塞尔委员会要求具有系统重要性的金融机构必须比其他银行持有更多的资本。

第三版《巴塞尔协定》除了基于资产风险提出资本充足率的要求之外，还引入了一个新的国际监管指标，即“最低杠杆率”。这个杠杆率是指银行总资本相对总资产的比率，不考虑个别资产类别的风险大小，要求银行的一级资本占调整后的表内外资产余额的比例不低于4%。在这方面，美国走在了其他大多数国家前面，在此次金融危机之前，美国就已经要求银行必须遵循最低杠杆率，只不过美国的这个比率设定到了一个较低的水平。第三版《巴塞尔协定》则把这项要求推广到所有跨国银行，而美国的监管机构，包括美联储也都要调升银行业的杠杆率，必须超过《巴塞尔协定》的最低标准。

无论在各国国内，还是在国际上的讨论中，杠杆率这个概念及其应有的合理水平都引起了相当大的争议。高杠杆率的支持者认为，第二版和第三版《巴塞尔协定》中以资产风险水平为基础的资本充足率要求给银行留下了很大的自由操作空间，只有杠杆率才能真正体现出银行的资本状况。反对者指出，如果只强调杠杆率，却不对银行资产风险做出要求，就会导致无论银行持有的资产存在多大风险，都要求它们具备同样水平的资本充足率，这无异于刺激银行去承担更多的风险。我认为合理的折中方案就像我们在美国所做的一样，同时采取这两个指标，把杠杆率作为基于资产风险的监管标准的一个补充。

第三版《巴塞尔协定》最后还解决了另外一个重要的问题。在危机期间，有些银行的资本充足率虽然符合最低标准，但由于手头缺乏充足的现金和易于销售的流动资产，无法应对支付需求，因而承受了很大的压力。比如，美联银行的资本充足率虽然符合监管标准，但由于缺乏现金，而融资渠道枯竭，一度濒临破产（最终只得被富国银行收购）。为了解决这个问题，第三版《巴塞尔协定》在之前两个版本提出的资本充足率和杠杆率指标之外，又增加的一个新指标，即流动性指标。按照这一指标的要求，银行应该持有充足的现金和其他流动资产，以便能够应对挤兑浪潮，而不必求助它们的央行。

当我们围绕着第三版《巴塞尔协定》展开谈判工作时，国会也在继续推进金融监管改革。在众议院通过弗兰克所提法案的一个月前，多德就发布了厚达 1 136 页的提案。与弗兰克不同的是，他并没有以奥巴马政府的提案为基础，而是认为只有两党一致认定的提案才可以通过参议院那一关，因为参议院的少数党阻挠提案的能力比众议院的少数党更强。由于无法吸引理查德·谢尔比进行实质性的谈判，多德便在 2009 年 11 月 10 日公布了一份讨论草案，但谢尔比在 11 月 19 日的参议院银行业委员会会议上提出了批评，特别反对设置保护金融服务业消费者的新机构，认为此举让银行的负担太大，而且国会也无法让这个机构承担足够多的责任。

我和美联储理事会的律师们一同研究过多德的提案，我很高兴地看到他的提案提出了一种新机制，希望联邦存款保险公司可以借助这个新机制让那些濒临倒闭，且具有系统重要性的大银行安全、有序地走向破产。这也是财政部那个提案的一个重点，也是我个人认为非常重要的优先事项。但我很失望地看到他在提案中坚持认为应该削减美联储的权力，除了货币政策方面的权限被保留之外，其他几乎被剥夺殆尽，我们不仅失去了保护消费者以及监管银行的权限，而且在确保金融体系稳定方面也没有了多少用武之地。与剥夺美联储权限相反的是，多德提出设立一个新机构负责金融稳定，并且提出这个新机构的主席由总统亲自任命。

2009 年 11 月 29 日，我在《华盛顿邮报》上专门发表一篇文章，为美联储需要获得银行监管权力提出辩护。对于华盛顿的决策者而言，通过发表文章的方式提出辩护是一个常见的策略，但对于美联储主席而言，却不常见。我写道：“在遏制危机方面，美联储发挥了重要作用，我们应该保留，而不是削弱这个机构的能力，以便在不引发通胀的情况下促进金融稳定和经济复苏。”我指出美联储的专业知识与经验是独特的，至少在短期内是新设的金融稳定监管机构无法取代的。此外，为了在金融危机期间扮演好“最后贷款人”的角色，为金融机构提供紧急流动性，我们必须拥有足够的权限，才能去了解恐慌的根源和借款者的真实状况。因此，美联储需要享有一定的金融监管权限。放眼全球，在后危机时代，央行在银行监管和金融稳定方面的职责得到加强是一个大趋势。比如，英国央行在1997年失去了银行监管权力，由此引发的一个结果就是，在2007年北岩银行遭遇挤兑之际，英国央行一度陷入了惊慌失措的状态。2012年，英国议会将银行监管权力归还了英国央行，并在英国央行内部新设了一个金融政策委员会，专门负责维护英国整个金融体系的稳定。相似的情况也发生在欧洲央行。2014年，欧洲央行也被赋予了维持金融稳定的新职能，负责监管欧元区的银行。

2010年1月6日，多德宣布不会寻求连任。他在参议院的个人声望和影响力已经遭到了严重损害，部分原因是他引发了一连串的争议，比如有人指控说安吉罗·莫兹罗的美国国家金融服务公司以优惠利率为多德在康涅狄格州和华盛顿的住房提供了再抵押贷款。由于再也不需要参与竞选运动，而金融监管改革法案是他36年国会生涯中最后的立法工作，他终于可以将全部精力集中到这方面了。但由于之前谢尔比曾经直言不讳地提出反对多德的提案，因此，多德要想提出一个能够得到参议院支持的提案，肯定还要拿出更多时间。在此期间，我们有几个月的时间向参议员们（包括多德那个委员会的参议员）阐明我们的观点。

联邦储备银行行长们特别担心失去银行监管权力，因为这是他们的主要职能之一。在过去数十年间，联邦储备银行已经经历了多轮裁员，因为支票结算等金融服务都得到了高度整合，提供这些服务的地点大为减少，所需工作人员也相应大为减少。尤其值得一提的是，随着电子票据结算技术的出现，之前处理纸质票据的很多工作人员现在都不再需要了。虽然现在的联邦储备银行仍然参与货币政策的制定过程，发行纸币和硬币，关注各自地区的经济发展状况，推动社区发展，但负责监督与核查银行和银行控股公司的工作人员在其总人数中仍然占据很大比例。

有些联邦储备银行的行长从一开始就怀疑美联储理事会是否会致力于保护他们完整的监管权力。盖特纳以及奥巴马政府的其他人都坚持认为国会只要保留美联储对于美国35家资产规模在500亿美元以上的银行控股公司的监管权就足够了，如果国会能做到这一点，那么对于各州特许银行的监管权可以转交给其他机构。美联储理事丹尼尔·塔鲁洛也持有同样的观点，认为只要美联储能够监管那些规模最大的银行，那么放弃对小银行的监管权也是一个值得付出的代价。我个人认为美联储对于规模最大的银行的监管权是美联储应对金融危机的一个重要条件，但我还想保留美联储对于规模较小的银行控股公司和各州特许银行的监管权。

我之所以这么认为，一部分原因是回应一些联邦储备银行行长的担忧，他们都认为如果丧失了银行监管权，无异于遭遇了一个生死攸关的威胁，但对于他们提出的一些实质性的理由，我也是持有赞成态度的。比如，他们提出，如果丧失了对规模较小的银行的监管权，就有可能导致监管上的盲区，这是非常危险的情况，如果我们能够审查美国各地各个规模的银行，就可以更好地了解整个行业的状况，从而有可能更早地发现潜在问题，监管较小的银行还有助于加强我们与当地社区的联系，提高我们监督当地经济动态的能力，从而制定更好的货币政策。毕竟，谁会比社区银行家更了解当地的经济发展呢？因此，我会抓住一切可用的机会，阐述为什么要完整地保留美联储对大型和小型银行的监管权力。我在国会确认我连任提名的过程中参加的数十次国会会议上都提出了这个问题，而且我在2009年的冬季和2010年

的春季给更多的议员打电话表明了我的观点。我还在参加国会听证会时，就这个问题施加压力，

我知道在监管那些规模最大的银行方面，财政部和白宫会给我提供强有力的支持。多德的立场之所以有所软化，不再像之前那样坚持要求完全取消美联储的银行监管权力，很大一部分原因是奥巴马总统在椭圆形办公室的一次会议上向他提出了这个请求。与他在 2009 年 11 月的提案相比，他在 2010 年 3 月向其委员会提交的新版提案支持美联储监管那些资产规模不低于 500 亿美元的超大型银行控股公司，而资产规模较小的银行控股公司的监管权则分给货币监理署和联邦存款保险公司。加入美联储系统的各州特许银行的监管责任则交给联邦存款保险公司。

虽然我们取得了进展，但联邦储备银行的行长们仍然深深地担忧多德的最新提案。在 7 家美国最大的银行控股公司中，纽约联邦储备银行负责监管的就有 6 家。在 35 家最大的银行控股公司中，纽约联邦储备银行负责监管的则多达 10 家，而其他任何一个联邦储备银行负责监管的数量不会超过 4 家。圣路易斯和堪萨斯市两家储备银行的辖区中则没有大型银行控股公司。不过堪萨斯市联邦储备银行要负责监管 172 家州特许银行，超过其他各家储备银行。因此，堪萨斯联邦储备银行行长托马斯 · 赫尼希愿意同达拉斯联邦储备银行行长理查德 · 费希尔一道去领导保卫银行监管权的行动，是丝毫不足为奇的。赫尼希私下同几位参议员接触过，也在别人组织的会议上同参议员聊过，还同其他联邦储备银行的行长们碰面商讨对策。2010 年 5 月 5 日，他和另外三位联邦储备银行行长私下里见了一群议员。他的做法不利于美联储一致对外发声。后来，他给美联储理事会和其他联邦储备银行行长提交了一份关于他与议员会谈的记录，上面写道：“美联储的领导者（尤其是主席）一定要积极。”虽然我一向作风低调，但在保护美联储银行监管权的事情上，我在华盛顿期间所做的努力一直都很积极，不

亚于其他人。比如，有一次，我打电话给参议员鲍勃·科克里，希望说服他同意保留美联储对各州特许银行的监管权，但由于语气太强，他指责我像个说客。

最后，美联储理事会成员和储备银行行长们终于团结到了一起。2009年7月，美联储理事会聘请琳达·罗伯逊担任新的国会联络员。琳达曾在克林顿政府时期的财政部担任过类似的职务，对国会山的每个职员和议员基本上都认识，也很了解国会的运作方式，了解议员们如何回应激励和压力。她努力阐述美联储的观点，让总统充分了解美联储的观点，美联储与总统即便配合得算不上完美，最起码能保持步调一致。

最后，虽然我与联邦储备银行的行长们出现了一些摩擦，但我仍然感激他们，是他们让美联储平安地度过了这场严重的危机。他们中的很多人都充分利用了自己在过去多年间与当地的议员培养的良好关系。即便鹰派的赫尼希也提醒当地的议员说，美联储不是庞大而僵化的机构，而且很多议员对于货币政策的看法都得到了美联储的采纳。各地的联邦储备银行通过来自私营部门的理事、分支机构管理委员会的工作人员、顾问委员会以及前理事，与当地建立了广泛、深刻的联系。因此，在每一个地方，都有数十名当地杰出人士属于所谓的“美联储大家庭”，很多人都愿意为美联储做出贡献。但负责跟国会联络的琳达担心力量过于分散可能弊大于利，因此，对各地联邦储备银行的努力进行了一定的限制。

然而，谢尔比在2009年11月中旬提出严厉批评后，多德虽然尝试过许多方法，却一直未能在参议院的两党协商中达成共识。他从自己领导的参议院银行业委员会中找了一些两党的代表，试图针对特定问题达成共识，但进展很小。和谢尔比的谈判陷入僵局时，他就找来了在参议院银行业委员会中居于中等地位的共和党参议员鲍勃·科克里。然而，多德仍然无法促成一个全面的方案，最后，到 2010 年 3 月 22 日，参议院银行业委员会开会讨论是否将多德提出的议案提交给参议院大会时，党派分歧仍然很明显，13 名民主党成员全部投赞成票，而 10 名共和党成员全部投了反对票，不过最终还是通过了这份金融监管改革提案。而且多德坚持不懈的努力后来也的确发挥了一定的作用。5 月 20 日，参议院大会以 59 票赞成、39 票反对的投票结果，通过了金融监管改革法案，其中有 4 位共和党参议员投赞成票。如同众议院通过的法案一样，参议院这次通过的法案也保留了美联储对所有银行控股公司和各州特许银行的监管权。在这方面，我要感谢来自明尼苏达州的参议员埃米·柯洛布查和来自得克萨斯州的参议员凯贝利·哈奇森。哈奇森是理查德·费希尔的朋友和曾经的政治对手。她们二人对这个法案提出了重要的修正案。我还要感谢卡姆登·法恩的美国独立社区银行家协会所做的游说努力。多德之前也曾经和来自佛蒙特州的民主党参议员伯尼·桑德斯达成过一个协定，要求美联储提高信息披露力度，并对美联储的管理制度和在危机时期的各个贷款计划进行一次性核查，作为交换条件，多德同意放弃“审计美联储”的诉求。

接下来，到 2010 年 6 月，参议院和众议院各自选出了一些议员，开会讨论如何解决参众两院在金融监管改革法案上的分歧，双方都做出了让步，最终通过了一个统一的版本。2010 年 7 月 21 日，奥巴马总统签署了这个两党都能接受的金融监管改革法案，使其成为一部法律。这部法律的全称是《多德–弗兰克华尔街改革与消费者保护法案》。我也前往与白宫相距几个街区的罗纳德·里根大厦参加了签字仪式。这个最终版的法案与财政部最初的提案非常相似，虽然谈不上完美无缺，但我对这样的结果还算感到满意。巧合的是，那天下午我还参加了多德的参议院金融业委员会举行的听证会，提交了美联储主席的工作报告（每年提交两次）。我指出，金融监管改革的总目标就是“降低未来发生金融危机的可能性，提高金融监管者应对潜在风险的能力”，而这个最终版的法案在实现这一目标的道路上又前进了一大步。

多德冷静而严肃地指出，美联储和其他监管机构要落实这部法律，需要花费几个月，甚至几年的时间去制订详细的实施方案。我对此也深表认同，说的确还有很多工作需要做。的确如此，有人做过评估，认为要落实这部法律，美联储和其他监管机构需要制订 243 个新的监管方案，需要开展 67 个一次性的研究，提出 22 份新的定期报告。所有这些工作都需要由这些机构的工作人员在正常履行职务的同时挤时间去完成，而且很多规定都同时涉及多个部门，意味着有时候需要同时召集多达五六个机构开展协调。

在我看来，这个最终版的法案在大多数争议问题上达成了明智的妥协。该法案赋予美联储全面的金融监管权限，从而消除了重大的监管盲区。美联储不仅有权监管具有系统重要性的大型金融机构，即那些大型银行控股公司，还有权监管那些非银行类金融机构，比如华尔街投行和美国国际集团等大型保险公司。针对这些具有系统重要性的大型金融机构，美联储将制定更加严格的资本充足率和其他监管标准，但至于哪些机构符合“系统重要性”的标准，则不是由美联储决定的。这项工作将由“金融稳定监督委员会”（Financial Stability Oversight Council）这个新设的机构负责，这个新机构的主席由财长兼任，其他领导者汇集了美联储等多个联邦金融监管机关的负责人。①

来自缅因州的参议员苏珊·柯林斯提出的一个修正案确保了更加严格的资本监管标准不仅适用于美国的金融机构，还适用于在美国境内经营的外资金融机构。这样一来，就激怒了一些外国银行家和他们本国的监管机构。在《多德–弗兰克法案》最终出炉之前，美联储一直认为，如果一家外资金融机构的美国分公司遭遇了难题，那么母公司

① 这个机构的名称与 2009 年 6 月奥巴马政府在其监管改革方案中所提的名称存在差异，政府提案中提出的名称是金融服务监督委员会（Financial Services Oversight Council）。

肯定会提供金融救助。但在这场危机期间，在美国经营的外资银行也从美联储申请了巨额借款，这样才能挺过危机。因此，接下来，美联储理事会将强迫外资银行必须像美国银行一样遵守严格的监管规定。

如同财政部代表奥巴马政府最初提出的那个方案一样，最终版的法案也比较完整地保留了监管机构的固有格局，只是裁掉了美国储蓄机构监理局，新设立了“消费者金融保护局”（Consumer Financial Protection Bureau）。弗兰克和卡姆登·范恩之前达成的那个协议被纳入了新法案，从而使得资产不足100亿美元的小银行不必接受这个新机构的定期核查。这个新机构的名称之所以采用了“局”（bureau，而不是前面提到的agency）这个字，是采纳了鲍勃·科克里的建议。这个名称听起来容易让人觉得它是美联储系统的，但这只是听起来而已，实际上它的局长是由总统提名，并经参议院批准的，其运作过程也不受我们美联储的影响，美联储无权聘用、解聘或指挥它的工作人员，无权暂缓执行或推翻它的规定，也无权干预它的核查和诉讼。但我们却被要求无限期地承担它的运作经费（2014年的经费是5.63亿美元）。这种非同寻常的制度安排是为了这个机构不必每年都向国会申请经费，但对于纳税人而言，是它自己跟国会申请经费，还是美联储承担其经费，结果都是一样的，美联储为该局多支出1美元的经费，就意味着美联储向财政部上缴的盈利少了1美元。

奥巴马政府聘请哈佛大学法学教授伊丽莎白·沃伦出面组建消费者金融保护局，促使该局运转起来。她早在2007年就建议设置这样的机构。但由于共和党人的反对，她没有被提名为局长。她曾经找到我，商议从美联储借调工作人员和其他资源的事情。我们聊得非常愉快，她对美联储提供的协助也感到很高兴，不过她的观点夹杂着浓重的民粹主义色彩，我们在一些政策上没有达成共识。后来，她当选为马萨诸塞州参议员之后，经常对美联储提出尖锐的批评。

《多德-弗兰克法案》最重要的改革举措之一就是，如果具有系统重要性的金融机构经营失败，濒临绝境，那么其监管机构有权将其解散，这就是新提出的“有序清算制度”。根据这一制度，如果一家大型金融机构濒临破产，那么财长在征询总统意见，并取得美联储理事会与联邦存款保险公司理事会的许可之后，可以将这个金融机构转交给联邦存款保险公司，如果联邦存款保险公司认同这个金融机构的确存在系统重要性，其破产会引发系统性风险，就会接管这家金融机构，确保那些“有担保的债权人”（比如该机构在回购协议市场上的交易对手）优先获得清偿。联邦存款保险公司还有权解除该金融机构之前签署的合同，比如美国国际集团与员工所签的那种发放奖金的合同。那些“没有担保的债权人”则不得不承受一定的损失。这家金融机构的高管们将被解聘，股东们的求偿权则被置于最后。联邦存款保险公司可以从财政部筹借解散大型金融机构所需的全部资金。为了减轻联邦存款保险公司的工作负担，大型金融机构必须向联邦存款保险公司提交一份被业界戏称为“生前遗嘱”的破产计划，结合自身情况，告诉联邦存款保险公司如何才能以不至于引发金融系统动荡的方式实施有序清算。

随着有序清算制度逐渐得到落实，美联储将再也无权动用《联邦储备法》第 13 条第 3 款“异常和紧急情况”的规定去单独救助个别金融机构，比如像美国国际集团和贝尔斯登那样。但对于丧失这项权力，我反倒感觉很高兴，但我们还是可以动用这个条款去设立具有广泛适用性的紧急贷款机制，比如面向证券交易商的贷款机制或者面向货币市场基金的贷款机制。虽然我们必须先征求财长的同意，但我认为这并不是什么让步，因为一旦遭遇严重的金融危机，财政部必然会与美联储密切配合。

但这个最终版法案的某些规定仍然削弱了美联储未来应对金融恐慌的能力。根据伯尼·桑德斯与克里斯·多德达成的妥协方案，美联储必须公开贴现窗口的借款者身份，只不过现在不是立即公布，而是可以延后两年。我们在 2012 年 9 月开始照做。延后公开总比马上公开好，但是这项新规定肯定也会导致那些在恐慌期间求助于美联储的金融机构背负一定的成见。这个法案还限制联邦存款保险公司担保银行债务的权利（就像它在 2008 年哥伦布纪念日第二天所做的那样）。如果联邦存款保险公司还要为银行债务提供担保，不仅需要征得美联储和财长的同意，还必须过得了国会这一关。国会这一关并不好过，看看一波三折的问题资产救助计划就知道了。联邦存款保险公司也不能继续动用“系统性风险例外原则”去救助个别金融机构（就像之前帮助花旗集团恢复稳定那样）。

从我们的角度来看，其他一些影响美联储的规定也比最初的提议好一些。根据多德和桑德斯之间达成的协定，我们美联储不必遭受持续不断的政治压力，不必接受美国政府审计署针对货币政策的审查（即不会定期审计美联储）。但这个法案规定美联储要接受美国政府审计署两项一次性的核查，一个是针对我们在危机期间的放贷情况，另一个则是针对一个世纪前《联邦储备法》建立的美联储管理制度。关于危机时期放贷的核查报告在 2011 年 7 月公布了出来，我们认为当时的贷款方案在设计和运作上都很有效率，而且所有贷款都得到了偿还。关于管理制度的核查，主要是针对由 9 位私营部门人士组成的联邦储备银行理事会。按照法律规定，每一家联邦储备银行都有自己的理事会，理事会均拥有 9 名成员，来自本地区的私营部门，分别代表银行业、工商业和社区利益，其中 3 位理事代表银行业，其余 6 位理事则不应是银行家，而应来自不同背景，具备不同视野。为了避免利益冲突，我们很早之前就制定了禁止代表银行业的 3 名董事参与银行管理和紧急放款的决策。我们一直严格地遵守这一政策。政府审计署也发现了这一点，并建议我们在美联储网站上将这些政策公布出去。为了避免外界误认为这些银行家可以选举管理者，《多德-弗兰克法案》修改了理事的职责，3 位代表银行业的理事无权选举储备银行行长，只有 6 位非银行家理事享有投票权。

如同奥巴马政府最初提议的那样，最终版的法案也加强了对金融衍生品交易的监管，更大程度地发挥交易所的作用，提高买卖透明度，并且更进一步地提出了后来所谓的“沃尔克规则”（Volcker Rule）[①]。这条规则是以倡议者，即奥巴马政府经济复苏顾问委员会主席、美联储前主席保罗·沃尔克的名字命名的。保罗·沃尔克曾说，在他那个年代里，银行唯一有价值的革新就是发明了自动取款机。他认为，银行在证券市场上的自营交易只会让它们疏忽发放贷款的业务，而且这也会让银行承担太多风险，造成亏损之后又让纳税人埋单。以美国各级政府债券为标的的交易、代理客户开展的交易以及以风险对冲为目的开展的交易都属于例外情况。沃尔克规则把商业银行业务和投资银行业务区分开了，可以说在一定程度上恢复了大萧条时期出台的《格拉斯-斯蒂格尔法案》。

然而，《多德-弗兰克法案》仍然存在一些局限性，有些事情没有完成。比如，房利美和房地美的困境没有解决，货币市场基金的脆弱性和回购协议融资市场的挤兑问题也没有解决。不过这部法案依然产生了很多积极作用，堪称一项引人瞩目的成就。

在长达一年半的时间里，许许多多的政府官员、议员以及监管机构的决策者和工作人员付出了艰苦卓绝的努力，无论他们是否意识到，他们的一举一动都展现了伍德罗·威尔逊总统在其就职演说中所说的那种崇高而务实的态度。威尔逊曾说过：“我们必须按照现实情况去应对和修正经济体系，而不能仅仅依靠纸和笔去描绘，务实地、逐步地让它呈现出应有的状态。”威尔逊这番话在一个世纪后的今天仍然很有道理。

---

① “沃尔克规则”是奥巴马总统在2010年1月公布的，主要内容是将自营交易与商业银行业务分离，禁止银行利用参加联邦存款保险的存款进行证券、衍生品、期货等自营交易。所谓自营交易是指，银行机构在交易账户中持有的、以短期内再出售为目的、旨在通过短期价格波动套利获取利润的交易，或为上述交易进行对冲的交易。——译者注

# 第二十一章
# 第二轮量化宽松：虚幻的曙光

2010 年 2 月 3 日，即参议院确认我连任提名的 6 天之后，我站在美联储埃克尔斯大楼内能够俯瞰到宽敞的中庭的楼梯平台上，举起右手宣誓就职，安娜就站在我旁边。在危机期间与我并肩作战的好朋友、美联储副主席科恩主持了这个仪式。一楼、二楼和中庭两侧的大理石阶梯上挤满了美联储理事、众多来宾和数百名美联储员工。

我对美联储工作人员讲："美国和世界欠你们一份情，我们采取了迅速、有力和创造性的举措，迎战大萧条以来最严重的金融危机，成功地规避了迫在眉睫的经济崩溃。"

我的感激发自肺腑。应对危机是一个团队共同努力的结果，但那一天我还不能宣告胜利，因为还有 1 500 多万美国人无法找到工作，数百万人面临失去住房的危险。因此，我说："我们必须继续尽己所能地确保我们的政策有助于推动国家重现繁荣。"

2009 年夏季，美国经济开始恢复增长，结束了长达一年半的漫长衰退。这是 1929—1933 年大萧条以来最严重的经济衰退。2009 年最后三个月的经济评估报告显示经济产出迅速增加，但这并没有给就业市场带来显著的改善。2009 年 10 月，美国的失业率高达 10.2%，标志着

26 年来的最高点，到年底依然高达 10%。[①]这种情况让我想起了 2001 年那场衰退结束之后出现的失业型复苏。我开始怀疑经济会不会再次陷入衰退。

不过，我们的放贷计划和证券收购计划，以及奥巴马政府的财政刺激和银行压力测试，似乎都产生了预期效果。金融形势持续改善，这对于美国的整体经济而言是一个好兆头。股市大幅反弹，融资市场的运作更加趋于正常，银行体系虽然还谈不上完全恢复，但似乎已经稳定下来了。至少从金融体系的情况来判断，是时候着手减少紧急措施了。

我们在 2009 年 6 月就采取了第一个减少紧急措施的步骤，美联储每两周一次的贴现窗口贷款拍卖提供给银行的贷款额度从 3 000 亿美元减少为 2 500 亿美元。到 2010 年 3 月，这个贷款拍卖制度将完全取消，贴现窗口提供的银行贷款条件也恢复正常。在危机期间，美联储提供的紧急贷款期限延长到了 90 天，但 2010 年 3 月之后就恢复到了隔夜。由于鼓励银行向美联储借款的理由少了一些，我们很快就把贴现窗口的利率调高了 0.25 个百分点。

截至 2010 年 2 月 1 日，我们基本上逐步取消了之前为稳定货币市场基金、商业票据市场和证券交易商而推出的紧急贷款机制，只保留了一个，即根据《联邦储备法》第 13 条第 3 款规定的异常和紧急情况推出的“定期资产担保证券贷款机制”，但该机制在 2010 年 6 月 30 日之后也不再发放新贷款了。该机制最初的贷款额度是 2 000 亿美元，后来在 2009 年 2 月，额度调高到了 1 万亿美元，但总体来算，总共放出去了 710 亿美元。即便房贷规模没有达到预定额度，其发挥的作用仍不容小觑，支持了将近 300 万笔汽车贷款、100 多万笔学生贷款、将近

---

① 2012 年，劳工部公布的修正后的就业数据是，2009 年 10 月为 10%，2009 年 12 月为 9.9%。

90 万笔小企业贷款、15 万笔其他企业贷款和数百万笔信用卡贷款。

我对于这些计划取得的成就感到满意。这些计划可能没有救助贝尔斯登和美国国际集团的计划那么出名，引发的争议肯定也要少很多，但这些贷款机制在遏制金融恐慌的过程中却发挥了不可替代的、至关重要的作用。虽然我们发放的贷款数量多达数百万笔，而且贷款对象的类别十分广泛，但每一分钱都收了回来，而且还有利息，美联储（也就是说纳税人）获得了数百亿美元的盈利。更加重要的是，这些计划防止了金融体系陷入停滞，促进了信贷的正常流通。即便沃尔特·白芝浩看到这些，应该也会感到高兴的。

虽然联邦公开市场委员会中的鹰派和鸽派一致赞同结束紧急贷款计划，但他们对究竟应该什么时候结束过于宽松的货币政策持有不同看法。到 2010 年 3 月底，美联储也将根据一年前的承诺，取消证券收购计划。在 2009 年 3 月扩大第一轮量化宽松的规模之前，美联储持有的证券资产只有 7 600 亿美元，但现在我们持有的政府债券、房利美、房地美和吉利美抵押贷款支持证券，以及房利美和房地美的债券，总额高达两万亿美元。这段时间的联邦基金利率几乎一直维持在零利率的水平，而且我们在会议声明中也表示将在“一段更长的时期内”继续维持非常低的利率水平。堪萨斯联邦储备银行行长托马斯·赫尼希是鹰派的领袖。他在 2010 年的联邦公开市场委员会会议中享有投票权。鹰派委员们都很担心如此宽松的货币政策会引发负面效应，即便不会推高通胀，也可能刺激金融市场为了追求更高报酬而承担过多风险。因此，这些鹰派委员便在联邦公开市场委员会会议上施加压力，迫使大家研究一下在什么时机结束这种不正常的货币政策。

由于失业率仍然接近历史最高水平，而且通胀压力也相当低，我认为还远远没有到收紧货币的地步。我这种想法受到了两个历史情况的影响。第一个情况发生在 70 多年前的大萧条时期。罗斯福在 1933 年就任总统之后采取的扩张性货币政策和财政政策，推动美国经济走上了复苏之路，但由于当时人们过度担忧未来会出现严重的通货膨胀，尽管当时失业率依然保持高位，政府仍于 1937 年开始收紧货币政策和财政政策。由于当时美国经济十分脆弱，因此，货币供应量的收缩就导致美国经济从 1937 到 1938 年迅速陷入了衰退。第二个情况发生在最近几年。日本央行曾经迫切希望摆脱零利率，先后于 2000 年和 2007 年收紧政策，但事实证明，每一次都为时过早，最后不得不改弦更张，重新实行之前的政策。但从提前做好规划的角度来看，联邦公开市场委员会讨论一下货币政策正常化的问题，并达成共识，也是非常有意义的，因为如果可以事先制订一个可行的计划，那么一旦经济形势需要收紧政策，我们就能立即加以应对，这样有助于缓解鹰派委员以及外部批评人士的忧虑。

巴尼 · 弗兰克也认为，公开讨论一下退出当前的宽松政策也会有所裨益，因此他邀请我在 2 月 10 日到众议院金融服务委员会参加一场听证会。对这个邀请，我并不是很热情，尤其是因为按照预定计划，我将于两周之后到他那个委员会参加半年一次的货币政策执行情况听证会，而且上一个周末就确定下来我要前往加拿大伊魁特参加七国集团财长和央行行长会议，如果参加弗兰克的听证会，肯定会耽误我的准备时间。但与拒绝弗兰克相比，参加听证会还算比较容易一些。

伊魁特位于加拿大东北部，是努纳武特地区的首府，距离北极圈 200 英里，人口约为 7 000 人。四周冰雪环绕，冬季只能坐飞机前往。那次会议的东道主是加拿大财长吉姆 · 费莱厄蒂，一些欧洲财长试图在这次会议上达成的目标就是推动货币政策走上紧缩之路，这个目标与伊魁特当地朴素无华的风格显得相得益彰。当时，危机期间最严重的混乱状态已经结束了，这些官员们如同联邦公开市场委员会里的鹰派委员以及一些美国议员一样，也主张削减财政政策和货币政策的扩张性。我和盖特纳共同提出了反驳意见，因为我们不确定当时的改善程度是否足以让我们从扩张转向紧缩。

在伊魁特开会期间，我们有机会体验一下雪橇（默文·金试了试，我婉拒了），还有机会去参观冰屋和生吃海豹肉（我参观了冰屋，但没有吃海豹肉）。我们开会期间，天气还不错，但返回华盛顿时，计划被打乱了。我们离开加拿大之后，遭遇了暴雪，即后来所说的“末日雪灾”。在华盛顿以及大西洋沿岸的中部地区，积雪厚达两英尺。由于华盛顿机场关闭，我们不得不在波士顿过了一夜再回到家。这是我们事先没有料到的。

政府机构都停止了办公，但我还想准备一下周三的听证会。周二上午，我在美联储的接待室同幕僚们开会，大家穿着牛仔裤、毛衣和法兰绒衬衣。这间会议室面积挺小，但很优雅，四周墙壁上挂着历届主席的照片。我们先研究了一些我可能被问到的问题。还有一些幕僚通过电话连线的方式参加会议。谁知联邦机构直到周五才恢复办公，我那场听证会推迟到了 3 月份。但在参加听证会之前，我先把我的声明发布到了美联储的网站上，我解释道，在未来某个适当的时机，如果美联储的资产负债表还是比正常规模大得多，那么我们将提高利率。

在危机爆发之前，美联储通过改变银行准备金规模去影响联邦基金利率。比如，如果要提高联邦基金利率，美联储就会卖掉一些证券。我们回笼资金之后，就能减少银行准备金，那么银行就会更加需要到同业拆借市场上筹措资金，从而推高联邦基金利率，也就是银行间同业拆借市场上采用的利率。但是第一次推出量化宽松之后，我们收购了大量证券，银行体系资金泛滥，大多数银行也就不必互相拆借了。由于银行几乎没有短期借贷的需求，联邦基金利率也就几乎降到了零。在这种情况下，如果仅仅小幅削减银行的准备金规模，不大可能提高银行的融资需求，因此也不足以影响联邦基金利率。换言之，美联储用于影响短期利率的传统方法（即适度收购和卖出短期证券）现在已经派不上用场了。

因此，如果需要提高利率的时刻真的到来了，我们就必须采取新方法，即便我们的资产负债表规模仍然很大。其实，问题资产救助计划就为我们提供了一个重要的新工具，即为银行存在美联储账户中的准备金支付利息。我们将这个利率设定为0.25%。如果我们想采取紧缩政策，就可以提高这个利率，这样一来，银行会更加愿意把钱存在美联储，而不是借给其他银行或个人，从而达到影响联邦基金利率和其他短期利率的目标。

为了补充这一工具，我们还检验了其他办法，以期在不抛售美联储所持证券的前提下吸收银行体系中的准备金。一个办法就是为银行提供到期日更长、收益率更高的定期存款产品。银行在美联储开立定期存款账户，将自己的准备金存进去，就像消费者到银行开立定期存款账户一样，银行就相当于定期储户，必要时可以从这个账户中提取资金。存在定期账户中的银行准备金，就像是钱存在定期存单里面一样，从而减少了银行可用的准备金，提高了它们的融资需求，从而推高联邦基金利率。除了推出定期存款产品之外，我们还有一种办法，即以美联储所持证券作为抵押品，向证券交易商和其他非银行类金融机构借款，这样也可以减少银行可用的准备金，从而推高联邦基金利率。

当然，我们只要抛售一些证券，肯定可以收紧政策，并缓解量化宽松的影响。最终而言，我肯定愿意考虑抛售证券，只不过这个过程要循序渐进，而且还要提前公布出来抛售计划。我认为这是促使美联储资产负债表正常化的长期性做法，而不是当前收紧货币政策的首选方法。我担心美联储抛售证券会导致利率出现剧烈的、难以预料的变动态势，因此，抛售证券并不是管控金融形势的精准手段。

虽然我们的新方法还在研究中，但从我的所见所闻来看，尽管我们持有的证券比危机前多得多，我依然相信收紧政策不会存在任何技术方面的障碍。我希望议员和市场人士能认识到这一点。我也希望他们明白开发这些新工具并不意味着我们正在考虑很快收紧货币政策。

联邦公开市场委员会中的鹰派人士除了一如既往地担心通胀之外，还担心低利率会导致投资者因收益太低而感到沮丧，从而刺激投资者承担过多的风险，并滋生新的资产泡沫。我对这个问题也非常重视。经历了这么多危机之后，我也想确保我尽最大努力地采取一切必要措施以维护金融稳定。正如我很久以来一直强调的那样，我相信防范过度投机的第一道防线应该是监管政策。

我们针对那些最大、最复杂的银行加强了监管，还格外关注金融系统的风险因素。2010 年，我们进一步加强了对金融体系的监督，之前一些盲区也被纳入了监管范围，并组建了跨学科的研究小组，给我们提出了很多分析结果，做了很多报告，这些小组的关注对象既有统计学研究，也有市场传闻，并定期向美联储和联邦公开市场委员会汇报研究成果。《多德–弗兰克法案》在 2010 年 7 月通过之后，我们在美联储里增设了跨部门的“金融稳定政策与研究办公室”，负责监督和协调这方面的工作，请美联储资深经济学家内利 · 梁担任首任主管，她是经验丰富且精明干练的金融学家，曾在 2009 年参与组织针对大型银行的压力测试。跟危机之前的情况比较起来，联邦公开市场委员会在讨论货币政策时，更加关注影响金融稳定的风险因素。

我刚担任美联储主席之际，总是习惯于从美联储内部找几个人，组成小型工作组。与此相比，我为了促进金融体系稳定而采取的这些新举措则显得更加雄心勃勃。我不想吹嘘我们所做的事情。我们所做的这些都是为了尽早发现系统性的威胁。这些的确是很难预料的。不然的话，如果资产泡沫很容易就能看出来，就不会有那么多投资人被卷入泡沫了。不过，我也相信监管方法的改变会提高我们发现泡沫的概率。

尤其值得一提的是，我敦促内利 · 梁及其下属不仅要深入思考所看到的问题可能引发的后果，还要去思考最坏的结果是什么。我越来越认为，在之前房地产价格上涨的过程中，我们花费了太多时间去思考这种价格上涨是否标志着资产泡沫化，而几乎没有花费多少时间去思考泡沫破灭后可能会引发哪些后果。如果我们提前思考清楚了最坏的情况是什么，那么一旦真的发生，我们就能采取更好的应对举措。

我意识到金融冲击往往是不可预测的，因此还鼓励幕僚们寻找金融体系的结构性弱点，想办法使它更有弹性。这个想法已经体现在了我们的许多改革中，比如要求更高的银行资本充足率，提高银行体系吸收损失的能力。

2010 年 2 月的那场暴雪融化之后，华盛顿开始迎来了春天，而这一年的春天似乎比往年来得早了一些，到 3 月底，潮汐湖畔的樱花树已经是花团锦簇了。但美国经济依然相当疲软。我希望我 2009 年在《60 分钟》节目上所说的金融市场的“绿芽”能够让美国经济焕发生机，能够让美国普通公众的生活出现显著的改善。但不幸的是，这没有实现。金融混乱再次爆发，只不过主场轮到欧洲了。欧洲金融危机如同病毒般地对美国和全球其他经济体构成了威胁。

2007—2009 年的恐慌已经沉重打击了西欧。自雷曼兄弟破产后，许多欧洲国家出现了产出下降和失业率攀升，就像美国的情况一样。许多欧洲人，尤其是政治家，曾将英美的困境归咎于“牛仔资本主义”。（在国际会议上，虽然那些欧洲银行积极买进证券化的次贷产品也对最初的危机负有一定的责任，但我和盖特纳从不否认美国应负的责任。）但欧洲这次危机几乎都是内部因素造成的。从根本上来说，这是由欧洲国家在货币政策和财政政策上的差异导致的。2010 年，欧洲有 16 个国家使用“欧元”这一共同货币，但这些国家却实施了不同的税务和支出政策。

欧元的采用是一个伟大的实验，是始于 20 世纪 50 年代的欧洲一体化进程的一部分。各国领导人希望成员国之间形成更加密切的经济联系，以此促进欧洲经济增长，提升政治一体化水平。他们认为这样可以防范欧洲内部再次爆发战争。历史上，欧洲内部爆发过多次战争，包括两次灾难性的世界大战。也许，他们希望德国人、意大利人和葡萄牙人未来某一天会先把自己视为一个欧洲人，然后再把自己视为某一个国家的公民。

从1999年开始，欧盟28个国家中的11个国家，包括德国、法国、西班牙、意大利等，同意用欧元取代原来使用的马克、法郎、比塞塔和里拉等货币。这种新货币由欧洲央行负责管理。各国原来的央行纳入新的欧元体系，承担类似于美国联邦准备体系中各地区联邦储备银行的角色。使用单一货币会让跨国交易变得更容易，对于意大利、希腊等饱受通货膨胀、货币贬值等问题困扰的国家而言，采用欧元则是更有好处，因为这会立即增强它们在抗通胀方面的公信力，当然，前提是市场人士认为欧洲央行有打压通货膨胀的决心。

欧洲国家的一切努力似乎都围绕着抗通胀展开，新成立的欧洲央行也仅仅肩负一个使命，即保持物价稳定。相比之下，美联储还要肩负保障就业和维持物价稳定的双重使命。欧洲央行的总部位于德国的金融中心、原德国央行所在地——法兰克福。此举的象征意义十分显著，市场根据这个选址，预期欧洲央行对于通货膨胀会跟德国央行一样，采取“强势货币”的坚定立场，而不会像南欧国家央行那么温和。在加入共同货币之前，欧盟要求各国政府必须先按照《稳定与增长公约》减少赤字和债务，并且将通货膨胀压力控制在适当水平。

大致上来说，欧元的引入非常顺利，全球也很快就接受，其地位仅次于美元。后来又有更多国家加入欧盟，欧洲人希望他们的新货币也能跟美国的单一货币一样，在监管法规得到协调和诸多限制解除后，欧盟各国的人员、商品、资本的移动，也会像美国各州间一样畅行无阻。

但是欧元区和美国还是有一个重要的不同。在美国，联邦政府是基于全国利益去制定财政政策，而且美国的国债也是由国家来做担保。

但欧元区不是，欧盟各国的财政政策是由各国国会来决定的，税务和开支方面没有一个类似于欧洲央行、超越各国政府的组织来管理。正因为各国在财政政策上缺乏共识和协调，再加上欧洲各国劳动力市场和其他经济政策的显著差异，最后催生出了许多严重的问题。

欧洲这场危机的导火索最初发生在2009年10月，但当时几乎没有引起美国的关注。当时的希腊总理是乔治·帕潘德里欧。帕潘德里欧的父亲也曾担任希腊总理，并且是哈佛大学以及其他大学的经济学教授。帕潘德里欧上任不久便宣布，希腊的财政赤字其实比政府过去公布的高出许多。经过修正之后的数字显示，其财政赤字与国内生产总值的比率为13%，但欧盟《稳定与增长公约》却规定欧元区各国政府的财政赤字不得超过当年国内生产总值的3%。帕潘德里欧这一令人震惊的消息颠覆了《稳定与增长公约》的一个核心假定，即欧元区各国能够有效监督彼此的预算。这一消息还暴露了这样一个问题：投资者当初为什么愿意以非常低的利率把那么多资金借给希腊政府呢？

希腊政府能够轻松地从国际资本市场上获取巨额融资，体现了欧元的成功。希腊在2001年采用欧元这一共同货币之后，其货币政策制定权事实上就移交给了欧洲央行。希腊在国际货币市场上所借的资金是欧元，而不是之前的货币德拉克马。这样一来，希腊就无法依靠通货膨胀或货币贬值来减轻债务负担。国际投资者都想当然地假定希腊会严格遵守（至少是尽量遵守）《稳定与增长公约》为政府赤字和国债设定的上限。虽然欧盟的法律禁止一个成员国去救助另一个成员国，但投资者坚持相信如果一个成员国陷入危机，其他成员国会集体施救，而不会允许其违约，因为一旦违约，就会导致金融市场混乱，并进而导致投资者对其他成员国丧失信心，从某种意义上来讲，这就相当于国家层面的道德风险，让人联想起美国政府对房利美和房地美的隐性担保。[①]由于这些原因，希腊能够像德国那样以非常低的利率从国际货币市场上获取贷款，但要知道，德国是欧元区里面最有信誉、最可靠的借款者。2009年10月，全世界都知道了希腊的债务已经远远超过其偿还能力，而且知道了希腊一直通过篡改统计数据掩盖事实。形势很快变得非常明朗了：如果没有外援，希腊将会违约。

欧元区在如何应对的问题上一直非常纠结。一方面，从表面上看，任由希腊违约的确有一定的道理。希腊是一个位于欧洲边缘的小国，在欧元区贸易和投资总额中所占份额极小，一旦希腊违约，就会促使投资者未来更加谨慎，从而有助于削减道德风险。此外，虽然市场预计德国等国家可能会施以援手，但如果这些国家坐视不管，反倒可以避免遭遇国内选民的反对。

但另一方面，如同雷曼兄弟破产撼动了整个金融体系一样，希腊违约也可能对欧洲和整个世界造成深远的负面影响。虽然从挥霍程度来看，希腊堪称欧洲之最，但债台高筑的国家绝不仅仅局限于希腊这一个国家。早在希腊的危机爆发之前，已经有巨额借款流向了西班牙，加剧了西班牙建筑业的泡沫，但后来泡沫破灭了。2008年，爱尔兰政府曾经承诺保护本国银行的债权方，以至于后来不得不伸手救助多家大型银行，引发了巨额财政赤字。葡萄牙经济较为疲软，反过来又弱化了其财政状况。意大利政府的债务则是欧洲之最。如果任由希腊违约，国际投资者很可能断定其他债台高筑的欧元区成员国也会重蹈希腊的覆辙，并提高其他国家融资时必须支付的利率，从而有可能引发一系列债务危机。

希腊违约对欧洲银行体系的潜在影响也是一个令人忧虑的问题。欧洲很多银行在之前那场危机中已经元气大伤，资本严重短缺。这种

① 《欧洲联盟条约》第104条禁止欧洲央行和成员国央行向成员国提供透支或者类似透支的贷款，从而构成了欧盟救助希腊的法律障碍，因此，如果欧盟决定救助希腊，就必须修改条约。——译者注

情况对欧元区经济构成了特别严重的威胁，因为与美国相比，欧洲信贷对于银行贷款的依赖要大得多。虽然希腊境外的大多数欧洲银行持有的希腊政府债券并不多（法国的银行持有的希腊政府债券数量可能是最多的），但它们从其他脆弱的欧元国政府那里购买了大量债券，其中既有公共部门的债券，也有私营部门的债券。如果违约风波蔓延到了希腊以外的其他国家，那么整个欧洲银行体系的稳定性就要面临风险了。

最后，各国领导者还必须权衡一下如果希腊选择在违约之后放弃欧元，恢复原有货币，将会发生什么事情。希腊之所以有可能这么做，一个原因就是这样可以让其货币政策重新获得独立性，或将有助于希腊政府应对违约之后接踵而来的经济灾难。但如果希腊退出欧元区，人们肯定会越来越担心其他国家会不会亦步亦趋。这样一来，就会引发关于欧元区是否会解体的担忧，从而损害欧洲经济。比如，如果一个国家有可能退出欧元区，那么这个国家的银行储户们就会担心自己以欧元计价的存款可能被迫以价值较低的新货币计价，为了规避这种风险，储户就会把钱取出来，转存到安全的地方，比如转存到一家德国的银行。（当前由于很多银行在其他国家开设了分支机构，因此储户可能走一个街区或者通过网上银行就可以把钱转存到其他银行。）对于存在退出欧元区嫌疑的国家而言，这样的取款行为可能很快就会恶化成一场针对其银行的挤兑浪潮。

由于这些原因，欧元区的财长以及央行官员们断定他们必须帮助希腊，虽然不情愿，也别无选择。曾经嘲笑雷曼兄弟倒闭的欧洲央行行长特里谢在这一点上特别坚持，一直试图说服欧洲其他决策者同意帮助希腊。我与盖特纳意识到，欧洲一旦发生金融动荡，其影响将不仅仅局限于欧洲。因此，我们通过多个国际会议、视频会议以及单独面谈，敦促欧洲央行行长和财长尽快采取明确的措施，解决他们的问题。国际货币基金组织以及欧洲以外的国家也担心欧洲的危机产生溢出效应，因此，也敦促欧洲国家迅速解决危机。

在欧洲领导人争论如何应对的过程中，欧元区缺乏单一的财政主管机构的后果就变得显而易见了。关于分摊救助任务的讨论进展极为缓慢，暴露了严重的分歧。从帕潘德里欧公布希腊债务情况到欧元区各国政府承诺救助希腊，几乎耗费了4个月的时间，而且救助方案的细节寥寥无几。经过更多的讨价还价之后，到2010年4月23日，希腊总理帕潘德里欧要求其他欧元国尽快拿出详细的救助方案，因为到那个时候，希腊10年期政府债券的收益率已经比德国同类债券高出6个百分点，而在2009年10月份，这个数字是1个百分点，这反映出市场对于希腊违约的担忧已经十分严重了。2010年5月2日（周日），希腊救助机制终于启动了，欧盟委员会、欧洲央行和国际货币基金组织宣布将为希腊提供1 100亿欧元（约合1 450亿美元）的救助资金。这笔资金里面，三分之二是几个欧元国提供的贷款，另外三分之一是国际货币基金组织提供的贷款。为存在违约风险的国家提供贷款是国际货币基金组织的一个职责。

但市场认为欧洲所做的努力存在一些模糊不清的地方，而且其设定的目标也不够宏大。5月2日宣布的救助消息几乎无助于改进葡萄牙和爱尔兰在国际资本市场上的融资条款，这两个国家的国库券收益率持续上升，只不过没有希腊那么高而已。到了周一，即这则消息宣布的第二天，美国道琼斯指数开盘之初有所上扬，但很快回吐，到周五总共跌去了7%。此外，希腊人民本应该是这次金融救助的受益者，但他们认为救助条款是不公平的，一个原因在于救助条款要求希腊政府大幅削减公共支出，以至于雅典的街头上顿时出现了一些暴民，甚至在5月5日，一家希腊银行遭到汽油弹袭击，导致三人死亡。对于这种情景，我们之前也能够频繁看到。

根据道琼斯指数在欧洲宣布希腊救助方案之后的变动态势来判断，美国几乎不可能不受欧洲金融动荡的影响，美国股市在2010年5月的震荡堪称雷曼兄弟倒闭以来之最，这反映出全球范围内的恐慌情绪和避险意识不断加强。为了评估金融恐慌蔓延到美国之后可能造成的风险，内利·梁的团队以及美联储的银行监管人员花了很多时间去评估美国究竟会承担多少风险。一个好消息是美国银行持有的希腊政府债券以及欧洲其他政府债券相对较少，但另一方面，美国很多银行通过为欧洲企业发放贷款等渠道，与欧洲的大型银行以及欧洲经济存在千丝万缕的联系，而且美国货币市场基金还为欧洲银行提供了巨额融资，这些资金主要是用于欧洲银行在美国市场上的放款放贷。

由于5月2日宣布希腊救助方案之后的市场反应比较消极，欧洲决策者们又做了一次尝试。5月7日，他们宣布在整个欧元区范围之内更加严格地执行《稳定与增长公约》对于财政赤字和政府债务的限制措施，并勒紧腰带，实施财政紧缩措施。5月9日（周日），他们宣布设立“欧洲金融稳定机制”（European Financial Stability Facility）以及一个相关的主管机构。欧洲金融稳定机制有权在国际资本市场上筹借5 000亿欧元，这些资金再加上之前给希腊承诺的1 100亿欧元，可用于救助欧元区的任何国家。此外，欧洲央行还明确表示愿意通过新设立的证券市场计划（Securities Markets Programme）向那些陷入困境的欧元国购买政府债券，这样做的目的就是削减这些国家政府债券的利率。在终止之前的几个月内，这个计划虽然收购了适量的政府债券，但它并不是真正意义上的量化宽松政策，因为欧洲央行在收购政府债券的同时，还会卖出相应数量的其他资产，从而使其资产负债表的总体规模保持不变。

5月9日，在特里谢的请求下，我召集联邦公开市场委员会开了一次视频会议，探讨要不要恢复3个月之前终止的货币互换举措。在召开这次会议之前，我还收到了默文·金和日本央行行长白川方明打来的电话，他们表达了各自的忧虑。对于美联储而言，当时也是一个非常微妙的时刻，因为美国参议院正在准备投票表决《多德-弗兰克法案》，我担心参议员们会误认为恢复货币互换额度是在救助外国银行。如果他们真的这么认为，就忽略了这样一个事实，即与欧洲央行的货币互换举措不会引发任何信贷风险，而且有利于防止欧洲金融动荡跨越大西洋，波及美国。暂且抛开参议员的反应不说，至少在我看来，美国经济的健康程度与欧洲事态具有一定的联系。此外，欧洲央行制订了证券市场计划，也采取了从政治角度来看十分大胆的举措。此外，我还相信央行之间的合作对于提振市场信心的影响非常大。因此，我力主恢复与欧洲央行、英国央行、瑞士国民银行和加拿大银行的货币互换额度。为了避免潜在的政治抵制，我先后见了多位议员，其中包括 5 月 11 日在私下场合向参议院银行业委员会所做的简要情况汇报。令我感到一丝宽慰的是，参加那次会议的大多数成员似乎都能理解促进全球金融稳定符合美国利益这一事实。

对于欧洲国家最新采取的救助行动以及美国恢复对欧洲的货币互换额度，市场的反应比一周之前积极多了。希腊、葡萄牙和爱尔兰政府债券的收益率在周一大幅下跌，美国道琼斯指数大幅上涨近 400 点，涨幅约为 4%，这一迹象标志着投资者认为美国经济面临的威胁减少了。然而，过了一段时间之后，投资者对于欧洲能够解决问题所抱的乐观情绪逐渐弱化，开始担心希腊即使获得了救助资金之后也无法偿还债务，葡萄牙和爱尔兰的财政状况似乎越来越不健康。最终，市场对于意大利和西班牙这两个规模较大的经济体的担忧情绪也逐渐上升，谁也不确定欧洲的资源和政治意愿是否足以解决所有问题，也不确定银行和其他放贷机构是否会被迫分摊损失。于是，在经过短时间的风平浪静之后，上述几个国家的政府债券收益率恢复上涨态势。道琼斯指数也再次下跌，从 4 月份希腊总理向欧洲其他国家求援那天到 7 月初，美国股市总共跌掉了 13%。7 月初，欧洲的银行监管机构针对欧洲大陆的多家大型银行开展了一次压力测试，但并没有像美国之前一年开展的压力测试那样赢得积极的市场反应，因为投资者认为欧洲压力测试的结果是不可信的，而且欧洲银行在放贷问题上依然忧虑重重，即便对于银行间拆借资金也是如此。

11 月 19 日，欧洲央行在法兰克福举办了一场国际会议，我在那次会议上见到了欧洲央行行长特里谢。当时，危机依然愈演愈烈，但主场已经从美国转移到了欧洲。我对特里谢说：“特里谢，现在轮到你了！”他苦笑了一下。9 天后，即 2010 年 11 月 28 日，欧盟成员国财政部部长决定和国际货币基金组织一道向爱尔兰提供 850 亿欧元的资金支持，以帮助这个欧元区国家应对债务危机并遏制危机蔓延。

希腊总理向欧洲其他国家求救的 4 天之后，即 2010 年 4 月 27—28 日，联邦公开市场委员会召开了一次会议。在那次会议上，我和大多数同事都对美国经济前景表达了谨慎的乐观。我们讨论了欧洲的事态可能对美国造成的风险，但到当时为止，这些风险还没有变成现实，失业率从 2010 年 1 月到 3 月一直维持在 9.7%的高位，但我们预计美国经济增长的势头将会得到进一步加强，因为当时虽然奥巴马政府 2009 年财政刺激方案产生的影响逐渐消退，但美国家庭支出和企业资本投资已经开始恢复并出现增长态势，对美国经济产生了一定的刺激作用，我们认为这足以使失业率在 2010 年底呈现出适度降低的态势。当时通胀率依然低位徘徊（或许可以说太低了），但我们预计会逐渐上升。

不幸的是，到 2010 年春夏之交，我们发现之前的预期似乎太乐观了。联邦公开市场委员会在 6 月 22—23 日召开会议时，美国经济前景比在 4 月份时还弱了一些。然而，我们还是按照之前的规划，继续探讨如何不失时机地逐渐缩小美联储资产负债表的规模。几位鹰派委员因为担心通胀问题，主张退出宽松的货币政策，尽快抛售证券，但大多数委员希望等经济复苏的步伐彻底稳健下来之后再探讨抛售证券的问题，这也是我个人的立场。鉴于美国经济前景的恶化，我想我们之前思考问题时思维可能有点狭隘了，因为我们过于注重探讨如何退出宽松的货币政策，但这并不是迫在眉睫的问题，我们还有必要探讨一下如果经济需要进一步的刺激，我们应该怎么办。

那次会议结束一周之后，比尔·达德利就一个问题提出了警告，而到当时为止，我们一直没有重视过这个问题。他提的问题是，3 月底，第一轮量化宽松政策结束之际，我们决定在我们持有的房利美与房地美担保的抵押贷款支持证券到期之后，就不再购买新的证券作为补充了，但由于房屋转卖或再融资等因素的影响，债券赖以存在的抵押贷款逐渐还清，导致我们持有的抵押贷款支持证券的规模逐渐缩小。随着时间的推移，这个过程看似缓慢，却导致我们的资产负债表规模越来越小，无异于被动地实施了货币紧缩政策。这个问题似乎是小问题，并不值得格外忧虑，但达德利警告说在之前两个月内，抵押贷款利率已经从 5%左右下降到了 4.5%左右，可能会引发新一轮的抵押贷款再融资浪潮，从而导致美联储持有的抵押贷款支持证券的规模迅速减少，相当于大幅收紧货币政策，最后的结果可能出乎我们的预料。

联邦公开市场委员会在 8 月 10 日召开会议之际，美国经济显然正在丧失增长动力。在整个夏季，美国失业率一直维持在 9.5%左右的高位，通胀率则在 1%左右徘徊，即使不至于立即滑向通缩，也似乎太低了。早在 2008 年初，我就曾经警告说，如果经济增长率太低，没有出现足够的改善，无法提振消费者和企业的信心，那么美国经济可能撑不久，或将再次跌入衰退。我在这次会议上发出了同样的警告。在我看来，由于财政方面不大可能再次出手采取刺激举措，我们就需要从货币政策着手为美国经济提供进一步的支撑。

美联储货币事务部门的新任主管比尔·英格利希为联邦公开市场委员会提出了几个政策选项。他和我一样也毕业于麻省理工学院，也曾是斯坦利·费希尔的学生。他在一个月之前才从布赖恩·马迪根那里接任这个职位，马迪根在为美联储服务了 30 年之后退休了。由于之前美联储不增补到期的抵押贷款支持证券，使得信贷流动陷入被动的紧缩，因此，我当时建议想办法结束这种情况，联邦公开市场委员会也接受了我的建议。为了维持资产负债表的总体规模不变，我们都同意开始收购更多长期政府债券，作为对逐渐缩小的抵押贷款支持证券的补充。我们决定收购美国国库券去补充到期的抵押贷款支持证券，这也正好符合杰夫·莱克尔和其他几位委员的主张，即像在危机爆发之前那样，建立一个只有国库债的投资组合。我们这一政策转变虽然没有登上各大报刊的头版头条，却让市场知道我们也对美国经济前景感到担忧，并且向市场发出了一种暗示，即如果美国经济再次出现下滑，我们就愿意采取更多应对举措。2010 年从来没有投过赞成票的堪萨斯联邦储备银行行长托马斯·赫尼希这一次再次投出了反对票，因为他认为美国经济已经不需要货币政策提供进一步支撑了，并持续担忧宽松的货币政策会对金融稳定性带来更大风险。

我们在 8 月 10 日采取的那个行动只是为了扭转被动紧缩的局面，充其量是一种防御性的做法。我知道我们必须做好采取更多措施的准备，而且更重要的是，我们要让公众、市场和政客提前做好心理准备，以免我们采取进一步行动时，他们感到猝不及防。8 月 27 日召开的杰克逊霍尔年会就为我提供了一个向外界发出暗示的机会。在参会之前，我就决定绕过预先设定的议题，即如何落实《多德–弗兰克法案》，另外选择一个议题，即经济前景与我们的政策选项。8 月 14—15 日那个周末，我一直忙着撰写讲话稿。但由于联邦公开市场委员会还没有决定会不会采取进一步行动，因此，我在那次讲话中也不能给出明确的承诺，但仅仅通过详细探讨采取进一步行动的可能性，我就可以向外界发出一种信号，告诉外界我们做好了采取行动的准备。

两周之后，在杰克逊湖旅馆的讲台之上，我明确表示，我们还有一些可用的工具去支撑美国经济，我说我们决心保持经济复苏态势，并努力防范经济滑向通缩，我还谈到我们有可能动用之前已经用过的两个政策选项的可能性，这两个选项是证券收购和政策沟通，它们的目标就是让市场相信我们的短期利率将长期保持在低位，并降低长期利率，促进美国经济的增长和就业率的提升。我还补充道，如果进一步采取非传统的货币政策，会涉及潜在的成本和风险，应该予以认真权衡。

至于要不要采取额外措施，必须等到联邦公开市场委员会在9月21日召开的那次会议，但由于市场越来越担心美国经济复苏难以为继，我们便明确表示采取行动的时刻很快就要来了。我们对外界讲，如果有需要，我们会提供更多的扶持措施去支撑经济复苏，并推动通胀率缓缓提高到一个更加合适的水平。

9月21日那次联邦公开市场委员会会议上，唐纳德·科恩没有参与。这是连续多年来的第一次。当时，他已经快68岁了，他的美联储副主席任期其实早在2010年春季就结束了，他原本想在任期结束时就退休，但由于苏珊·比斯于2007年3月离职之后，美联储理事会缺了两位理事，我就在2010年春季请求他暂缓退休。他参加了一个又一个会议，最后我再也劝不动了，他便退休了。他在美联储服务的时间长达40年之久。对我个人和整个美联储来说，科恩的退休都是莫大的损失。他是杰出的经济学家，更是明智的决策者，美联储上上下下和全球各国央行人士都对他十分钦佩和信任。在危机期间，他常常表现出自嘲式的冷幽默，也为我提供了坚定不移的道德支持。

科恩退休之后，美联储理事会就剩下4位理事了（包括我这位主席和其他3位理事），但参议院在批准新理事的提名时，仍然是一如既往的拖拖拉拉，想方设法地加以阻挠。其实，奥巴马总统早在4月29日就提名了3位新理事，分别是马里兰州金融监管官员莎拉·拉斯金、麻省理工学院教授彼得·戴蒙，以及时任旧金山联邦储备银行行长的珍妮特·耶伦，但整个夏天都过去了，参议院那边仍然没有什么结果。

我和戴蒙、耶伦认识几十年了。我在麻省理工学院读书时，戴蒙就已经在那里任教了，因此，当盖特纳就他们二人的提名事宜征求我的意见时，我表达了强烈的支持。我之前不认识莎拉，但也很欢迎她的到来。她是个律师，之前曾担任参议院银行业委员会的顾问。我们一直想物色一位熟悉社区银行事务的美联储理事，因此莎拉加入美联储理事会，算是适得其所。

耶伦获得的提名是接替唐纳德·科恩出任美联储副主席。耶伦也是一位学院派的经济学家，博士学位是在耶鲁大学读的，其论文导师詹姆斯·托宾是凯恩斯学派的领袖人物，也是一位诺贝尔奖得主。耶伦的学术研究也明显偏向凯恩斯学派，通常侧重于失业和工资问题。她取得博士学位之后，曾在哈佛大学做过助理教授，后来，她来到华盛顿，加入了美联储，并在美联储的自助餐厅遇见了同为经济学家的乔治·阿克洛夫。乔治说话轻柔，性格腼腆，但其所做的创新研究十分出名。耶伦与乔治后来结为夫妻。二人不但一起做研究，合作完成了很多著述，还曾一起在加州大学伯克利分校任教多年。乔治深入研究了信息不对称对市场的影响，并因此获得了诺贝尔经济学奖。我刚到斯坦福大学的那段时间，也对这个研究主题很感兴趣。

耶伦也有丰富的决策经验。在格林斯潘担任美联储主席期间，她在克林顿总统的提名下，担任过两年半的美联储理事，后来还担任过总统经济顾问委员会主席一职。此外，从 2004 年起，她还担任过旧金山联邦储备银行行长。她在联邦公开市场委员会里面一直是鸽派的领导人物，这一角色反映出她一直非常担心失业率居高不下的问题，担心失业问题给个人、家庭及社区造成的困境。与联邦公开市场委员会里面的其他很多人相比，她更能充分地意识到这次金融危机引发的经济衰退很可能非常深刻，并需要我们采取坚强的应对举措。我了解她，也知道她在 20 世纪 90 年代通胀问题令人忧虑之际的表现，因此，我几乎毫不怀疑她会在必要的时候力主维护物价稳定。她每次参会之前都认真做准备工作，总是能够援引别人的研究文献或亲自指导下属所做的研究，或者通过严谨的分析去支撑自己的观点。她总是能够在会议上做出非常有实质性的贡献，每次她开口讲话，会议室就安静下来，大家都认真听她讲。

参议院最后批准了莎拉和耶伦的提名，几乎没有出现什么反对的声音。我在 10 月 4 日为她们举行了宣誓就职仪式。虽然戴蒙具有杰出的学术成就，他的提名却很不妙。戴蒙曾经在经济理论、财政政策、社会保障和劳动市场等方面做过很多重要的研究，获得了麻省理工学院“学院教授”（Institute Professor）这一最高教职，并且担任过美国经济协会会长，但参议院银行业委员会里面以理查德·谢尔比为首的共和党人却认为他的自由主义倾向太严重，于是他们就驳回了这项提名，并于 2010 年 8 月将提名退给白宫，没有就此提名进行投票。

到这个时候，大多数人可能就会自动放弃了，但戴蒙请求奥巴马总统再为他提一次名，不久之后，我们了解到，他由于在劳动市场领域取得了出色的研究成果，很快就要和他人共同获得诺贝尔奖了，但谢尔比依然毫不退让，坚持认为戴蒙没有资格担任美联储理事，并表示：“诺贝尔奖是一个重大的荣誉是毫无疑问的，但获得诺贝尔奖并不意味着适合担任每一个职位。”与此同时，以反对增税而著名的格罗弗·诺尔奎斯特带领的保守派组织——“增长俱乐部”（Club for Growth）宣称为戴蒙投反对票将是 2011 年议员评分的关键，这就意味着如果谁敢投赞成票的话，很可能会被贴上“不够保守”的标签。这样来看，戴蒙的提名就再也没有得到批准的可能性了。后来，他自己放弃了提名，并在《纽约时报》上撰文痛批华盛顿的“党派对立”现象。他的提名没有通过，对于美联储和整个美国而言，都是一个真正的损失，这个插曲也表明保守派对美联储的对立情绪并没有随着《多德–弗兰克法案》的通过而终结。

2011 年 3 月，旧金山联邦储备银行研究部门主管约翰·威廉斯接替耶伦出任行长一职。威廉斯是货币经济学方面的一位优秀专家，他职业生涯中的第一份工作就是供职于美联储理事会。事实表明，他在联邦公开市场委员会中算是中间派人士，我经常把他的态度作为观察联邦公开市场委员会整体态度的一个风向标。

随着11月2—3日联邦公开市场委员会会议的临近，我和比尔·达德利开始利用公开讲话的机会让市场为第二轮大规模证券收购计划做好心理准备。达德利在10月1日的一次讲话中指出，当前这种失业率居高不下、通胀率日渐降低的形势“完全令人不满”，并且假设性地提出证券收购计划的规模是5 000亿美元，他这一假设有助于塑造市场预期。根据他的估计，收购5 000亿美元的国库券对美国经济产生的刺激作用，就相当于将联邦基金利率削减0.5~0.75个百分点产生的刺激效应。10月15日，我在波士顿发表演讲的时候，没有把话讲得很明确，但我表示“如果其他方面不变的话，现在似乎有理由采取进一步行动”。

与此同时，我和耶伦还努力在联邦公开市场委员会内部寻求支持。我和她分头行动，各自负责给一部分联邦储备银行行长打电话，以便寻求支持。我知道，堪萨斯联邦储备银行行长托马斯·赫尼希这一次肯定也会表达反对意见，他越来越注重在公开场合发表舆论，按照美联储老成持重的传统文化来看，他使用的语言都具有挑衅性。联邦公开市场委员会开会的前一周，他在一次演讲中将我们可能出台的证券收购计划称为“一个与魔鬼达成的协议”。他担心这个收购计划可能会引发金融动荡，并为过高的通货膨胀埋下伏笔。之前一个月的《商业周刊》对他曾以长篇专文报道，指出“托马斯·赫尼希烦透美联储了”。但他对媒体的关注似乎也相当满意。多年来，他给我的印象是文质彬彬、温文尔雅，我尊重他发表不同见解、提出刁钻问题以及公开解释自身立场的权利，但现在我认为他有可能削弱公众对美联储的信任，扰乱联邦公开市场委员会的审议过程，缩小我们的灵活空间。达拉斯联邦储备银行行长理查德·费希尔以及费城联邦储备银行行长查尔斯·普洛斯都认同托马斯·赫尼希的怀疑观点，但他们二人在2010年都没有投票权。费希尔认为当时两党在联邦预算问题上的持续争论增加了美国经济面临的不确定性因素，导致企业不敢扩大投资，也不敢招聘新人，在这种情况下，仅仅动用货币政策去支撑经济是没有多大用处的。查尔斯·普洛斯则一直很担心通胀问题，并且几乎不相信我们能够通过进一步宽松的货币政策去创造就业机会。

我知道波士顿联邦储备银行行长埃里克·罗森格伦会支持我，他在2010年享有投票权。而那一年可以投票的储备银行行长里面，我想圣路易斯联邦储备银行行长吉姆·布拉德和克利夫兰联邦储备银行行长桑德拉·皮亚纳尔托都会支持采取进一步行动。新任理事莎拉·拉斯金是第一次参加联邦公开市场委员会的定期会议，耶伦也是首次以美联储副主席身份参会。耶伦会希望采取强有力的行动，我猜想莎拉和丹尼尔·塔鲁洛也是如此。贝齐·杜克对持续宽松的好处就不是那么乐观，而且对美联储资产负债表的规模越来越大会涉及的风险也感到忧虑。耶伦曾找杜克沟通过，杜克后来同意支持美联储继续收购证券，不过对整个行动并不是很热情。

沃什在这个问题上持有保留意见。他是我最亲密的顾问之一，他的帮助，尤其是在2008年秋季危机肆虐之际给我提供的帮助，是无比宝贵的。他曾经支持过第一轮证券收购计划。现在，由于金融市场运作较为正常了一些，他认为货币政策已经运用到了极限，再采取证券收购计划可能会推高通胀率，并危及金融的稳定性。他认为现在是时候让华盛顿的其他有关方面承担一些责任了，让其他方面也出台刺激政策，减轻美联储的负担。我在10月8日和他见了一面，向他保证说，如果我们对于证券收购计划的实施效果感到不满，或者如果我们看到通胀压力不断加剧的迹象，就可以削减收购规模。我还对他讲，我在公开讲话中除了强调大规模收购证券的好处之外，还会着重指出其涉及的相关成本与风险。我们谈得很愉快，但我不确定是否说服了他。我们在 10 月 26 日再次见面时，他告诉我，他不会投反对票，但我知道，这一票他投得着实有点为难。

我认为在 11 月份那次会议召开之际采取进一步刺激举措的理由十分强烈，很多因素都支持我们采取行动，比如，根据我们当时可以获取的最新资料显示，从 6 月到 9 月，美国就业人数逐月下降。当然，那个时期的就业人数减少的一大原因就在于美国人口普查工作接近尾声，联邦政府聘用的工作人员大幅减少。然而，在同一时期，非政府机构的就业人数平均每月才增长 8.4 万人，虽然这足以吸纳刚刚走出校门的毕业生以及其他类型的新求职者，但这个增加幅度根本无法有效地降低失业率。美国失业率一直在 9.6% 的高位徘徊，从年初开始几乎没有什么变化，而且后来的一系列数据也令人失望，似乎 2011 年的经济增长态势将过于疲软，也无法促使失业率出现实质性的下降。我特别担忧长期失业造成的侵蚀作用，因为在当时的失业人群里面，40% 多的人失业时间超过了 6 个月，他们的技能越来越生疏，而且逐渐丧失了职场中的人脉资源。同时，从美联储另一个使命来看，通胀率一直太低，未来似乎也只是持平，甚至可能继续降低。过去 6 个月内，通胀率平均只有 0.5%。在通货膨胀太低，甚至通货紧缩的情况下，经济全面复苏的难度就会加大。

我相信，在这种情况下，联邦公开市场委员会不能无所作为，以免经济复苏过程难以为继。此外，我认为证券收购计划并没有丧失其有效性，因为自从我 8 月份开始公开暗示我们将采取更多行动以来，美国的金融形势已经有所改善，显然这是因为市场已经预计到了我们会采取额外行动，道琼斯指数上升了 12%，通胀预期也提升到了较为正常的水平。但新的证券收购计划不大可能彻底改变现状，不可能创造出我们迫切需要的数以百万计的工作岗位，但肯定会有一定的积极作用，甚至可能有助于防止经济再次滑向衰退。

最后的结果是，联邦公开市场委员会投票决定实施第二轮证券收购计划，在 2011 年 6 月之前收购 6 000 亿美元的国库券，进度大概是每个月 750 亿美元。这个计划很快就被媒体贴上了“第二轮量化宽松”的标签。这个计划将会导致美联储的资产负债表规模膨胀到 2.9 万亿美元，而在 2007 年年中，这个规模甚至还不到 9 000 亿美元。圣路易斯联邦储备银行行长吉姆·布拉德从 2009 年夏季就开始鼓吹我们应该设计一套没有终止期限的收购计划，根据经济复苏情况和通胀情况去适时地调整证券收购规模，但我担心如果不事先设定终止期限，那么一旦我们最后终止该计划，市场可能会猝不及防。我们的确也说过会定期审视收购进度，如果经济前景允许的话就进行调整，但在实际操作层面，这样调整的确存在一定的难度。

托马斯·赫尼希果然投了反对票，这一点也不令人惊讶。那次会议结束之后的第二天，他接受《华尔街日报》记者萨蒂普·雷迪的采访时，对联邦公开市场委员会提出了猛烈批评，到联邦公开市场委员会 12 月那次会议时，他还是投反对票，但那是他连续第 8 次，也是最后一次投反对票了。他是 1980 年以来连续投反对票次数最多的美联储决策者。

沃什信守了之前的承诺，投了赞成票，但会议结束一周之后，他在纽约发表了一篇演讲，并在《华尔街日报》上发表了一篇评论文章，表达了他的保留意见。他认为仅仅用货币政策根本不足以解决美国经济存在的问题，并呼吁税务改革和监管改革，提高美国经济的生产率，为美国经济长期增长注入动力。对此，我表示赞同，我也认为华盛顿的其他决策者应该在促进美国经济增长方面承担更多的责任。扩大修路等方面的联邦基础设施项目支出有助于提升美国经济经济的生产率，并且能够立即创造就业岗位，让人们重返工作。但除了沃什强调这些方面之外，没有任何人预计财政领域或其他领域会出现任何改观。事实上，在华盛顿，只有美联储一家在孤军奋战，虽然我们的工具不尽完美，但我们必须做点什么。

托马斯·赫尼希的批评让我觉得很生气。虽然我听到过联邦公开市场委员会的几位同事对沃什的评论文章发表过一些不满情绪，但我个人倒是觉得无所谓。沃什在美联储理事会服务期间，一向都是坦率而积极地参与我们的政策讨论，提出了很多具有建设性的意见，而且尽管他对第二轮资产收购计划抱有一些顾虑，最后还是投了赞成票。我认为他公开发表的那些评论并不是为了抨击美联储的政策，更大程度上是在指责除美联储以外的其他决策机构。三个月后，沃什就要离开美联储理事会了，但这并不是因为我们存在政策方面的分歧，而是早在2006年他接受任命之际，他就同我商定在这个岗位上干5年左右。直到今天，我们依然保持着密切的联系。

市场似乎提前预料到了第二轮量化宽松政策，因此，这一政策真的出台之后，市场反而安之若素，波澜不惊，我想这可能是因为我们之前已经成功地向市场暗示了我们的行动。不过，我还想确保市场能够充分理解我们的目标。为此，我曾经认真考虑过在11月份那次会议结束之后召开一场未经事先安排的新闻发布会，但后来由于担心扰乱市场，只好作罢。后来，我花了几个小时接受几位重要记者的采访，回答了他们提出的问题，仅供市场参考。11月4日，我还在《华盛顿邮报》上发表了一篇评论文章，阐述我们的目标。虽然我付出了这些努力，最后还是引发了国外领导者和国内政客的批评，这是我始料未及的。

11月2日，即我们召开会议的那天，正好是中期选举的日子。选民给民主党造成了沉重的打击，民主党失去了对众议院的控制权，保持了4年少数党身份的共和党终于取得众议院的控制权。结果巴尼·弗兰克不得不放弃众议院金融服务委员会主席一职，来自亚拉巴马州的众议员斯潘塞·巴屈斯接任。虽然共和党在参议院的席位有所增加，但依然处于少数党地位。奥巴马用“非常惨痛的失败”来描述民主党在这次中期选举中的遭遇。或许是受到了这次选举结果的鼓舞，一些共和党的政客以及电台主播格伦·贝克等保守派的评论人士，对我们在 11 月份那次会议上决定实施第二轮证券收购计划大加挞伐，甚至连之前从来没有对货币政策表现出兴趣的莎拉·佩林也跳了出来，要求我们“就此打住，不要再做”。

更让我觉得不安的是国会中的 4 位共和党领导人物，分别是众议院的约翰·博纳和埃里克·坎托，以及参议院的米奇·麦康奈尔和乔恩·凯尔。他们在 11 月 17 日给美联储发来了一封联名信，表达了对第二轮量化宽松的忧虑。他们在信中写道，我们的资产收购计划“或将引发难以控制的、长期性的通胀，而且可能人为地引发资产泡沫”。但他们没有提供任何证据去支撑他们的观点。在收到这封信的前一天，参议员鲍勃·科克里和来自印第安纳州的共和党籍众议员迈克·彭斯刚刚建议通过立法手段解除美联储保障充分就业的使命，只让美联储负责货币政策，维持物价稳定。（即使更改美联储使命的法案得到批准，也不会给我们的政策造成重大变动，因为，当时通货膨胀率非常低，我们采取刺激政策也是合情合理的。）

有些经济学家也不甘落后，对我们的决定提出了批评。11 月 15 日，《华尔街日报》刊登了一封由 23 位经济学家、评论人士和资产经理（大部分都是保守派）联合发出的公开信，他们指出，我们的证券收购计划“应该再考虑考虑，然后停止实行”。根据这封公开信的观点，我们这个政策没有必要，不具有可行性，而且可能会导致货币贬值和通胀。签名者里面有迈克尔·博斯金（斯坦福大学教授，曾在老布什政府时期担任总统经济顾问委员会主席）、尼尔·弗格森（哈佛大学历史学教授）、道格拉斯·霍尔茨–埃金（国会预算办公室前主任）以及约翰·泰勒（斯坦福大学经济学教授）。媒体和政客平时很少关注经济学家的言论，但如果这些言论具有足够的争议性（符合媒体的胃口）或者支持了某些人先入为主的观点（符合政客的胃口），那么这些经济学家的言论就会受到关注。

外国官员也提出了批评的声音。美国媒体在翻译德国财长沃尔夫冈·朔伊布勒发表的评论时，用的一个词是“毫无头绪”。其他一些领导者，尤其是巴西、中国等新兴市场的领导者，也抱怨我们的行动，认为如果这些政策成功地降低了美国的长期利率，可能会对他们自己的经济产生“外溢效应”，因为美国利率较低的话，可能会导致大量游资流向新兴市场经济体，投资者要到那里寻求更好的回报，从而导致他们的投资活动出现重大动荡，我们宣布那个消息一周之后，奥巴马总统在韩国首尔参加二十国集团峰会，又从其他国家领导人那里听到了批评的声音。两个月之后我见到奥巴马总统时，微笑着向他道歉，我们的政策给他引起了这么多的麻烦，他笑笑说，如果我们能再晚一周制定那个政策就好了。

10 月 23 日，我在韩国庆州参加二十国集团财长和央行行长会议时，就有机会提前解释一下我们可能在 11 月份那次会议上采取的行动。我指出，美国是很多国家的重要贸易伙伴，如果美国经济实现更加强劲的复苏，世界其他国家就会跟着受益。我还表示，如果一个国家拥有稳健的货币、预算和贸易政策，就能够更好地抵御我们量化宽松政策造成的短期性冲击。其他国家的央行行长普遍比财长更能理解我们的目标，因此，大多数人对我们的行动表示理解。

但与国外人士的批评相比，我更担心国内的批评。共和党领导者们发出的那封联名信表明他们打算将货币政策政治化。我明白他们的态度根源于选民对于经济形势的不满，这种不满是可以理解的，但还有另一个原因，即我们的政策、目标以及实施效果令很多人感到困惑，有些人故意发表具有误导性的言论。我们面对的困难从 YouTube 网站上的一个视频就能略见一斑。在那个视频上，两只无法确定物种的动物以戏谑方式解释“量化宽松”，但解释的内容是完全不准确的。那个视频得到了疯传，到12月中旬，已经被观看了350万次。

不管是卡通视频、国会领袖的联名信，还是经济学家的公开声明，背后的经济逻辑都是错误的，而且具有误导性。尤其值得一提的是，我们的政策几乎不可能导致显著通货膨胀或者“货币贬值”（意思是指美元汇率急剧降低）。之所以存在这个观点，是因为有人误以为美联储是先印了一车车钞票，然后用这些钞票去收购证券（我之前有时候会过于简单地解释这个政策，也说过一两次类似的话，这真是很遗憾）。然而，事实上，我们不会印钞票，也不会动用现金或支票账户，货币流通量取决于公众持有现金的意愿，比如圣诞节前后，公众的购物需求提高时，货币流通量就会增加。美联储的证券收购计划不会影响到货币流通量，因为美联储不会把钱直接给商业银行，而是存入商业银行在央行的准备金账户，所以这种市场操作只会增加银行的准备金，而在一个疲软的经济体之内（就像我们现在看到的美国经济一样），这些准备金是放着不用的，不会进入流通渠道，即不会变成常规意义上的“钱”。

如果经济复苏势头不断加强，银行就会动用准备金去发放贷款，最终导致货币流量和信贷流量的扩张。从某种意义上来讲，这正是我们想要看到的，但如果货币流量和信贷流量过度增长，就会引发严重的通胀问题，这是我们不希望看到的，但我们可以在适当时机取消宽松的货币政策，从而避免这种情况的出现。正如我之前多次解释的那样，我们拥有必要的工具，可以在需要的时候提高利率，收紧货币政策。对于恶性通货膨胀或美元崩溃的担忧是很夸张的。根据通胀预期的多个指标来看，再考虑到“美国政府能够以非常低的利率筹借长期贷款”这一事实，投资者对美联储依然很有信心，相信美联储能够将通胀率保持低位。因此，如果我们要担心什么的话，就是担心是不是能够将通胀率再提升一点。

第二个常见的误解是以为数千亿美元的证券收购是一种政府支出，

就像小布什政府和奥巴马政府的财政刺激方案一样，让纳税人负担成本，但这种观点既不正确，又耸人听闻。我们收购证券在更大程度上类似于一个家庭所做的金融投资，比如购买股票或债券，而不是类似于支付房租或燃气费。事实上，我们收购的证券带来的收益，超过了我们为银行存在美联储的准备金支付的利息，这样一来，反而为纳税人创造了收益。

我认为，针对第二轮量化宽松政策引起的误解，唯一有用的回应方式就是加强对外界的沟通和解释。我先后见了多位议员，也给多位议员打了电话，其中包括一些批评者，比如参议员谢尔比、参议员科克里、众议院预算委员会的共和党资深议员保罗·瑞安、众议院筹款委员会的共和党资深议员戴夫·坎普。9 月份，我举办了一场面向高中老师的市政厅会议。我开始在媒体上露面，包括在 12 月 5 日第二次接受《60 分钟》节目的采访，但我知道，要把我们的信息清楚地传递出去，我还要做更多的工作。

# 第二十二章 逆风而行

2011 年 4 月 27 日，我坐在美联储马丁大楼的私人餐厅内，墙上的钟表发出滴滴答答的声音，很快就到下午 2 点 15 分了。米歇尔·史密斯和她公关部门的同事罗斯·皮亚纳尔托（她是克利夫兰联邦储备银行行长桑德拉·皮亚纳尔托的妹妹）正在等我。我拿起一瓶水喝了一口，又把视线转移到了钟表上。再过几分钟，我就要成为美联储历史上第一位定期召开记者招待会的主席。

由于美联储理事会的房间都不够宽敞，也没有大礼堂或电视转播间，我们只能把记者招待会的会场安排到与美联储自助餐厅位于同一楼层的大餐厅（我那个私人小餐厅就用作休息室了）。要召开这种关注度很高、市场十分敏感，而且实况转播的记者招待会，后勤安排方面的挑战可以说十分严峻，米歇尔、罗斯以及美联储其他许多工作人员为此忙碌了好几周，他们希望可以提前考虑到一切突发情况。

记者招待会开始之前，我曾经与美联储的工作人员反复演练过好几次，希望能够想到所有可能被问到的问题，这比我前往国会参加听证会之前的准备工作还要充分。我们预计记者的问题可能比议员提的问题更具有针对性和技术性。我在和媒体打交道方面，当然也不算新手了，之前每次在全国新闻俱乐部发表演讲之后，都会接受记者的提问，也曾经接受过好几个媒体的记者采访。米歇尔邀请了大约 60 家媒体，其中包括报纸、杂志、通讯社、网络电视台、有线电视台和无线广播电台，每家媒体派出一名记者。此外，外国媒体也参加了，包括德国的《明镜周刊》、法新社、日本的《朝日新闻》和韩国的《经济日报》。

在会场布置方面，我们考虑得很仔细，因为每一个细节都会传递出某种潜在的信息。我们希望把这次记者招待会办成经济研讨会，而不是政治性的记者招待会，因此，我不会站在高高的演讲台后面，而是坐在桌子后面（但为了让后排的记者拍清楚，桌子放在了一个稍微垫高的台子上），我那张桌子前面布置了几张长桌子，供记者就座。按照华盛顿的传统，我的右后方是美国国旗，左后方是美联储的旗帜。

下午 2 点 15 分，我在摄像机发出的一片咔嚓咔嚓的声音中走进了临时布置的转播室，我扫视了一排排的记者们，然后开始发表简短的开场白。

关于定期举行记者招待会的可能性，我们已经讨论了一段时间，联邦公开市场委员会在 2011 年 3 月 15 日那次会议上批准了这一想法。其实，很多国家的央行都会定期举行记者招待会，有些很频繁，比如一个月举行一次。要提高美联储的透明度，采取这一举措似乎是接下来的必由之路。正如我经常跟朋友们所说的那样，货币政策要发挥出影响力，98% 靠宣传，2% 靠政策本身。当短期基金利率接近于零的时候，与外界做好沟通，影响市场的通胀预期，就显得尤为重要。由于这场记者招待会上，我没有办法提前准备发言稿，完全不能依赖稿子，而且是实况转播，因此，一言不慎就有可能招致猛烈批评，任何一个错误的或者超出预期的政策信号都会给市场造成一定的震荡。我们知道一旦我们开始定期举行记者招待会，那么以后就很难终止了。

在 2010 年 11 月实行第二轮量化宽松政策引发了批评浪潮之后，我们比以往更加需要清晰、有效地向外界阐述我们的政策。3 月 24 日，我们宣布我每年将在联邦公开市场委员会会议结束之后举行 4 次记者招待会，这正好与美联储发布关于经济增长、失业和通胀的季度报告的时间相一致。

我在那次记者招待会的开场白中表示，到2011年6月底，第二轮量化宽松政策将完成6 000亿美元的国库券收购计划，这是我们之前的承诺，而且我们预计联邦基金利率“在更长的时间内”将保持低位。

当时，要明确地判断第二轮量化宽松政策的最终影响，还为时尚早，但从政策实施初期的一系列迹象来看，似乎前景还不错。自从我在8个月之前在杰克逊霍尔年会上暗示我们将实施第二轮证券收购计划以来，美国金融市场已经大幅改善了，美国股市上涨27%，公司债券和国库券的收益率差距逐渐缩窄，这表明投资者更加愿意承担风险。正如我们之前预期的那样，我们宣布这一计划之后，长期利率应声下跌，这反映出，投资者对未来经济增长的信心有所增加，而且对通缩的担忧有所减少。这类似于我们在2009年3月份实行第一轮量化宽松政策之后见到的情景。

金融形势的改善反过来又促进了经济的增长。2011年2月和3月，就业人数平均每月增长近20万人。2010年11月，失业率还维持在9.8%的高位，令人深感沮丧，但到举行记者招待会的时候，已经下降到了9%以下。我表示，联邦公开市场委员会预计，虽然之前发生了一些意外情况，给经济增长造成了压力，但美国经济将缓慢复苏，失业率将逐渐下降。最严重的意外情况就是日本在2011年3月11日遭遇地震和海啸，导致大概2万人死亡，并破坏了全球供应链，一些关键零部件的突然短缺，导致全球汽车工业和其他制造业都受到了影响。美联储和美国财政部在危难之际向日本展现了团结的姿态，与日本方面开展了大量协调工作，非常罕见地干预了外汇市场。大地震发生一周之后，我们与七国集团其他成员国一起买进美元，卖出日元，以便压低日元汇率，让日本的出口商品更具竞争力。那是我在担任美联储主席期间唯一一次干预外汇市场。

通胀预期也会引发一些棘手的问题。我们之所以要实施第二轮量化宽松政策，在很大程度上是因为当时我们很担心通货紧缩问题，但现在才过去不到半年的时间，通缩风险似乎已经消失得无影无踪了，这显然是货币宽松政策的另一个成功之处。但通胀率攀升得似乎太快了，因为从宣布第二轮量化宽松政策之后，美国汽油价格涨了快 1 美元，达到了每加仑 4 美元，食品价格也不断上涨，主要是因为全球主要粮食作物（小麦、稻米、玉米和大豆）的价格都在上涨，而且美元汇率有点疲软的关系。

在那次记者招待会上，《华盛顿邮报》记者尼尔 · 欧文率先发问，他提到了 2011 年第一季度美国经济增速明显放缓。《华尔街日报》记者琼恩 · 希尔森拉特接着提到了天然气和食品价格上涨的问题，问美联储是否能够或者应该做点什么。大家都关注到了外界反复提出的一种批评意见，即美联储的证券收购计划可能引发难以控制的通货膨胀，美联储是否应该考虑扭转宽松的货币政策呢？

长期以来，针对能源和其他大宗商品的价格波动采取妥善的货币政策一直是央行面临的一个重大挑战。在过去多年间，联邦公开市场委员会一直关注这些价格的变化，也会通过“核心通胀率”等指标去跟踪通胀形势的变化。由于核心通胀率剔除了粮食和能源价格的影响，因此，这个方法常常遭到奚落。人们经常问到的一个问题是：“难道你们美联储的人不吃饭、不开车吗？”当然，我们也要吃饭，也要开车，但美联储认为，只要核心通胀率保持在一个适当的低位，就可以等同于物价稳定了。

我们关注核心通胀率变化的一个原因就是，货币政策变动之后，其对于经济的影响要隔一段时间才能显现出来，我们不能仅仅考虑当前的通胀率，还要考虑到几个季度之后货币政策的影响真正被人感受出来时的通胀率。这就相当于你在足球比赛中传球给队友时，不能只盯着队友现在的位置，而是要考虑到队友在一定时间之后会到达的位置。研究表明，剔除粮食和能源这两个波动最剧烈的价格，有助于更好地预测整体通胀形势。[①]我们在2008年夏季就面临着类似的窘境，当时，虽然美国经济疲软，但能源价格大幅上涨，我们美联储顶住压力，没有提高利率。现在回过头去看，这种做法是正确的。

对于希尔森拉特的问题，我回答说，我们认为最近石油价格上涨很可能只是暂时性的，货币政策不是诱发因素，其原因在于"阿拉伯之春"之类的政局动荡（政局动荡加剧了市场对于石油供给减少的忧虑），而且根据我们的判断，无论是油价上涨，还是粮食价格上涨，都不大可能导致整体通胀率持续攀升，因此，不必采取货币政策加以应对。

那场记者招待会持续了大约1个小时。事实证明，招待会是成功的，对我们具有至关重要的意义。同时，这场记者招待会在后勤安排方面做得也很成功。

2011年5月，HBO家庭影院频道播出了一部名为《大到不能倒》的影片，记录了这场金融危机期间发生的故事。这部影片是根据安德鲁·罗斯·索尔金的同名小说改编过来的。保罗·吉亚玛提饰演我，并因此荣膺"美国演员工会奖"。吉亚玛提为了搜集素材，曾经到美联储拜访过我。他的父亲巴特利特·吉亚玛提曾经担任美国职业棒球大联盟的首席执行官。因此，我们吃午饭时，很快就谈到了棒球比赛，反而没有聊美联储和金融危机。但考虑到他的演出获得了肯定，因此，我想他来拜访我期间应该找到了他需要的素材。我读过索金那本书，但没看过那部影片。之所以不看，是因为我担心那部影片以过于简化

① 核心通胀率之所以剔除粮食和能源价格，是因为粮食价格上涨是供求引起的，能源价格上涨是由国际市场涨价引起的。在这种情况下，一国国内的财政和货币政策无法抑制这两个价格的上涨，因此，将其剔除之后的核心通胀率才能反映出人们真正经历的通胀。——译者注

的方式去讲述复杂的问题（这种担心可能有失偏颇），而且在荧屏上看到别人扮演自己，感觉挺奇怪的。当有人问我对这部影片的看法时，我就回答说我不需要看这部影片，因为我就是这些事情的亲历者。

大概在那部影片上映的时候，比尔·克林顿提出要见一见我。我之前见过希拉里·克林顿。她曾经是参议员，后来又出任国务卿。有一次，我从美联储出发，步行了一个街区的距离，前往国务院，跟希拉里吃午饭，我的安保人员跟在旁边。她很热情地欢迎我的到来，然后我们在一间只有两人桌的小餐厅里面共进午餐。对于美联储在危机期间采取的行动，她表达了支持，但她更多的时候是在倾听，说话并不多，多次问到我对世界多个经济体的看法。

我与比尔·克林顿见面的地点是他们在华盛顿海军天文台附近的家里，见面时间持续一个多小时。他之前接受过几次心脏手术，最近一次是2010年，因此，看起来很瘦，据说已经变成了素食主义者，但谈到政治、外交和经济时，他的精力又显得很充沛。他很热情地接待了我，并且赞扬美联储应对危机的方式，鼓励我继续通过《60分钟》、记者招待会等途径加强与公众的沟通。他说人们内心感到一切都不确定，感觉有点害怕，因此，需要有人向他们解释正在发生的事情。他对我讲，如果美国人能够更好地理解正在发生的事情，那么他们就会变得更有信心。

事实表明，联邦公开市场委员会对于2011年春季的通胀形势判断得没错。天然气价格在5月初攀升到了最高水平，那一年剩下的几个月里面，就一直保持下跌态势。从年初到9月份之前，将粮食和能源价格考虑在内的整体通胀形势越来越严重，但之后逐渐缓和。然而，我们对于经济增长的预测还是过于乐观了（私营部门的预测也是如此）。如同2010年的情形一样，2011年春季的经济表现还很不错，但到夏季就开始表现出颓势了。就业机会增长速度大幅减缓，2011年

5—7 月，平均每个月只增加 5 万个。我们 8 月份发布的一份统计报告显示就业增长完全停滞了。虽然失业率在年初下跌，令人感到一丝鼓舞，但之后就停止下跌了，一直徘徊在 9% 左右，到秋季一直都是如此，和两年前美国经济衰退结束之际的失业率相比，仅仅降低了大约 1 个百分点。此外，经过大规模修正之后的 2010 年的统计数据表明，那次衰退的幅度比之前预期的还要大，复苏速度也比之前预期的还要慢。到了 2011 年中期，美国的商品和服务产出才算恢复到衰退前的高峰，但就业机会却比高峰时少了 650 万个。经济学家常常被批评说无法预测未来，其实因为获取的数据不完整，而且这些数据时常需要修正，因此，就连不久之前发生的事情，我们都无法确定。很多数据就像噪声一样，干扰了决策过程，加剧了决策的难度。

我们没完没了地讨论经济为什么无法达到“逃逸速度”那样的状态，也就是达到可以自我维持增长的状态。日本地震和海啸等不可预见的冲击不足以解释这一点。我开始思考是否存在其他的、更严重的因素，我们原本预计这些因素会放缓经济复苏进度，但事实证明，它们产生的阻碍作用，比我们想象的要严重得多，而且持久得多，以至于导致经济像是在逆风而行，无法达到不断增长的逃逸速度状态。因此，我们把这些因素称为“逆风”。

一个不利因素是金融危机的影响仍挥之不去。尽管美国金融市场和金融机构在很大程度上恢复了稳定，但信贷依然紧张。只有信用评分最好的申请人才能得到贷款。信贷紧缩意味着新企业变少，现有的企业无法扩大经营规模，从而导致新的就业机会越来越少。即便那些有条件申请贷款的家庭和企业也纷纷减少贷款，非但不申请贷款，反而在支出方面变得更谨慎，也更加专注于偿还债务。这就是我以前在学术界跟马克 · 格特勒一起研究的“金融加速器理论”，结果现在却证实了，这是很不幸的。我们的研究表明，经济衰退会导致借款人和银行的财务状况趋于恶化，从而限制了信贷流动，使得经济衰退更严重、更持久。我曾经对马克讲，我宁愿看到我们的理论被事实证明是错误的。

信贷紧缩又导致另一个持久的“逆风”，即房市复苏缓慢。通常来讲，建筑业及相关行业的快速反弹会带动房地产业、家具业、装修业等相关行业的增长。但这一次却没有出现这个景象。2011 年，建筑商建设的私人住宅只有 60 万户，远远低于 2005 年的 200 万户。从某种程度上来讲，这是危机前繁荣时期造成的一个后果，因为那时候兴建了太多房屋，库存量过剩，需要现在消化掉。此外，在危机之前，抵押贷款条款宽松，而现在走向了另一个极端，很多潜在的购房者，包括购买首套房的人，都无法获取信贷。其他妨碍房贷和建筑业增长的因素包括大量的房屋遭到查封、大量业主赔钱卖房（压低了房价），以及金融监管引发的不确定性（比如房利美和房地美前途的不确定性）。

联邦政府、州政府以及地方政府的财政政策存在方向性的错误，构成了一股“逆风”。继 2009 年 2 月批准实施奥巴马总统提出的经济刺激方案之后，国会转向了紧缩模式，这与欧洲采取紧缩型财政政策的大趋势是一致的。同时，州政府和地方政府由于财政收入减少，迫于维持预算平衡的压力，不得不开始裁减工作人员，缩小公共设施建设规模。这股“逆风”绝不是轻柔的微风。按常理讲，在经济复苏时期，政府雇用的工作人员数量会增加，但这一次，公共部门就业人数（不包括那些被政府雇来开展人口普查的工作人员）却比峰值减少了 75 万人（公共部门的失业人员中，有 30 多万人是教师）。美联储工作人员预计第二轮量化宽松政策可以创造出 70 万个工作机会，但是货币政策的效果大多被财政紧缩抵消了。

对于美联储而言，要公开讨论财政方面的逆风，是一个特别大的挑战，因为政府支出和税收等财政问题超出了美联储的管辖范围。但此时，财政政策却阻碍了经济复苏和创造就业，直接削弱了我们保障充分就业的能力。我与美联储理事会的幕僚们多次讨论之后，决定公开提出两个方面的建议。第一，我强调说，仅仅依靠美联储一己之力，是不足以充分提高就业率的，在当前这种短期利率接近于零的情况下，更是如此。美国经济需要国会伸出援手，国会即便不能增加公共支出（比如路桥建设方面的支出），至少也要在再就业培训方面增加支出，让那些失业人员接受必要的培训，方便他们找到新的工作。第二，我指出，解决联邦赤字问题当然很重要，但赤字是一个长期性的问题，从很大程度上来讲，是由于人口老龄化和医保支出增加导致的，国会在解决赤字问题时必须意识到这个问题的长期性，而不能仅仅依靠增税或者削减支出加以解决，不然，非但阻碍了经济复苏，也不利于解决那些长期性的问题。

如果说信贷紧缩、房地产市场萎靡以及财政紧缩这三股逆风还不足以对美国经济构成严重挑战的话，那么，欧洲金融危机的卷土重来，无疑变成了最后一根稻草，欧洲金融危机在很大程度上导致美国金融形势在 2011 年夏季趋于恶化。继 2010 年 5 月救助希腊和 2010 年 11 月救助爱尔兰之后，欧洲不得不在 2011 年 5 月救助葡萄牙（救助金额高达 780 亿欧元）。每一个接受救助的国家都被要求大力削减预算赤字，并实施强有力的改革，提升其经济竞争力和经济运行效率。在理想情况下，对于那些接受救助的国家实施严苛的救助条款，有助于削减由救助引发的道德风险，还有利于促使这些被救助国家纠正当初将其拖入困境的拙劣政策，如果救助条款不严苛，那么其他处于类似困境的国家肯定会不加考虑地申请救助。

从另一方面来讲，严苛的救助条款只有在确保被救助国家不发生政治动荡的情况下才行得通。在这一点上，欧洲做得对吗？当然，这个问题不仅对欧洲非常重要，对世界其他地区也非常重要，因为世界其他地区通过金融和贸易等渠道，与欧洲存在千丝万缕的联系。在和盖特纳参加七国集团和二十国集团的国际会议时，以及我个人在参加巴塞尔央行行长会议及其他会议时，都听到了动辄长达数个小时的争论。

我与盖特纳大体上都认为欧洲在这方面做错了，对此，我们毫不迟疑。在欧洲，有些国家的确需要实施财政紧缩政策，这是没有任何疑问的，但很多国家（不仅仅是被救助国家）由于存在严格的监管政策和其他方面的限制，经济运行效率很低，如果能够消除这些限制因素，必然会产生很大的益处。比如，有些国家严格限制企业解雇员工，这就从一开始导致雇主不愿意雇用新员工。我们认为欧洲在几个非常关键的方面都走上了错误的道路。

对于一些债台高筑、困境较重的国家而言，财政紧缩政策虽然具有一定的必要性，但可以预见的是，这种政策必然还会导致这些国家陷入更加严重的衰退。不幸的是，德国等实力较强的国家本来有能力加大支出、减少征税，以便抵消弱国紧缩措施产生的负面影响，但它们非但没有这样做，反而跟风式地削减预算，并宣称这是为了给那些穷国树立一个榜样。这样一来，整个欧元区的财政政策就表现出了高度的紧缩性，欧元区的宏观经济策略似乎可以归结为“没有付出，就没有收获”，但这些国家没有考虑到其付出是否真的能够带来收获。与此同时，欧洲央行还收紧货币政策，从而加剧了财政紧缩政策造成的负面影响。当通胀率超过了欧洲央行之前设定的“低于但接近于 2%”的目标之后，欧洲央行先后于 2011 年 4 月和 7 月两次加息，完全没有考虑到当时欧洲失业率居高不下以及金融压力持续存在的现实。美联储在研究通胀问题时，会剔除变动剧烈的石油价格以及粮食价格，但欧洲央行却没有这么做。虽然欧洲央行在 2008 年夏季石油价格攀升之际采取了类似的应对举措，但我认为，此时他们采取财政紧缩政策是难以理解的。整个欧元区的财政紧缩以及欧洲央行加息，几乎完全注定欧洲经济增速将会非常缓慢，并且也注定希腊、爱尔兰和葡萄牙会遭遇经济严重收缩和失业率飙升的问题。

我与盖特纳除了担心欧洲近期的经济增长之外，还认为欧元区国家几乎没有采取任何措施去纠正欧元区存在的一个基本的结构问题。具体来讲，一方面，欧元区采用了单一的货币政策和单一的央行，另一方面，欧元区的 17 个成员国在制定财政政策方面却享有独立的权力，而且彼此之间几乎不存在任何财政协调，这就导致了货币政策与财政政策之间的错配。（2011 年初，爱沙尼亚加入欧元区之后，欧元区的成员国就增加到了 17 个。）虽然它们也在相互协调的基础上采取了严格限制财政赤字的法律法规，但谁都不会预期欧元区国家能够在可以预见的未来实行统一的财政政策。事实上，欧元区国家本来可以在财政领域开展一些合理的、有建设性的合作，比如，共同开展基础设施建设项目，设立一个共同基金（帮助那些经营失败的银行安全退出市场）以及在欧元区内建立存款保险制度（以便各国共同承担银行倒闭引发的风险）。但对于这些合作措施，欧洲领导人要么直接拒绝，要么拖拖拉拉。

另一个有争议的问题就是，如果有些国家在严苛的救助之后依然无力还债，那么应该如何应对呢？其他欧元国和国际货币基金组织还应该继续为其提供救助吗？私营部门的放贷者（其中大多数都是欧洲的银行）应该承担一些损失吗？这些问题类似于美国在华盛顿互惠银行濒临倒闭之际面临的问题。我们（尤其是盖特纳）坚决反对让私营部门的债权人承担损失，因为我们担心这样会加剧恐慌，导致危机蔓延到更广的范围。基于类似的原因，即便在国家违约的情况下，我们也反对强迫私营部门的债权人承担损失。特里谢在这一点上对我们表示强烈赞同，但对于美国方面提出的其他建议则持有反对意见。特别值得一提的是，他认为货币政策或财政政策对于欧元区的经济帮助不大，因此他宁愿把工作重点放在维持预算平衡和结构改革之上。关于国家违约的问题，特里谢担心的是，一旦哪个国家真的违约，放贷者对于欧洲其他实力较弱的国家的信心必然蒸发殆尽。

到2011年夏季，随着希腊经济崩溃风险逐渐加剧，无力偿还贷款的迹象日益明显，国家违约的问题也变得越来越突出，欧洲政客们甚至开始讨论是否要强迫私营部门的借贷者以及官方的借贷者（比如欧洲各国政府和国际货币基金组织）承担一些损失，因为他们认为所有人分摊损失有助于解决道德风险问题，还有利于保护纳税人。与这些政客形成鲜明对比的是，特里谢以及欧洲央行都特别反对任由希腊违约或债务重组，因为这可能会加剧危机蔓延。（抛开经济层面的考虑不说，特里谢似乎还认为国家违约是很不光彩的事情。）由于爱尔兰和葡萄牙这两个国家接受的救助资金来自官方机构，而不是来自私营部门的放贷者，因此不大可能受到危机蔓延的影响，但西班牙和意大利这两个较大的国家，却面临着这样的风险。

2011年7月21日，欧洲领导人同意对希腊进行第二轮救助，救助金额高达1 090亿欧元（2010年5月那次救助希腊的金额高达1 100亿欧元）。但在第二轮救助方案中，私营部门的债权人有史以来第一次被迫做出让步，表现形式就是降低利率，并延长还款期限。事实上，这就相当于部分违约了。可以预见，一些私营部门的债权人很快就会抛售意大利和西班牙的政府债券。2011年初，意大利和西班牙10年期政府债券利率分别是4.7%和5.4%（两者与一年前的4%相比明显上扬）。等希腊开始讨论债务重组时，这两个利率开始上涨，到2011年8月1日，分别上涨到了6%和6.2%。之后，西班牙的利率趋于稳定，并开始下降，但到年底，意大利的这个利率却飙升到了7.1%。尽管欧洲央行早在8月份就重启了债券收购计划，但也无助于遏制这一态势。

利率上涨几个百分点看似并不严重，但利率升高会直接增加政府的赤字，从而引发一个恶性循环，即债权人担心违约风险，会要求提高债券利率，但提高利率又会导致债务人无法偿债而被迫违约。2011年夏季，越来越多的人开始设想一些不可思议的情景，比如，部分欧元区国家违约，然后主动或被迫退出欧元区，放弃欧元，最终导致欧元崩溃。很多实力较弱的欧洲银行持有大量的政府债券，因此，一旦出现国家违约，整个欧洲银行体系就有可能被拖垮。一场金融灾难似乎正在酝酿之中，其严重性可能远远超过 2007—2009 年那场危机。

正值欧洲危机愈演愈烈之际，2011 年 5 月 14 日，时任国际货币基金组织总裁多米尼克 · 斯特劳斯–卡恩竟然因涉嫌“性侵”酒店女服务员在纽约被捕。我深感震惊。很多人认为卡恩是最有可能接替萨科齐出任法国总统的人选。卡恩很有才华，文质彬彬，堪称国际货币基金组织一位强有力的领导者。他非常清楚地认识到，欧洲需要迅速采取果断的行动遏制危机。如果他的指控属实的话，恐怕没有人会原谅他。卡恩在一个至关重要的时刻退出了国际决策圈，留下了一个空白。卡恩的副手，美国经济学家约翰 · 利普斯基暂时代行卡恩的职务。

在美国政府的支持下，法国财长克里斯蒂娜 · 拉加德在 7 月正式接替卡恩，成为国际货币基金组织史上首位女总裁。我的好朋友、曾经在麻省理工学院任教多年的奥利弗 · 布兰查德则继续担任国际货币基金组织首席经济学家。虽然拉加德之前曾经服务于法国政府，但与卡恩一样，她也没有偏袒向国际货币基金组织提出贷款申请的欧洲国家。事实上，她还经常批评欧洲政府不愿意采取更多措施去促进经济增长。但以德国财长沃尔夫冈 · 朔伊布勒为代表的欧洲官员几乎不愿意接受国际货币基金组织的建议，也听不进去美国以及其他各方的建议。这一点上我没说错，他们应该会同意。

就在欧洲危机愈演愈烈之际，美国国会似乎也铆足了劲儿去搅动金融市场，因为国会与奥巴马政府在提高联邦政府债务上限的问题上陷入了僵局。

关于债务上限的法案是历史的偶然产物。在第一次世界大战之前，美国国会在批准联邦政府支出方案的同时，也会批准联邦政府发行必要的国库券。到 1917 年，为了管理方面的便利，国会就通过了一项法律，允许财政部在必要的情况下自主决定是否发行国库券，但前提是债务总额必须低于某一个特定的上限。这样一来，国会就相当于把支出决策权与借贷决策权分离开了。

后来，不知道从什么时候开始，议员们突然发现可以把债务上限作为筹码去和政府讨价还价。通常来讲，围绕债务上限开展的“打斗”就像戏台子上的“打斗”一样，只是摆出来的花架子而已，因为执政党最后往往能够提高债务上限（但也会遭遇一定的政治冲击）。在2011年之前，最严重的一次僵局发生在1995年，当时，克林顿政府与共和党控制的国会在债务上限和支出法案方面陷入了僵局，甚至导致联邦政府两次临时停摆。然而，当前华盛顿的政治对立情况越来越严重，围绕债务上限展开的争斗可能更具有实质意义，而且后果越来越危险。

很多美国人认为关于债务上限的争论主要集中在政府应该支出多少以及应该征多少税，但事实上并非如此，债务上限与支出和征税没有关联，而是针对那些已经发生的支出，美国政府要不要偿还。拒绝提高债务上限，实际上就相当于一个家庭刷爆了信用卡，却拒绝还账一样。

政府的一个关键承诺就是对国债要支付利息，如果无法按时支付利息，相当于国库券违约，而美国国库券是世界上持有量和交易量最大的金融资产。当时，世界各地的个人与机构投资者持有大约10万亿美元的美国国库券，哪怕是短暂性的违约，都有可能造成灾难性的金融后果，并且对美国政府的公信力和信誉造成永久性的伤害。如果无法完成其他方面的支付，比如给退休人员、军人、医院或承包商的支付没有完成，也会构成严重的违约事件，伴随着严重的金融和经济影响。拒绝提高债务上限实际上无异于绑架了整体国民的经济福利，因此，无论争执的问题是什么，这种结果都是没有人愿意接受的。

共和党在2010年的中期选举中大获全胜，深受鼓舞，便打算推动联邦政府削减支出，从而引发了2011年的那场围绕债务上限的纷争。

为了找到一个妥协方案，很多方面都付出了努力。比如，来自怀俄明州的共和党参议员艾伦·辛普森以及克林顿政府时期白宫办公厅主任厄斯金·鲍尔斯成立了一个由两党人员共同组成的委员会，但他们的努力最后也无果而终。2011 年 4 月，盖特纳曾警告国会说，如果不提高债务上限，那么联邦政府的资金将在 8 月 2 日左右用尽。在发出这一警告之际，几乎没有任何人认为国会会认真考虑违约风险，市场的反应也很平淡。

美联储是财政部的财务代理机构，这就意味着联邦政府的很多支出（包括支付国库券利息）都是由美联储负责处理的。当政治纷争持续进行之际，美联储也和财政部共同讨论如果国会最终没有提高债务上限，可能会影响哪些方面的支出。美联储负责金融体系稳定的监管人员、专家还同多家金融机构进行沟通，希望了解一下如果政府延迟支付国库券的利息，他们会怎么应对。我们听到的回复令人感到非常不安，因为银行和其他金融机构的计算机系统几乎完全没有考虑到国库券也会出现短暂违约，这套系统的设计人员甚至从来没有考虑过这一可能性。

7 月 31 日，经过数月的纷争之后，国会两党最后终于达成了《预算控制法案》，同意提高债务上限，但这个协议非常复杂，法案规定，民主党和共和党议员组成“美国国会削减赤字特别委员会”，即所谓的“超级委员会”，该委员会负责拟订 10 年内削减 1.2 万亿美元预算的具体方案，否则 2013 年初将启动“预算自动减赤机制”（sequestration），届时几乎所有项目的支出都将被全面削减。我当然非常高兴地看到这场债务危机能够得到解决，但由于经济复苏过程十分脆弱，我担心国会刻意施加的紧缩措施是否会阻碍经济复苏。

债务上限风波到此时还不算平息，后来又发生了一个意外事件。2011 年 8 月 5 日，信用评级机构——标准普尔公司表示，美国未来还会发生预算争执，因此宣布将美国 3A 级长期主权信用评级下调为 2A

级。但该公司的报告中存在一个严重的错误，导致该公司将未来 10 年间美国财政赤字高估了 2 万亿美元。财政部很快指出了这个错误，该公司虽然坦率地承认了错误，但坚持认为这个错误并不影响主权信用评级。我觉得该公司是在刻意借此向外界表明它没有屈服于政府压力。这一事件也折射出了美国政府与信用评级机构的特殊关系，一方面，政府可以监管信用评级机构，另一方面，信用评级机构有权评估美国政府的主权信用级别。

国际金融市场本来已经因为欧债危机而弥漫着忧虑情绪，处在十分脆弱的状态，标准普尔这次下调美国主权信用评级，进一步加剧了市场压力。从希腊宣布债务重组后的那个周一（7 月 25 日）开始，在债务上限纷争引发的忧虑氛围下，道指在 4 周内跌去了 1 800 点，或 14%。具有讽刺意味的是，在同一时期，虽然美国国债违约风险加剧了市场担忧，但投资者却疯狂抢购美国国债，从而将其利率从 3% 左右压低到了略高于 2% 的水平，这个幅度可以说是非常大的。这表明，在金融风波之中（以及在市场对欧洲经济和美国经济充满忧虑之际），美国国债依然可以为投资者提供一个安全的避风港，这种吸引力显然超过了投资者对于违约的担忧。

2011 年，疲软的房地产市场一直是影响美国经济复苏的主要“逆风”之一。在我的鼓励之下，美联储理事贝齐 · 杜克和莎拉 · 拉斯金组建了一个特别委员会，研究如何才能让房地产市场恢复生机。美联储研究与统计部主任戴维 · 威尔科克斯（2011 年 7 月接替退休的戴夫 · 斯托克顿担任这一职务）与美联储经济学家和消费金融专家卡伦 · 彭斯领导的团队在这方面提供了一定的协助。这一特别委员会密切跟踪房屋查封动态。2009 年，遭到查封的房屋共计 210 万处，2011 年虽然下降到了 125 万处，但这个数字依然很大。

我们的货币政策推动抵押贷款利率从 2008 年 11 月底的 6% 左右

（当时我们还没有宣布第一轮抵押贷款支持证券收购计划）下降到了2011年年中的4.5%左右。这样一来，那些信用记录良好、拥有房屋净值的业主就可以获得再融资以及减少月供的机会。不幸的是，大约四分之一的房屋属于“溺水屋”，即剩余房贷超过了房屋的真实价值，没有净值可言，因此就无法用于再融资。奥巴马政府针对“两房”拥有或担保的房贷推出的《住房可负担再融资计划》的早期实施效果令人失望，但奥巴马政府在2011年10月份放松了这一计划的条款，减少了有关费用，并扩大了适用范围，大大提高了业主的参与度。最终，这一计划帮助大约320万处房产实现了再融资。

奥巴马政府为了减少房屋查封现象而推出的另一个重大举措，即《住房可负担贷款调整计划》，为贷款机构提供了一些激励措施，鼓励它们通过延长还款期限或降低房贷利率去减轻借款人的还款压力。事实上，这一计划给财政部造成了不小的监管挑战，国会要求财政部密切监督参与这一计划的贷款机构和借款人。国会提出这一要求是不难理解的，但这样一来，财政部就会对贷款机构提出很多业务操作方面的要求，从而削弱这些贷款机构参与这计划的积极性。此外，由于涉及大量的文书工作，也导致很多业主不愿意提出申请。在实施后的第一年内，这一计划仅仅调整了23万笔抵押贷款。后来，经验丰富的财政部对这一计划加以改进，扩大了适用范围，使得更多的抵押贷款有机会得到调整。[①]但并非所有的抵押贷款调整后都可以避免再次违约和房屋查封，虽然对于借款人的筛选标准十分严格，但2009年得到调整的抵押贷款中，有46%再次违约，2010年得到调整的抵押贷款中，有38%再次违约。经济衰退对于就业状况和家庭财务状况产生的消极影响很大，以至于就连数额比较合理的月供，很多借款人依然无力承担。

虽然我们对一些放贷机构享有监管权，但整个房地产市场基本上

① 截至2014年底，这一计划总共调整了140万笔抵押贷款。

都不在美联储的监管范围之内。不过，由于我们认为房地产市场的形势对于经济复苏具有至关重要的作用，因此，美联储就主动卷入了围绕房地产市场的争论。我们在 2012 年 1 月发布的一份白皮书中，为奥巴马政府提出了多项建议，帮助政府改善其制订的多个计划。我们分析了多个可以替代房屋查封的策略，比如一次性削减业主所欠房贷的数额。我们还提出贱卖房屋取代查封，具体来讲就是，鼓励放贷机构允许借款人以低于剩余房贷的价格出售自己的房屋，以便偿还债务。（无论对于借款人而言，还是对于贷款机构而言，这一办法涉及的成本都远远小于房屋查封的成本，而且对于周围的社区而言也是比较好的，因为房屋贱卖不会导致长期空置现象，可以避免很多问题。）

虽然我们认为这份白皮书具有建设性和公平性，几位国会议员却提出了猛烈的批评。比如，参议院财政委员会中的资深共和党人、来自犹他州的参议员奥林 · 哈奇抱怨说美联储干预了财政政策。但我并不后悔发布那份白皮书。我们无法帮助所有业主避免房屋查封，但确实避免了很多查封案例。虽然减少不必要的查封现象在实际操作层面上存在一定的难度，但如果真的成功了，就会产生多方面的好处，不仅仅有利于保障业主的利益，也有利于保障贷款机构的利益。房屋查封太多是房地产市场复苏缓慢的一个重要原因，也拖累了经济复苏，但从外界对那份白皮书的反应来看，防止房屋查封既是一个经济政策问题，也是一个政治问题。有人认为政府推出的计划已经过于慷慨了，而有些人则不这么认为，希望政府推出更慷慨的计划，这两类情绪对比十分强烈。

从另外一个备受苛责的事件中，我们也切身感受到了解决房屋查封问题存在的现实困难。在金融危机期间，抵押贷款领域发生了令人震惊的“机器人签署”丑闻（robot-signing）。具体来讲，抵押贷款机构的雇员在没有开展适当核查的前提下，（就像机器人一样）签署同意了数以百万计的查封文件。2011 年 4 月，美联储和货币监理署命令 16

家抵押贷款机构聘用独立的顾问，逐一核查2009年和2010年发起或完成的每一桩房屋查封案件，以便判断是否存在查封错误。如果核查结果发现借款人受到了“机器人签署”丑闻的影响，或者遭遇了其他不公平待遇，那么抵押贷款机构将给这些借款人提供赔偿。然而，我们很快就发现，要核查数以百万计的文件，所需成本远远超过了提供给借款人的赔偿金。在国会和消费者权益保护团体提出多次抗议之后，美联储和货币监理署叫停了核查过程，转而根据较为简单的标准建立了一个新的赔偿机制，目标就是为业主挽回正义，并且不必给那些顾问支付大笔费用。最后这16家贷款机构中的15家同意为受害业主提供100亿美元的赔偿，其中39亿美元采取现金形式，其余61亿美元采取其他形式，包括调整抵押贷款合约的条款。共有440万名借款人直接获得了赔偿。

由于欧洲债务危机对美国金融市场带来了很大压力，美国国会与政府围绕债务上限问题争吵不休，再加上房地产市场低迷等长期性“逆风”的影响，美国经济复苏可谓是阻力重重，大有再次趋于停滞的势头。到2011年夏季即将结束时，我在4月份那场记者招待会上表现出来的“审慎乐观”情绪逐渐消退了。我们在2011年年中就按照之前的承诺结束了第二轮量化宽松计划。我相信这一计划的确有助于创造就业，而且有助于防止我们在2010年秋季看到的通缩威胁变成现实，但这一计划现在已经停止实施了，联邦公开市场委员会成员们纷纷预测美国经济迈向充分就业的速度将十分缓慢，通胀率将继续低位徘徊。我们还有其他办法吗？

或许我们可以再度实施收购长期证券的计划，进一步扩大美联储资产负债表的规模，但联邦公开市场委员会对于再度全面实施量化宽松政策的兴趣十分有限，至少当时来看是这样。很多人在批评我们的政策时往往夸大其词，有失公允，尤其是因为他们没有考虑到美联储从政府部门获得的帮助非常少，自始至终几乎都是美联储凭借一己之力在力挽狂澜。但我这样讲并不意味着不存在合理的批评意见，有些人提出的问题还是很好的。比如，证券收购计划的效果究竟怎么样？我们的内部分析结果显示，之前的证券收购计划在推动经济增长和创造就业方面的确产生了一定的效果，但效果还不够好，虽然之前的证券收购计划有效，但考虑到现在利率如此低，我们收购的证券还能产生像之前那样的效果吗？还能给我们带来像之前那样的收益率吗？信贷市场存在的问题会不会削弱低利率政策的积极作用呢？

其他一些问题则关注再度启动证券收购计划可能会产生哪些出人意料的副作用。联邦公开市场委员会委员们除了担心这一计划会加剧通胀风险之外，还担心有可能破坏金融体系的稳定性。在 2011 年 7 月离开联邦存款保险公司的希拉·贝尔就曾警告美联储说，美联储持续压低长期利率正在催生“债券泡沫”，她和其他一些人认为遭到人为压低的债券收益率未来可能会出人意料地出现飙升，而且会导致当前债券的收益率突然大幅下降，甚至低于新发行债券的收益率，从而导致现有债券的价格出现暴跌，这样一来就会引发大规模亏损，有可能破坏金融体系的稳定性。事实上，我们曾经密切跟踪分析过利率大幅下滑引发的相关风险，尤其是对于银行和保险公司构成的风险，因为这两类机构都持有大量的债券。我们相信这些风险都是可以管控的，但也不敢绝对相信自己的风险管控能力，毕竟，考虑到前几年的经历，如果说我们可以从中汲取什么教训的话，那就是对于自己是否能够及时地发现金融体系稳定性面临的威胁，我们一定要保持谦逊的态度。

既然联邦公开市场委员会在短期内不大可能支持重新启动大规模收购证券和扩大美联储资产负债表规模的计划，我们将不得不再次发挥创造性思维，探索其他办法。从 2010 年夏季以来，我在美联储内部探讨过多个货币政策选项，而且这种探讨一直持续到 2011 年和 2012

年。有一些想法曾经在公开讲话中提到过，但很多只是在幕僚会议和备忘录中提到过。

在 2010 年的杰克逊霍尔年会上，我探讨了把支付给商业银行的存款准备金利率从 0.25% 削减到零（或者略低于零）的可能性。事实上，这就相当于要求银行把准备金拿去放贷，不然，如果闲置在美联储，就要付出一定的代价，但即便将存款准备金利率削减到零，对短期利率的影响也是十分轻微的，或许只能促使短期利率降低 0.1~0.15 个百分点。即便如此，我也不强烈反对这么做，因为这样至少可以给市场发出一个信号，让市场知道只要能推动经济复苏，我们就愿意采取任何举措。然而，有些人反对这样做，并提出了很好的理由，就像有人认为这样可能会重创货币市场基金，扰乱商业票据融资市场、联邦基金市场以及其他金融市场。比如，如果利率被削减到零（或零以下），那么很多货币市场基金可能连管理成本都难以收回，如果这些基金因此而倒闭，开始抛售其持有的商业票据，那么金融市场就会丧失一个重要的融资渠道。

我还考虑过限定住两年或两年内到期的债券的利率，也就是说，通过买卖这些债券，引导其利率维持在我们选定的目标。这样一来，就可以向市场传递出有力的信号，让市场明白我们至少在未来两年内会努力将利率保持在低位。但要做到这一点，必须要收购大量的证券，而这样一来，我们的资产负债表规模就会大为膨胀，甚至可能膨胀到失控的程度。对于这一风险，至少在当时来讲，我们是不愿意承担的。

我们还考虑了是否要启动一项名为“贷款换融资”（funding for lending）的计划，即如果银行同意为中小企业发放贷款，那么美联储将为其提供利率非常低的融资。英国央行和英国财政部在 2012 年 7 月就采取了这一计划。由于能够帮助中小企业获得贷款，因此，这一计划还是很有吸引力的。（莎拉 · 拉斯金就是特别坚定的支持者。）但美国银行对这一计划的兴趣非常小，主要是因为与英国的银行相比，美国的银行享有的一个重大优势就在于，美国银行本来就可以获得成本非常低的融资，而且美国的银行认为给中小企业放贷的盈利机会很少。

我们还考虑了一个更加激进的想法，即所谓的“名义GDP（国内生产总值）[①]目标”。这一想法得到了很多学者的支持。我在2010年推出第二轮量化宽松政策之前，曾经同科恩、耶伦和比尔·达德利探讨过这一想法。在名义GDP目标制度下，央行不再设定固定的通胀目标，而是在经济增长态势强劲时，通胀目标就调低一些，当经济增长态势疲软时，通胀目标就调高一些。以2011年为例，那年的经济增长速度十分缓慢，如果我们当时采取了名义GDP目标，那么我们的临时性通胀目标就有可能会调高到3%或4%，甚至更高。

从根本上来讲，名义GDP目标制就是要改变公众对于央行未来行动的预期，从而影响当前的资产价格和利率。比如，如果我们在2011年就采取了名义GDP目标制，就会向市场发出一个信号，暗示美联储将在很长一个时期内将短期利率保持在低位，甚至在通胀率上升的情况下，也有可能收购更多的资产。如果市场相信了美联储的这一承诺，就会立即调低长期利率，从而支撑当前的经济增长。

联邦公开市场委员会在2011年11月那次会议上讨论了名义GDP目标制。我们不仅从理论层面探讨了这一方法具有的优点，还结合当前经济形势中存在的重大不确定性因素，探讨了这一方法是否可取，是否具有现实可行性。经过长时间的讨论之后，联邦公开市场委员会坚决地否定了这一想法。虽然我原来对这一想法很着迷，但最后还是认同了其他委员的观点。毕竟要向公众解释清楚名义GDP目标，是一项非常复杂和困难的任务（还必须向国会解释清楚）。即便我们向各方

① 名义GDP是用生产物品和劳务的当年价格计算的全部最终产品的市场价值。名义GDP的变动可以有两种原因：一种是实际产量的变动，另一种是价格的变动。也就是说，名义GDP的变动既反映了实际产量变动的情况，又反映了价格变动的情况。

解释清楚了什么是名义GDP目标，还有其他很多方面的困难。比如，要让名义GDP目标发挥作用，必须使其具有公信力，也就是说，必须让公众相信曾经在20世纪80年代和90年代努力管控通胀压力的美联储，现在真的愿意容忍更高的通胀压力，而且可能会容忍很多年。公众还必须相信未来的美联储决策者也会继续实施这一策略，而且国会不会出面阻挠。

但如果我们可以说服公众相信通胀率将进一步提高，会出现什么情况呢？这样一来，也会引发一定的风险。公众是否会相信决策者也有足够的勇气和能力，在面临经济可能陷入衰退的情况下去管控通胀风险呢？如果公众不相信的话，那么名义GDP目标制，就会加剧公众对未来通胀形势的恐慌情绪和不确定性心理，家庭和企业非但不会像我们之前预期的那样增加支出和投资，反而会减少支出和投资。如果真的出现这种情况，那么美联储将再度陷入20世纪70年代那种困境，既没有公信力，又面临着经济增速偏低、通胀压力过高的局面。

另外一个想法与名义GDP目标存在一定的联系，向外界解释起来要容易得多，而且也不像名义GDP目标那样承诺未来会降低通胀率。这个想法就是直接提高通胀目标，比如，将其提高到4%。这样一来，家庭和企业就会赶在物价上涨之前扩大支出和投资，至少从理论上来看是这样。2012年4月，我在普林斯顿大学时期的同事保罗·克鲁格曼在《纽约时报》上发表了一篇题为“伯南克，回到现实吧”的文章，配图是我戴着一个太空帽，看起来很有无厘头的感觉。克鲁格曼在这篇文章中就建议美联储设定通胀目标。（虽然我到现在为止已经习惯了人身攻击，但我依然认为克鲁格曼这篇文章有失偏颇，因为我领导下的美联储几乎已经摆脱了格鲁格曼所说的消极被动的处境。）我在2010年杰克逊霍尔年会上的演讲中提到了许多拒绝提高通胀目标的理由，而我最后之所以决定不采用名义GDP目标，也是基于同样的理由。无论更高的通胀目标对于促进经济增长有什么作用（这些作用都是可以进一步讨论的），如果打算仅仅通过谈话沟通就大幅提高公众的通胀预期，在理论上是容易的，而实际上却比较难。

虽然我们最后拒绝采取名义GDP目标，但我们没有拒绝一个普遍的原则，即塑造公众对未来政策的预期可以影响当前的金融形势。其实，我们很久之前就曾经在塑造公众预期方面做出过尝试。比如2009年3月，我们曾经对外宣布我们预计利率将在“一段很长的时期内维持非常低的水平”（换句话说，就是接近于零）。接下来，我就推动联邦公开市场会议委员用明确的日期替代那个模糊的“一段很长的时期内”。2011年8月那次会议结束后，我们在会议声明中表示预计联邦基金利率目标“至少在2013年中期之前”会维持低位。也就是说，至少会再维持两年。我们确定的这个时间，是以联邦公开市场委员会委员对经济前景的预测为基础的，而且根据经济增长模型推测出来的结果也表明，到那个时候适合提高利率。但还是有三位联邦公开市场委员会委员表示反对，他们分别是达拉斯联邦储备银行行长理查德·费希尔、费城联邦储备银行行长查尔斯·普洛斯和明尼阿波利斯联邦储备银行行长纳拉亚纳·柯薛拉柯塔。他们之所以反对，部分原因在于他们认为当前经济不需要更多的货币政策刺激。普洛斯还认为，明确地设定一个日期，似乎意味着无论未来经济发展情况如何，利率目标都不会改变。

事实上，就我个人的观点来看，与其为低利率政策设定一个固定的终止日期，倒不如根据经济形势的变化去制定政策，可以保持政策的灵活性。我们可以将当前的形势作为决策依据，同时向公众提供更有针对性的政策引导，让公众更好地理解我们的思维。但至于如何才能最好地保持灵活性，联邦公开市场委员会内部要想达成共识，需要一定的时间。无论怎么讲，改变一下会议声明的措辞是比较奏效的，因为投资者可以从中得到一些启示，降低对未来通胀的预期，从而拉低长期利率。如果明确说明结束低利率的日期，那么一旦过了一段时间，经济复苏的状况依然令人失望的话，明确设定低利率结束日期的缺陷就会立即显现出来。原本设定的日期不得不向后推移，我们也不得不调整会议声明。比如，2012 年 1 月那次联邦公开市场委员会会议结束之后，我们表示我们预计特别低的利率“至少要持续到 2014 年底”，2012 年 9 月，我们又把那个日期推迟到 2015 年中期。

与此同时，我们找到了一个办法，可以在不扩大资产负债表规模的前提下进一步压低长期利率。2011 年 9 月，联邦公开市场委员会决定在 2012 年 6 月底前购买 4 000 亿美元 6 年期至 30 年期国债。然而，这次不是通过增加银行准备金的方式收购债券，而是将在同期出售相同规模的 3 年期或更短期的国债。

我们把这一计划称为“期限延长计划”（Maturity Extension Program）。媒体沿用美联储在 20 世纪 60 年代初期一个计划的名字，将这一计划称为“扭曲操作”（Operation Twist），但这种称呼是不准确的，因为当时威廉·麦克切斯尼·马丁领导下的美联储首次实施了“扭曲操作”，卖出较短期限的国债，买入较长期限的国债，从而延长所持国债资产的整体期限，压低长期国债收益率（以便刺激消费和投资），并提高短期利率（以便保护美元汇率，巩固美元的强势地位）。[①] 但这一次，我们的目标并不是要扭转长期利率和短期利率，使它们出现相反的变化态势，而是希望尽量压低长期利率，缩小长期利率与低得无法再低的短期利率的差距，从而改变利率期限结构。由于银行体系已经有了大量的准备金，而且我们之前也承诺零利率政策至少要维持到 2013 年中期，因此，卖出短期国债几乎不会大幅提升短期利率。我们预计这一计划会起到类似于第二轮量化宽松政策的效果。

① 债券收益率和到期日的长短之间存在密切的关系，长期利率通常高于短期利率，因此，收益率曲线通常是向上倾斜。

与第二轮量化宽松政策引发的政治反应相比，“期限延长计划”引发的政治反应是比较平淡的。从某种程度上来讲，这是因为所涉及的项目没有增加银行准备金，不容易招致“印钱”的指责。但令人遗憾的是，在我们做出这一决策的前夕，国会中的4位共和党领导人物发出了一封联名信，批评我们这是在干预财政措施。众议院议长约翰·博纳和参议院少数党领袖米奇·麦康奈尔，以及他们的副手埃里克·坎托和乔恩·凯尔要求我们“不要再对美国经济横加干预”。我怀疑这封信的背后另有其人，或者隐藏着其他不为人知的原因，因为我与这4位共和党人一直保持着非常好的关系，一直以来，我都愿意和他们讨论美国经济和美联储的政策。博纳特别支持我连任，并且曾经私下告诉我，在金融危机期间，美联储幸亏有我，他对此感到很高兴。

虽然公众对我们这一最新计划做出的反应比较温和，但从总体上来看，我们面临的政治环境依然十分不利。之所以出现这种局面，在很大程度上是因为当时共和党正在举行2012年总统大选的党内候选人提名活动，为了迎合选民们的不满和担忧，共和党的候选人争先恐后地攻击美联储以及我个人。众议院前议长纽特·金里奇表示他要炒了我，并且把我称为“美联储历史上最热衷于推高通胀、最危险和最集权的主席”。（最后获得共和党提名的米特·罗姆尼则较为温和地说他会“物色一个新人”取代我。）如果说谁抨击美联储最猛烈就给谁发奖的话，那么这个奖项非得克萨斯州州长里克·佩里莫属。2011年8月中旬，佩里在艾奥瓦州出席一次竞选活动，当被选民问及对我的评价时，他将我们为了支持经济增长而付出的努力称为“几乎等同于叛国”，并补充道：“如果现在到明年选举期间，这家伙还要再印钱，我不知道你们艾奥瓦州的人会对他做什么，但在得克萨斯州，我们会叫他好看。”

这种言论很难令人充耳不闻，我担心这类荒唐的言论和指控可能会误导公众（虽然我当初听到佩里州长说这些话时，曾经当着美联储幕僚们的面，开玩笑似地引用了美国革命战争时期演说家帕特里

克 · 亨利的原话“如果这是叛国，那就尽情地叛国吧”加以回应，但我仍然担心公众被误导）。不仅仅右派提出了反对声音，2011 年秋季，左派也发起了声势浩大的占领华尔街运动。一时间，这个运动如雨后春笋般地在多个大城市同时上演，示威者猛烈抨击了美联储救助华尔街，抨击收入差距扩大以及失业率居高不下。示威者甚至在波士顿、芝加哥、纽约和旧金山这 4 个城市的联邦储备银行门前安营扎寨。我在 10 月份告诉联合经济委员会说，我不能指责抗议者们表达不满情绪，我说:“失业率高达 9%，经济增长非常缓慢，这的确算不上什么好的形势。”我担心外界的批评会影响美联储内部的士气，便先后见了多位美联储工作人员，确保他们能够掌握足够的信息去回应朋友和邻居提出的问题。

我们用于对抗高失业率的手段，即通过压低长短期利率去刺激需求，使得我们与“储户”这个政治影响力十分强大的群体陷入了紧张关系。2007 年，即危机还没有爆发的时候，退休人员和其他类型的储户可以通过 6 个月的定期存款获得 5%的利率，但在 2009 年中期之后的大部分时间内，他们即便能找到利率为 0.5%的定期存款，也算是幸运了。我不失时机地抓住每一个机会，向外界解释利率如此之低的根本原因在于经济疲软，无法为储蓄和投资提供健康的收益率。没错，我们的政策的确进一步压低了利率，但我们做的这一切都是为了促进经济复苏，因为在低利率政策下，经济会逐渐恢复元气，最终能够为储蓄和投资提供更高的收益率。我们相信这一时刻肯定会到来，但如果我们此刻过早地提高了利率，只会导致这个日期来得更晚。当然，退休人员肯定也希望就业市场变得更加健康，不然，他们那些二三十岁的子女可能就会被迫搬回家里跟他们一起住。

具有讽刺意味的是，有些人一方面批评美联储的政策损害了储户收益，另一方面又批评美联储的低利率政策让富人变得更富。（根据这种逻辑来分析，因为富人的存款比其他人多得多，我们损害了富人的利益，但他们又说我们让富人更富，因此，好像我们既帮了这些富人，又害了这些富人，简直是逻辑不通。）这些批评人士的依据就是低利率往往会推高股票、房地产等资产的价格，而富人拥有的这些资产要比其他人多得多，但这种说法忽略了一个事实，即低利率同样会减少富人的资产创造的收益。要想厘清货币政策对收入分配的影响，最好是比较一下资本投资收入和劳动收入的变动态势。事实上，宽松的货币政策对这两类收入产生的影响是非常相似的。在一个疲软的经济体里面，最重要的事情就是促进就业，只有这样，才能真正地帮助中产阶级，我们的低利率恰恰有利于创造就业机会。

为了向外界讲述美联储的故事，解释我们做了什么以及为什么这么做，我尽最大努力地接触华盛顿和华尔街之外的人。之前历任美联储主席很少会这么做。2011 年 11 月，我前往得克萨斯州的埃尔帕索市的布利斯堡基地。那天非常冷，凌晨 4 点，我和该基地的指挥官皮塔德将军一起前往机场迎接从伊拉克回国的军人。我碰到了一些士兵和家属，他们问了很多深刻的问题。他们给我留下的印象，与我见过的其他人给我留下的印象一样，大家都很担忧，想更好地明白当前正在发生的一切，以及这一切对他们个人的影响。尽管佩里之前预言得克萨斯州的人会让我好看，但我在得克萨斯州并没有受到什么不愉快的对待。我带着对军人奉献精神的感激回到了家中。

2012 年 3 月，我应邀为乔治·华盛顿大学的本科生开设了一系列关于美联储的讲座。回到教室的感觉真不错。我一开始就介绍了美联储的成立过程，以便让同学们理解央行是做什么的，理解我们在危机期间和危机之后采取了什么举措。这些举措虽然从某些方面来讲有些非同寻常，但它们符合美联储的历史使命。其间，我还接受了美国广播公司记者黛安娜·索耶关于这些讲座的采访。为了让更多的人接触这些讲座，我们把视频和文字稿发到了美联储的网站上。第二年，普林斯顿大学出版社将这些演讲稿结集出版。

后来，到了2012年，一个迹象告诉我，我们与外界的沟通其实已经奏效了。那年9月7日，我应邀参加华盛顿国民队的击球练习赛。其间，华盛顿国民队的对手——迈阿密马林鱼（Miami Marlins）的三垒教练乔·埃斯帕达拿了一颗球找我签名，华盛顿国民队的右外场员杰森·沃斯问我："量化宽松有什么新消息吗？"这一问让我觉得挺惊讶的，后来才想到沃斯跟球队签了一个7年的合同，酬劳高达1.26亿美元，这就促使他对金融产生了兴趣。（但我一直把对话集中在棒球上。）两天后，美联储理事理查德·费希尔在听完一次音乐会之后，当有人把他介绍给大提琴家马友友时，也被问到了这个问题。

在整个2011年以及2012年伊始，欧洲金融和经济形势都是一团糟，其影响也波及美国和世界其他经济体。美联储"老兵"史蒂夫·卡明领导下的美联储国际金融部门及时向我汇报相关信息，使得我们能够很好地了解欧洲动态。卡明是一位毕业于麻省理工学院的经济学家，于2011年8月从同样毕业于麻省理工学院的内森·希茨那里接任这一职位。根据我对欧洲动态的了解，我认为最重要的事件之一就是欧洲央行领导人的更迭。

特里谢的8年任期结束于2011年10月31日。我在8月份的杰克逊霍尔年会上曾经赞扬过他在任期内取得的杰出成就，并公开向他表示感谢。在遏制这场危机的过程中，我和其他央行行长曾经与特里谢并肩作战。不过，他赞成欧洲实行紧缩的财政政策和货币政策，我对此不敢苟同，毕竟特里谢并非经济学家出身，似乎更加倾向于像许多北欧人那样过于注重从道德层面去思考宏观经济政策，而且过于忽视在严重经济衰退期间采取旨在刺激需求的政策。但他非常精明，在应对欧洲债务危机期间表现出了卓越的外交能力，他在欧洲以及世界各地都备受尊重。

在美国，选择新任美联储主席是比较简单直接的，只需要总统提名和参议院批准即可。但在欧洲，要确定欧洲央行的行长，必须先经过欧元区主要成员国领导人内部协商，而且协商过程并不是公开透明的。德国是欧元区内具有主导地位的经济体，因此发言权自然是最多的，德国甚至有可能选择一个本国国民出任央行行长。但最有可能出任欧洲央行行长的德国人，即德国央行行长阿克赛尔·韦伯，早在 2011 年 2 月就主动提出辞职了，因此就不在考虑范围之内了。韦伯坚定地反对欧洲央行的证券收购计划，认为这是不合适的，甚至有违法之嫌。

接下来最明显的人选就是意大利央行行长马里奥·德拉吉。德拉吉戴着一副眼镜，说话时语调柔和，颇有学者风范。他是麻省理工学院的经济学博士，比我早毕业两年（我们在校读书期间对彼此了解甚少）。他拥有学术经历（曾担任佛罗伦萨大学教授）、市场经历（曾担任高盛副总裁）以及公共部门任职经历（曾担任意大利央行行长等职务）。他还曾担任“金融稳定委员会”主席一职。“金融稳定委员会”的前身是“金融稳定论坛”，一个重要职责是协助各国就金融监管事务开展协调。

德拉吉的主要问题出在国籍上，因为意大利是欧元区的一个大债务国，作为一个意大利人，德国和其他北欧国家怀疑他在制定货币政策或处理财政事务时会偏袒债务国。但是他非常聪明地迎合了德国媒体和公众的需求，化解了他们的担忧，并赢得了德国总理默克尔的支持，最后成功出任欧洲央行行长。对此，我感到很高兴。我既把他视为一个朋友，又将其视为一个有资历，且有奉献精神的公务员。

如同特里谢一样，马里奥也明白欧洲央行在欧洲权力架构中的特殊角色，因此，他也在欧洲银行内部不懈地促进各方之间的合作，在一些有争议的举措上弥合分歧，凝聚共识，力争使其赢得各方的支持。然而，与特里谢相比，马里奥在更大程度上受到了美国主流决策范式——新凯恩斯主义理论的影响。这一视角使其更加愿意推动扩张性的货币政策，以帮助疲软的欧洲经济走向复苏。事实上，马里奥最初采取的一些举动就是扭转特里谢在夏季上调的利率。即便如此，欧洲依然在 2011 年第三季度陷入了经济衰退。

德拉吉除了降低利率之外，还采取了更多的行动，比如确保欧洲的银行能够获得几乎不设上限的廉价资金，并推动他的同僚同意采取更多的降息举措。马里奥在 2012 年 7 月 26 日发表的那次演讲非常著名，他简单明了地提出“不惜一切代价来保护欧元”，从而提振了市场信心，减少了较弱的欧元区国家面临的压力。我认为这意味着他愿意像白芝浩设想的那样，一旦发生投资者挤兑风潮，无论是主权债务，还是银行债务，欧洲央行随时都愿意提供支持。令人印象深刻的是，市场认为马里奥的声明非常可信，以至于在欧洲央行根本无须出手购买债券的情况下，意大利和西班牙的国债收益率到 2012 年底就下降了大约 2 个百分点。这个奇妙的例子体现了央行与外界加强沟通的力量。

虽然马里奥的所有步骤都迈向了正确的方向，但欧元区各国的财政政策制造的“逆风”甚至比美国财政政策制造的逆风更强大，而且更加宽松的货币措施（比如大规模的量化宽松）遭遇了激烈的政治阻力，因此，欧洲经济的复苏前景仍然难以捉摸。

我在 2002 年加入美联储之际，一个目标就是要增强美联储的透明度和问责制。为了实现这一目标，一个尤其重要的元素就是实行“通胀目标制”，据此可以明确地评判美联储的表现。将近 10 年后的 2012 年 1 月，这一夙愿终于得偿。在这 10 年间，联邦公开市场委员会曾多次讨论通胀目标制。（贝齐 · 杜克曾打趣地说，只要不再讨论，她就接受。）到目前为止，联邦公开市场委员会的大多数委员都表示了支持，或者至少没有反对。格林斯潘曾经担忧设定一个通胀目标将过度限制决策的灵活性，但大多数委员认为这一担忧已经逐渐消退了。我们发现，在艰难的经济环境中，清晰明确的沟通比决策的灵活性更重要。

通胀目标暗示我们既要强烈抵制通缩，又要拒绝过高的通胀。

然而，考虑到法律对美联储的使命做出过明确规定，因此，要推进通胀目标制，需要咨询国会和政府。很久以来，我一直是这样做的。2009 年 1 月，新一届政府正准备就职时，我和科恩在我的办公室里会见了盖特纳、萨默斯和克里斯蒂娜 · 罗默，讨论采用通胀目标制的事情。他们没有反对，但他们认为从政治角度来看，不应该把这个事情当成优先任务。盖特纳后来给我创造了一个在椭圆形办公室向奥巴马总统解释通胀目标制的机会。总统听得很仔细，他对我讲，如果美联储认为这样做有必要，那就应该做。

但我精心编排的说辞还是没有打消众议院金融服务委员会主席巴尼 · 弗兰克的疑虑。我解释说，设定一个通胀目标，有利于让企业和消费者更加相信美联储维持低通胀的承诺，从而允许我们更加积极地采取宽松的货币政策去创造就业。弗兰克理解我的逻辑，但他还认为从政治角度思考这一举措也是很重要的，他认为，当前正值经济衰退时期，如果仅仅设定一个通胀目标，而没有设定就业率目标，可能会导致公众产生一种错误的印象，即美联储不在意就业问题，因此，现在不是设定通胀目标的正确时机，他不支持做出这一改变。后来，我向联邦公开市场委员会汇报了我与各方的磋商结果，委员会经过讨论，决定暂时不对决策框架做出任何重大改变。但 2009 年 2 月，我们开始让委员会成员预测通胀率、失业率和经济增长率在“适当货币政策”下，“在更长的时期内”（大致上是 3—5 年）会呈现出什么样的变动态势。延长预测周期的做法实际上就相当于朝着通胀目标制的目标稍稍迈进了一步。这样一来，即便没有设定明确的通胀目标，外界也可以从委员会成员的预测中窥见我们打算把经济引向何方。

到 2011 年初，美国经济状况改善了一些，我认为重新考虑设定通胀目标的时刻已经来临了。为了强调通胀目标制与美联储“双重使命”的一致性，我提出在实行这一目标的同时，还要明确地提出美联储致力于创造就业和控制通胀。耶伦带领一个由费城联邦储备银行行长查尔斯·普洛斯、芝加哥联邦储备银行行长查理·埃文斯和美联储理事莎拉·拉斯金构成的小组，拟定了一份内容完整、措辞凝练的政策声明。我们在那份声明中明确提出将通胀目标设定在2%，同时还强调委员会将采取“平衡方法”去促进物价稳定和就业最大化。

“平衡方法”反映出美联储的“双重使命”有时候会发生冲突，比如，如果通胀率太高（此时需要采取紧缩的货币政策），而失业率也很高（此时需要采取宽松的货币政策），就会存在冲突现象。之前，美联储官员一直不愿意谈论这个矛盾，而是强调从长远来看，低通胀往往会促进经济和就业市场的健康发展。新政策声明中虽然认为这两个目标“通常具有互补性”，但也承认它们有时的确会发生短期性的冲突，这就要求决策者做出权衡。比如，如果通胀率略高于目标，而失业率非常高，那么联邦公开市场委员会可能会决定优先降低失业率，而不惜让通胀率变得更高。

我在办公室里会见了弗兰克。如今，在共和党控制的众议院里面，虽然他已经不再担任金融服务委员会主席一职，但他依然是少数党里面的一位重要人物。我向他说明了我们的建议，表示我们美联储很清楚地知道需要同时兼顾两个使命。他虽然还不是完全满意，但基于我们过去长期的合作，他勉强表示愿意配合。事实上，当时的低通胀率、高失业率的经济形势，要求我们采取宽松的货币政策，二者不存在冲突风险。我跟弗兰克见面之后，又打了十几个电话给一些国会领袖。在同其他人磋商的过程中，我发现其实很多人是赞成那篇政策声明的，威斯康星州众议员保罗·瑞安等多位议员原本就支持设定明确的通胀目标。

联邦公开市场委员会在2012年1月的那次会议上批准了那份政策声明，并将其发布出去。塔鲁洛投了弃权票，因为他想让委员会用更加明确的措辞表示委员会在必要情况下，为了降低失业率，愿意接受暂时超出预定目标的通胀率。由于我们在推动通胀目标制的过程中做了大量的沟通工作，并采取了渐进循序的工作方式，因此我们发布之后，国会的批评声音很少。

2011 年底，弗兰克宣布他将在 2012 年从国会退休，我和塔鲁洛邀请他到美联储参加一场告别午宴。弗兰克一直是美联储的好朋友，也是一位效率非常高的议员，他性格幽默，时常给人带来欢笑。有一次，我和他在某个立法策略上发生了分歧，但后来事实证明他是正确的。他就给我的秘书留了一个纸条，上面写着："有些人喜欢说'我早告诉过你'之类的话，但我不是那种人。"

在《土拨鼠之日》(*Groundhog Day*) 这部电影里面，比尔·默瑞饰演的主角日复一日地过着同样的生活，似乎从来不会发生改变。2012 年春季，美国经济也让我产生了同样的感觉，因为如同前两年的情况一样，美国的就业市场形势比前一年秋季和初冬略有改善之后，再次趋于停滞，失业率一直在略高于 8% 的水平徘徊，房地产市场依然拖累美国经济复苏。欧洲的形势虽然平静了一些，但金融市场的动荡仍然阻碍着经济增长。这几股"逆风"依然困扰着我们。

我们之前预测，如果失业率降低到 5.5% 左右，就与创造就业的目标保持了一致，但如今，经过 3 年的复苏之后，我们离这个目标依然非常遥远，而且我们对于美国经济增长提速的前景也感到很不乐观。2012 年 6 月（当时美国失业率是 8.2%），联邦公开市场委员会成员们普遍预测美国失业率在 2014 年第四季度仍然会保持在 7% 以上。

在 2012 年 6 月的那次会议之后的那场记者招待会上，记者们好几次提到，一方面我们采取了宽松的货币政策，另一方面我们又预计就业率和失业率迈向既定目标的速度较慢，这似乎存在矛盾。如果我们相信自己的预测，为什么不采取更多的行动呢？我回应说，我们已经采取了大规模的宽松政策。比如，就在 6 月份的那次会议上，我们就将“期限延长计划”的有效期延长到了2012年底，这就意味着我们将另外收购2 670亿美元的长期国债，同时抛售同等规模的短期国债。我还重复了之前多次提到的一个观点，即我们采取的非传统型货币工具，比如量化宽松政策，虽然有积极作用，但也会涉及一定的成本和风险，因此，这些非传统型政策工具不能像降息等传统工具那样频繁使用。

我的回答逻辑非常清楚，记者们很好地捕捉到了委员会的集体看法。但我并不感到满意。我们的预测清楚地显示，如果不采取进一步行动，那么要实现我们的目标恐怕还要等好几年，而且我们不能指望国会提供什么帮助了。事实上，国会僵局引发了一个新的问题，2012年底，或2013年初，很可能会出现“财政悬崖”。如果国会没有达成共识，那么联邦政府将会达到债务上限，小布什政府时期实行的减税举措也将到期，“预算自动减赤机制”将会启动（即自动、全面地削减政府开支）。因此，我决定我们必须更加迅速地行动起来，推动既定目标的实现。首先要做的就是在联邦公开市场委员会内部凝聚共识，让大家都支持采取进一步行动。

为此，我和联邦公开市场委员会的成员们进行了面谈或邮件沟通，无论有没有投票权我都会接触到，因为即便一些成员没有投票权，他们也可以在会议上发表自己的看法，从而可能影响到同事们的看法。我与明尼阿波利斯联邦储备银行行长纳拉亚纳·柯薛拉柯塔的邮件沟通特别密集。他曾经是明尼苏达大学的教授，在2009年10月接替加里·斯特恩出任现职。虽然他在2012年没有投票权，但是在2011年享有投票权的时候，他曾经强烈反对我们通过采取更多的货币政策去刺激经济，因为他认为就业市场上的很多问题是因为企业找不到合适的人才，要解决这一问题，更多地需要从教育和培训方面着手，而不是从货币政策方面着手刺激经济。我认为他的观点与显示的证据不符。我用自己深信不疑的一个简单想法说服了他，即我们实现目标的速度太慢了，只要我们认为我们的政策工具是有效的，而且其风险是可控的，那么我们就应该采取更多措施。最终，经过多次讨论之后，他放弃了鹰派立场，加入了鸽派。像他这样愿意在具有说服力的事实和论据面前改变主意的鹰派人士，实在是少之又少。

2012 年 8 月，我的父亲菲利普去世了。他把家族的药房卖给一家连锁药企之后，就退休了，与我母亲埃德娜一起搬到了北卡罗来纳州夏洛特市居住。我母亲就是在夏洛特市长大的，我弟弟塞思一家也居住在那里。我父母最初居住在一栋小房子里，后来搬进了养老院。我父亲病了几个月，身体越来越弱，8 月 8 日，因心脏衰竭，病逝于一家基督教长老会医院的重症监护室，享年 85 岁。在父亲住院期间，我的弟弟塞思和妹妹莎伦一直陪着他，诵读他所熟悉的希伯来语祷文，并为他吟唱希伯来语圣歌。我和安娜也曾到医院探望过一次，但我不得不尽快返回华盛顿，结果还没有来得及再次探望，他就去世了。我和安娜第二次过去，是参加他的葬礼。他是一位好人，很有职业道德，非常善良，富有仁爱之心。很多朋友向我表达安慰，而且出乎意料的是，奥巴马总统也亲自来电安慰，我深表感激。但最令我惊讶（也很感动）的是众议员罗恩·保罗给我发来了一封亲笔信表示安慰。

我回到华盛顿之后，继续为进一步采取货币政策行动凝聚共识。我们之前已经采取过很多类似行动了，而且我们原本以为已经足够了，但就业市场依然死气沉沉，没有起色，8 月份的失业率高居 8.1%，失业人数多达 1 250 万（其中 500 万人已经连续失业超过 6 个月了），另有 800 万人在做兼职，但希望能找到全职工作，260 万人想参加工作，但最近没有找或者已经放弃了。我在 8 月 31 日的杰克逊霍尔年会上以严厉的措辞将就业形势称为“一个重大问题”。为了增强市场对于第三轮证券收购计划的预期，我表示我们会“提供更多必要的政策……以促进就业市场形势的持续改善”。

两周之后，到 9 月份，联邦公开市场委员会会议决定启动外界所谓的第三轮量化宽松政策。因为我们的短期国债已经抛售殆尽，“期限延长计划”的期限就无法再延长了。我们被迫再次扩大资产负债表的规模，通过为银行增加准备金的方式，每月收购额度 400 亿美元的抵押贷款支持证券（需由房利美、房地美或吉利美担保）。与此同时，我们依然在执行“期限延长计划”，每个月收购 450 亿美元国债。更加重要的是，我们还表示，如果我们没有看到“就业市场前景中出现重大改善”，就会继续收购债券，并动用其他政策工具。

如同马里奥·德拉吉一样，我们也宣布将不惜一切代价改善经济形势。第一轮和第二轮量化宽松政策都提前公布了收购总额，但与这两轮量化宽松政策不同的是，第三轮量化宽松政策并没有设定收购总额，这种不设上限的做法是有风险的，我们只能在就业市场出现重大改善的情况下才能叫停，不然，如果在没有出现重大改善的情况下就叫停，则无异于宣告这一政策的失败，这样可能完全摧毁市场信心。但不设上限的好处就是市场和公众会相信美联储将为他们提供一切必要支持，我们也希望市场信心得到提振之后，能够促使长期利率保持低位。这样一来，我们就不用再为是否需要启动新的量化宽松政策以及何时终结量化宽松政策发愁了。

在 12 月份的会议上，联邦公开市场委员会决定扩大第三轮量化宽松政策的收购规模，承诺在“期限延长计划”于年底结束之后，每个月收购 450 亿美元的长期国债，这样一来，加上 9 月份开始实施的每月收购额度 400 亿美元的抵押贷款支持证券，美联储资产负债表规模的扩大速度就变成了每个月 850 亿美元。我们在会议声明中为市场提供前瞻性引导的时候，也改变了一下措辞，我们不再像之前那样说我们预计短期利率会在某一个特定的时间内维持特别低的水平，而是为利率政策设定了所谓的“门槛”。芝加哥联邦储备银行行长查理·埃文斯曾经公开地提到过设定门槛的事情，而且在美联储内部，耶伦和

比尔 · 达德利也表示赞同。我们在会议声明中表示，预计至少在失业率仍旧维持在 6.5% 上方、通胀率在未来一两年时间里较联邦公开市场委员会 2% 的长期目标高出不超过 0.5 个百分点，以及长期通胀预期仍旧十分稳定的条件下，联邦公开市场委员会继续维持当前极低水平的联邦基金利率是合适的。有一点是非常重要的，这两个数字仅仅代表我们开始考虑退出宽松政策的两道“门槛”，而不是“触发器”，也就是说，即便失业率降低到了 6.5%，我们也不会自动地提高利率。我们只是说等失业率降低到 6.5% 以后，我们才开始考虑提高利率。这样一来，我们无异于告诉市场，我们将不惜一切代价去改善经济形势。

里士满联邦储备银行行长杰夫 · 莱克尔既反对我们收购更多的抵押贷款支持证券，又反对我们为考虑退出宽松政策设定门槛。联邦公开市场委员会成员里面，虽然投反对票的只有他一个，但感到紧张的人绝不只是他一个。我的设想是我们可以在 2013 年中期逐渐终结证券收购计划，但一切都要取决于数据（以及一些我们控制不了的因素，比如财政政策）。我们的证券收购计划可能要持续很长一段时间。借用扑克牌游戏里面的一个术语来说，我们这一次算得上“全押”[①]了。

① 全押指把手上剩下的所有筹码一次性地押下。——译者注

# 第二十三章
# 退出量化宽松

2013 年 1 月 17 日（周四），夕阳西下时分，天气十分寒冷，我和几位客人在马丁大楼的主席餐厅聚会。这个餐厅正好可以俯瞰到国家广场的西侧。大楼内只有几位餐厅服务人员以及安保人员在走廊上走来走去，显得空空荡荡的。

餐厅里的长桌可以容纳 8 个人同时就餐。通过落地窗，我们可以看到灯火通明的国会山、华盛顿纪念碑、杰斐逊纪念堂、林肯纪念堂以及波托马克河对岸的五角大楼，还可以时不时地看到闪烁着亮光的飞机沿着波托马克河方向缓缓降落到里根国家机场。

这次聚会是欢送即将卸任财长一职的盖特纳。除了盖特纳之外，我还邀请了其他几位客人，包括三位前财长（鲁宾、萨默斯和保尔森）、两位美联储前主席（沃尔克和格林斯潘）以及一位美联储前副主席（唐纳德 · 科恩）。4 年前，我为保尔森举行欢送晚宴时，参加的客人也是这一群人。

我们坐下来吃饭之前，三三两两聚在一起闲聊了一会儿。保尔森和萨默斯兴致勃勃地谈论着中国的发展情况，他们两人当时刚刚访问过中国，刚从那里回来。沃尔克和鲁宾说话的声音比较低。沃尔克在华盛顿的决策圈里依然具有重大的影响力，《多德–弗兰克法案》纳入了“沃尔克规则”就可以证明这一点。虽然他现在已经 85 岁高龄了，但精神矍铄，时不时地爆发出爽朗的笑声。74 岁的鲁宾在克林顿政府时期曾经担任财长一职，亲自处理过亚洲、拉丁美洲和俄罗斯的债务危机，在回归华尔街之前，他曾经是萨默斯和盖特纳的导师。他也是这次金融危机的亲历者，因为他在这次危机期间正担任着花旗集团的资深顾问。

我、盖特纳和科恩聚在一起聊天。科恩对离开美联储之后的发展情况似乎感到满意，他在布鲁金斯学会担任着一个职务（布鲁金斯学会是一个位于华盛顿的非营利性政策研究智库），同时也是英国央行内部一个负责维护金融稳定的委员会的成员。科恩虽然没有担任过哪个联邦部委的一把手，但是他的资历是不容置疑的，他在政府部门的任职时间超过了在座的任何一位，他还一直是我和格林斯潘不可替代的顾问，

格林斯潘姗姗来迟，他说安排的活动太多，给耽误了。他那时已经 86 岁高龄了，虽然他走路的速度慢了一些，但是其他事情上可没有放慢脚步。他的社交活动还是非常活跃，并且仍然在经营着他的咨询公司，而且正在写一本新书。

大家在席间一起向盖特纳敬酒。我们这位贵宾的情绪十分振奋，讲述着一个又一个故事，开着一个又一个玩笑。他担任的这个职务备受关注，给他带来了很大的压力，也招致了很多批评，但他似乎总能表现出一股幽默。他这种幽默究竟是为了缓解压力而装出来的，还是真的心理强大到对外界批评置若罔闻呢？我一直无法做出准确的判断。如果他那副轻松随意、无动于衷的神态是装出来的，那么他的演技的确令我折服。虽然他看似年轻，其实自从 1988 年加入财政部国际事务司以来，一直在公共部门任职。他在财长位子上干了将近 4 年之后，多次毫不隐讳地表示打算辞职，觉得再干第二任的话，就太亏欠家人了。奥巴马总统说服他干到第一个任期结束。现在，第一个任期已然结束，奥巴马总统只得默许他离开。

虽然大家谈得起劲，但从某些方面来看，这次聚会也是有点尴尬的，因为我们这些人之间的人际关系挺复杂，都具有强烈的自我意识，在政策方面也存在一些分歧，而且我们拥有不同的人生履历。沃尔克、鲁宾以及格林斯潘对于美联储在这场金融危机期间以及之后采取的很多政策心怀不满。（我记得曾经在这个餐厅与鲁宾吃过一顿气氛非常紧张的午饭，当时他试图说服我放弃量化宽松政策。）萨默斯对于我们的一些行动也持有批评意见，至少在白宫内部曾经这么讲过，但是我们这些人之间的共同阅历把我们凝聚在了一起。虽然我们存在分歧，但我们都对这个世界做出过积极的贡献，这一点令我们都感到非常高兴。

最高层级的决策过程往往会持续很长时间，而且这个过程给参与者带来的压力几乎从不间断，但一想到自己做的事情十分重要，想到自己正在创造历史，就令人备感激动。但与此同时，我们还要不断地接受公众与政客的监督，苦苦挣扎地解决异常复杂的难题。我们都领教过其中的挫败感。此外，通信技术发展异常迅猛，先是出现了 24 小时不间断播出节目的有线电视，后来又出现了博客和推特。这些新的通信技术不仅加强了公众和政客对决策者的监督，还有可能导致那些没有事实依据的、口若悬河的观点压过了冷静的、理性的观点，导致个人攻击压过了深刻分析。在这个充斥着偏见的世界上，我们都知道一旦一位经济决策者变成了某个时代的象征性人物，会给他带来什么，虽然他有一千个一万个不情愿，人们依然将其视为美国人民希望与恐惧的化身，而且他会被媒体刻画成一个连亲人朋友都认不出来的卡通人物。

这些都是重要的决策工作蕴含的压力，我们都很清楚，但很快我们发现，我们都体验过的那种挫败感的主要根源并不在这里，而是在于“政府失灵”。最初，这套政治制度设计出来的初衷是为了促进各方在决策过程中相互协商，审慎决策，但如今，这套制度已经瘫痪、失灵了，在很多时候已经沦为某些政客自我炫耀和卖弄的舞台，助长了盲目的意识形态和敌视情绪。这套制度似乎要把所有错误的路子尝试一遍之后，才愿意走上正确的路子。在座的客人里面，有几位早在20世纪80年代和90年代就担任过公职，他们信誓旦旦地向我们这些资历较浅的人保证说，肮脏的政治和政府僵局与美利坚合众国的历史一样悠久，鲁宾还谈到了他那个时代的国会与政府在债务上限和预算问题上的争论。看一看当前国会与政府之间围绕财政问题的争论，真是与当年没有什么区别。

晚宴接近尾声时，我开玩笑地说道，很快就剩下我一个从政府领工资的人了。晚宴结束后，我和我的几位安保人员开车把萨默斯送到他住的宾馆，那时，他辞去白宫的职位已经有两个年头了，他想等我退下来之后，继任美联储主席一职。他这一愿望也不算什么秘密了。他在回答我提问的时候，说他支持当前的货币政策，包括第三轮量化宽松政策收购数千亿美元的国债。我不知道谁会接替我，但我认为很重要的一点是，他或她会继续实施当前的政策。

2013年2月5日，我到椭圆形办公室见了奥巴马总统，我把2009年获得第二次提名时讲过的话重复了一遍，即第二个任期在2014年1月份结束之后，就不再考虑干第三届了。在华盛顿这个“高压锅”里，我已经待了十多个年头，已经受够了。总统表示理解。我们短暂地谈了一下接替我的潜在人选。他告诉我他的候选人里面有萨默斯、耶伦和科恩，并征求我的意见。我不想对他的选择施加过多的影响，因为如果我支持其中任何一个人，就很容易被误解为反对其他人。我对总统讲，我相信这三位人选都很有资格，而且都很可能继续沿用美联储当前的货币政策。

当我们为盖特纳举行欢送晚宴时，每个人的脑子里想的都是政府失灵问题，因为当时联邦政府已经在财政悬崖上摇摇欲坠了好几周。我之所以用财政悬崖这个词，是因为很多财政措施的到期日恰巧都是

2012 年 12 月 31 日。如果国会在 12 月 31 日还拿不出个结果来，那么联邦政府就达到了债务上限，小布什政府的减税方案也将终止，自动减赤措施将开始生效，届时，联邦政府将掉下悬崖。一旦出现这种局面，将对经济复苏构成沉重的打击。（人们普遍认为我是第一个提出"财政悬崖"这个词的人，但其实这是不正确的，我一年前在国会做证时的确曾经提出过这个说法，但在我之前，一些人在其他场合也提到过这个说法。）

国会与政府在最后时刻设法避免了这种最糟糕的局面。2014 年 1 月 2 日，奥巴马总统签署了一个法案，将自动减赤机制的生效时间推迟到 3 月 1 日，并延长小布什时期的减税政策（但部分高收入者除外），另一方面，奥巴马政府在之前两年内实施的工资税削减 2% 的优惠政策停止实施。虽然达到了债务上限，但财政部就像在之前遭遇类似僵局时所做的那样，采取了一些特殊的会计方法，把联邦政府的支出能力又延长了一段时间。

虽然最糟糕的局面已经成功避免，但国会与政府在预算问题上的讨价还价大大地加强了财政因素对于美国经济复苏的阻碍作用。增税和削减支出可能会严重抑制需求的增长，而且僵局引发的不确定性因素（以及再次陷入僵局的可能性）重创了企业和消费者的信心。无党派的国会预算办公室后来估计 2013 年的财政僵局可能会导致当年的美国经济增长率降低 1.5 个百分点，这对脆弱的美国经济而言，无异于难以承受之重。

盖特纳财长任期的最后一天是 2013 年 1 月 25 日。国会在 2 月 14 日宣布通过一项法案，同意将美国提高债务上限的期限延长至 5 月 18 日，从而使得新任财长杰克 · 卢获得了一定的喘息时间，可以同国会商讨制订一个更加长期的解决方案。杰克 · 卢在 2 月 28 日正式宣誓就职。杰克 · 卢是一位非常聪明和精明的律师，在政府部门以及非政府部门都有过长期任职经历，其背景也非常多样化。他曾经在克林顿政府时期担任过行政管理和预算局局长（以及其他多个职务）。到奥巴马政府时期，他再次担任该局局长，后来又出任白宫办公厅主任。在加入奥巴马政府之前，他还担任过纽约大学负责行政事务的副校长以及花旗集团的高管。我经常与他共进早餐或午餐，就像之前经常与约翰·斯诺、保尔森和盖特纳这三位财长那样。杰克被誉为财政专家，但他很快熟悉了金融市场和金融监管，我们也很快建立了良好的工作关系。

2014 年 2 月 26 日，我在参议院银行业委员会参加了一场听证会，发表了一年两次的报告。当时，我们正在开足马力地实施宽松货币政策，2013 年 12 月才宣布每月收购 850 亿美元的证券，直到就业市场形势出现重大改善为止。在我看来，持续收购证券是很有必要的，因为虽然过去三年来就业人数大概总共增加 600 万人，但比危机之前的就业人数相比少了 200 万人，1 月份的失业率仍然维持在 7.9%的高位，1 230 万人找不到工作，其中，失业时间超过半年者达到 1/3 以上。

我有一种紧迫感，认为必须加快经济复苏的进度，不然很多长期失业的人恐怕再也无法回归职场了。财政界的一些决策者非但没有帮助经济复苏，反而在努力帮倒忙，这让我感到非常沮丧。我告诉参议员们说“仅仅靠货币政策难以挑起所有担子”。没错，国会在削减联邦预算赤字方面的确取得了一定的成效，如果在正常时期，这的确算一个积极的进展。然而，在我来看，解决预算赤字问题的方向出现了错误。正如我很久以来一直强调的那样，联邦财政赤字面临的最严重的威胁在很大程度上在于人口老龄化和不断增长的医保支出。我们需要提高医保体系的效率，并确保社会保障项目等一些关键的福利项目的支付能力，我们还需要提高美国经济的增长效率，这样我们才有能力承担老龄化社会的成本。但是议员们并不去思考和处理这些长期性的问题，而是一味地关注如何削减短期支出和增加税收，这样做反而会让原本疲软的经济雪上加霜。

我在听证会上虽然没有这么讲，但连我自己都不禁怀疑联邦公开市场委员会用如此宽松的货币政策去抵消财政逆风（以及其他逆风）的做法还能维持多久。在1月29—30日的会议上，联邦公开市场委员会以11票赞成、1票反对的投票结果决定继续实施当前的宽松政策，其中投反对票者是堪萨斯联邦储备银行行长埃斯特·乔治，他是在托马斯·赫尼希离任之后接任现职的。但这个投票结果没有反映出委员会的担忧和疑虑，因为包括我在内的所有人都认为最新一轮的资产收购就像赌博一样。我相信不设上限的第三轮量化宽松政策在促进经济增长和创造就业方面的效果肯定比之前的努力有效得多，但如果美国经济因为美国财政紧缩政策或者欧洲危机卷土重来等美联储无法控制的因素而再次趋于停滞，我们该怎么办呢？美联储大规模收购证券的行动已经持续很久了，这令我的很多同事内心难安，我特别担心可能会失去杰里米·斯坦恩、杰伊·鲍威尔以及贝齐·杜克这三位美联储理事的支持。在2013年没有投票权的克利夫兰联邦储备银行行长桑德拉·皮亚纳尔托也深表担忧。杰里米和杰伊的提名被一如既往地耽误了一段时间之后，终于在2012年5月得到了批准。他们二人的宣誓就职标志着美联储理事会6年来首次凑足了理事。

我对他们二人的任命一直表现得非常热情。他们将有助于提升美联储理事会在金融方面的专业知识。自从凯文·沃什离开之后，我们在这类知识上就出现了欠缺。杰里米·斯坦恩是哈佛大学经济学教授，研究方向是行为金融、股票市场以及货币政策等。他在奥巴马政府刚刚上台的那几个月里，曾经担任财政部和白宫的顾问，我非常了解他本人以及他的工作，我在普林斯顿大学当经济系主任时，就曾经想把他挖过去。杰伊·鲍威尔曾经在老布什政府担任财政部副部长，后来成为投资公司凯雷集团的合伙人，他是共和党籍，但肯定不属于茶党分子。（奥巴马总统故意把他跟民主党的杰里米·斯坦恩放在一起提名，是为了增加参议院顺利批准提名的概率。）他离开凯雷集团之后，加入了华盛顿的两党政策中心（Bipartisan Policy Center）。2011 年，他为了让议员了解不提高债务上限的风险，做了大量的幕后工作。他立场温和，善于凝聚共识，因此颇具美名。

杰伊和杰里米同时到的美联储理事会，一起度过了很多时间，我经常同时见他们两个。他们都表示支持美联储的工作，但都没有完全适应我们的宽松货币政策和不断膨胀的资产负债表。杰里米在一系列演讲中谈到了他的担忧，得到了大量媒体的关注。他特别担心我们购买证券可能引发金融市场的过度冒险行为。这不是一个新的论点，但杰里米谈得更加详细和深入。杰里米认同我长久坚持的一个观点，即预防金融不稳定的第一个办法，也是最好的办法，应该是有针对性地监管，而不是货币政策，但他也不想仅仅依靠监管。他认为金融风险可能很难探测到，只有更高的利率可以“填补金融体系的所有裂缝”，并减少刺激过度冒险行为的因素。我也认同更高的利率可以填补金融体系的所有裂缝，因为从某种意义上来讲，提高利率可以影响广泛的金融和经济决策，但恰恰是由于这个原因，在金融市场上使用这个工具可能会引发广泛的经济问题。

杰伊和贝齐主要是在美联储内部表达自己的担忧。桑德拉·皮亚纳尔托则像杰里米一样，在公开场合的讲话中表达自己的担忧。但这 4 个人绝不是鹰派人物，他们一致认为经济复苏仍然需要我们从货币政策方面给予实质性的帮助。但他们担心不断膨胀的资产负债表对金融稳定的影响，对我们在未来退出宽松政策的能力表示怀疑，同时他们还担心一旦美联储出现亏损，无法向财政部上缴盈利，那将会给美联储带来政治风险。

美联储通常是很赚钱的，因为我们通过收购国债和抵押贷款支持证券获得的利率远高于我们为银行准备金支付的利率（当时是 0.25%），而且以流通的货币[①]为表现形式的那部分债务不用支付任何利息。扣除运营费用之后，我们将利润上缴财政部，从而减少了联邦赤字。我们美联储在危机期间和之后上缴的盈利其实多于危机之前的盈利，这反映出我们持有的证券资产比危机之前大得多，而且我们的贷款计划的收益也多得多。或许在未来的某个时刻，经济走强，通胀压力加剧，我们将不得不提高短期利率，而且为银行的准备金支付的利息可能暂时性地多于我们持有的证券带来的利息，这反过来可能导致我们连续好几年都不会给财政部上缴盈利。我们认为这一结果不太可能，但我们必须提前研判到这一风险。我在新闻发布会和国会听证会上都曾经提到过这一风险，而且美联储工作人员还发布了一份研究报告，评估了美联储给财政部上缴的盈利可能出现的变动情况。

当然，利润不是货币政策的重点。当利率开始上升时，这可能意味着我们的政策开始生效了，经济终于实现了强劲增长，并开始创造就业机会。更强大的经济体和更多的就业机会催生的公共福利远远超过了上缴盈利减少对于联邦预算的暂时影响。此外，作为附带的好处，更强的经济会通过增加税收收入等方式改善政府的财政状况。这种效应可能会抵消我们的上缴盈利下降的影响。然而，话虽这样讲，一旦美联储在一定时期内上缴的盈利减少，恐怕将会面临一系列政治和公共关系问题。我们还向银行支付利息（许多是外资银行）。虽然存在这方面的忧虑，但不能因此而选择错误的政策。

因为这三位理事在联邦公开市场委员会中都有投票权，因此，如果失去他们的支持，将是我难以承受之重。米歇尔·史密斯甚至将他们称为我的“三个朋友”。我需要找到一个办法让他们相信我们的证券收购计划不会无止境地持续下去。正如杰伊告诉我的那样，我们需要

---

① 在中央银行的资产负债表上，流通的货币属于债务，需要与一定的资产相对应，而这类资产一般是政府债券。美联储持有的债券的平均收益率是3.5%左右。——译者注

一个“出口匝道”。事实上，我们之前已经在联邦公开市场委员会的声明中提到了类似于“出口匝道”的说法。我们的声明中说我们打算考虑收购证券的“潜在效果和成本”。换句话说，如果我们的结论是证券收购计划没效果，或者引发的风险过多，那么即使我们没有实现推动就业市场出现重大改善的目标，我们也将停止收购证券。为了安抚这三位朋友，我继续强调指出非常规政策的潜在风险，包括在 2 月 26 日那次听证会上也这么讲。我明确表示，我认为迄今为止我们的证券收购计划的好处大于风险，但我也强调指出人们需要关注这一计划的潜在风险。我之所以这么做，部分原因就是想让公众以及不安的同事相信我们没有进入“自动驾驶模式”，必要时能够及时折返。

我预计联邦公开市场委员会将在下一次会议，也就是 3 月份的会议上深入讨论继续实施第三轮量化宽松政策的效果、成本和风险。随着会议的临近，我努力接触每个人。我见了所有的理事。与以往不同的是，我还给杰里米、杰伊和贝齐提供了一个机会，让他们评论一下我打算在 3 月份的记者招待会上发表的开场白。我对他们讲，尽管我在证券收购问题上与他们存在分歧，但我会尽力接纳他们的倾向性意见。我对他们说：“如果我没有理事会的支持，那么我这个美联储主席的位子是坐不稳的。”我说希望我们能够在 9 月缩减证券收购规模，甚至在 6 月就有这个可能。

与此同时，记者和交易员兴奋地猜测宽松政策将在什么时候开始“逐渐减少”。媒体使用的这一措辞暗含着我们收购债券的计划会逐步削减，而不是突然削减。虽然我之前也曾用过这样一个措辞，但不是特别喜欢用。我鼓励联邦公开市场委员会采用其他措辞。“逐步削减”意味着一旦收购进度放缓，我们就会沿着一条既定的道路走下去，不停地削减。相反，我想传递的信息是削减证券收购规模的速度可能会存在多种变化，至于具体怎么变化，则取决于就业目标的实现程度，以及收购证券的风险是否超出了它的积极作用。然而，如同往常一样，对于媒体选择使用的词汇，我基本上施加不了什么影响力。

无论外界怎么称呼退出量化宽松政策，明确地与外界进行沟通都是至关重要的。我希望避免 1994 年收紧货币政策时的那些失误。在格林斯潘主席的领导下，联邦公开市场委员会在 1990—1991 年的经济衰退期间以及之后大幅削减联邦基金利率目标，后来，低利率政策维持了将近一年半之后，决策者发现了经济过热的早期迹象，并在 1994 年 2 月开始提高利率。格林斯潘曾经就未来的政策转变给市场发出警告信号，但长期利率的反应远远超出了委员会的预期，10 年期国债收益率从 1 月初的 5.6%提高到 5 月初的 7.5%。显然，投资者认为美联储 2 月份的加息预示着之后加息速度会更快，这超出了决策者的设想。联邦公开市场委员会当时担心长期利率的意外激增会对经济增长造成过于严重的阻碍作用。

但最后格林斯潘及时扭转了利率飙升的局面，实现了软着陆，使经济继续增长，同时通胀率也保持在较低水平。20 世纪 90 年代是美国历史上持续最久的扩张时期，格林斯潘至少在一段时间内成了“大师”，但也不是一帆风顺的。现在，将近 20 年后的今天，我希望我们运用的沟通技巧，比如运用失业率和通胀率作为第一次提升利率的“门槛”，可以让我们更好地与外界沟通。

3 月份的会议之后，联邦公开市场委员会批准的会议声明以及我在新闻发布会上发表的评论都传递出了我想传递的消息，即我们正在认真地讨论如何缩减证券收购规模，但是我们并没有准备立即开始。第二天的《华尔街日报》的一个新闻标题也说：“美联储暂时不会收紧政策。”联邦公开市场委员会的核心人员，包括那三位摇摆不定的理事，认为年中前后适合开始缩减收购规模。不过，根据媒体的报道和对证券公司的调查，很多市场人士预计我们开始缩减收购规模的时间要晚很多。我知道我需要实现一个微妙的平衡，我的工作就是在继续实施促进经济复苏的政策之际，协调这些不同的预期，让这些预期更加接近一些。

我们在4月30日至5月1日那次会议上的目标与3月份会议的目标大体上是一样的，即加强与外界的沟通，让外界明白美国经济还没有复苏到立即缩减证券收购规模的程度。当时，得益于消费支出的增长（汽油价格下降对此起到了一定的刺激作用）和房地产市场的改善，美国经济实现了适度增长。然而，正如我们所担心的那样，在那年的前三个月内，虽然自动减赤机制的冲击还没有全面爆发，但联邦支出已经明显下降。我们在会议声明中试图向外界表明我们的政策需要灵活性，并更加强调地指出我们未来政策的演变取决于经济发展态势。我们说："委员会将根据劳动力市场或通货膨胀的变化前景，准备加快或放缓收购证券的速度，保持适当的政策调节力度。"

然而，投资者似乎只听到了"加快"一词，误认为我们正在积极考虑增加收购债券的规模。之后的三周内，美国股市保持了温和上涨的态势。市场对于第三轮量化宽松政策未来走势的预期，与委员会大多数成员的预期出现了更大的分歧。

5月22日上午，我到联合经济委员会参加听证会时，试图扭转市场的误解。我一开始就发出了一个警告："过早地收紧货币政策，将引发放缓或终结经济复苏的重大风险。"我之所以这样讲，是为了反击鹰派人士的观点，有些鹰派人士是美联储内部的，有些则是外部的，这些人想迅速地终结证券收购计划。当然，我并没有说当前这种收购速度和规模会永远持续下去，即便我们开始收紧政策，美联储的资产负债表的规模也不会立即出现重大缩减，而是我们仍然在实行宽松政策，只不过不像之前那么积极而已。

我发表完开场声明之后没有多久，在回答一个问题时，我说道："在接下来的几次会议中，我们可能会放缓收购的速度。"那天下午，我们公布了4月30日至5月1日的会议记录，这份会议记录表明联邦公开市场委员会内部有些成员"表达了在6月份的会议上缩减收购规模的意愿”。

虽然这份会议记录从总体上看表达的意思非常清楚，与我之前的讲话也非常一致，但市场依然做出了不同的解读，导致市场像跷跷板一样不停波动。我在准备听证会时，股票价格出现了上涨态势，在听证会进行到问答环节时，出现了获利回吐，等到我们的会议记录公布之后，股价便开始下跌了，市场似乎终于听明白了量化宽松政策不会永远持续下去的信息。这个坎坷的沟通过程让我想起了2006年刚上任时美联储结束货币紧缩周期的往事，使我更加深刻地体会到了格林斯潘在1994年开始收紧政策时面临的重重困难，同时也让我想起了达拉斯联邦储备银行行长理查德·费希尔在一次公开演讲中提到的一个故事。19世纪初，法国外交家塔列朗的劲敌是奥地利的梅特涅王子。据说，当梅特涅听到塔列朗去世的消息时的反应是问了一句：“不知道他又在搞什么鬼？”现在似乎也是如此，无论我说什么话，也无论我说得多么明白，市场总是在怀疑，总想挖掘出一点隐含的信息。

我参加完联合经济委员会的听证会之后，又着手一项新的沟通任务，但这项任务比参加记者招待会和国会听证会有趣得多，我也比较喜欢。这个任务就是到两个熟悉的地方——西蒙洛克学院和普林斯顿大学，参加毕业典礼，并发表致辞。我的儿子乔尔在2006年毕业于西蒙洛克学院，2013年毕业于康奈尔大学威尔医学院。我的妻子安娜还是西蒙洛克学院的监事会成员。

5月18日，我到西蒙洛克学院发表演讲。虽然那是一个阳光明媚的好日子，但我依然清醒地意识到，虽然经济在4年前已经开始复苏了，但毕业生们依然要面临严峻的就业市场。我试着展望未来几十年，而不是几个季度的情景，并反驳经济学家的一个错误观点，即发达经济体注定要经历很长一段时间的缓慢增长速度。我告诉毕业生们：“今天，人类的创新能力和创新动机比历史上任何一个时期都强。”纽约扬基队著名捕手、名人堂成员尤吉·贝拉曾经感叹地说时代已经变了，未来不会像过去那么美好了，而我就是要说服毕业生们，贝拉的这个说法是错误的。6月2日，我到普林斯顿大学发表演讲也是很有趣的。我为毕业生提出了十条建议，而不是“十诫”。回想到我自己的职业道路，以及美国经济和金融在过去7年半内的变化，我对毕业生们讲：“生活是不可预测的。”我还给他们讲了我对自己选定的职业的看法：“经济学是一个高度复杂的思想领域，可以绝对清楚地解释为什么决策者过去的选择是正确的，但至于未来，则无法准确预测。”

我在担任美联储主席期间，总是乐于同教师和学生交流沟通（有的来自常春藤盟校，有的来自历史上一直以黑人学生为主的学校，有的则是重返社区大学的成年人）。我一直向他们强调终身教育的重要性。我之所以这样讲，不只是因为我和安娜之前都从事过教育工作。我知道稳健的货币政策可以支持经济健康增长，但货币政策无法凭空创造经济，从长远来看，一个经济体是否有能力提高后代人的生活水平，取决于人们是否有机会获得具有经济价值的技能，以及取决于接受全面教育之后形成的认知能力。没有什么比这更重要了。

6月19日，也就是在普林斯顿大学本科生毕业典礼上发表演讲两周半之后，联邦公开市场委员会举行了一次会议，并在会议结束后举行了一场记者招待会。我参加完记者招待会之后，回到办公室坐了下来。窗外，宪法大道两侧的榆树已经是郁郁葱葱了，但我的视线却没有集中在榆树上面，而是集中在彭博终端上。股票和债券市场正在大幅波动，参差不齐的红线不停地闪动。在所谓的“缩减恐慌”中，10年期美国国债收益率和美元汇率飙升，而道琼斯指数正在下降，由此引发的经济后果可能很麻烦：如果长期利率继续上升，股票价格继续下跌，将抑制投资和消费需求，而美元上涨会抑制美国商品的出口。

在刚刚结束的会议上，联邦公开市场委员会已经确认将继续以每月850亿美元的速度收购证券，但许多与会者想提前为最终退出这一政策奠定基调。为了安抚他们，我在会议结束后的记者招待会上描述了一个试探性的、以数据为基础的缩减路径。我说，如果我们预计就业市场能够持续改善，通胀率能够逐渐迈向我们之前设定的2%的目标，那么就可以“在今年晚些时候”逐步减缩收购规模。之后，如果一切顺利，我们将继续以我所谓的“慎重步调”缩减收购规模，并大概在2014年中期彻底终结证券收购计划。根据我们的预测，5月份7.6%的失业率到2014年中期可能会降低到7%左右。虽然7%的失业率不是我们的终极目标，但相对于2012年8月市场开始预期第三轮量化宽松政策时8.1%的失业率而言，的确算得上一个重大改善了。我认为，只有等到我们可以合理地宣告这一计划完成了使命之后，才可以结束证券收购计划，这是非常重要的。

为了防止市场对我们未来缩减收购规模出现过度反应，我在记者招待会上强调了自从2013年12月以来一直被纳入会议声明的一个观点，即我们预计在证券收购计划终结后的“相当长一段时期内”都会继续保持宽松的货币政策（换句话讲，就是联邦基金利率接近于零）。最后，由于市场很担心我们终结证券收购计划之后会很快地采取扭曲操作，以便缩减资产负债表规模，因此为了缓解这种担心，我在记者招待会上表示联邦公开市场委员会的大多数成员都认为我们应该继续持有那些抵押贷款支持证券，直到它们到期，并不会急着抛售。

我知道任何关于缩减购买规模的讨论都有可能导致视市场出现负面反应，至少是温和的反应，但根据纽约联邦储备银行针对证券交易商开展的调查来看，我认为我描述的缩减路径是接近于市场预期的。我甚至希望这样可以减少不确定性因素，对市场产生一波积极影响。一般来讲，我不担心短期的市场波动，但那次记者招待会之后，我在彭博终端上看到的行情动态却超出了我的预期。如果这个趋势持续下去，其影响无异于收紧货币政策的影响，这是我们之前没有想到的。

我们没想到市场会做出如此强烈的反应，因此感到非常惊讶。这一切怎么解释呢？现在，回想起来，我觉得我们对市场预期的看法过于依赖我们对证券交易商的调查。证券期货市场虽然能够让我们可靠地了解市场对联邦基金利率的预期，但无法让我们了解市场对证券收购计划的预期。纽约联邦储备银行的经济学家在征求证券公司的看法时，只是询问了各家证券公司的经济学家们，这些经济学家们对美联储公开声明的每一个细微变化都给予了认真关注。事实上，这就是说，美联储那些获得博士学位的经济学家们在调查的时候，调查对象仅仅局限于同样获得了博士学位的经济学家，这就像一个人照镜子一样，被调查者与调查者属于同一类，但忽视了那些普通交易员们的想法。许多交易员显然并不关注他们公司的经济学家们说了什么，而是或多或少地押注我们的证券收购计划将会继续无限制地实施下去，比如，有些交易员就提出了“永久量化宽松”（QE-ternity）或“无限期量化宽松”（QE-infinity）的说法。这些想当然的看法是不合理的，也不符合我们一贯所讲的内容，但有些投资者的决策显然是以这些无端猜测为基础的。现在，虽然我们发布了对证券收购计划的声明，但他们还是像梅特涅一样，不相信我们声明的内容，而是问道：“不知道他又在搞什么鬼？”虽然我在记者招待会上把话讲得清清楚楚，他们的结论依然是我们将更早地开始提高利率。他们卖掉了国债和抵押贷款支持证券，推高了长期利率。

为了纠正市场的错误印象，我们美联储理事会几乎全部动员起来了。6 月 24 日，我通过电子邮件和杰里米以及杰伊商议对策。我直到 7 月 10 日才有公开演讲机会，而比尔·达德利和杰伊分别在 6 月 27 日和 6 月 28 日各有一次公开露面的机会，因此，他们可以不失时机地澄清我们的政策。6 月 19 日那次会议之后，才过了一周的时间，10 年期美国国债收益率就已经飙升了半个百分点，而且更严重的是，30 年期抵押贷款利率也飙升了半个百分点，这对房地产业和建筑业的恢复构成了严重威胁。道琼斯指数下跌将近4%，美元汇率上升将近3%，全球新兴市场经济体也跟着遭殃，因为投资者预期自己可以在美国获得更高的利息，因此纷纷将资金撤出新兴市场经济体，转而投向美国。

达德利和杰伊在演讲中都强调说："如果我们觉得缩减证券收购规模可能对经济造成伤害，那么我们就不会这么做。"杰伊说："如果经济表现疲软，那么委员会将会晚一点缩减证券收购规模，甚至有可能增加收购规模。"达德利说："如果就业市场的形势达不到联邦公开市场委员会的预期，那么我想资产收购计划在很长一段时间内还会积极开展下去。"杰里米则说："我们的政策立场基本上没有改变。"7月10日，我在波士顿发表演讲。其间，在回答某个问题时，我说："逐步缩减证券收购规模并不等同于紧缩货币，现在大体上还是宽松的。"我们这些澄清果然奏效了，抵押贷款利率和长期国债利率都下降了一些，股市有所反弹，但市场还是弥漫着担忧情绪。

不幸的是，缩减证券收购规模并不只是那个夏季的唯一争议，在6月份的那次记者招待会上，《华盛顿邮报》记者伊兰·梅问我怎么看待奥巴马总统两天前在PBS（美国公共广播公司）上对我的评论。当时，奥巴马总统在接受查理·罗斯采访时曾经说："伯南克干得不错。"然后，他又补充道："他干的时间已经比他想干的时间以及应该干的时间长得多。"奥巴马总统之所以发表这番评论，可能是因为他想起了我在接受第二次提名时表达出来的复杂心态，以及我干满8年就绝不再干的决心。我没有回答伊兰的问题。其实，自从一年前那个夏季共和党总统候选人争先恐后地表示他们会多么迅速地炒我鱿鱼之后，我就不再回应关于我的接替人选以及个人去向的问题了。（顺便说一句，美联储主席与行政机构的部长们不一样，不可能无缘无故地被炒鱿鱼。）

我本来也可以回答伊兰的问题，以免外界误以为我是被赶下台的，但我认为总统那番评论并不意味着他对我有什么不满，也不意味着他对我的看法与当初提名我时的看法有什么变化。但我还是采纳了米歇尔·史密斯和戴夫·斯基德莫尔的建议，尽量避免公开谈论我的去向问题。他们坚信一个经过实践检验的真理，即政策制定者应尽可能长久地避免"跛脚鸭"①状态。

那个夏季，关于我的接替人选的猜测达到了狂热的地步。大部分人都猜测是萨默斯或耶伦，但也有人公开提到其他人选，包括唐纳德·科恩、罗杰·弗格森、我在普林斯顿大学的同事艾伦·布林德和我在麻省理工学院的论文导师斯坦利·费希尔。当时，费希尔的8年以色列央行行长任期即将结束。我对于白宫管理任命过程的方式感到不满。人们猜测了一周又一周，总统和他的顾问们却坐视不管。我认为这些无端猜测有可能损害候选人的声誉，甚至会导致货币政策出现不确定性。虽然耶伦对于外界的噪声感到反感，但还是努力排除干扰，把精力集中到工作上。萨默斯与奥巴马总统的关系虽然密切，而且他的才华也得到了广泛认可，但他有一些重大的不利因素，包括之前曾经与学界和政界的对手公开爆发过摩擦。一段时间之后，政府还没有宣布人选，但我认为耶伦的胜算最大。萨默斯的胜算前景在7月下旬遭到致命的打击，当时，参议院的54个民主党人里面，有三分之一的人（很多人属于民主党内的自由派人士）签署了一封联名信，支持耶伦出任美联储主席。因为总统几乎指望不上共和党人支持他提名的人选，因此，他不能失去民主党人的支持，也就必然会重视民主党人的诉求，所以耶伦获得提名的概率最大。

那个夏季即将发生的人事变动并不仅仅局限于美联储主席一职。7月11日，贝齐·杜克宣布将在8月底辞去理事一职。她在美联储任职这5年内，发生了很多大事。她说她也想为美联储服务得更久一些，希望感受一下正常的日子是什么样（她加入美联储一个月多一点时，

① 此处的"跛脚鸭"指任期将满而又未能重新当选的落选官员。

雷曼兄弟就倒了），但现在她似乎已经放弃希望了。莎拉·拉斯金虽然是美联储历史上第8位担任理事一职的女性，但她却在7月31日成为美联储历史上第一位获得财政部副部长提名的女性。自2003年开始担任克利夫兰联邦储备银行行长的桑德拉·皮亚纳尔托宣布将在2014年初退休。我非常欣赏她多年来表现出的那种建设性、低姿态的做事态度。她会认真地倾听她在联邦公开市场委员会的同事的意见，也会认真倾听她管辖的那个储备区的商人、银行家和社区领袖的意见。如同杰里米、杰伊、贝齐一样，她也对大规模资产收购计划持有保留意见，但是她不会哗众取宠地引起轰动，而是努力通过深思熟虑、谦虚低调的论辩去说服委员会成员。她也会在演讲中表达自己的观点，但不会采用托马斯·赫尼希在2010年使用的那种挑衅言论。

2013年，其他国家的央行也出现了人事变动。白川方明在日本央行行长职位上服务了5年后，在3月份辞职了。他是一个很好的同行，拥有清醒的头脑，时常提出建设性的观点。他努力帮助日本经济从2011年的地震和海啸中恢复了过来。但他也非常谨慎和保守，也许这是因为他在出任央行行长之前，曾经在日本央行有过长期任职经历。他的继任者黑田东彦曾经担任亚洲开发银行行长，算是日本央行的“外来户”。他的政策被视为更符合首相安倍晋三提出的、主张大力刺激经济增长的“安倍经济学”。据媒体报道，他将采取更加接近于“伯南克式”的策略，包括不设上限的资产购买计划以及努力将日本通胀目标设定为2%。

我在麻省理工学院时的老同事默文·金在7月1日结束了10年英国央行行长任期。他于2011年被封为爵士，并在2013年成为终身贵族，因此跻身英国上议院，我偶尔打趣地称呼他为“金爵士”。我曾经前往伦敦和英国驻华盛顿大使馆参加为他举行的欢送晚宴。他的继任者是马克·卡尼，曾任加拿大央行行长，也是备受尊重。卡尼的继任者是斯蒂芬·波洛兹 。他曾经担任加拿大央行研究部门主管，并领导过一个促进出口贸易的机构。

经历了“减缩恐慌”之后，我们的货币政策延续到了夏季。在7月30日至31日召开的联邦公开市场委员会会议上，我们的会议声明几乎没有做出什么改变。我在半年一度的货币政策听证会上以及在其他场合，依然继续阐述证券收购计划和利率政策的区别。我们购买证券的主要目标是增加经济增长的短期动力，提高其自我维持增长的能力。接近于零的短期利率则是在债券收购计划结束后，为经济增长注入长期动力。我们这套计划类似于多级火箭，助推器先是把火箭推进太空，使其达到逃逸速度，然后，第二节助推器为其继续提供长期动能。

众议院金融服务委员会和参议院银行业委员会分别于7月17日和18日举行了听证会，那是我以美联储主席身份参加的最后两个听证会。许多议员，包括一些曾经严厉批评美联储行动的人，都走到我面前，以各自的方式感谢和祝贺，尤其是感谢美联储在金融危机期间采取的行动。参议员鲍勃·科克里在《多德-弗兰克法案》辩论过程中曾经是美联储的一位盟友，但他也强烈反对量化宽松政策。他对我讲：“谢谢你的服务，谢谢你的友谊，不管发生什么事，我都祝福你。”但就在5个月前的货币政策听证会上，他还曾指责美联储的政策产生的一个副作用就是把储蓄账户和定期存单的利率压得非常低，无异于“把老年人往火坑里推”。我喜欢和尊敬科克里，他是一个有能力的议员，但我永远也不会适应政客们这种既打击你，又恭维你的“双重人格”。但至少参议员科克里在私下场合跟我讲的话，和在公开场合讲的话是一致的，而他的很多同僚都做不到这一点。

这两个听证会召开时，《多德-弗兰克法案》通过几乎三周年了，我为议员们介绍了美联储为了落实这一法案而付出的努力。这是一个漫长而艰苦的过程。在制定新的监管规则时，我们不仅必须协调美国的其他监管机构，还必须尽最大努力确保这些规则符合国际惯例，因此，还必须与国外的同行协调。7 月 2 日，我们美联储和美国其他银行监管机构共同采用了更加严格的银行资本金要求，甚至比第三版《巴塞尔协定》的标准还要高。自美联储在 2009 年初率领其他机构开展综合压力测试以来，美国大型银行的资本金水平增加了一倍多。他们可以更好地抵御经济衰退和金融危机，并维持对家庭和企业的贷款。我们采用这些严格的监管标准那一周内，横跨多部门的“金融稳定监督委员会”就宣布美国国际集团和通用电气金融服务公司（GE Capital）为具有系统重要性的公司，这就意味着它们必须接受美联储的监管。

杰克·卢在公开讲话中以及在财政部内部的会议上，都不停地催促各个监管机构加快制定《多德–弗兰克法案》的实施细则。8 月 19 日，奥巴马总统在罗斯福厅召见我们两人，为我们提供精神鼓励。他显得特别焦虑，因为他很想在年底前开始实施“沃尔克规则”，禁止银行从事许多证券、金融衍生品、商品期货和期权的自营交易。我理解总统为什么会有紧迫感，但我想把事情做得尽善尽美。为了落实“沃尔克规则”，共有 5 个监管机构参与制定实施细则，它们发现最具有挑战性的一个工作就是区分哪些交易是允许的，哪些是不允许的。但最后我们在 12 月 10 日敲定了最终版本，总算在总统给的截止日期之前完成了任务。

我们在制定实施细则的过程中，一个重大的考量就是保持金融稳定，绝不能因此对信贷流动和经济增长造成不必要的限制。两年前，摩根大通首席执行官杰米·戴蒙曾经在一个公共论坛上问我是否计算过我们实施的新规则累计创造了多少经济效益。我们在制定某一个或某一些规则时，理所当然地会分析它的潜在成本和收益，但要全面地评估所有规则的成本和效益，则是不切实际的。他对我的回答感到不满。戴蒙在公共场合对我发起的挑战代表了银行家们的利益，因此，他在一段时期内成了华尔街的英雄人物。或许我可以给戴蒙提出一个更好的答案，即如果不制定严格的监管规则，任由我们刚刚经历的这场危机重新上演，那么造成的经济成本和人力成本或将无法估量。

7 月份的那两个听证会是我在 9 月 17—18 日的联邦公开市场委员会会议召开之前公开发表演讲的最后机会。由于听证会与联邦公开市场委员会会议之间的时间间隔太长，因此，为我引导市场对于缩减证券收购规模的预期平添了一些复杂因素。通常情况下，我会利用 8 月在堪萨斯城召开的杰克逊霍尔年会发表演讲，预示即将到来的政策转变，但今年的年会我决定不参加了。其实，去年的年会我就打算不参加，因为我侄女的成人仪式恰巧也安排在了那个周末。但堪萨斯联邦储备银行行长埃斯特 · 乔治特别为我调整了会议日期，我才参加的。现在回想起来，幸好去参加了，因为那是埃斯特 · 乔治出任堪萨斯联邦储备银行行长之后首次主办杰克逊霍尔年会，如果我当时没去，媒体很可能将其解读为我不给埃斯特面子，当然，我肯定不想发出这种信息。不过，我对这个年会也存在一些担忧。它已经演变成了一个媒体炒作的舞台。此外，我认为，这个年会已经成了美联储的旗舰会议，而美联储系统内有 12 家联邦储备银行，只让堪萨斯这一家担任主办机构并主导议程的设定，的确有点不公平。

我后来没有参加这个年会，而是和妻子安娜一起度假 5 天。这是我们在 2007 年 8 月被迫取消前往默特尔沙滩度假的计划之后，第一次和妻子一起度假。我们先去夏洛特市拜访了一下家人，然后，我们两个人就去了北卡罗来纳州的阿什维尔。在那里参观了美国最大的私人宅邸——比尔特摩庄园。这个庄园的设计者是著名的弗雷德里克 · 劳 · 奥姆斯特德，他也是纽约中央公园的设计者。我们还在一个酒馆欣赏了一下当地的蓝草音乐[①]。

---

① 蓝草音乐（bluegrass music），是美国民谣音乐的一种，同时也是乡村音乐的分支，比普通乡村音乐更加纯净清新。——译者注

我本来还有点担心缺席杰克逊霍尔会将给美联储与外界沟通造成一定的难题，但事实表明，经济指标涨跌互现，即便参加那次会议，我也不能发出一个明确的信号。尽管经济运行中出现了一些不利因素，但随着9月会议的临近，市场参与者似乎越来越期待我们终于要启动众所周知的缩减计划了。在这次会议召开之前的一周内，《华尔街日报》调查了47个经济学家，三分之二的人都预测我们将开始缩减证券收购规模。

会议前夕，我觉得形势依然很不明朗。8月份失业率进一步小幅下降，降到了7.3%，但就业增长势头似乎已经减弱了，7月和8月新增就业人口平均每月只有13.6万人。我还担心金融政策的收紧速度过快，30年期抵押贷款利率在5月份时还不到3.5%，此时却飙升到了4.5%以上。其他长期利率也有所上升。与此同时，国会和政府将在10月1日围绕债务上限问题和2014财年政府预算问题走向最后摊牌。根据我们在2011年总结出来的经验，这种边缘政策即便在最好的情况下也会损害市场信心，在最坏的情况下，将引发国债违约，或将引发重大的金融动荡。

联邦公开市场委员会的成员分为了两派，一派倾向于适度减少，比如说，每月购买规模从850亿美元减少到750亿美元，另一派成员想要延迟。尽管市场普遍预期我们会开始缩减收购规模，但我建议说我们推迟缩减行动。比尔·达德利以及耶伦对我的观点表示支持。我说："我在今年6月也没有说过我们会在9月开始缩减收购规模，我当时只是说'今年晚些时候'。"但更重要的是，经济前景还不能清楚地证明现在适合开始缩减购买规模。我想发送的一个强有力的信息是：我们的政策将取决于经济和就业市场的前景。毕竟，这也是准备不惜一切代价制定开放式证券购买计划的全部意义所在。联邦公开市场委员会支持我的建议，只有埃斯特·乔治不同意，她一年来一直都是表达反对意见。杰里米·斯坦恩加入了多数派，主张推迟缩减行动，但在接下来那一周的一次演讲中，他说如果能够立即开始缩减收购规模，他就会感到更加舒服一些。

由于这几年来我们一直很努力地对外界沟通，因此，9 月份那次会议上按兵不动的决定让市场感到惊讶，但市场的惊讶反而让金融形势缓和了一些，为我们真正开始缩减计划创造了条件。我们的会议声明发表后，长期利率下跌，而股市上涨。第二天，温和的《纽约时报》刊文说我们在购买证券计划上坚持到底是正确的选择。然而，这没有说服我们的批评者。《华尔街日报》一篇评论的标题是“伯南克先生的疏忽”，指责我“缺乏胆量”。英国《金融时报》的一位专栏作家采用了里克 · 佩里在 2012 年发表讲话时采用的字眼，把我称为“缩减计划的叛徒”。在这个时候，我的任期行将结束，我丝毫不关心外界怎么评价我，也不关心债券交易员被弄得措手不及之后的恼羞成怒，我只想做正确的事情。

最后，事实证明，我们暂缓紧缩行动的决定是正确的。共和党占据多数派的众议院和民主党占据多数派的参议院，很快就在联邦政府支出问题上吵得不可开交，共和党人坚持要求取消《患者保护与平价医疗法案》（PPACA，通常也被称作 Obamacare，即《奥巴马医疗法案》），这当然遭到了民主党人的拒绝，这是丝毫不足为奇的。最后，联邦政府从 10 月 1 日开始停摆（由此造成的后果并不像未能提高债务上限和政府债券违约那么严重）。据估计，有 80 万名联邦雇员被告知待在家里，但有 130 万名不可替代的文职雇员还是要去工作，只是不知道什么时候才能领到薪水。140 万名军事人员和 50 万名邮政工人也要继续工作。美联储的运作经费来自持有的证券投资组合创造的收益，因此可以照常运作。

换句话说，虽然很多政府机构依然继续运作，但有些非常知名的地方（比如国家公园）都暂时关闭了。10 月 13 日（周日），一群愤怒的退伍老兵及其支持者拆除了国家公园管理局在通向国家广场“二战”纪念碑的路上设置的路障，我觉得他们做得好。然而，我失望地发现劳工部也停摆了。劳工部原定于10月4日发布9月份的就业报告，现在却不得不延期，而制定有效的货币政策需要这些及时的、最新的信息。于是，我给劳工部长托马斯·佩雷斯打了个电话，主动提出暂时由美联储为劳工部提供一些运转经费，以便让劳工部按时发布就业报告。佩雷斯跟他的律师商量完给我回了个电话说不行。

9月25日，也就是联邦政府快要停摆的时候，美国财政部宣布将很快用尽回避债务上限的会计手段，联邦政府很可能在10月17日就要宣告违约。幸运的是，在违约前夕的10月16日，国会通过了一项财政法案，让美国联邦政府继续获得拨款至2014年1月15日；暂停实施债务上限至2014年2月7日，午夜过后不久，总统就签署了这项法案。像国会这种边缘策略令人感觉很不舒服。

在政府停摆期间，也传出过好消息。奥巴马总统宣布提名耶伦作为我的接替人选。三周前，萨默斯已经主动宣布停止角逐这一职位，他说：“如果我获得提名的话，参议院的批准过程很可能会出现激烈的冲突，不符合美联储或政府的利益，也不利于经济的持续复苏。”我为耶伦感到高兴，但这个过程一波三折，争议连连，令我深感遗憾。

在10月9日下午两点，我、耶伦、耶伦的丈夫乔治·阿克洛夫以及其他家庭成员来到了罗斯福厅，等着参加提名仪式。总统的高级顾问瓦莱丽·贾勒特过来做了自我介绍，和耶伦聊了一小会儿，就把我们领到了国宴厅。总统问我是否想说几句话，我婉拒了。那一天属于耶伦。她站在总统的右边，我站在总统的左边，我的双手交叉放在身前，聆听总统讲话。总统称我为“冷静的典范”，感谢我展现出了“巨大勇气和创造力”，采取了“避免另一场萧条所需的大胆行动”。

总统宣布了耶伦的提名，称赞她是“得到事实检验的领导者……

特别优秀……在担任美联储副主席期间……推动了很多促进经济复苏的政策”。事实上，在我就任美联储主席之前，耶伦在美联储的决策经验比我丰富。在接受提名的演讲中，耶伦强调将致力于实现美联储的双重使命，尤其是鉴于当前形势，要格外重视让人们重返工作岗位。她说：“美联储的使命是服务所有的美国人，而如今太多的美国人仍然找不到工作，担心如何支付账单，养家糊口。”她表示：“如果美联储可以有效地工作，就可以帮助这些人。”从那时起，我的任务就变成了确保平稳过渡。

联邦公开市场委员会的下次会议定于10月29—30日召开。交易员们的预期是我们不会采取缩减行动。这一次，他们的预期是正确的。9月份就业报告的发布时间推迟了两周多，直到10月22日才发布，报告显示失业率降到了7.2%，但就业人数只增加了14.8万人。此外，我们仍在试图评估政府停摆两周造成的经济影响。此时，等待似乎是明智之举。

联邦公开市场委员会在2013年12月17—18日召开会议时，市场形势已经可以实施备受期待的缩减行动了。当时，我们已经获取了10月和11月的就业报告。失业率已经缩小到了7%，这个水平实现的时间比我们预期的还要早，同时，9月份就业数据经过修正后，9—11月的就业人数平均每个月增加近20万人。联邦公开市场委员会批准了每月缩减100亿美元收购额度，即从850亿美元减少到750亿美元。正是在这次会议上，埃斯特·乔治在加入联邦公开市场委员会之后，首次站在了多数派的一边。

然而，波士顿联邦储备银行行长埃里克·罗森格伦这一次提出了反对意见，他认为现在缩减证券收购规模为时尚早。他指出通胀率仍然远低于2%的目标。为了回应他和联邦公开市场委员会其他成员的问题，我们调整了会议声明中关于是否提高联邦基金利率的措辞，指出：“联邦公开市场委员会认为在失业率降至6.5%之后的相当长一段时间内，维持目前联邦基金利率水平都是合适的，尤其是在通胀水平持续低于2%的情况下。”我之所以专门加上“之后的相当长一段时间”这几个字，是为了给外界发出一个信号，表明即使我们继续缩减证券收购规模，我们依然没有急于提高短期利率。我们传递的信息显然得到了市场的理解，因为市场平静地接受了我们的决定。

那一周，各地的储备银行行长们飞到华盛顿的时间比以往时候早了一些。这样他们可以参加于2013年12月16日举行的《联邦储备法》签署100周年纪念仪式。1913年12月23日，威尔逊总统签署了这一法案，设立了美联储。两位前主席沃尔克和格林斯潘、现任主席（我）和即将就任的主席（耶伦）肩并肩地坐在美联储理事会的会议桌前。我们这几位主席执掌美联储的时间长达34年。熟悉的面孔还包括前理事唐纳德·科恩、罗杰·弗格森、凯文·沃什、兰迪·克罗兹纳、马克·奥尔森、苏珊·比斯和贝齐·杜克。年龄最大的出席者是95岁高龄的杜威·达思，肯尼迪总统提名他担任美联储理事。83岁高龄的南希·蒂特斯是美联储历史上首位女性理事，她也到场了。她是1978年由卡特总统提名的。总体来看，共有62位联邦公开市场委员会的现任和前任成员出席这个仪式，堪称美联储历史上规模最大的聚会了。

在我的任期即将结束之际，我正好可以趁此机会总结一下我对美联储的感想。我提出美联储成立以来一直秉持的价值观，虽然美联储的最高层来来去去，但美联储的广大专业人士始终坚持冷静客观、实事求是地分析问题，并致力于提供良好的公共服务。我还提到了另外一个同样重要的价值观，即“美联储愿意在关键时刻顶住政治压力，做出艰难却必要的决定”。

2014年1月是我任期中的最后一个月，在这个月里，我还有其他机会回顾过去和展望未来。我之前花了很多时间去思考和分析危机以及危机的后果，但很少分享自己的情绪和感受。直到1与16日，我在布鲁金斯学会参加一场活动时，才谈到了这个方面。当时，历史学家利雅卡特·艾哈迈德问我危机期间是否有过不眠之夜。我最喜欢的书里面，有一本是他写的《金融之王》（*Lords of Finance*），讲述了两次世界大战之间的世界主要央行行长的事迹。我当然有过很多不眠之夜，现在回想起来，感觉就像自己坐的车突然掉到河里面一样。我对他讲："这就像你坐在一个悬挂在桥边的车上，谨小慎微地不想掉到河里，但最后还是掉下去了，你不禁发出'哦，上帝！'的惊呼。"

在任期的最后一周里面，既有熟悉的日常决策，也有不熟悉的告别仪式。我在2014年1月28—29日最后一次参加联邦公开市场委员会会议。本月早些时候，美国劳工部报告指出12月份的失业率令人意外地大幅降低到了6.7%，达到了5年以来的最低点。这样一来，我们就没理由不缩减证券收购规模了。于是，我们将每月的收购规模从750亿美元进一步缩减为650亿美元，没有一个人反对，这种情景是2011年6月以来的第一次。

货币政策正常化的微妙任务将由耶伦和她的同事们完成。丹尼尔·塔鲁洛和杰伊·鲍威尔将留任。拉斯金出任财政部副部长的提名已经得到批准，很快就会离开美联储。杰里米·斯坦恩将在2014年中期重返哈佛大学。1月10日，奥巴马总统宣布杰伊将担任完整任期，另外还提名了两个人：一个是莱尔·布雷纳德。他曾经在欧债危机肆虐之际担任美国财政部副部长，负责国际事务。另一位是备受尊重的斯坦利·费希尔，总统提名他接替耶伦出任美联储副主席。耶伦主动请求政府提名费希尔担任副主席，这体现了她的自信，因为不是每一位新主席都希望让如此强人的人物作为自己的副手。所以我对耶伦这一选择也是非常支持，媒体界更是把他们两个的搭档称为"梦幻组合"。

联邦公开市场委员会会议的第一天晚上，同事们为我举行告别会。我之前也主持过很多类似的活动，但都是欢送别人，而这次我成了被欢送的对象，当我听到这么多溢美之词的时候，反倒感觉很不习惯。耶伦对我格外亲切，她说：“我相信，在过去8年中，你最卓越的成就是表现出了自己的勇气，你不断地面临质疑和批评的噪声……但你明白如果屈服于这些批评意见，你就会永远沦为历史的笑柄，我从来没有见到你受到这些噪声的影响，你依然意志坚定，思想开明，充满创意，努力为这个国家提供最好的服务。”

作为报答，我想帮耶伦一个忙，即敦促在座的联邦公开市场委员会委员发表公开讲话时更有建设性，而不是那么苛刻。在前所未有的环境下探索新的政策工具时，公开表达分歧是可以理解的，甚至是有益的。我说：“如果一艘船驶入未知水域，那么船员可能会就如何驾驶船只以及驶向何处发生激烈争论，这是不足为奇的。现在，虽然我们还没有抵达陆地，但我们至少是接近已知的水域了……因此，我敦促你们注意与公众沟通的方式，除了表达分歧之外，还要考虑共同立场。”我知道很难让所有人接受我的观点，但我应该为耶伦尝试一下。

1月30日下午，数百名美联储工作人员在埃克尔斯大楼一楼中庭向我告别。活动的主题是棒球。我们吃了热狗、玉米花生糖、爆米花和冰激凌，但没有啤酒。货币政策和银行监管是需要在冷静状态下处理的业务。他们为我制作了一张棒球卡，上面记载着我在担任美联储主席期间的职业生涯：主持86次联邦公开市场委员会会议、出席79次国会听证会、发表226次演讲以及两度接受《60分钟》节目的采访。

第二天是我在美联储主席任上的最后一天，我为我的秘书丽塔·普罗克特举行了一个“退休早餐”。其实她的退休日期已经过了，为了确保我的工作顺利进行，她才留任到今天。她的工作效率非常高，我曾开玩笑地说，应该有一个新的效率测量单位，叫“丽塔”，我们大部分人的效率最多只能达到半个“丽塔”。吃完早餐后，我回到办公室，打包了一下自己要带走的东西。那天下午，我走出办公室的时间比以往早了一点。我穿过长长的大理石走廊走向那个镶着木板的电梯时，走廊两侧早已等候的记者们不停地拍照。我和安保人员比尔·麦卡菲一起乘坐电梯前往车库，最后一次乘坐美联储那辆配备着重型装甲的SUV回家。

在接下来的那个周一，即2月3日，耶伦宣誓就职，塔鲁洛主持仪式。塔鲁洛现在是资历最深的理事了。那天早晨，我穿上球衣和蓝色牛仔裤，吃过早餐，吻别安娜，自己开车前往布鲁金斯学会，我是那里的“常驻杰出学者”。我开始撰写这本书，戴夫·斯基德莫尔向美联储公共事务部门请了个长假，协助我做这件事。我的新办公室比上周五刚刚搬离的那个宽敞的办公室要小得多，但在这里有一种熟悉的感觉。我的老朋友唐纳德·科恩就在同一楼层。

# 回顾过去，展望未来

我写完这本回忆录时，离开美联储已经一年多了。安娜和我仍然住在华盛顿。她为城市里的孩子们推出的那个教育项目进展得不错。我在没有提供咨询服务，或者没有参加会议时，就会待在布鲁金斯学会，我在做好几个项目。如同往常一样，我密切关注经济形势。当我读到关于政策的辩论时，我感到释然了一些，因为我知道其他人将会做出慎重的抉择，并为这个决策进行辩护。

耶伦很快进入了新角色，与我的卸任实现了无缝对接。斯坦利·费希尔的任命一如既往地被拖延了一段时间，令人沮丧，但最后还是得到了参议院的批准，并在2014年5月28日宣誓就职，出任美联储副主席，负责监督美联储在维护金融稳定方面做出的努力。莱尔·布雷纳德在6月16日成了美联储理事，杰伊·鲍威尔在同一天进行了第二任期的宣誓。同样在6月，费城联邦储备银行研究部门主管洛蕾塔·梅斯特尔接替桑德拉·皮亚纳尔托出任克里夫兰联邦储备银行行长。2014年秋季，曾经在2011年坚持投反对票的那三个人（查尔斯·普洛斯、理查德·费希尔和纳拉亚纳·柯薛拉柯塔）都宣布了退休计划。其中，普洛斯和费希尔已经在2015年3月退休了，而柯薛拉柯塔计划到2016年2月退休。特拉华大学校长帕特里克·哈克被选定为查尔斯·普洛斯的继任者。美联储理事和主席的任期长，而且交错排开，有助于确保重大政策的连续性。这也是美联储创立者们的一个初衷。

2014年，耶伦继续实施之前和我一起制定的政策。证券收购规模逐月减少，没有给经济造成剧烈的金融混乱与危害。当收购计划在2014年10月彻底结束时，美联储的资产负债表规模降低到了将近4.5万亿美元。虽然这个数字令人头晕目眩，但考虑到美国社会总产出价值超过了17万亿美元，因此，这个规模与其他主要工业国央行的资产负债表规模是非常类似的。

退出第三轮量化宽松政策的条件已经具备了，即就业市场前景已经出现了重大改善，这是毫无争议的。2012年8月，当我在杰克逊霍尔预示将要实行第三轮量化宽松时，失业率为8.1%。2014年10月，证券收购计划结束时，失业率已经下降到了5.7%。2014年新增就业机会高达300万个，是1999年以来年度增幅最大的一年。整体来看，从2010年到2014年，总共增加了将近1 070万个工作机会。

美联储的证券收购计划和贷款计划为政府挣到了大量利润。2014年，美联储向美国财政部上缴了将近1 000亿美元的盈利，开创了一个新纪录，从而使得从2009年到2014年这6年期间上缴的盈利总额达到了将近4 700亿美元，是危机爆发前那6年（2001—2006）上缴盈利的3倍多，相当于为每一个美国人赚到了将近1 500美元。

2015年初，短期利率依然维持在接近于零的极低水平，这与联邦公开市场委员会前几年的货币政策是一致的，但市场预期下半年将会开始加息。当然，加息的幅度和速度取决于经济形势的改善程度。2014年，尽管失业率下降，但工资增长缓慢，表明对劳动力的需求还没有超过供应。因此，美联储似乎还有继续保持宽松政策的空间，用宽松的货币政策进一步支持就业增长，也不用担心过高的通货膨胀。

2015年初，全球经济增长缓慢，加上美元走强，抑制了美国的出口，导致美国经济在第一季度整体放缓。不过，在美国，积极的经济迹象比比皆是。约占美国经济活动的三分之二的美国消费者支出也达到了多年来的最佳水平。家庭债务减少，利息支出减少，房屋价格上升，大多数退休账户也是一样。石油价格从2014年7月的每桶100美元急剧下降到2015年初的50美元，虽然给美国能源企业带来了一定的问题，但降低了汽油和取暖油的价格，因此，对于消费者而言，无异于大幅减税。调查显示消费者信心回升。房地产市场虽然仍旧疲软，但经济衰退结束以来的回暖速度显著加快。平均而言，联邦政府、州政府及地方政府的财政政策从“紧缩性”变为“中性”，既不支持经济增长，也不抑制经济增长。即使剔除持续下跌的能源和食品价格，通胀率仍然相当低，远低于美联储设定的2%的目标，而且依然有可能继续下降一段时间。全世界都知道，通胀率太低或太高同样糟糕，因此，美联储必须告诉外界，它要认真地推动通胀率接近于既定目标，这对于美联储的公信力非常重要。

我们不能确切地知道美国经济复苏可以在多大程度上归功于货币政策，我们只能推测如果美联储没有采取这些政策，可能发生什么情况。但大多数的证据（包括世界多家央行以及其他机构开展的研究）都表明，量化宽松政策和加强政策沟通等非常规货币政策的确有助于促进经济增长和创造就业，并降低通缩风险。

我相信美联储的政策是有效的，一个原因就是根据其他工业国的经验来看，美国经济复苏情况看上去特别好（见图 4）。2014 年底，美国商品和服务总产出超过 2007 年底的水平（即危机前的最高水平）8% 以上。换句话讲，在长达 7 年的时间内（包括金融危机和经济衰退那一段时间在内），经济总产出增长了 8% 多一点。这种结果虽然算不上太好，但比其他发达工业国好多了。2014 年底，欧元区的经济总产出水平依然比危机前的最高水平低了大约 1.5%，在欧元区经济产出总量中占比三分之一的德国，总产出比危机前的最高水平高出大约 4%，欧元区其他经济体的表现更差。在欧元区之外，英国总产出比危机前的最高水平略多出 3%，日本的总产出依然低于危机前的最高水平。

不同国家的经济复苏进度之所以存在差异，在一定程度上可以归因于不同国家的劳动力增加速度的差异，但经济政策似乎也可以对这些差异做出一定的解释。虽然美国是 2007—2009 年那场金融危机的“震中”，但复苏也最强，因为美联储放宽货币政策的力度比其他央行大得多，而且尽管美国财政政策成为影响经济复苏的一股“逆风”，但这种阻碍作用比其他国家和地区小得多。2009 年的银行压力测试也起到了一定的作用，因为这些压力测试在美国经济复苏初期就推动美国银行走上了一条更为健康的发展道路。

欧元区经济表现糟糕，包括通胀率远低于欧洲央行设定的目标，部分原因在于其货币政策和财政政策的紧缩性超出了经济形势的需要。市场也认为欧洲银行压力测试的结果不像美国压力测试结果那么可信。欧洲的政策选择反映了欧洲的特殊情况，包括希腊和其他国家的债务危机，以及欧元区的结构性缺陷（最重要的缺陷是各成员国之间缺乏协调的财政政策）。但错误的宏观经济分析也导致了欧洲的问题。我和盖特纳曾警告说德国及其盟友在欧元区内部过早、过猛地推动了财政紧缩政策，即便德国等近期没有遭遇财政问题的国家也实施了财政紧缩政策，同时，欧元区还抵制量化宽松等非传统的货币政策。虽然欧洲央行在马里奥·德拉吉的领导下最终实施大规模的量化宽松计划，但直到2015年初才投入实施，而美国和英国已经实施了将近6年之久。

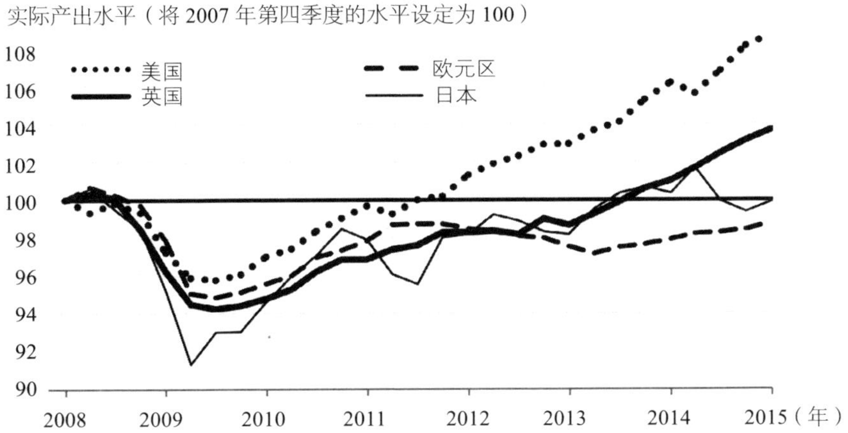


2014年底，美国商品和服务总产出超过2007年底的水平（即危机前的最高水平）8%以上。欧元区的经济总产出水平依然比危机前的最高水平低了大约1.5%。英国总产出比危机前的最高水平略多出3%，日本的总产出依然低于危机前的最高水平。资料从2007年第四季度开始，到2014年底结束。

**图4　积极的货币政策推动美国经济复苏速度超过了其他工业国**

资料来源：美国经济分析局、欧盟统计局、英国国家统计局、日本内阁府

由于没有经济增长，欧洲的失业率趋于恶化，与美国就业形势的差距令人惊讶。2009年，即金融危机快要结束时，美国和欧元区的失业率都是10%。但在2014年底，欧元区失业率已升至11.25%，而美国失业率却下降到了6%以下。此外，比美国更加严重的一个情况是，欧洲的失业者一直集中在年轻人群，导致年轻人无法通过工作经验发展自己的技能，而缺乏经验的低技能劳动力群体反过来又恶化了欧洲经济的长期增长前景。

英国和日本的经济复苏情况居于中间位置，虽不及美国好，也不比欧元区差。在英国，英国央行在默文·金和马克·卡尼的领导下，

采取的货币政策类似于美联储的政策，有助于推动英国经济实现温和的复苏。英国经济的复苏情况之所以没有美国好，或许是因为卡梅伦领导的保守党政府实行了更为紧缩的财政政策，而且英国和欧元区国家的贸易联系更为密切。与其他工业国相比，日本金融业在这场危机中遭到的冲击较小，日本的经济复苏情况虽然好于欧洲，但在 2007 年到 2015 年这几年内，基本上处于零增长的状态。日本持续的通缩和可怜的基本面问题（如劳动力数量减少）有助于解释其令人失望的经济表现。然而，在首相安倍晋三和央行行长黑田东彦的领导下，日本在 2013 年采取了量化宽松等一系列扩张性的经济政策，考虑到日本经济体的体量，其量化宽松政策的力度不亚于美联储采取的量化宽松政策。到 2015 年，经济复苏的结果表明日本在对抗通缩方面已经取得了一定的进展。日本要想实现更全面的经济复苏，必须明确地终结通缩，改革保护既得利益、阻碍（服务业、建筑业和农业等）国内产业竞争的政府法规。

新兴市场经济体（包括中国、印度、巴西、俄罗斯和墨西哥）现在约占世界经济产出总量的一半。它们之所以也受到了危机的冲击，在很大程度上是因为全球贸易的崩溃。自从危机爆发以来，这些新兴经济体的发展情况出现了很大差异，其中既有政策因素的影响，又有其他因素的影响（比如是不是石油出口国）。以中国为例，中国从危机中恢复得相对较快，部分原因是中国在 2009 年实施了大规模财政刺激计划，现在又专注于推动长期性的经济改革。如果中国想要延续经济方面的成功，必须减少对出口的依赖，在更大程度上发挥内需的作用，面向国内民众生产商品和服务。中国还迫切需要净化环境，完善社会保障体系，加强金融监管，减少腐败。随着中国经济体变得日益成熟，人口老龄化程度提高，而且在技术方面逐渐赶上西方国家，中国经济增速将不再像前几十年那样快得令人心跳，而是会有所放缓，不过与其他发达经济体相比，仍然算是相当高了。

重要的一点是，在2013年缩减证券收购规模之后，美联储和其他几大央行的政策变化并没有给新兴市场的金融系统或经济造成什么压力，至少截至2015年初是这样的。正如我们预期的那样，随着美国经济的反弹，美国进口量也随之提高，这些新兴经济体反而从中受益。

在我担任美联储主席期间，美联储发生了重大变化。我们变得更加透明，更加注重维护金融稳定。与此同时，一些新因素妨碍美联储决策者采取有力的行动去保持金融稳定和支撑经济增长。我们无法预见或阻止这场危机，我们的一些反应，特别是我们救助美国国际集团和贝尔斯登的行动，给美联储造成了一定的政治创伤，为美联储的独立性造成了新的风险。

2014年的中期选举之后，共和党取得参众两院的控制权。议员们提出的三个议案令我感到格外忧虑。第一，来自肯塔基州的参议员兰德·保罗接手他父亲的事业，推动所谓的审计美联储法案，这样国会议员就可以下令国会下属的政府审计署去审计美联储，并评估美联储的货币政策，如果国会在危机结束几年后获得了这项权力，那么我们政策的反对者就可以把审计作为威胁美联储的工具，很多有助于经济增长的措施或将无法实行。

第二，2014年，众议院提出了一项议案，要求美联储决策者在制定利率时，遵守斯坦福大学经济学教授约翰·泰勒等人制定的利率公式，而不是依据自己的独立判断。这个要求与核查美联储的要求是殊途同归，即一些国会议员想要对货币政策施加更大程度的控制权。当然，制定广泛的货币政策目标，并让美联储负责实现这些目标，是国会的权力和职责所在，但要真正让美联储承担起这个职责，就必须给联邦公开市场委员会提供足够的灵活空间，不要让其遭遇短期的政治压力。

第三个令我忧虑的提案是由路易斯安那州的共和党参议员戴

维·维特（属于保守派）和马萨诸塞州民主党参议员伊丽莎白·沃伦（属于自由派）共同提出的，旨在针对美联储的紧急贷款机制施加新的限制。这些紧急贷款机制覆盖面非常广泛，对遏制危机做出了很大的贡献。在此之前，《多德-弗兰克法案》认为既然联邦存款保险公司有权解散经营失败的、具有系统重要性的公司，很多权力就没必要继续行使了，因此，对美联储、联邦存款保险公司和财政部对抗危机的能力施加了重大限制。然而，如果这一次再限制美联储推出覆盖面广的紧急贷款机制，限制美联储充当"最后贷款人"，那么一旦未来再次爆发危机，恐怕会造成极度严重的后果。

虽然美联储将继续保持民主与负责任的作风，但我希望美联储的透明度提高之后，将有助于其保持独立性。当前的美联储决策框架，既设定了2%的通胀目标，也承诺了在通胀目标与就业目标发生冲突时采取平衡之策。

美联储主席的新闻发布会、联邦公开市场委员会成员对经济和利率的预测、美联储决策者在公开演讲中表现出的分歧，继续为国会、公众和市场提供丰富的信息，使其了解美联储的策略及其理由。央行神秘兮兮的日子已经一去不复返。今天，美联储不仅是世界上最透明的央行之一，也是华盛顿最透明的机构之一。

透明度对市场和货币政策非常重要，但它的重要性还体现在其他方面。作为主席，我努力扩大与美国社会大众的沟通，比如，出现在《60分钟》之类的电视节目中，到大学举行一系列讲座以及离开华盛顿去会见来自各行各业的人。耶伦成长于布鲁克林的一个中产阶级家庭，学术研究关注失业问题。她接替我之后，也注重与外界沟通。比如，在她的指示下，美联储新设立了一个由消费者权益保护专家和社区发展专家组成的新的顾问委员会，以便确保美联储理事会成员能够充分地了解美国公众的关切。

这场危机除了促使美联储更加透明之外，还促使它将维护金融稳定作为其核心使命的一个组成部分。维护稳定既需要注意金融体系的“树”，又需要注意金融体系的“森林”。在“树”的层面上，我们重新思考并加强了对银行的传统监管，使用强大的、新的监管工具，比如一年一度的大型银行压力测试。在“森林”的层面上，我们大大提高了对整个金融体系稳定性的关注程度。现在，虽然美联储对于影子银行和金融体系的其他组成部分并不负有首要监管职责，但美联储的工作人员仍然会对其开展定期监管与核查。与以往那种对金融机构开展逐一监管的方法相比，这个整体着眼的方法应该更有助于美联储及早识别金融体系的漏洞和风险。

在我担任美联储主席期间，美联储的货币政策认知与货币政策实践发生了极大的改变。美联储和其他央行证明，即便在短期利率下降到接近于零的水平之后，货币政策仍然可以支撑经济增长。当经济恢复正常之后，我们创造的一系列非传统货币政策工具，包括大规模证券收购计划以及在货币政策路径方面加强与外界沟通，可能会逐步取消，因此，我预计短期利率的调整将再次成为货币政策的主要组成部分，而且随着美联储持有的证券逐渐到期，美联储的资产负债表规模也将逐渐萎缩。不过，如果今后有必要，我们之前创造出来的非传统政策工具仍然可以再度派上用场。

在2015年初，2010年通过的《多德–弗兰克法案》中规定的各项改革开始启动，关于第三版《巴塞尔协定》的国际谈判即将结束，协定内容即将全面实施。总体来看，这些新规则将打造一个更加安全的金融体系。然而，除非我们完全取消冒险行为，并愿意承担经济活力和经济增速下降的后果，否则，金融危机在未来就是不可避免的。在后危机时代，改革的首要目标不是完全消除金融危机，而是提高金融体系抵抗危机的能力。我们在后危机时代采取的改革举措包括提高对银行资本水平和流动性的要求（尤其是大银行）；消除导致美国国际集团等大型金融机构事实上不受监管的漏洞；让衍生品交易变得更透明和更安全；加强消费者权益保护；允许政府机构关闭经营失败的金融公司（前提是对金融体系造成的风险要比较小）。

然而，截至2015年初，美联储在监管方面仍然需要做很多工作。联邦存款保险公司与美联储合作，在安全关闭经营失败的、具有系统重要性的金融机构方面，已经取得了实质性的进展。最大的公司提交了“生前遗嘱”，描述了一旦它们濒临失败的边缘，如何才能安全地将其关闭。然而，在金融体系没有遭到显著危害的前提下关闭一个大型国际金融机构，将是一项非常复杂的任务。就关闭跨国金融公司而言，还需要做更多的工作去改善金融公司提交的“生前遗嘱”，并就关闭计划与外国官员进行协调。

短期融资的挤兑是这场金融危机如此严重的一个主要诱因。为了降低挤兑风险，监管机构要求银行持有更多易于销售的（即流动性强的）资产。此外，银行监管机构正在考虑差别化监管规则，即银行对于短期融资的依赖性越强，监管机构对其资本水平的要求就越高。然而，即便如此，短期融资遭遇挤兑的风险仍然无法彻底消除，尤其是那些不受新的流动性监管规则约束的非银行类金融机构，面临的挤兑风险更大。2015年初，美联储和其他监管机构还考虑要求金融机构在回购协议市场上融资时提供更多的担保品，这将加大回购协议融资的成本，但无论借款者是谁，这样都可以确保贷款的安全性，从而降低挤兑风险。

“大到不能倒”的问题如何解决呢？监管机构实施了《多德–弗兰克法案》中的一个基本方法，即大型金融公司现在面临更高的资本水平要求和更严格的监管。因此，大公司的经理和股东必须决定他们扩大经营规模之后带来的经济效益是否足以抵消由此引发的额外监管负担。通用电气在2015年4月宣布计划在未来几年出售其大部分的金融部门。如果这一重组计划能够变成现实，那就充分表明我们的金融监管改革成功了，因为我们更严厉的监管会促使那些具有系统重要性的公司自行拆分。此外，有序清算机构的存在让大型金融机构的债权人意识到，一旦金融机构倒闭，他们可能将承担一部分损失，由此导致的一个结果就是，与那些规模较小的公司的融资成本相比，那些所谓“大到不能倒”的机构的融资成本就不可能低太多。这样一来，随着时间的推移，那些最大的公司能够安全运转，而且即便这些公司失败了，也可以安全地关闭，不会破坏金融体系的稳定性，国会议员和监管机构的日子应该会变得越来越舒适。如果监管机构不确定能否安全地关闭一个公司，就可以动用现有法律赋予它们的权限去拆分或简化那些最大的公司。

虽然彻底改革金融监管体系具有至关重要的意义，但实践肯定会表明，并不是所有新监管规则的好处都能超过其引发的负担。国会和监管机构必须保护具有核心意义的改革。然而，随着时间的推移，国会和监管机构应该都会愿意修改已被证明是行不通的，或者几乎没有什么好处，只会增加沉重负担的法律法规。监管机构还需要留意更严格的银行监管会不会促使高风险投资活动转移到金融体系内部接受监管较少的领域。

我们无法精准地说美国经济将在何时恢复正常状态，但肯定会变得越来越正常，失业率肯定会降低到一个可持续的水平，通胀率必然会达到美联储预定的目标。我想起了棒球高手尤吉·贝拉的另一句名言：预测不是件容易的事，预测未来尤其如此。关于美国经济的长期增长前景，我们能做出什么精准的预测呢？

毫无疑问，美国经济面临着多项重大挑战。我们在教育和医疗保健方面的支出远远超过了其他大多数工业国家，但结果却没有出现实质性的超越，而且往往还不如其他国家。美国人口的平均年龄在增加，这意味着退休人口与劳动人口的比例正在增加。联邦政府由于要为更多的退休人口提供社会保障和医疗保险服务，因此，联邦政府的财政压力必然会进一步增加。这种局面必然会引发更多的政治僵局，必然会影响政府履行职能，从而阻碍政府的合理支出，阻碍政府实行有利于促进经济增长的税收措施以及其他措施，比如改革监管体系，改善教育和培训，以及加大在基础设施和技术方面的公共投资（这些投资有利于提高美国经济的生产力）。

美国是一片充满机遇的土地，这一直是美国非常珍视的声誉，但现在这个声誉似乎褪色了。部分原因是许多美国人缺乏从幼儿园到高中的系统教育，因此缺乏在全球化的高科技经济中取得成功所需的技能。社会收入差距扩大以及中产阶级“空心化”是当前的两大长期趋势，教育和技能的缺失肯定是主要原因之一。这些趋势有助于解释为什么美国经济已经复苏了好几年，许多美国人依然相信美国经济在衰退，因为虽然经济数据显示经济正在复苏，但这些缺乏教育和技能的美国人依然无法找到工作，无法从经济复苏中受益，觉得经济依然在衰退。美联储可以推动经济复苏，促进整体就业形势的改善，但它没有权力去解决教育质量的问题、技术创新步伐的问题以及其他问题，我们也不能确保美国经济复苏过程中新增的工作岗位是不是高薪的好工作。所以，我才经常说货币政策不是包治百病的灵丹妙药，国会也要挑起自己的担子，充分发挥自己的作用，但危机平抑下来之后，国会并没有迅速伸出援手。但当经济复苏没有起到普度众生的作用时，也就是说，没有让每一个人找到工作时，美联储却成了众矢之的，我相信这是不公平的。

尽管美国面临着不可否认的问题，但我认为，在未来几十年内，就生活、工作和投资而言，美国依然堪称最具吸引力的地方之一。我之所以这么乐观，原因有很多，我在这里只提三点。

第一，尽管美国人口的老龄化问题越来越严重，但美国人口结构看起来明显优越于其他大多数工业国，甚至优越于许多新兴市场国家（比如中国，中国的一胎化政策实行了几十年，现在日益感受到了这个政策造成的负面影响）。我们的生育率是相对较高的，而且非常重要的一点是，我们比其他国家更欢迎移民，美国接受的移民比其他任何一个国家接受的移民都要多。随着年轻人口越来越多，可用的劳动力就会越来越多，经济活力也更强，这会带来很多好处，比如有利于催生一个更大的高科技产品市场。我还认为，与其他许多国家相比，美国的劳动力市场更发达，就业政策更灵活，因此，更有能力吸纳愿意发挥余热的老年人重返工作岗位。

第二，技术创新对于经济增长的作用越来越重要，而美国在这方面一直保持着世界领先地位。世界上最好的研究型大学大多数都在美国，而我们也更加擅长推动新技术的商业化应用。在加利福尼亚州的硅谷、马萨诸塞州坎布里奇镇的肯德尔广场以及北卡罗来纳州的“研究三角区”（Research Triangle），许多高科技公司如雨后春笋般涌现在了名牌大学的周围，这肯定让其他国家羡慕不已。美国的技术创新不仅体现在网络公司、软件应用程序以及电子设备（像智能手机），还体现在其他方面。例如，新的钻探开发技术推动了石油和天然气行业出现了新的繁荣，推动美国一跃成为世界顶尖的能源生产大国。

第三，事实证明，我们传统的创业精神和充满活力的市场在催生新产业和新产品方面一直非常成功，这一模式很可能继续维持下去。美国经济规模庞大，多样性特征鲜明，这就为初创企业挑战现有的、已经变得自满的企业留下了很大空间。事实上，美国很多地区曾经在经济发展方面非常落后，比如我土生土长的美国南方地区，但在最近几十年间，这些地区已经充满活力了，即便“铁锈地带”[①]的一些城市，也找到了振兴之路。

上述三个因素以及其他因素让我对美国经济前景感到乐观。然而，成功不是板上钉钉的，好政策具有至关重要的作用。比如，我们需要

① 铁锈地带指从前工业发达，但现在已衰落的一些地区。——译者注

理性的、大方的移民政策，向熟练的技术工人伸出友好之手，绝对不能歧视移民。

美国各级政府必须继续加大在基础技术、教育培训和基础设施等领域的投资力度。至关重要的是，我们需要采取更加灵活的方式去帮助人们获得工作技能。改善从幼儿园到高中的教育固然非常重要，但这不是提高技能水平的唯一方式。我们应该更加认真地考虑一下儿童早期教育、技术学校、学徒计划、社区学院、成人培训和其他方法，促进终身教育。比如，我在担任美联储主席期间，曾经参观过里士满一个富有创意的再培训项目。这个项目是由私营企业、弗吉尼亚州政府以及两个社区学院共同发起的，如果私营企业出现了职位空缺，那就委托社区学院培养具有相应技能的人才去填补这个岗位，并支付一定的培训成本。我们还必须确保医疗费用的增幅像过去 10 年那样继续放缓。联邦税法自从 1986 年以来一直没有彻底修订过，现在副作用已经显现出来了。

要充分发挥出我们作为一个国家的所有潜力，需要创新领导方式。在我看来，我们的政客，甚至一些技术官员，过于注重打败意识形态方面的对手以及在争辩中为自己赢得加分。事实上，我们更应该注重凝聚共识，找到有利于促进共同进步的路子，即便这个路子不是尽善尽美也无妨，最终以互利共赢的方式促进各方朝着共同目标迈进，但这一点恰恰遭到了严重忽视。

我刚到华盛顿时，是一位沉默寡言、性格矜持的教授，我的研究背景在金融危机期间颇为有用，但我很快了解到，无论在公共部门，还是在私营部门，领导方式与知识背景同样重要。我努力让我的领导方式与我的个性及长处保持一致，同时符合实际形势的需要。作为一名曾经的学者，我非常珍视集体领导，珍视创新，珍视合作。我认为在政策制定过程中，应该基于广泛的、开明的讨论，而不是基于个别人的一己之见，我对这一点强调得非常多，每次开会，我都鼓励大家辩论，鼓励大家发挥创造性思维。虽然美联储决策者公开表达异议会制造一定的杂音，导致一些人提出埋怨，但我不会阻止大家这么做。

集体领导方法有许多优点，创新思维可以催生很多新想法，而认真的辩论则可以筛选和鉴定这些想法。我努力让联邦公开市场委员会从员工到决策者的每一个人都发挥创新思维，这样每个人都可以为最终制定切实可行的政策做出自己的贡献。鼓励公众辩论也让美联储为外部的人们提供了一种保证，让他们相信我们的确在广泛征求意见。因此，这种领导方式有助于建立外界对于美联储的善意和信任。一旦发生紧急事件，我就可以在少征求或不征求他人意见时立即采取应对举措，这个时候，善意和信任的价值就体现出来了。

当然，这些紧急时刻只是例外，而非常态，但无论在何种情况下，央行的公信力对于有效决策都具有至关重要的意义。有了公信力，公众才能相信决策者会用实际行动践行决策。我们必须以认真的态度去达成强烈的共识，并耐心地将其维持下去。只有这样，才有助于缔造公信力。这样往往会促使大家以客观事实为依据，做出更好的决策。这就是我在美联储学到的领导方式。

这些领导原则应该更加广泛地应用于华盛顿。当然，并不是所有的进步都是基于集体领导和妥协。有时必须坚持原则。但就今天而言，我们需要加强合作，减少对抗，这是一个绕不开的结论。如果政府要履行好促进经济成功的关键职能，我们必须彰显礼让、妥协和开放精神。没有这些，美国经济将无法发挥出巨大的潜力，从而堕入悲惨的境地。

如果没有戴夫·斯基德莫尔精湛的编辑、写作和研究，这本书将不可能完成。他曾经是美联社的一名记者，后来加入美联储理事会公共事务办公室。为了协助我，他特意向美联储请了一年的假。他在美联储的工作是监督美联储工作人员为我准备的公开讲话稿，并提供合理的建议。本书的时间跨度中，他一直都在美联储工作。他对本书的付出，远远超过了正常使命的要求。我非常感谢他的努力和对每一页书稿的认真关注。他用记者的眼光帮我写出了生动的逸事，引用了令人回味无穷的名言警句，并帮助我将专业性强的经济术语转换成用普通读者能够理解的词汇。是他让本书变得更好。

帕里·萨斯特里是一个富有智慧的人，总是一副兴高采烈的样子。她的研究为我们撰写此书提供了很多协助。她在纽约联邦储备银行做了两年半的研究助理之后，为了帮我写书，推迟了法学院的入学时间。她以饱满的热情和奉献精神帮助我准确地理清了危机之前、危机期间以及危机之后的各个事件的先后顺序，我非常感激。

布鲁金斯学会为我提供了一个非常合意的工作环境，也非常支持我的研究工作，我再次表示感谢。我尤其要感谢的几个人包括：布鲁金斯学会主席斯特罗布·塔尔博特、布鲁金斯学会哈钦斯财政与货币研究中心主任戴维·韦塞尔；布鲁金斯学会经济研究部门主任特德·盖尔。戴维·韦塞尔在布鲁金斯学会内部组织了一个读书会，成员包括他自己、利雅卡特·艾哈迈德 、唐纳德·科恩、路易斯·希纳和贾斯汀·沃尔弗斯。他们为本书提供了很多有用的评论。此外，布鲁金斯学会的莎拉·霍尔姆斯在行政方面为我提供了非常好的协助。

其他朋友和同事也阅读了全部或部分的手稿，他们的评论让这本书更好、更准确，这些人包括：托比亚斯·阿德里安、斯科特·阿尔瓦雷斯、鲍勃·巴尼特、杰里米·布洛、比尔·达德利、诺曼·艾森、比尔·英格利希、加里·戈顿、阿尼尔·卡什亚普、里克·米什金、阿南德·罗斯以及拉斯·斯文松。我向他们表示感谢，但如果本书存在什么问题，责任依然由我个人承担，与他们无关。

我也很感激几位前同事慷慨分享他们的回忆，包括前副主席唐纳德·科恩、前理事苏珊·比斯和凯文·沃什、美联储公共关系部门主管米歇尔·史密斯、美联储国会关系部门主管琳达·罗伯逊、银行监管部门的蒂姆·克拉克和美联储消费者权益保护部门主管桑迪·布朗斯坦。美联储摄影师布里特·雷科曼为本书贡献了非常好的照片。

在本书写作和出版过程中，鲍勃·巴尼特和迈克尔·奥康纳分别以法律顾问和文稿代理人的身份，为我提供了很多宝贵的建议和支持。

我感谢诺顿出版公司，即我这本书的出版商，感谢诺顿出版公司的总裁德雷克·麦克菲力以及资深编辑布伦丹·科里就本书初稿提出过很多有益的评论，并自始至终地负责本书的出版流程。助理编辑杰夫·施里夫帮助我汇编本书所需的图片。雷切尔·萨尔兹曼负责本书的宣传工作。珍妮特·拜恩进行了仔细的审核。我还要感谢其他多位在幕后为本书提供协助的人，包括梅雷迪斯·麦金尼斯、比尔·鲁辛、珍妮·卢西亚诺、路易斯·布罗克特、德文·萨恩以及南希·帕姆奎斯特。我还要感谢自由职业者辛西娅·科洛纳及时地为我提供新闻采访文稿。

本书的字里行间透露着我的家人，尤其是妻子安娜对于我的鼓励和支持，这些鼓励和支持是必不可少的。我还要感谢我们的儿子乔尔和女儿阿莉莎，虽然他们各自忙着自己的生活，但总是抽时间打电话关心一下我的进度。

最后，在本书结尾之际，我要对美联储同事们的工作与奉献表达深深的感激。美联储理事会允许我获取电子邮件和其他材料，刷新了我对本书所讲事件的回忆。更重要的是，当很多人对华盛顿深感绝望之际，美联储继续用切实行动表明自己可以用深思熟虑的、透明的、集体领导的方式去制定符合所有美国人利益的经济政策。

本书采用的信息来源中，包括很多之前没有用过的（比如电子邮件、备忘录和访谈文稿），我的回忆，当时的公开文件（比如演讲稿、报告、听证会文稿），当时的新闻报道，公开出版的书籍和公开发表的文章以及经济数据。

## 美联储文件

美联储的网站www.federalreserve.gov提供广泛的历史信息以及当前政策的信息。

- 如需了解联邦公开市场委员会、政策会议记录和会议声明，请访问www.federalreserve.gov/monetarypolicy/fomccalendars.htm。联邦公开市场委员会成员的经济预测，每个季度以会议记录附录的形式发布出来。
- 美联储发布的新闻，包括应急机制和联邦公开市场委员会声明，可以参考www.federalreserve.gov/newsevents/press/all/2015all.htm。

• 美联储理事的演讲发布于www.federalreserve.gov/newsevents/speech/2015speech.htm。

• 美联储理事的国会听证会文字记录发布于www.federalreserve.gov/newsevents/testimony/2015testimony.htm。

• 美联储货币政策报告发布于www.federalreserve.gov/monetarypolicy/mpr_default.htm。每年发布两次，与美联储主席的国会听证会时间保持一致，内容为经济、金融和政策动态评估。

## 其他公开文件

• 参议院和众议院听证会的文字记录发布于www.gpo.gov/ fdsys/browse/collection.action?collectionCode=CHRG。

• 金融危机调查委员会的材料，包括归档的访谈文件，发布于fcic.law.stanford.edu/ report。

## 数据来源

若无特殊说明，本书引用数据均来自决策者的实时资料，而非修正过的资料。本书的重要数据来源包括：

• 费城联邦储备银行实时数据中心负责编纂一些关键的宏观经济指标的初始数据与后来的修正数据，涵盖总产出、通货膨胀、消费者支出和就业等指标，请访问www.phil.frb.org/research-and-data/real-time-center获取这方面的资料。值得一提的是，大多数初始资料来自于美国经济分析局（www.bea.gov）和美国劳工统计局（www.bls.gov）。

• 由圣路易斯联邦储备银行负责维护的弗雷德数据库提供美国和其他国家的经济和金融数据，还为访问者提供了灵活的绘图工具或数据分析工具，请访问research.stlouisfed.org/fred2。

• 美联储理事会在H.15报告中发布每周利率，参见www.federalreserve.gov/releases/h15/data.htm。美联储理事会在H.4.1报告中发布资产负债表每周变动数据，参见www.federalreserve.gov/ releases/h41。商业票据融资利率和未收回余额，参见www.federalreserve.gov/releases/cp。美国经济内各个部门的资产与负债情况，参见www.federalreserve.gov/releases/z1。美联储国家信息中心发布大型银行的资产和负债情况，50家最大的银行控股公司的资产和负债情况也被囊括在内，参见www.ffiec.gov/nicpubweb/nicweb/top50form.aspx。前面提到的提交给国会的货币政策报告也是一个有用的数据来源。

• EDGAR是证券交易委员会推出的一个关于公司会计报告的数据库，包括收益、资本、资产和负债数据，参见www.sec.gov/edgar.shtml。

• Bloomberg L.P.提供金融资产的价格信息，包括个股盘中高点和低点、政府债券和其他货币市场工具的价格信息。